Melvin J. Lasky

UTOPIE UND REVOLUTION

Über die Ursprünge einer Metapher oder Eine Geschichte des politischen Temperaments

Deutsch von Stefan B. Polter

Rowohlt

Die Originalausgabe erschien 1976
unter dem Titel «Utopia and Revolution»
in The University of Chicago Press,
Chicago und London
Der Text wurde für die deutsche Ausgabe
vom Verfasser gekürzt
Umschlaggestaltung Peter Wippermann
Umschlagillustration El Lissitzky

1. Auflage April 1989

Gesetzt aus der Bembo (Linotron 202)
Gesamtherstellung Clausen & Bosse, Leck
Printed in Germany
ISBN 3 498 03853 2

Dem Andenken meines Großvaters

Eli Meyer Kantrowitz

gewidmet, eines Gelehrten, der unermüdlich versucht hat, mich von der Wichtigkeit passender und treffender Textstellen zu überzeugen und mich daran erinnerte, daß (nach einer jüdischen Legende)

die Engel nicht alle einer Meinung waren.
Der Engel der Liebe war für die Erschaffung des Menschen,
da er gut und voll Liebe sein würde;
aber der Engel der Wahrheit war dagegen,
weil der Mensch voll Lüge sein würde.
Und wie der Engel der Gerechtigkeit dafür war,
weil der Mensch gerecht handeln würde,
war der Engel des Friedens dagegen,
weil der Mensch streitsüchtig sein würde.

Um seinen Einspruch unwirksam zu machen,
verbannte Gott den Engel der Wahrheit
aus dem Himmel hinab auf die Erde;
und als die anderen aufbegehrten
gegen die schimpfliche Behandlung ihres Gefährten,
sagte Gott:
«Die Wahrheit wird von der Erde wieder aufsteigen ...»

Alles hängt zusammen im menschlichen Denken; die Dunkelheit eines Gedankens verdunkelt die, welche ihn umgeben. Ein Irrtum wirft Schatten auf benachbarte Wahrheiten, und wenn in einer Gemeinschaft es gewissen Menschen einfallen sollte, sich zu Hütern des Schattens zu machen, wird auch das ganze Volk in tiefe Finsternis getaucht werden.

Diderot, *Encyclopédie*

Inhalt

Vorwort

Dieses Buch ist die überarbeitete und um wesentliche Ergänzungen bereicherte Fassung von Vortragstexten, die ich auf Einladung der University of Chicago für die «*Encyclopaedia Britannica* Lectures» des Jahres 1965 vorbereitet hatte. Als ich die Vorträge im Mai jenes Jahres hielt, stellte ich meinen Gedankengang in gedrängter Form dar, verzichtete weitgehend auf Beleg- und Anschauungsmaterial und widerstand, da mir die Gabe der Bauchrede nicht zuteil geworden ist, der Versuchung zu Anmerkungen und Zusätzen. Mir ist völlig bewußt, daß die folgenden Seiten diese ihre Ursprünge nicht verleugnen können, und ich bitte daher um Nachsicht für gewisse Eigenheiten, die zustande kommen, wenn man als Redner eher darauf aus ist, Gefallen vor den Ohren des Hörers zu finden als vor den Augen des Lesers. Es ist jedoch möglich, daß diese erweiterte Fassung einigen der Fragen und Forderungen begegnet, die in den anschließenden Diskussionen und Seminaren auftauchten. Jedenfalls danke ich den Mitgliedern der Fakultät und den Studenten im Hörsaal (besonders aber den Freunden links und rechts vom Gang, Edward Shils und Saul Bellow), ohne deren hochgezogene Brauen und provozierende Aufmerksamkeit mein Mut als Redner in Breasted Hall wohl kaum auf die Probe gestellt worden wäre.

Mein Thema hieß «Utopie und Revolution», und die Vorträge bildeten eine geschlossene Folge von Untersuchungen eines intellektuellen Klimas. Sie begannen im Geiste Tocquevilles, der gesagt hat:

Effrayant spectacle! car ce qui est qualité dans l'écrivain est parfois vice dans l'homme d'Etat, et les mêmes choses qui souvent ont fait faire de beaux livres peuvent mener à de grandes révolutions. (Schreckliche Vorstellung! denn was Qualität ist beim Schriftsteller, ist beim Politiker manchmal ein Laster, und die gleichen Dinge, die oft Anlaß zu großen Büchern waren, können große Revolutionen entfachen.)

Sie schlossen im Geist von Camus, der erkannte, daß «*tout révolutionnaire finit en oppresseur ou en hérétique* (jeder Revolutionär als Unterdrücker oder als Ketzer endet)».

Ich sage «intellektuelles Klima», denn was ich vorhatte, war weniger eine streng wissenschaftliche Abhandlung zur Ideengeschichte als vielmehr eine Art meteorologischer Report, der sich als solcher genau ans Wetter halten mußte, an Spinozas «Hitze, Kälte, Sturm und Donner»[1].

Der erste Vortrag begann mit der Utopie und schloß mit der Revolution: Er setzte an bei der utopischen Sehnsucht und gelangte von ihr zum systematischen Versuch, den Traum von der guten Gesellschaft durch politische Aktion und gewaltsamen Umsturz zu verwirklichen.

Der zweite Vortrag begann mit der Revolution und endete beim Dogma: Er führte vom revolutionären Engagement zum dogmatischen Glauben an Gewalt und totale Kontrolle.

Der dritte Vortrag begann beim Dogma und endete bei der Häresie: Er fing an mit der stets gefährdeten und anfälligen Konstruktion einer Orthodoxie und endete mit dem Auftauchen von Zweifeln und Dissens und einer merkwürdigen Umkehrbewegung, einem *da capo* zu... Utopie und Revolution. (In Chicago war es in jenem Frühling nicht schwer, mit eigenen Augen zu sehen, wie die Geschichtsspirale eine neue Windung machte.)

In den Jahren seither habe ich ständig an den Vorträgen von damals weitergebastelt, sie inhaltlich bereichert, neu formuliert und immer wieder überprüft.[2] In der endgültigen Gestalt (denn es ist eine Fortsetzung geplant) wird es sich um eine Studie handeln, welche die Erweiterung der menschlichen Denk- und Lebensformen um die ideologische Dimension behandelt; momentan gilt mein vorrangiges Interesse weniger den Exponenten der Utopie und Befürwortern der Revolution als jenen Ideologen, die am Ende glaubten, daß der edle Traum und die große Tat ohne einander weder bestehen noch wirksam werden können. Weder geht es mir allein um das Wunschbild von der vollkommenen Gesellschaft noch um den Schritt zu gewaltsamem sozialen Wandel als solchem, sondern vielmehr um jenen schicksalshaften Augenblick in der Menschheitsgeschichte, da beide zusammentreffen.

Wenn nämlich Utopie und Revolution uns heute an jeder Ecke begegnen, so ist das nicht etwa immer schon so gewesen.[3] Wenn Ideologie heutzutage wie eine Blütenlese aus einem Wörterbuch der *idées reçues* wirkt, wenn jede ideologische Phrase das Massengrab etymologischer Schätze von Jahrhunderten ist, so hat es doch einst eine Zeit gegeben, in der die Wörter jung, die Gefühle frisch waren und die Ideen neu und originell klangen.

Die Geschichte von Ideen ist nach meinem Empfinden ein Gespräch mit der Vergangenheit, bei dem die wesentlichen Aussagen schon gemacht worden sind. Ich habe tiefstes Verständnis für die Verbitterung von A. O. Lovejoy, wenn er Umschreibungen lesen mußte, wo er «die eigentliche Sprache der Ideen» erwartet hatte; und ich verstehe nur zu gut, daß er (in seinem Meisterwerk *The Great Chain of Being*) eine Überfülle von Zitaten brachte, ja sogar eine ganze Kollektion von Texten, in denen Ideen aus erster und zweiter Hand sich ein fröhliches Stelldichein gaben. Die folgende Untersuchung zur vergleichenden Ideologieforschung bewegt sich oft hart an der Grenze zur analytischen Materialsammlung, und ich muß den geneigten Leser um Nachsicht für ihren Lesebuchcharakter bitten. Ich habe so viel und beharrlich zitiert, weil ich die Beziehung zwischen Utopie und Revolution so in den Griff bekommen wollte, wie sie tatsächlich im «Menschheitsgespräch» zum Ausdruck kommt. Bei der Wiedergabe unmittelbarer Geschichtlichkeit ist Umschreibung Vernebelung, ja Verschandelung.

Die gedankliche Raffung einer dichterischen Vision durch den Historiker ist weniger einprägsam als die ungewohnten Metaphern des Dichters selber. Zorn und Leidenschaft kommen am besten in ihrer ursprünglichen, gefühlten Sprache zum Ausdruck. Die Abfolge von Zweifeln und Ernüchterung ist nur dann überzeugend und ergreifend, wenn das Echo des suchenden Geistes direkt auf uns zukommt. Das gewiß schwer zu fassende Ideal, das mir vorschwebt, ist: Geschichte als Erlebnis. Ich bestreite nicht etwa, daß wir aus dem Umgang mit der Geschichte manche lohnende und läuternde Lektion erhalten. Aber es kann sein, daß wir aus der Geschichtserfahrung nicht lernen, weil wir nicht wirksam erfahren, was wir lernen. Nur allzuoft müssen wir die Vergangenheit repetieren, und zwar nicht nur, weil wir uns nicht an sie erinnern können, sondern weil das Erinnerungsvermögen nicht bis in jene Tiefen vordringt, wo Gedanken und Vorstellungskraft ihren Ursprung haben. Was an Geschichte im Gedächtnis bewahrt wird, hat nur begrenzten Nutzen, bleibt plattes, abstraktes Detailwissen, schulmäßige Altertumsforschung. Da fehlt die Lebendigkeit, die Croce «Gegenwärtigkeit der Geschichte» genannt hat, und es fehlt der Reiz und Reichtum einer «verwertbaren Vergangenheit».

Indessen: Gibt es denn in der Geschichtswissenschaft überhaupt eine selektivere und stärker interpretierende Methode als die Wiedergabe von Originaltexten und -kontexten? Und wo tauchen in der Geistesgeschichte eindrucksvollere Bilder auf als jene, die sich aus der genauen Befragung der Wörter und ihrer Abwandlungen, aus der Analyse von Metaphern und ihrer rhetorischen Entfaltung ergeben?[4] Manchmal zitiert der Historiker gerade dann am wenigsten, wenn er am meisten zitiert. Die Fragmente, die er in Büchern und Dokumenten gefunden hat, haben vielleicht schon lange vorher ein Ganzes in seiner Vorstellung gebildet. Sein unabdingbarer Solipsismus verlangt offenbar, daß er sucht, um zu finden, aber immer finden muß, was er gesucht hat. Die historischen Interpretationen der chaotischen Vielfalt des Vergangenen sind oft eine nach rückwärts gewandte Selbstbestätigung des Historikers. Anführungsstriche, Anmerkungen, Quellenhinweise sind nur die üblichen bewährten Kunstgriffe, mit deren Hilfe er dem Leser – und sich selbst – versichert, daß das, was er längst vermutet hatte und nun behauptet, wirklich und wahrhaftig so und nicht anders ist. Die

Wahrheit steckt im Detail. Ich kann nur bedauern, daß die Vortragsform, die im vorliegenden Buch noch durchscheint, mich dazu zwingt, so vieles von dem, was ich für sachdienlich und illustrativ halte, als Ergänzung und Erweiterung im Anmerkungsapparat unterzubringen. Aber es bleibt eben gültig, was Pascal sagt: «Was man zuletzt entdeckt, wenn man ein Buch schreibt, hätte zuerst kommen müssen.»

Einiges an derlei Erstem ist jedoch ganz einfach und liegt auf der Hand. Ich weiß, daß ich, wenn ich mein Thema statt philosophisch eher historisch behandele (was ich mehr oder weniger zu tun versucht habe), mehr in die Breite als in die Tiefe gehen muß. Deshalb bin ich dankbar für die traditionellen Forschungsmethoden und ihre Ergebnisse, ohne die ein solcher Eklektizismus nicht möglich, geschweige denn sinnvoll wäre. Ich kann nur hoffen, daß wir Essayisten, die wir rasch und viel lesen (und unterwegs so gierig «Lerchen und Sperlingen, aber auch edlerem Wild nachstellen»[5]), die Forscher und Fachgelehrten dafür entschädigen, daß sie sich streng und nüchtern nur dem Studium von Primärquellen verpflichtet haben. Wenn ich im folgenden einige geistige Vergnügen und breitgestreute Anregungen bieten kann, so ist das nur ein geringes Zeichen meiner eigenen Dankbarkeit. Anmerkungen bedeuten sowohl Schulden als auch Versprechen.

Und noch etwas muß gesagt werden. Diese Vorträge sind auf ihre Weise eine Form der intellektuellen Selbstdarstellung. Ich habe mich in verschiedenen Lebensphasen mit so mancher der großen geistigen Strömungen identifiziert, die im folgenden eine so entscheidende Rolle spielen. Auch ich habe mir oft – und tue es vielleicht immer noch – einen Pfad gesucht zwischen Utopien und revolutionären Hoffnungen, Orthodoxien und Häresien, ganz im Sinn der von nun an immer wiederkehrenden Metapher: zwischen dem Feuer und der Ameise. Wann immer die Geschichte eine tragische Wendung genommen hat, beruhte es, meine ich, auf dreierlei Irrtum: wenn man sich die Utopie als sterile, monolithische Harmonie dachte; wenn man die Revolution als dogmatischen Zwang zu totalem Umsturz und gewaltsamem Wiederaufbau begriff; oder wenn man Glaube und Hoffnung nur in orthodoxer Form anerkannte, die für kritische Opposition und Abweichung keinen Spielraum zuließ. Wo die Geschichte hingegen Trost bietet (und in diesem Sinn fühle mindestens ich mich getröstet), beruht das auf dreierlei Hoffnung: daß die utopische Sehnsucht sich auf ein wandlungsfähiges Ideal verschieden gearteter Träume und Tugenden richtet; daß die Revolution zum einsichtigen Rückzug eines Neuerers auf den schweren Weg fundamentaler gesellschaftlicher Umorganisation ohne konspirative Vernebelung und einlullende Metaphorik wird; und daß, was immer die leitenden Grundsätze für politisches Handeln und sittliches Streben sein mögen, «die gerechte Sache» des Häretikers gewährleistet ist – Widerspruch also sowie Toleranz und Respekt vor der Vernunft.

Die Vergangenheit ist ein Ansporn dazu, denn die Geschichte weiß von Männern, die solche Utopisten, Revolutionäre und Ketzer waren, und das mit größerer Wirkung – im Sinne eindrucksvoller, die Zeiten überdauernder Bedeutsamkeit – als sie je zu vermuten Anlaß hatten.

Und dennoch: Die *conditio humana* hat einen irritierenden und mich tief beunruhigenden Aspekt, den die Geschichte des politischen Handelns zum Vorschein bringt. Daher auch das unterschwellige, anthropologische Leitmotiv dieser Ausführungen, das dem Leser trotz all meiner Mühen, mich abschließender Urteile zu enthalten, nicht entgehen wird. Es ist ein Gebot der Redlichkeit, es gleich zu Anfang unserer Betrachtung über Glanz und Elend von Utopie und Revolution offenzulegen.

Der Mensch ist, auch wenn ihm gelegentlich leichter Eingang und Ausgang gewährt sein mag, *in extremis* geboren und stirbt *in extremis*. Die Höhepunkte des Glücks, der Lust, der Aufregung erlebt er in den extremen Emotionen von Liebe, Sexualität und Kampf. Als denkendes Wesen hat er gelernt, durch kluges Abwägen und geschickte Kompromisse zu überleben: Gefahren werden abgeschätzt, die Aussicht auf Nahrung und Sicherheit wird immer wieder umsichtig geprüft und bewertet. Doch wegen seiner ureigensten Natur ist es ihm nie leichtgefallen, sich eine Verbindung von Ekstase und Maß vorzustellen, von Liebe und Balance, von Sieg und Großzügigkeit, von absoluter Treue und skeptischer Vernunft.

> How show, in spite of all the rhetoric...
> Proportion, not as something calm congealed
> From lack of fire, but ruling such fire
> As only such proportion could contain?

(«Wie sichtbar machen, allem Redeschwall zum Trotz... / Daß Proportion nicht starre Stille ist, weil ihr das Feuer fehlt, / Vielmehr ein Feuer solcher Art beherrscht, / Wie solche Proportion allein es zügeln kann?»)[6]

Es hat immer tiefe und sicher unausrottbare Ursachen für den ewigen Krieg zwischen Leidenschaft und Vernunft, zwischen dem Menschen als dionysischem Fanatiker und als vernunftbegabtem, denkendem Wesen gegeben. Sein Herz gibt ihm utopische Träume und revolutionäre Hoffnungen ein. Sein Verstand lehrt ihn Umsicht und Vorsicht. Er weist ihm den Weg, der ihn vor verführerischen Vereinfachungen bewahrt. Es ist begreiflich, daß er dazu neigt, den Wunsch nach privatem Glück und das Gebot zu öffentlicher Tugend zu vermengen. Er besingt das Feuer, fürchtet sich aber davor, verbrannt zu werden. Ein Sturm, ein Erdbeben, eine große Flut, die ihn normalerweise sein Heil in der Flucht suchen lassen, treiben ihn in bestimmten historischen Augenblicken zu heroischen Gesten und schier unfaßlichen Opfern. Das Tollkühne ist dem Tragischen benachbart, und der Mensch begegnet seinem komplexen Schicksal oft mit der stimulierenden Hoffnung, gerade diese Begegnung könne ihm vielleicht den Schleier vor dem eigentlichen Sinn des Lebens lüften. Zuzeiten verwechselt er das Heilige und das Profane, findet keinen Ausweg aus dem Labyrinth der Erregung und Befriedung, das sein Wesen ausmacht. Er sehnt sich nach unverbrüchlicher Treue und unsterblichen Taten und verbringt doch die meiste Zeit damit zu lernen, nicht nach mehr zu greifen, als er halten kann, nicht mehr zu beißen, als er kauen kann. Apollinische Erhabenheit ist ihm eine heimliche Verlokkung. Aber das, womit er sich bescheidet, liegt meistens zwischen dem Extremen und dem Banalen. Oder sollte seine eigentliche Bestimmung tatsächlich diese Zwischenposition sein?

Between extremities
Man runs his course;
A brand, or flaming breath,
Comes to destroy
All those antinomies
Of day and night;
The body calls it death,
The heart remorse...

(«Zwischen Extremen / geht der Mensch seinen Weg. / Ein Brand oder flammender Atem / kommt und zerstört / all die Widersprüche von Tag und Nacht. / Der Leib nennt ihn Tod, / das Herz Buße.»)[7]

M. J. L.

Erster Teil

IDEALE

Schreckliche Vorstellung! denn was Qualität ist beim Schriftsteller, ist beim Politiker manchmal ein Laster, und die gleichen Dinge, die oft Anlaß zu großen Büchern waren, können große Revolutionen entfachen.

Tocqueville (1856)

Die Politik bedeutet ein starkes Bohren von harten Brettern mit Leidenschaft und Augenmaß zugleich. Es ist ja durchaus richtig, und alle geschichtliche Erfahrung bestätigt es, daß man das Mögliche nicht erreichte, wenn nicht immer wieder in der Welt nach dem Unmöglichen gegriffen worden wäre.

Max Weber (1918)

I. Die utopische Sehnsucht

Grüner Stecken und Ameisenbruderschaft - Der Vexierspiegel - König Utopos als Fabier - Die Neue Welt des Kolumbus: Von Dante zu More - Praktische Reformer und rastlose Rebellen

1. Grüner Stecken und Ameisenbruderschaft

Vor vielen Jahren fand ich irgendwo bei Tolstoi eine Geschichte, die ich in einem Anflug utopischer Begeisterung in ein altes Notizbuch kritzelte. Sie handelt von einem grünen Stekken, der im Wald von Zakaz kurz vor einem Hohlweg dicht am Wegrand vergraben liegt. Tolstois Bruder Nikolai hatte dem kleinen Leo erzählt, daß das größte aller Geheimnisse darauf geschrieben stehe, nämlich wie alle Menschen glücklich werden, wie es dereinst kein Leid, keinen Streit mehr geben werde. Niemand mehr werde böse mit einem anderen sein, alle würden einander lieben. Tolstoi hat sein Leben lang daran geglaubt – an «den kleinen grünen Stecken mit der Botschaft, die dem Menschen alle Bosheit nehmen und jedem sein Wohlergehen sichern könne». Wenige Tage vor seinem Tod hat er mit Tränen in den Augen darum gebeten, in Jasnaja Poljana bei jenem Hohlweg begraben zu werden. Und so liegt er denn dort am Wegrand im Walde.

Die Stelle in meinem Notizbuch war eine Bestätigung für mich, da ja die utopische Sehnsucht von jeher etwas von diesem Tolstoiismus gehabt hat, von seinem wahrhaft humanen Geist, seiner Hochherzigkeit, seinen noblen Hoffnungen. Aber seltsamerweise – und vielleicht ist das bezeichnend – ist das Zitat unvollständig. Ein paar Sätze fehlen. Ich hatte eine Metapher unterschlagen, und zwar, wie hätte es anders sein können, ein so dunkles Bild, daß kein junger, unschuldiger Utopist es gern wahrnimmt. Tolstoi nämlich und seine Brüder hatten ein «ideales Gemeinwesen» kindlich unbekümmert in Szene gesetzt und aufgeführt. Überraschend und beunruhigend war der Name, den sie für dieses Unternehmen fanden: die «Ameisenbrüder». Wenn schon nicht das große Geheimnis, hatten sie doch wenigstens die «Ameisenbruderschaft» entdeckt; und diese Entdekkung hat der Dichter sein Leben lang nicht vergessen. Noch als Siebzigjähriger erklärte er: «... das Ideal der Ameisenbrüder, die sich liebend aneinanderklammern ... die ganze Menschheit unter dem weiten Himmelsdom – das ist für mich dasselbe geblieben.»[1]

Ich gestehe meine Unterlassungssünde ohne Scheu, denn es scheint mir jetzt, als sei jene eigenmächtige Kürzung auf ihre Art symbolisch gewesen. Die Hand eilt weiter über das Papier und schreibt nicht. Wie getrieben suchen wir den grünen Stecken und beachten die Ameisenbruderschaft nicht weiter (da es doch sicher nur etwas ganz Beiläufiges ist). Die menschliche Sehnsucht nach Glück für alle hat jedoch von alters her im Zeichen der Doppelmetapher gestanden, und der einäugige Utopist von damals hat mittlerweile gelernt, genauer hinzusehen. Wenn es gestattet ist, noch einmal auf meine Notizbücher zurückzukommen: heute steht darin mancherlei, das mehr Einsicht bekundet. Zur Geschichte vom grünen Stecken und glücklichen Funden von Inseln der Seligen, Sonnenstädten und heilen Welten jenseits der Meere hat sich die düstere Ahnung gesellt, die Sehnsucht nach immer mehr Menschlichkeit und einer vollkommenen Menschheit sei wohl doch mit einem traurigen Makel behaftet. «Gehe hin zur Ameise», heißt es in den Sprüchen Salomos 6,6, «siehe ihre Weise an und lerne.» Aber die Weise dürfte ihre Tücken haben und die Lehre mehrdeutig sein.

Die Ameisenbruderschaft fand im Laufe der Jahrtausende zahlreiche Interpreten. Als Sokrates im *Phaidon* Betrachtungen über die Zukunft der Seelen anstellte, die durch den Hades irrten, getrieben von der Begierde nach neuer Leibhaftigkeit, glaubte er, daß sie am Ende doch einen Leib bekämen, und zwar einen «von solchen Sitten... deren sie sich befleißigt hatten im Leben». Jene beispielsweise, die sich «ohne alle Scheu der Völlerei und des Übermuts und Trunkes befleißigten, solche begeben sich natürlich in Esel und ähnliche Arten von Tieren». Jene dagegen, die «Ungerechtigkeit, Herrschsucht und Raub vorzogen», gesellen sich zu den «Geschlechtern der Wölfe, Habichte und Geier». Was aber «die Glücklichsten» unter ihnen betrifft, jene nämlich, welche «der gemeinen und bürgerlichen Tugend nachgestrebt haben, die man doch auch Besonnenheit und Gerechtigkeit nennt», so meinte Sokrates, sie würden wohl «wiederum in eine solche gesellige und zahme Gattung gehen, etwa in Bienen oder Wespen oder Ameisen, oder auch wieder in diese menschliche Gattung», und es würden «wieder ganz leidliche Bürger aus ihnen werden».[2] Die Auffassung von den bürgerlichen Tugenden als eine Art myrmekologischer Disziplin, die Idee vom Heldentum der Ameise, zieht sich durch das gesamte abendländische Denken.

In einem Anfall politischer Verzweiflung hat John Milton den Ungetreuen und Rückfälligen, die sich beim Zusammenbruch von Cromwells Protektoratsherrschaft erneut dem Royalismus in die Arme warfen, das Bibelwort entgegengeschleudert: «Gehe hin zur Ameise, du Fauler (sagt Salomo)». Und in seinem letzten politischen Pamphlet von 1660 schreibt er: «Jene, die sich die Nation nicht vorstellen können ohne einen König, sind so kleinmütig und unverständig wie ein Ameisenhaufen.» Kurz darauf schien ihm die Analogie mit der Ameise *(pismire)* mißverständlich, und ein paar Wochen später in der zweiten Auflage fügte er hinzu, er habe nicht etwa sagen wollen, daß «diese emsigen Geschöpfe... in gesetzloser Anarchie leben». Vielmehr seien sie «für den unbedachten, zügellosen Menschen Vorbilder einer haushälterischen Demokratie oder Nation, die sich selbst regiert, sicherer und tüchtiger dank des gemeinsamen Plans und Ratschlusses vieler Gleichgestellter als unter der einsamen Herrschaft eines allmächtigen Gebieters». Hobbes, den Milton nicht leiden konnte, verweist dagegen in einer kraftvollen Passage im *Leviathan* (1651) schonungslos auf die Flachheit und Belanglosigkeit des Vergleichs von Menschen mit ihren komplizierten politischen Gebilden und Ameisen: Menschen haben zumindest die Gabe der Sprache und Vernunft, sind zu Neid und Haß fähig und in beklagenswerter Weise den Lockungen von Macht und Herrschsucht ausgesetzt.[3] Aber weder Milton noch seine Zeitgenossen hatten Verständnis für Hobbes' überlegene Kühle, und die bequeme, eingängige Metapher schien den Weg zum ersehnten Ziel abzukürzen. Schließlich gibt es ja Geschöpfe, die fleißig, bedürfnislos und zielstrebig sind, und ein Geschichtsschreiber, der eine Skizze über die Niederlande verfaßte (*Brief Character of the Low Countries*, 1652), behauptete voller Genugtuung, deren Bürger seien «die Ameisen der Welt, und obwohl sie nicht mehr ihr eigen nennen als das Gras auf ihren Weiden, sind sie doch die Vorratskammer der gesamten Christenheit für fast jegliches Gut... Ein jeder dort ist emsig und bringt sein Korn ein.»

Wie gut paßte die Ameise, jedenfalls als Metapher, zu platonischen, protestantischen und sogar preußischen Normen. Einem englischen Bericht von 1913 zufolge gestand Bismarck noch als der Eiserne Kanzler in einem Gespräch: «Wenn ich wählen könnte, in welcher Gestalt ich am liebsten noch einmal lebte, entschied ich mich wahrscheinlich für die Ameise. Sehen Sie, das kleine Insekt lebt unter einer perfekten politischen Organisation. Jede Ameise ist verpflichtet zu arbeiten, ein nützliches Leben zu führen; alle sind fleißig, Subordination, Disziplin und Ordnung sind vollkommen. Sie sind glücklich, denn sie arbeiten.» Was Bismarck hier, nicht unähnlich Plato, in die Sphäre der Seelenwanderung verweist (obgleich manch einer mehr als ein Körnchen preußischer Wirklichkeit darin erkennen dürfte), hat für andere eine unmittelbare, diesseitige Relevanz. Kwame Nkrumah (oder der «Osagyefo», der «Erlöser», als der er gern in die Geschichte eingegangen wäre) erzählt in seiner Autobiographie, wie er in Ghana (damals noch die britische Kronkolonie Goldküste), wo er eine afrikanische revolutionäre Bewegung aufbaute, einmal nachdenklich vor einem Ameisenhaufen gekauert hatte: «Nichts kann sie aufhalten, dachte ich, als ich die winzigen Geschöpfe zielstrebig hin- und herlaufen sah... Sie kommen immer zum Ziel, weil sie diszipliniert und organisiert sind. Da war kein Faulenzer darunter.»[4]

Das utopische Bild des zukünftigen Menschen, der aufrecht geht und göttergleich sein soll, allein von Betrachtungen abzuleiten, die über russische Dielen, afrikanische Veranden und sandige Pfade der Mark Brandenburg gebeugt angestellt worden sind, wäre freilich eine fatale und allzu bequeme Entgleisung der Phantasie. Überall unter uns sind die Ameisen, sogar in aseptischen amerikanischen Laboratorien. In B. F. Skinners gelehrtem Utopia *Walden Two* (eine leichte Verleumdung Thoreaus) erlaubt sich ein kritischer Beobachter dem Utopisten gegenüber den kleinen und wirkungslosen Einwand: «Soweit ich sehe, haben Sie jeden Ausweg nach oben versperrt, auf dem der Mensch sich sein Heil erkämpfen könnte. An die Stelle von Vernunft und Unternehmungslust tritt bei Ihnen so etwas wie ein verkümmerter Instinkt, ein organisierter Zwang. Walden Two ist ein wahres Wunder an perfekter Gleichschaltung – es funktioniert so reibungslos wie ein Ameisenhaufen.»[5] Der Hinweis wird schnell und munter übergangen.

Am eindringlichsten hat ihn einst Dostojewski in den *Winterlichen Aufzeichnungen über sommerliche Eindrücke* formuliert, dem ernüchternden Fazit seiner europäischen Entdeckungsreise (1862):

Aber hier stoßen wir auf ein Rätsel. Da wird einem Menschen vollkommene Sicherheit versprochen, Essen und Trinken und auch ein Arbeitsplatz sind garantiert; als Gegenleistung verlangt man zugunsten der Allgemeinheit von ihm nur das kleinste Tröpfchen seiner persönlichen Freiheit, das allerallerkleinste Tröpfchen. Aber nein, der Mensch lehnt das Angebot ab; nicht einmal dieses Tröpfchen möchte er missen. Er glaubt, er würde in ein Zuchthaus gesperrt, der arme Tor, und er wäre besser dran, für sich allein zu sein, denn da hätte er völlige Freiheit. Und wenn er in seiner Freiheit auch geschunden wird und keine Arbeit bekommt, Hungers stirbt und nirgends wirklich frei ist, so scheint dem wunderlichen Kauz doch die persönliche Freiheit das beste. Natürlich bleibt dem Sozialisten nichts anderes übrig, als ihn aufzugeben und ihm klarzumachen, daß er ein Dummkopf, zurückgeblieben, unreif ist und nicht einmal seinen eigenen Vorteil begreifen kann; daß selbst eine dumme kleine Ameise einsichtiger ist als er, denn jeder Ameisenhaufen ist so gut eingerichtet, alles genau vorgeschrieben, alle sind satt und glücklich, jeder kennt seine Aufgabe; kurz, der Mensch hat noch einen langen Weg vor sich, bevor er das Niveau einer Ameisengesellschaft erreichen wird.[6]

Seit Maeterlinck Ameise und Ameisenhaufen vor den Verunglimpfungen durch Äsop und La Fontaine in Schutz nahm, hat der Ameisenhaufen immer Fürsprecher gehabt, und zwar nicht nur als «verkleinerte Ausgabe unseres eigenen Loses», sondern auch als inspirierendes Musterbeispiel für Organisation und Zielstrebigkeit.[7] Maeterlinck selbst war der Überzeugung, die moderne Ameisenforschung habe den Beweis dafür erbracht, daß dieses Tier «unbestritten eines der edelsten, hingebungsvollsten, großmütigsten und uneigennützigsten Geschöpfe auf Erden» sei. Sein Staat sei «jedem, den der Mensch schaffen kann, überlegen». In der Gesellschaft herrsche «Frieden, Überfluß und vollkommene Brüderlichkeit». Was die Religion betrifft, so «ziehen mehr Samariter über die Pfade des Ameisenhügels als auf der Straße von Jerusalem nach Jericho». Hier haben wir, so Maeterlinck, ein echtes Utopia für die Menschheit vor uns, die Aussicht auf ein glückliches Leben «für jeden und alle». Aber: «Wir haben das Gefühl für die Gemeinschaft verloren. Werden wir es wiedererlangen? Der Sozialismus und Kommunismus, dem wir uns nähern, ist ein Abschnitt auf diesem Weg.»[8]

Die Ameisen haben den Weg offenbar schon gefunden. Ihr «Staat» ist nichts Geringeres als eine vielversprechende Variante des kommunistischen Kollektivs, «... ein Idealstaat sicherlich: ohne Faulenzer, ohne Landstreicher, ohne Schnorrer, ohne Geizhälse, ohne Verschwender, ohne Bettler». So sieht ein amerikanischer Ameisenforscher, der *natural civics* (Natur-Bürgerkunde) betrieben hat, die Ameisengesellschaft. Und Henry

McCook meint: «Ist es Sozialismus... ein praktischer Sozialismus der Natur? Man merke sich: Wenn Sozialismus als menschliche Staatsgrundlage ebenso oder auch nur annähernd so erfolgreich sein soll, muß zuerst jeder einzelne jene vollkommene Selbstbeherrschung, Selbstkontrolle, Selbstverleugnung, Selbstaufopferung, Selbsthingabe zum Wohl des ganzen Gemeinwesens aufbringen, die man in einem Ameisenvolk findet.»

Das gilt jedoch nicht etwa nur für den Aufbau des Sozialismus in einem einzelnen Ameisenhaufen. Der gefeierte Schweizer Naturforscher und Entomologe Auguste Forel, mit großen Hoffnungen nach Genf blickend, war davon überzeugt, daß der junge Völkerbund der echte utopistische Ansatz zu einem «supranationalen menschlichen Ameisenstaat» sein könnte. Und mehr noch: Aus Mittelamerika hatte bereits ein britischer Zoologe gemeldet, daß er in den Ameisenhügeln von Nicaragua ein einwandfreies und genaues Analogon zu Thomas Mores «Utopia» gefunden habe.[9] Alle diese Gedankengänge sind im Einklang mit Alexander Popes berühmter Weisung:

> So also sprach die Stimme der Natur zum Menschen:
> «Geh, hol Dir Deine Lehren von den Tieren:... / Entdecke jedes kleinen Volkes Genius, Politik, / Den Staat der Ameisen, das Reich der Bienen, / Wie sie gemeinsam all ihr Gut verwalten, / Und Anarchie ohne Verwirrung kennen...» / Natur, die hohe, hat ihr Wort gesagt. / Die Menschen horchten und gehorchten ihr. / So wurden Städte aufgebaut, Gesellschaften errichtet.[10]

2. Der Vexierspiegel

Ich möchte hier einfach nur auf das insektiererische Potential im utopischen Modell hinweisen. Arnold Toynbee allerdings begnügte sich nicht mit bloßen Anthropomorphismen. Im dritten Band von *A Study of History* findet sich der interessante Vergleich der sozialen Phantasiegebilde, die wir Utopien nennen, nicht nur mit Insektengesellschaften, sondern auch mit den «stehengebliebenen Zivilisationen» der Spartaner, Eskimos und

Nomaden. Toynbee entdeckte im Ameisenhügel (und im Bienenstock) dieselben Grundzüge, «die beiden Phänomene des Kastenwesens und der Spezialisierung sowie die verhängnisvoll perfekte Anpassung der Gesellschaft an ihre Umwelt...»; und diese Grundzüge sind auch, meint Toynbee, für Platos Idealstaat, Huxleys «schöne neue Welt» und H. G. Wells' phantastische Dichtung charakteristisch. Dann macht er die folgende kühne Behauptung:

> Diese erfundenen Schilderungen imaginärer menschlicher Gesellschaften, die nie existiert haben, sind in Wahrheit Aktionsprogramme, die in der Maske soziologischer Beschreibung auftreten. Die Aktion, die sie in Gang setzen sollen, zielt darauf ab, eine reale, aber zerbröckelnde Gesellschaft auf einem bestimmten sozialen Niveau zu «fixieren» und so einen Niedergang aufzuhalten, der als Untergang enden muß, wenn er nicht künstlich aufgehalten wird. Niedergang aufzuhalten ist das Äußerste, was ein «Utopia» erstreben kann, denn der Ansporn dazu, eine Utopie zu schreiben, taucht selten in einer Gesellschaft auf, in der den Menschen noch Hoffnung und Ehrgeiz genug geblieben ist, weitere Fortschritte zu machen, und in der Mißgeschick sie noch nicht soweit entmutigt hat, sich mit der Erhaltung des von den Vätern gewonnenen Geländes zu begnügen.

Wie so oft bei Toynbee ist das eine anregende, aber nicht sonderlich fundierte Äußerung. Er muß selbst zugeben, daß seine Theorie nur auf «fast alle» Utopien zutrifft. Als bemerkenswerteste Ausnahme nennt er «jenes Erzeugnis des englischen Genius, das der ganzen literarischen Gattung ihren neuzeitlich-abendländischen Namen gegeben hat», nämlich Sir Thomas Mores *Utopia*. Wie so mancher Theoretiker, der sich der Mühe unterzogen hat, wirklich in Mores Text einzudringen, findet er ihn «überraschend». Ganz im Gegensatz zu griechischen Vorläufern und modernen Nachfolgern fehlt hier jede rigide Statik, gibt es kaum Kastenwesen und Spezialisierung. Wenn dieses «wirklich ungewöhnlich» ist – nämlich Mores Ideal der Flexibilität und des Wachstums –, dann ist es ein «Rätsel, das ergründet werden muß». Und so kommt Toynbee denn zu dem Schluß, die «richtige Erklärung» sei vielleicht folgende: Unterbewußt habe More durchaus das «muntere Wachstum» der Gesellschaft gespürt, in der er lebte, sei aber intellektuell zu der Überzeugung gelangt, daß die Gesellschaft, in der er aufgewachsen war, allmählich zerfiel. Dieser Ausflug in die Tiefenpsychologie überzeugt nicht, denn auch für die Zeiten, in denen ein Huxley oder Wells, ein Godwin oder Bellamy oder William Morris gelebt haben, läßt sich ein «munteres Wachstum» feststellen.[11]

Abgesehen davon entgeht den einseitigen Kritikern des utopischen Denkens anscheinend ein entscheidender Punkt: die «Doppelmetapher» nämlich, der ambivalente, ja oft dialektische Charakter der Inspiration, die Utopien entstehen läßt. Utopien verdanken ihren Ursprung sowohl der Hoffnung als auch der Verzweiflung; sie sind Stabilitätsmodelle aus Widerspruchsgeist. Sie sind Handlungen – eine Art von «Traumhandlungen» – im Namen ideeller Werte: vergessener oder verratener Werte, deren man einst teilhaftig war oder dereinst teilhaftig werden möchte. Sie sind Interpretationen der bestehenden Ordnung und meistens zugleich Programme zu ihrer Unwandlung. Jede Utopie ist insgeheim ein Aufruf zum Handeln, weil politische Ideale implizit immer revolutionär sind: ihre kritischen Elemente münden in Widerspruch, und die Perfektion ihres Entwurfs weckt die Sehnsucht nach Neu- und Umgestaltung. Der utopische Zukunftstraum, der der Einbildungskraft und Entfremdung entstammt, setzt voraus, daß die Gegenwart als Alptraum empfunden wird. Und dennoch ist, wie wir gesehen haben, in der erfundenen und begehrten Zukunft noch ein Schatten dieser Flucht aus der Be- und Unterdrückung erhalten. Geben wir ruhig zu, daß wir hier vor einem Rätsel stehen. Die Starrheit, die autoritäre und paternalistische Perfektion fast sämtlicher Utopien ist beinahe unbegreiflich, hält man das unermeßliche Potential der menschlichen Vorstellungskraft dagegen. Warum waren, wo Leben und Literatur normalerweise so vielgestaltig und mannigfaltig waren, die Träume von Freiheit und Selbstbestimmung des Menschen stets so rigide, so wenig flexibel? Walter Bagehot hat einmal bemerkt, wie «verabscheuungswürdig» gesellschaftliche Veränderung sein kann, wenn selbst die Neuerer furchtbar feine Apparaturen konstruieren, um neue oder normwidrige gesellschaftliche Formen zu vernichten. Ganz ähnlich stellt Lewis Mumford fast ein Jahrhundert später in Hinblick auf dieses «Rätsel» die Frage: «Wie konnte die von den Fesseln der Wirklichkeit angeblich befreite Phantasie so armselig ausfallen? ... Wieso kommt es zu all den Zwängen und Reglementierungen, die typisch für diese angeblich idealen Gemeinwesen sind?»[12]

Vielleicht läßt sich das nur erklären, wenn man sich eingesteht, daß jede Utopie ein von vornherein aussichtsloser, verzweifelter Entwurf ist. Der Verfasser will ablenken von jenen Mißständen, die aus keiner uns bekannten Gesellschaft – vielleicht mit Ausnahme einiger moderner – wegzudenken sind: Chaos, Willkür, Verschwendung, Existenzunsicherheit, Zügellosigkeit. Wer in Gedanken das uralte Schauspiel menschlicher Trägheit vor sich abrollen läßt, träumt nur zu gern von einer Gesellschaft, in der Arbeit Pflicht eines jeden ist, in der es für Faulenzer kein Pardon gibt. Die Gleichgültigkeit, die Verantwortungslosigkeit von Herrschern und Beherrschten während vieler Jahrhunderte voller Greuel und Heimtücke sind wohl dazu angetan, idealistische Träumer zum Nachdenken darüber anzuspornen, wie, wo und wann sich der menschliche Sinn für Solidarität, Loyalität und Disziplin im Alltag entfalten könnte. Ich muß oft daran denken, wie ich einmal am öden Ufer einer der Oberläufe des Nils stand: um mich herum nie beackertes Land, primitive Stämme, versunken in Zeitlosigkeit. Damals staunte ich darüber, wie denn je ein Hof, ein Markt, eine Stadt entstanden sein könnte, wie es möglich war, daß die «neolithische Revolution» überhaupt stattgefunden hatte. Was war es, das sie herausgefordert hatte? Eine Überschwemmung? Eine Eroberung? Oder der Zufall, daß ein paar hungrige Bergbewohner unvermutet ein fruchtbares Tal entdeckten? In einem Anfall utopischer Sehnsucht dachte ich unwillkürlich an einen mächtigen Pharao (mögen die Propheten mir das vergeben), und das erschien mir als eine Lösung.

Ich denke, Utopien sind solcherart Lösungen. Utopisten haben sich die Menschen kaum jemals frei und verschiedenartig vorgestellt, weil sie wohl den Eindruck hatten, daß mit dieser Freiheit boshaft, verschwenderisch und absurd umgegangen wurde. Ihnen lag gar nicht übermäßig an einer vielfältigen, gemischten Gesellschaft, sondern im tiefsten Herzen erhofften sie ein Wunder, das Zusammenhalt schaffen und damit Würde, Zielstrebigkeit und Sinn an die Stelle jener leeren Beliebigkeit setzen würde, die das von ihnen mißbilligte Leben zeichnete und entstellte.

> Werft die Angst des Irdischen von euch,
> Fliehet aus dem engen dumpfen Leben
> In des Ideales Reich.[13]

Walter Bagehot hatte die Sünden jener Zeitalter, die er die der Vorbereitung nennt, mit einer für viktorianische Verhältnisse ungewöhnlichen Nachsicht beurteilt: Er bezeichnete sie als «beherrscht vom Bedürfnis nach Lebenssicherheit, da schon alles übrige unsicher war». Die Quantität des Lebens war wichtiger als seine Qualität. Was man brauchte, so meinte er, war «eine umfassende Ordnung, die die Menschen zusammenhielt, dafür sorgte, daß jeder mehr oder weniger das gleiche tat, sie wissen ließ, was einer vom anderen erwarten konnte, sie einander anglich und angeglichen hielt... Das System dieser Ordnung ist dabei weniger wichtig. Eine gute Ordnung ist besser als eine schlechte, aber jede Ordnung ist besser als keine... Das eigentliche Problem ist, wie man die Menschen dazu bringt zu gehorchen; zu welchen Zwecken der Gehorsam benutzt wird, ist nicht so wichtig...» Wenn Bagehot recht haben sollte, kann man nur sagen: Alles verstehen heißt alles verzeihen. Andernfalls müssen wir Mumford und einigen anderen zustimmen, die die utopische Literatur für die schlechteste, sterilste, geist- und phantasieloseste Literaturgattung überhaupt halten. Aber ist es denn überraschend, daß ein Leben, das so erbärmlich war, nur erbärmliche Ideale aufkommen ließ? Utopia ist eben doch nur ein Spiegel, der, wie einfallsreich die Verzerrung auch ausfallen mag, nur Gestalten und Schatten reflektiert, die er vor sich hat.

An Campanellas *Sonnenstaat* ist beispielsweise mancherlei zu bewundern.[14] Dort ehren die Bürger große Gestalten wie Moses, Osiris und Jupiter («sogar Mohammed; indessen, sie hassen diesen als einen lügenhaften und schmutzigen Gesetzgeber»). Sie sind gesund und sauber, baden in Wein und wissen um ein Geheimnis, welches das Leben nach siebzig wieder verjüngen kann. Sie mißbilligen Sklaverei und leisten bereitwillig ihren unterdrückten Nachbarn Beistand im Kampf um die Freiheit. Aber die Grundeigenschaft ihres Charakters ist Fügsamkeit – was vielleicht verständlich ist bei einem Autor, der als Dominikanermönch fast dreißig Jahre lang nur auf den tristen Hof eines spanischen Gefängnisses blickte. So fällt denn auch manch klösterlicher Schatten auf den Sonnenstaat: «Es ist einfach großartig», schreibt Campanella, «wie Männer und Frauen truppweise daherschreiten und niemals ihrem König ungehorsam sind.» Diesem überkommenen Leitbild einer Gemeinschaft des Gehorsams entspricht auch Andreaes Vorstellung von der «vollkommenen Form eines Freistaats». Er war tief beeindruckt von der strengen moralischen Zucht, die er in Genf vorfand.[15] Mir scheint das alles für eine orwellsche Komponente im politischen Astigmatismus zu sprechen: absolute Freiheit als absolute Kontrolle. Oder, anders gesagt: Auch hier geht es wieder um einen bei den Ameisenbrüdern vergrabenen grünen Stecken.

Auch bei Thomas More steht verschwommene Wirklichkeit vor dem Spiegel: Hier bildet sie sich jedoch als Kehrseite jener Anarchie und Dekadenz ab, die er als Entfremdung der Gesellschaft seiner Zeit empfunden haben muß. Die brüchige Stelle in seiner Konzeption, der Makel, der jeder Gesellschaftsutopie anhaftet, kann ihm kaum entgangen sein. Man denke nur an sein ergreifendes Bekenntnis über die Verlockungen der Macht (in einem Brief an Erasmus, welcher die Drucklegung der *Utopia* in Löwen beaufsichtigt hatte): «Ihr macht Euch keine Vorstellung davon, wie freudig erregt ich bin, wie ich an Statur gewonnen habe und mein Haupt höher trage, alldieweil ich mir selbst in der Rolle des Herrschers von Utopia gefalle; tatsächlich male ich mir aus, wie ich, geleitet von einer Menschenmenge, mit einer Ährenkrone umherwandele, eine Franziskanerkutte trage und eine Garbe als Zepter...»[16] Schließlich hatte sich auch Dante schon, als er den Flammenwall durchmaß, der zwischen Purgatorium und Paradies liegt, von Vergil mit Krone und Mitra belohnen lassen (27. Gesang). Campanella sah sich als großen «Metafisico» in der Sonnenstadt; Bacon als Vater in Salomos Haus; John Milton als von Gott erleuchteten Redner, der mit seiner Eloquenz ganz Europa bekehrte; Cabet als Gesetzgeber in seinem Ikarien und Weitling als revolutionären Schwertträger und Messias in einer weltweiten Communia. Nur wenige revolutionäre Utopisten haben so viel Selbstbescheidung aufgebracht, eingedenk all der herrscherlichen Vermessenheit, deren Andenken die Menschheit seit unvordenklichen Zeiten bewahrt, sich mit einer schlichten Rolle in der zukünftigen Ordnung zu begnügen. Johann Valentin Andreae gibt am Anfang von *Christianopolis* (1619) offen zu: «Denn da andere Leute niemals wollen bestraft werden, ich auch solches nicht gern tun mag, so hab ich mir selber eine Stadt gebaut, worin ich die Oberherrschaft führe.»[17] Nein, den Verlockungen der Macht haben auch die Herolde utopischer Tugendhaftigkeit kaum widerstehen können: Ihre herrische Selbstsucht, überhöht vom Vertrauen auf das eigene Charisma und die messianische Aufgabe, stellt sie immer in den utopischen Mittelpunkt der Welt.

Thomas Mores Traum als König von Utopia war von kurzer Dauer: «Der Tagesanbruch löschte die Vision, entkleidete mich meiner Herrlichkeit und gemahnte mich an den Kerker.» Wo er es versäumt, die Fesseln der Vergangenheit abzustreifen, hat seine utopische Zukunft unerbittliche Züge. Bilder und Klänge sind von trüber Einförmigkeit, die Städte wirken eine wie die andere: «Wer eine kennt, kennt sie alle: so völlig ähnlich sind sie untereinander.» Das ganze Volk ist einheitlich gekleidet (eine Vorahnung der «blauen Ameisen» unserer Zeit), «in einen Umhang, dessen Farbe im ganzen Inselreich die gleiche ist».[18] Und es wirkt ein wenig beunruhigend, wenn «jegliche Gefahr von inneren Zwistigkeiten» ausgeschlossen sein soll, so daß «die innere Eintracht nicht gestört wird». Schließlich können sich doch wohl nur unbelehrbare Väter und unerfahrene Söhne wünschen, daß «alle gleichsam eine einzige Familie» bilden. Aber schlimmer noch: Es gibt «keine Möglichkeit zum Müßiggang, keinen Vorwand zum Faulenzen: keine Weinstube, keine Bierschenke, nirgendwo ein Freudenhaus, keine Gelegenheit zur Verführung, keine Spelunken, keine Lasterhöhle. Im Gegenteil: Ein jeder lebt vor aller Augen...»

Gleichwohl: Wer möchte nicht zu den Bürgern dieses Utopia gehören? Wer weiß ihre Tugenden nicht zu schätzen? Mit dem Krieg und seinen Schrecken wollen sie nichts zu tun haben; Krieg ist «etwas ganz Bestialisches, womit sich jedoch keine Art wilder Bestien so beständig beschäftigt wie der Mensch. Entgegen der Sitte beinahe aller Völker halten sie nichts für so unrühmlich, wie im Krieg Ruhm zu suchen.» Sie weigern sich, geringe Vergehen hart zu bestrafen. Sie wählen ihre Botschafter und Statthalter aus dem Kreis der Gelehrten und verpflichten sich zur Freiheit und Pflege des Geistes. Es liegt ihnen daran, «für alle Bürger möglichst viel Zeit frei zu machen von körperlicher Arbeit für die freie Pflege geistiger Bedürfnisse. Denn darin, glauben sie, liege das wahre Glück des Lebens.» Die Kinder lernen nur gute Bücher kennen, und die geistige Neugier ist so groß, daß gelehrte Gäste gebeten werden, Vorträge auf griechisch zu halten, weil die Utopier ganz besonders die Werke von Plato und Aristoteles schätzen. (Um so größer der Schmerz, als sich während einer Überfahrt eine Meerkatze an einigen Bänden vergriffen hatte.) Wie sich das bei ihrer Grundstimmung – «fröhlich, gewitzt und springlebendig» – gehört, lieben sie die Narren. Winkeladvokaten dagegen, die jeden Rechtsstreit zu manipulieren wissen, haben nichts in ihrem Land zu suchen. Sie halten auch sehr auf gute Nachbarschaft, und das nicht nur untereinander: Diese Utopie ist nicht auf ein Staatswesen begrenzt, vielmehr sind auch die Bewohner der benachbarten Länder «frei und souverän», weil «die Utopier viele von ihnen schon vor langer Zeit aus der Sklaverei befreit haben». Über albernen Aberglauben machen sie sich lustig, sind aber stolz auf ihre religiöse Toleranz. Wie aufgeklärt sie ihren Kriegsgefangenen gegenüber eingestellt sind, zeigt sich daran, daß Geistliche mit karitativen Aufgaben auf dem Schlachtfeld betraut sind. Und gewiß nicht der unwichtigste Charakterzug ist ihre überlegene Auffassung von Geld und anderem materiellen Besitz sowie ihr Widerwille gegen Habsucht, Hochmut und jede Form von Ausbeutung.

Das Wesentliche ist jedoch, daß More sein Gedankenexperiment offenhält.[19] Denken wir etwa daran, wie der Protagonist bzw. Autor reagiert, nachdem Raphael Hythlodeus, der Amerigo Vespucci auf etlichen Reisen begleitet hat, seine Erzählung beendet hat. Er könnte zwar einiges gegen Sinnwidrigkeiten bei Gesetzen und Bräuchen in Utopia einwenden, etwa gegen die Form der Kriegsführung oder die religiösen Sitten, ganz besonders aber gegen die kommunistische Auffassung von Geld und Besitz. Aber er fragt sich, ob der reisemüde Raphael gerade in diesem Moment Widerspruch ertragen könnte. Also nimmt er ihn bei der Hand und geleitet ihn zum Mahl, denn «wir würden wohl noch später Zeit finden, über dieses Thema nachzudenken und ausführlich zu sprechen». Dennoch kann er nicht umhin, mindestens dem Leser gegenüber sich eine Bemerkung zu erlauben: Er (der Autor) könne «gewiß nicht allem zustimmen, was er (Hythlodeus) gesagt hat... indessen gestehe ich ohne weiteres zu, daß es in der Verfassung von Utopia sehr vieles gibt, was ich in unseren Städten eingeführt sehen möchte. Freilich ist das mehr Wunsch als Hoffnung.»

Zur klassischen Utopie gehört also in ihrer Geburtsstunde die Möglichkeit zu Opposition, zu Meinungsverschiedenheit und Meinungsänderung, zu tieferem Nachdenken und beständigem Dialog. Der grundlegende Entwurf eines Utopia hat wenig gemein mit dem mythologisierten Bild steriler, unwandelbarer Vollkommenheit, der versteinerten Harmonie eines trauten ewigen Paradieses auf Erden.[20] Freilich, angestrebt wird nicht ein guter oder besserer, sondern «der beste Zustand eines Gemeinwesens», oder, wie Utopias *poeta laureatus* sagt:

> Weshalb unser Name nicht Utopie [Nirgendland] lautet,
> Sondern Eutopien, Ort der Glückseligkeit.

Noch war der Ansatz nicht apokalyptisch, sondern pragmatisch. Die Botschaft war nicht eschatologisch, sondern es ging um praktische Probleme der Abhilfe und Reform. Noch in Mores orthodoxesten religiösen Schriften (etwa in der leidenschaftlichen Polemik gegen Luther) kommt die typisch englische Abneigung des Humanisten gegen eine politische Heilslehre und vor allem gegen die Hitzköpfigkeit richtiger Apokalyptiker zum Ausdruck. More nennt den deutschen Reformator einen «höllischen Feuerkopf», zitiert seine simple Unterteilung in Gut und Böse («Ich sorge mich um Freiheit und Sklaverei, und für Freiheit kämpfe ich») und läßt durchblicken, daß es sich um so etwas wie unausgegorenen Utopismus handelt. Er warnt vor einem «neuen Esra» (dem apokalyptischen Text der Apokryphen), geißelt den *anarchos* im Lutherschen Denken und setzt dann geduldig auseinander, wie gefährlich es sei, wenn gesellschaftlicher Erneuerungswille mit Naivität gepaart ist.

> Wenn man die Gesetze abschafft und alles der Obrigkeit überläßt, wird sie entweder nichts befehlen und verbieten und also überflüssig sein; oder sie wird ihrer Natur gemäß herrschen und gebieterisch verfolgen, wen und was ihr beliebt. Dann aber werden die Menschen nicht etwa freier sein, sondern aufgrund ihrer niederen Stellung schlimmer dran sein, da sie nicht klaren, schriftlich niedergelegten Gesetzen gehorchen, sondern veränderlichen Launen, die von Tag zu Tag wechseln. Und das ist zwangsläufig so, selbst unter der besten Obrigkeit. Dieser nämlich wird das Volk dawider reden und murren, obwohl sie die besten Gesetze erläßt. Denn es wird sie verdächtigen, nicht nach Recht und Gerechtigkeit zu herrschen, sondern nach Willkür.[21]

Über eine gerechte und humane Gesellschaft müssen Gesetz und Recht herrschen, nicht Menschen. Utopia durfte nicht durch die weltfremde Illusion verdorben werden, daß allein der Glaube an das Gute im Menschen für die neue Ordnung genüge. Vielmehr sollten unpersönliche Einrichtungen ihr Fundament bilden, und selbst das war noch schwankender Boden.

> Aber eine heilsame und weise Staatsverfassung, das ist eine gar seltene Sache. Soviel er [Hythlodeus] indessen bei jenen unbekannten Völkern an

verkehrten Einrichtungen bemerkt hat, so wußte er doch auch nicht weniges zu berichten, das unseren Städten, Nationen, Völkern und Herrschaften als Vorbild dienen könnte, unsere eigenen Fehler zu berichtigen.[22]

Das ist es, das ewige postutopische Problem: Auf den Traum folgt das bittere, vom Verstand geplagte, mit Fragen durchsetzte Erwachen. Wird das «Vorbild» tatsächlich Schule machen? Wird der Wunsch stets leichterfallen als die Hoffnung? Wer wird genügend Stärke und Weisheit besitzen, «gute und heilsame Gesetze» einzuführen? Wie sind hier und heute die Leiden einer siechen Gesellschaft zu lindern, ihre Fehler zu berichtigen, ihre Geschwüre zu entfernen? Wir stehen vor der Gretchenfrage, dem Grundproblem der modernen Politik, vor der problematischen Entscheidung zwischen Mittel und Zweck, Reform und Revolution.

3. König Utopos als Fabier

Aber leider müssen wir unseren vielen Rätseln und Geheimnissen hier noch eines hinzufügen, denn selbst der beste Kenner von Mores *Utopia* scheint mehrere (und höchst gegensätzliche) Vorstellungen davon zu haben, ob und wie man diese Fragen beantworten sollte. Ist dieses «Nirgendland» eine phantasievolle Phantasmagorie einer Flucht aus der Politik, die Geschichte gemacht hat, oder ein verkapptes Reform- und Sanierungsprogramm? Handelt es sich gar um das verzweifelte Manifest eines absoluten Radikalismus? J. H. Hexter hat drei einfallsreiche Versuche gemacht, sich dem Problem zu stellen, und ist zu drei verschiedenen, aber jedesmal überzeugenden Ergebnissen gekommen.[23]

In seiner Einführung zur Yale-Ausgabe des Gesamtwerks interpretiert er More als Revolutionär und *Utopia* als Grundlage für den «modernen, egalitären Radikalismus». Hexter versteht das Fabelland als «Anti-Europa» und die Schrift als Anklage gegen die «Sünden der herrschenden Klasse in der westlichen Welt». Jede Reform ist «vergänglich» und «im Grunde vergeblich». «Maßvolle Schritte» oder «Verbesserungen» können die endgültige Katastrophe allenfalls aufschieben. Wenn die Menschen ihren Institutionen jedoch ein sachliches und solides Fundament geben wollen, müssen sie drastisch in die «Struktur der Gesellschaft» eingreifen und dürfen es nicht bei «vergeblichen Appellen an die Moral» belassen. Hexter hält es für erwiesen, daß «der Gedanke an Vernichtung mit Stumpf und Stiel, an Ausrottung, der jedem Radikalen vorschwebt, nicht nur versteckt, sondern stellenweise ganz offen in *Utopia* vorkommt». Dazu werden einige Textstellen von More und R. H. Tawney angegeben, die aber den Leser kaum überzeugen und den Verfasser anscheinend auch nicht; dieser bestätigt nämlich unabsichtlich an einer anderen Stelle, was er zu überspielen bemüht ist: daß seiner These möglicherweise «eine kleine optische Täuschung» zugrunde liegt, «eine perspektivische Verzerrung als Folge dessen, daß man ein Buch aus dem 16. Jahrhundert allzulange vom eigenen Standort im 20. Jahrhundert betrachtet hat».

Perspektivische Probleme hatten ihm aber schon vorher einen gelungenen Streich gespielt. In einer generell sehr einfühlsamen Studie über Machiavelli und More behauptet Hexter, daß der Zündstoff in den Gedankenexperimenten des einen wie des anderen bisher noch keineswegs erkannt worden sei. More gehe es nur um Flucht- und Ausweichmöglichkeiten: «Wie sollen die Menschen aus dieser Welt der Entfremdung und Knechtschaft in jene der Versöhnung und Freiheit gelangen? Dazu äußert More sich nicht, erzählt statt dessen seine Geschichte vom König Utopos (den es nie gegeben hat), der vor 1700 Jahren die beste aller Gesellschaftsformen in Utopia (das es auch nie gegeben hat) verwirklichte. Utopia ist ganz wörtlich ‹nirgendwo›.» Der wahre Mittler zwischen einer «machiavellistischen Wirklichkeit und dem Traum von Utopia» ist nach Hexter «kein mythischer König, sondern Klassenkampf, Revolution, der Griff nach der Macht»; und «zu einer Vermischung beider Konzeptionen kam es ... im Pariser Geistesleben zwischen 1840 – dem Erscheinungsjahr von Proudhons *Was ist Eigentum?* – und 1848, als Karl Marx und Friedrich Engels das *Kommunistische Manifest* veröffentlichten». Diese melodramatische Sicht vom Durchbruch zur Revolution im 19. Jahrhundert, vom «großen Sprung vorwärts» von More zu Marx, fand bei Hexter nach nochmaliger Lektüre von Mores großem Werk eine Umformulierung in die Idee von einem bescheideneren Durchbruch zur Reform im 16. Jahrhundert.

Der Verfasser von *Utopia* war nämlich, wie Hexter in einer dritten Veröffentlichung erklärt, weder Revolutionär noch Utopist. Kein christlicher Humanist hätte sich damals der moralischen Pflicht entziehen können, einem auf Abwege geratenen Europa Rat und Hilfe anzubieten. More war vielmehr der Hüter der wahren Werte, der erleuchtete Herold von Fürsten und Rittern ohne Fehl und Tadel und der gläubige Verkünder eines höchsten Gutes, dessen Worte dereinst Fleisch werden würden.[24] Er war der Präzeptor und Propagandist seines Zeitalters, und noch als er – wie auch Erasmus – an der Übermacht des Bösen verzweifelte, wies er die Welt zurecht, indem er ihr den besten, den idealen Zustand des Staates offenbarte.

Aber die Offenbarung allein war nicht alles. Sie enthüllte vielmehr erst die Aussicht auf die beiden Wege der Freiheit, die der Menschheit von jeher offenstanden: Rebellion (wenn nicht gar Revolution im heutigen Sinn) oder Reform. Ich sagte schon früher, daß utopische Entwürfe insgeheim immer ein Aufruf, eine dringliche Aufforderung zu gesellschaftlicher Veränderung und Erneuerung sind. Selbst in der Antike hat es ungeachtet der, wie manche Forscher glauben, fortschrittsfeindlichen Vorstellungen über zyklisch-zeitliche Wiederkehr so etwas wie «Traumhandlungen» gegeben.[25] Einem antiken Chronisten zufolge verlegte Jambulos sein hellenistisches Utopia auf eine Inselgruppe im Indischen Ozean und nannte es einen «Sonnenstaat». Dieser imaginäre Idealstaat hat, wie ein Historiker meint, den Anstoß zu der gescheiterten Revolution des Aristonikos und seiner «Heliopolitaner» (darunter Sklaven, denen er die Freiheit versprochen hatte) in Pergamon gegeben.[26] Und was Mores eigene Zeit betrifft, so bemerkt Montaigne in einem seiner utopistischen Essays:

> Sie haben in ihrer Sprache eine Ausdrucksweise derart, daß sie die Menschen als Hälften voneinander bezeichnen – [als] hätten sie bemerkt, daß es unter uns üppige, mit allen Annehmlichkeiten gesättigte Menschen gebe und daß ihre anderen Hälften, von Armut und Hunger ausgemergelt, bettelnd vor ihren Türen stünden; und fänden es wunderlich, wie diese derart bedürftigen Hälften eine solche Ungerechtigkeit ertragen könnten und daß sie nicht die anderen an der Gurgel packten oder Feuer an ihre Häuser legten.[27]

Auch More hat die tätlichen Auseinandersetzungen zwischen den beiden «Hälften», zwischen dem, was man später die «zwei Nationen» nennt, nicht etwa außer acht gelassen. In *Utopia* heißt es:

> Wer sinnt wohl eifriger auf Umsturz als der, dem seine gegenwärtigen Lebensumstände so gar nicht gefallen können? Und wer drängt stürmischer auf ein allgemeines Drunter und Drüber (mit der Aussicht, dabei einige Schäfchen ins Trockene zu bringen) als der, der nichts zu verlieren hat?

Immer bestand die Aussicht, eine neue Welt zu erobern. Daher die ständige, von More über Burke und Owen bis zu Lenin gleich formulierte Frage: *«Was tun?»*[28] Für More war die einzig mögliche Antwort, in die Politik zu gehen. Es war eine schicksalsschwere Entscheidung. Ein Jahr nach Veröffentlichung der *Utopia* wurde er 1517 Mitglied des King's Council und zwei Jahre darauf Lordkanzler; 1523 starb er auf dem Schafott. In der Geschichte der großen Denker markiert Mores bedeutsamer Entschluß einen Höhepunkt auf dem Weg, der von Aristoteles, dem Lehrer des Alexander[29], bis zu Max Weber führt, der die modernen Intellektuellen vor den Fährnissen der «Politik als Beruf» gewarnt hat.[30] Aber schon in den letzten Zusätzen zum Manuskript der *Utopia*, die laut Hexter entstanden, als More das Für und Wider des Angebots von Heinrich VIII. noch abwog, ist More auf die Problematik von Glanz und Elend eines Utopisten im Staatsdienst, eines Philosophen unter der Herrschaft des Königs, eines Reformers und gleichzeitig aktiven Politikers eingegangen.

In einem Brief gesteht More einmal: «Sehr gegen meinen Willen bin ich an den Hof gelangt (wie jeder weiß und mir der König manchmal spaßeshalber vorzuhalten beliebt). Bisher halte ich mich dort unsicher wie ein ungeübter Reiter im Sattel...»[31] In jenem rauhen, jeder Veränderung abholden Klima des Absolutismus und Sykophantentums konnte der Denker in politischem Amt nur glauben und durfte sich keinen Illusionen hingeben: «Entweder würde ich nämlich meine abweichende Meinung äußern (und das wäre ebenso wirksam wie wenn ich gar nichts äußerte) oder aber eine zustimmende, und damit wurde ich... Wegbereiter ihres Wahnsinns.» Er ist sich klar über seine Rolle im Kreise der königlichen Ratgeber:

> Hier kann man sich nicht taub stellen oder ein Augenzwinkern leisten. Die erbärmlichsten Ratschläge müssen offen gebilligt, die abscheulichsten Verfügungen unterschrieben werden; wer hier nicht aus vollem Herzen schlechte, unselige Beschlüsse gutheißt, wird schlimmer als ein Spion, ja fast wie ein Hochverräter angesehen... Wenn du auch für deine Person reine Hände und ein gutes Gewissen behältst, wird dir doch fremde Bosheit und Dummheit angelastet. Es ist also unmöglich, selbst mit der größten List und Findigkeit irgend etwas zum Besseren zu wenden.

Aber die Dinge zum Besseren wenden mußte er. Könige und Fürsten sind oft «stocktaub» für neue Ideen. Wie konnte man «Menschen etwas einbleuen, die vom genauen Gegenteil felsenfest überzeugt sind?». Deshalb mußte er sich bei ihnen «findig und subtil» Gehör verschaffen. «Das ist die Art von Philosophie, deren man sich bedienen muß.» Die Passage ist so denkwürdig, daß ich sie in vollem Wortlaut zitieren möchte:

> Hast du dich einmal für einen Part entschieden, dann spiele ihn, so gut du kannst und mache das Beste draus... So ist es nun einmal im Staat und im Rat der Fürsten. Kannst du mit verkehrten Meinungen nicht ein für allemal aufräumen, vermagst auch nicht zu heilen, was sich als Brauch und Sitte eingebürgert hat, so darfst du deshalb doch nicht gleich den Staat in Stich lassen – darfst ja auch im Sturm das Schiff nicht deshalb preisgeben, weil du den Winden nicht Einhalt gebieten kannst. Du mußt auch nicht den Menschen eine ungewohnte und maßlose Rede aufdrängen, die ja doch, wie du weißt, bei Andersdenkenden kein Gewicht haben wird, son-

dern es lieber findig und subtil anstellen, nach besten Kräften alles recht geschickt zu behandeln und was du nicht zum Guten wenden kannst, wenigstens vor dem Schlimmsten zu bewahren.[32]

Wenn Milton in *Paradise Lost* (nach dem berühmten Wort von Blake) «auf seiten des Satans steht», so hat More seinen Utopismus auf einen Quintus Fabius Maximus zurechtgestutzt: König Utopos ist zu den Fabiern übergelaufen.

4. Die Neue Welt des Kolumbus: Von Dante zu More

Aber es gibt noch eine andere klassische Route in die neue politische Welt, mag sie auch eine langwierige transatlantische Reise erfordern. Unsere Weltkarte bliebe jedoch voll weißer Flecken, würden wir nicht wenigstens kurz darauf eingehen, welche Rolle so kühne Geister wie Dante und Joachim von Fiore, Kolumbus und Amerigo Vespucci, Quiroga und Mendieta bei der Entstehung der modernen Vorstellungen von Utopie und Revolution gespielt haben.[33]

Wenn die beiden Konzeptionen tatsächlich in engem Zusammenhang mit der Entwicklung von Astrologie zu Astronomie, von Theologie zu Politik stehen – was ich in diesem Buch nachweisen will –, so werden diese Wandlungen nur verständlich vor dem Hintergrund der weitverknüpften europäischen Geistesgeschichte. Ich muß deshalb noch einmal auf ein älteres historisches Gefüge, das Heilige Römische Reich der Dante-Zeit, zurückkommen. Denn schon damals machten sich Ansätze zu einem weltlichen Drama bemerkbar, das jenen Stellenwert einnehmen sollte, der seit alters her religiösen und eschatologischen Glanzleistungen vorbehalten gewesen war. Wie konnte eine keimende Leidenschaft für neue soziale Ideen die traditionelle Suche nach Pfaden ins Paradies verdrängen? Wann hat die uralte Sehnsucht nach dem Garten Eden der modernen Hoffnung auf Utopia Platz gemacht? Und wie würden sich Träume und Phantasien in irdische Abenteuerlust und politisches Handeln umsetzen lassen?

«Wo lag das Paradies?» Kaiser Friedrich II. (1194–1250) kannte die überlieferten Antworten vermutlich genau, als er Michael Scotus, dem Hofastrologen der Staufer, eine Reihe heikler Fragen vorlegte. Da der Name vom altpersischen *pairidaeza* («Park, Obstgarten») kommt, lag es wohl im Vorderen Orient; oder in Afrika, der Heimat des Priesterkönigs Johann; vielleicht aber auch in Asien oder auf einer Insel der Seligen jenseits der Meere. Wenn man das Paradies verloren hatte, ließ es sich dann überhaupt wiederfinden? Und was wurde von ihm, dem Kaiser, erwartet? Sollte er es wiederfinden oder neu errichten? Wenn er schon der kaiserliche Messias war, sollte seine Herrlichkeit sich mit ständigem Rückblick begnügen? Gab es keinen Hinweis auf Zukünftiges – in den Sternen, auf einer Weltkarte, in einer dunklen Prophezeiung? Ging es um Heimkehr in den alten Garten Eden oder vielleicht um die Ankündigung einer neuen Zukunft?[34]

Von heute aus gesehen ist die Vermutung nicht abwegig, daß der europäische Geist schon damals in jenen Grenzbereich vorgestoßen war, der zwischen alter Sehnsucht und neuer Hoffnung, restaurativer Vergoldung und revolutionärer Umwertung liegt.

Als Kolumbus auf der Suche nach einem *otro mundo*, einer «anderen Welt», den Ozean überquert hatte, war er – wie er in sein Reisetagebuch schrieb – fest davon überzeugt, daß er den Garten Eden wiedergefunden hatte. Das Paradies auf Erden lag dort, «wo alle Länder und Inseln enden», nämlich am fernsten Punkt des fernen Ostens, so jedenfalls hatte er aus den mittelalterlichen Kommentaren zu Genesis 2,8 in seinem Exemplar des *Imago Mundi* geschlossen: «Und Gott der Herr pflanzte einen Garten Eden gegen Morgen.» Und wie er aussehen würde, wußte Kolumbus auch: «Wie die Brust einer Frau, und an der den Brustwarzen entsprechenden Stelle steigt er am höchsten an und ist dem Himmel am nächsten.» Jetzt endlich war der Paradiesgarten gefunden. In einem Eintrag vom Oktober 1492 heißt es: «Dieses Land ist das beste und fruchtbarste und mildeste und ebenste und angenehmste, das es auf der Welt gibt.» Für Petrus

Martyr, den ersten Historiker des *mundus novus*, war es «jene goldene Welt, von der die alten Autoren so oft sprechen, wo die Menschen einfach und unschuldig leben, ohne Zwang der Gesetze, ohne Streit, ohne Richter und Verleumdungen, glücklich den Bestimmungen der Natur folgend...».

Während Kolumbus krank und von Sorgen bedrängt einen Weg durch die Karibik suchte, lenkte er sein Trachten auf die christliche Hoffnung, Jerusalem und den Berg Zion neu aufzubauen, und auf die Weissagung Joachims, des kalabrischen Abtes, daß aus Spanien ein Erlöser kommen werde; wahrhaftig, sobald er, Kolumbus, wieder in Spanien sei, sollte das heilige Werk begonnen werden. Als die See merkwürdig hoch ging und kein Wind wehte, schrieb er ins Tagebuch, daß «dergleichen nie gesehen ward seit den Tagen der Juden». Und in einem Brief an das katholische Königspaar bekannte er inbrünstig, daß er noch immer «beseelt vom heiligen Feuer» sei und das Licht aus der Heiligen Schrift ihn, den Admiral der Meere, sowie die Monarchen mit «Strahlen von unglaublichem Glanz» anleuchte. Als er vor der Mündung des Orinoko auf Süßwasser stieß, hielt er den Fluß beglückt für einen jener vier alten Ströme, die Adam und Eva gesehen hatten, denn «solch Brausen wie Donnerhall» konnte nur aus paradiesischer Quelle stammen.

Kolumbus trat als ein Vorbote des Tausendjährigen Reiches auf, begleitet von einem apokalyptischen Nachhall Joachims von Fiore, den er in seinem kurz vor der letzten Amerikareise entstandenen *Buch der Prophezeiungen* zitiert. Als solcher ist er denn auch oft angesehen worden, so von Lope de Vega, der ihn 1614 als neuen Christus darstellt und mit seiner Entdeckung die Erlösung der Menschheit beginnen und den Weg zum Tausendjährigen Reich bereiten läßt. Aber das war nur eine dramatisierte Fassung von Kolumbus' eigenen Vorstellungen. «Gott hat mich zum Boten des neuen Himmels und der neuen Erde gemacht», hatte er in sein Tagebuch geschrieben, «von denen Er durch den Mund des heiligen Johannes in der Apokalypse und des Jesaja im Alten Testament gesprochen hat; und er hat mir den Ort gezeigt, wo ich beide finden soll.»[35]

Amerigo Vespucci dagegen hatte von jenem Eden, daß er in der Neuen Welt entdeckte, weniger apokalyptische als danteske Vorstellungen. Ein verbannter, umherirrender Florentiner wie einstmals Dante, zitierte er aus den Gesängen *del nostro poeta Dante*, während er auf den Weltmeeren umherkreuzte. Als er die amerikanische Landschaft von ihrer paradiesischen Seite kennenlernte, fühlte er sich an Botticelli erinnert, der die *Göttliche Komödie* illustriert und auch ein Porträt des großen Fahrensmannes gemalt hatte.

So standen Theologen und Humanisten Pate bei der Entdekkung einer neuen Welt. Jene Inspiration, die die mutigen Seefahrer brauchten – über den Ansporn hinaus, großen Nationen große Gewinne zu bringen –, war sowohl theologischer als auch humanistischer Herkunft. Selbst der Goldschatz hatte seine höhere Berechtigung.[36] Wer ihn besaß, so behauptete Kolumbus, konnte «in der Welt ausrichten, was er will. Er kann die Menschen sogar ins Paradies bringen.»

Das Hin und Her der Bezugnahmen erweckt den Eindruck innerer Notwendigkeit.[37] Kolumbus gedachte jenes Joachim von Fiore, den Dante an seine Seite in einen inneren Kreis des Paradieses versetzt.[38] Amerigo Vespucci gedachte jenes Dante, der eine höchste Vision der Glückseligkeit dichterisch verewigt hatte. Und Thomas More, angeregt durch Vespuccis *Mundus Novus* (mit dem Bericht über einen autochthonen, idealen Kommunismus bei den Indianern), ließ sein Utopia durch «Hythlodeus» entdecken, einen gelehrten portugiesischen Weltumsegler, von dem er sagt, er habe Vespucci auf einer seiner Reisen begleitet.[39]

Die Umrisse unserer zyklisch auftretenden dichterisch-visionären Entwürfe sind, meine ich, nun deutlich geworden. Dante hatte Joachim als seinen geistigen Mentor betrachtet (auch wenn in einer fundamentalen politischen Frage, ob nämlich der Kaiser einen messianischen Auftrag besaß oder zum Plan des Antichrists gehörte, die beiden gänzlich verschiedener Meinung waren). Jene Verse der *Göttlichen Komödie*, in denen er den Abt aus Kalabrien ins Paradies erhebt:

... und Kalabriens Prälat
Joachim leuchtete hier an meiner Seite,
der mit Prophetengabe reich beraten

sollten in die liturgischen Ehrungen für Joachim von Fiore eingehen.[40] Es war ein ungewöhnlicher Tribut, denn Joachim wurde zwar von vier Päpsten hochgeschätzt, seine Trinitätslehre aber offiziell verurteilt. Thomas von Aquin hat ihn seiner «bloßen Vermutungen» wegen abgetan, und Bonaventura hielt ihn schlicht für einen Ignoranten. Für den Zisterzienserorden war er ein entlaufener, abtrünniger Bruder, und überdies gab es ein Gerücht unter den Zeitgenossen, er sei ein «bekehrter Jude». Trotzdem inspirierte sein Werk die Propheten der Renaissance und Rebellen der Reformationszeit, und seine Person wurde zum Idol für religiöse Abweichler und aufständische Bauern. John Foxe geriet beim Lesen seiner Schriften so außer sich, daß er sie «abscheulich und blasphemisch» nannte, und John Donne sprach in der Pfingstsonntagspredigt für das Jahr 1628 tief beunruhigt über den Einfluß des Joachimismus von «diesem Sturzbach, dieser Überschwemmung, diesem Ungestüm»[41].

Joachim hatte, wie es heißt, einen «kaleidoskopartigen Kopf», verwirrend durch die Fülle der ständig wechselnden Bilder. Durch seinen Schreiber Lukas wissen wir von seinem schriftstellerischen Wüten: Dieser mußte «mit zwei Brüdern, die er zu selbigem Behufe angestellt hatte, Tag und Nacht in Hefte übertragen, was er diktiert und auf losen Blättern korrigiert hatte»[42]. So wird es denn nicht leicht sein, bei Dantes «leuchtendem Propheten» zu beginnen, ohne seinen dunklen und rätselvollen Texten sowie den späteren Ergänzungen und theologischen Disputen im Umkreis seiner Lehre Gewalt anzutun: Thesen von den Bäumen der Geschichte, den Tafeln der Eintracht, vom Ende des Antichrists, von der Ankunft von Gog und Magog, der Bekehrung der Juden und der Gnosis der Letzten Dinge.[43] Aber wir können vielleicht doch die für unser Thema wichtigen Punkte herausgreifen und uns dabei an Joachims Zahlenmanie (Dreiergruppen spielten eine besondere Rolle, vor allem der *tertius status*; daher das «Dritte Reich») halten.[44]

1. Das Böse. Der gegenwärtige Zustand ist rundum böse, sündhaft und verderbt. «Wir werden nicht sein, wie wir gewesen sind», weissagt er im *Psalter mit zehn Saiten*, «aber wir werden anfangen, anders zu sein.»[45]

2. Der Widerstand. Den bösen Mächten muß beharrlich widerstanden werden (worauf auch Joachims Nachfolger bestanden), dann werden sie vernichtet werden; und alle werden daraufhin zu den echten Grundsätzen bekehrt werden.

3. Der Niedergang. Die Dinge werden schlechter, bevor sie besser werden. Ein «Übermaß an Verzweiflung» führt die «letzte Stille» herbei, und eine furchtbare Zeit der Heimsuchungen geht der *renovatio mundi* voraus. «Eines können wir mit Gewißheit sagen», erklärt Joachim in der *Exposition der Apokalypse*, «daß nämlich das sechste Zeitalter schlimmer sein wird als die fünf vorhergegangenen, und das siebente wird schlimmer sein als das sechste, und beide werden voll der Übeltaten des apokalyptischen Drachen sein.»[46]

4. Die Getreuen. Eine kleine Schar von Getreuen, Auserlesene eines neuen Geschlechts von Heilsbringern, wird den Kristallisationspunkt für den Widerstand und der strengen Erneuerung (*reformacio*) bilden und die Vorläufer eines neuen Zeitalters der Gemeinsamkeit in allumfangender Liebe sein. «Sie werden zunehmen», heißt es weiter in der *Exposition*, «und ihr Ruhm wird sich allenthalben verbreiten; sie werden den Glauben verkünden und verteidigen bis ans Ende der Welt... Sie werden ein Orden von Einsiedlern sein und leben wie Engel, und ihr Leben wird ein Feuerbrand sein.»[47]

5. Die Lehre. Es gibt eine wahre und ewige Lehre, welche die übrigen leiten kann bei ihrer einzigartigen Sendung: das *Evangelium aeternum*. – Einige extreme Lehrsätze wurden 1215 offiziell verurteilt, was einer der besten Kenner des Joachimismus so erklärt: «Man erkannte nun, daß Joachims Geschichtsphilosophie zu subversivem Denken und Handeln verführte und gefährlich ansteckend wirkte. Immer sind es jene Glaubenssätze, die eine Grundlage zum Handeln bieten, welche strikter Kontrolle bedürfen.»[48]

6. *Der Übergang.* Die Gegenwart ist nur ein Übergangsstadium, ein dramatischer Zwischenakt, ein unhaltbares Interim, ein Provisorium, ein unstetes Flackern im Zeitenlauf. – Die «Erwartung des Königreichs Gottes auf Erden nach den Schrecken des Endes» kommentiert ein Kenner der Materie: «Wo immer Joachimistisches Ideengut zu kommunistisch-chiliastischen Bewegungen angespornt hat – bei den Taboriten in Böhmen, den Wiedertäufern, bei Thomas Münzer in den Bauernkriegen – wimmelt es in ihren Kampfschriften von Zitaten aus der Apokalypse.» Ein anderer Gelehrter kommt zu dem Schluß: «Eine Joachimistische Geschichtsauffassung hat eine Geisteshaltung entstehen lassen, die dem Frühmarxismus eigentümlich verwandt ist: ein Gefühl der Gewißheit und Dringlichkeit. Der vergeistigte Franziskaner wußte, daß er recht hatte, weil er den Schlüssel zur Geschichte besaß; der drohenden Krise konnte er mit Gelassenheit entgegensehen, denn er wußte die Geschichte auf seiner Seite.»[49]

7. *Das Ende und das Ziel.* Eine letzte messianische Epoche hebt an, welche den vergangenen Jahrhunderten der Verfolgung ein Ende setzt. Der große letzte Akt der Erlösung beginnt, und die vollendete Freiheit hält ihren siegreichen Einzug. «Die Lebensführung soll man ändern, weil der Zustand der Welt geändert werden wird» *(Concordia).* «Einem jeden wird in solchem Maß gegeben werden, daß er weniger um seiner selbst willen frohlocken wird, denn weil seinem Nächsten gegeben wurde. Er wird eine Sache weniger als sein eigen erachten denn als etwas, das anderen durch ihn geschenkt wird» *(Expositio).*[50]

8. *Die Verheißung.* Die Zukunft wird als glorreiche Erfüllung alle bekannte Vergangenheit übertreffen, als Crescendo der Erleuchtung, als wahre Apotheose der Geschichte. «Säubert die Augen von allem Erdenstaub», jubelt Joachim in der *Concordia.* «Wendet euch ab vom Getümmel der Massen und vom Getöse der Wörter; folget dem Engel im Geist in die Wüste; steiget mit

dem nämlichen Engel hinauf auf den großen und heiligen Berg; droben werdet ihr hehre Wahrheiten schauen, welche von Anbeginn der Zeit allen Geschlechtern verborgen waren... Denn wir, die wir in der spätesten aller Zeiten berufen sind, eher dem Geist denn dem Buchstaben nachzufolgen, sollten gehorchen und von Erleuchtung zu Erleuchtung schreiten, vom ersten Himmel in den zweiten, vom zweiten in den dritten, vom Ort der Finsternis ins helle Mondlicht, auf daß wir am Ende aus diesem hinaus in den vollen Glanz der Sonne gelangen.»[51]

In seiner zehnten Epistel (an Can Grande) erwähnt Dante den Grundverlauf der *Göttlichen Komödie*: «Am Anfang war es schauerlich und voll Gestank, denn das ist die Hölle; am Ende ist es gedeihlich, anziehend und lieblich, denn das ist das Paradies.» Unlängst hat ein Herausgeber der *Utopia* folgenden Vergleich mit der *Göttlichen Komödie* gezogen: «In Mores Meisterwerk ist die Hölle die abendländische Christenheit; das Paradies liegt in Utopia. Dante endet mit dem Paradies; More entläßt den Leser wieder in die Hölle auf Erden.»[52] Aber wie lange wird ein geschulter Adept der Utopie es wohl dort aushalten? Überdies ist das außerirdische Paradies keineswegs die einzige Alternative für die leidende Christenheit, wenn er sich auf den politischen Dante besinnt, auf den Flüchtling, den zu keinerlei Zugeständnissen bereiten Verbannten und Verfasser erbitterter Kampfschriften (*De monarchia* wurde auf Geheiß der Kirche auf dem Marktplatz von Bologna öffentlich verbrannt).

Dante selbst hat nämlich einen ganz konkreten Weg nach Utopia gezeigt: eine Weltordnung des Friedens und der Freiheit, unter der «das Land heiter sein wird im Frühlingsgrün». Er verheißt, daß «die Finsternis unseres dauernden Elends» ein Ende haben wird und öffnet einen Ausblick auf ein Morgen, darin Milch und Honig fließen (nach 2. Moses 3,8). Er hat sich auf das «Wohl der Welt» verpflichtet gefühlt und erklärt, nichts käme seiner Liebe zur Wahrheit mehr entgegen, als «zum Gemeinwohl beizutragen» und «für das Glück kommender Geschlechter zu arbeiten». Der Mensch könne nämlich auch in dieser Welt ein Leben voller Glück und Gerechtigkeit führen, da er ausgestattet sei mit Willensfreiheit, mit der kostbaren Gabe des Entscheidungsvermögens und mit der unveräußerlichen Freiheit, Gut und Böse beim Namen zu nennen: «Die Menschheit erfreut sich des größtmöglichen Wohlergehens, wenn sie das höchste Maß an Freiheit besitzt *(Et humanum genus, potissime liberum, optime se habet).*»

Daraus spricht eine Kühnheit des Geistes, die damals kaum ihresgleichen hatte – Dante sagt selber, daß er den Drang hatte, «Wahrheiten vorzutragen, an die sich andere noch nie gewagt haben». Und es sollte keine pure Spekulation oder Flucht in die Dichtung für bedrängte Gemüter sein. Er sah die Notwendigkeit für eine Einheit von Theorie und Praxis: «Wir sollten darüber nicht nur nachdenken, sondern etwas in die Wege leiten.» Und noch einmal: «Das Nachdenken geschieht um des Handelns willen, denn es erfüllt sich durch das Handeln.» Dann wird er noch deutlicher:

> Nun aber handelt es sich hier um eine politische Frage, ja um Ursprung und Prinzip der richtigen Staatsverfassungen, und politische Fragen unterliegen insgesamt unserer Macht. Darum hat offenbar das vorliegende Problem in erster Linie nicht spekulative, sondern praktische Bedeutung. Weil aber in praktischen Fragen Prinzip und Ursache im letzten Zweck ruhen... so folgt, daß alle Mittel in Hinblick auf das schließliche Ziel formuliert werden.[53]

Dieses Manifest entwickelt demnach eine großartige weltpolitische Konzeption, ein universales Modell für eine Gesellschaftsordnung *(universalis civilitas humani generis)*, das man mit Recht «die erste bekannte Formulierung der modernen Idee der Menschheit» genannt hat.[54] Darüber hinaus enthält es auch schon eine ganze Reihe radikaler rhetorischer Figuren, die, wie wir sehen werden, aus den späteren ideologischen Bemühungen um weltweite Veränderung nicht wegzudenken sind:

1. *Wurzel und Zweig.* Dante warnte davor, seine Vorstellungen als oberflächliche Veränderungen abzutun, vielmehr dachte er an einen schweren, gründlichen und fundamentalen Eingriff:

Wenn man einen Baum absterben lassen will, nützt es nichts, nur die Zweige zu stutzen; sie werden neue, doppelt giftige Zweige treiben, solange die Wurzeln unbeschädigt sind und sie mit Saft versorgen... so lange, bis die Ursache dieser Üppigkeit beseitigt ist. Erst wenn die Wurzel solch ungeheuerlicher Verderbtheit ausgerottet ist, werden die stechenden Zweige und der Stamm verdorren.

2. *Sturm und Schiffbruch.* Er sah eine schwache Hoffnung, daß die so notwendig und unvermeidlich scheinende Entwurzelung noch verschoben werden könnte:

O Menschheit, wie viele Stürme und Schicksalsschläge, wie viele Schiffbrüche müssen dich heimsuchen, weil du dich wie ein vielköpfiges Ungeheuer aufführst, das nach tausenderlei Dingen giert; du bist an Geist und Körper schwach.

3. *Drohendes Verderben.* Er verhehlte jedoch nicht, daß die Katastrophe drohte. In seinem Brief «eines Florentiners in unverdienter Verbannung» an die Stadt Florenz schrieb er:

Zu deinem Schmerz wirst du deine Paläste fallen sehen, die du nicht weise errichtet hast, auf daß sie deinen Bedürfnissen genügen, sondern um dein Vergnügen zu mehren... fallen unter dem Sturmbock oder verzehrt von Flammen. Du wirst dein Volk – augenblicklich noch ein zorniger Pöbelhaufen, zerrüttet und in sich uneins, teils für, teils gegen dich – bald gegen dich geeint sehen in heulender Wut, denn ein ausgehungerter Pöbel weiß nichts von Furcht. In Reue wirst du deine Kirchen, in denen sich jetzt Tag um Tag die feinen Damen drängen, geplündert sehen, und deine Kinder werden verurteilt sein, in Verwirrung und Unwissenheit für die Sünden der Väter zu leiden. Und sollte mein seherischer Geist von keiner Täuschung befallen sein, da er eine Botschaft übermittelt, die mir durch unmißdeutbare Zeichen und unbestreitbare Argumente zuteil ward, so werden jene wenigen, die dir geblieben sind, wenn die meisten im Gemetzel umgekommen oder in Knechtschaft geraten sind, ehe auch sie in die Verbannung gehen, in Tränen Zeuge sein von der Übergabe deiner von unendlichem Gram erschöpften Stadt in die Hand der Fremden.

4. *Immanente Ordnung.* Welch eine Distanz liegt zwischen diesem prophetischen Zorn und der unpersönlichen Kühle je-

ner Sentenz, die Dante dem Aristoteles entnommen hatte: «Die Dinge wehren sich, wenn sie schlecht verwaltet werden.»[55]

Wie also sollten «die Dinge» recht verwaltet werden?

So eben, wie er gesagt hatte, «daß alle Mittel in Hinblick auf das schließliche Ziel formuliert werden». Und die geeigneten Mittel lagen nun in den Händen des messianischen Kaisers Heinrich VII., dem 1309 in Aachen gekrönten Nachfolger der Staufer, jenes «göttlichen» Heinrichs *(divi Henrici faustissimi)*, Dantes langersehntem Befreier der Welt, der seinen glanzvollen Weg angetreten hatte, um Friede, Glück und Gerechtigkeit zu bescheren. Der historische Augenblick war eingetroffen: «Erwachet daher, Ihr alle, und erhebet Euch.»[56]

Dantes Theorie von der Volkserhebung in *De monarchia* richtet sich unmißverständlich gegen die Bulle *Unam sanctam* (1302), die klassische Formulierung des Supremats geistlicher über weltliche Macht durch Papst Bonifatius VIII. Kein mittelalterlicher Denker hätte gewagt, das Gegenteil zu behaupten oder zu sagen, eine starke weltliche Herrschaft habe ihre eigene Legitimität, weil sie die *humana civilitas* repräsentiere. Als treuer Sohn einer wahren *ecclesia* kommt Dante beiden Seiten entgegen: Er gibt dem Papst, was des Papstes ist, nämlich die Sorge um das Paradies im Jenseits; und dem Kaiser, was des Kaisers ist, nämlich die Sorge um das Paradies auf Erden. Sein Manifest gegen den weltlichen Machtanspruch des Papsttums und für den Kaiser ist – trotz der relativ geringen Differenzierung – eine Art Präludium zur Idee der utopischen Revolution der Neuzeit. Das sonderbare Gleichnis von den «zwei Sonnen», mit dem er seinen kühnen Durchbruch überzeugend und akzeptabel auszudrücken glaubt, ist als «grober astronomischer Unsinn» bezeichnet worden. Aber es waren immer schiefe Metaphern, die der revolutionären Sprache die nötige Aura wilder, unvermuteter Kraft verliehen, um über bestehende Machtkonstellationen hinausweisen zu können.

Was Dante gemeint hat, ist die These von zweierlei Machtsphären; dieser Dualismus umfaßte zwei Sonnen, zwei Ziele, zwei Arten von Glück, zwei Formen des Paradieses. Dem Menschen ist aufgetragen, zwei Ziele anzustreben:

Es ist die Glückseligkeit dieses Lebens, die in der Betätigung der ihm eigenen Kraft besteht und im irdischen Paradies ihr Vorbild hat; es ist andererseits die Glückseligkeit des ewigen Lebens, die in der Freude am Antlitz Gottes beruht und zu der wir nur mit Hilfe des göttlichen Lichts gelangen können. Diese Glückseligkeit hat ihr Vorbild im himmlischen Paradies. Zu diesen beiden Arten von Glückseligkeit zu gelangen, bedarf es unterschiedlicher Mittel, so wie man auf unterschiedlichen Wegen zu verschiedenen Schlüssen kommt.[57]

Hatte er sich schon so weit vorgewagt, zögerte Dante auch nicht zu sagen, wie Mittel und Zweck verknüpft werden konnten, und löste so sein Versprechen ein, soziale Theorie und politische Praxis zu vereinen.

Darum bedarf es, dem doppelten Ziel entsprechend, auch zwei verschiedener Führer. Der Papst hat die Aufgabe, anhand der Offenbarung die Menschheit zum ewigen Leben zu führen. Dem Kaiser kommt es zu, in Einklang mit philosophischen Grundsätzen die Menschheit zu ihrem zeitlichen Glück zu führen.[58]

Dante hat einmal in einem Ausbruch florentinischen Weltbürgersinns bekannt: «Die Welt ist unsere Heimat.»[59] Wenn es nun zur Weltrevolution kommen sollte (wobei eine Sonne die andere umkreisen würde), so konnte es nur eine Revolution von oben, vom Höchsten aus sein. In der Zukunft würde es noch genug Gelegenheiten geben, Wegweiser zu Pfaden von unten zu finden.

Mit alledem möchte ich deutlich machen, daß sich hier neue Wege zum Paradies auftaten. Dante hat ein Paradies ausgemalt, ein Reich des Friedens und der Gerechtigkeit auf Erden; Kolumbus und Vespucci glaubten an ein anderes Paradies, an die grünen Gefilde der Hoffnung und Glückseligkeit in der Fremde. More konzipierte ein drittes, eine säkulare Ordnung mit humanen, tugendhaften zwischenmenschlichen Beziehungen. Andere Pfadfinder sollten später dazukommen: Träumer und Seher, Entdecker und Abenteurer, Humanisten und Propheten, die alle im Hier und Heute nach neuen Lebensformen für den Menschen suchten. Utopia war eine andere Welt, eine neue, ferne, aber endlich entdeckte Wirklichkeit, draußen, jenseits des Meeres. Utopia war ein «Amerika», vielleicht sogar ein Eden (und ist es geblieben, bis hin zu Scott Fitzgeralds Metapher von der «frischen, grünen Brust der neuen Welt, die einst kupplerisch raunend den letzten und größten aller menschlichen Träume genährt hat... die orgiastische Zukunft»).[60]

So mancher von Mores gelehrten Zeitgenossen hat *Utopia* für eine wahre Geschichte gehalten und war bereit, die lange Seereise zu den Utopiern zu wagen, sei es, um sie zu bekehren oder von ihnen zu lernen. Ein vom Geist der Renaissance erfüllter spanischer Richter namens Quiroga, der in den dreißiger Jahren des 16. Jahrhunderts nach Neu-Spanien kam, entwarf ein Regierungssystem für die Eingeborenen nach dem Vorbild von Mores *Utopia*, das von den Ratgebern der katholischen Könige für die Belange «Indiens» ernsthaft in Betracht gezogen wurde.[61] «Nicht etwa willkürlich», schrieb Quiroga, «sondern aus gutem Grund nennt man diese Welt ‹die Neue›, nicht etwa, weil sie neu entdeckt worden ist, sondern weil sie, was ihre Bewohner und fast alles übrige betrifft, so ist, wie das erste, das goldene Zeitalter war.» Daß Waldseemüller sie auf seinen Karten als «eine neue Welt» eintrug, war wohl etwas voreilig, da sie nach allgemeiner Auffassung ja ein Teil der bekannten alten Welt war. Auch daß Kolumbus die von ihm entdeckten Gebiete Teil eines Landes nannte, «von dem die Welt bisher noch nicht Kenntnis hatte», war gewagt. Denn die Folgerung lag nahe, daß die Menschen selbst fähig sind, ein neues Goldenes Zeitalter zu gründen. Gegenüber der Kühnheit dieser Idee mußten die fromme Suche nach dem verlorenen Garten Eden und die sentimentale Sehnsucht nach irgendwelchen Inseln der Seligen verblassen.

Quirogas Originalmanuskript mit dem Entwurf des indianischen Utopia ist unauffindbar. Aber wir wissen, daß der fleißige Schüler von More (den er einen «berühmten, genialen Mann» nannte, «der über Menschenmaß hinausragt») als Laienbischof von Michoacan Verordnungen und Gesetze erließ, die gleichermaßen auf materiellen Wohlstand wie auf eine vernünftige politische Ordnung abzielten. Wir wissen auch, daß Quiroga diese

Pläne gegen übermächtigen Widerstand zu verteidigen suchte und trotzig erklärte, er werde «in keinem Punkt nachgeben».[62]

Ein Missionar derselben Generation, der Spanier Mendieta, Betreuer der Franziskanerklöster im Gebiet der Azteken, war erfüllt von der mystischen Hoffnung, ein perfektes indianisches Gemeinwesen – gläubig, glücklich, einzigartig – gründen zu können, als er nach Madrid zurückkehrte. Er führte bittere Klage beim Hof: Sofern die grausame Unterdrückung der Indianer nicht aufhöre, prophezeite er dem ausbeuterischen Reich – darin nicht weniger unnachgiebig als Quiroga – den wohlverdienten apokalyptischen Untergang.[63] Halb flehend, halb drohend meinte er 1587, für einen messianischen König sei es «noch nicht zu spät», die Chancen der Neuen Welt zu nutzen und die Herrschaft des Mammon zu stürzen. Er erinnerte daran, daß Spanien laut Joachims Weissagung dazu ausersehen sei, das neue Jerusalem zu bauen, in dem die Menschen «friedfertig und tugendhaft wie in einem Paradies auf Erden» leben, «aller Nöte, Gewalt und Ungerechtigkeit ledig».[64]

Auf diesem Weg vom Paradies nach Utopia, von der Abenteuer- und Entdeckerlust zum leidenschaftlichen Politisieren, von alten Mythen zu neuen Träumen, sollte der Figur des «Raphael Hythlodeus» ein besonderer Platz im Kreis der führenden Geister Europas zukommen. Der Erzengel Raphael der Bibel ist ein Heilbringer, und *hythlodaios* bedeutet nach einem griechisch-lateinischen Wörterbuch von 1512 «glühender Phantast»[65]. Wie lange würde es noch dauern, bis Utopisten auftreten «wie jene, die lodernd vor Eifer ganze Königreiche in Brand stecken wollen» und zur Revolution aufrufen?[66]

Sie würden jedenfalls von anderer Art sein als jene, die die Renaissance aus der Taufe hoben. Wir sollten in diesem Zusammenhang noch einmal daran denken, wie wichtig das Gedankengut der griechischen und römischen Antike für das Entstehen jener «klassischen Mäßigung» war, die das frühmoderne politische Gespräch jahrhundertelang geprägt hat. Das Denken der Renaissance, besonders in seiner späten ideologisch-rhetorischen Höchstform in Florenz, verblüfft geradezu durch kühle

Strenge und nüchterne Gegenwartsbezogenheit. Mit dem Paradies ist hier kein Staat, keine Politik zu machen, denn Politik lebt nicht von Versprechungen, sondern von sichtbarem Handeln. Die Zukunft kann nicht zur fixen Idee werden, denn jede neue Generation muß sich ihr eigenes Freiheitsideal bilden, verwirklichen und verteidigen. Dantes Cäsarentraum wird von den führenden Kritikern des Trecento (Bruni, Salutati u. a.) verworfen. Guelfische und ghibellinische Parolen zünden nicht mehr. Ein großer Kenner der italienischen Frührenaissance, Hans Baron, hat nachgewiesen, daß mindestens bei dieser außergewöhnlichen Generation florentinischer Quattrocentristen eine Säkularisierung der Gefühle und eine Verpflichtung gegenüber neuen humanistischen Staatsbürageridealen vorherrscht, für die religiöse Leidenschaften und theologische Leitsätze ihre Rolle ausgespielt haben.[67]

5. Praktische Reformer und rastlose Rebellen

Es hat etwas Symbolisches, daß in jenem ersten Jahrhundert der utopischen Sehnsucht der englische Utopist vor jedem «Drunter und Drüber» zurückscheute und lieber alles «mit Witz und Augenmaß» handhaben wollte; daß der französische Utopist dunkel von einer bevorstehenden Rebellion der Gerechten in Wut und Gewalt sprach; daß in Spanien einer der größten utopischen Texte in einem liederlich geführten Archiv in Vergessenheit geriet und der italienische Utopist im Kerker schmachtete, mit vagen und vergeblichen Hoffnungen auf eine Verschwörung, einen Kardinalshut oder das Wunder der Weltrepublik. Bei dieser Konstellation der ersten Stunde ist es mehr oder weniger geblieben. Die Reformer, Rebellen, Windmühlenkämpfer und Bombasten im Namen der Utopie sind seither stets mitten unter uns gewesen. Wichtig erscheint mir allerdings, daß der neuzeitliche Hang zur Utopie von Anbeginn mit einem typisch englischen Sinn für das Schrittweise und Machbare verbunden ist.[68] Heutzutage erlebt man in England das paradoxe Schauspiel, daß noch die erbittertsten Gegner jeglicher Utopie aus dem Urquell eines geduldigen Empirismus, das heißt aus der Tradition der Fabianer schöpfen.

Sir Karl Popper beispielsweise erklärt immer wieder, die utopische Idee als solche sei gefährlich, schädlich und obendrein eine Selbsttäuschung: «... wenn wir doch aufhören würden, von fernen Idealen zu träumen und uns über utopische Pläne für eine neue Welt zu streiten...»[69] Er reagiert mit einer Gereiztheit auf die Idee der Utopie, die Thomas More (der seine Überzeugung, daß «wir keinen Himmel auf Erden haben können», unbedingt geteilt hätte) in Erstaunen gesetzt hätte. Doch mit wörtlichen Anklängen an *Utopia*, die so unabsichtlich wie unüberhörbar sind, erklärt Popper: «Statt dessen sollten wir uns der Aufgabe widmen, das Leben von Generation zu Generation etwas weniger schrecklich und ungerecht zu machen.» Popper zufolge muß der Utopist «jene Rivalen, die mit seinen utopischen Zielen nicht übereinstimmen, sich nicht zu seiner utopischen Religion bekennen, entweder für sich gewinnen oder zermalmen». Thomas More hätte den Kopf geschüttelt. Wenn Toleranz eine menschliche Tugend ist, kann, ja muß sie nicht auch zum Bild Utopias gehören? Warum soll der Segen der Toleranz, zu dem sich die Geschichte so langsam, launisch und leidvoll durchgerungen hat, nicht auch rivalisierenden politischen Glaubensbekenntnissen zuteil werden? More erzählt, daß König Utopos «es für anmaßend und unsinnig hielt, wenn man mit Gewalt und Drohungen von anderen zu glauben verlangte, was man selber glaubte». Popper ist weiter der Überzeugung, ein Utopist müsse, entzückt und beflügelt von fernen Idealen, unbedingt «Gegner jeder Vernünftigkeit sein».[70] More hätte es höchst sonderbar gefunden, daß der Versuch, vernünftige gesellschaftliche Institutionen für die Menschen zu schaffen, je für unvernünftig gehalten werden könnte. Dies ist ein alter Streitpunkt in der politischen Ideengeschichte Europas, und es gibt Dutzende ebenso alter Antworten darauf.

In seinem Essay *Idea of a Perfect Commonwealth* (1742) unternimmt David Hume den Versuch, die utopische mit der empirischen Richtung zu versöhnen:

Da zugestanden werden muß, daß unabhängig von den Sitten und Launen einzelner Menschen die eine Regierungsform vollkommener als die andere ist; warum soll man nicht untersuchen, welches die vollkommenste von allen sei; wenn die gemeinen zusammengeflickten und ungenauen Regierungen gleich zu den Zwecken der Gesellschaft nicht untauglich scheinen, und wenn es gleich nicht so leicht ist, ein neues Regierungssystem zu errichten, als ein Schiff nach einem neuen Modell zu bauen? Die Sache ist wahrlich unter allen, welche der Witz des Menschen nur irgend ersinnen kann, der Neugierde am würdigsten. Und wäre dieser Streit nur erst durch die allgemeine Übereinkunft der Weisen und Gelehrten abgemacht; wer weiß, ob dann nicht einmal in einem künftigen Zeitalter sich Gelegenheit darbieten möchte, die Theorie zur Ausführung zu bringen, es sei durch eine Auflösung irgendeiner alten Regierung, oder durch das Einverständnis von Menschen, eine neue in irgendeiner entlegenen Gegend der Welt zu errichten? In allen Fällen muß es vorteilhaft sein zu wissen, was das vollkommenste in seiner Art sei, damit man in den Stand komme, irgendeine wirkliche Verfassung, durch solche gelinden Änderungen und Neuerungen, welche der Gesellschaft keine zu große Störung verursachen, so nahe wie möglich zu bringen.[71]

Wie alle klugen und besorgten Philosophen befindet Popper sich in einem Dilemma: einerseits plädiert er für die Ideale einer gesitteten Gesellschaftsordnung, für gewisse «wichtige und umfassende politische Reformen», um menschliches Elend zu beseitigen; andererseits aber widersetzt er sich einem emotionalen Engagement, das mit utopistischer Klarheit letzte Ziele vor Augen hat und die beste aller möglichen Gemeinschaftsformen verwirklichen möchte. Für More hingegen, wie für alle hochherzigen, aber vorsichtigen Phantasten, besteht das Dilemma in der tragischen Spannung zwischen der dem Utopisten eigenen klaren Erkenntnis des Guten und der Bürde des Reformers, der praktische Kompromisse schließen und immer wieder Mißerfolge einstecken muß.[72] More hat oft sogar die Gefahr der Veröffentlichung gescheut: «Wenn ich mir die Sache überlege», schreibt er 1520, «sehe ich, daß es doch sicherer wäre, wenn Sie eine Weile warten, wenigstens bis ich den Text verbessert habe... In meinen Bemerkungen über Frieden und Krieg, Sittlichkeit, Ehe, Geistlichkeit, das Volk usw. ist vielleicht nicht immer alles so vorsichtig und zurückhaltend ausgedrückt, daß es klug wäre, es den spitzfindigen Kritikern auszuliefern.»[73]

Die Geschichte hat leider wenig Respekt vor den Nöten der Zartbesaiteten. Als Utopia erst einmal in die geistige Arena Eingang gefunden hatte, erlebte sie ein eigenes und wechselvolles Schicksal. Den Dichtern und Denkern war die utopische Sehnsucht eine Leistung der Einbildungskraft und als solche offen, widersprüchlich und formbar. Für sie konnte Freiheit in den kleinsten Details einer weitverästelten imaginären Gesellschaft beheimatet sein, sich in einer komplexen Ästhetik und flexiblen Sprachform bemerkbar machen. Doch für verzweifelte religiöse Inbrunst oder drängende politische Leidenschaft gab es weder Zeit noch Raum für Mehrdeutigkeit. Während der Fundamentalismus keine Unklarheit erträgt, ist der abstrahierende theoretische Idealismus aus gröberem Garn gestrickt. Wenn dann die Geduld einmal am Ende ist, beginnt das Trachten nach Revolution; dies ist der Punkt, wo das Wissen um Vollkommenheit und die Bereitschaft zu Maßlosigkeit zusammenkommen.

Da zum Wesen der Utopie sowohl der Widerwille gegen die gegenwärtigen Verhältnisse wie die Verlockungen einer besseren Welt gehören, fragt man sich, ob und wie ein gläubiger Reformer mit hohem politischen Amt beides wirkungsvoll zum Ausdruck bringen konnte. Um wieviel näher konnte der Lordkanzler das englische Volk tatsächlich der Glückseligkeit bringen? Bei all seiner List und Findigkeit: Welche Erfolge hat er vorzuweisen? Wenn Worte nicht genügten, die Welt zu verändern, nicht einmal für wortgläubige christliche Humanisten, dann würden Geist und List des Fabianers wohl kaum jene rastlosen Utopisten überzeugen können, die die oft gerühmte Vielfältigkeit der Welt nicht mehr ertragen wollten. Die Neigung zu brutaler Gewalt wird allmählich stärker. So heißt es bei Andrew Marvell in *An Horatian Ode upon Cromwell's Return from Ireland* (1650):

To ruin the great Work of time
And cast the Kingdome old
Into another mould

(«Um das erhabene Werk der Zeit zu zerstören / und das alte Königreich / in eine neue Form zu gießen»).

Die Unzufriedenheit mit der Wirklichkeit wächst, weil sie sich so langsam ändert; die Ohnmacht wohlmeinender Neuerer facht die allgemeine Ungeduld an. Je mehr die politische Erregung sich steigert, desto abstrakter und absoluter werden die Ideen.[74] Die utopische Sehnsucht nach einem tugendhaften Staat, nach «der neuen Erde, auf der Rechtschaffenheit hauset», wird unwiderstehlich. Eine apokalyptische Ekstase bemächtigt sich der Herzen. Von der historischen Tagesordnung wird Reform zugunsten der Revolution verdrängt. 1641 verkündet John Milton, auf der Suche nach «hohen Weisen, zu singen und frohlocken, und neuen Rhythmen», eine «gute Ära, die Ära unseres Parlaments, des wahren Triumphes und des Wiedererstehens des Staates... und alle Geschöpfe rufen nach Erneuerung».[75]

1776 erklärt Thomas Paine: «Es steht in unserer Macht, für die Welt einen neuen Anfang zu machen», und: «Die Geburtsstunde einer neuen Welt naht.»[76] 1789 erklingt vor der Bastille der Ruf: «Hier scheiden sich die Zeiten... Die Tyrannen werden stürzen.»[77]

Dieser Scheideweg der Zeiten war die Sternstunde der Utopie, zumindest für jene Revolutionäre, die – so Camus – «die Apokalypse goutierten und ein wildes Leben liebten». Robespierre, der in solch einer Zeit taumelnder Begeisterung lebte, hielt die Revolution für das geeignete Mittel zu einem segensreichen Zweck; endlich würden so der Menschheit jene vernünftigen und glücklichen Institutionen beschert werden, die sie verdiente. Für Karl Marx mit seinen apokalyptischen Hoffnungen war hingegen das langersehnte Mittel schon der Zweck an sich, die Revolution schon die eigentliche Utopie.[78]

Dieselbe Situation hat Schiller mit anderen, sinngemäß aber ähnlichen Worten erfaßt, als er sich feinfühlig um einen Einblick in die Psychologie solch bedrängter Begeisterung bemühte, welche auf verborgenen Wegen mit «Eifer» und «Ungestüm» auf schnelle und endgültige Resultate drängte:

> Dringend spricht das Unglück seiner Gattung zu dem fühlenden Menschen, dringender ihre Entwürdigung, der Enthusiasmus entflammt sich, und das glühende Verlangen strebt in kraftvollen Seelen ungeduldig zur Tat... Der reine moralische Trieb ist aufs Unbedingte gerichtet, für ihn gibt es keine Zeit, und die Zukunft wird ihm zur Gegenwart... Vor einer Vernunft ohne Schranken ist die Richtung zugleich die Vollendung, und der Weg ist zurückgelegt, sobald er eingeschlagen ist.[79]

Wir dürfen Schillers Worte wohl teilweise als das Selbstbekenntnis eines politischen Romantikers verstehen. In die Sprache einer von Marx geprägten Generation übersetzt, besagt das, daß der bürgerliche Demokrat, von Wissenschaft unbeleckt und daher ohne Bedeutung, ruhig weiter träumen mag. Und der proletarische Sozialist braucht gar nicht erst ein Zukunftsprogramm zu machen, denn nach Marx geht es nicht um die Verwirklichung dieses oder jenes utopischen Systems, sondern es geht «um die bewußte Teilnahme an dem historischen revolutionären Prozeß, der sich vor unseren Augen abspielt». Die Zukunft ist die Gegenwart; und die Gegenwart enthält ein Absolutes, das nicht der normalen Zeitbedingtheit unterworfen ist.

Noch ein letztes Wort sei mir gestattet über die Enthusiasten, welche gleich Zwillingen beide voll Eifer und Wagemut waren und gleich ungeduldig in ihrer Empörung. Schließlich werden wir ihnen noch oft begegnen bei der Analyse des Impulses zu Utopie und Revolution. Bei ihnen tritt uns derselbe Dualismus entgegen, der bereits den Reformer charakterisierte. Diesmal haben wir es einerseits mit dem utopistischen, andererseits mit dem antiutopistischen Revolutionär zu tun. Für den ersten gilt ein Wort von Saint-Just: «Unser Ziel ist eine ehrenhafte Regierung, damit die Menschen glücklich sein können.» Wobei wir vielleicht, wie Robespierre hinzufügt, «während wir unser Werk mit unserem Blut besiegeln, wenigstens die ersten Strahlen der Morgenröte allgemeiner Glückseligkeit sehen werden.

Das ist unser Streben und unser Ziel...» Für den zweiten hat die Revolution, in Marx' berühmt-berüchtigter Formulierung, «keine Ideale zu verwirklichen, sie hat nur... in Freiheit zu setzen». Sie mag sich nicht auf utopische Träume einlassen. «Was innerliches Licht war, wird zur verzehrenden Flamme, die sich nach außen wendet.» [80] Für den antiutopistischen Revolutionär ist die Revolution «in Permanenz», auf die er setzt, seine Apokalypse.

In der bereits erwähnten Utopie des Jambulos werden eine «glückliche Insel» und die gesegneten Bewohner des «Sonnenstaates» beschrieben: «Sie sahen gut aus und hielten sich gerade, sie hatten weit offene Ohren und ein ungewöhnlich gutes Gehör; ihre Zungen waren doppelt bis zur Wurzel, was sie befähigte, jede menschliche Sprache und die Laute aller Vögel nachzuahmen – ja sogar zwei Gespräche zugleich zu führen...»

In gewissem Sinn haben alle Utopisten doppelte Zungen und lassen, was Michael Oakeshott *«the conversation of mankind»*, das «Menschheitsgespräch», nennt, in zwei Stimmen erklingen. Die eine Stimme ist die des Zauberers, die andere die des Propheten. Die eine verleitet uns zum Träumen, die andere zum Handeln. Eine spricht in der Sprache Athens von der abstrakten Bedeutung des Guten. Die andere spricht Hebräisch und von der Umsetzung idealer Werte in die Praxis. Mit ihrem Zusammenklingen im jüdisch-griechischen Geist bei Philon von Alexandria (der den Anstoß gab zu allem, worüber ich gesprochen habe) will ich dieses Kapitel schließen:

> Ich erkläre freimütig, daß der Staatsmann ohne Zweifel ein Traumdeuter ist... ein Mann, der damit vertraut ist, jenen allgemeinen, weltweiten Traum zu deuten, den nicht nur die Schläfer, sondern auch die Wachen träumen. Dieser Wach-Traum ist, um es rundheraus zu sagen, das menschliche Leben als solches... Insofern das Leben mit allem Wirrwarr, allem Chaos, aller Dunkelheit befrachtet ist, muß er, der Staatsmann, hervortreten und wie ein weiser Traumdeuter zu Gericht sitzen über die Tagträume und Phantasien seiner Gefährten, die da glauben, sie seien wach – und wahrscheinlich muß er bei solchem Anlaß sich Mutmaßungen und vernünftiger Überredung bedienen, um ihnen zeigen zu können, daß dieses

schön und jenes das Gegenteil ist; dieses gut und jenes schlecht; dieses gerecht und jenes ungerecht. Und desgleichen mit anderen Eigenschaften: Er wird zu zeigen versuchen, was klug, was mutig, was fromm, was heilig, was segensreich, was nützlich ist; und umgekehrt, was unnütz, was unvernünftig, was unedel, was unfromm, was profan, was feige, was ungerecht und was selbstsüchtig ist. Und darüber hinaus wird er weitere Lehren erteilen... Seid bereit zur Veränderung. Ihr seid oft gestrauchelt. Hoffet jetzt auf eine bessere Zeit. Denn bei den Menschen verkehren die Dinge sich in ihr Gegenteil.[81]

Morbleu, laßt uns revolutionieren! Es ist das einzig Gute, das einzig Wirkliche im Leben.

P. J. Proudhon (1848)

Ein Forschungsinstitut in Cambridge, Mass., ist beauftragt worden herauszufinden, ob man mit Hilfe von Computern und Systemanalysen Revolutionen vorhersagen kann. Diese Untersuchung gehört zum «Unternehmen Camelot»[1], einem von der amerikanischen Armee in Auftrag gegebenem Forschungsprogramm über Revolutionen, Aufstände und Anti-Guerilla-Taktiken. Dr. Clark Abt, der Leiter des Instituts, meinte dazu: «Ein Computer kann innerhalb weniger Minuten eine unbegrenzte Zahl von Informationen auswählen, gewichten, vergleichen und korrelieren, eine Arbeit, zu der Historiker und Politikwissenschaftler Jahre benötigen würden.»

Daily Telegraph, London, 8. 5. 1965

O Wissen, weshalb kamst du, wenn du schädigst und nicht heilst...
O wo ist die Macht, die solches Unglück wiedergutmacht?

Gerrard Winstanley (1652)

2. Das revolutionäre Engagement

Die Erlösung der Gesellschaft - Das geheime Millennium - Verlockungen zum Guten und Bösen - Magisch-religiöse Paraphernalia - Der Fall - Das Gelübde

1. Die Erlösung der Gesellschaft

Wir haben bisher zwar von einem Durchbruch zur Reform im 16. Jahrhundert und zur Revolution im 18. Jahrhundert gesprochen, aber der Chronist des «Strebens nach dem Millennium» erinnert uns daran, daß manche, wenn nicht sogar alle diese Elemente ihren Ursprung schon früher, nämlich bereits im 14. Jahrhundert hatten. «Seit wann begnügten sich die Menschen nicht mehr damit, eine Gesellschaft ohne Standes- und Eigentumsunterschiede einem längst vergangenen Goldenen Zeitalter zuzuweisen, und begannen statt dessen, sie als vorherbestimmtes Faktum in die baldige Zukunft zu verlegen?» Und Norman Cohn gibt auch die Antwort: «Soweit sich den vorhandenen Dokumenten entnehmen läßt, entstand diese neue soziale Mythe in den unruhigen Jahren um 1380.» Er denkt dabei an John Ball, an die Gewalttätigkeiten während des englischen Bauernaufstands von 1381 und überhaupt an die naive revolutionäre Eschatologie des späten Mittelalters. Eine ähnliche Frage stellt ein Historiker, der sich mit revolutionären Organisationen in Frankreich und den Niederlanden während des 16. Jahrhunderts befaßt hat: Lassen die Ursprünge der Jakobiner und späterer utopisch-revolutionärer Gruppen sich nicht auf die

Hugenotten und den «Heiligen Bund» in Frankreich zurückverfolgen, auf die «Wasserbettler» und Calvinisten in Holland sowie (in abgeschwächter Form) auf die Bruderschaft des John Knox und die «Lords of the Congregation» in Schottland?

«Ihr wißt, Sir», schrieb ein englischer Agent im Jahr 1559, «wie schwierig die Massen zu einem Aufstand wider die Autoritäten zu bewegen sind.» Andererseits konnte der aufmerksame venezianische Botschafter in einem Bericht aus Paris 1569 zur weitgespannten und effizienten Organisation von Hugenotten-Kadern feststellen: «Demnach wären sie in der Lage, innerhalb eines Tages und zu einer festgesetzten Stunde völlig geheim in sämtlichen Gegenden des Königreichs einen Aufstand zu machen und damit einen grausamen und gefährlichen Krieg zu entfachen.» Seiner Meinung nach handelte es sich bei diesen verschiedenen revolutionären Gruppierungen um straff organisierte Minderheiten, die in manchen Landesteilen eine Art Staat im Staat aufgebaut hatten; ihre eingeschworenen Mitglieder infiltrierten die Staatsbürokratie; die führenden Köpfe hatten Ämter inne, von denen aus sie Teile des Staatsapparates im Handstreich übernehmen könnten (Steuern erheben, Münzen prägen, usf.); und ihre skrupellosen Anführer hatten «die politische Wirksamkeit von Terror und Pöbelherrschaft erkannt».[2]

Nur eine Einzelheit vermißt man bei diesem Bild: den echten Revolutionär. Diese «revolutionären Gruppen» waren zumeist konservative Kräfte, die in religiösen Fragen anderer Meinung oder von der Regierungspolitik enttäuscht waren; an ihrer Spitze standen gewöhnlich adlige Rebellen, und sie hatten keinerlei ausgearbeitete Programme zur Unterwanderung des Staates oder zur Wiederherstellung einer älteren Gesellschaftsordnung. Der bereits zitierte Historiker gesteht denn auch: «Paradoxerweise wurden die revolutionären Bewegungen des 16. Jahrhunderts von Männern angeführt, die keine Revolutionäre waren.»

Aber wie wir bereits festgestellt haben, wurde die Erstellung radikaler sozialer Wunschbilder durch verschiedene Faktoren immer mehr beschleunigt. Die Utopisten steuerten ein lebendiges, detailreiches Bild des Goldenen Zeitalters bei, und die militanten Reformer schürten die Hoffnung auf praktische, diesseitige Veränderungen. Mit dem Auftreten der ersten modernen Generation von utopischen Revolutionären begegnet uns jedoch, wie Tocqueville es ausdrückt, «eine bislang nie geschaute Spezies... die ersten Mitglieder einer neuen Menschenrasse». Für Condorcet hatte gegolten, daß «man als ‹revolutionär› nur solche Revolutionen bezeichnen darf, deren Ziel die Freiheit ist», und daß «in der ewigen Abfolge der menschlichen Schicksale» Wahrheit, Glück und Tugend eine «unzertrennliche Einheit» darstellen. So konnte erstmals der Traum von der Freiheit in ein systematisches Aktionsprogramm übersetzt werden; nicht länger brauchte man sich mit Veränderungen und Verbesserungen der bestehenden Ordnung gemäß den vagen Konturen eines fernen Idealbilds zu begnügen, sondern konnte, vielleicht schon morgen oder übermorgen, alles zerstören und an den Neuaufbau gehen. Tocqueville bezeichnete dies (leicht übertrieben, doch ohne jeden Stolz) als eine speziell französische Leistung und meinte: «Wenn es den Franzosen gelungen wäre, wie die Engländer den Geist ihrer alten Institutionen behutsam zu verändern, ohne sie zu zerstören, hätten sie vielleicht nicht so rasch in den Ruf nach einer neuen Ordnung eingestimmt.»[3]

Der Revolutionär ist üblicherweise entweder Spezialist für Apokalypsen oder ein Visionär des irdischen Paradieses. Bei Karl Marx galten bloße prophetische Träumer wie Saint-Simon, Fourier und Robert Owen nicht viel: «Jene neuen Sozialsysteme waren von Anfang verdammt, Utopien zu bleiben; je mehr die Details ausgefeilt wurden, desto mehr entwickelten sie sich zwangsläufig zu reinen Phantasieprodukten.»

Das «zwangsläufig» ist bezeichnend: Hier wird als gegeben hingestellt, was zweifellos noch fraglich war. Manchmal war sich Marx durchaus nicht völlig sicher, wie zwangsläufig Detail und Debakel zusammenhingen. So unterscheiden sich der erste und der letzte Entwurf des *Bürgerkriegs in Frankreich* (1871) durch den fast dramatischen Schlußstrich, den er unter seine schwankenden Ansichten über die Beziehungen zwischen Utopie und Revolution zieht. Die zwei betreffenden Passagen verdienen eine eingehendere Betrachtung.[4]

In der ursprünglichen Fassung – den verworfenen Entwurf fand man erst nach seinem Tod unter seinen Papieren – hatte sich Marx zu der Behauptung hinreißen lassen, die neue Revolution sei im Grunde nur eine praktische Methode, um alte utopische Ziele zu verwirklichen. Die Leitfiguren der utopistischen Bewegungen – Fourier mit den *Phalangen*, Cabet mit *Ikarien* – waren großartig, hatten aber nichts bewirken können. Die Zeit war noch nicht reif gewesen.

Sie versuchten, die fehlenden historischen Bedingungen der Bewegung durch phantastische Bilder und Pläne einer neuen Gesellschaft zu kompensieren, in deren Propaganda sie das wahre Mittel des Heils sahen. Von dem Moment an, da die Bewegung der Arbeiterklasse Wirklichkeit wurde, schwanden die phantastischen Utopien, nicht weil die Arbeiterklasse das Ziel aufgegeben hatte, sondern weil sie die wirklichen Mittel gefunden hatte, sie zu verwirklichen, weil an die Stelle phantastischer Utopien die wirkliche Einsicht in die historischen Bedingungen der Bewegung trat und die Kräfte für eine Kampforganisation der Arbeiterklasse sich immer mehr zu sammeln begannen. Aber die beiden Endziele der von den Utopisten verkündeten Bewegung sind auch die von der Pariser Revolution und von der Internationale verkündeten Endziele. Nur die Mittel sind verschieden...

Von diesem freundlichen, brüderlichen Zugeständnis an die noblen Träumer und von der wichtigeren Anerkennung der geschichtlichen Interdependenz von politischen Mitteln und erdachten Zwecken findet sich in der letzten, der veröffentlichten Fassung keine Spur mehr. Dieser Abschnitt mit seiner Wendung von prophetischem Weitblick zu apokalyptischer Endzeitstimmung liest sich jetzt so:

Die Arbeiterklasse verlangte keine Wunder von der Kommune. Sie hatte keine fix und fertigen Utopien durch Volksbeschluß einzuführen. Sie weiß, daß, um ihre eigne Befreiung und mit ihr jene höhere Lebensform hervorzuarbeiten, der die gegenwärtige Gesellschaft durch ihre eigne ökonomische Entwicklung unwiderstehlich entgegenstrebt, daß sie, die Arbeiterklasse, lange Kämpfe, eine ganze Reihe geschichtlicher Prozesse durchzumachen hat, durch welche die Menschen wie die Umstände gänzlich umgewandelt werden. Sie hat keine Ideale zu verwirklichen, sie hat nur Elemente der neuen Gesellschaft in Freiheit zu setzen, die sich bereits im Schoß der zusammenbrechenden Bourgeoisgesellschaft entwickelt haben.

Marx beharrte auf dieser Esoterik der letzten Ziele so gut es ging. Von jenen, die einen neuen Himmel und eine neue Erde versprachen, haben sich nur wenige ähnlich strikt aller Verlokkungen des Paradieses und der Utopie enthalten. Verführten soziale Wunschträume die Menschen zur Passivität? Marx schien davon überzeugt: «Die doktrinäre und notwendig phantastische Antizipation des Aktionsprogramms einer Revolution der Zukunft lenkt nur ab vom gegenwärtigen Kampf.» Aber war nicht während der gesamten Geschichte die antizipierende Phantasie die Triebkraft bei Helden und Märtyrern gewesen? Das bezweifelte er. Gewiß, «der Traum vom nah bevorstehenden Untergang der Welt feuerte die primitiven Christen an in ihrem Kampf gegen das römische Weltreich und gab ihnen Siegesgewißheit». Aber gegenwärtig war die Quelle der Inspiration und Gewißheit eine andere, und sie sprudelte stark genug, um das zu bieten, was Marx für eine «ausreichende Garantie» hielt.

> Die wissenschaftliche Einsicht in die unvermeidbare und stetig unter unseren Augen vorgehende Zersetzung der herrschenden Gesellschaftsordnung und die durch die alten Regierungsgespenster selbst mehr und mehr in Leidenschaft gegeißelten Massen, die gleichzeitig riesenhaft fortschreitende positive Entwicklung der Produktionsmittel – dies reicht hin als Bürgschaft, daß mit dem Moment des Ausbruchs einer wirklich proletarischen Revolution auch die Bedingungen ihres (wenn auch sicher nicht idyllischen) unmittelbaren, nächsten Modus operandi gegeben sein muß.[5]

Marx brach nicht nur mit den Utopisten im strengen Sinn. Das war trotz aller emotionalen (und logischen) Schwierigkeiten weniger problematisch als seine Absage an die Gesamtheit einer radikalen Tradition, die im Laufe von gut einem Jahrhundert – von den Levellern bis zu den Montagnards – ein zunehmend feineres Gefühl für pragmatische Offenheit entwickelt hatte. Die Menschen würden bei ihrem Kampf um das Neue nicht mehr unbedingt dazu verdammt sein, blind zu kämpfen. Sie konnten neue, heroische Taten vollbringen und jetzt genau wissen, wofür sie zu sterben bereit waren; ihr Opfergang und Märtyrertod brauchten nie wieder von unbestimmten, mehrdeutigen Vorstellungen diktiert zu sein, welche unvermeidlich Täuschungen und Verrat Vorschub leisteten.

Als Buonarotti 1828 die Geschichte von Babeufs «Verschwörung der Gleichen» und der nachjakobinischen Pläne für eine «neue Revolution» schrieb, die schließlich und endlich zur wahren «Wiedergeburt der Menschheit» hatten führen sollen, betonte er, wie grundlegend und notwendig Klarheit sowohl hinsichtlich der Ziele als auch der Mittel sei.

Alle waren sich in dem Wunsch einig, daß jedes einzelne Mitglied nicht nur von der Berechtigung des Unternehmens überzeugt sein sollte, sondern sich auch eine deutliche und umfassende Vorstellung von dem politischen System gemacht haben sollte, das er an die Stelle des zu vernichtenden setzen wollte.

Sie wünschten von ganzem Herzen, das Volk glücklich zu machen; und deshalb erachteten sie es für unvereinbar mit den wahren Interessen des Volkes, es leichtsinnig großen Umwälzungen auszusetzen, die möglicherweise nur dazu führen würden, daß auf den Trümmern der alten Tyrannei eine neue errichtet wird, neue Privilegien geschaffen und neue Ambitionen entfacht werden.

Das Komitee war zunächst eine Art politisches Lyzeum, eine Schule, wo man – nachdem man die Ursachen der Mißstände festgestellt hatte, unter denen die Nationen litten – dazu überging, sorgfältig die Prinzipien einer Sozialordnung zu definieren, die man für am besten geeignet hielt, diese zu beseitigen und einen Rückfall auszuschließen. *(Le comité fut d'abord un lycée politique, ou, après avoir démêlé les causes des maux qui affligent les nations, on parvint à poser avec précision les principes d'ordre social que l'on crut les plus propres à les en délivrer et à en empêcher le retour.)*

Als der große irische Chartistenführer James Bronterre O'Brien 1836 dann Buonarottis *Conspiration pour l'égalité dite de Babeuf* übersetzte, fügte er an dieser Stelle zur Verdeutlichung eine Fußnote hinzu: «Nichts könnte besser ihre Integrität und guten Absichten beweisen. Wer lediglich zerstören will, ohne gute und deutliche Vorstellungen von dem neuen Bau zu haben, ist kein Reformer, sondern ein Spekulant auf die Anarchie, ein Räuber oder Räuberknecht.»[6]

Was Bronterre O'Brien als Räuberei bezeichnete, war für Marx ein geschichtlich bedeutsamer Akt der Enteignung. Hätten die Chartisten ihren Hegel gelesen, wäre ihnen klargeworden, daß man für klare und gute Vorstellungen von der Zukunft nicht zurückzugreifen brauchte auf persönliche, subjektiv gefärbte Konstrukte des menschlichen Geistes und der Schwärmerei; die entsprechenden Vorstellungen waren fest eingewoben in den Stoff der Geschichte, in den logischen Ablauf des Geschehens und in die historische Wirklichkeit. Die Zerstörung gab den Auftakt zur Freisetzung: darin lag die Dialektik der Befreiung. Deutlich zu definieren waren nicht die Prinzipien der Neuordnung, sondern die soziologischen Zwangsläufigkeiten der revolutionären Bewegung. Nun bestand der wesentliche Unterschied nicht mehr zwischen einem Spekulieren auf die Anarchie und einer Reform der sozialen Ordnung, sondern zwischen spekulativen Phantastereien und den Gesetzen des sozialen Fortschritts; oder – in der Terminologie, auf der Marx und Engels bestanden – zwischen «Utopie» und «Wissenschaft». Der radikale Bruch, den Engels in der *Entwicklung des Sozialismus von der Utopie zur Wissenschaft* (1878) aufzeichnete, gehört tatsächlich zu den großen Wegmarken der Neuzeit. Die Apologeten der Apokalypse trieben die Propheten vom Feld, und danach war keine Rückkehr zu älteren Denkmodellen für Utopie und Revolution mehr möglich.

Diese drastischen und schwierigen Alternativen, deren scharfer Gegensatz so häufig aufgrund nervöser Zweifel und intellektueller Zaghaftigkeit verdeckt wurde, existierten keineswegs nur in der bedrängten politischen Seele sozialistischer Denker.[7] Auch Nietzsche begegnet den übermächtigen Anforderungen der Gegenwart und der Zukunft wie erwartet mit einem dramatischen Balanceakt von Widersprüchen. Von Natur aus allem «Altruismus» gegenüber mißtrauisch, mußte er zu der Überzeugung gelangen, daß die Menschheit gerade jene Dinge am höchsten verehrte, die ihr die geringste Freude machten. Utopistische Verheißungen waren nur eine Art hedonistischer Übersteigerung, ein Gegengewicht zur Trübsal des Alltags. Sauertöpfisch bemerkt Nietzsche, es «möge ein Dichter einmal im Bilde einer Utopie die allgemeine Menschenliebe als vorhanden zeigen»; er würde dabei lediglich einen «qualvollen und lächerlichen Zustand» zu beschreiben finden. Die Gesellschaft wäre dort dem Stumpfsinn einer grundsätzlichen und allumfassenden Liebe ausgeliefert, die man ihrerseits «dann ebenso beschimpfen und verfluchen wird, wie es die ältere Menschheit mit der Selbstsucht getan hat». Wird der Traum zum Nachtmahr, würden die Träumenden plötzlich mit neuem Sinn für die alten Wirklichkeiten erwachen. Nietzsche wagt zu prophezeien:

> ... und die Dichter jenes Zustands, wenn man ihnen zum Dichten die Ruhe läßt, von nichts träumend als von der seligen, liebelosen Vergangenheit, der göttlichen Selbstsucht, der einstmal auf Erden noch möglichen Einsamkeit...

Wen überrascht es, wenn Nietzsche im gemächlichen Tempo seiner Schriftstellerei einige vierhundert Aphorismen danach sich tiefbesorgt über die «zukünftigen Tugenden» zeigt. Jetzt beklagt er den gegenwärtigen Verlust «dieser Gattung des Mutes, welche nicht ferne einem ausschweifenden Großmut ist», ja sogar des Reizes und Geheimnisses des Undenkbaren.

> Oh, wollten doch die Dichter wieder werden, was sie einstmals gewesen sein sollen: – Seher, die uns etwas von den Möglichkeiten erzählen!... Wollten sie uns von den zukünftigen Tugenden etwas vorausempfinden lassen! Oder von Tugenden, die nie auf Erden sein werden, obschon sie irgendwo in der Welt sein könnten, – von purpurglühenden Sternbildern und ganzen Milchstraßen des Schönen! Wo seid ihr, ihr Astronomen des Ideals?[8]

Wenn die Tugenden in den Sternen stehen, wer kann uns dann einen Vorwurf daraus machen, daß wir nach ihnen zu greifen versuchen?

Marx entzog sich dem Dilemma durch eine klare Entscheidung, auch wenn sie spät fiel und aus der Verzweiflung entstand. Nicht ganz zufällig schwang in Marx' Unduldsamkeit mit den utopischen Träumern ein bonapartistischer Unterton mit, als er ihnen vorwarf, sie stünden nur der Naturgewalt der revolutionären Veränderung und Herrschaft im Weg. Napoleon hatte seinerzeit kräftig gegen die «Ideologen», die «Ideen-Sucher» polemisiert. Dem jungen de Staël, der vergebens im Namen seiner berühmten Mutter plädierte, hielt er vor: «Bei Euren Intrigen bringt Ihr nur Utopien zu Papier. Wer solche Tagträume liest, ist schwachköpfig; sie werden in Umlauf gebracht, man glaubt ihnen und jedermann redet von allgemeiner Wohlfahrt.» Noch im Todesfieber redete er von seiner Feindschaft gegen jene, die ihn «mißverstanden», die mit «ihren Utopien, ihren englischen Vorstellungen, ihren Beschwerdebriefen» umherziehen. Für sie war Revolution «nichts mehr als eine Reform von Mißständen», und sie wollten nicht einsehen, «daß sie allein schon eine vollständige soziale Wiedergeburt bedeutet».[9]

Was Napoleon so in Rage brachte, spielte, glaube ich, auch bei Marx eine gewisse Rolle, als er 1877 ein erneutes Auftreten des «utopischen Sozialismus» feststellte, bei dem die Radikalen wieder einmal «mit Phantasiebildern von der zukünftigen Gesellschaftsordnung spielen». Ein «fauler Geist» machte sich bemerkbar, repräsentiert von «einer ganzen Bande halbreifer Studiosen und überweiser Doktors, die dem Sozialismus eine ‹höhere ideale› Wendung geben wollen, das heißt die materialistische Basis (die ernstes objektives Studium erheischt, wenn man auf ihr operieren will) zu ersetzen durch moderne Mythologie, mit ihren Göttinnen der Gerechtigkeit, Freiheit und Gleichheit, und fraternité». Daß die Deutschen vorher antiutopistisch eingestellt waren, gab ihnen «das theoretische Übergewicht (daher auch das praktische) über Franzosen und Engländer». Natürlich hatten die Beiträge «der großen französischen und englischen Utopisten» einen gewissen Wert gehabt, aber nur *vor* Marx. «Es ist natürlich», schreibt er, «daß der Utopismus, der vor der Zeit des materialistisch-kritischen Sozialismus letzteren *in nuce* in sich barg, jetzt, wo er *post festum* kommt, nur noch albern sein kann, fad, und von Grund aus reaktionär.» Wie die Dinge später einmal aussehen würden, darüber sollte nicht gesprochen werden. Die Zukunft war ein Geheimnis. Apodiktisch wie selten nur sagt Marx einmal vom Kommunismus: «Er ist das aufgelöste Rätsel der Geschichte und weiß sich als diese Lösung.»[10]

Aber so wohlgehütet war das Geheimnis doch nicht. So definierte Proudhon 1864 den Kommunismus:

Eine festgefügte Demokratie, die aussieht, als sei sie auf die Diktatur der Massen gegründet, in der aber die Massen gerade soviel Macht haben, wie nötig ist, um eine allgemeine Versklavung gemäß den folgenden, vom alten Absolutismus übernommenen Regeln und Prinzipien zu gewährleisten: Unteilbarkeit der öffentlichen Gewalt, eine alles verschlingende Zentralisierung, systematische Ausmerzung individuellen, körperschaftlichen und regionalen Denkens (als zersetzend betrachtet), inquisitorische Polizei.

Und an Karl Marx hatte er geschrieben:

Laßt uns, falls Ihr wollt, gemeinsam die Gesetze der Gesellschaft erforschen, die Art, wie sie ablaufen, und die Methode, wie man sie erfolgreich entdeckt, aber, um Gottes willen, laßt uns, nachdem wir all den A-priori-Dogmatismus aus dem Weg geräumt haben, nicht demselben Widerspruch verfallen wie Euer Landsmann Martin Luther, der, kaum daß er die katholische Theologie umgestürzt hatte, sogleich eine eigene protestantische Theologie begründete, mit großem Geschrei von wegen Exkommunizierung und Bannflüchen... Ich begrüße von ganzem Herzen Eure Idee, sämtlichen Meinungen Spielraum zu geben; laßt uns eine gute, loyale Polemik führen; und laßt uns der Welt ein Beispiel für gelehrte und weitsichtige Toleranz geben *(une tolérance savante et prévoyante)*. Doch laßt uns nicht, weil wir eine neue Bewegung anführen, auch Anführer einer neuen Intoleranz sein; laßt uns nicht als Apostel einer neuen Religion auftreten, selbst wenn es die Religion der Logik, die Religion der Vernunft sein sollte. Laßt uns alle Einwände begrüßen und fördern und alle Exklusivität und Mystik verdammen. Laßt uns nie eine Frage für abgeschlossen halten, und sollten wir unser letztes Argument vorgebracht haben, dann laßt uns, falls es notwendig sein sollte, mit Schwung und Ironie von vorne anfangen. Unter diesen Bedingungen werde ich gerne mit Ihnen zusammenarbeiten – *sinon, non!*[11]

So also sah der schlechte Tausch aus, den die apokalyptischen Utopisten gemacht hatten: statt visionärer Traumbilder erhielten sie ein geheimes Millennium.

2. Das geheime Millennium

Nun mag mancher meinen, als Schwarzseher sich Lorbeeren zu verdienen, sei wahrlich keine Kunst – schaut die dunklen Wolken am Horizont, bangt vor dem Niedergang und dem Ende, schreit «Wehe»! Haben nicht Proudhon, Burckhardt, Tocqueville, Nietzsche und Kierkegaard leichtes Spiel gehabt, als sie düster vor Terror und Tyrannei warnten? Der Einwand hat sicher einiges für sich. Im Augenblick aber möchte ich nur der Frage nachgehen, ob nicht die Absage an die utopische Sehnsucht einen desorientierenden Verlust der Horizontlinie, eine drastische Einschränkung des Gesichtsfelds mit sich bringt. Der junge Marx hat einmal sich im Reim von jenen distanziert, die wie «Kant und Fichte gern zum Äther schweifen, / suchten dort ein fernes Land, / doch ich such' noch flüchtig zu begreifen / was ich – auf der Straße fand»[12]. Meiner Ansicht nach ist die Kurzsichtigkeit kein Zufall, die Marx übersehen ließ, was Proudhon und andere auf der Straße fanden.

Die Gemetzel werden kommen, und die Entkräftung, die auf diese Blutbäder folgen wird, wird entsetzlich sein. Wir werden das Werk des neuen Zeitalters nicht sehen, wir werden in der Nacht kämpfen, man muß sich darauf einrichten, dieses Leben ohne allzuviel Traurigkeit zu ertragen, indem wir unsere Pflicht tun. Helfen wir einander, rufen wir einander im Dunkel an, und jedesmal, wo sich die Gelegenheit dazu bietet, üben wir Gerechtigkeit...

Heute ist die Zivilisation wirklich in einer Krisis, für die man in der Geschichte nur eine einzige Analogie findet: das ist die Krisis, die das Kommen des Christentums bestimmte. Alle Überlieferungen sind verbraucht, alle Glaubenslehren abgeschafft, dagegen ist das neue Programm noch nicht fertig... Dies ist der grausamste Augenblick in der Existenz der Gesellschaften...

Ich mache mir geringe Illusionen und erwarte nicht morgen in unserem

Lande wie durch einen Zauberschlag die Freiheit wiedererstehen zu sehen... Nein, nein; der Verfall, und zwar für eine Zeitdauer, deren Ende ich nicht anzusetzen vermag und die nicht kürzer als eine oder zwei Generationen sein wird, das ist unser Los... Ich werde nur das Übel sehen, ich werde mitten in der Finsternis sterben.

Wo niemand von fernen Ländern träumt, gibt es vielleicht auch keine Verzweiflung; aber ohne eine Vision der Zukunft kann man sich nicht richtig auf den tatsächlichen oder erwünschten Ablauf der Ereignisse vorbereiten. Nicht nur Vorausschau, auch Vorausplanung ist nötig. Es gibt manche Berührungspunkte zwischen den utopistischen Propheten, bei denen empirische Erprobung schon lange üblich war, und den traditionellen Reformern mit ihrem utopistischen Pragmatismus. Ich denke dabei an die Kooperativen von Herstellern und Verbrauchern in England (Robert Owens' New Lanark u. a.); an die «nationalen Werkstätten» des Louis Blanc; die mutigen Siedlungsexperimente in Amerika, wie beispielsweise New Harmony in Indiana und Brook Farm in Massachusetts. Sicherlich muß dazugesagt werden, daß diese Reformer, statt die neue industrielle Ordnung aufzugreifen und menschenwürdig zu gestalten, häufig ihre Energien damit verschwendet haben, ihr zu entfliehen. Insofern hatte Marx recht, als er im *18. Brumaire* davon sprach, wie mancher «hinter dem Rücken der Gesellschaft... seine Erlösung zu vollbringen sucht». Doch dem hält Martin Buber entgegen: «Aber was ist letzthin praktischer, soziale Wirklichkeit durch soziale Wirklichkeit schaffen zu wollen, deren Rechte auf politischem Wege zu verteidigen und zu erweitern wären, oder soziale Wirklichkeit durch den Zauberstab der Politik allein schaffen zu wollen?»[13]

Es lohnt sich, hier einmal den religiösen Parallelen nachzuspüren, denn sie bieten mehr als eine historische Analogie: Eingehende Fallstudien würden, davon bin ich überzeugt, bemerkenswerte strukturelle Ähnlichkeiten im Temperament der Beteiligten und in den emotionalen und intellektuellen Auswirkungen zum Vorschein bringen. Wenn man nach den Hintergründen des Zerstörungstriebs fragt, der während der Blütezeit der radikalen Reformation im Europa des 16. und 17. Jahrhunderts herrschte und sich gegen sämtliches geistige und materielle Bilderwerk richtete, trifft man auf eine vertraute Mischung von Rigorismus und Mystizismus. Keine Ablenkung wurde geduldet, die das authentische Verlangen nach opferbereiter Hingabe gefährden konnte. Die menschliche Seele sollte direkten Zugang zu Gott haben. Einige radikale Reformer, wie etwa die Quietisten, «weiteten den Kampf sogar auf geistige Bilder aus, auf gedankliche Bildvorstellungen»[14]. Verblüffend ähnlich ist die durchgängige Ablehnung der Marxisten gegenüber Utopien und anderen bildhaften Denkmodellen von der neuen Gesellschaft; hier äußert sich ein verwandter Widerstandsgeist gegen alles, was von der hingebungsvollen Abstraktion ablenkt. Die wahre Bewegung beweist dann ihre geschichtlich wirksame Unbeflecktheit, wenn sie sich mit dem Wirklichkeit gewordenen Wort identifiziert: der Revolution.

Selbst Martin Buber hat dieses Problem nicht völlig gemeistert. Ein Widerspruch zwischen seinem weltlichen Glauben an einen humanistischen Sozialismus und seinem transzendentalen Glauben an den Gott Israels läßt sich nicht übersehen. In seiner Studie *Der Glaube der Propheten* (1960) schreibt er mit Blick auf den Propheten Jeremias, daß «dies nicht die Stunde war, ein Bild der künftigen Ordnung... zu gewinnen... So konnte es nicht an dem sein, die Äußerungsformen eines so umgewandelten Herzens vorherzusagen... Der reine Prophet ist gleichsam phantasielos... [Seine] Wahrheit [kann] niemals vorweg abgeschildert werden...»[15] Nach dieser Lesart könnte man Marx, dessen Veranlagung zu apokalyptischen Visionen wir eben noch als Gegensatz zum Prophetentum interpretiert haben, kurioserweise als einen reinen und echten Propheten verstehen, als «zitternde Kompaßnadel», der den Weg wies, da die Auseinandersetzung mit den tatsächlichen Gegebenheiten als Aufgabe anderen Zeiten und Orten zufällt, ja eine Beschäftigung für andere, spätere prophetische Geister bleiben muß. Die sogenannten falschen Propheten sind Träumer, von der «Falschheit ihres eigenen Herzens» dazu verführt, den Menschen ihre Wünsche zu erfüllen. Buber schwankt hier zwischen säkularer Vernünftigkeit und theologischem Absolutismus: Die Sozialisten wünscht er sich praktisch und zupackend, die Propheten aber unirdisch und rein. Der Verantwortung für menschliches Träumen und Wünschen enthoben, der gestalteten Welt den Rücken kehrend, vermag der Apokalyptiker seine esoterische Vision einzig in Form einer Botschaft zu vermitteln, als etwas, «das dem allgemeinen Wissen vorenthalten und nur auf geheimen Wegen weitergegeben werden darf».[16]

Andererseits ist das Engagement der Vertreter einer bilderreichen Prophetie öffentlich sichtbar, da sie nicht nur vorhersagen und die Vorhersage veranschaulichen, sondern auch eindeutiges politisches Handeln provozieren möchten. Damit hätten wir die letzte Variante des utopischen Denkens genannt: Reform nicht als Alternative zur Revolution, sondern der Reformer als Revolutionär. Dieser verlangt – wie es beispielsweise Landauer und Kropotkin taten – nach Fortschritt vor der Revolution und baut auf das Heranreifen einer echten kommunalen Gesinnung und den gleichzeitigen schrittweisen Aufbau neuer Institutionen und einer neuen Gesellschaft. Diese Propheten predigen, daß der «Sinneswandel» jetzt schon stattfindet. Sie ahnen, daß alle anderen Fortschrittsmodelle mit tragischen Nebeneffekten behaftet sind, und werden nicht müde, insbesondere auf die Problematik des utopischen Revolutionsgedankens hinzuweisen:

> Die Tragödie der Revolutionen: daß sie, auf das positive Ziel hin betrachtet, das Gegenteil des gerade von den ehrlichsten und leidenschaftlichsten Revolutionären Herbeigesehnten zur Folge haben, wenn und weil das Angestrebte nicht schon vorrevolutionär so weit vorgebildet war, daß die revolutionäre Aktion ihm nur noch den vollen Entfaltungsraum zu erringen hat... Sie kann nur das vollenden, das frei, mächtig und vollständig machen, was sich bereits im Schoße der vorrevolutionären Gesellschaft vorgebildet hat... Die Stunde der Revolution ist nicht eine Stunde der Zeugung, sondern eine der Geburt – wenn eine Zeugung voranging.[17]

Die beliebte Metapher der häuslichen Wehen (man bekommt häufiger den Eindruck, einer Unterhaltung von Hebammen über politische Gynäkologie beizuwohnen) sollte nicht die wichtige Frage überdecken: Trifft, was Buber hier über Marx sagt, wirklich zu? Starke Zweifel sind anzumelden. Marx verwarf jedwede Utopie und alle ähnlichen Gedankenspiele, und solange er nicht eindeutig zu dem Problem Stellung bezog, war er unverwundbar. (Wer seine Karten nie auf den Tisch legt, spielt strenggenommen wohl gar nicht mit; doch nur die größten Spieler besitzen die nötigen Nerven.) Man mag sich ewig darüber streiten, was Marx «eigentlich» gemeint hat. War es nur spöttisch gemeint, als er sagte, er habe nicht vor, für die Kaffeehäuser der Zukunft die Speisekarte zu schreiben? Hier hat er sich wieder einmal mit der Flucht in die Metapher aus der Affäre gezogen. Schließlich war die Frage bescheiden genug: Man verlangte ja gar nicht den ausführlichen Speiseplan des neuen Etablissements, wollte nur wissen, was – wenn überhaupt – man dort auftischen und wie hoch die Rechnung sein würde.

Wenn man sämtliche Schriften von Marx durchsieht – von der in jugendlichen Jahren in Berlin verfaßten, von Hegel inspirierten Dichtung bis zu dem seltsamen Briefwechsel mit Vera Zasulich (wo Marx sich schwertat, eine ganz spezielle Antwort auf ganz spezielle russische Probleme zu finden; drei Entwürfe hat es ihn gekostet) –, kann man schließlich mit Mühe und in vagen Umrissen ein Bild skizzieren von Marx' eigenem Utopia, dessen Existenz für gewöhnlich aufs heftigste bestritten wird.[18] Eine etwas großzügige Interpretation liefe meiner Meinung nach darauf hinaus, daß Marx eine Art von föderalistischen Kommunen und Kooperativen vorschwebte (das hieße aber natürlich, daß man dabei die starke Neigung zur Zentralstaatlichkeit ignoriert). Im übrigen muß man sich mit dem Abschnitt in der *Deutschen Ideologie* (1845) zufriedengeben, wo ein rührendes Bild von einem Tag im Leben in Utopia gezeichnet wird:

> ... während in der kommunistischen Gesellschaft, wo jeder nicht einen ausschließlichen Kreis der Tätigkeit hat, sondern sich in jedem beliebigen Zweige ausbilden kann... heute dies, morgen jenes zu tun, morgens zu

jagen, nachmittags zu fischen, abends Viehzucht zu treiben, nach dem Essen zu kritisieren, wie ich gerade Lust habe, ohne je Jäger, Fischer, Hirt oder Kritiker zu werden.[19]

Ein After-Dinner-Kritiker wird dies mit berechtigter Ungeduld rasch abtun als eine Karikatur auf Leonardo in der Sommerfrische. Zumindest dem alten König Utopos war klar – also Sir Thomas More und seinen Zeitgenossen in der Renaissance –, daß es nicht ganz so einfach ist, das Beste im Menschen zur Entfaltung zu bringen. Aber die Reize dessen, was man vielleicht «das Paradies der Dilettanten» nennen könnte, sind verführerische und oft genug unwiderstehliche Elemente im menschlichen Daseinskampf; und entsprechend muß man dem Traum des jungen Marx durchaus seinen Stellenwert in der langen Reihe phantasievoller utopistischer Reaktionen einräumen. Schon immer wollten die Menschen wissen, wie vergnüglich es im Goldenen Zeitalter tatsächlich zuging, auch wenn sie nicht immer eine Antwort erhielten; und an Anbietern einer beschränkten Zahl von simplen, griffigen Auskünften hat es – von Platos *Staat* bis zu Maos *Kleinem roten Buch* – nie gemangelt. Wie würde der neue Mensch seine beispiellosen Chancen, die Glückseligkeit zu erlangen, nutzen? Würde er, endlich zur kommunalen Kreatur gewandelt, sich eifrig den sozialen Obliegenheiten und wahrhaft humanen Aufgaben widmen? Oder würde er, erstmals im echtesten Sinne aufrecht und gottgleich, seine ureigensten persönlichen Fähigkeiten verwirklichen? Es ließe sich sogar denken, daß private Wünsche und öffentliche Tugenden sich in bisher ungeahntem Maß decken würden; denn aus der tiefen Durchdringung der privaten und kommunalen Sphäre mochte sich die Erfahrung bilden, daß sich in weitestgehender Individualität der höchste Sinn des menschlichen Daseins offenbart.

Die Chronik der utopischen Sehnsucht ist wie überhaupt die Geschichte der menschlichen Ideale voll von solchen Versuchen, Mensch und Masse zu unterscheiden, Harmonie und Vielfalt gegeneinander abzuwägen, oder auch die eklektischen Bestrebungen des komplexen einzelnen mit den sozialen Bedürfnissen der kollektiven Masse zu verschmelzen. Es gibt große Unterschiede, aber sie sind, wenn man die Perspektive des historischen Rückblicks berücksichtigt und beachtet, wie begrenzt der Gedankenspielraum jeder Ideologie ist, recht vorhersehbar. Um das Umfeld anzugeben, in das Marx' kurzer Ausflug ins Utopische gehört, seien aus der langen Geschichte vom klassischen Griechenland bis zum China unter Mao zwei Markierungspunkte angegeben.

Plato betrachtete als hervorstechendstes Kennzeichen für das Leben in einem demokratisch verfaßten Stadtstaat das Verlangen nach uneingeschränkter Erfüllung der verschiedensten Hoffnungen und Wünsche. Der Sieg der Demokratie bedeutet die Aussicht auf soziale Befreiung: «Eine Demokratie entsteht... wenn die Armen nach gewonnenem Sieg einen Teil der anderen Partei ermorden, einen Teil verbannen und dann die Übriggebliebenen gleichen Anteil an der Staatsverwaltung und den Staatsämtern nehmen lassen.» Der junge «demokratische Mensch» des *Staates* war «geistig verwahrlost und spärlich erzogen»; ihm waren Vergnügungen «aller Art und von der größten Mannigfaltigkeit und Abwechslung» untersagt. Was aber nutzt eine Herrschaft der Freiheit und Gleichheit, wenn sie den Geist nicht befreit, ihm den «Kampf mit sich selbst» nicht zu gewinnen hilft? In ihm ist die Saat für die Umwälzung angelegt, denn «wo alles gänzlich ungebunden ist, wird ein jeder sein Privatleben so einrichten, wie es seiner Laune gefällt». Das Ergebnis ist eine «bunte» Verfassung, die von der großen Mehrheit als die «schönste» anerkannt wird. Diese Gemeinschaft zeichnet sich vor allem dadurch aus, daß sie mit «subjektiven Charakteren aller Art» ausstaffiert ist.

Diese Vorstellung von menschlichem Glück und sozialer Freude wirkt auf Plato in demselben Maß abstoßend, wie sie auf Marx in etwas veränderter Darstellung anziehend wirkt. Es ist in der staatsphilosophischen Literatur vielleicht einmalig, daß zwei Beschreibungen sich so ähneln und so konträr gemeint sind. Mit einer sarkastischen Umkehrung seiner wahren Ideale beendet Plato diese Betrachtung des «demokratischen Menschen» und seines Glaubens an «Freiheit und Gleichheit».

Und er lebt also sein ganzes Leben lang jeden Tag der ersten besten sich einstellenden Lust zu Gefallen: Bald berauscht er sich und läßt sich durch Flötenspieler ergötzen; bald trinkt er Wasser und hungert sich ab; bald wiederum quält er sich mit gymnastischen Übungen; bald faulenzt er und vernachlässigt alle Geschäfte; bald tut er, als beschäftige er sich mit tiefer Wissenschaft; oft treibt er Politik und spricht und tut in der Volksversammlung, was ihm nur während des Aufspringens in den Sinn kommt; wird er einmal eifersüchtig auf den Ruhm von Kriegsmännern, so stürzt er sich auch darauf; wird er's auf den Gewinn der Geschäftsleute, so läßt er sich auch wiederum damit ein. Kurz: weder eine Ordnung noch eine Notwendigkeit ist in seinem Leben, sondern er nennt ein solches Leben frei und selig und treibt es bis zu seinem Ende.[20]

Marx' Abstecher nach Utopia war sehr kurz und ließ viele Fragen offen; daß dann schweigend darüber hinweggegangen wurde, schuf eine größere Lücke. Jagte und fischte man zum Vergnügen oder zur Nahrungsbeschaffung; und wenn nach dem Essen kritisiert wurde, auf welchem Niveau des Frohsinns und der Erkenntnis (falls es dazu kam) sollte das stattfinden? Wenn man von der Zukunft ein Bild in so vagen Strichen und mit so vielen leeren Flächen zeichnet, öffnet man allen Torheiten der Mehrdeutigkeit und Mißverständlichkeit Tür und Tor. Ein von amorpher Vielfalt charakterisiertes Wunschbild führt einen geradewegs in verhängnisvolles Niemandsland, wo umherziehende Wortarmeen einander Schlachten liefern und eine Seite der anderen vorwirft, bei ihr hieße «Frevelmut... vornehme Erziehung, Zügellosigkeit ein freies Leben, Liederlichkeit noble Manier, Schamlosigkeit männliche Bravour» (*Der Staat*, 8,560). Utopistische Abstraktionen müssen deutlicher definiert werden, wenn man mit ihnen den Lauf der Dinge beeinflussen will.

Diesmal wird nicht Hegel, sondern Plato von Marx auf den Kopf gestellt: Eine philosophische Doktrin der Klassik wird in ihr exaktes Gegenteil verkehrt. Dieselbe Lebensführung, die Marx für die nachrevolutionäre Zeit erstrebenswert erschien, hatte Plato einst als absurden, ungezügelten Eklektizismus gegeißelt, der aus einem Demokratieverständnis entstand, welches Rüpelhaftigkeit mit guter Erziehung, Gesetzlosigkeit mit

Freiheit, Verschwendungssucht mit Freizügigkeit und Draufgängertum mit Tapferkeit verwechselte. Die Umwertung aller Werte galt dem einen als Fortschritt und Verwirklichung einer gottgleichen inneren Würde, dem anderen als Verfallserscheinung und diabolische Vergeudung. Plato und die gesamte antike Philosophie hielten nichts für schrecklicher als jenes Ideal, das für Marx der Gipfel der Selbstverwirklichung des Menschen in einer wahrhaft freien Gesellschaft war. Man hat den Eindruck, daß der Streit über utopische Zukunftsbilder mühelos zweieinhalb Jahrtausende überspringt.

Glaubte Marx, in der neuen Gesellschaft sei jegliche Notwendigkeit durch die Freiheit vollständig aufgehoben und deshalb alle bisherigen Erfordernisse hinsichtlich beruflicher Qualifikationen und Spezialisierungen nicht mehr gültig? An diesem Problem scheiden sich die Geister: Die einen plädieren für etwas, das man als das humanistische Utopia der Dilettanten bezeichnen könnte, den anderen schwebt in scharfem Gegensatz ein technokratisches Utopia der Spezialisten vor. Dem liegen wohl die gegensätzlichen Ideale des *uomo universale* bzw. des Fachmanns und Technikers zugrunde. Der Gegensatz läßt sich aber auch – besonders in Anbetracht der späteren Entwicklung des Marxismus – als Konflikt sehen zwischen älteren Lebensformen, die sich in einem eng definierten Rahmen bewegen, und neueren, die ein breites Spektrum beruflicher Möglichkeiten einschließen. Ein chinesisches Echo zu Marx' jünglinghaftem Ideal des «Jägers, Fischers, Hirten und Kritikers» findet sich bei Mao Zedong, als er die Nationale Volksarmee als «militärische, politische und Produktivkraft in einem» bezeichnete. Der wahre Befreier (oder Rotgardist) ist gleichermaßen tätig in «Politik, Armee und Kultur». Dazu gehört auch ein Aufruf in der Pekinger *Volkszeitung* vom 1. August 1966: «Das ganze Land soll eine große Schule für das Mao Zedong-Denken werden.» Wenn die Armee «gleichzeitig lernen, Landwirtschaft betreiben, Fabriken leiten und Massenarbeit leisten kann», dann müssen die Arbeiter, Bauern und Studenten nicht nur studieren, sondern auch in der Fabrik arbeiten, in der Landwirtschaft helfen und die Armee unterstützen.

> Diese brillante Idee des Genossen Mao Zedong hat große geschichtliche Bedeutung... Genosse Mao Zedong hat vorgeschlagen, jeden Arbeitsbereich in eine große Schule der Revolution umzugestalten, wo das Volk seine Kraft gleichermaßen in der Industrie und der Landwirtschaft, in militärischer und ziviler Arbeit einsetzt – und das ist unser Programm... Mit dem Hammer in der Hand wird es in den Fabriken arbeiten, mit Hacke und Pflug auf dem Feld; es wird mit dem Gewehr kampfbereit sein und mit dem Schreibstift von sich berichten.

Dieses Programm ist treffend «die totale Amateurisierung der Gesellschaft» genannt worden.[21]

Ich überlasse den streitlustigen Exegeten der marxistischen Dialektik die Entscheidung darüber, ob Marx die Saat zu Maos Blumen gesät hat. Jedenfalls steht fest, daß diese wahnwitzige Entwicklung – in Gang gesetzt durch eine aus dem Zusammenhang genommene Krume einer dogmatischen Theorie, die selber nur nebensächliches Stückwerk innerhalb einer Weltanschauung war, welche kategorisch die Probleme der nachrevolutionären Periode ausklammerte – die tragische Preisgabe des utopischen Imperativs verdeutlicht. Ich halte dies für schwerwiegender als den üblichen Vorwurf gegen den Marxismus, er verfahre nicht empirisch. Sicher hat der Marxismus nie einen ernsthaften Versuch gemacht, experimentelle Gesellschaftsformen zu unterstützen, zu beeinflussen, zu lenken, zu koordinieren oder zu föderalisieren; hat keine «Zellen» oder «Zusammenschlüsse» für neue, lebensfähige Gemeinschaften geschaffen; hat das Interesse an kommunalen Strukturen verloren und war nicht bereit, das neue Gesellschaftssystem sich selbst weiterentwickeln zu lassen. Ist daran aber nicht in erster Linie ein Mangel an visionärer Kraft schuld? Sollten wir den Grund statt in pragmatischer Trägheit nicht besser in der Dürftigkeit der spekulativen Phantasie suchen, in der tristen Absage an den Traum? Unter den revolutionären Utopisten sind es nur die Vertreter einer spekulativen oder prophetischen Lösung gewesen, die von der ursprünglichen Begeisterung weiterhin innerlich gewärmt wurden. Die anderen mußten sich mit dem kühlen Trost verschwommener Rhetorik, furioser Geschäftigkeit oder mit stets hinterherhinkenden Planaufstellungen zufriedengeben, statt in den Genuß dessen zu kommen, was seit Mores genialem Sprung vorwärts ein stimulierendes und humanes Element in der Vorstellung vom Idealstaat ist.

Marx' berühmtester Schüler, Lenin, war in dieser Hinsicht seinem Meister durchaus ebenbürtig, denn er entwickelte und erweiterte diesen Mißstand zu einem System, wie es engstirniger in der Geschichte selten vorgekommen ist. «Bei Marx», so tönt er daher, «findet man auch nicht die Spur jenes Utopismus, der eine ‹neue› Gesellschaft erfindet und Phantasiegebilde entwirft.» Damit waren die Idee, die Entwicklungsrichtung und das Ziel verschwunden. 1918 gestand Lenin: «Was Sozialismus ist, wissen wir nicht.» Das Ergebnis: Irgendwo auf dem Weg von der nebulosen Vorstellung vom «Absterben des Staates» zu der Errungenschaft landesweiter Elektrifizierung ging die Vision verloren. Die Revolution hatte stattgefunden, aber die antiutopischen Revolutionäre hatten keine klaren, konsistenten Vorstellungen darüber, wie die neue Gesellschaft aufgebaut werden sollte, ja sie wußten nicht einmal, wozu das ganze Unternehmen gut sein sollte. Nur eines stand fest: Alles Alte mußte zerstört werden, alles Neue abstrakt bleiben. So schreibt Lenin:

> Die wirklich großen Revolutionen entstehen aus den Widersprüchen zwischen dem Alten, zwischen dem, was das Alte zu erklären sucht, und der abstrakten Hinwendung zu dem Neuen, das so neu sein muß, daß nicht die Spur von Altem übrigbleibt... Das Alte ist zerstört, weil es zerstört werden mußte; es wurde in einen Trümmerhaufen verwandelt, wie ihm gebührte.[22]

Wie weit haben wir uns entfernt von den weisen utopischen Mahnworten der Vergangenheit! Im September 1917 spricht Lenin von der Umwandlung aller Bürger in Arbeiter und Angestellte eines einzigen großen «Syndikats», nämlich des Gesamtstaates – «die ganze Gesellschaft wird ein Büro und eine Fabrik mit gleicher Arbeit und gleichem Lohn». 1848 hatte Proudhon protestiert:

Dieses diktatorische, autoritäre, doktrinäre System geht von dem Grundsatz aus, das Individuum sei wesenhaft der Kollektivität untergeordnet, – von ihr allein komme ihm sein Recht und sein Leben zu; der Bürger gehöre zum Staat wie das Kind zur Familie, er sei in seiner Gewalt und seinem Besitz, *in manu*, und schulde ihm Unterwerfung und Gehorsam in allen Dingen... Es wird eine Anzahl großer Assoziationen geben, in denen die Arbeiterschaft organisiert und endgültig durch die Staatsräson der Brüderlichkeit verknechtet würde... Was hätten die Freiheit, das allgemeine Glück, die Zivilisation gewonnen! Nichts. Wir hätten Ketten gewechselt, und die soziale Idee hätte keinen Schritt getan; wir wären immer noch unter der gleichen Willkürherrschaft, um nicht zu sagen unter dem gleichen ökonomischen Fatalismus.[23]

Was Wunder, daß Lenin kurz vor seinem Tod mit größerer Sensibilität, als westliche Kritiker russischen Bolschewisten gewöhnlich zugestehen, mit Bitterkeit eingesehen hat: «Wir sind ein bürokratisches Utopia geworden.» Einige Zeit zuvor hatte er auf Bucharins Einwände noch geantwortet: «Wir können keine Charakteristik des Sozialismus geben. Wie der Sozialismus aussehen wird, wenn er seine endgültigen Formen annimmt – das können wir nicht sagen.»

Nicht um das «Wissen», wie der Sozialismus aussehen wird, geht es, sondern um das Wollen – wie er aussehen soll. Zu diesem Wissen und Wollen hat Martin Buber festgestellt: «Dieser bewußte Wille wirkt als solcher auf das Werden mit ein.» Die Zukunft wird gefährliche *terra incognita* bleiben, solange man sie nicht aus der Gegenwart heraus mit humanen Vorstellungen über das Gute und Schöne füllt. Es berührt seltsam, daß im Erscheinungsjahr des *Kommunistischen Manifests* Pierre Leroux, der anscheinend als einer der ersten den Begriff «Sozialismus» verwendete, ausgerufen hat: «Wenn ihr keine menschliche Genossenschaft wollt, dann sage ich euch, daß ihr die Kultur dem Schicksal aussetzt, in furchtbarer Agonie zu sterben.» Der echte Utopist bleibt – damals wie heute – überzeugt, daß diese furchtbare Agonie nur zu rechtfertigen ist, wenn daraus von neuem der Wille erwacht, eine veränderte Gesellschaft aufzubauen, in der der Mensch seine Fähigkeiten sinnvoll entfalten kann.

3. Verlockungen zum Guten und Bösen

Es gibt also Vorstellungen von Utopie und Revolution, die sich damit begnügen, ihre gesellschaftsverändernden Interessen bescheiden und umsichtig auf ein praktikables Minimum zu beschränken. Maximalansprüche an das Glück haben seit dem 16. Jahrhundert eine ständige Eskalation mit sich gebracht: absolute Perfektion statt moderatem Wohlleben, Gewaltanwendung als Grundsatz statt als Nebenerscheinung, spektakulärer Aufruhr statt partieller Veränderung, maßloser Zorn statt maßvoller Hoffnung. Dieses veränderte Temperament hat Byron in *Childe Harold's Pilgrimage* so beschrieben:

> Rousseau, der sich sophistisch selbst zerquälte,
> Des Gram's Apostel, der mit Zauber schmückte
> Die Leidenschaft und sich am Schmerze stählte
> Zu siegender Beredsamkeit.

Und bei Novalis heißt es: «Ein unbedingter Drang nach Vollkommenheit und Vollständigkeit ist eine Art von Krankheit, sobald er sich destruktiv und feindlich gegenüber dem Unvollkommnen und Unvollständigem verhält.» [24] In beiden Zitaten wird der Augenblick angesprochen, da sich die Revolution der Vision von einem besseren Leben bemächtigt, um eine endgültige, abschließende Lösung aller Probleme herbeizuführen. Der Traum erstarrt zum Dogma, Furcht schlägt um in Fanatismus, und Ideen geben das Startzeichen zum Fanal.

Mein Thema ist die Verwandlung der utopischen Sehnsucht in revolutionäres Engagement, und die Herausbildung dieser neuzeitlichen Leidenschaft soll in ihrem Verlauf von Cromwell und Robespierre zu Marx und Lenin aufgezeigt werden, von Paris und London (oder Trier und Berlin, wenn man so will) nach Moskau. Für mich ist das keine akademische Pflichtübung, denn ich fühle mich als Angehöriger jener «ganzen Generation» [25], die Albert Camus in *L'Homme révolté* charakterisierte: «... von Einsamkeit umgeben, halten wir die Waffe in der Hand und sind den Tränen nahe.» [26] Schnurgerade ist diese Entwicklung nicht verlaufen; die Strecke weist manch überraschende Kurve auf, Ironien der Geschichte vergleichbar mit jener, die selbst Marx auffiel: daß vom *Kapital* – hastig abgefaßt, um noch vor dem Zusammenbruch Europas zu erscheinen – die erste fremdsprachige Version in St. Petersburg erschien. «Es ist eine Ironie des Schicksals», schrieb er aus London am 12. Oktober 1868 an Kugelmann, «daß die Russen, die ich seit 25 Jahren unausgesetzt, und nicht nur deutsch, sondern französisch und englisch bekämpft habe, immer meine ‹Gönner› waren... Meine Schrift gegen Proudhon (1847), dito die bei Duncker (1859) haben nirgends größeren Absatz gefunden als in Rußland. Und die erste fremde Nation, die *Das Kapital* übersetzt, ist die russische.»[27] Doch in Rußland eben «hascht man immer nach dem Extremsten, was der Westen offeriert».[28] Er sagt selbst «extrem». Das war gewünscht, und er lieferte es. Der verhängnisvolle Lauf hatte begonnen, der von der Revolutionierung der Utopie zur Russifizierung der Revolution führt.

Ironien des Schicksals gibt es zuhauf. Hier wurde eine bestimmtes Buch nicht nur übersetzt, im Verlauf schicksalsschwerer Ereignisse wurde es zudem «in Großbuchstaben gegossen» (wie Robespierre von Machiavellis *Fürsten* sagte). Konnte Marx sich Illusionen gemacht haben, wie die Sache enden würde? Einmal notierte er: «Ist nicht seit Adam der Baum des Bösen auch der Baum der Erkenntnis?» Er kannte die Bemerkung des Lorenz von Stein über «jene Form des Kommunismus, die sehr wohl weiß, daß sie zu Aufruhr Anlaß geben wird, aber nicht weiß, wie es weitergeht». Bei diesem sogenannten unfertigen Kommunismus würde am Morgen nach der Revolution die Gier nicht verschwunden, sondern allgegenwärtig sein, Arbeit nicht abgeschafft, sondern jedem zur Pflicht gemacht. Robert Tucker zufolge ging Marx davon aus, daß «die Revolution selbst ein ungeheurer Akt der Inbesitznahme der Gewalt sein wird, getrieben von Gier, Neid, Haß und Ressentiments».[29] Während der Zerstörung, die jedem Aufbau vorausgeht, würde sich auch nicht vermeiden lassen, was Engels als «niederträchtige Leidenschaften des Menschen» und Marx als «unendliche Entwürdigung» bezeichnete. Es handelt sich dabei um eine «Entartung im Kampf gegen die Entartung» (eine Formulierung, die Marx bei Hegel gefunden hatte). Marx war sich durchaus der Paradoxie seines Denkens bewußt. In einem Brief an Engels erklärt er, indem er «selbst da einen verborgenen Fortschritt zeigt, wo die modernen ökonomischen Verhältnisse von abschreckenden unmittelbaren Folgen begleitet sind», habe er – «vielleicht *malgré lui*», wie er sich ausdrückt – «allem Utopismus ein Ende gemacht».[30] Der Grundgedanke sei «eine Doktrin vom historischen Nutzen des moralischen Übels».

Es ist Merkwürdiges mit dieser Doktrin geschehen: Sie ist praktisch verschwunden. Einige Elemente haben bis zu Lenins Tod weiterbestanden: die stolze Amoralität in der Theorie und Praxis der frühen Bolschewisten ist nicht zum geringsten darauf zurückzuführen. Aber seit Marx hat nur ein einziger Marxist den Mut gehabt, die revolutionäre, antiutopische Tradition im alten Geist fortzusetzen: Georg Lukács – und auch er nur für kurze Zeit, bevor er exkommuniziert wurde. Das war der junge Lukács, der das seltsame Meisterwerk *Geschichte und Klassenbewußtsein* schrieb (1923); später widerrief er die ganze Argumentation und untersagte zeitlebens eine Neuauflage. Das war derselbe junge Dialektiker, der mit seiner düstren Geisteskraft Thomas Mann zur Figur des Naphta inspirierte, jenem jesuitisch veranlagten jüdischen Revolutionär im *Zauberberg*. (Lukács, ein aufmerksamer Mann-Leser, hat sich merkwürdigerweise darin nicht wiedererkannt.) Man erinnert sich vielleicht, wie Settembrini, der in dem Roman «Fortschritt, Liberalismus und mittelständische Revolution» verkörpert, von Naphta zu hören bekommt, seine Utopie sei «gräßlich»; die Aufgabe des Proletariats sei «der Schrecken zum Heile der Welt und zur Gewinnung des Erlösungsziels, der staats- und klassenlosen Gotteskindschaft». Als Settembrini entgegenhält: «Wenige Minuten später treiben Sie den Sozialismus bis zur Diktatur und zum Schrecken. Wie reimt sich das?», antwortet Naphta: «Gegensätze mögen sich reimen.» Das hat Franz Borkenau mir gegenüber einmal «die geheime, dialektische Theorie der Bösartigkeit *(the secret, dialectical theory of wickedness)*» genannt. Er machte mich auf ein wenig bekanntes Dokument aus den frühen zwanziger Jahren aufmerksam, das die folgende faszinierende und historisch interessante Episode enthält:

> Zu einem entscheidenden Zeitpunkt gab mir ein maßgeblicher Theoretiker [der Name wird nicht genannt], vielleicht der einzige geistige Schöpfer des ungarischen Kommunismus, auf die Frage, ob die Parteioberen ihre eigenen Mitglieder belügen und betrügen dürften, folgende Antwort: Nach kommunistischer Moral ist es die höchste Pflicht, daß man die Notwendigkeit unrechter Handlungen akzeptiert. Er sagte, dies sei das größte Opfer, das die Revolution uns abverlange. Ein echter Kommunist sei davon überzeugt, daß die Dialektik der Geschichte alles Böse in Heil und Segen verwandele. (Es wird niemanden überraschen, daß jemand mit einer solchen an Netschajew gemahnenden Moral ein Verehrer Dostojewskis ist.) Diese dialektische Theorie des Bösen hat der erwähnte Theoretiker zwar nie veröffentlicht; desungeachtet wurde dieses kommunistische Evangelium wie eine Geheimlehre durch Mundpropaganda verbreitet und galt zuletzt als halbamtliche Quintessenz des «echten Kommunismus», als Wesensmerkmal des «echten Kommunisten».[31]

Der Theoretiker, von dem hier die Rede ist, hieß Georg Lukács. Er war, wie Marx es einmal für Mandevilles unverblümte Verteidigung des Bösen in der *Bienenfabel* formulierte, nur «mutiger und ehrlicher als die kleingeistigen Apologeten». Nach seinem Widerruf war es allerdings vorbei mit philosophischen Mutproben.[32] Von nun an sollten die ideologischen Kleingeister und Propagandisten das Feld beherrschen, wobei vielleicht Bert Brecht mit seinem raffinierten Zynismus die einzige Ausnahme war.[33]

Hauptsächlich denke ich dabei an *Die Maßnahme*, sein 1930 verfaßtes «Lehrstück», das Herbert Lüthy «das bedeutendste, wenn nicht einzige bolschewistische Drama» genannt hat.[34]

> Welch Niedrigkeit begingest du nicht, um
> Die Niedrigkeit auszutilgen?
> Könntest du die Welt endlich verändern, wofür
> Wärest du dir gut?

Wer bist du?
Versinke in Schmutz
Umarme den Schlächter, aber
Ändere die Welt: sie braucht es!

Das Opfer, ein revolutionärer Idealist mit eigenwilligem Gewissen («... und wir sahen hin und in der Dämmerung sahen wir sein nacktes Gesicht, menschlich, offen und arglos...»), wird in eine Kalkgrube geworfen; und der «Kontrollchor», der das Gewissen der Partei darstellt, hebt an:

Wer für den Kommunismus kämpft, der muß kämpfen können und nicht kämpfen können; die Wahrheit sagen und die Wahrheit nicht sagen; Dienste erweisen und Dienste verweigern; Versprechen halten und nicht halten. Sich in Gefahr begeben und Gefahr fliehen; kenntlich sein und unkenntlich sein. Wer für den Kommunismus kämpft, hat von allen Tugenden nur eine: daß er für den Kommunismus kämpft.

Wieviel hiervon war Mut, wieviel Selbstrechtfertigung? Bei Marx war noch ein Rest von philosophischem und moralischem Geheimnis vorhanden; bei Brecht ist alles zu eisiger, unmenschlicher Disziplin erstarrt, «Ja-sagend zur Revolutionierung der Welt». Für Marx war der Kommunismus «das aufgelöste Rätsel der Geschichte». Ein Jahrhundert später bleibt für Brecht in Ost-Berlin das Rätsel ungelöst:

Er ist nicht das Rätsel,
Sondern die Lösung.
Er ist das Einfache,
Das schwer zu machen ist.

Ich erinnere mich, wie ich einmal W. H. Auden in Berlin an die Zonengrenze begleitete und er sich entschloß, Brecht doch nicht im Theater am Schiffbauerdamm aufzusuchen. Es war vielleicht dieselbe Zurückhaltung der Grund dafür, daß er die mir gegenüber geäußerte Absicht, seinem Gedicht *Vespers* die Widmung «Für B. B.» zu geben, nicht ausführte; dort findet die denkwürdige Begegnung der beiden Dichter – «Und eben nun kreuzen sich unsere Wege» – tatsächlich statt.[35]

Sofort erkennt jeder im anderen den Anti-Typen: Ich der Arkadier, er der Utopier.

Er bemerkt verächtlich meinen Wassermann-Bauch: Ich sehe beunruhigt auf seinen Skorpion-Mund.

Am liebsten hätte er, wenn ich Latrinen säuberte: Mir wäre lieber, man beförderte ihn auf einen anderen Planeten.

Keiner sagt ein Wort. Welche Gemeinsamkeiten sollten uns auch verbinden?

Ich sehe im Schaufenster einen Lampenschirm und sage, wie ein normaler Mensch nur ein so häßliches Stück kaufen könne: Er sagt, das Ding sei zu teuer, das könne kein Bauer sich leisten.

Wir begegnen einem verwahrlosten, rachitischen Kind, und ich schaue weg: Er schaut weg, wenn er ein wohlgenährtes sieht.

Ich hoffe, unsere Senatoren benehmen sich wie Heilige, nur sollen sie mich nicht zu bekehren versuchen: Er hofft, sie verhalten sich wie *baritoni cattivi*; und, als in der Zitadelle spät noch Licht brennt,

Bin ich (der nie eine Polizeistation von innen gesehen hat) entsetzt und denke: «Wäre ihre Stadt so frei, wie sie behaupten, dann müßten nach Sonnenuntergang alle Amtsgebäude wie riesige schwarze Steinblöcke aussehen.»

Er (den man mehrfach geschlagen hat) ist keineswegs entsetzt und denkt: «Eines schönen Nachts werden dort unsere Jungen ihr Handwerk verrichten.»

Ihr seht also, warum zwischen meinem Garten Eden und seinem Neuen Jerusalem kein Vertrag zustande kommt...

Wenn es so ist, wenn wirklich *«no treaty is negotiable»*, kann das nur bedeuten, daß heutzutage der revolutionäre Glaube und Enthusiasmus von einer tiefen menschlichen Verwirrung getragen werden, einem Versagen von Herz und Hirn. Moralische und ideologische Blindheit sind ein tragisches Kennzeichen unserer Zeit. Wie ist es möglich, daß jemand freiwillig und offenen Auges sich für das Schlechtere und gegen das Bessere entscheidet? Wieso wählt jemand das Rohe, Böse, Niedrige?

Napoleon meinte, die Revolution sei trotz (und nicht etwa wegen) ihrer Schrecken «die wahre Ursache unserer moralischen Erneuerung» gewesen, «so wie auf den übelsten Misthaufen die schönsten Pflanzen wachsen».[36] Tatsächlich mag «ein

Geist des Guten in dem Übel» sein – *«some soul of goodness in things evil»* (*Henry V.*, 4.1, 4–5); und es hat stets Menschen gegeben, die nach der biblischen Formulierung meinten: «Lasset uns Übles tun, auf daß Gutes daraus komme» (Römerbrief, 3,8). Aber in der Praxis des modernen Totalitarismus ist vieles von dem Übel nicht Mittel für einen guten Zweck, sondern ist der Zweck selbst und wird dafür auch noch gutgeheißen. Die Triebkräfte in Hitlers *Mein Kampf* oder Alfred Rosenbergs *Mythus des 20. Jahrhunderts* sind Krieg, nicht Frieden; Haß, nicht Liebe; Ausbeutung, nicht Gleichheit; Unterdrückung und Überordnung, nicht Freiheit und Brüderlichkeit. Ganz anders sehen dagegen die Vorstellungen vom Neuen Jerusalem aus, die sich spätgeborene Anhänger von Marx und Lenin machen und wie sie die meisten revolutionären Bewegungen verkörpern. Das Gute, nach dem sie leben und welches sie erstreben, klingt bei ihnen nach einer eklektizistischen Ansammlung klassischer Wertsetzungen des Idealismus. Sie treten für den Frieden ein, für Brüderlichkeit, Freiheit, Wohlfahrt und Kultur, für eine «menschenwürdige» Stadtplanung, staatliche Krankenfürsorge, von Wissenschaft und Vernunft ganz zu schweigen. Sind das nur hehre, hohle Worte? Nur ideologische Utopien, die sich nicht auf Einzelheiten festlegen lassen möchten? Kierkegaard hat einmal gesagt: «Der mörderischste Kampf findet nicht zwischen Menschen mit unterschiedlichen Ansichten statt, sondern zwischen Leuten, die dasselbe sagen und sich in die Haare wegen der Interpretation geraten, denn dort liegen die qualitativen Unterschiede.»[37]

Genauso sieht heute die Auseinandersetzung in der Weltpolitik aus: Es ist ein Kampf um Definitionen und Interpretationen, in dem zwar alle dieselbe Sprache sprechen, aber jedes Wort mehrere Bedeutungen hat und jedes Verb unregelmäßig konjugiert wird.

Mit einem einzigen Wörterbuch kommt man hier nicht aus. So wird in einem das Stichwort *Kommunismus* nach marxistischer Definition folgendermaßen erklärt: Eine auf wissenschaftliche Gesetze gegründete Philosophie sowie ein Gesellschaftssystem, in dem die Würde des Menschen höchstes Prinzip ist. Woanders ist die Erläuterung eine andere: Eine Sammlung dogmatischer Lehrsätze, die durch pseudoreligiösen Fanatismus zu einem «System» erhoben werden, sowie ein Gesellschaftssystem, wo der einzelne zum Instrument des Staates und der monolithischen Partei erniedrigt ist. Die Einträge unter dem enzyklopädischen Stichwort *Rußland* würden ähnlich weit divergieren. Einmal wird uns ein beglücktes Hohelied über die Ausbreitung des Fortschritts und der nationalen Stärke vorgelegt, von Peter dem Großen bis zum gegenwärtigen Parteivorsitzenden, von Lomonossow bis Lysenko, von Puschkin bis Scholochow. Die Dichter besangen die Freiheit, die Schriftsteller beklagten die toten und beschworen die herrlichen Seelen, Friede wurde gepriesen und Krieg verdammt, das Volk litt unter tyrannischem Joch und schmiedete Pläne für die Emanzipation. Dem steht eine andere Version gegenüber, derzufolge Rußland eine unglückselige Verlängerung Asiens nach Europa, ein rückständiges, halbbarbarisches Land ist, das nie die Literatur und Institutionen des klassischen Roms kennengelernt hat und dem deshalb der Geist der Freiheit letztlich unbegreiflich geblieben ist, ein Reich, das ewig das Stigma der verwandtschaftlichen Nähe von Slawen und Sklaven tragen wird. Gleiches gilt für das Stichwort *Revolution*. In der einen politischen Grammatik lauten die Übungssätze: Ich mache eine Revolution aus Edelmut zum Wohl der Menschheit; wir machen eine Revolution, um jeder Tyrannei ein Ende zu setzen und ein Zeitalter menschlicher Harmonie einzuleiten. Die dem widersprechende Konjugation heißt: Wir machen eine Revolution, weil wir verhext sind von unseren Führern, die uns verraten werden; sie machen eine Revolution, weil sie von Haß, Neid und Machtgier getrieben sind.

Man braucht nicht Semantiker oder Psycholinguist zu sein, um zu wissen, welch große Bedeutung Wörter haben können, daß sie zu Waffen werden können. Die heutigen Debatten spiegeln dies wider. Und wenn dann tatsächlich die Entscheidung zugunsten des Bösen ausfällt, wenn in der Eidesformel oder auf dem Stimmzettel der Name des Bösen erscheint, ist daran weniger der Teufel schuld als einfach die Vieldeutigkeit der Wörter. Alle diese Begriffe – Marxismus, Revolution, Rußland – tragen zwei Gesichter, und die Züge ändern und verschieben sich mit dem jeweiligen Standpunkt. Ich werde versuchen, beide Gesichter in den Sucher zu bekommen, um ein klares Konterfei zu liefern, bei dem nichts verwischt oder undeutlich ist. Falls nämlich die Wirklichkeit selbst nicht relativ ist, müßte dort draußen ein einziges Bild existieren, das es wiederzugeben gilt.

Doch genug von dieser ebenfalls undeutlichen und überstrapazierten Metapher. Der Marxismus enthält einiges, das für die Sozialwissenschaften überaus nützlich und intellektuell stimulierend bleibt; ebenso läßt sich in Rußland eine lebendige humanistische Tradition entdecken, die unsere Achtung und Bewunderung verdient; und was die Revolution angeht, so hat auch sie einen Aspekt, der etwas wahrhaft Großartiges im Menschen anspricht. Das zu leugnen oder zu ignorieren heißt, die heutige Auseinandersetzung auf die Ebene einer endlosen und unfruchtbaren Polemik zu reduzieren, bei der kein ehrliches Wort mehr fällt. Denn wer das Böse nur im Bösen erkennt, wird nie seine besondere Fähigkeit durchschauen, sich als Gutes zu maskieren. Der Fürst der Finsternis verdankt seine Siege weniger seinen teuflischen Fähigkeiten als der Aura tragischer Größe, die ihn als gefallenen Engel des Lichts umgibt. Unsere Erde entstand aus einem kosmischen Chaos, und auch die geschichtsträchtigen Handlungen der Menschen haben ihren Ursprung in einem wirren Geflecht von Motiven und Meinungen.

Von Goethe stammt der Satz, daß eine falsche Lehre sich nicht widerlegen läßt, weil sie auf der Überzeugung beruht, daß das Falsche richtig ist.[38] Beruht sie nicht eher auf einer Vieldeutigkeit der Begriffe? Und kann man in dieser Vieldeutigkeit nicht vielleicht einen festen Kern entdecken, eine Konstante, die die Werte davor bewahrt, beliebig zu werden? Denn es ist doch sehr merkwürdig, daß die marxistische Weltanschauung in der gegenwärtigen Diskussion sowohl als vulgärer Materialismus wie als fanatisierter Idealismus verstanden werden kann, als eine gottlose Wissenschaftlichkeit, die das Transzendentale leugnet, und als ein religiöser Absolutismus, der menschlicher Vernunft zuwiderläuft. Ähnlich seltsam wirkt es, wenn die internationale kommunistische Bewegung einmal als kompromißlose Kampftruppe der radikalen Linken, ein anderes Mal als Sammelbecken einer fast versteinerten Reaktion dargestellt wird. Vor unserer Doppellinse also sehen wir den Marxismus sowohl als Religion wie als Wissenschaft, Rußland sowohl als Befreier wie als Sklavenhalter und die Revolution sowohl als kreativ wie als destruktiv.

4. Magisch-religiöse Paraphernalia

Als Karl Marx in London auf dem Friedhof von Highgate beigesetzt wurde, hielt Friedrich Engels die Grabrede. Das höchste Lob, das er für die lebenslange Arbeit seines Freundes fand, lautete: «So war dieser Mann der Wissenschaft!» Für ihn hatte Marx, vergleichbar mit Darwins Leistung auf dem Gebiet der Evolution, das Grundmuster geschichtlicher Veränderungen enthüllt. Er hatte Vergangenheit und Gegenwart untersucht und ihre geheimen Wirkungskräfte erkannt. Fraglos war das Genie bei seiner jahrelangen Forschungsarbeit im British Museum ein oder zwei Geheimnissen auf die Spur gekommen; fast alle Sozialwissenschaftler der Generation von Keynes und Max Weber sind Marx auf diese oder jene Weise verpflichtet. Marx hätte sich schrecklich geärgert, wenn man ihn, der die Religion als «Opium des Volkes» bezeichnet hatte, zum Gründer einer «neuen Religion» degradiert hätte (oder, schlimmer noch, einer Pseudoreligion). Aber auf die Folgen vermögen auch die besten Absichten keinen Einfluß zu haben, und Gedanken und Ereignisse – in diesem Fall das Aufkommen einer politischen Religion – sind stets mehrschichtiger, als Autor und Darsteller vermuten. Nietzsche bezeichnet einmal die Französische Revolution als die Tochter des Christentums; und bei Spenglers genealogischen Versuchen erscheint das Christentum als Großvater des Bolschewismus. (Toynbee zielt in eine andere, aber ähnliche Richtung, wenn er den Marxismus-Leninismus als Variante christlicher Häresie auffaßt.) Noch früher hatte Kierkegaard festgestellt – und dabei war ihm angesichts des Aufkommens einer konkurrierenden Glaubenslehre jedes Wort bitter ernst –:

> Heute noch, im Jahr 1848, scheint die Politik die alles beherrschende Macht zu sein; aber man wird sehen, daß die Katastrophe [die Revolution] die Kehrseite der Reformation bedeutet. Damals sah alles nach einer religiösen Bewegung aus, und sie entpuppte sich als eine politische; heute sieht alles nach einer politischen Bewegung aus, aber sie wird sich als religiöse entpuppen.[39]

Zu denselben Ereignissen bemerkt Proudhon in den *Bekenntnissen eines Revolutionärs* (1849): «Es ist erstaunlich, wie oft politische Fragen von der Theologie verkompliziert werden.» Und er geht noch weiter: «Alle metaphysisch-religiösen Systeme, die ihren Ursprung in Traumbildern des Absoluten und Idealen haben, sind letztlich nichts anderes als die Archäologie der Gerechtigkeit, die Apokalypse der Revolution.»[40]

Die von Marx etablierte Tradition weist Elemente des Alten und Neuen Testaments auf. Das ist keine neue Einsicht, Parallelen sind schon häufiger gezogen worden. Einprägsam hat es Mircea Eliade in *The Sacred and the Profane* (1961) formuliert: «Die überwiegende Mehrheit der Menschen, die sich von der Religion losgesagt haben, bleiben in religiösen Denkformen, in Theologien und Mythologien befangen. Manchmal sind sie nahe daran, unter der Last magisch religiöser Paraphernalia zusammenzubrechen.» Direkt auf Marx bezogen schreibt er:

> Marx greift eine der großen eschatologischen Mythen der asiatisch-mediterranen Welt auf und führt sie weiter: die Erlöserrolle der Gerechten (oder der «Auserwählten», «Gesalbten», «Unschuldigen», «Himmelsboten»; in unserer Zeit «das Proletariat»), durch deren Opfergang die ontologische Situation der Welt verändert wird. Seine These von der klassenlosen Gesellschaft, in der die historischen Spannungsverhältnisse verschwunden sind, kommt dem Mythos vom Goldenen Zeitalter am nächsten, das in vielen Traditionen an den Beginn und das Ende der Geschichte gestellt wird. Diesen ehrwürdigen Mythos hat Marx um eine durchgebildete jüdisch-christliche messianische Ideologie erweitert, indem er dem Proletariat eine prophetische Rolle und soteriologische Funktion zuspricht und

indem er am Ende eine Schlacht zwischen Gut und Böse stattfinden läßt, eine offenkundige Parallele zum apokalyptischen Kampf Christi mit dem Antichrist, welche mit dem vollständigen Sieg des ersteren endet. Zudem ist bemerkenswert, daß Marx für seine eigenen Zwecke die jüdisch-christliche eschatologische Hoffnung auf ein absolutes Ende der Geschichte übernimmt.[41]

Diese Interpretation ist Wasser auf den Mühlen antimarxistischer Pamphletisten. Seit man entdeckt hat, daß es zwischen der heiligen Religion und der profanen Ideologie vielerlei Parallelen gibt, ist seltsamerweise der Marxismus bei manchen christlichen Denkern gesellschaftsfähig geworden. Andere, die mit gröberen Polemiken arbeiten, stellen voll Häme diese Entdekkung der uneingestandenen religiösen Elemente als Entlarvung hin.

Reinhold Niebuhr und Karl Löwith haben mit Ausdauer und feinem Gespür versucht, die religiöse Komponente im revolutionären Marxismus herauszuarbeiten; offensichtlich kann eine weltliche Ideologie nie völlig den Charakter einer echten Glaubenslehre annehmen, denn «sie vermag die tragischen Realitäten des Lebens auszuklammern und die moralischen Zweideutigkeiten aller politischen Standpunkte zu vertuschen...». In *Faith and Reason* (1942) schreibt Niebuhr:

Der Marxismus ist eine säkularisierte Version des Messianismus, jedoch fehlt ihr das Wissen der Propheten, daß Gott besonders streng mit dem auserwählten Volk ins Gericht geht... Bei diesem unprophetischen Messianismus wird eine bestimmte gesellschaftliche Kraft in der Geschichte ohne Vorbehalte heiliggesprochen; und sein nachchristlicher Utopismus erweckt die Illusion eines Königreichs der vollkommenen Gerechtigkeit (das heißt, klassenlose Gesellschaft und anarchistische Brüderschaft) in der Geschichte... Sein Materialismus ist im großen und ganzen eine berechtigte Reaktion auf pietistische Religionsformen, die den sozialen Aspekt des Lebens nicht verstehen... Sein vorgeblicher Atheismus fällt weniger ins Gewicht als sein Götzenkult. Hier wird ein Gott angebetet, der sich uneingeschränkt für eine Gruppe der Gesellschaft einsetzt und gegen alle anderen.[42]

In ähnlicher Weise meldet Karl Löwith gewichtige Vorbehalte gegenüber der These an, der Marxismus stelle eine säkulare politische Religion dar:

> Obgleich der kommunistische Glaube eine Pseudomorphose des jüdisch-christlichen Messianismus ist, fehlen ihm dessen Grundlagen: die freiwillige Bejahung der Erniedrigung und des erlösenden Leidens als Voraussetzung des Triumphes. Der proletarische Kommunist verlangt die Krone ohne das Kreuz; er will durch irdisches Glück triumphieren.[43]

Dies scheint bestenfalls die halbe Wahrheit zu sein; denn oft genug ist es ja das tragische Schicksal marxistischer Revolutionen, daß in ihrem Verlauf die Idealisten Erniedrigung und die Massen tiefes Leid erfahren müssen. Diese Situation wird zwar kaum «freiwillig bejaht»; zumindest aber haben verschiedene marxistische Philosophen versucht, in ihrer im übrigen optimistischen Darstellung von menschlicher Hoffnung und gesellschaftlichem Fortschritt den Begriff und die Wirklichkeit dieser Tragik zu berücksichtigen.[44] An manchem ist nicht zu deuteln. So schreibt Marx im *Kapital*: «Wie dem auserwählten Volk auf der Stirn geschrieben stand, daß es das Eigentum Jehovas sei, so drückt die Teilung der Arbeit dem Manufakturarbeiter einen Stempel auf, der ihn zum Eigentum des Kapitals brandmarkt.» Aus dem «auserwählten Volk» wird bei Marx eine auserwählte Klasse. Diese auserwählte Klasse – Träger der chiliastischen Hoffnungen und dadurch den Propheten des alten Israels und den Waldensern und Taboriten des Mittelalters verwandt – sollte auf dem Weg ins Millennium vorangehen.

An dieser Stelle sollten wir betrachten, was ein Historiker «die Relevanz der Apokalypse» genannt hat. Ich greife einige für unser Thema interessante grundlegende Gemeinsamkeiten heraus, die zwischen den religiösen und säkularen Vorstellungen im Westen über die Apokalypse bestehen. Anscheinend läßt sich sogar ein Punkt finden, wo zwischen beiden gar keine wesentlichen Unterschiede existieren, wenn wir Martin Bubers Interpretation in *Der Glaube der Propheten* folgen, wo «der lebende Gott und der ewige König» keine Religion will; er will ein Menschenvolk: Menschen mit Menschen lebend, die Entscheidungsmächtigen den Gerechtigkeitsbedürftigen ihr Recht verschaffend, die Starken die Schwachen schonend, Menschen mit Menschen Gemeinschaft haltend.

Warum dies so sein soll (oder vielleicht sein muß), deutet Buber bei einer Diskussion über Jeremias an: Für den Propheten gilt,

daß Gott etwas anderes fordert als Religion. Aus einer Menschengemeinschaft will er sein Reich machen; Gemeinschaft muß sein, damit sein Reich werde; darum geht ihm hier, wo er ein Volk anklagt, daß es nicht zur Gemeinschaft wurde, der Anspruch des Menschen an den Menschen dem seinen voraus.[45]

Man könnte also folgendermaßen einige Einzelglieder der großen Kette der menschlichen Hoffnung identifizieren, samt ihrer jeweiligen theologischen oder säkularen Verknüpfungen:

1. *Die Krise.* Das Leid in der Gegenwart, Not, Bedrängnis, Trübsal und Erniedrigung sind unerträglich geworden.

2. *Die Rache.* Die beflügelnde Aussicht auf Ehrenrettung und dramatische Erlösung aus wirrer, kranker Zeit.

3. *Die Katastrophe.* Der Tag des Messias ist nahe, der Schrekken und Verderben bringen und dem gerechten Kampf der Märtyrer zur Wahrheit verhelfen wird.

4. *Das Versprechen.* Die Gewißheit, daß schließlich eine bessere Welt entsteht, in der ewiger Friede herrscht, Gerechtigkeit und Brüderlichkeit.

5. *Der Höhepunkt.* Zuletzt wird die Geschichte selbst «aufgehoben», das Rätsel der Geschichte gelöst, nachdem Licht und Finsternis miteinander gekämpft haben und das verhängnisvolle Wirken des Bösen, verruchte Oberherrschaft und sämtliche Übel der Welt ein Ende gefunden haben.

6. *Die Morgendämmerung.* Glanzvoll beginnt ein neues, Goldenes Zeitalter, eine irdische Zukunft voller Licht, ein höchster Triumph.

Tatsächlich steckte in dem Traum von der Sozialrevolution mehr an jüdisch-christlichem Messianismus, als die neuen Propheten zugeben mochten. Vermutlich fühlte sich der Jesuit in Robespierre geschmeichelt, von einem Anhänger «der vom Ewigen Wesen verkündete Messias, der alles neu bildet», genannt zu werden (*«Je vous regarde comme le Messie que l'Etre éternel nous a promis pour réformer toute chose»*, 17. Juni 1794).[46] Wie so oft war Napoleon ehrlicher und direkter. Im Verlauf eines – uns von Las Cases überlieferten – Gesprächs pries er im Jahr 1816 «die hehren Grundsätze unserer Revolution» und sagte:

Diese Wahrheiten werden die Welt regieren. Sie werden zum Katechismus, zur Religion, zur Morallehre aller Völker werden, was immer man heute auch sagen mag – die Erinnerung an diese bedeutungsvolle Epoche wird stets mit meiner Person verknüpft sein, habe ich doch für sie die Fackel getragen, ihre Prinzipien niedergelegt und bin ihretwegen verfolgt und so zum Messias geworden.[47]

Erhebliche Skepsis gegenüber dem Erlöserglauben, der sich latent in allen militärisch konzipierten Kampagnen für Frieden und Freiheit findet und den mit ihm verbundenen Gefahren, äußerte sich bereits in der ersten englischen Phase der modernen Revolutionsgeschichte. Dr. Henry More veröffentlichte 1656 eine trübselige Schrift mit dem Titel *Enthusiasmus triumphatus*, die uns ein anschauliches und wertvolles, wenngleich zuweilen arg verschrobenes Bild vermittelt von einem politischen Eiferer, der den Frieden als Krieg und den Sieg als persönliche Vorherbestimmung empfand.

Sobald Zweifel entstehen, ob nicht mancher falsche Messias Betrug und Schwarzmalerei zu seinem Metier gemacht habe, wird der Verdacht schwer zu widerlegen sein. Ein gutes Beispiel bietet jener Deutsche, der vor noch nicht langer Zeit in England war und sich als Soldat Gottes und David den Zweiten bezeichnete. Aus tiefem Mitgefühl für die Leiden in seinem Land hat er sich sehr bemüht, hier einige Truppen zu finden, um sie dort einzusetzen; er war überzeugt, daß er damit den Feind bezwingen und Frieden in ganz Deutschland herstellen könnte.

Wahrscheinlich läßt sich heute nach dreihundert Jahren nicht mehr feststellen, von wem die Rede ist; es könnte fast jedes Mitglied des Kreises um Comenius, Dury und Hartlib gewesen sein, mit dem wir uns später näher beschäftigen wollen. Wenn wir einen gewissen Fehlerquotienten aufgrund des Hörensagens in Rechnung stellen, war es womöglich Comenius selbst, der zwar kein «Deutscher» war; aber More, der in Cambridge lebte und nur kurz in London war, hatte den Mann auch nur von weitem gesehen. Comenius' *Lux in tenebris* enthält eine Vielzahl prophetischer Aussagen über das Ende der «Tyrannei und Unterdrückung» in Europa.

> Der Mann [fährt Henry More fort] wirkte tief religiös, voller Haß gegen Tyrannei und Unterdrückung und überaus scharfsinnig in seinen Ansichten. Nur litt er eben an diesem Wahn: daß er sich für David hielt, den von den Propheten verkündeten Fürsten des Friedens und großen Erlöser der Juden. Er veröffentlichte ein kurzes Werk, das zu lesen ich Gelegenheit hatte und das voller Eifer und biblischer Sprache war. Ich selbst habe ihn in London gesehen, falls jener, der mich auf ihn hinwies, sich nicht getäuscht hat: eine stattliche, ordentliche Erscheinung, reif an Jahren, das Gesicht aber überaus blaß, tief zerfurcht und melancholisch im Ausdruck.[48]

Immer wieder sollten eifrige, mitfühlende Männer auftreten, um als charismatische Anführer den Unterdrückten beim heiligen Kampf gegen die Tyrannen beizustehen. Dasselbe uralte eschatologische Motiv, das bei den frühen Utopisten durchscheint – Campanella hatte zunächst das Spanien des 16. Jahrhunderts und später das Frankreich des 17. Jahrhunderts als Werkzeug des Messias betrachtet, gelegentlich sogar sich selbst in der Rolle des leidenden, siegreichen Erlösers gesehen[49] –, finden wir auch schon ganz zu Anfang des 19. Jahrhunderts in der kommunistischen Bewegung, manchmal verstärkt vom *furor teutonicus*, manchmal von Heldenverehrung für Napoleon. «Und einen neuen Messias sehe ich mit dem Schwerte kommen», hatte Weitling in den *Garantien der Harmonie und Freiheit* (1842) verkündet, und Marx hatte dieses «glänzende Debut» des deutschen Proletariats als «Theoretiker Europas» bejubelt.

Weitling fuhr fort: «Durch seinen Mut wird er [der neue Messias] an die Spitze der revolutionären Armee gestellt werden, wird mit ihr den morschen Bau der alten gesellschaftlichen Ordnung zertrümmern, die Tränenquelle in das Meer der Vergessenheit leiten und die Erde in ein Paradies verwandeln.»[50] Marx hat später sein Urteil revidiert und mehr «streng wissenschaftliche Ideen und praktische Lehren» verlangt; «Weitlingerei» mochte für Rußland gerade gut genug sein. Plechanow beschreibt in seinen Memoiren das Aufkeimen des revolutionären Glaubens in Rußland und erinnert sich, wie er und seine Mitstreiter den Auftritt des Proletariats auf der Bühne der Geschichte so «ungeduldig erwarteten wie einen prophezeiten Erlöser».[51]

Mit rührender Sorge in die «Neue Welt» verpflanzt, verlor die Verheißung nichts von ihrer Intensität und Attraktion. In *Jews Without Money* (1930) erzählt Michael Gold von einem armen, verzweifelten Einwandererkind in Manhattan, das «auf dem Dach des Mietshauses bei Mondlicht zum jüdischen Messias betete, damit er die Welt erlöse».

> Eines Abends stand in der East Side ein Mann auf einer Bretterkiste und verkündete, daß aus der Verzweiflung, Hoffnungslosigkeit und hilflosen Wut von Millionen eine weltweite Bewegung zustande gekommen sei, um die Armut abzuschaffen.
>
> Ich hörte ihm zu.
>
> O Arbeiterrevolution, du gabst mir einsamem Jungen mit Selbstmordgedanken Hoffnung. Du bist der wahre Messias. Du wirst kommen und die East Side zerstören und der Menschenseele dort einen Garten anlegen.
>
> O Revolution, du zwangst mich zu denken, zu kämpfen und zu leben.
>
> O großer Anfang![52]

So erhielt das Proletariat einen Status, der etwa dem eines kollektiven Messias entsprach; damit war seine Zukunft so gewiß wie die Vorsehung. Der Mensch würde neu geboren, der menschliche Genius wieder zu Geltung gelangen; diesmal war Ausbeutung die Erbsünde; ein neuer Adam würde aus den Reihen der Armen und Verfolgten erstehen. Man hat manchmal fast den Eindruck, es handele sich hier um ein einziges großes Plagiat sämtlicher religiösen Grundgedanken – etwa der Endkampf zwischen Gut und Böse, von dem die Manichäer reden; oder zwischen Licht und Finsternis, an den die Zoroastiker glauben –, um den gläubigen Massen den Weg zu weisen, die, von der orthodoxen Lehre gestärkt, die gesamte Menschheit erlösen und versöhnen werden.

«Ich will den Völkern die Freiheit verkünden, und sollt' ich im Versuch untergehen», schrieb der Schüler Lassalle in sein Tagebuch. «Ja, ich will hintreten vor... alle Völker und mit glühenden Worten zum Kampf für die Freiheit auffordern.» Doch der Entschluß und Aufruf war unvermeidlich älteren, vertrauten Traditionen verpflichtet, Bruchstücken jüdisch-christlichen Gedankenguts und anderen uralten Überlieferungen. «Warum soll ich gerade zum Märtyrer werden? Warum? Weil Gott mir die Stimme in die Brust gelegt, die mich aufruft zum Kampfe... Weil ich für einen edlen Zweck kämpfen und leiden kann!» Und diese noble Pflicht schien deutlich und bestimmt genug, um daraus einen praktischen Marschbefehl abzuleiten. «O wenn ich meinen kindischen Träumen nachhänge», gestand Lassalle, «so ist es immer meine Lieblingsidee, an der Spitze der Juden, mit den Waffen in der Hand, sie selbstständig zu machen.» Als die hegelianische Gewißheit in ihm die jüdische Zuversicht verdrängte, hielt er die Revolution für eine solidere Basis als die Apokalypse. «Gab es je eine Revolution, welche gerechter wäre als die, wenn die Juden in jener Stadt aufständen, sie von allen Ecken anzündeten, den Pulverthurm in die Luft sprengten und sich mit ihren Peinigern tödteten?» Doch ein siegreiches Ende war einem tragischen vorzuziehen, «denn siegen müssen wir in dem Kampfe, den ich zu kämpfen gedenke! Siegen muß das Licht, und die Finsterniß weicht!» «Jetzt», schrieb er, «jetzt ist die Zeit, in der man um die heiligsten Zwecke der Menschheit kämpft.»[53]

Marx, der nach Tradition und Temperament einige dieser Phantasien teilte, besaß ein feines Gespür für seelische Dimensionen; tatsächlich versagte sein kritischer Blick für jedwede Religiosität nur vor der eigenen. Als Lassalle 1864 im Alter von 39 Jahren bei einem Duell getötet wurde, schrieb Marx: «Er gab ferner von vornherein – wie jeder Mann, der behauptet, eine Panazee für die Leiden der Masse in der Tasche zu haben – seiner Agitation einen religiösen Sektencharakter. In der Tat, jede Sekte ist religiös.» Marx lehnte es ab, einen Nachruf zu verfassen; und Engels beteiligte sich an der Verhöhnung des «modernen Erlösers». Lassalle hatte wiederholt versucht, Marx von der eigenen Orthodoxie zu überzeugen: «Schriftliche Dokumente und Aufsätze von mir beweisen, daß ich, seit 1840 Revolutionär, seit 1843 entschiedener Sozialist bin.» Meistens kleidete er auch seinen Eifer und Ehrgeiz in die gängige, akzeptable revolutionäre Phraseologie. So schrieb er 1844 seinem Vater über den Weberaufstand:

> Hier ist es Ernst, blutiger Ernst. Merkt Ihr etwas? Hört Ihr's gewittern am Horizont? Fürchtet Euch nicht, es wird diesmal vorübergehen, und noch einmal vorübergehen – aber dann wird's einschlagen!... «Gerissen ist die Zeit aus den Gelenken», aber die neue Hamletnatur fährt im Gegensatz zu der alten so fort: «Wohl mir, daß ich geboren bin, sie wieder einzurenken.» Oder seid Ihr denn wirklich so stockblind, taub, dumm, an allen Sinnen gelähmt und geschlagen, daß Ihr nicht merkt, was das alles zu bedeuten hat?... Alle diese verschiedenartigen Phänomene sind Möwen, Möwen sag' ich Euch, Sturmvögel, die da verkünden, daß der Sturm des neuen Geistes im Anzug sei... Nein, nein, man täusche sich nicht. Das ist der Anfang jenes Krieges der Armen gegen die Reichen, der fürchterlich nah ist. Das sind die ersten Regungen und Zuckungen des Kommunismus... Das sind die ersten krampfhaften Anstrengungen, die der Embryo im Mutterleib macht, wenn er sich losringen will zum Fürsichsein und zur Tageshelle. Das sind die ersten Wehen.

Aber neben diesen üblichen Beschwörungsformeln von Gefahr, Gewitter und Geburt existiert noch eine andere metaphorische Dimension; mochte man Lassalle auch einen «Sektierer» nennen, so war er immerhin der Anführer dieser Sekte, ihr Hohepriester und Prophet, mit gottgleichen Gaben versehen. In seiner Breslauer Schrift, dem «Kriegsmanifest gegen die Welt», intonierte er:

So mich wissend als der Herr der Erde, vor dessen Feuerhauche nichts Endliches besteht, schaue ich mich um, und die Erde ist der Schemel meiner Füße, und der Himmel ist der Thronhimmel meiner Herrlichkeit. Ich bin Diener und Herr des Begriffs, Priester des Gotts, der ich selber bin... Ich habe den Willen zur Vernichtung und die Mittel dazu, Weh zu verbreiten und Unheil über die Menschen, die mein Atem berührt.[54]

Heinrich Heine sah in dem jungen Lassalle den Helden «einer neuen Generation, die selber gesehen und gehört werden möchte», die «blaue Blumengerüche» verabscheut (und «dem tausendjährigen Reich der Romantik» ein Ende setzen wollte) und die «wie jene harten Gladiatoren stolz dem Kampftode entgegengehen». Das ist noch nicht alles: In einem Brief an Lassalles Vater Heyman Lassal nennt er ihn gar «den Messias des 19. Jahrhunderts».[55] Ganz durchdrungen von jener apostolischen Gewißheit – etwas noch Stärkeres als die hegelianische Sicherheit, mit der er einmal behaupten konnte: «Und seht, ich kann kein Wort sprechen, ohne daß die Geschichte mir sofort Ja zuschreit» –, erteilte Lassalle im *Arbeiterprogramm* (1862) der Arbeiterklasse seinen göttlichen Segen: «Sie ist der Fels, auf welchem die Kirche der Gegenwart gebaut werden soll!»[56]

Ich glaube, man kann solche Formulierungen nicht als Wortschwelgerei abtun, als Rocaillen um einen zentralen Gedanken, den man auf vielerlei Weise ausdrücken könnte («Ihr seid das Herz der neuen Gesellschaft», «Ihr seid das Fundament einer neuen Weltordnung» und ähnlich). Der Stil ist charakteristisch für das geistige Klima jener Zeit; die Formel hatte tiefe Wurzeln. Mindestens noch ein weiteres Jahrhundert lang blieb religiöse Metaphorik bewährtes Ausdrucksmittel von Gefühlen. «Ein Parteitreffen», notierte der italienische Schriftsteller und Kommunist Cesare Pavese im Juni 1947 in seinem Tagebuch, «hat ganz die Art eines religiösen Ritus. Man hört zu, um darin bestätigt zu werden, was man schon dachte, um sich zu begeistern am gemeinsamen Glauben und Bekenntnis.»[57]

Diese verschiedenen Beispiele aus der Geschichte lassen folgende Wesenselemente der revolutionären Religiosität erkennen: *1)* das Ritual gemeinsamer Begeisterung; *2)* die Erwartung des Messias; *3)* die düstere Vision der Apokalypse und *4)* die glanzvolle Aussicht auf endliche Erlösung.

Diesen letzten Faktor hat der Marxismus direkt von der ursprünglich christlichen Orientierung der Hegelschen Philosophie übernommen. Das Vokabular war zwar bis auf einige aufschlußreiche Restbestände rationalisiert worden, aber der Aufbau und die Dogmatik christologischer Erzählungen blieben erhalten. Wo Hegel in der *Geschichte der Religionsphilosophie* schreibt: «Christus ist erstanden. Dadurch wird die Negation überwunden, und die Negation der Negation wird also Teil der göttlichen Natur», stellt Marx im *Kapital* fest, daß «die kapitalistische Produktion ihre eigene Negation enthält; der Kommunismus ist eine Negation der Negation». Und in den *Ökonomischen und philosophischen Manuskripten* heißt es: «Der Kommunismus bezeichnet das Stadium der Negation der Negation und ist daher in der nächsten Epoche der geschichtlichen Entwicklung ein wirklicher und notwendiger Faktor für die Wiedereinsetzung und Emanzipierung des Menschen.» Hegel und Marx haben beide, meint E. A. Olssen, ein typisches christologisches Erzählschema variiert, nämlich die neutestamentarische «Reise»-Beschreibung mit Aufbruch, Wandlung und Rückkehr.[58] Er entdeckt in Hegels Staatsphilosophie eine «nahezu unglaubliche Übernahme» der christologischen Struktur von Abreise (These), Wandlung (Antithese) und Rückkehr (Synthese); die Dialektik wäre demnach die rationalistische Übersetzung des dynamischen Beziehungsmusters innerhalb der Dreieinigkeit, die Hegel «die Achse, um die sich die Weltgeschichte dreht» nannte. Olssen meint, Marx' Denken werde «bis in einzelne sprachliche Formulierungen von demselben Rhythmus der Abreise, Umwandlung und Rückkehr geformt und gestaltet». So wie Marx für sich in Anspruch nahm, die «Perle der Vernunft» zu extrahieren, die in der «mystischen Muschel» von Hegels politischer Theorie versteckt lag, so hatte Hegel behauptet, in den christologischen Erzählungen einen «Bodensatz der Vernunft» entdeckt zu haben. In beiden Fällen haben wir es mit einer modifizierten Fassung des Auferstehungsdramas zu tun, dem eine läuternde Wandlung vorausgeht und die apokalyptische «Erfüllung der Zeit» folgt.

Zweifellos dachte Erich Fromm an diese dialektischen Umformungen, als er das ungewöhnliche Geständnis ablegte: «Marx' Atheismus stellt die höchste Entwicklungsstufe des rationalen Mystizismus dar, und er steht darin Meister Eckhardt oder dem Zen-Buddhismus näher als die meisten Streiter Gottes, die ihn der Gottlosigkeit bezichtigen.» Ein einigermaßen orthodoxer wissenschaftlicher Sozialist mag den Eindruck gewinnen, daß hier die falschen Götter nicht gestürzt, sondern vereint werden; doch treibt die Einsamkeit den Revolutionär seltsamen Bettgenossen in die Arme und macht ihn empfänglich für neue kasuistische Kompromisse. Fromm jedenfalls scheint an der Konstruktion theologischer Synkretismen zunehmend Geschmack zu finden: «So sind der Marxismus und andere sozialistische Lehren die Erben des prophetischen Messianismus, des christlich-chiliastischen Sektentums, des Thomismus des 13. Jahrhunderts, des Utopismus der Renaissance und der Aufklärung des 18. Jahrhunderts.»[59] Die ersten Marxisten mögen geglaubt haben, sie hätten radikal mit der Vergangenheit gebrochen; die letzten Marxisten fühlen sich bereichert durch Relikte aus allen Zeiten.

Vielleicht wäre Marx also gar nicht so entsetzt gewesen, einen Platz in der Geschichte der weltlichen Religionen zugewiesen zu bekommen. Ich bin in London oft an seinem Grabstein in Highgate vorbeigegangen und habe gedacht, daß man einen schweren Irrtum beging, als man ihn in dem den Ungläubigen vorbehaltenen Teil beisetzte. Marx' Kampf gegen die Religion galt ihrer Tendenz, die bestehende Gesellschaftsordnung zu stärken und zu erhöhen und die Macht der Herrschenden als gottgewollt hinzustellen. Wie aber stünde es mit einer Religion, die die bestehende Gesellschaftsordnung in Zweifel stellt, sie unterwandert und umstürzt? Ein weiterer Vorwurf gegen die Religion war, daß sie die ausgebeuteten Massen mit der Hoffnung auf ein himmlisches Paradies vertröstete und sie vom Kampf um Gerechtigkeit im Hier und Heute ablenkte. Was ließe sich aber gegen eine Religion einwenden, die die Massen aufweckt und neue Verheißungen macht, die vielleicht schon morgen oder übermorgen oder für die Enkelkinder sich erfüllen sollen? Mußte man denn das Kind mit dem Bad ausschütten? Engels hat selbst einmal Christen und Kommunisten verglichen:

> Die Geschichte des Urchristentums bietet merkwürdige Berührungspunkte mit der modernen Arbeiterbewegung. Wie diese, war das Christentum im Ursprung eine Bewegung Unterdrückter: es trat zuerst auf als Religion der Sklaven und Freigelassenen, der Armen und Rechtlosen, der von Rom unterjochten oder zersprengten Völker. Beide, Christentum wie Arbeiterbewegung, predigen eine bevorstehende Erlösung aus Knechtschaft und Elend.[60]

Auch Che Guevara, der den Märtyrertod starb und deshalb zum gefeiertsten marxistischen Revolutionär seiner Zeit aufstieg, hat über die politischen Niederlagen der Welt nachgedacht, über die vielen Beispiele von Unfähigkeit und von Verrat am Traum von einer befreiten Menschheit; scharf hat er namentlich Jeanne d'Arc, George Washington, Napoleon, Hitler, Mussolini und Stalin als Vorbilder verdammt und geglaubt, daß «Christus die einzige Ausnahme der Regel war, daß die Befreier immer Verräter sind»[61].

Ich glaube, wir haben es hier mit der Potenzierung von Doppeldeutigkeiten zu tun: Zum einen war, was Marx schuf, sowohl eine Wissenschaft als auch eine Religion; dann war er sowohl für wie gegen die Religion; außerdem kann Religion sowohl reaktionär wie revolutionär wirken, und schließlich begann die Wissenschaft, die Marx begründete und die in Wirklichkeit eine politische Religion ist, als revolutionäre Kraft und endete als reaktionäre Ideologie. Was er über die religiöse Ideologie seiner Zeit schrieb, trifft genau auf die wichtigste säkulare Religion der Gegenwart zu:

> Die Religion ist die allgemeine Theorie dieser Welt, ihr enzyklopädisches Kompendium, ihre Logik in populärer Form, ihr spiritualistischer *point d'honneur*, ihr Enthusiasmus, ihre moralische Sanktion, ihre feierliche Ergänzung, ihr allgemeiner Trost- und Rechtfertigungsgrund.[62]

5. Der Fall

Es scheint, daß die Menschen seit jeher versucht haben, einige ihrer höchsten moralischen und politischen Ziele auf revolutionäre Weise zu verwirklichen. Sicher läßt sich zwischen den Zornesblitzen der biblischen Propheten und den modernen Gewittern des Jahres 1917 und danach eine Verbindung herstellen. Und trotzdem ist noch jedesmal in der langen und sich wiederholenden Geschichte der Revolten und Rebellionen etwas Außergewöhnliches passiert – ein tragisches Mißgeschick, eine überraschende Wendung der Ereignisse, ein unerwartetes Ausklingen und Ende –, was den Sieg vereitelte und ein Gefühl von Verrat hinterließ.

Daß Engels sich dieses Phänomens bewußt war, zeigt eine aufschlußreiche Briefstelle: «Die Leute, die sich rühmten, eine Revolution gemacht zu haben, haben noch immer am Tag darauf gesehen, daß sie nicht wußten, was sie taten, daß die *gemachte* Revolution jener, die sie machen wollten, durchaus nicht ähnlich sah. Hegel nennt das die Ironie der Geschichte, eine Ironie, der nur wenige historische [Persönlichkeiten] entgehen.» Die skeptische Bemerkung, die sich im Entwurf findet – «Vielleicht wird es uns allen so gehen» –, tauchte in der gedruckten Fassung nicht mehr auf. Vermutlich zählte er sich selbst zu den wenigen Glücklichen. In seinem Vorwort zu *Billy Budd*, wo er über die tiefere Bedeutung dieser Erzählung sinniert, fragt Herman Melville, wie es möglich war, daß nach «der Beseitigung aller Erbfehler der alten Welt... die Revolution geradewegs zum Hauptübeltäter wird und härter unterdrückt als die Könige vorher?». Ist dafür allein jener Wesenszug verantwortlich zu machen, den die Griechen *hybris* nannten, maßloser Ehrgeiz und Hochmut, daß die Menschen wie die Götter leben wollten, auf den Gipfeln der Welt und mit gestohlenem Feuer? Die Standarderklärung der christlichen Kirche formuliert Pascal: «Der Mensch ist weder Engel noch Tier; und das Unglück ist, daß, wer Engel sein will, Tier wird.» William Butler Yeats hat den Gedanken poetisch gekleidet:

Es lebe die Revolution! Laßt die Kanonen donnern,
Der Bettler zu Pferd peitscht den Bettler zu Fuß.
Es lebe die Revolution! Wieder donnern die Kanonen,
Die Bettler haben die Plätze getauscht, gepeitscht wird nach wie vor.

Wem metaphysische bzw. poetische Umschreibungen nicht liegen, der mag die prosaischen Ausführungen von Historikern, Psychologen und Soziologen zur Hand nehmen, wo man mehr oder minder empirisch begründete Aussagen über das Scheitern von Revolutionen finden wird.[63]

Viele historische Darstellungen konzentrieren sich auf Personen und biographische Umstände, auf die unterschiedlichen Charaktere und Fähigkeiten innerhalb des revolutionären Lagers. Kaum jemand hat darüber anschaulicher geschrieben als Joseph Conrad in *Under Western Eyes* (1911):

Eine wirkliche Revolution bringt nicht die besten Charaktereigenschaften zum Vorschein. Ein gewaltsamer Umsturz läßt zunächst die Führung und Macht in den Händen engstirniger Fanatiker und tyrannischer Heuchler. Als nächstes treten sämtliche angeberischen intellektuellen Versager auf. So sehen die Häuptlinge und Anführer aus. Die simplen Halunken erwähne ich gar nicht erst. Männer, die skrupelhaft und gerecht sind, edel, human und opferbereit, selbstlos und intelligent, bringen vielleicht die Revolution ins Rollen, aber dann entgleitet sie ihnen. Sie sind nicht die Führer einer Revolution. Sie sind die Opfer, Opfer ihrer eigenen Abscheu und Desillusionierung, oft auch ihrer Reue. Hoffnungen werden aufs gröbste betrogen, Ideale karikiert – so definiert sich eine erfolgreiche Revolution. Jede Revolution hat durch ihren Erfolg einigen Menschen das Herz gebrochen.[64]

An gebrochenem Herzen aber leiden nur utopische Revolutionäre. Für den antiutopischen Revolutionär, der, wie wir gehört haben, «keine Ideale zu verwirklichen hat», der für schrittweise Veränderung und pragmatische Innovation nur Verachtung übrig hat, für den ist der reißende Strom der Ereignisse nicht ein niederschmetterndes, sondern ganz wörtlich ein erhebendes Erlebnis.

Engels' Brief, aus dem ich bereits zitiert habe, ist voll lehrreicher, bildhafter Vergleiche:

Das, was ich über die Lage in Rußland weiß oder zu wissen glaube, veranlaßt mich anzunehmen, daß man sich dort seinem 1789 nähert. Die Revolution *muß* zu gegebener Zeit ausbrechen; sie *kann* jeden Tag ausbrechen. Unter diesen Umständen ist das Land wie eine geladene Mine, an die man nur noch die Lunte zu legen braucht... Einmal das Feuer ans Pulver gelegt, einmal die Kräfte befreit und die nationale Energie aus potentieller in kinetische Energie transformiert (noch ein Lieblingsbild Plechanows, und ein sehr gutes) – so werden die Männer, die das Feuer an die Mine gelegt haben, durch die Explosion fortgerissen werden, die tausendmal stärker sein wird als sie...

Gleich darauf wechselt Engels die Metapher.

Nehmen wir an, diese Leute bilden sich ein, die Macht ergreifen zu können, was schadet das? Wenn sie nur das Loch bohren, das den Deich zerreißen wird, der Strom selbst wird sie bald über ihre Illusionen aufklären... wenn dort das 1789 einmal begonnen hat, wird das 1793 nicht lange auf sich warten lassen.

Als jemand, der sowohl 1789 wie 1793 miterlebt hatte, hatte Napoleon seine eigenen Ansichten zu diesem Thema; seine Einstellung zu den Utopisten scheint, wie wir gesehen haben, von Marx geteilt worden zu sein, ebenso wie Engels an dieser Stelle eine ähnliche Gewißheit und Rhetorik wie Napoleon bekundet.[65] So hatte der Korse einmal den «allgemeinen Grundsatz» festgelegt:

Keine gesellschaftliche Revolution ohne Terror. Eine Revolution ist ihrer Natur nach ein Aufstand, dem der Erfolg und die Zeit Legitimation verleihen und der notwendigerweise eine terroristische Phase durchläuft.

Die Metapher könnte fast als Definition von Naturkatastrophen herhalten. Der Jakobiner Collot d'Herbois hatte früher einmal ausgerufen: «Gewisse Leute möchten die revolutionäre Bewegung bremsen. Was für eine Idee! Kann man Stürme besänftigen? Die Revolution ist ein Sturmgewitter. Wir können und dürfen ihren Ablauf nicht behindern...» Und dem revolutionären Dichter Shelley schwebte, als er sich den Aufstand des Islam (*The Revolt of Islam*, 1818) vorstellte, dieses Bild vom gemeinsamen Treueschwur für die Freiheit vor Augen:

Die Nacht selbst schien zu erzittern wie vom Toben
Unterirdischen Donners, als man schwor;
Das Felsenufer hallte wider mit tausendfachem Echo
In die Nacht, als ob die See, der Himmel
Und die Erde selbst jauchzten um der neugeborenen Freiheit...
Doch bald wird hell der Tag anbrechen – wie eine Gruft
Von Feuer, die Leichentücher, alt und tot, zu verbrennen,
Mit denen die Welt umhüllt ist; weitbrandender Enthusiasmus,
Der die fiebernde Welt reinigen wird gleich einem wogenden Erdbeben.[66]

Der Revolutionär, den Kopf voller Bilder, schwelgt in Sprache, sei er Poet oder Parteigänger oder Prokonsul. Napoleon erschien die Revolution wie eine gewaltige «Erschütterung»,

deren Folgen mit derselben Naturkraft ablaufen wie ein Vulkanausbruch. Sobald die Schmelzmassen im Innern der Erde ihren Explosionspunkt erreicht haben, steigt Lava an die Oberfläche und der Vulkan bricht aus. Das rätselhafte Schicksal der Volksmassen nimmt denselben Verlauf: Sobald ihr Elend den Siedepunkt erreicht, entbrennt in ihnen die Revolution.[67]

Für Wilhelm Weitling (den Max Beer den «einzigen wirklich großen Kommunisten vor Marx» genannt hat) zog die Revolution wie ein «Ungewitter» herauf, und der Kommunismus breitete sich wie «strömende Lava» aus. Ein Jahrhundert später lauschte Che Guevara immer noch «dem Grollen der näherrükkenden neuen Welt» und prophezeite, daß «zum Entsetzen der alten Welt der Vulkan seine Lavamassen zum Himmel emporschleudern wird». Es war ein entsetzliches Bild, das die Schrekken des feuerspeienden Vesuvs beschwor; auch Marx fand daran Gefallen, als er 1850 wohlgefällig einen Journalisten zitierte, der von der «glühenden Lava der Revolution» geschrieben hatte. Auf Bakunin, dessen Temperament eher russisch geprägt war, wirkte sie wie «eine tosende Lawine, die verschlingt und vernichtet».

Daß die Metaphern durcheinandergerieten, war im revolutionären Sprachgebrauch fast unvermeidlich; denn tatsächlich ist der einschlägige Wortschatz sehr begrenzt.[68] Man rekurriert entweder auf das elementare Wirken der Naturgewalten (wie

Milton und Shelley und überhaupt die meisten Dichter) oder auf das gestaltende Schaffen des Menschen (wie Harrington und die meisten anderen Ideologen). Manchmal wird beides verquickt, und dann verbindet sich echtes Empfinden mit stilistischem Chaos. Plechanow vertraute weniger den natürlichen und mehr den menschlichen Gewalten. Immerhin hatten die Anarchisten Bomben im Namen der Revolution geworfen, und dieses sehr handgreifliche Engagement entschärfte Plechanow mit einer berühmt gewordenen, raffinierten Formulierung, einem Paradebeispiel für die Listigkeit revolutionärer Semantik; das Wort ersetzt die Sache. «Ein Begriff mit revolutionärem Gehalt wirkt wie eine Art Dynamit und ist durch kein anderes Sprengmittel zu ersetzen.»[69] Das einzig wirklich wirksame Dynamit war also die Revolution selbst. Als zuletzt die Explosion stattfand – damit, wie Alexander Block meinte (1918), «alles erneuert wird... und geändert und dieses falsche, dreckige, langweilige, schreckliche Leben gerecht, sauber, fröhlich und schön wird» –, sprühte auch die Sprache der Dichter Funken.

Wenn solches Vorhaben, seit dem Anbruch der Geschichte im Herzen des Menschen und im Herzen des Volkes verborgen, seine umschließenden Bande sprengt und losbricht in rasendem Strom, der sämtliche Deiche zerflutet und Uferschollen mit sich fortreißt, spricht man von einer Revolution. Kleinere, zahmere, niedrigere Sachen heißt man Aufstand, Aufruhr, Staatsstreich. *Dies* aber ist eine *Revolution.*

Sie ist der Natur verwandt. Wehe jenen, die von einer Revolution erwarten, daß sie nur ihre eigenen Träume erfüllt, mögen sie noch so selbstlos und edel sein. Eine Revolution bringt wie der Orkan, wie der Wirbelsturm stets etwas Neues und Unerwartetes. Viele werden grausam getäuscht, oft reißt der Sog die Würdigen in die Tiefe, während die Unwürdigen häufig wohlbehalten trockenes Land erreichen; das sind jedoch Kleinigkeiten, die weder die Hauptrichtung der Sturzfluten ändern noch ihr mächtiges, betäubendes Tosen dämpfen können. In dem Tosen steckt trotzdem etwas Großartiges – immer.

Der breite Schwung der Russischen Revolution, welche die ganze Welt einbeziehen möchte (keine echte Revolution gibt sich mit weniger zufrieden; ob der Wunsch wahr wird, steht nicht uns zu vorherzusagen), gibt Anlaß zu der Hoffnung, daß er einen weltweiten Sturmwind entfachen wird, der warme Winde und den süßen Duft von Orangenhainen in die schneebedeckten Landschaften trägt und die sonnenverbrannten Steppen des Südens mit kühlem Regen aus dem Norden tränkt.

«Frieden und die Brüderschaft der Nationen» ist der Weg überschrieben, auf dem die Russische Revolution voranschreitet. Das sind die Worte, die aus dem Tosen erklingen. Das ist die Musik, die jeder, der Ohren hat, hören müßte.[70]

Ob man sie also mit einer Sturzflut vergleicht, mit einer Explosion, einem Ungewitter oder Feuerregen, stets ist die echte Revolution ein Augenblick höchster Intensität. Was aber geschieht, wenn die tosenden Kräfte zunehmen?

Psychologische Analysen vermitteln die Einsicht, daß nicht nur das Beste dem Schlimmsten weicht, sondern daß in der Hitze revolutionärer Leidenschaft das Beste sich in sein Gegenteil verwandelt. Um einen Aphorismus von Saint-Just umzukehren: Im Lauf der Ereignisse führt Mut zu Schwäche und Tugend zu Verbrechen.

In Anatole Frances *Les dieux ont soif* tritt ein junger Jakobiner auf, der ungeduldig die löbliche Abschaffung der verhaßten Todesstrafe herbeiwünscht, später jedoch die grausamste Vernichtung aller Gegner verlangt. Robespierre hat edle und abscheuliche Seiten; war für ihn zunächst «der mächtigste Gegner jeder Freiheit der Fanatismus», so vertrat er später die Überzeugung, daß «die Schreckensherrschaft nichts weiter ist als sofortige, strenge und unbestechliche Gerechtigkeit». Ähnliches gilt für Marat, welcher das Massaker vom September 1792 organisierte, sich aber wenige Jahre vorher wegen schwacher Nerven bei einer Leichenschau entschuldigen ließ.

«Als aber diese kräftige Generation», schreibt Tocqueville, «die die Revolution begonnen hatte, vernichtet... war, wie es in der Regel jeder Generation begegnet, die bei derartigen Unternehmungen das erste Beispiel gibt, hatte sie bereits den ersten edlen Schwung verloren.» Wir können ruhig einen Schritt weitergehen: Jede Erfahrung verändert den Menschen, und die revolutionäre Erfahrung verändert den Menschen am nachhaltigsten. Zweifellos dachte Coleridge an das eigene starke Jakobinertum zurück, als er sich nach großer Enttäuschung an Begegnungen mit Menschen erinnerte, die

> Sich selbst verloren fast im Taumel toller Massen
> Wo Torheit ansteckt und nur allzuoft
> Auch kluge Menschen der Vernunft entsagen,
> Die später erst mit Reu' und Rat sich plagen.[71]

Sehr anschaulich schildert Chateaubriand in seinen Erinnerungen die durch diese Ansteckung bewirkte Verwandlung bei seinem Verwandten Malesherbes, den er gern mochte.

> Er war sehr belesen und von gradlinigem Wesen, aber auch ungestüm und heißblütig; und eines Tages, als wir über Condorcet sprachen, sagte er: «Er war mein Freund; heute jedoch würde ich ihn so kaltblütig töten wie einen Hund.» Die revolutionäre Sturmflut hatte ihn gepackt.[72]

Ein halbes Jahrhundert später war Walter Bagehot dabei, als in Paris die Barrikaden errichtet wurden; er zeichnete eine weitere Momentaufnahme vom schwärenhaften Aussehen programmatischer Gewalttätigkeit.

> Da sah ich sie stehen, Männer, deren Gesichter und Kleidung haargenau den traditionellen Montagnards glichen, bleich, ernst, untersetzt, mit tief zerfurchten Gesichtszügen, die nur von Widerstand gegen ein elendes Leben sprachen und von einer einzigen dumpfen, aber beherrschenden Idee. Sie hatten seit ihrer Jugend wie Jonas geglaubt, mit gutem Recht – mit sehr gutem Recht –, zornig sein zu dürfen; bis an die Zähne bewaffnet, waren sie wie die Truppen der 1. Republik jederzeit bereit, brutal diese Waffen einzusetzen und für Theorien zu kämpfen, die ein Robespierre, ein Blanqui oder ein Barbes aufgestellt hatte, mißgelaunte Fanatiker, monomane Halunken allesamt. Vielleicht irre ich, wenn ich von ihren Gesichtern auf ihren Charakter schließe; ich weiß aber, daß einer von ihnen, als ich beim Barrikadenbau zuschaute, mich mit einem barschen *«Allez-vous en!»* unterbrach und daß ich mich keineswegs gemächlich entfernte, denn ich spürte, daß er lieber geschossen hätte denn nicht...[73]

Wir können die Frage auch mit soziologischen Methoden angehen, mit einer Analyse idealtypischer und weniger idealer Gestalten, deren Denken und Fühlen eine natürliche Affinität zu

Revolutionen aufweist und die regelmäßig sich einer solchen Bewegung anschließen. Mit typisch englischer Pedanterie beim Sezieren von Seelenzuständen und Wesensmerkmalen pflegte John Stuart Mill darauf hinzuweisen, daß «nicht nur die Handlungen der Menschen entscheidend sind, sondern auch die Beschaffenheit jener, die diese Handlungen ausführen». In *Doktor Schiwago* (1958) sieht jemand «das gewaltige Bild Rußlands erstrahlen wie ein Licht der Erlösung von allem Unheil und allem Mißgeschick, das über die Menschheit gekommen war». Aber Pasternak wußte, wie die Menschen beschaffen sind:

> Revolutionen werden von fanatischen Männern der Tat gemacht, die nur einen Gedanken im Kopf haben und auf geniale Weise ihr ganzes Können auf einen begrenzten Bereich zu konzentrieren vermögen. Sie stellen die alte Ordnung in wenigen Stunden oder Tagen auf den Kopf, der gesamte Umsturz dauert nicht länger als ein paar Wochen oder höchstens ein Jahr, doch der Fanatismus, der den Umsturz herbeiführte, wird noch auf Jahrzehnte und Jahrhunderte gefeiert.

Doch in seiner Wehklage um Lara beklagte er gleichzeitig «jenen Sommer in Melusejewo, als die Revolution noch wie ein vom Himmel auf die Erde herabgestiegener Gott war».

Natürlich gibt es auch Idealisten, die aus ehrlicher Empörung und Sympathie sich in einen Kampf gegen Ungerechtigkeit und Leiden verwickelt finden; wenn sie uns oft maßlos vorkommen, sollten wir Renans Hinweis nicht vergessen, daß «es oft die Fanatiker sind und nicht immer die Feingeister, welche den richtigen Anfang finden für die Lösungen der Zukunftsprobleme». Daneben finden sich noch viele andere Charaktere. Da haben wir zynische und arrogante Intriganten, Romantiker, denen verschwörerische Aktivitäten wohlige Schauer vermitteln, und junge Leute, die sich freudig eines Ventils für überschüssige Energien bedienen. Eine Historikerin hat uns die Gemütslage gelangweilter Ehefrauen von Geschäftsleuten in den Jahren vor der Französischen Revolution nähergebracht: «Von Langweile zermürbt, tendierten sie zu Phantasterei und Melancholie; innerlich überreizt, jubelten sie jedem Neuerer zu.» «Eitelkeit», meinte Napoleon, «verursachte die Revolution, Freiheit war nur ein Vorwand.» Wir finden darunter auch jene vertraute Erscheinung, den Zornigen, der (wie einer der Brüder Karamasow gestand) auf seiner Entrüstung beharrt, mag er auch im Unrecht sein. Außerdem gibt es den Enthusiasten und seinen treuen Freund; den Neurotiker und seinen leicht zu beeindrukkenden Begleiter; und jene überlebensgroßen Gestalten, wahre Energiebündel, die mit mächtigem Schritt die Ereignisse durchmaßen (wie Bakunin mit «satanischem Hochmut»). Kurz gesagt, jeder Menschentyp ist hier vertreten.[74] Und dann stellt sich auch die Frage nach einer anderen Ursache für den späteren Fall, das große Mißlingen: Wenn die ganze Menschheit daran beteiligt ist, wie sollte es dann gelingen, durch eine gemeinsame Anstrengung sich zu verändern? Muß nicht menschliches Ungenügen stets von neuem zu (sozialen) Fehlschlägen führen?

Als Hawthorne in *The Blithedale Romance* (1852) die Ursache für das Scheitern der Utopisten von Brook Farm (trotz all ihres «heldenhaften Einsatzes für die menschliche Wohlfahrt») zu entdecken suchte, schrieb er es einem harten, fürchterlichen Wesenszug *(«a stern and dreadful peculiarity»)* zu; es habe mit dem sogenannten göttlichen Geist etwas «nicht ganz Menschliches» auf sich.

> Das ist immer bei Männern der Fall, die sich ausschließlich einer Sache verschrieben haben. Das geschieht weniger durch äußeren Druck, auch nicht durch einen inneren Beweggrund, sondern es bemächtigt sich vollständig ihrem ganzen Denken und Fühlen, bis sie schließlich kaum noch etwas anderes im Sinn haben als dieses eine Prinzip... Sie haben weder Herz noch Sympathie, noch Vernunft, noch Gewissen. Sie haben keine Freunde außer solchen, die sich zum Spiegelbild dieser einen Sache zu machen bereit sind; sie werden dich schlagen und erschlagen und deine tote Leiche mit Füßen treten, ganz besonders dann, wenn du willens bist, den ersten Schritt mitzugehen, aber nicht mehr den zweiten oder dritten oder jeden weiteren auf ihrem schrecklich geraden Weg.

Er sah weiter als Conrad und tiefer als Pasternak. Von «unserer kleinen Armee der Heiligen und Märtyrer» schrieb er:

Sie haben einen Götzen, zu dessen Hohepriestern sie sich erklären und für den sie jedes Opfer als fromme Tat betrachten, wenn es nur fürchterlich genug ist; und sie scheinen nie auf den Gedanken zu kommen – so raffiniert ist der Teufel mit ihnen umgesprungen –, daß diese falsche Gottheit, in deren eisernen Zügen, die auf die übrige Menschheit rachsüchtig wirken, sie nur Güte und Liebe entdecken, nichts anderes als ein Erscheinungsbild eben jenes Priesters ist, das der umliegenden Finsternis aufgeprägt wurde. Und je höher und reiner das ursprüngliche Ziel war und je selbstloser es aufgegriffen sein mochte, desto geringer ist die Aussicht, daß man ihnen den Vorgang erklären könnte, wie gottähnliche Güte zu einem alles verschlingenden Egoismus herabgesunken war.[75]

Wie würde ein so großherziger Mensch wie Bakunin den Abgrund zwischen der kreativen und der destruktiven Leidenschaft überbrücken, wenn er erst einmal in den Bannkreis eines Netschajew geraten war? Er stürzte sich mit Begeisterung auf die *Prinzipien der Revolution* (1869), wo jener geschrieben hatte:

Wir lassen keine andere Tätigkeit gelten als die Auslöschung, gestehen aber zu, daß man sich dazu der verschiedensten Mittel bedient – Gift, Messer, Seil usw. In diesem Kampf heiligt die Revolution jedes Mittel.

Bakunin stimmte in den Ruf nach einem Kreuzzug der Zerstörung ein und wurde so ebenfalls ein Räuberhauptmann für eine heilige Sache. Das wahre Leben ließ sich nur außerhalb des Gesetzes führen. Als jemand ihn nach seinen Zielen und Meinungen fragte, brach er los: «Ich glaube an nichts, ich lese nichts, ich habe nur einen Gedanken: Brich ihnen den Hals, schlag ihnen die Köpfe ein, laß nichts von ihnen übrig!» Und auf die Frage, was er tun würde, wenn er alle seine Träume und Ziele verwirklicht hätte, gab er die Antwort: «Dann werde ich darangehen, alles zu zerstören, was ich geschaffen habe.»[76]

Trotz dieser eindeutigen Worte möchte ich doch behaupten, daß eine Ambivalenz weiterbestand, ein Blick, der auf zwei Tiefen scharfgestellt war; und wenn ich dies noch einmal aufgreife, so keineswegs nur, um über eine Gelegenheitsmetapher zu diskutieren. Schließlich handelt es sich um denselben Michail Bakunin, der eine gewaltige heroische Figur war, als Richard Wagner ihn 1848 während der revolutionären Unruhen in Dresden auf der Straße traf – und dadurch (wenn wir Bernard Shaw glauben dürfen) zum großen Entwurf des *Siegfried* inspiriert wurde.

«Wagner hat sein halbes Leben lang», schrieb Nietzsche, «an die *Revolution* geglaubt, wie nur irgendein Franzose an sie geglaubt hat... er glaubte im Siegfried den typischen Revolutionär gefunden zu haben.» Als Wagner sich über die Ursache allen Unheils in der Welt Gedanken machte und was sich zur Befreiung der Menschheit unternehmen ließe, antwortete er darauf wie alle «Revolutions-Ideologen». Wagner wollte (Nietzsche zufolge) der alten Gesellschaft den Krieg erklären, ihren Gesetzen, Institutionen, Sitten und Moralvorstellungen. Er wollte für den «Aufgang des goldenen Zeitalters» kämpfen, für «die Götterdämmerung der alten Moral», die alles Übel abschaffen würde; bis dahin vertröstete er «die Welt auf eine sozialistische Utopie, mit der alles gut wird...».[77]

Nietzsche vergröbert hier in polemischer Absicht. Wagner hatte nichts mit den orthodoxen Sozialisten gemein; schon in den frühesten, jünglingshaftesten Schwärmereien von der Utopie verfocht er ein halb christliches, halb apollonisches Ideal, in dem Brüderschaft und Gemeinsinn sich mit Schönheit und Freude verbanden. Für ökonomische Hintergründe fehlte ihm jeder Sinn; dagegen reagierte er überschwenglich auf eine Rhetorik, die ihn mit geistesverwandten Internationalisten vereinte. Europa war ein «riesiger Vulkan», und Wagners musikalisches Gehör vernahm ein mächtiges, «beängstigendes Gebrause»; er stellte sich vor, wie

> dunkle, gewitterschwangere Rauchsäulen hoch zum Himmel emporsteigen und, alles rings mit Nacht bedeckend, sich über die Erde lagern, während bereits einzelne Lavaströme, die harte Kruste durchbrechend, als feurige Vorboten alles zerstörend sich ins Tal hinabwälzen.

Welche Rolle er bei dem bevorstehenden Schauspiel spielen würde, wußte er genau: «Zerstören will ich die bestehende Ordnung der Dinge.» Durchdrungen von dem für alle großen utopischen Revolutionäre typischen Egoismus sprach er sich eine Hauptrolle auf der Bühne zu:

Nur zwei Völker noch gibt es von jetzt an: das eine, welches mir folgt, das andere, welches mir widerstrebt. Das eine führe ich zum Glück, über das andere schreite ich zermalmend hinweg, denn ich bin die *Revolution*, ich bin das ewig schaffende Leben, ich bin der einige Gott, den alle Wesen erkennen, der alles, was ist, umfaßt, belebt und beglückt!

Und hier steigert sich die gottgleiche Revolution zu einem Wagnerischen Crescendo:

Ja, wir erkennen es, die alte Welt, sie geht in Trümmer, eine *neue* wird aus ihr erstehen, denn die erhabene Göttin Revolution, sie kommt dahergebraust auf den Flügeln der Stürme, das hehre Haupt von Blitzen umstrahlt, das Schwert in der Rechten, die Fackel in der Linken, das Auge so finster, so strafend, so kalt, und doch, welche Glut der reinsten Liebe, welche Fülle des Glückes strahlt *dem* entgegen, der es wagt, mit festem Blicke hineinzuschauen in dies dunkle Auge! Sie kommt dahergebraust, die ewig verjüngende Mutter der Menschheit, vernichtend und beseligend fährt sie dahin über die Erde, und vor ihr her saust der Sturm und rüttelt so gewaltig an allem von Menschen Gefügten, daß mächtige Wolken des Staubes verfinsternd die Lüfte erfüllen, und wohin ihr mächtiger Fuß tritt, da stürzt in Trümmer das in eitlem Wahne für Jahrtausende Erbaute, und der Saum ihres Gewandes streift die letzten Überreste hinweg! Doch hinter ihr, da eröffnet sich uns, von lieblichen Sonnenstrahlen erhellt, ein nie geahntes Paradies des Glückes, und wo ihr Fuß vernichtend geweilt, entsprossen duftende Blumen dem Boden, und frohlockende Jubelgesange der befreiten Menschheit erfüllen die noch vom Kampfgetöse erregten Lüfte.[78]

Auf diesem «Kampffeld» wirkte Bakunin auf Wagner als «ein überaus witziger und wunderbarer Mensch». Und Wagners Wirkungsfeld gewährte Bakunin einen Augenblick humanen Innehaltens. Er hörte Beethovens *Neunte*, von Wagner dirigiert, und dieses Erlebnis hat ihn anscheinend veranlaßt, manches an seinem Programm einer Gesamtverwüstung abzuschwächen. Bei seinem Glückwunsch meinte er Wagner gegenüber, «wenn alle jemals geschriebene Musik beim Weltbrand vernichtet würde, müßten Sie dafür sorgen, daß diese Symphonie verschont wird». Noch fünfzig Jahre zuvor hatte Babeuf geschworen: «Wir sind zu jedem Opfer bereit... und sollten auch sämtliche Künste untergehen.» Und fünfzig Jahre später, bei einer Aufführung von Beethovens *Appassionata*, wandte sich Lenin an Gorki mit den Worten:

Aber ich kann nicht oft Musik hören. Sie greift die Nerven an, und man möchte den Leuten nette, dumme Dinge sagen und ihnen den Kopf streicheln, die in dieser höllischen Welt solche Köstlichkeiten schreiben können. Aber man sollte niemandem den Kopf streicheln – es könnte einem dabei die Hand abgebissen werden. Man sollte ihnen auf den Kopf schlagen, und zwar gnadenlos.[79]

Uns bleibt eine ironische Pointe: Als Bakunin Dresden verließ, stand das Opernhaus in Flammen. Wagner begab sich in die Schweiz und schrieb viele Jahre später den *Siegfried*, wo ein junger Held sein Schwert schmiedet, den Drachen tötet und durch das Feuer geht. Es war ein zweideutiger Sieg der utopischen Imagination über die Wirklichkeit.

Bereits mehrfach habe ich angedeutet, daß diese Wirklichkeit ein Element von *malaise* enthielt, das einerseits zur Schöpfung großer Kunstwerke beitragen mochte, gleichzeitig aber den Zerstörungstrieb der revolutionären politischen Leidenschaft förderte. Der gescheite Anarchist Gustav Landauer hat einmal zugegeben: «Die Revolution wirkt wie ein heilsames Fieber zwischen zwei Krankheitsphasen; es würde sie gar nicht geben ohne die vorausgegangene Schwächung und die nachfolgende Erschöpfung.» Damit wären wir auch schon bei der Frage, was denn die anderen Sachverständigen für Revolutionsfieber, die Pathologen, dazu zu sagen haben.

Ich zögere etwas, dieses Thema anzugehen, da es heutzutage Mode geworden ist, alle Handlungsgründe dem Wirken des Unterbewußten zuzuschreiben und dabei Radikalismus auf Regression, Sozialismus auf Psychosen und Kirchenreform auf «exkrementelle Visionen» zurückzuführen. Das ist beschränkt, intolerant und ungerecht und nicht einmal sonderlich originell. In *Walden* (1854) schrieb Thoreau: «Wenn jemand Beschwerden hat und seine gewohnten Tätigkeiten nicht ausführen kann, ja wenn schon allein die Verdauung gestört ist, sinnt er sogleich auf Heilung – der Welt.» Hier ist nur die Schwierigkeit, daß die Politikwissenschaft bisher noch keine Kausalbeziehungen zwischen Kopfschmerz und Konservatismus eruiert hat. Der Revolutionär mag von Rheumatismus geplagt sein, aber wer will behaupten, daß der Liberale keine Libido, der Konservative keine Komplexe hat? Das Problem ist nicht so leicht abzutun, und wir sollten nicht voreilig die Diagnose als Scharlatanerie abtun.

Immerhin stammt der Vorschlag, sich intensiv mit der «Krankheitsgeschichte der Revolution» auseinanderzusetzen, von J. M. Thompson, einem großen Kenner der französischen Geschichte. In diesem Zusammenhang verweist er auf Marats «gelblichen Teint» (der von einer Hautkrankheit hervorgerufen war, die vielleicht Charlotte Corday die Arbeit abgenommen hätte); auf Mirabeaus schlechtes Augenlicht; auf Saint-Justs Blässe und auf Robespierres «meergrüne Gesichtsfarbe». «Sind das nicht alles Anzeichen körperlicher Leiden, Folgen von Überarbeitung, nervlicher Belastung, Mangel an Schlaf und Bewegung? Liegt hier nicht ein wichtiger Grund für die privaten und faktionellen Leidenschaften, welche die Revolution nach vielversprechendem Beginn schwächten?» Ein keineswegs unsympathisch eingestellter Biograph hat offen gesagt, daß ein Psychologe heute Babeuf «zweifellos als Paranoiker diagnostizieren würde»; er beschreibt auch einige Symptome:

> Er pflegte sich in aufgeregte Stimmung zu versetzen, bevor er seine hetzerischen, rhetorischen Streitschriften zu Papier brachte. Dabei ging er unruhig und mit immer schnelleren Schritten in seinem Zimmer auf und ab, bis seine Augen funkelten und er bösartige Worte knurrte. Er versetzte den Möbelstücken Fußtritte, rief *«Aux armes! L'insurrection!»*, ergriff die Feder und schrieb wie wild, bis er in Schweiß gebadet war und am ganzen Leib zitterte.[80]

Bakunin gestand einmal, daß «mein Charakter einen radikalen Fehler hatte», beschrieb ihn dann allerdings nur als «Liebe für das Phantastische, für ungewöhnliche, seltsame Abenteuer, für Unternehmungen, die unendliche Weiten eröffnen und deren Ausgang kein Mensch vorhersagen kann» – nichts Schlimmeres also als die üblichen Symptome von Abenteuergeist, romantischen Neigungen und faustischer Sehnsucht. Aufschlußreicher ist, was sein Biograph E. H. Carr schreibt:

> Seine sexuellen Anlagen waren seltsam unterentwickelt. In späteren Jahren war Michail sicher impotent. Als er um die Zwanzig war, äußerten bereits einige Zeitgenossen Vermutungen in dieser Richtung; nichts deutet darauf hin, daß er je mit einer Frau sexuelle Beziehungen hatte. Eindeutige Feststellungen zu diesem Thema, ob von medizinischer oder anderer Seite, sind nicht erhalten. Man darf aber vermuten, daß diese Unfähigkeit seit der Jugend bestand und ihren psychologischen Grund im Haß auf die dominierende Mutter hatte, worüber er sich später mit größter Heftigkeit ausließ. Da ihnen die sexuelle Befriedigung versagt blieb, beeinflußten seine aufgewühlten Leidenschaften alle persönlichen und politischen Beziehungen seines Lebens und schufen jene hitzige, bizarre und destruktive Persönlichkeit, die fasziniert, auch wo sie abstoßend wirkt, und die im 19. Jahrhundert halb Europa ihren Stempel aufdrückte.[81]

Inwiefern eine solche Interpretation der revolutionären Neurose richtig oder nützlich ist, sei dahingestellt. Mir geht es nur darum zu zeigen, wie das pathologische Element in den ideologischen Zyklen beharrlich immer wieder auftaucht. Fraglos sind wir sehr weit entfernt von einer Methode, zu einer richtigen, endgültigen Bewertung derartiger physiologischer Faktoren zu gelangen, die wohlgesonnene Biographen nüchtern vermerken und zeitgenössische Gegenspieler gehässig breittreten. Welchen Stellenwert muß man Saint-Simons Geisteskrankheit und Robert Owens allmählicher geistiger Umnachtung zurechnen? Wer vermag im einzelnen den politischen, poetischen und pathologischen Aspekt in einer für die Sprache der Dissidenten charakteristischen Formulierung wie der folgenden zu bestimmen? Das Jakobinertum, meinte Proudhon mit der speziellen Brutalität, die den Revolutionären untereinander vorbehalten ist, sei «vor allem eine Affektion, eine Krankheit, eine moralische Beulenpest, wie sie nur in Frankreich möglich ist...».[82]

Weniger ethnozentrisch sind die Stellungnahmen von drei

Historikern der jüngeren Zeit zu den revolutionären Bewegungen in England, Rußland und Deutschland. Der Chronist der englischen «Revolution der Heiligen» stellt die Frage, wie bei den «entwurzelten» Vertretern der puritanischen Bewegung Psychologie und politischer Radikalismus zusammenhängen. Er bestreitet, daß «Heiligkeit eine unrealistische Hoffnung» bzw. «die Zielsetzung von neurotischen, wirklichkeitsfremden Menschen» war; meint aber auch, daß «die ‹Unstetigkeit› samt den dazugehörigen Ängsten und Enthusiasmen, die wir bei Knox, Cartwright und Cromwell finden», sowohl edle als auch «beunruhigende» Aspekte hat, und deutet an, daß «dem Enthusiasmus der Heiligen ein pathologisches Element innewohnt».

«Der intellektuelle Aufstand von Mehring und Luxemburg», erklärt Rosa Luxemburgs gewissenhafter und unparteiischer Biograph, «war nicht nur Ergebnis rein zerebraler oder altruistischer Beweggründe; er war zum Teil auch Heilmittel für Persönlichkeitskonflikte.» Eine solche Aussage, meint er, wäre leichtfertig, «wenn wir sie nicht mit zahlreichen Beispielen belegen könnten». Für beide, denkt er, «war das Ende einer Periode übermäßiger Entfremdung von der Gesellschaft eine Erleichterung; diese Entfremdung ließ sich durch verstärkten Widerstand mindestens ebenso effektiv überwinden wie durch einen revisionistischen Integrationsversuch».

Auch in Rußland wurde – und noch schmerzhafter – das revolutionäre Klima durch den Zusammenprall unterschiedlicher Temperamente geformt, die zwischen Entfremdung und Integration, zwischen Revision und grundsätzlicher Gegnerschaft ihre Wahl getroffen hatten. Pawel Axelrod, ein bedeutender Weggenosse Bucharins und Plechanows, gab (allerdings nur privat) zu, daß Bernsteins Anhänger «nicht weniger Existenzberechtigung haben als die Ultrarevolutionäre; [denn] die ganze Angelegenheit ist eine Frage des Temperaments». Er räumte sogar ein, daß der Reformsozialismus «einige Vorzüge gegenüber den ‹Sturm-und-Drang›-Methoden hat: zumindest wird dabei weniger Blut vergossen». Gegen ihn sprach hauptsächlich, daß «es furchtbar langweilig werden würde...».[83]

Ich möchte nicht mißverstanden werden. Ich will nicht behaupten, die Naturgeschichte der Revolution werde von dem kränklichen Gemüt der Revolutionäre bestimmt. Ganz im Gegenteil scheinen mir beide die Folge einer allgemeineren, tiefergehenden Krankheit: eine aus den Fugen geratene Gesellschaft. Objektive Ursache einer Revolution ist das Elend, das in der Welt existiert. Bei der Geburt eines Revolutionärs stehen Verzweiflung und Hoffnungslosigkeit Pate, und der unglückselige Konflikt zwischen ohnmächtigen Menschen und übermächtigen Institutionen verdunkelt die Szene. In der Mutlosigkeit erwacht in ihm der Glaube an menschliche Gerechtigkeit. Von einem Traum, manchmal einem Alptraum getrieben, ist er dann bereit, der kolossalen Immobilität der reaktionären Massen entgegenzutreten, die so oft in der Geschichte die drangsalierende Macht des *status quo ante revolutionibus* verkörpert hat. Sollte man diese Masse Stück für Stück zerkleinern? Absurd. Sie verändern und verbessern? Ebenso sinnlos wie langweilig. Sie langsam, sachte, vorsichtig vorwärtsschieben? Unmöglich. Die einzige Möglichkeit war, sie zu unterminieren und vollkommen zu zerstören, spalten, unterwandern und zersplittern.

> Großes zu vollbringen, bedarf es großer Veränderungen. Kleine Veränderungen sind der Feind großer Veränderungen.[84]

6. Das Gelübde

Die Verwicklungen und Mehrdeutigkeiten, die uns zuletzt beschäftigt haben, haben vielleicht zeitweilig den Blick auf die wahre Doppelnatur des revolutionären Fahneneids verstellt: Für den echten Revolutionär ist die Revolution Mittel und Zweck zugleich. Der instrumentale Charakter der Revolution fußt auf der Überzeugung, daß bei gewissen politischen und sozialen Krisensituationen nur mittels eines rigorosen Bruchs, einer grundlegenden Veränderung gerechte Verhältnisse und eine erträgliche Ordnung hergestellt werden können – allerdings erst, wenn jeder andere Versuch gescheitert ist, alle schrittweisen, friedlichen, vernünftigen Methoden, die mit Zugeständnissen, Kompromissen und Versöhnungsbereitschaft arbeiten, sich als fruchtlos erwiesen haben. Das ist der Grund, weshalb sich an der Revolution neben Revolutionären auch Gemäßigte, Reformer, Liberale und sogar Konservative beteiligen. Der teleologische Charakter der Revolution beruht auf der Annahme, daß eine neue Gesellschaft, um denkbar und machbar zu sein, auf grundverschiedenen sozialen, politischen und kulturellen Prinzipien basieren müsse. Alle Utopisten sind Revolutionäre (wenn auch nicht alle Revolutionäre Utopisten sind); und auch Reformer sind häufig insofern revolutionär, als das Endziel ihrer Reformen und Verbesserungen die bestehende Struktur transzendiert. Mit anderen Worten: Ein revolutionäres Ziel mag mit reformerischen Mitteln erreicht werden, wie auch umgekehrt der Reformer, um sein Utopia zu verwirklichen, unter Umständen verzweifelte und unvermeidlich zerstörerische Maßnahmen für notwendig halten mag. Solche Fälle aber sind, für sich betrachtet, nicht vergleichbar mit jenem neuartigen, totalen Engagement, das zum typischen Kennzeichen der politischen Leidenschaften unserer Zeit geworden ist.

Wenn ich von einem heiligen Versprechen, einem Gelübde spreche, meine ich damit nicht das simple Einverständnis mit der Revolution aus dem Grund, daß anscheinend nur mit außergewöhnlichen und eventuell gewaltsamen Mitteln eine Änderung der Gesellschaftsordnung möglich ist. Ebensowenig meine ich damit den Glaubenssatz, aller Veränderungswille müßte auf ein grundsätzlich anderes Gemeinschaftssystem hinzielen. Was ich damit meine, ist das Nebeneinander von Traum und Verzweiflung in den Köpfen jener, die entweder von der Gewalttätigkeit oder der Zukunftsvision so völlig mit Leib und Seele besessen sind, daß ihnen das eine ohne das andere undenkbar erscheint. Das Gelübde gilt als abgelegt, sobald einem die Revolution als das perfekte Mittel für ein perfektes Ziel erscheint: Auf einen Schlag käme das Paradies zustande, da sich in der Revolution Heilungsprozeß und Genesung gleichzeitig vollziehen. Demnach kann man die neue Gesellschaft nur aufbauen, wenn man sich vorher der Revolution verschrieben hat; und die Revolution beweist sich nur dann als das richtige Instrument zur Gewinnung der Zukunft, wenn sie alles zerstört, bevor an den Neubau gegangen wird. Beide Annahmen stimmen nicht; und ihr Zusammenwirken hat tragische historische Konsequenzen gehabt.

Ich werde mich an dieser Stelle der üblichen Begleitmusik, der gängigen Rodomontaden enthalten. Das folgende Zitat steht für Tausende von ähnlichen Bekenntnissen zu einer Paradiespolitik und einem geheimen Millennium.

> Es ist allmählich offensichtlich geworden, daß den Institutionen der zivilisierten Welt eine große Veränderung bevorsteht. Die Krise ist da! Die Welt der Moral befindet sich in rapidem Wandel, die Zeit der Schikanen wird bald endgültig vorbei sein, und dann kann das geheime schwarze Reich von Kirche und Staat die Menschen nicht länger in Angst und Abhängigkeit halten... Die gottgleiche Menschheit verkündet laut, daß eine mächtige moralische Revolution vonnöten ist und bald stattfinden wird.[85]

Diese Fanfarenstöße von 1831 stammen von Bronterre O'Brien im Namen des «Whole Hog»-Chartismus (der «aufs Ganze ging»); und diese ungestüme Lust, ganze Arbeit zu leisten, ist typisch für den revolutionären Impuls. Er wird mit der Zeit auch nüchterner formuliert werden als die beharrliche Forderung nach nichts Geringerem als der vollständigen Umwandlung des «Systems». Aber es zeigte sich schnell, daß es nicht viel mehr war als ein symbolischer Akt, eine rhetorische Geste, der eine tiefe, wenngleich undeutliche Sehnsucht nach Anderssein zugrunde lag. In der Regel wird dabei kaum auf Einzelheiten eingegangen; die Geste erübrigt alles Weitere. Hin und wieder wird ein bizarres Beispiel angeführt, das zeigen soll, wie total und systematisch die Veränderung des Systems sein wird.

Da gibt es die klassischen Forderungen: Ein amerikanischer Revolutionär wünschte sich für die Neue Welt auch eine neue Sprache, die englische und jede andere europäische Zunge sollten verboten und ersetzt werden durch eine unverbildete, einheimische Verständigungsweise, vermutlich einen Stammesdialekt der Indianer. In Frankreich tauchte der Vorschlag auf, drastische Eingriffe in die Bevölkerung vorzunehmen: eine Reduzierung des Überschusses durch Beseitigung der dekadenten und nutzlosen Mitglieder der Gesellschaft. Und ein Revolutionär in Rußland schlug vor, aus der Gegenwart alle Spuren der Vergangenheit zu tilgen, indem man die Kunstwerke verbrenne und die Bauwerke abreiße. Sollte nichts weniger als das genügen? Es war offenbar unvorstellbar, daß ein neues System, welches sich nach einer authentischen, die «totale Veränderung» propagierenden Revolution etablierte, innerhalb traditioneller Grenzen existieren könnte, wo alte Sprachen gesprochen wurden von alten Völkern, die umgeben von altertümlichen Artefakten in alten Gemäuern lebten. Die Welt mußte neu erschaffen, der Mensch neu geboren werden.

Die Vorliebe für derartige Formulierungen hat, wie ich schon sagte, ihre Entsprechung in den zornigen Äußerungen der aufständischen Revolutionäre des europäischen Mittelalters. Erinnern wir uns noch einmal, wie die Vorboten der Utopie und Revolution ihr Gelübde ablegten, als Instrumente Gottes Gerechtigkeit auf Erden herbeizuführen. Die *Reformatio Sigismundi* von circa 1438 ist das vielleicht berühmteste und einflußreichste Dokument radikaler Gesinnung am Vorabend der Reformation.[86] Es enthält die Prinzipien des politischen Engagements für eine Veränderung der Welt, denen wir von Dante und Joachim bis zu Marx, Lassalle und Bakunin nachgegangen sind:

1. Die Endkrise hat begonnen

Gehorsamkeit ist tod, gerechtigkeyt leyt not, nichts stet in rechter ordenung... Aber eins sol man wißen, das es nit mer woll gen mag... das es gar kranck geworden... es ist auff das allerletzt komen. Es muß ein ordenung gescheen...

2. Die zornige Zeit

Man kan dye reformatz nit außgeben dann mit gewalt und pene... Es kumpt ein scharpffer richter, der wird mit zorn richten, dem sol man peystendig sein byß in den tod... Man muß daz unkraut auß dem garten suchen und außgetten.

3. Die Bewegung der Gerechten

Also aller gerechtigkeyt hanget wenig volcks an und überwintz doch am letzten. Der schatz aller gerechtigkeyt ist villeicht den kleinen behalten... Wenn alle ding in den steten gemain wer, hern und yderman wer in auch gemain [würde jedes Übel verschwinden. Wenn niemand die Interessen seines Nachbarn verletzt, wenn ein jeder für das gemeinsame Wohl arbeitet, würde es nicht Kampf und Zwietracht geben und ein jeder mit seinem Nachbarn auf gleicher Ebene leben]... Lassent unns unnsers nutzes warnemen und unnserrm gewissen leben... es ist an der zeyt... wenn yr horent auffsten, trettet herzü, und helffet züstorenn all ungleich sachen, dadurch dye gantz welt in kummer leyt... reyttet nü zü got und der gerechtigkeyt.

4. Die große Verweigerung

Es mocht einer sprechen: «Wye kont oder mocht dye ordenung also bescheen?... Man soll wyssen, das unrecht kein schirm sol han, alspald man es understat, so werden sye kraftloß, so kert man sich an yr pene oder an yr gericht nit, biß man alle ordenung versicht; da auch müßen dye armen und daz gemein folck diß alles understeen und zu ine in dye trewe... dye werden ubertreffen... Hierumb sehr man zü, es wirt einer auffsteen, der durchbrichet mit gewalt, so slag man zü... dye zeyt ist komen, als yr woll werdent horen.

5. Die Prophezeiung

Merckt man woll, das der jung Esdra spricht: ...es stet auf ein cleiner geweichter, als man zelen ist XIII XXX und IX jare, der wirt regiren und straffen das volck und wirt reysen von einem man zü dem andernn, seine fusse sollen unterdrucken dye sunde, alle newe werdent leicht, dye scheidlichen werden zerstort und verbrent, aller folck wirt sich freüen, gerechtigkeyt gewynnet loblichen ganck. Nu hat es nit unrecht geweysaget, man spürt woll, das ytzundt an der zeyt ist... es ist ytzundt dye zeyt kommen.

Neu kombiniert und weiterentwickelt finden sich diese Gedanken in dem außergewöhnlichen kommunistischen Manifest jenes bemerkenswerten Agitators aus dem Elsaß, der nur als der «Oberrheinische Revolutionär» bekannt ist. Dieses in den Archiven von Colmar entdeckte Dokument enthält den revolutionären Treueschwur in der Version, in der apokalyptische Vorkämpfer für das Paradies hier auf Erden (in diesem Fall anscheinend im «gesegneten Elsaß») ihn ablegten. Der Revolutionär vom Oberrhein war überzeugt – und belegte dies mit vielen gelehrten Verweisen und Zitaten –, daß die ersehnte große Reform nicht auf legale oder friedliche Weise vonstatten gehen könnte, sondern nur als gewaltsame Erneuerung. Er war sich darüber im klaren, daß es ein Zweifrontenkrieg sein würde, daß der Kampf sowohl den Bischöfen wie den Monarchen galt; und ähnlich übermütig wie später die Jakobiner meinte er: «Man wird dem Keisser [Kaiser] ein Bauernhütlein aufsetzen und in das Elend schicken!» – ein Vorgriff auf die rote Kappe, die einem gekrönten Bourbonen bei seinem Gang zum Schafott aufs Haupt gesetzt wurde. «Wenn das volk macht ein Keisser, und der Keisser macht nit das volk.» Er predigte einen heiligen Feldzug gegen das Übel und die Übeltäter, insbesondere gegen die «blutsaugenden Feinde des Volkes». Wie «ellend» war es, meinte er, «das ein wild tier sol mer friheit han, dan ein mensch». Die Zeit war aus den Fugen, alle Bande waren zerrissen. «Die welt hat sich verkeret, die warheit ist vertilget, das boß furtringet das gut, die vnrecht vberflussigkeit ist zu stark geworden, das sy das recht het getodet vnd alle truw vertilget, die liebe verloschen...» Er wollte eine «Brüderschaft vom Gelben Kreuze» gründen und ihnen beistehen, «das sy die gantze welt reguleren mugen». Reden und Handeln gehörten zusammen, Theorie und Praxis waren eins: «Stritt mit worten vnd fechtet mit den werken!» Zwei Aphorismen machen deutlich, daß ihm eine Brüderschaft aller Menschen und eine Herrschaft der Tugend vorschwebte: «Wir sind all gebrüder von Adam herkummen», und: «Der heist nit edel, der nit in tugend lept.»[87]

Mehrere Historiker haben darauf hingewiesen, daß unser Rheinländer, wie überhaupt sämtliche Sozialrebellen der Reformationszeit (Thomas Münzer, John Wyclif, Jan Hus), im Grunde konservativ gesonnen war oder vergangenheitsorientiert; das ist aber nicht entscheidend – als ob es für diese Fragen einen unveränderlichen Maßstab gäbe. Die Uhren der Geschichte laufen stets vorwärts. Bei jedem Versuch, eine Richtung zu finden, muß man sich zunächst von neuem orientieren. Bei seiner Politisierung des Paradieses beschritt der rheinische Revolutionär manchen neuen Weg. So etwa arbeitet seine Staatstheorie sowohl mit demokratischem Konstitutionalismus als auch mit theokratischem Terror; seine ökonomischen Thesen enthalten Elemente des mittelalterlichen und des modernen Kommunismus. Wie bei allen radikalen Geistern pendelt der ideologische Impetus zwischen der Gewißheit einer vorherbestimmten Zukunft und der Möglichkeit des einzelnen, sich hier und heute zu betätigen. Er hätte auch in späteren Jahrhunderten Geistesverwandte gefunden.

Der geforderte Widerstand gegen die Obrigkeit scheint bei ihm auf eine Begrenzung der politischen Macht hinauszulaufen; denn er hält es für möglich, unter Berufung auf Gesetz und Gerechtigkeit Papst oder Kaiser in die Schranken zu verweisen und eventuell sogar abzusetzen. Und tatsächlich glaubte er an ein Recht des souveränen Volkes auf Selbstbestimmung: Die Menschen waren «von Natur gleich frei und edel». Aber während er noch davon sprach, daß sich die Situation der Menschheit abrupt und dramatisch und in jeder Beziehung ändern werde, läßt sich gleichzeitig eine wachsende Tendenz zum visionären Mystizismus feststellen, bei dem damals wie heute Revolution und Apokalypse miteinander verschmelzen. Zu seinen Phantasien vom gewaltsamen Umbruch gehörte «ein Mann aus dem Volk», der eine Epoche einleiten wird, da «ein hirt, ein schofstall vnd ein fester, stanthafter glūb durch die gantz welt» herrscht. Sein Blick in die Zukunft zeigte ihm Feuer, das vom Himmel fiel, gewaltige landesweite Überschwemmungen, einen Regen von Blut, Seuchen und Hungersnot. Die Astrologie (er war ein bekannter *astronomus*) bestärkte ihn in seinem Glauben: Nicht allein lag die Zukunft in den Sternen, der Himmel verschaffte auch ein Gefühl von Sicherheit und gab sogar Aufschluß über die göttlichen Schicksalsbeschlüsse. Das Feuer seines Zorns wurde von seinem Glauben an einen Messias hochgeschürt: Dieser wird von den bewaldeten Berghöhen herabsteigen, und seine Übernahme cäsaropapistischer Macht wird von «totten...

erwurgen... verbrennen... kurtzen... lassen henken» begleitet sein. Dann wird die göttliche Rache an den Feinden des Volkes vollzogen werden: «Schlacht si all ze tot!»[88]

Handelte es sich bei diesen Rebellen vom Rhein um «Revolutionäre»? Vielleicht nicht. Aber die Rebellen, die dann tatsächlich im Schwarzwald auftauchten – keine Spur von irgendeinem messianischen Friedrich –, waren deutlich und unbestreitbar reformierender Gesinnung. Ein kurzer Exkurs zur vergleichenden Ideengeschichte läßt deutlich werden, wie sehr sich die kleinen Männer mit den kurzen Schritten nach Sprache und Temperament von den Heroen unterschieden, die mächtig ausgreifend die Welt beschritten. Man stelle einmal die *Reformatio Sigismundi* und die Äußerungen über das elsässische Paradies den zahlreichen «praktischen und nüchternen» Erklärungen gegenüber, jenen von Historikern erschlossenen Dokumenten der Klagen und Proteste des 16. Jahrhunderts. Nehmen wir uns einmal die Artikel der Bauern von Stühlingen und Lupfen aus dem Jahr 1525 vor.[89] Darin wird im Namen von «Gerechtigkeit, Vernunft und Gemeinsinn» genau festgehalten, worüber sich die Bevölkerung in Stadt und Land empörte und was sie im einzelnen verlangte, damit ihre Situation mehr im Einklang mit göttlichem und natürlichem Recht wäre. Sie bitten um Entschädigung für willkürliche Einkerkerung und Konfiszierung; beklagen sich über unzulässige Abgabeforderungen und hohe Gebühren (vor allem bei den Rechtsanwälten und Notaren) und verlangen, daß die für die Einbußen Verantwortlichen Rechenschaft ablegen. Drückende (und nicht entlohnte) persönliche Dienstleistungspflichten sollen abgeschafft werden, wie auch die allgemeinen Zollabgaben und die unrechtmäßige Übernahme von Boden und Gehöften. Dem Volk sollte gewährt werden, innerhalb gehöriger Rechte und Pflichten zu leben und zu arbeiten, zu heiraten und voranzukommen, zu dienen und bedient zu werden.

In den folgenden Jahrhunderten sind in Europa alle diese reformerischen Forderungen erfüllt worden – zunächst beschränkt, später allgemein; meist zögernd und nach wiederholtem Drängen durch Agitation von unten; manchmal auch rascher, durch hastige Zugeständnisse von oben (oder, wie einst ein gescheiter deutscher Politiker bemerkte, «als erforderliche Maßnahme, um den wilden Strom nicht über die Ufer treten zu lassen»). Von der oppressiven Gesellschaftsordnung der Zeit des «Bundschuhs» und «Armen Konrads» war in dem Jahrhundert Kants, Goethes und Napoleons kaum noch etwas zu entdecken, sosehr hatte sich die Gesellschaft inzwischen schrittweise gewandelt, ihre Institutionen verändert und reorganisiert, ihre wirtschaftlichen und rechtlichen Strukturen ausgewechselt und sogar regelrecht revolutioniert. (Hierzu darf der Historiker gelinde Zweifel anmelden, ob die neue, am Alltagsverstand ausgerichtete Vernunft und Gerechtigkeit, die man sich von willkürfreien Handelsgesetzen, unabhängigen Gerichten, unparteiischen Rechtsanwälten und Notaren und ähnlichem erhoffte, wirklich jemals voll verwirklicht worden ist. Der Maßstab für Entzug und Mangel wird stets nach den gerade aktuellen Gegenständen sozialer Not kalibriert, Schmerz und Protest hingegen haben zeitlosen Klang.) Die Reformpartei schritt weiter von Stärke zu Stärke; immer mehr Gebote der Menschlichkeit wurden erfüllt; und selbst manch utopischer Traum wurde Wirklichkeit.[90]

Anders sah es im Lager der Apokalyptiker aus, wo man sich Hoffnungen gemacht hatte auf die letzte große Erlösung. Als sich die Prophezeiungen nicht bewahrheiteten, wurden neue Deutungen der Vergangenheit und Zukunft unternommen; mit neuer Inbrunst sah man der nahen Verheißung entgegen; nächstes Mal würde es brennen. Doch der gewaltige Feuersturm, der die Welt reinigen sollte, und das himmlische Beben mit den goldenen Lavaströmen – sie stehen bis heute aus.[91]

Besteht die Verblendung des Revolutionärs in der Entschlossenheit zur totalen Veränderung, so beruht die Explosivkraft seiner tragischen Verstrickung darauf, daß die Revolution selbst – jene oft beschworene Übergangszeit, auf die seit Joachim von Fiore die größten Hoffnungen gesetzt werden – nicht zu demselben Zeitpunkt stattfindet, da die menschliche Verzweiflung ihren Tiefpunkt erreicht hat. «Nicht der Hunger erzeugt Revolutionen», schreibt Nietzsche, «sondern daß das Volk *en mangeant* Appetit bekommen hat.»[92] Dasselbe sagt Tocqueville mit einem berühmten Paradox:

Denn nicht nur, wenn eine schlechte Situation unerträglich wird, kommt es zur Revolution. Im Gegenteil: Es ist sogar häufiger, daß ein Volk, welches die drückendsten Gesetze ohne Klage ertragen hatte, diese gewaltsam beseitigt, sobald ihre Last sich vermindert. Die Regierung, die durch eine Revolution vernichtet wird, ist fast stets besser als die unmittelbar voraufgegangene, und die Erfahrung lehrt, daß der gefährlichste Augenblick für die schlechte Regierung der ist, wo sie sich zu reformieren beginnt... Das Übel, das man als unvermeidlich in Geduld ertrug, erscheint unerträglich, sobald man auf den Gedanken kommt, es zu beseitigen.[93]

Unser Verzweiflungstäter taucht also in dem Augenblick auf, da man neue Hoffnung schöpft, da ein Wandel plötzlich möglich und erreichbar scheint. So ist der Revolutionär also der falsche Mann zur falschen Zeit. Er kommt zu spät – und verlangt zuviel. Er fordert gewaltsame Veränderung, wo zum erstenmal friedliche Veränderung möglich erscheint. Er will Blut fließen sehen, wo mit Tinte derselbe Zweck erreicht werden könnte. Er ist radikal und leidenschaftlich, wo nach langer Zeit sich mit Mäßigung und Vernunft manches erreichen läßt.

Der Auftritt ist tragisch, weil die Explosion unnötig ist. Der Druckunterschied besteht nur, weil der aktive historische Agent unter Überdruck steht. Vieles bekommt Risse, manches stürzt ein. Wenn man an 1789 und 1917, an Bonaparte und Stalin denkt, bleibt nur Trauer um die geopferten Generationen übrig. Das ist leider ein zu hoher Preis für den Astigmatismus von Revolutionären, die eine momentane Konstellation und eine zufällige Gelegenheit mit einem großen Aufzug des Welttheaters verwechselten.

Aber wer hat die Konstellationen besser verstanden? Und was für ein Schauspiel hätte man statt dessen besser aufgeführt? Bevor ich mit einer kurzen Erörterung dieser zwei Fragen das Kapitel abschließe, geht der Blick ein letztes Mal zurück auf die Hauptströmungen des revolutionären Denkens in den drei europäischen Kulturen, mit denen wir uns vor allem beschäftigen: England, Frankreich und Rußland. In dem einen Land hatte es schon sehr früh eine Revolution gegeben; seither hielt man dort grundlegende oder gewaltsame Veränderungen weder für erforderlich noch wünschenswert. Dort entwickelte man eine Philosophie der schrittweisen, friedlichen Reform und betrachtete es nicht nur als adäquat, sondern als Glanzleistung wahrer politischer Kultur. In dem zweiten Land sollten die frischen Wunden einer neuen, modernen, gewaltigen Revolution nie völlig vernarben; dort gehörte zu dem Blick in die große nationale Zukunft stets die Aussicht, daß die grundlegenden Innovationen und Verbesserungen zornig vorangetrieben und erweitert werden würden. In dem dritten Land erwies sich die seit einem Jahrhundert erhoffte Revolution zweifellos als groß und glorreich, gleichzeitig jedoch als ein undeutlicher Traum; manchen kam er utopisch, anderen wissenschaftlich vor. Fast alle aber betrachteten sie als ernste Pflichtaufgabe von katastrophalem Ausmaß, durch welche die höchsten moralischen und historischen Ansprüche befriedigt werden sollten.

Was ist demnach am besten? Nie eine Revolution gemacht zu haben? Eine Revolution gemacht und dann vergessen zu haben? Oder eine Revolution gemacht zu haben und sie nie mehr zu vergessen, sie stets von neuem aufzutischen und aufzufrischen?

Allmählich werden Leser und Autor förmlich danach dürsten, eine einfache Wahrheit zu erfahren, eine treffende und ungeschminkte Aussage, und sei es nur eine gängige Platitüde wie beispielsweise: «Reform wenn möglich, Revolution wenn nötig.» Aber so geht es nicht. Die eigene Partei wird jede Andeutung eines Kompromisses als Zeichen willensschwachen Zögerns und als Bereitschaft zum Verrat interpretieren. Bei der Gegenpartei gilt striktes Pflichtgefühl als Variante eines skrupellosen Fanatismus. Das eigene Anliegen verlangt aktive und unerschütterliche Loyalität gegenüber den Grundprinzipien; es sind immer nur die anderen, denen abverlangt wird, daß sie sich

Mäßigung und Umsicht auferlegen. Dabei müßte jedem außer den eingefleischten Melioristen klar sein, daß Reform nicht immer historisch möglich ist. John Morley[94] hat scharfsinnig bemerkt, daß Edmund Burkes charakteristische Besonnenheit, die ihn so wortgewaltig für Moderation und Gradualismus eintreten ließ, ihre historischen Grenzen hatte; wie nur wenige andere Liberale setzte er sich mit dem Problem auseinander, daß es tragische Situationen geben kann, wo es nicht mit einem Beschneiden der Zweige getan war, wo man an die Wurzel selbst gehen mußte.[95] Und das liegt nicht allein – wie Tocqueville dachte – am menschlichen Willen und Charakter. Es gibt auch strukturelle Gründe, und Marx hat sich mit ihnen mal oberflächlich und schematisch, mal detailliert und feinfühlig befaßt.[96] Bei einer Einladung in den Devonshire Club in London im Jahr 1879 – die Tagebuchnotiz seines Gesprächspartners ist glücklicherweise erhalten – prophezeite er

> eine gewaltige, nicht allzu ferne Katastrophe in Rußland; er denkt, es wird mit Reformen von oben anfangen, für die der schlechte alte Bau zu schwach ist und die schließlich zum allgemeinen Zusammenbruch führen werden. Was an die Stelle treten könnte, ist ihm offenbar nicht klar; nur meint er, daß Rußland lange Zeit unfähig sein wird, Einfluß auf Europa zu nehmen...[97]

Der Mensch glaubt, er mache die Geschichte, die die Geschichte ihm zugedacht hat.

In den Augen der militanten Veränderer ist der Reformer ein elender Verräter der wahren Sache. Er repariert, statt niederzureißen, er stopft und flickt. Er beschneidet die Äste, statt den Baumstamm zu fällen. Er reflektiert, statt daß er revolutioniert. Er macht Kompromisse und Zugeständnisse, zögert und sucht Zeit zu gewinnen; Umsicht ist ihm wichtiger als Begeisterung, Maß wichtiger als Mut. Mit dem Althergebrachten fühlt er sich wohl, mit dem Neuen unbehaglich.

In den Augen der Gemäßigten ist der Revolutionär ein Besessener, der das Fundament einer fragilen Sozialordnung untergräbt. Er ist auf Zerstörung aus. Er vergöttert das Feuer und will alles in Asche sehen. In seinen Ohren dröhnt das himmlische Donnern und das irdische Beben. Nie hat er das Gefühl, daß seine Forderungen erfüllt, seine Wünsche befriedigt sind, und rücksichtslos folgt eine radikale Phase der nächsten. Ein Ende gibt es nicht, der Extremismus besteht in Permanenz.

Eine derartige dichotomische Betrachtungsweise reduziert die individuelle Ausformung politischer Denkungsart auf ein absolutes Minimum psychologischer Varianten; und auf dieses Minimum baut dann der denkende Mensch fast zwangsweise seine hehren Gedankengebäude auf, um seinen Empfindungen und Handlungen gegenüber der Gesellschaft ein Gerüst zu geben: das ist die Ideologie mit ihren beiden Unterabteilungen «Reform» und «Revolution».

Nur so ist zu verstehen, weshalb während des einen Jahrhunderts, das den alten Burke vom jungen Lenin trennt, von den beiden in kleinkarierter Selbstsüchtigkeit befangenen gegnerischen Lagern jeder gesellschaftliche Idealismus zermürbt, verwässert, entmutigt oder monopolisiert wurde.[98] Coleridge erfand eine ahnungsvolle Metapher für die tragische Position, die Burke in seiner letzten extremistischen Phase einnahm, als – um beim zentralen Bild zu bleiben – die Bekämpfung des Feuers mit dem Feuer den Flammenbrand nur vergrößern konnte. Im ersten Heft des *Watchman* vom 1. März 1796 schrieb er: «An den Flammen, die vom Altar der Freiheit aufsteigen, hat er die Fakkel entzündet, mit der er seither ihren Tempel in Brand zu setzen versucht.» Und bissig fügte er hinzu: «Friede seiner Seele, wenn sie uns verläßt; als schlimmste Strafe wünsche ich ihm, daß er von Petrus zum Hausdiener ernannt wird und dann Brissot, Roland, Condorcet, Fayette und Priestley das Himmelstor öffnen muß!»[99] Wie zuvor Hobbes suchte auch Coleridge nach einem dritten Weg aus dem Zweierkonflikt. Um Abstand bemüht, hatte Hobbes im *Behemoth* (1651) den großen Streit zwischen Salmasius und John Milton über den Königsmord kommentiert; die Kampfschriften der Kontrahenten hatten in England und auf dem Kontinent die öffentliche Meinung in Aufruhr versetzt.

Ich habe beide gelesen. Sie sind in vorzüglichem Latein verfaßt, und es ist schwer zu sagen, wer von beiden besser schreibt. Sie bringen miserable Argumente, und man weiß nicht, wessen schlechter sind. Sie klingen mit ihrem Pro und Kontra wie Übungsstücke aus der Rhetorikschule, von ein und demselben Verfasser geschrieben: So sehr ähneln sich Presbyterianer und Unabhängige ...[100]

Ich streife hier lediglich ein weiteres Thema aus der *politica perennis*: Denn immer wieder bekommt man den Eindruck, daß *les extrêmes se touchent* und daß es einen dritten Weg geben müßte zu einer Position oberhalb der beiden feindlichen Lager oder zu einem höher gelegenen Gelände zwischen ihnen, wo man sicher und unabhängig ist. Dieser Vorstellung begegnen wir auch beim jungen Burke, als er eine ähnlich befreiende Gratwanderung versucht, einen versöhnlichen Balanceakt, bei dem er sich als Reformer und Revolutionär zugleich empfindet und jenes seltsame politische Zwitterwesen verkörpert, das den utopischen Idealisten und den radikalen Realisten vereint. Bezeichnenderweise durchlebt er diese Phase in den Jahren zwischen der Amerikanischen und Französischen Revolution. Romantisch gestimmt, ruft er 1776: «Nichts Geringeres als eine Umwälzung, welche die Erde im Innersten erschüttert, vermag den europäischen Nationen ... die Freiheit zurückzugeben.» 1788 hat er sich soweit besonnen zu behaupten: «Klug ist das Land, das eine Revolution nach eigenen Grundsätzen und Vorstellungen unternommen hat und sich damit zufriedengibt.» Denn «der erste Schritt», meint er, «ist die Revolution, welche die Übergabe der Regierungsgewalt durchsetzt; als nächstes kommen dann gute Gesetze, gute Ordnung und gute Institutionen, um diese Macht zu stabilisieren ...»

Was Burke in direktem Zusammenhang mit der Boston Tea Party empfunden hatte (und vor dem Sturm auf die Bastille), spleißte Friedrich Gentz bei einer nachträglichen Sezierung zweier unlängst stattgefundener Revolutionen zusammen. Er hatte Burkes *Reflections on the Revolution in France* übersetzt, und im Jahr 1800 erschien in Philadelphia seine Schrift *The French and American Revolutions Compared* in John Quincy Adams' Übertragung. Diese drei Männer – das irische Parlamentsmitglied, der preußische «Sekretär Europas» und der künftige Präsident der USA – verband respektvolle Anerkennung der Vorzüge, die das amerikanische *«hurly-burly»*-System des kontrollierten Chaos aufwies. Wie Burke war auch Gentz den amerikanischen Revolutionären dafür dankbar, daß sie Augenmaß bewiesen hatten und wußten, «wie weit sie gehen konnten und wo sie aufhören mußten».

Weil es ihr Ziel war, nicht zu erschaffen, sondern nur zu erhalten, nicht einen neuen Bau zu errichten, sondern lediglich den alten von allem äußerlichen, bürdevollen und beengendem Beiwerk zu entkleiden; und weil sie weder eine Reform – im strengen Sinn des Wortes – des eigenen Landes noch gar der ganzen Welt beabsichtigten – deshalb umsteuerten sie den gefährlichsten Felsen, der heute die Urheber jeder großen Revolution bedroht: die tödliche Leidenschaft zum politischen Experimentieren mit abstrakten Theorien und ungeprüften Systemen.[101]

Walter Bagehot bewies sich als treuer Burke-Schüler, als er die von Gentz geäußerten Befürchtungen hinsichtlich tödlicher Leidenschaften und gefährlicher Felsklippen aufgriff. Er feierte die Fähigkeit zur «konservativen Erneuerung», zur harmonischen Verbindung alter und neuer Institutionen, den «wilden Drang nach sofortigem Handeln» unter Kontrolle zu halten und «Leben und Mäßigung, Denken und Vernünftigkeit» zusammenzubringen.[102] Entscheidend schien ihm die hohe Kunst der «flexiblen Maßhaltung *(animated moderation)*»[103].

Wenn ich sie richtig verstehe, hat Hannah Arendt in *On Revolution* (1963) dieser philosophischen Grundhaltung eine moderne Form zu geben versucht. Sie erwähnt dort «die Vorstellung, daß Grundlegung und Erhaltung durch Erweiterung zusammentreffen können» – meint damit aber nur, daß ein Zusammenhang besteht zwischen dem revolutionären Akt, der etwas «vollkommen Neues» in Gang bringt, und der «konservativen Sorge», mit der dieser Neuanfang beschützt wird.[104] Burke war da doch etwas vorsichtiger, schon weil er «die leiseste Andeutung von metaphysischer Haarspalterei» haßte. «Es gibt in der Lehre vom Parlamentarismus», schrieb er, «nichts Schöneres als jenen Gedanken der Erneuerung, jenes Zusammentreffen von Beständigkeit und Wandel, der auch in den Staatsverfassungen niedergelegt ist: daß bei aller Veränderung wir doch nie ausschließlich alt oder ausschließlich neu sind.» Er beurteilte den Politiker nach dessen «Vermögen, sowohl zu erhalten wie zu verbessern». Stellte er dabei aber wirklich auch den Umstand, daß «Herrschaft sich selten selbst reformiert», so hoch in Rechnung, wie er behauptete?[105] Da wären wir wieder bei Thomas Mores Dilemma. Muß nicht der Utopist, der die Welt bewegen möchte, eine Position irgendwo zwischen Reform und Revolution einnehmen? Jede Vorwärtsbewegung erfordert Kraft und Druck.

Unter Cromwells Regime hatte Lord Clarendon (in einem Brief von 1648) einmal festgestellt: «Ich bin wahrlich der Ansicht, daß weise Männer sich darum bemühen müssen, geeignete Mittel zur Reform zu entwickeln und zur Versöhnung aufsässiger Gemüter.»[106] Solche aufsässigen Gemüter hätten zu ihrer eigenen Überraschung auch bei Burke manches finden können, das nach ihrem Geschmack war, etwa seine Bemerkung über das Agitieren: «Ich halte es für gut, wenn man bei Mißständen Krach schlägt. Der Feueralarm um Mitternacht stört den Schlaf, aber das ist besser, als im Bett zu verbrennen.» In der turbulenten, von Aufruhr erschütterten Periode um die Verabschiedung des großen Reformgesetzentwurfs von 1832 sehen wir, wie James Mill und seine Freunde planvoll und geschickt «Bilder der Revolution» beschwören, um das also eingeschüchterte Establishment zu liberalen Zugeständissen zu veranlassen. «Es ist sinnlos, vor dem Wort ‹Revolution› Reißaus zu nehmen», schrieb einer von ihnen. «Wenn sie [die Regierung] keine macht, wird es das Volk tun.» – «Wir müssen den anderen angst machen», bekannte ein anderer, «wir müssen vorgeben, selber Angst zu haben.»[107]

Das schauspielerische Element des revolutionären Handwerks wird uns in einem späteren Kapitel beschäftigen; hier möchte ich nur anmerken, daß das langfristige, listige Spiel von

Kraft und Druck, gewürzt von kurzen, auf das Tagesgeschehen abgestimmte Einlagen, Erfolg hatte. Benthams Strategie beruhte auf «dieser Fähigkeit der vielen, die unter Mißständen leiden, es jenen unbehaglich zu machen, die von ihnen profitieren» und die, wie er meinte, «unsere einzige Hoffnung auf eine bessere Zukunft sind».[108] Mills Taktik lief darauf hinaus, «Zugeständnisse von jenen zu erhalten, die sich vor den Konsequenzen einer Verweigerung fürchten», von Männern, die (wie Peel selbst zugab) «mit Besorgnis nach Alternativen suchten, um ohne Ehrverlust einen Bürgerkrieg zu vermeiden».[109]

Die Frage der Ehre ist jedoch nicht so einfach zu entscheiden. Manche peinliche, persönliche Frage wird dabei aufgeworfen, mit der sich ein penibler Liberaler auseinandersetzen muß. Wenn hastig und aus Angst Zugeständnisse gemacht werden, kann etwas anderes dabei herauskommen als unzulängliche und lückenhafte Gesetzgebung? Dem Druck einer wütenden Opposition nachzugeben, gilt doch wohl als unehrenhaft? Und wie konnte man sicher sein, daß die ersten Reformgesetze nicht den Weg für zweite und dritte ebnen würden und damit einen gefährlichen Präzedenzfall schaffen? Sidney Smith hielt vier mutige Reden für das Reformgesetz von 1832; im Rückblick verschweigt er aber nicht ein gewisses Unbehagen: «Ich war ein echter Freund der Reform und bin es immer noch. Es ging damals viel zu heftig zu – doch die einzige Rechtfertigung ist, daß man nicht immer so reformieren kann, wie man möchte, nämlich Schritt für Schritt; man muß die wenigen Gelegenheiten ausnutzen, die sich ergeben...» Leider wird die Mehrzahl aller Verbesserungen des menschlichen Loses im Anschluß an Kriege, Aufstände, Blutvergießen und Bürgerkrieg eingeführt. «Die Menschheit scheint jede kostenlose Freude abzulehnen und jeden Fortschritt nur dann zu billigen, wenn er mit irgendeinem Unglück erkauft wurde.» Deshalb schätzte Smith die Effizienz der von Mill und Bentham entworfenen reformpolitischen Strategie etwas geringer ein, weil er die Ironien der Weltgeschichte in Rechnung stellte. Wer schrittweise reformieren will, wird manchmal aus dem Schritt gebracht, und der Verfassungsfreund muß außerparlamentarische Exzesse einkalkulieren. Wenn man, wie es einem Premierminister häufiger ergeht, «inmitten von Haß, Unrecht, Gewalt und den niedrigsten menschlichen Leidenschaften arbeitet, wird das Ergebnis nicht das Produkt ruhiger, wohlabgewogener Weisheit sein, nicht dem Ideal entsprechen, das ein Träumer sich macht. Es muß genügen, wenn es das Beste ist, was sich angesichts der Leidenschaften, der Intrigen und Interessenkämpfe, die ihn umgeben, erreichen läßt.»

War demnach «eine große Angst» dafür verantwortlich, daß man sich bereit fand, das geringere Übel zu akzeptieren? Smith meinte, man dürfe zwei Gefühlsbereiche nicht durcheinanderbringen, nämlich die persönliche und die politische Angst. Es ist anzunehmen, daß seine Stimme ganz fest war, als er sagte:

> ... Aber ich mag vernünftigerweise Angst davor haben, großen öffentlichen Aufruhr hervorzurufen – ich mag ehrenhafterweise Angst davor haben, daß Menschen zur Beteiligung an Geheimbünden und Verschwörungen gedrängt werden – ich mag weiterblickend Angst davor haben, daß ich die Aristokratie großen Teilen des Volkes gegenüber verhaßt mache. «Angst» ist für solche Gefühle aber eigentlich gar nicht das richtige Wort; vielmehr ist es ein Ausdruck höchster Klugheit, das Ergebnis langen Nachdenkens von einem Menschen, dem nicht gefällt, was er zu tun hat, dem aber noch weniger gefällt, was er sich als die Konsequenzen des Nichtstuns ausmalt, und der von zwei Übeln sich für das kleinere entscheidet.[110]

Menschen jeder politischen Richtung machen Fehler, verstoßen gegen Vorschriften; auch die besten Institutionen sind nicht gegen Verfall und Korruption gefeit. Hier beweist sich die einzigartige Stärke der englischen Ideologie: Man schämte sich nicht, Utopia nicht erreicht zu haben, und fand auch nichts dabei, dicht am revolutionären Sturmwind zu segeln. 1832 sagte Sidney Smith:

> Neue Schlagwörter und Parolen *(cant words)* tauchen auf und tragen zu den Wortgefechten bei; hin und her geht der Streit um Reform und Revolution. Dabei sollte man zunächst klären, ob die Regierung eingreifen

sollte, ob wirklich etwas fehlt oder im argen liegt, ob nicht auch weniger drastische Methoden zum Ziel führen; ist das einmal entschieden, spielt das Etikett kaum mehr eine Rolle. Wenn man sich trotz allem zu Revolution und gegen Reform entschließt, soll mir das nur Anlaß sein, einen alten politischen Trinkspruch auf doppeldeutige und doppelt freudige Weise zu interpretieren. Das nächste Mal, wenn auf König William und die große glorreiche Revolution angestoßen wird, danke ich dabei nicht nur für das Ende der Bigotterie, sondern auch für die entgangene Versuchung zur Korruption.[111]

Wie grundverschieden nimmt sich dagegen die seltsam fixe Idee der deutschen Ideologie aus, zumindest soweit sie den apokalyptischen Gedankenkreis berührt, in den die rheinländischen Revolutionäre bei ihrer Definition von radikalem Wandel vorgestoßen waren. Einige Jahre, nachdem Sidney Smith die zitierte Bemerkung gemacht hatte, gab Friedrich Engels, wie er schrieb, «die Dinnerparties, den Portwein und den Champagner der Mittelklasse» auf und begann sich über das künftige Schicksal der englischen Gesellschaft Gedanken zu machen. Es werde, dachte er, unverzüglich und unvermeidlich die Revolution ausbrechen, ein wahrer Kataklysmus von gewaltigen Ausmaßen. Hier war keine Spur von der Verstellung eines Mill oder Bentham oder von dem Gleichmut, mit dem Smith die «Etikettierung» betrachtete.[112] Am Schluß der *Lage der arbeitenden Klasse in England* heißt es:

Das Prophezeien ist nirgends so leicht als gerade in England, weil hier alles so klein und scharf in der Gesellschaft entwickelt ist. Die Revolution *muß* kommen, um eine friedliche Lösung der Sache herbeizuführen... Es ist zu spät zur friedlichen Lösung. Die Klassen sondern sich schroffer und schroffer, der Geist des Widerstands durchdringt die Arbeiter mehr und mehr, die Erbitterung steigt, die einzelnen Guerillascharmützel konzentrieren sich zu bedeutenderen Gefechten und Demonstrationen, und ein kleiner Anstoß wird bald hinreichen, um die Lawine in Bewegung zu setzen. Dann wird allerdings der Schlachtruf durch das Land schallen: «Krieg den Palästen, Friede den Hütten!»[113]

Als Engels seinen Wetterbericht über die Lawinengefahr abfaßte, war er überzeugt (soweit es sich um einen intellektuellen

Vorgang handelte), daß «dies alles Schlüsse sind, die man mit größter Wahrscheinlichkeit ziehen kann; Schlüsse, deren Voraussetzungen eindeutige Tatsachen sind, teils innerhalb der geschichtlichen Entwicklung, teils Tatsachen entsprechend der menschlichen Natur». Fast ein halbes Jahrhundert später hatte er den Glauben (soweit es sich um einen religiösen Vorgang handelte) an die jugendliche Prophezeiung nicht aufgegeben:

> Ich habe mir nicht einfallen lassen, aus dem Text die vielen Prophezeiungen zu streichen, namentlich nicht die einer nahe bevorstehenden sozialen Revolution in England, wie meine jugendliche Hitze sie mir damals eingab. Ich habe keinen Anlaß, meine Arbeit und mich selbst besser darzustellen, als wir beide damals waren. Das Wunderbare ist, nicht daß so viele dieser Prophezeiungen fehlgingen, sondern daß so viele eingetroffen sind.[114]

Im Klartext hieß das: Auch wenn seine Prognose von der gewaltsamen Revolution völlig danebengegangen war, die Krise des Welthandels jedenfalls hatte er richtig vorausgesagt; und damit war erneut die Lawinengefahr in den Fahrplan der Geschichte eingetragen.

Wirklich bemerkenswert ist dabei vor allem, daß andere Beobachter die Gewichtsverlagerung zwischen Reform und Revolution viel exakter berechneten (und wenn sie sich geirrt hätten, dies bereitwillig deutlicher und ehrlicher zugegeben hätten). Tocqueville zum Beispiel war damals ebenfalls in London, und obwohl der Aufruhr und das Geschrei um das Reformgesetz ihn tief beeindruckten, gab er sich keinen Illusionen hin. Er war überzeugt, daß es nicht zu einer Revolution kommen würde; die Engländer nämlich, schreibt er sich ins Notizbuch, «nehmen die Dinge in kleinen Portionen zu sich und zeigen sich in keiner Weise eingenommen von jenen allgemeinen Prinzipien, die das Nahen der vollständigen Umwandlung der bestehenden Ordnung verkünden». Eine Bemerkung, die Tocqueville etwas später notiert, macht deutlich, wie sehr man sich verschätzen kann, wenn man bei umfassenden Konzeptionen und Prinzipien lokale Eigenheiten außer acht läßt:

Die Franzosen mögen nicht jemanden über sich haben. Die Engländer mögen jemanden unter sich haben. Die Franzosen schauen ständig besorgt nach oben. Die Engländer schauen zufrieden nach unten. Stolz sind beide, aber aus verschiedenen Gründen.[115]

Das ist, denke ich, tiefgründig auf französische Manier und dennoch nicht zu abstrakt gehalten, als daß ein Engländer es nicht verstehen könnte. Durchaus gallisches Niveau erreichend, hat Hazlitt einmal gesagt: «Es gibt unter den menschlichen Charakteren auch einen, der den Gedanken an Vorgesetzte nicht erträgt und einen bitteren jakobinischen Zug aufweist, alle Abhängigkeitsverhältnisse zu negieren und den Tand äußerlichen Gewinns und Nutzens in den Hintergrund zu verweisen.»[116]

Als Wellington sich an die Schlachten mit den Franzosen erinnerte, stellte er den von Prinzipien bzw. Pragmatismus bestimmten Nationalcharakter etwas anders dar:

Die Franzosen planten ihre Kampagnen ganz so, wie man ein feines Pferdegeschirr behandelt: Es sieht sehr hübsch aus und ist brauchbar, bis es bricht; dann ist man aufgeschmissen. Meine Planung arbeitete eher mit Seilen: Lief etwas verkehrt, dann machte ich einen Knoten, und weiter ging's ...[117]

Ob in Krieg oder Frieden, jede Nation bleibt ihrem Charakter treu. So liegt am Rande des Weges, den die französische Geschichte ging, viel zerbrochenes Zaumzeug; die englische Geschichte steckt voller Knoten, ist aber aus einem Stück.

Der theoretische Anspruch des revolutionären Engagements, auf der ganzen Welt relevant zu sein, *jeden* Menschen anzusprechen und *überall* die Verhältnisse zu verändern, stößt immerfort auf lokale Hindernisse und Sonderfälle und beweist dann jedesmal, wie zerbrechlich dieser ideologische Absolutismus und Rigorismus ist. Nationale Interessen wirken dem Internationalismus entgegen; kleinliche Stammesfehden verhindern die Ausbreitung des Geistes der heiligen Brüderschaft. Die französischen Revolutionäre blicken auf die englischen herab, die deutschen auf die russischen. Die amerikanischen gelten als «Sonderfall» und können deshalb ignoriert werden;

und allen scheint die Mitarbeit «der Juden» in ihren Reihen suspekt. Es ist aufgrund ihrer flüchtigen Natur schwierig, die politische Leidenschaft ausschließlich auf ein Ziel einzuschwören; die Emotionen bleiben nicht immer auf Kurs, sie entrinnen, entweichen, verdampfen, schaffen Unordnung. Marx' boshafte Bemerkungen über den «Jid» Lassalle, den «Slawen» Bakunin, den Autodidakten Weitling enthalten ein scharfes, unbeherrschtes Moment; dasselbe gilt für Proudhon, wenn er auf ähnliche Weise von den verhaßten Feinden innerhalb und außerhalb der Bewegung redet. Leider gibt es keine goldene Regel, wie man aus Ideen, Idealen und Ideologie ein harmonisches Dreiergespann macht. Als ein Beispiel für die Kleingeistigkeit, die so oft einhergeht mit großherzigem Einsatz für aufgeklärte, universale Belange, mögen noch einmal die englisch-französischen Dissonanzen herhalten.

Es war eine Übung in revolutionärer Ironie, die jahrhundertelang die öffentliche Meinung und die Rhetorik bestimmte. Cromwell hielt im September 1656 der Gegenpartei, als sie einen Blick über den Kanal wagte, vor, wie absurd es sei, sich an den albernen Franzosen zu orientieren: «Ist ihr Evangelium dasselbe wie unseres? Sie sehen von der Sonne nur wenig. Bei uns herrscht große Erleuchtung.»[118] Robespierre meinte im Januar 1794, es habe keinen Sinn, «mit dem englischen Volk zu sprechen», weil es, was die moralische Aufklärung betreffe, «um zweihundert Jahre hinterherhinkt».

Einen Dämpfer erhielt der gallische Hochmut durch die Begeisterung für den revolutionären Internationalismus, den man nur wenige Tage zuvor anläßlich des Jahrestages der Hinrichtung Ludwigs XVI. gefeiert hatte; dabei waren sämtliche «Könige» verurteilt worden, und man hatte ihre Porträts verbrannt und die Asche zerstampft. Die Lage in England schien bedrohlich, aber nicht hoffnungslos. Robespierre und seine Getreuen gerieten zwar in Rage, wenn sie an den schwachsinnigen Georg III. dachten, den korrupten Premier Pitt und daran, daß man sie als «ein Volk von Kannibalen» bezeichnet hatte. «Aber das heißt noch nicht», tröstete sich Robespierre, «daß das englische Volk nie eine Revolution zustande bringen wird; es wird noch so weit kommen, denn das Volk ist unterdrückt und am Ende.» Trotzdem hatte der Patriot (der nie über Paris und Artois hinausgekommen war) Mühe mit seinem Internationalismus.

Als Franzose und als ein Vertreter der Franzosen erkläre ich hiermit, daß ich das englische Volk hasse [Applaus] und daß ich alles in meiner Macht Stehende tun werde, damit meine Landsleute es noch mehr hassen. Sollen sie selbst damit fertig werden! ... Wenn sie ihre Regierung zum Teufel jagen, können wir vielleicht noch Freunde werden. Währenddessen werden wir einmal feststellen, ob ein Volk von Kaufleuten *(un peuple de marchands)* es mit einem Volk von Bauern *(un peuple agriculteur)* aufnehmen kann, ob ihre paar Schiffe soviel hergeben wie unsere fruchtbaren Äcker. Es gibt etwas, das noch hassenswerter ist als ein Tyrann – ein Volk von Sklaven. [Applaus]... Es existiert dort eine Opposition – ihr wünsche ich viel Glück! Sobald das Parlament zusammentritt, werden wir erfahren, wozu sie fähig ist. Stimmt sie dem Gegengruß des Parlaments an den König zu, dann verdient das englische Volk keine bessere Regierung und wir können die nichtswürdige Sippschaft vergessen... Am besten verschwindet sie wieder in dem Meer, aus dem sie aufgetaucht ist.[119]

Als zehn Jahre später die Revolution und die Meeresfluten immer noch nicht die ihnen zugeteilte Arbeit verrichtet hatten, mußte man schweren Herzens die Lage neu überdenken. War die Politik, die das starrköpfige Inselvolk machte, tatsächlich so nichtswürdig, der Einfluß der Opposition wirklich so unbedeutend? 1804 wendet sich Napoleon gegen die Forderungen des Senats, in denen er «ein Echo der englischen Verfassung» zu entdecken glaubt.

Frankreich und England könnten nicht verschiedener sein. Der Franzose lebt unter einem hellen Himmel, trinkt starke, berauschende Weine und ißt Dinge, die seinen Geist anregen. Der Engländer hingegen lebt in einem feuchten Klima, unter einer fast kalten Sonne, trinkt Bier oder Porter und vertilgt massenweise Milchprodukte. Weil das Blut beider Nationen unterschiedlich zusammengesetzt ist, muß auch ihr Wesen verschieden sein. Die Franzosen sind eitel, heiter, tapfer, und vor allem lieben sie die Gleichheit. Jeder weiß, daß sie in ihrer ganzen langen Geschichte stets gegen die Privilegien von Geld und Geburt gekämpft haben. Die Engländer sind eher stolz als eitel, von ernstem Wesen, und ihre Angriffe gelten nicht amüsanten Unterschieden, sondern schweren Mißständen. Ihnen liegt mehr, die eigenen Rechte zu verteidigen, als die anderer zu übernehmen. Die Engländer sind stolz und bescheiden, unabhängig und gehorsam zugleich. Es ist undenkbar, so unterschiedlichen Nationen die gleichen Institutionen zu geben.

Als sich das Schicksal zu wenden begann, betrachtete der Kaiser der Franzosen das nachbarliche Treiben weniger gelassen und philosophisch. Nun entdeckte er in England das exakte Gegenstück zur eigenen revolutionären Diktatur. Man hielt es dort mit Reformen, öffentlicher Wohlfahrt, utopischen Träumen – alles «englische Erfindungen». «Gehen Sie nach England», riet er den de Staëls. «Dort lieben sie die Genfer, die Kritikaster und Lehnstuhlpolitiker. Gehen Sie nach drüben!»[120] Vor allem aber diskutierten dort die Parlamentarier unentwegt über die lästige Frage, welche Rechte die Opposition hat.

Aufschlußreich ist dazu die folgende Passage aus einem Gespräch Napoleons mit seinem Bruder im Jahr 1803:

Der Erste Konsul *(in der Badewanne sitzend)*: Also eine Opposition wie in England, verstehe ich recht? Ich habe nie begriffen, was dafür sprechen soll. Was es auch sein mag, jedenfalls wird dadurch das Ansehen der Staatsmacht bei der Bevölkerung gemindert.

Joseph Bonaparte: Es ist klar, daß Ihr von Opposition nicht viel haltet: Ihr habt gründlich mit ihr aufgeräumt.

Der Erste Konsul: Es soll nur einer zu regieren versuchen, ohne daß er, wie ich, die Schreihälse zum Schweigen bringt; er wird sich noch wundern, was passiert. Was mich angeht, so laßt Euch sagen: Um gut zu regieren, muß die Staatsgewalt weitestgehend konzentriert sein. Ich werde mich hüten, das allzulaut zu sagen, um nicht jener gehörigen Zahl von Leuten Angst einzujagen, die gleich etwas von Despotismus schreien würden, wenn man sie reden ließe, und die Feder schwingen würden, wenn man sie schreiben ließe.[121]

Weder die revolutionären noch die nichtrevolutionären Theoretiker sind weit gekommen bei der hartnäckigen Frage über das Verhältnis von Führer und Geführten, Einheit und Vielfalt, Stabilität und Wandel, Regel und Ausnahme. Sobald man das Spannungsverhältnis zwischen menschlichen Idealen und sozialer Wirklichkeit zu ignorieren versucht, übernimmt sofort die individuelle Seelenlage die Entscheidung darüber, wie Monismus und Pluralismus gemischt werden sollen, wie weit der internationale Geltungsanspruch gesteckt wird, nach welchem Schlüssel Haben und Nichthaben verteilt wird und wie sehr ethische Momente und staatliche Methoden aufeinander abgestimmt sein sollen. Ist es beispielsweise im menschlichen Bereich stets und unter allen Umständen besser, wenn man vom Einzelnen zum Allgemeinen geht? Warum schlagen hehre Prinzipien, die in der Hauptstadt entwickelt wurden, in der Provinz so schwer Wurzeln? Wie vereinbart man einen leidenschaftlichen Glauben an kosmische Größen mit kleinen, partikularen Gewissensentscheidungen, die einem Skepsis gegenüber der Gemeinschaft und Zweifel in der Politik auferlegen?

Die letzte Frage in diesem Kapitel: Gibt es in den historischen Dokumenten zur Ideologiegeschichte ein einziges Beispiel für ein nichtrevolutionäres Gelübde? Ich halte das für wahrscheinlich und glaube, daß eines jedenfalls von Edmund Burke abgelegt wurde, in jenem abschwörerischen Jahr 1789, als er einen einzigartigen englischen Versuch machte, aus Einsichten, die durch einen historischen Einzelfall veranlaßt worden waren, allgemeine Glaubensartikel des Reformismus zu extrahieren:

> Wir werden aus Besonnenheit – die in allen Angelegenheiten eine Tugend ist, in der Politik gar die vornehmste – eher einer Teillösung zustimmen, auch wenn sie nicht die Perfektion einer abstrakten Idee erreicht, als dem Drang nach einer Gesamtlösung nachgeben, die das Gewebe der Gemeinschaft zerstören würde ... Mäßigung empfiehlt sich bei allen Eingriffen in den Staatsapparat, denn sie wirkt nicht nur angenehm, sondern ist auch überaus wirksam. Es ist eine Tugend, die für sich einnimmt, die Übereinkünfte schafft, versöhnt, festigt ... Nur größere Geister sind zu wahrer Mäßigung fähig; und je nach Ort und Zeit wird man die unechte Mäßigung, also Kleinlichkeit und Unentschlossenheit, rasch entlarven. Es erfordert großen Mut und tiefes Nachdenken, um gelassen zu bleiben, wenn man die Volksmenge (den falschen Richter über Glanz und Ruhm) gegen sich hat. Die gedankenlose Öffentlichkeit läßt in ihrem unbe-

herrschten Verlangen nichts zu, das ihr nicht betörende und gefährliche Extreme verheißt. Wer mag noch öffentlich Besorgnis anmelden, wenn um einen herum alle vermessen und siegesgewiß sind und manche, die unbedenklich mit dem Schicksal anderer spielen, über deine Vorsicht, deine Skepsis spotten; unter solchen Umständen wird man auf eine harte Probe gestellt. Da entdeckt man, während überall der Leichtsinn regiert, in sich eine selbstsichere, gesammelte Stärke, die früher oder später alles zu sich bekehren wird wie zu dem wahren Mittelpunkt.[122]

Wir werden nun herauszufinden versuchen, wo jener Mittelpunkt wirklich liegt, jener Ort, wo taktische und ethische Überlegungen, Umsicht und Entdeckermut, Reform und Revolution sich treffen. Daß diese Region unvermessen ist, keine Landkarten von ihr existieren, soll kein Grund sein – und ist es nie gewesen –, sie unerforscht zu lassen; ist es doch das Land, das vor uns liegt und in dem wir uns auskennen müssen, auf Gedeih und Verderb.

In ihren eigenen Augen ist jede Kirche orthodox; in den Augen der anderen ist sie dem Irrtum oder der Ketzerei verfallen.

John Locke (1667)

Wer die absolute Wahrheit besitzt, für den stellt sich die ganze Ewigkeit als ein vertrautes Beziehungsgefüge dar, das keine Überraschungen und unbekannten Größen birgt. Alle Fragen sind beantwortet, alle Entscheidungen getroffen, alle Eventualitäten einkalkuliert. Der wahre Gläubige ist nie erstaunt und nie im Zweifel.

Eric Hoffer (1951)

Jeder Revolutionär endet schließlich als Tyrann oder Ketzer.

Albert Camus (1951)

Eine freie Gesellschaft zeichnet sich durch die Kunst aus, zum einen sich einen symbolischen Kode zu bewahren; und zum anderen, Revisionen nicht zu fürchten... Gesellschaften, die nicht imstande sind, ihre Symbole zu achten und zugleich für Revisionen aufgeschlossen zu sein, werden schließlich zugrunde gehen.

A. N. Whitehead (1933)

3. Die gerechte Sache des Ketzers

Wörter und ihr Umfeld - Die Revision von «links» und «rechts» - Zur Anatomie intellektueller Courage - Alte Beschwörungsformeln und primitiver Wortzauber - Die verlorene Metapher - Eine Schlinge aus Wörtern - Der Bogen und die Leier

1. Wörter und ihr Umfeld

Am Anfang – zu Beginn unserer ersten beiden Kapitel – war ein Wort: Zunächst wurde es unterschlagen, und weil es fehlte, wurde der zwiespältige Charakter der Utopie verwischt; dann tauchte ein mehrdeutiges Wort auf, und weil es verschiedene Interpretationen zuließ, verschwammen die präzisen Bedeutungsinhalte von ‹Reform› und ‹Revolution›. Jetzt lernen wir ein Wort kennen, das falsch übersetzt und in dieser falschen Übersetzung zum Richtmaß für Orthodoxie bzw. Ketzerei wurde. C. S. Lewis hat für einen solchen Fall den treffenden Ausdruck «*bifurcation of meaning* (Aufspaltung des Bedeutungskerns)» geprägt; gleichzeitig ist es ein Fall von linguistischem Schabernack, denn «ein Wort muß sehr darauf achten, mit wem es phonetische Beziehungen anknüpft».[1]

Friedrich Engels' berühmte Streitschrift *Die Entwicklung des Sozialismus von der Utopie zur Wissenschaft* erschien zuerst als Beitragsfolge im Leipziger *Vorwärts* in den Jahren 1877 und 1878. Ich finde es bemerkenswert, daß bei der Übersetzung des Titels in andere westliche Sprachen fast immer aus dem Substantiv ein Adjektiv gemacht wird: *Socialisme utopique et socialisme scientifique*; *Socialism: Utopian and Scientific*; *Il Socialismo uto-*

pico ed il Socialismo scientifico. Damit nämlich war ein Anfang gemacht für kleine, aber bedeutsame Akzentverschiebungen in der politischen Sprachkunde, sobald das tatsächliche Verhältnis von Theorie und Praxis, Utopie und Revolution, Hoffnung und Prinzip angesprochen wurde. Die Art und Weise, wie Engels seine Ideen formuliert, macht die Sache nur noch schwieriger. Anscheinend war ihm eine Systematisierung der sozialistischen Philosophie wichtiger als deren wissenschaftliche Ausrichtung. In dem Vorwort von 1882 schreibt er: «Der wissenschaftliche Sozialismus ist aber im Grunde genommen ein deutsches Produkt und konnte nur in einer Nation entstehen, deren klassische Philosophie die Tradition einer bewußten Dialektik fortgesetzt hatte, in Deutschland.» Die sprachlichen Probleme, die dieser Satz aufwirft, sind kaum jemandem aufgefallen. Man hat aber zumindest darauf hingewiesen, daß das russische *«nauka»* und *«nauchy»* (wie das deutsche «Wissenschaft» und «wissenschaftlich») viel mehr umfaßt als das englische *«science»* und *«scientific»*; und so bemühte sich der russische Marxismus gleich zu Anfang, etwas von dem Glanz mitzubekommen, der im 19. Jahrhundert das Wort «Wissenschaft» umgab. Ein anderer Forscher, der zweisprachig arbeitet, zeigt sich auch von den «schwierigen linguistischen Problemen» beunruhigt:

> Das deutsche Wort *Wissenschaft* ist wesentlich umfassender als das englische *science*, mit dem es normalerweise übersetzt wird. Im Deutschen bezeichnet man damit jede Forschungsdisziplin, die innerhalb eines methodisch sorgfältig definierten Systems oder allgemeinen Rahmens arbeitet. «Science» hingegen wird in der Regel nur für die exakten Naturwissenschaften benutzt, die ihre eigene, auf Induktion und Empirie basierende Methodik haben. Es bestehen entscheidende Unterschiede zwischen den beiden Begriffen.[2]

Ich glaube, dies ist eine weitere historische Wegmarke. Wörter können Abgründe schaffen. Eine Vorliebe für das Adjektiv («wissenschaftlich») impliziert Flexibilität und Aufgeschlossenheit; das Substantiv «Wissenschaft» klingt schwerfällig und dogmatisch.

Denn Wissenschaft ist darin wissenschaftlich, daß ihr ein Frühwarnsystem für Fehler und Irrtümer eingebaut ist. Ihre auf Abruf gültigen Hypothesen können von neuen Erkenntnissen ständig revidiert werden. So verhielt es sich auch traditionellerweise mit der Vernunft. Montaigne meinte: «Nur Dummköpfe sind sich sicher und schwanken nie», und zitierte aus Dantes *Inferno*: «Mir macht das Zweifeln so viel Freude wie das Wissen.» Peter Medawar ist der Meinung, daß die Einsicht in die wissenschaftliche Problematik dazu geführt hat, «daß wir heute wesentlich mehr Fakten zu berücksichtigen haben, wenn wir wissenschaftliche Erkenntnisse gewinnen wollen. Daß wir heute zu anderen Ergebnissen als früher gelangen, liegt oft einfach daran, daß uns mehr Daten zur Verfügung stehen. Wir müßten uns öfter veranlaßt sehen zu sagen, ‹So habe ich früher gedacht, heute denke ich darüber recht anders›. Wer so etwas nie sagt, ist entweder unfähig oder gefährlich.»[3]

Die modernen Revolutionäre haben, seit Engels den Begriff prägte, sich viel auf ihren «wissenschaftlichen Sozialismus» zugute gehalten; wieweit wurden dabei tatsächlich die Grundregeln der Logik und Vernunft, der gedanklichen Konsistenz und kritischen Überarbeitung eingehalten? Anders gefragt: Wie fest und unverrückbar haben sie sich den halbreligiösen orthodoxen Glaubensartikeln verschrieben, dem treuen Dienst für Prinzipien und Programme, so daß sie einem nahezu sakrosankten Fundamentalismus anhängen?

Die methodische Problematik ist schon an sich von größter Bedeutung. Seit gut hundert Jahren – seit Marx von Proudhon davor gewarnt wurde, «die Menschen mit Prinzipien zu umgarnen» und eine neue, intolerante Glaubenslehre zu errichten – wird jeder nachdenkliche Sozialist sich die Frage gestellt haben: Wie weit darf man die Zweifel treiben? Ist es nicht überhaupt zu gefährlich, skeptisch zu sein? Ein zweites Problem taucht bei den stürmischen Kontroversen um den Revisionismus auf: Wenn das Dogma für die Wissenschaftlichkeit die Scylla ist, dann ist das Versagen ihre Charybdis. Ist es denkbar, daß sich die Propheten der Revolution gründlich getäuscht haben? Daß sie das Böse für etwas Gutes hielten? Denn die Geschichte kennt Irrtümer, die nicht bloß töricht, sondern kriminell waren. Sogar Karl Marx wollte mit jenen Kommunisten nichts zu tun haben, «die auf die Zerstörung der individuellen Freiheit und die Errichtung eines weltweiten Kasernenhofes, eines gigantischen Arbeitslagers aus sind».[4] Wie deutlich waren sich also die Marxisten der Gefahr bewußt, daß das Unternehmen schiefgehen könnte? Wer hat, wie Shakespeare sagt, «die Welt gewarnt *(given warning to the world)*»?

Es hätte eine Frage des intellektuellen Stils und moralischen Gespürs bleiben können, wie die Utopisten gezeigt haben. «Trotz meiner Häresien», schrieb Peter Struve einmal an Karl Kautsky, «möchte ich Sie gerne besuchen.» Und Kautsky antwortete: «Trotz meines Dogmenfanatismus freue ich mich, Sie wiederzusehen.»[5] Da konnte man Probleme noch menschlich angehen, höflich und mit Humor; erst später sollte es grimmiger Ernst werden.[6]

Vielleicht hat Gustave Le Bon mit seiner Behauptung recht, daß neue Glaubenslehren sich erst langsam aus einem Strom von Anschauungen und Thesen herauskristallisieren und zum Dogma verfestigen, nachdem sie gesiegt haben. Bis zu jenem Moment bleiben sie flexibel und anpassungsfähig, und darin – so betont er – liegt gerade die Voraussetzung für ihren Erfolg, denn auf diese Weise können sie sich leichter auf die jeweiligen Gegebenheiten einstellen und den Unzufriedenen Abhilfe versprechen.[7] Fest steht jedenfalls, daß seit der Oktoberrevolution 1917 und der Gründung der Sowjetunion, und in noch stärkerem Maß während der Etablierung der revolutionären, marxistischen Volksrepublik China die Frage, ob man orthodox oder häretisch denkt, über Leben und Tod entscheidet. «Um sicherzugehen, daß eine Lehre längere Zeit angebetet wird», schreibt Camus, «ist der Glaube nicht genug; es bedarf auch der Polizeigewalt».[8] Nun mögen zwei dasselbe glauben, und doch ist es für die Gedankenpolizei nicht dasselbe. Ideologische Aspekte bestimmen heutzutage wesentlich die Machtpolitik, wenn souveräne Staaten und ihre führenden Parteien einander in die Quere kommen. Eine im November 1957 von zwölf Kommunistischen Parteien in Moskau unterzeichnete Deklaration, die den «Revisionismus» zur «Hauptbedrohung» des Weltkommunismus erklärte, gab den Auftakt zum sino-sowjetischen Konflikt. Ein sowjetischer Kommentator erklärte bereits 1960, daß «die Revisionisten die Agenten des Imperialismus» seien; das amtliche Wörterbuch der Politik definierte den Revisionismus als eine «Tendenz innerhalb der Arbeiterbewegung, die zum Nutzen der Bourgeoisie den Marxismus verwässern, schwächen und zerstören möchte, indem sie ihn revidiert, d. h. seine Grundthesen neuerlich prüft, verzerrt und negiert». Damals schrieb die Zeitschrift *Moskwa*: «Entweder vernichten wir den Revisionismus oder er vernichtet uns; eine dritte Möglichkeit gibt es nicht.» Doch einige Jahre darauf standen die Sowjets selber als «Revisionisten» da, und nun waren es die Chinesen, die verbissen die orthodoxe «stalinistische» Linie verteidigten. Bei den heftigen Wortschlachten, die sich die Russen und Chinesen lieferten, zeigten die ideologischen Geschütze in die Gegenrichtung: Die Sowjets «verwässerten» und «entschärften» die Grundprinzipien des Marxismus-Leninismus (und des Marxismus-Stalinismus); und Chruschtschow war plötzlich «der größte Revisionist in der Geschichte» und wurde mit Karl Kautsky verglichen. Die Chinesen wiederum verrieten mit ihrem «Dogmatismus» den gesamten «wissenschaftlichen Geist des Sozialismus», und Mao galt als Parteigänger Leo Trotzkis, als ein «Ultra-Linker, ein Ultra-Dogmatiker, ein wirklich *linker* Revisionist». Nachdem sie allmählich jede ideologische Kombination durchprobiert hatten, beschimpften die Russen die Chinesen als «revisionistische Dogmatiker»; sie selber als «*rechte* Revisionisten» mußten demnach so etwas wie «dogmatische Revisionisten» sein. In den siebziger Jahren wurden die Beschuldigungen noch schärfer, auch vor kriminellen Vorwürfen schreckte man nicht zurück. Die sowjetischen Marxisten behaupteten, die Chinesen hätten Texte von Goebbels und Rosenberg übersetzt und veröffentlicht, und insinuierten damit eine Beziehung zwischen Maos Kommunismus und Hitlers Nationalsozialismus. Man kann Mao vielleicht nur dankbar sein, daß ihm eine poetischere Formulierung aus dem Metapherninventar des 19. Jahrhunderts dazu einfiel: «Revisionismus ist das Opium des Volkes, die betörende Musik, die die Knechtschaft versüßen soll...»[9]

Weshalb fürchtete und haßte man den Ketzer so viel stärker als den Ungläubigen? Ideologischer Eifer und Geifer kommt hier ins Spiel, aber auch eine dramatische Ironie. «Die größten Revisionisten in der Geschichte des Marxismus», schreibt Sidney Hook (seinerseits natürlich wiederum Revisionist),

> waren die Bolschewisten selber. Gerade der Triumph des Bolschewismus während der letzten 45 Jahre ist eine handgreifliche Widerlegung der Theorie des historischen Materialismus, wie Marx sie formulierte. Politische Erwägungen entscheiden über die Produktionsbedingungen, und nicht umgekehrt... Was als «Revisionismus» angeprangert wird, ist nicht nur eine Revision der marxistischen Lehre, sondern eine Revision des bolschewistischen Revisionismus.

Ganz typisch war die Mahnung, die der alte Eduard Bernstein, der sogenannte «Vater des Revisionismus», aussprach: «Wir sollten nicht vergessen, daß auch Marx und Engels zu ihrer Zeit Revisionisten waren. Ja mehr noch: Sie waren die größten Revisionisten in der Geschichte des Sozialismus.»

Niemand wird den beiden Stammvätern des Marxismus vorwerfen, daß sie – zumindest auf dem Höhepunkt ihres Schaffens – intellektuell beschränkt oder moralisch blind gewesen seien. Sie waren sich der Gefahren und möglichen Irrtümer bewußt.[10] Ich habe schon Marx' Warnung vor jenen Kräften zitiert, die eine Zerstörung der «Freiheit des Individuums» betreiben. «Es gibt sicherlich manche Kommunisten», mußte er gestehen, «die leichten Gewissens der persönlichen Freiheit jede Hilfe versagen und sie abzuschaffen versuchen, weil sie darin ein Hindernis für vollkommene Harmonie sehen. Aber wir denken nicht daran, Freiheit gegen Gleichheit zu tauschen.»

Das war 1847 in London; er werde, schrieb Marx, «in einem späteren Heft des *Communist Journal* auf dieses Thema zurückkommen». Aber dazu kam es nie, und so blieb eine sozialistische Theorie der persönlichen Freiheit eine der fatalen Leerstellen des Marxismus. Fast nebenbei aber schrieb er einen Satz, der deutlich auf Versöhnung abzielt, und sehr ungewöhnlich und kaum bekannt ist. Wer ihn aber – wie Camus – gelesen hat, für den wird durch diesen Satz «seinen siegreichen Schülern auf ewig jene Größe und Humanität abgesprochen, die er selber besaß», denn «er hat nie die zusätzliche Entwürdigung gewollt (und doch vorausgesehen), die in seinem Namen begangen wird». Dieser Satz lautet: «Ein Ziel, mit unrechten Mitteln erreicht, kann nie gerecht sein.» Und Engels, mit seiner Abneigung gegen Starrheit und Unrealismus, konnte sich zu dem Geständnis durchringen (in einem 1895 geschriebenen Vorwort, wo er eine Bestandsaufnahme der Ereignisse seit 1848 vornimmt): «Die Geschichte hat bewiesen, daß wir unrecht hatten, daß unsere damaligen Ansichten Illusionen waren.» Nach Marx' Tod im Jahr 1883 wandte Engels sich auf der Suche nach einem «literarischen Testamentsvollstrecker» an Eduard Bernstein, der wie Marx ein Intellektueller deutsch-jüdischer Provenienz war. Bernstein verbrachte fünf arbeitsreiche Jahre in England bei Engels, der seinen «Realismus» höherschätzte als Karl Kautskys; Kautsky wiederum wurde zum Gralshüter der Orthodoxie gegen revolutionäre Tendenzen – und später von Lenin und seinen orthodoxen Mitläufern als «Renegat» eingestuft.[11]

«Ich begann, alle apodiktischen Aussagen zu bezweifeln», schreibt Bernstein. Er war intellektuell ehrlich und mutig genug, um die eigenen «Unsicherheiten» einzugestehen und «Einwände» ernst zu nehmen; schließlich erschien ihm nichts mehr «unumstößlich», das nicht mit Fakten und Beweisen zu belegen war: «Der entscheidende Einfluß auf mein sozialistisches Denken ging nicht von Doktrinen aus, sondern von Tatsachen, die mich dazu zwangen, die meinen Ansichten zugrundeliegenden Ideen zu korrigieren.» Als in seiner Partei seine Meinungen zum Teil auf Ablehnung stießen, ließ er sich nicht von seinen Überzeugungen abbringen und sagte mit charakteristischer Würde: «Die Beschlüsse einer Versammlung, so hochgestellt sie auch sein mag, können mich natürlich nicht von Überzeugungen abbringen, die ich aus der Erforschung gesellschaftlicher Phänomene gewonnen habe...»

In einer Fußnote räumte Bernstein realistischerweise ein, daß die Sozialdemokratie, wo sie als «Kampfpartei» auftrat, «in gewissen Grenzen dogmatisch und sogar intolerant» sein könnte; im Bereich von Theorie und Analyse war er jedoch zu keinerlei Kompromissen bereit, um so weniger, nachdem er sich davon überzeugt hatte, daß eine wertvolle sozialwissenschaftliche Methodik in Gefahr war, in gefährlichen utopistischen Dogmatismus von Leuten umfunktioniert zu werden, die «von einem jähen Sprunge in die vollendete communistische Gesellschaft träumen». Er meinte, «wir müssen uns mit dem Gedanken an eine partielle Collektivwirtschaft vertraut machen», denn «es wäre ja auch eine traurige Aussicht, wenn die Menschheit einer Zukunft entgegenginge, die nur eine Form der Bewegung kennen soll». Prophetisch klingt sein Minderheitsvotum, «daß der Sozialismus nicht von der zunehmenden Verelendung der Arbeiterklassen verwirklicht wird, sondern von der zunehmenden Steigerung ihrer Culturansprüche». War zu erwarten, daß «der Kapitalismus bald zusammenbricht»? War ein «friedlicher Übergang zum Socialismus» möglich? Keine Doktrin war gegen Kritik gefeit, und für seine eigene Philosophie schlug er die neue Bezeichnung «Kritischer Socialismus» vor.

Daheim in Deutschland waren seine Kritiker empört, vor allem über diese Anzeichen von Skeptizismus und Empirismus. Der wütende Kautsky verstieg sich zu der Behauptung, Bernstein habe nun endgültig der Revolution den Rücken gekehrt und behandele das Wort, «wie nur Polizisten es tun». Dabei hatte Bernstein nur vorgeschlagen, «statt von einer principiellen Umwandlung der Socialordnung von einer socialen Umgestaltung zu sprechen, womit die Frage nach den [legalen bzw. illegalen] Mitteln recht offen bleibt». Die Neuformulierung sollte «alle Mißverständnisse und Zweideutigkeiten verhindern»; aber damit hatte er kein Glück. Ophelia persiflierend, hatte Kautsky ausgerufen: «O, welch ein edler Geist ward hier zerstört!» Bernstein, mit aller Hochachtung vor seiner «Psychiatrie», parierte diesen Hieb mit einem anderen Shakespeare-Zitat und antwortete, er sei «bloß toll bei Nordnordwest, bei Südwind könne er ihm 'nen Habicht von 'nem Reiher unterscheiden...».[12]

Rosa Luxemburg hatte da ihre Zweifel und beschuldigte ihn, die Welt durch die «englische Brille» zu betrachten. Kautsky ging noch weiter: «Sie haben sich entschlossen, Engländer zu werden – bleiben Sie nun konsequent und werden auch einer... Täuschen Sie sich doch nicht: Sie haben mit Deutschland völlig den Kontakt verloren... Suchen Sie sich einen Platz in der englischen Bewegung und werden ein Repräsentant des englischen Sozialismus.» Es ist eine besonders hübsche dialektische Pointe unserer an ironischen Wechselfällen wirklich nicht armen Geschichte, daß es fünfzig Jahre später zu einem ähnlichen Streit zwischen zwei englischen Sozialisten kam, die in den sechziger Jahren als Labour-Minister unter Harold Wilson friedlich miteinander ausgekommen waren, als nämlich Richard Crossman den revisionistischen Ansichten von Anthony Crosland vorwarf, sie hätten «den Kontakt verloren» und seien *«too German»*.[13] Das Volk der kantschen Metaphysiker war zu Empiristen geworden; und die Nachfolger des praktischen Reformers Bentham fanden nun an Abstraktionen Gefallen.[14]

Freimütig schrieb Bernstein 1898 an August Bebel:

> Noch vor zwei Jahren war ich bemüht, Marx' Lehren so weit zu strekken, daß sie mit den realen Verhältnissen zur Deckung kommen... Ich wollte Marx retten, wollte beweisen, daß er alles vorhergesehen hatte, was eingetreten und was nicht eingetreten war.

Er schrieb, wie man ihm «einige harmlose Fragen» gestellt habe, und als er darauf «in gewohnter Weise» geantwortet habe, «hat es mir den Rest gegeben».

> Ich sagte mir, so kann es nicht weitergehen. Es hat keinen Sinn, das Unvereinbare vereinen zu wollen. Es ist vor allem notwendig, genau zu klären, wo Marx recht und wo er unrecht hat.

1929 bei einem Gespräch sagte der beinahe achtzigjährige Bernstein (und senkte dabei die Stimme, «als habe er Angst, andere könnten mithören»): «Die Bolschewisten haben nicht unrecht, wenn sie sich auf Marx berufen. Wissen Sie, Marx hatte viel von einem Bolschewisten an sich...»[15]

Lebendig und aufschlußreich sind alle diese marxologischen Disputationen heute noch wegen der Methode und des Stils. Bei den frühen Auseinandersetzungen um den Revisionismus wurde von allen Parteien viel Richtiges und viel Verkehrtes vorgebracht. Nach seinem Tod fand man unter Bernsteins Papieren einen Briefumschlag, auf dem er sich lakonisch einige Argumente notiert hatte: «Die Bauern gehen nicht unter; die mittleren Klassen verschwinden nicht; Krisen nehmen nicht unablässig zu; Leid und Knechtschaft werden nicht größer.» Das war bedingt richtig: Der Kapitalismus war ganz und gar nicht «erledigt», sondern sollte noch zu einem erstaunlichen Aufschwung, zu einer Periode der Stabilität, Demokratie und des Wohlstands führen. Pessimistischer und orthodoxer gesonnen als Bernstein, wetterte Kautsky zur gleichen Zeit gegen Friedens- und Fortschrittsphantasien und sagte eine Zeit der *Krisen, Kriege, Katastrophen* voraus. Zwei Weltkriege und eine weltweite Wirtschaftskrise später wird niemand sagen wollen, daß er mit dieser furchtbaren Vision nicht ebenfalls recht hatte. Sie hatte bereits gewisse Wesenselemente der zweiseitigen Wirklichkeit herausgegriffen und isoliert betrachtet. Man denke nur an Bernsteins Heimat Deutschland: 1904 (Frieden) lag er richtig, 1914 (Krieg) aber falsch, 1933 (Krise) lag er wieder falsch, 1973 (Wohlstand) aber wieder richtig.

Von so hoher Warte aus betrachtet, wird auch die konventionelle Vorstellung vom «wirklichen Revolutionär» – sei es der einsame, radikale Dissident oder der konservative Vertreter einer orthodoxen, militanten Tradition – revisionsbedürftig. Ein gründlicher Kenner der damaligen Zeit erklärt das weitverbreitete Mißtrauen, das Bernsteins praktisch gedachte Vorschläge hervorriefen, mit dem Hinweis, daß sie nicht zu den «üblichen Tröstungen der Revolution» paßten:

Es mag seltsam klingen, wenn man einer Revolutionslehre tröstende Eigenschaften zuspricht, aber eine feste Überzeugung verschafft schon an sich ein Wohlgefühl, gleichgültig, worum es sich handelt. Bernsteins Pläne verlangten ein Umdenken und eine Veränderung der Strategie und räumten mit vielen allgemein akzeptierten Vorstellungen auf, die das Leben innerhalb der Partei bisher bestimmt hatten. Insofern war Bernstein, trotz seiner Absage an die Gewalt und seines Plädoyers für den Reformweg, ein Revolutionär, während die Fürsprecher der akzeptierten Parteidoktrin eine konservative, traditionsverhaftete Gesinnung äußerten.[16]

2. Die Revision von «links» und «rechts»

Ich habe bereits mehrmals Wilhelm Weitling (1808–1871) erwähnt; und seine erstaunliche Karriere als abtrünniger Utopist und revolutionärer Revisionist ist so pointiert und bedeutsam, daß sie eine ausführliche Darstellung verdient.[17]

Dantes messianischer Kaiser des Mittelalters ähnelt in manchem Weitlings revolutionärem Erlöser, welcher den Eingang ins «irdische Paradies» weisen sollte. Seine Vorstellung von dieser strahlenbekränzten Gestalt, eine Mischung aus Christus und Napoleon, war eingängig. Weitling wurde als unehelicher Sohn einer deutschen Dienstmagd und eines napoleonischen Offiziers geboren. Sein Manifest von 1838, geschrieben für den «Bund der Gerechten» (später umgetauft in «Bund der Kommunisten»), trug den Titel: *Die Menschheit, wie sie ist und wie sie sein sollte.* In seinem *Evangelium eines armen Sünders* (1843) beschrieb er Jesus Christus als Kommunisten und Bastard; daraufhin verurteilte ihn ein Schweizer Gericht wegen Blasphemie zu einer Gefängnisstrafe. Isaiah Berlin meint, «dieser ernste und furchtlose deutsche Visionär war der letzte und wortmächtigste Abkömmling der Männer, die im späten Mittelalter Bauernaufstände in Gang brachten».[18] Er hat vielleicht am frühesten und am stärksten Marx' Verhältnis zum Proletariat und Bakunins Anarchismus beeinflußt; einen kurzen historischen Augenblick lang hatte er je einen Fuß in beiden Lagern.

Ebenso wie Marx war auch Bakunin von jenem «wirklich

bemerkenswerten Buch» Weitlings, den *Garantien der Harmonie und Freiheit*, stark beeindruckt. Für Arnold Ruge, einen Freund von Marx, machte er folgenden Auszug:

> Eine vollkommene Gesellschaft hat keine Regierung, sondern eine Verwaltung; keine Gesetze, sondern Pflichten; keine Strafen, sondern Heilmittel.

Als sie sich in Zürich trafen, gefielen Bakunin seine Intelligenz und Energie, vor allem aber sein «undisziplinierter Fanatismus». In die Konflikte Weitlings mit der Polizei wurde Bakunin bald hineingezogen. Ein offizieller schweizerischer Bericht führte zu einem Dekret des Zaren, das ihm Adel und Besitz nahm und nach Sibirien verbannte.

Weitling machte Bakunin jedoch nicht nur zu einem gejagten Heimatlosen, sondern auch zum Berufsrevolutionär. Dazu schreibt Bakunins Biograph:

> Bislang hatte Bakunin die Revolution als ein Gesprächsthema erlebt, über das Intellektuelle in geselliger Runde bei Tee und Tabak diskutierten. Unmöglich, sich eine Provokation vorzustellen, die Ruge hätte veranlassen können, die Feder gegen das Schwert einzutauschen; und auch Herwegh, der sich zwar gern als Mann der Tat gab, war im Grunde mehr daran interessiert, die Tyrannei mit Gedichten anzugreifen, als sie zu stürzen. Bei Weitling erhielt die Revolution konkrete Züge, verband sich doch mit ihr ein tiefempfundener persönlicher Groll... Er scheint als erster vorgeschlagen zu haben, «mitleidlos jeden Gegner des Kommunismus zu erschießen». Bakunin sah in dieser Mischung aus hochherzigem Idealismus und kühner Brutalität etwas Kongeniales, das seiner eigenen unruhigen Natur verwandt war... Die Begegnung mit Weitling zählt zu den wichtigsten Ereignissen seines Lebens; hier wurde die Verwandlung vom spekulativen Philosophen zum aktiven Revolutionär vollendet. Der russische Aristokrat war von nun an ein Diener des internationalen Proletariats.[19]

Was Marx und Engels angeht, so hatten sie bald ihre Zweifel, wie nützlich oder proletarisch Weitlings Einfluß wirklich war. Ihre Bewunderung für Weitling und ihre Zusammenarbeit mit ihm waren nur von kurzer Dauer. Er wurde in ihren Augen ein Utopist *à la* Cabet und Aufrührer *à la* Blanqui. Marx mochte weder den Traum noch die Verzweiflung. Träume wollte er durch Hoffnung und Vertrauen auf der Grundlage wissenschaftlicher Analyse ersetzen – im Gegensatz zu primitiven christlichen Sehnsüchten nach Gleichgewicht und Brüderlichkeit – und die Verzweiflung durch eine Bewegung der Massen auf breiter Basis. Weitling wiederum verabscheute das Intellektuelle an seinen neuen sozialistischen Rivalen und sagte ihnen voraus: «Am Ende werden sie sich gegenseitig auffressen...»

Die Unterschiede in Ton und Stil, die zwischen dem Philosophen Marx und dem Schneidergesellen Weitling bestanden, waren deutlich und unüberbrückbar. Bei einer dramatischen Begegnung in Brüssel (am 30. März 1846) sagte Marx,

> daß es einfach ein Betrug sei, das Volk aufzuwiegeln, ohne ihm irgendwelche festen, durchdachten Grundlagen für seine Tätigkeit zu geben. Die Erweckung phantastischer Hoffnungen... führte niemals zur Rettung der Leidenden, sondern müsse zu ihrem Untergang führen. Zumal in Deutschland sich an die Arbeiter zu wenden ohne streng wissenschaftliche Ideen und konkrete Lehren, sei gleichbedeutend mit einem leeren, gewissenlosen Spiel mit der Propaganda, wobei einerseits ein begeisterter Apostel vorausgesetzt wird, andererseits nur Esel, die ihm mit aufgesperrtem Maule zuhören.

Dies, so fügte er hinzu, möge für Rußland richtig sein; anderswo komme man aber nicht ohne konkrete Lehren aus. (In einer späteren Auseinandersetzung äußerte sich der deutsche Kommunistenführer Gottschalk ähnlich wie Weitling bei seinem Angriff auf die Marxisten im Jahr 1849: «Ihnen ist es nicht Ernst mit der Befreiung der Unterdrückten. Das Elend des Arbeiters, der Hunger der Armen hat für sie nur ein wissenschaftliches, ein doktrinäres Interesse.»)

Das Streitgespräch zwischen Marx und Weitling endete damit, daß Marx wütend mit der Faust auf den Tisch schlug, aufsprang und rief: «Niemals noch hat die Unwissenheit jemandem genützt!»[20]

Jetzt kam Engels der Verdacht, daß Weitling, einst der Autor eines «genialen Werkes», gewisse französische und russische

Quellen plagiiert haben könnte. Er berichtete Marx von seiner Verachtung für die «Weitlingerei» (wie für die «Proudhonisterei») und versicherte ihm, daß nach der «Infamie des Bruders Weitlings» die «kleine Clique der Schneider hinausgeworfen werde».[21] (Edmund Wilson nennt dies «die erste marxistische Parteisäuberung».) Weitling antwortete auf den «verleumderischen» Vorwurf, ein «Reaktionär» zu sein, mit bestürzter Entrüstung. Er war 1848 aus den Vereinigten Staaten nach Europa zurückgekehrt. Als die verschiedenen europäischen Revolten scheiterten, nahm er seine Tätigkeit als Propagandist bei den Unterdrückten Amerikas wieder auf.

Zurück blieb eine revidierte dritte Auflage seines einzigartigen Manifests über Utopie und Revolution, die *Garantien der Harmonie und Freiheit.* Zuerst 1842 veröffentlicht, erschien diese neue Auflage 1849 und war mit seinen allerjüngsten Ideen und Überlegungen angereichert. Der denkende Utopist im Banne rastloser Vernunft neigt dazu, bei einer Revision vor allem auf inspirierende Details und neue Arrangements einzugehen. Der leidenschaftliche Revolutionär im Griff eines apokalyptischen Enthusiasmus nähert sich immer weiter seiner imaginären endgültigen Lösung. Weitling revidiert nach links, nicht etwa nach rechts, und die Marx-Forschung (beispielhaft in der DDR) hat uns die Mittel an die Hand gegeben, beinahe Zeile für Zeile den prometheischen Impuls seiner letzten europäischen Korrekturen zu verfolgen.[22]

Zunächst versuchte er, einige Mißverständnisse zu klären. Er hatte zwar gerufen: «Es lebe die Revolution!», gab sich aber keinen Illusionen über die voraufgegangenen großen Ereignisse hin, die der leidenden Menschheit so wenig eingetragen hatten. Erst die nächste Revolution oder, genauer, die nächste «Serie von Revolutionen» würde die entscheidende Wende bringen. Er war ein Antidemokrat genannt worden, doch er erklärte, daß es eine vollkommene Demokratie nur im perfekten Kommunismus geben würde. Was seine Abneigung gegen nationale und patriotische Gefühle anging, so vertrat er die Ansicht: «Das ist kein Vaterland, dieses Zuchthaus, das ist kein Volk, diese geknechteten, verachteten Scharen.» Wenn der «ganze morsche Bau» der damaligen gesellschaftlichen Ordnung «von selbst zusammengestürzt» (oder zerstört) war, würde es ein großes Feuer geben, in das man freudig allen Zubehör des verhaßten Kapitalismus werfen konnte: Banknoten, Wechsel, Testamente, Steuerlisten, Miet- und Pachtkontrakte, Schuldverschreibungen, das Kupfer der Armen, das Silber der Wohlhabenden und das Gold der Reichen. «Die Gesellschaft wird wie von neuem geboren sein... die Erde in ein Paradies und die Menschheit in eine Familie verwandelt sein.»

Dann zog er die Lehren aus einigen persönlichen Erlebnissen in den vierziger Jahren. Als erfahrener Insasse schweizerischer und deutscher Gefängnisse hielt er es für geboten, eine weitere revolutionäre Forderung aufzustellen: die Freilassung aller Gefangenen. Der Anblick amerikanischer Negersklaven veranlaßte ihn zu der Bemerkung: «Schöne Freiheit das! Zum Teufel mit solch einer Freiheit und solch einer Republik!» Zeitungslektüre in London bewog ihn zu der Feststellung: «Besser keine Pressefreiheit!» Seine Vorstellungen von einer neuen utopischen Gesellschaft ließen ihn daran festhalten, daß während der Erntezeit alle Universitäten geschlossen werden sollten, damit Professoren und Studenten auf den Feldern arbeiten könnten. Und er bekräftigte sein Konzept einer idealen Gesetzlosigkeit. Nein, Polizei, Richter und Gefängnisse würden nicht mehr nötig sein; Diebstahl wäre nur erlaubt, weil es ihn per Definition nicht länger geben würde. Gewiß, vielleicht könnte ein Buch entwendet werden, aber das sollte man als eine Art kleinen Scherzes auffassen, über den zu lachen wäre oder nicht.

Anzumerken ist allerdings, daß Weitling auch Reglements für Exekutionskommandos aufstellte: Bestimmte Feinde mußten unter der neuen Ordnung einfach ausgemerzt werden. Seine Liebe zu den Menschen ging nicht so weit, daß er die Todesstrafe für politische Vergehen abgeschafft hätte.[23] Sie schien ihm mit den Bestimmungen des utopischen Kontrakts durchaus vereinbar.

Am Vorabend seiner Rückkehr von Europa nach Amerika im

Jahr 1849 machte Weitling eine drastische Wendung, die Marx erboste und seinen marxistischen Herausgebern noch heute Kummer bereitet. Er verkündete einen großen Durchbruch in der revolutionären Theorie, die neue Taktik der «sozialen Anarchie». Das ging weit über seine frühere Theorie von einer ständigen Verschärfung des sozialen Krieges zwischen Massen und Klassen hinaus in die Bereiche des Brigantentums und Putschismus. «Wer einen Reichen beraubt und bestiehlt», so erklärte er, «um mit dem Geraubten und Gestohlenen den Armen zu helfen, ist ein edler, gerechter Räuber, ein edler, gerechter Dieb... Der, welcher in solchem Kampf den Tod findet, muß als Märtyrer einer heiligen Sache betrachtet werden.»

Er spürte freilich, daß ein Robin Hood-Ideal nicht so recht zur revolutionären Erhebung in einer sich zunehmend industrialisierenden Welt paßte. Es waren die Massen, die die Hauptrolle spielen mußten: «...benutzen wir dafür alles, was die Massen electrisiert, alle Gefühle und Leidenschaften, alle Vorurteile selbst, wenn es geht... Dringen wir unsern Gegnern fortwährend auf den Leib, zwingen wir sie fortwährend zu Verfolgungen...» Die neue und originelle Botschaft hatte napoleonische, wenn nicht gar messianische Dimensionen:

> Dann muß eine Moral gepredigt werden, die noch niemand zu predigen wagte... eine Moral, welche das blutige Schlachtfeld in den Straßen, in welchem das Volk doch immer den kürzeren zieht, in einen fortwährenden Guerillakrieg verwandelt... welchen die Macht der Soldaten, Gendarmen und Polizeidiener nicht zu dämpfen imstande ist... Diese Moral aber kann nur unter den in unseren großen Städten wimmelnden und in das grenzenloseste Elend hinausgestürzten, der Verzweiflung preisgegebenen Massen wirksam gelehrt werden. Das Wort einmal ausgesprochen, so ist das Signal zu einer neuen Taktik gegeben, der unsere Feinde nun und nimmermehr gewachsen sein werden.[24]

Es entbehrt nicht der Ironie, daß Weitling eine neue Strategie des Guerillakrieges in den Städten formulierte und sich gleich darauf in die Landwirtschaft des Mittleren Westens der USA absetzte.

Bei der historischen Aufrechnung scheinen Marx und Weitling jeweils in einem wichtigen Punkt gegeneinander recht behalten zu haben. Wie der utopistische Schneider vermutet hatte, sollten revolutionäre Intellektuelle, die an menschlichen Werten nur doktrinäres Interesse hatten, weiterhin «einander auffressen». Und wie der nüchterne wissenschaftliche Philosoph behauptet hatte, war der «emotionale Sozialismus» weder gesund noch stabil genug, um die Grundlage für eine wirksame Bewegung in Richtung auf systematischen sozialen Wandel abzugeben. Weitlings Werdegang in den Vereinigten Staaten scheint das zu beweisen.

Damit soll nicht gesagt sein, daß Marx' Sozialismus weniger stark in persönlichen Gefühlen verwurzelt oder weniger von der «Erweckung phantastischer Hoffnungen» abhängig gewesen wäre. Alles in allem sieht es so aus, als ob sich die wissenschaftlichen Sozialisten kaum geringere Illusionen gemacht hätten als die utopistischen Sozialisten. Im großen und ganzen wurde die bürgerliche Gesellschaft mitsamt ihren mittelständischen Werten nicht tiefgehend verändert; den Kapitalismus brachten beide nicht zum Einsturz. Die leidende Menschheit wollte sich weder der Gemeinde brüderlicher Gleichheit noch der politischen Partei des revolutionären Proletariats anschließen. Das Scheitern der Utopisten war – weil die Errichtung einer realen Kommune eine spezifische Probe auf die Praxis darstellte – nur eben dramatischer und endgültiger; die Fehlerhaftigkeit von Voraussagen ohne Terminangabe ist schwerer nachzuweisen. «Wenn alle mir gefolgt wären», sollte Weitling in Amerika gestehen, «wie die Kinder Israels mit Moses aus Ägypten ausgezogen sind, dann hätte ich Erfolg gehabt.» Für die Anhänger Weydemeyers (der nach New York gekommen war, um die Thesen von Marx und Engels zu verteidigen) war das nur der «Nebel der Phantasie». Das große Streitgespräch von Brüssel tobte weiter.

Weitlings amerikanische Aktivitäten unterschieden sich von den bodenständigen und importierten Utopien, die nach Marx' Urteil das Heil «hinter dem Rücken der Gesellschaft» suchten, durch ihren ursprünglichen revolutionären Impuls. Als er nach

«Communia» in Iowa kam, sagte er: «Zum erstenmal in meinem Leben stehe ich auf dem heiligen Boden einer Bruderschafts-Kommune.» Niemals aber wollte er den Sozialismus auf eine Farm beschränken. Im Organ seiner amerikanischen Bewegung, *Die Republik der Arbeiter*, erklärte er, daß seine Ideen sich auf einen ganzen Staat, ja auf die gesamte menschliche Gesellschaft bezögen. Er verlor weder die Macht noch das Paradies aus dem Auge. «Communia» mit ihren vier Hektar Land und ihrer Handvoll Brüder sollte nur der Anfang sein. Wenn diese Gemeinwesen sich vermehrten und wuchsen, könnte er als nächstes die Eisenbahn zum Pazifik bauen, die Präsidentschaftswahlen kontrollieren und das Traumreich errichten.

Unterdessen sollte die Gefolgschaft des «Bundes» in einer exakt berechneten geometrischen Progression zunehmen. Seine Kapitalmittel, nach dem Modell Proudhons durch eine Volks-Wechselbank gemehrt, sollten die bestehenden kapitalistischen Monopole untergraben. «Wir werden auf diesem Wege an die Macht kommen», meinte er zuversichtlich, «wenn nur die Führer standhaft bleiben und ihre Stärke nicht durch interne Fraktionskämpfe zersplittern.» (Weitling begann sich für den Orient zu interessieren und für den «chinesischen Sozialismus», wie er ihn nannte; merkwürdigerweise war der revolutionäre Weg zur Macht, den er in Amerika ausmachte, eine Art prämaoistische Version von Landenklaven als Ring um den städtischen Klassenfeind, «jenes Babylon der Kapitalisten, Händler, Rechtsanwälte und Prediger, die von Dieberei, Betrug, Verdrehung und Heuchelei leben».)

Seine Enttäuschung war weniger originell. Er wußte, wie unwahrscheinlich es war, daß die Engländer zu revolutionären Methoden greifen würden. Und jetzt in Amerika sehnte er sich nach dem alten, vom angelsächsischen Respekt vor dem Recht nicht gehemmten Pariser Proletariat. Immer ohnmächtiger und isolierter, wurde Weitling sich schmerzhaft des theoretisierenden, wirklichheitsfernen Charakters seiner Mitmenschen bewußt. «Überall», so schrieb er, «entdecke ich den Wunsch, das Individuum zu schützen.»

Vor seinem Tod 1871 in New York hatte er sich von Utopie und Revolution zurückgezogen und sein Interesse weitgehend auf andere Dinge gerichtet: auf Patente für raffinierte Erfindungen (er war überzeugt, daß die Firma Singer ihm sein Verfahren zur Herstellung besserer Knopflöcher gestohlen hatte) und auf semantische Studien zur Entwicklung einer neuen Weltsprache (die das «Ungeheuer nationalistischen Hasses zertreten» sollte). Die bittere Ironie seiner letzten Lebensjahre lag darin, daß der Schneidergeselle, dessen Ungestüm einst die kommunistische Bewegung Europas angefeuert hatte, zu Nadel und Zwirn zurückkehrte und seinen kargen Lebensunterhalt mit feinen weißen Westen für New Yorker Herrschaften wie Astor, Fisk und Vanderbilt verdiente.[25]

Ein letzter Punkt. Die Sprache der Revolution begann mit Kopernikus' astronomischen Bildern in *De revolutionibus orbium coelestium*, und mir scheint bemerkenswert, daß Weitling «dieser schändlichen Erde zu entkommen» versuchte, indem er sich den Geheimnissen des Himmels zuwandte. Er korrespondierte mit Herschel, Humboldt und Agassiz und legte der Smithsonian Institution eine Schrift über *«rotations»* und *«revolutions»* vor. Sein neues System würde die Erde gewiß wieder in die zentrale planetarische Position rücken, die sie in ptolemäischen Tagen innegehabt hatte. Einer seiner Söhne trug den Vornamen Tycho Brahe Edward, ein anderer hieß Gracchus Babeuf Robert – in diesen Namen beschwor der Vater die tragischen Unvereinbarkeiten seiner revolutionären Laufbahn.

Der echte Prophet trifft mit seinen Worten nicht jedesmal ins Schwarze, der falsche Prophet nicht jedesmal daneben. Das ist ein Lehrsatz, der auch die Erfahrungen der russischen Marxisten widerspiegelt, nicht nur der deutschen. Lenin widersprach einmal der damals von Trotzki vertretenen Ansicht, daß die Diktatur des Proletariats sich auch mit weniger als «der überwiegenden Mehrheit des Volkes» errichten lasse, und sagte voraus: «Wer auf einem anderen Weg als über die politische Demokratie zum Sozialismus gelangen will, wird unvermeidlich zu absurden und reaktionären Schlußfolgerungen kommen, sowohl in der Wirtschaft als auch in der Politik.» Und der junge Trotzki – lange vor der Revolution von 1917 und Stalins endgültigem Triumph – wandte sich gegen Lenins Konzept einer «konspirativen revolutionären Partei»: «Die Parteiorganisation tritt an die Stelle der Partei; das Zentralkomitee an die Stelle der Organisation; und zuletzt übernimmt ein Diktator das Zentralkomitee.» Wer «revidierte» hier wen? Völlig zu Recht revidierten sie sich gegenseitig.

Sogar ihr gemeinsamer Lehrmeister, der große, alte Georgij Plechanow (1856–1918), während eines langen, rastlosen Lebens unbeirrter Vorkämpfer eines orthodoxen Marxismus, hat zuweilen nach beiden Richtungen Ausschau gehalten.[26] Man denke nur an ein Ereignis, das sich 1903 zutrug – Isaiah Berlin nennt es «den Kulminationspunkt einer Entwicklung, die die Weltgeschichte veränderte»[27]. Ort der Handlung war ein Kongreß der russischen Sozialdemokraten in Brüssel; ein russischer Sozialist namens Posadowski stellte eine Frage:

> Posadowski fragte, ob nicht die große Bedeutung, welche die «harten» Sozialisten –Lenin und seine Freunde – der Notwendigkeit absoluter Autorität des revolutionären Parteikerns beimaßen, unter Umständen zu unlösbaren Konflikten mit jenen fundamentalen Freiheiten führen könne, die zu verwirklichen der Sozialismus, wie auch der Liberalismus, sich öffentlich verschrieben hat. Er fragte, ob die grundlegenden, existentiellen Bürgerrechte – «die Unantastbarkeit des Menschen» – eventuell eingeschränkt oder ganz mißachtet werden könnten, falls die Parteiführer es beschließen.

Plechanow antwortete:

> *Salus revolutionae supreme lex* – natürlich muß, wenn die Revolution es verlangt, ihr alles geopfert werden, die Demokratie, die Freiheit und auch die Rechte des einzelnen.

Er war sich nicht immer so brutal sicher. Wie viele andere russische Intellektuelle hatte er eine tiefverwurzelte Angst vor einer Politik, die (wie Dostojewski Schigalow in den *Besessenen* sagen läßt) «mit absoluter Freiheit anfängt und mit absoluter Despotie endet». Er fürchtete eine «Diktatur über das Proletariat». Zweifel plagten ihn: «War unsere marxistische Propaganda im halb asiatischen Rußland nicht vielleicht verfrüht?» Er warnte von den «Alchimisten der Revolution» (und meinte damit Lenins Gruppe) und vor den Idealen eines «patriarchalischen und autoritären Kommunismus, bei dem lediglich das Volk für eine sozialistische Kaste arbeitet statt wie in Peru für die ‹Söhne der Sonne›». Er glaubte, ein neuer «orientalischer Despotismus» könne sich entwickeln, und beharrte darauf: «Selbst wenn das neue Staatswesen dem Menschen, ohne ihm politische Rechte zu geben, materiellen Wohlstand garantieren will und kann, wäre er doch bloß ein ‹gesättigter Sklave und wohlgenährtes Arbeitstier›.» Ihn schauderte, wenn seine Genossen von «Liquidation» redeten (und das dreißig Jahre, bevor Kirow ermordet und die Partei von Stalin «gesäubert» wurde):

> Stellen wir uns einmal vor, das von uns allen anerkannte Zentralkomitee besäße das noch umstrittene Recht zur «Liquidation». Folgendes würde sich abspielen: Vor der Einberufung eines Kongresses wird das Zentralkomitee sämtliche Elemente «liquidieren», mit denen es nicht zufrieden ist, alle Posten mit eigenen Leuten besetzen und mühelos auf dem Kongreß eine absolut hörige Mehrheit haben, da auch in allen anderen Komitees die eigenen Leute sitzen. Die vom Zentralkomitee handverlesenen Kongreßteilnehmer würden freundlich «Bravo!» rufen, sämtliche ge- und mißlungenen Aktionen absegnen und alle Pläne und Maßnahmen enthusiastisch begrüßen. Damit wäre in der Partei das Problem von Mehr- und Minderheiten abgeschafft und wir hätten verwirklicht, wovon der Schah von Persien nur träumen kann.

Ähnlich wie Marx und sogar Bernstein, den er einst «ausmerzen» wollte, hielt Plechanow daran fest, daß nur eine demokratische eine echte Revolution sein könnte:

> Wird der Sozialismus mit Gewalt eingeführt, dann entsteht ein politischer Wechselbalg, wie man ihn in Peru und China vorfindet, eine neue zaristische Despotie mit kommunistischer Fassade.

Noch kurz vor seinem Tod 1917 in Finnland beschuldigte Plechanow Lenin, alles verraten zu haben, wofür sie beide gekämpft hatten.[28] Sarkastisch erinnerte er daran, wie Victor Adler, der Führer der österreichischen Sozialisten, zu ihm gesagt hatte: «Lenin ist dein Kind», und wie er geantwortet hatte: «Aber ein uneheliches...»

Die Grenzen zwischen Vater- und Bruderschaft, Orthodoxie und Häresie, Treue und Verrat sind selten so eindeutig, wie die polemisierenden Protagonisten behaupten. Wie die Entwicklung einer Revolution läßt auch der Werdegang eines Revolutionärs sich nicht als Kreis, Linie oder Spirale darstellen. Revisionisten können sich nach links oder rechts revidieren, von Geächteten zu Geachteten werden und umgekehrt. Eine solche Mischung von Gegensätzen veranschaulicht die intellektuelle Biographie von Maxim Gorki.

Wenn eines Tages die Geschichte der Intellektuellen in unserer Zeit geschrieben wird, muß Maxim Gorki darin zweimal gebührend erwähnt werden. Schließlich haben die Russen das Wort *Intelligenzija* erfunden und kennen vielleicht am besten deren tragisches Verhängnis.

Die eine Erwähnung wird zweifellos Gorkis berühmten Verrat festhalten. Aber das ist schon sattsam bekannt – wie er aus der Verbannung in Italien zurückkehrte, um einer von Stalins üblen «Seeleningenieuren» zu werden. Er bekleidete einen hohen Posten und sang das Hohelied sowjetischer Erfolge. In dem schlimmen Jahr 1930, das von Hungersnöten und dem Beginn der politischen Säuberungen verdüstert war, verkündete er großsprecherisch, daß «Millionen Augen mit dem gleichen freudigen Feuer zu leuchten beginnen». Als er die Arbeits- und Straflager in Sibirien besuchte, erklärte er ihre Insassen schlichtweg zu «Helden» des sozialistischen Wiederaufbaus, die das Glück hatten, der heilsamen Straftherapie unterzogen zu werden.

Ich weiß noch, daß ich als Junge seine bekannte «humanistische» Ansprache an den erlauchten Pariser Schriftstellerkongreß des Jahres 1934 gelesen habe (bei dem auch Malraux und Pasternak zugegen waren). Er wirkte bei seinem kurzen Auftritt durchaus überzeugend, als er die Geburt eines Neuen Menschen verkündete, «der Shelley in der Originalsprache liest». Und als sich Stalin in seiner mörderischen Wut gegen Ketzer und Abweichler wandte, hatte Gorki eine seiner knappen, eleganten Formulierungen zur Hand: «Wenn sich der Feind nicht ergibt, wird er ausgetilgt.» (Es könnte sein, daß Gorki am Ende selbst ausgetilgt wurde; Richard Hare schreibt in seiner Biographie, daß wir «darüber immer noch keinen sicheren Bescheid haben».)[29]

Das war Gorki von seiner schlimmsten Seite, und soviel ist inzwischen aktenkundig. Die Abscheulichkeit seines Auftretens hat zumindest einen osteuropäischen Intellektuellen, dem in einem Gefängnis der GPU Zitate von Gorki vorgehalten wurden, zu einem Ausbruch unversöhnlicher Empörung verleitet.[30]

Aber bis vor kurzem hatten nur wenige von uns sichere Kunde vom «anderen Gorki». Ich kann mich noch erinnern, wie Irakli Tseretelli, der gutmütige Präsident der russischen Duma während der Revolution des Jahres 1917, Jahre danach als Verbannter in New York sanft daran erinnerte, daß Gorki versucht habe, ihn gegen das Rowdytum der Bolschewiken zu verteidigen. Boris Nikolajewskij, der eine Zeitlang dem Marx-Engels-Institut in Moskau angehört hatte, zeigte mir einmal einige seltene Exemplare von *Nowaja Shisnj*, Gorkis Wochenzeitung während der Revolution, die selbst in der vollständigen sowjetischen Bibliographie nicht erwähnt ist, weil sie in ihrer Gesamtheit in der Orwellschen Erinnerungslücke verschwunden ist.

Und Bertram D. Wolfe hat vor nicht allzulanger Zeit das schändliche Memorandum veröffentlicht, das im Jahr 1923 auf Lenins Geheiß von dessen Frau Krupskaja aufgesetzt wurde und den neuen Index der für die sowjetischen Bibliotheken verbotenen Bücher enthielt. Darin waren aufgeführt Werke von Plato, Kant, Schopenhauer, Solowjew, Taine, Ruskin, Nietzsche und

Tolstoi.[31] Gorki war darüber so entsetzt, daß er in einem zornigen Brief aus Capri erklärte, er wolle seine sowjetische Staatsangehörigkeit aufgeben.

Erst durch die jetzt ermöglichte Lektüre aller Beiträge, die er in den Jahren 1917 und 1918 regelmäßig für sein *Neues Leben* verfaßte, kann man endlich, nach so langer Zeit, Gorkis kurzen, ehrenvollen Auftritt in der wechselvollen Geschichte der modernen Intelligenzija gebührend würdigen.[32]

Gorkis Zeitung war nicht von langer Dauer. Nur ein Jahr lang durfte er in jener revolutionären Periode so schreiben, wie er wollte. Die erste Nummer erschien im April 1917, und einer seiner ersten Leitartikel verkündete: «Wir haben für die Redefreiheit gekämpft, um die Wahrheit sagen und schreiben zu können.» Die letzten Nummern erschienen im Sommer 1918, als er gegen «Lügen, Verleumdungen und Gewalt» zu Felde zog; die Zeitung wurde auf Lenins persönliche Anordnung verboten. Aber in diesem einen Band seiner gesammelten Artikel ist es Gorki gelungen, uns eine unermeßlich wertvolle, ja eigentlich unauslöschliche Chronik der geistigen Krise einer Revolution zu erhalten, die auf ihre Weise für die revolutionäre Ambivalenz der Ideale Freiheit, Toleranz und Recht im Jahr 1917 so aufschlußreich ist wie die Aufzeichnungen Madisons für das Jahr 1776 oder Condorcets Fragmente für 1789.

Denn für Gorki bedurfte es keiner allmählich wachsenden Enttäuschung, keines Gottes, der sich ihm versagte, um sich auf die Wahrheit und Wirklichkeit zu besinnen. Von Anfang an, seit dem Sturz der zaristischen Monarchie im Jahr 1917, machte er sich über die Schwierigkeiten und Gefahren, die der liberalen Demokratisierung und der kulturellen Modernisierung der russischen Gesellschaft entgegenstanden, kaum Illusionen. Es gab den alten, naturgegebenen Feind auf der Rechten – die Kräfte der Restauration, rachsüchtig, antisemitisch, autokratisch, zum Äußersten entschlossen. Aber es gab auch, und in steigendem Maß, einen neuen Feind auf der Linken – die kalten, skrupellosen, verantwortungslosen Ideologen, die er die «Monomanen einer schönen Idee» nannte. Wir hören auf diesen Seiten wenig von den ersteren, dafür um so mehr von der dramatischen Spannung mit den anderen – bis seine Zeitung das Opfer jener nicht völlig neuen Gattung radikaler Militanz wurde, die zwar für die Freiheit kämpft, aber niemals zugunsten jener, die anders denken.

Es war, kurz gesagt, ein Konflikt mit den Bolschewiken – und wie hart und erbittert Gorki ihn ausfocht, könnte man nicht im entferntesten ahnen, wenn man nur die sogenannten historischen Darstellungen etwa eines Leo Trotzki oder Isaac Deutscher liest. Gorki erkannte schon früh die Gefahren eines leninistischen Putsches. Aber zunächst drückte er sich noch allgemein, ja sogar undeutlich aus.

Es ist Zeit [schreibt er am 23. April 1917 in der fünften Nummer seiner Zeitung], gegen das Morden eine Abscheu, einen Widerwillen in uns zu entwickeln... Ist es denkbar, daß die Erinnerung an unsere schlimme Vergangenheit, das Gedenken daran, wie Hunderte und Tausende von uns auf der Straße erschossen wurden, auch uns die ungerührte Haltung des Henkers zum gewaltsamen Tod eines Menschen eingepflanzt hat? Kein Wort ist hart genug gegen diejenigen, die mit Kugeln, Bajonetten oder einem Faustschlag ins Gesicht etwas zu beweisen suchen. Waren das nicht die Argumente, gegen die wir protestiert haben, waren das nicht die Mittel, um unseren Willen zu brechen, die Mittel, durch die wir in schändlicher Sklaverei gehalten wurden?

Er hegte die Hoffnung, daß man zu «ehrlicheren, freundlicheren, menschlicheren» Zuständen gelangen könne, aber er mußte mit ansehen, wie Messer und Revolver auf der «brutalisierten Straße» eingesezt wurden. Er hörte im Sommer Gerüchte von einer «Aktion der Bolschewiken» und äußerte seine Furcht vor «all den dunklen Instinkten der Masse». Man begann, ihn und seine Zeitung anzufeinden, aber er beharrte auf seinen Grundsätzen (man mag sie utopisch, revolutionär oder revisionistisch nennen): «Ich bin überall ein Ketzer.»

Gleichgültig, in wessen Hand die Macht gegeben ist, ich bewahre mir mein Menschenrecht, sie kritisch zu bewerten. Und ich bin besonders argwöhnisch, besonders mißtrauisch, wenn es ein Russe ist, der die Macht in die Hand bekommt. Er, der noch unlängst ein Sklave war, wird zum zügellosesten Despoten, sobald er die Chance hat, zum Herrn über seine Mitmenschen zu werden.

Am 7. November sah er sich genötigt, Namen zu nennen:

Lenin, Trotzki und ihre Kumpane sind bereits vom schmutzigen Gift der Macht verseucht; das läßt sich aus ihrer schamlosen Einstellung zur Redefreiheit, zum Individuum und all jenen Rechten erkennen, für deren Triumph die Demokratie gekämpft hat.

Blinde Fanatiker und ehrlose Abenteurer stürmen blindlings vorwärts auf dem angeblichen Weg zur «sozialen Revolution»; in Wirklichkeit ist dies jedoch der Weg zur Anarchie, zur Zerstörung des Proletariats und der Revolution. Auf diesem Weg halten es Lenin und seine Gefährten für angebracht, Verbrechen aller Art zu begehen... Ich frage: Erinnert sich die russische Demokratie noch an die Ideale, für deren Sieg sie gegen die Tyrannei der Monarchie gekämpft hat? Verhaftet nicht jetzt die Regierung Lenins, wie vorher das Regime der Romanows, alle Andersdenkenden und wirft sie ins Gefängnis?

Die einzige ehrliche Antwort auf diese Fragen muß in der Forderung bestehen, unverzüglich die Minister und andere unschuldige Menschen freizulassen, die verhaftet wurden, und außerdem die Redefreiheit uneingeschränkt wieder zuzulassen. Danach müssen die vernünftigen Elemente der Demokratie weitere Konsequenzen ziehen und entscheiden: Wollen sie denselben Weg von Verschwörern und Anarchisten vom Schlage eines Netschajew gehen?

Die Volkskommissare für das Zeitungswesen hatten neun Zeitungen verboten, weil sie ohne irgendwelche Änderungen oder Hinweise der Redaktion den Erlaß der entmachteten vorläufigen Regierung veröffentlicht hatten, durch den die Tagung der frei gewählten verfassunggebenden Versammlung angesetzt wurde (in der die Bolschewiken bekanntlich in der Minderheit waren). Vom Verbot bedroht waren unter anderen die *Semlja i Wolja (Land und Freiheit)* und die *Nowij Lutsch (Neues Licht)* der Menschewiken. Auch Gorkis eigene unabhängige Zeitung war gefährdet. Im Januar 1918 wurde er von einer militanten Gruppe, die ihm seine scharfe Kritik übelnahm («Die Demonstration ist nicht von dir veranstaltet worden, also hast du kein Recht, sie zu kritisieren») mit einem Verkaufsboykott bedroht; sie warnte ihn: «Man wird dich bald verbieten.» Gorki veröffentlichte den Brief und warnte mit düsteren Worten vor einer «Autokratie politischer Rohlinge». Später hat er sich zwar mit ihnen versöhnt, zunächst aber nahm er kein Blatt vor den Mund.

Wladimir Lenin errichtet in Rußland eine sozialistische Ordnung nach Netschajews Methode – «äußerste Kraft voraus durch den Sumpf».

Lenin, Trotzki und alle anderen, die sie auf dem Weg zum Untergang im Morast der Wirklichkeiten begleiten... entehren kaltblütig die Revolution und entehren die Arbeiterklasse, die sie zur Organisation blutiger Schlächtereien zwingen und dazu anstacheln, Schandtaten zu begehen und völlig unschuldige Menschen zu verhaften... Die delirierend tobenden und geifernden Leninisten, die sich die Rolle eines Napoleon des Sozialismus anmaßen, vollenden die Vernichtung Rußlands. Das russische Volk wird dafür mit einem Meer von Blut bezahlen.

Lenin selbst ist gewiß ein Mann von außergewöhnlicher Kraft. Fünfundzwanzig Jahre lang hat er in der vordersten Linie derer gestanden, die für den Sieg des Sozialismus gekämpft haben. Er ist eine der hervorragendsten und eindrucksvollsten Persönlichkeiten der internationalen und sozialen Demokratie. Geistig begabt, wie er ist, hat er nicht nur alle Eigenschaften eines «Führers», sondern auch die für diese Rolle notwendige Gewissenlosigkeit. Vor allem verfügt er mit einer Erbarmungslosigkeit über Leben und Sterben der Volksmassen, die eines Feudalherrn würdig wäre... Daher glaubt er sich berechtigt, mit dem russischen Volk ein grausames Experiment anzustellen, das von vornherein zum Scheitern verurteilt ist...

Diese unvermeidliche Tragödie stört Lenin, den Sklaven des Dogmas, nicht im mindesten... Das Leben in seiner Vielfalt ist Lenin unbekannt, er kennt die Volksmassen nicht, er hat nicht unter ihnen gelebt. Aber er hat – aus Büchern – gelernt, wie man die Massen auf die Beine bringt und wie man – leichtester Trick von allen – ihre Instinkte aufpeitscht. Die Arbeiterklasse ist für Lenin, was das Erz für den Metallarbeiter ist. Ist es unter den gegenwärtigen Verhältnissen möglich, aus diesem Erz einen sozialistischen Staat zu schmieden? Offensichtlich ist es nicht möglich. Jedoch – warum sollte man es nicht versuchen? Was riskiert Lenin, wenn das Experiment mißlingen sollte?

Das war eine unverblümte Sprache. Lenin «führte die Revolution dem Untergang entgegen», und was Trotzki betraf: «Mit Terror und Gewalt die zu schrecken, die Trotzkis rasenden Tanz auf den Ruinen Rußlands nicht mitmachen wollen, ist schändlich und verbrecherisch.»

Die Stimmung wurde immer bedrohlicher. Der junge Stalin hatte sich bereits eine charakteristische Parole einfallen lassen: «Die Revolution ist nicht bereit, ihre Toten zu bedauern oder zu begraben.» Eine Proklamation der Roten Flotte verkündete: «Für jeden ermordeten Genossen werden Hunderte und Tausende der Reichen mit ihrem Leben büßen müssen.» Die *Prawda* wiederholte sie mit einer etwas behutsameren Arithmetik: «Für jeden Kopf von uns – hundert von euch.» Für Gorki war dies die Arithmetik des Wahnsinns: «Für mich – wie wahrscheinlich für alle, die nicht vollständig den Verstand verloren haben – verkörpert die harte Proklamation der Matrosen nicht den Ruf nach Gerechtigkeit, sondern das Gebrüll reißender, feiger Tiere.»

Wohin sollte das noch führen? Im April 1918 bemerkte Gorki «die Bereitschaft, an unbewaffneten und völlig unschuldigen Menschen Massenmord zu begehen». «Wie sie mich auch bedrohen, ich werde immer sagen, daß Unmenschen Unmenschen und Idioten Idioten sind und daß man den Sieg der sozialen Gerechtigkeit mit Mord, Gewalt und ähnlichen Methoden nicht erringen kann.» Gorki versuchte, von den alten Idealen zu sprechen, «von Gewissen, von Gerechtigkeit, von der Achtung vor dem Menschen», aber die Worte blieben ihm im Hals stekken: «Die russische Revolution geht zugrunde.»

> [Die Bolschewiken behaupten], da das Volk gefoltert wurde, hat es auch das Recht zu foltern... das Recht, Folter mit Folter, Gewalt mit Gewalt zu vergelten. Wie findet man aus diesem Kreis?

Die traurige Antwort: Der Kreis war geschlossen. Gorkis «ernste, verständige Menschen», die auf eine neue demokratische, fortschrittliche Ordnung eingeschworen waren, fanden sich «machtlos im Wirbel entflammter Leidenschaften». Er sah, wie «das Leben jetzt von Menschen beherrscht wird, die sich in einem Dauerzustand ‹der Erregung und des Zorns› befinden». «Die Sektierer, Fanatiker und Utopisten» hatten das Ruder ergriffen. Sie waren, wie er im Juni 1918 schrieb, nur die Vertreter eines «rein äußerlichen, formalen Revolutionismus» und «entmannten» mit ihrem kaltherzigen Asketentum «die schöpferische Kraft der revolutionären Idee».

Schlimmer noch: Indem sie demagogisch darauf beharrten, «die Revolution zu vertiefen», vertieften sie nur die nationale Tragödie Rußlands auf Jahrzehnte hinaus.

> Es [das Volk] wird für die Fehler und Verbrechen der Führer büßen müssen – mit Tausenden von Menschenleben und Strömen von Blut... Für das Wohl des russischen Volkes mußte man eine Million Menschen töten... Man könnte auch mehr töten. Und warum nicht? Rußland ist reich an Menschen und reich an Mördern...

Es war eine mörderische Vision, deren unerträglicher Bürde selbst ein Goya, Shakespeare oder Nietzsche erlegen wäre. Wie vermochte Gorki in den Jahren der italienischen Verbannung damit zu leben? Vielleicht hätte er nie aus Capri zurückkehren sollen.

Die klare Alternative «Reform oder Revolution» war innerhalb der marxistischen Bewegung häufig die entscheidende Trennlinie. «Bernstein muß vernichtet werden!»: Kaum jemand vom linken Flügel griff mit ähnlicher Leidenschaft und Brillanz die «revisionistische Rechte» an wie Rosa Luxemburg.[33] Ihr schien das Programm für schrittweise Veränderung nur ein Vorwand konservativer Geister, die wenig und auch das nur langsam tun wollten; die sozialdemokratische Arbeiterbewegung hatte – von «altersschwachen englischen Theorien» geleitet – sich stillschweigend mit dem Status quo abgefunden. Trotzki erwähnte in einem Brief an Karl Kautsky 1910 ihre «noble Ungeduld»; das war kurioserweise auch teilweise als kritische Anerkennung gemeint. «Ich habe den Eindruck, daß ihr taktisches Denken vor allem von nobler Ungeduld bestimmt wird. Das ist eine ausgezeichnete Eigenschaft, aber sie zum Leitprinzip der [deutschen] Partei zu machen, wäre Unsinn. Es ist eine typisch russische Methode.» Den wahren Aposteln der Geduld, den britischen Fabiern, schien es eine typisch kontinentale Methode. Auf einem internationalen Kongreß im Jahre 1886, an dem erstmals auch Fabier teilnahmen, mahnte ein schwäbischer Delegierter: «Kameraden, wir sollten uns weniger enthusiastisch in Geduld üben.»[34]

Ich habe schon darauf hingewiesen: Je größer die Frustration, desto romantischer wird die utopische Sehnsucht gefärbt und desto inflexibler reagiert das revolutionäre Engagement. «Wir kämpfen um die Pforten des Himmels», hatte Liebknecht gerufen. Rosa Luxemburg, die sich bereits vor diesen Pforten wähnte, prophezeite, daß «die Revolution morgen mit großem Getöse ihren spektakulären Höhepunkt erreichen wird, um – während Sie entsetzt zuschauen – mit Trompetenschall zu verkünden: Ich war, ich bin, ich werde sein!»

Rosa Luxemburg hatte aber auch stillere Seiten, die man nicht vergessen sollte. Ihre ergreifenden Briefe aus dem Gefängnis enthalten unvergeßliche Passagen, vornehmlich über Bäume und Vögel, seltene Themen in den Annalen revolutionärer Sensibilität. Ein Jahr vor ihrer Ermordung schrieb sie 1917 an Karl Liebknechts Ehefrau:

> Aber ich bin ja natürlich krank, daß mich jetzt alles so tief erschüttert. Oder wissen Sie? ich habe manchmal das Gefühl, ich bin kein wirklicher Mensch, sondern auch irgendein Vogel oder ein anderes Tier in Menschengestalt; innerlich fühle ich mich in so einem Stückchen Garten wie hier oder im Feld unter Himmeln und Gras viel mehr in meiner Heimat als – auf einem Parteitag. Ihnen kann ich ja wohl das alles sagen: Sie werden nicht gleich Verrat am Sozialismus wittern. Sie wissen, ich werde trotzdem hoffentlich auf dem Posten sterben: in einer Straßenschlacht oder im Zuchthaus.

Und auf ihrem Posten starb sie auch, hatte sie doch einmal ihr kämpferisches Credo so formuliert: «Die Revolution ist wunderbar, alles andere ist Quark.»

Der unterschwellige Illiberalismus dieser absoluten Hingabe an die Revolution tritt auch in diesem Zitat deutlich zutage (1899):

In jeder politischen Partei muß die Freiheit, unsere Lebensweise zu kritisieren, klare Grenzen haben. Was eben die Grundlage unseres ganzen Daseins ist, der Klassenkampf, darf nicht der «freien Diskussion» unterworfen werden. Wir können nicht erlauben, daß wir für die Freiheit zur Kritik unser Leben opfern. Opportunismus, wie Bebel sagte, bricht uns das Rückgrat, keine Frage.[35]

Waren ihrem Versuch, Humanismus und eine revolutionäre Ideologie zu verbinden, nicht ebenfalls «klare Grenzen» gesetzt? Im Jahr 1918 schrieb sie:

Entschlossenheit zur Revolution sowie ein tiefes Gefühl für die Menschheit – daraus allein besteht das Wesen des Sozialismus. Eine Welt muß auf den Kopf gestellt werden, aber jede Träne, die vergossen wird und hätte vermieden werden können, ist eine Anklage; wer zu einer großen Tat losstürzt und dabei einen Wurm aus brutaler Nachlässigkeit zertritt, begeht ein Verbrechen.

Aber noch einmal muß man fragen, ob die entschlossenen Weltumstürzler zulassen konnten, vom revolutionären Kurs abzuweichen (was schlimmer war als Selbstmord) nur aus Mitgefühl für unabsichtlich zertretene Würmer? Könnte nicht Sentimentalität genauso wie Opportunismus das Rückgrat brechen? Konnte ein Revolutionär es sich denn leisten, über Tränen zu weinen? So nobel diese Gewissensforschung war – als Handlungsanweisung war sie politische Hochstapelei. Der skrupelhafte Sozialist gleicht einem verunsicherten Tausendfüßler: Nachdenken lähmt ihn. Wer Reue und Bedauern empfindet, wird nie die Welt verändern.

Aber selbst bei den lautstarken Auseinandersetzungen unter den Linken des «Spartakus» bewahrte man sich die Freiheit des Nachdenkens und der Meinungsvielfalt. Eine Revolution, der es um die Verwirklichung von Idealen geht, vermag die zugrundeliegende Utopie zum Maßstab ihres eigenen Wirkens zu machen. Rosa Luxemburg verabscheute Lenins «gnadenlosen Zentralismus» und eine Geheimorganisation, die nur «blinden Gehorsam» verlangte und «mechanische Unterordnung». Sie kämpfte für die «Herrschaft breiter Volksmassen», hielt sie aber «undenkbar... ohne freie, ungehemmte Presse, ohne ungehindertes Vereins- und Versammlungsleben». Sie wollte mit einem Sozialismus nichts zu tun haben, «den ein Dutzend hervorragender Köpfe dirigieren und regieren». Die Vorstellung von einer «reglementierten Masse» war ihr zuwider, und sie meinte:

Gewiß, jede demokratische Institution hat ihre Schranken und Mängel, was sie wohl mit sämtlichen menschlichen Institutionen teilt. Nur ist das Heilmittel, das Trotzki und Lenin gefunden: die Beseitigung der Demokratie überhaupt, noch schlimmer als das Übel, dem es steuern soll: es verschüttet nämlich den lebendigen Quell selbst, aus dem heraus alle angeborenen Unzulänglichkeiten der sozialen Institutionen allein korrigiert werden können: das aktive, ungehemmte, energische politische Leben der breitesten Volksmassen.

Hier war wieder einmal eine historische Weggabelung erreicht – diesmal nicht für Utopisten und Antiutopisten, für Revolutionäre und Reformer, sondern für liberale und totalitäre Sozialisten. In *Die russische Revolution* (das 1922 erschien, vier Jahre nach dem schändlichen Doppelmord deutscher Militärs an Liebknecht und ihr) hatte sie klar festgestellt:

Freiheit nur für die Anhänger der Regierung, nur für Mitglieder einer Partei – mögen sie noch so zahlreich sein – ist keine Freiheit. Freiheit ist immer Freiheit des anders Denkenden.

Und hier erleben wir den Marxismus von seiner besten selbstkritischen Seite, bei diesem hellsichtigen, tragischen Blick in die Zukunft:

Aber mit dem Erdrücken des politischen Lebens im ganzen Lande muß auch das Leben in den Sowjets immer mehr erlahmen. Ohne allgemeine Wahlen, ungehemmte Presse- und Versammlungsfreiheit, freien Meinungskampf erstirbt das Leben in jeder öffentlichen Institution, wird zum Scheinleben, in der die Bürokratie allein das tätige Element bleibt. Diesem Gesetz entzieht sich niemand. Das öffentliche Leben schläft allmählich ein, einige Dutzend Parteiführer von unerschöpflicher Energie und grenzenlosem Idealismus dirigieren und regieren, unter ihnen leitet in Wirklichkeit ein Dutzend hervorragender Köpfe, und eine Elite der Arbeiterschaft wird von Zeit zu Zeit zu Versammlungen aufgeboten, um den Reden der Führer Beifall zu klatschen, vorgelegten Resolutionen einstimmig zuzustimmen, im Grunde also eine Cliquenwirtschaft – eine Diktatur allerdings, aber nicht die Diktatur des Proletariats, sondern die Diktatur einer Handvoll Politiker...

3. Zur Anatomie intellektueller Courage

Es gehört zu den traurigen Wahrheiten, mit denen einen die Geschichte der Intelligenzija konfrontiert, daß die Dissidenten moralisch nicht immer so mutig sind wie gedanklich. «Ich trage eine Maske», sagte der große venezianische Mönch Fra Paolo Sarpi , der Sympathien für den Protestantismus empfand, «aber es bleibt mir nichts anderes übrig, denn ohne Maske wäre es zu gefährlich.» Es ist dann schon besser, man spielt den Verrückten, als zum Märtyrer zu werden; manchmal sogar läßt sich pure Feigheit als Schutzmittel für höhere Werte rechtfertigen. «Die Welt steht kopf», schrieb Campanella, «und um sie wieder auf die Beine zu stellen, müssen die Weisen selbst wie Verrückte reden, handeln und leben, obwohl sie insgeheim ganz anders denken.» Auch Thomas More versuchte sich im Versteckspielen: Er verzögerte die Veröffentlichung von *Utopia*, erbat mehr Zeit zur Überarbeitung und empfahl gar, daß sein Buch «sich für immer auf seiner eigenen Insel versteckt halten sollte».[36]

Niemand bewunderte More mehr als sein Freund Erasmus («Hat die Natur jemals ein freundlicheres, sanfteres oder fröhlicheres Wesen geschaffen als Thomas More?»); er kannte aber auch die eigenen Schwächen: «Nicht jedem ist die Kraft zum Martyrium gegeben.» Als Erasmus im Sommer 1535 gerüchteweise von Mores Hinrichtung hörte, beschränkte er sich auf die Bemerkung: «Hätte er sich doch mit solch gefährlichen Dingen nie abgegeben und theologische Fragen den Theologen überlassen.» Dann beklagte er, wie ihn die eigenen Freunde im Stich gelassen hatten und nicht mehr von sich hören ließen, «aus

Angst... unter jedem Stein könne sich ein Skorpion verbergen». Man hat Erasmus oft seine «Ängstlichkeit» angekreidet; in Luthers Fall versuchte Ulrich von Hutten ihn davon abzubringen, öffentlich eine «grundsätzlich ablehnende» Haltung der radikalen Reformbewegung gegenüber einzunehmen:

> Verleugnet uns nicht. Ihr wißt, wie schadenfroh man gewisse Briefe von Euch herumreicht, wo Ihr, um selbst jedem Verdacht zu entgehen, recht armselig ihn auf andere lenkt... Seid Ihr nicht gewillt, manche Anfeindung um meinetwillen zu ertragen, so versprecht mir jedenfalls, mich nicht aus Furcht vor anderen zu verleugnen; sagt eher nichts über mich.

Doch Erasmus war nicht zum Helden geschaffen, wie sein holländischer Biograph widerwillig zugibt: «Sein Charakter war nicht so groß wie sein Geist.» In einem Brief an Luther vom 30. Mai 1519 versucht Erasmus eine Erklärung:

> Ich erklärte, Euch kaum zu kennen und Eure Schriften noch nicht gelesen zu haben, weshalb ich sie weder gutheißen noch verurteilen könnte... Ich wollte soweit wie irgend möglich neutral bleiben, um desto tatkräftiger das neue Erblühen der guten Wissenschaft fördern zu können; ich verspreche mir mehr von unverbindlicher Freundlichkeit als von Gewalt. Hat doch auf diese Art Christus die Welt für sich gewonnen und Paulus die jüdischen Gesetze abgeschafft, indem er alles allegorisch erklärte. Es wäre klüger, den Päpsten selbst den Kampf anzusagen; und desgleichen meine ich, sollten wir mit den Königen verfahren. Und die Schulen sollten wir nicht grundsätzlich ablehnen, sondern uns eher um die Einführung vernünftiger Fächer bemühen... Wir sollten uns allzeit hüten, anmaßend oder parteiisch zu reden oder zu handeln... Und unterdessen müssen wir uns freihalten von Zorn, Haß und Ehrgeiz.

Doch es kommt ein Nachsatz: «Ihr müßt Euch an diesen Rat nicht halten, sondern nur so weitermachen wie bisher.» Und halbherzig ermunternd schrieb er vage, er habe in Luthers jüngste Schriften «einen Blick getan» und sich daran «erfreut».[37] Diese Bemerkung war zweifellos als Täuschungsmanöver gedacht, um die eigene Fährte zu verwischen, denn inzwischen konnte ein Fachmann nachweisen, daß das vielleicht kühnste und geschliffenste anonyme Pamphlet gegen die Luther verdammende päpstliche Bulle von niemand anderem stammte als von Erasmus.

Wenn professionelle Denker, die regelmäßig über Wahrheitsfragen befanden, hier mit einer eindeutigen Stellungnahme zögerten, konnte man da von den bildenden Künstlern mehr Entschlossenheit erwarten? Holbein scheint wie Erasmus in der Luther-Frage ein öffentliches Bekenntnis gescheut zu haben und zeigte sich privat «nur von seiner Kühnheit *(atrocitas)*, nicht aber von seinem mächtigen Glauben» beeindruckt. Albrecht Dürer hingegen, temperamentvoll und innerlich mit sich ringend, war für die Verlockungen einer «Märtyrerkrone» wesentlich empfänglicher. Ihm kam es nicht mehr als recht und billig vor, daß «wir geächtet werden und unser Leben bedroht ist». Erasmus vermochte sich weder mit den Gefahren noch mit der Ehre eines Martyriums zu befreunden. Als Dürer sich ein letztes Mal an ihn wendet, gibt uns die Nachdrücklichkeit seiner Worte einen plastischen Eindruck von der Stimmung in jener bewegten Epoche in der frühen Geschichte der modernen Intelligenzija, da die Kontrahenten grundlegend anders die persönlichen Konsequenzen eines festen Glaubens beurteilten.

> O Erasmus von Rotterdam, warum erhebt Ihr nicht Eure Stimme? Seht, was haben wir von der ungerechten Tyrannei der weltlichen Herrscher und den Mächten der Finsternis zu fürchten? Höret das Wort, Ihr Streiter Christi, und schließt Euch Eurem Herrn an, um die Wahrheit zu verteidigen und die Krone des Märtyrers zu erringen. Ihr seid nichts als ein kleiner, gebrechlicher Mann; Ihr habt mir selbst gesagt, daß Ihr nur noch zwei Jahre leben werdet, um etwas zustande zu bringen. Nutzet sie wohl.[38]

Manche Intellektuelle blieben angesichts der tragischen Vorgänge ihrer Zeit bloße Zuschauer, andere waren darin blutig verwickelt, mal als Opfer, mal als Scharfrichter. Michael Servetus wurde öffentlich hingerichtet, weil er die Ketzerverfolgung ein Unrecht genannt hatte; Calvin hatte bei seiner Verhaftung und Gerichtsverhandlung nur gegen die Hinrichtungsart etwas einzuwenden, gegen eine Verbrennung bei lebendigem Leib. Sebastian Castellio, der nicht bereit gewesen war, sich zu verstellen, und mit Calvin gebrochen hatte, sah sich gezwungen, als einfacher Tagelöhner für Frau und Kinder zu sorgen. «Dem Gewissen Gewalt anzutun», erklärte Castellio, «ist schlimmer, als einen Menschen brutal zu töten. Denn wer seine Überzeugungen verleugnet, tötet die Seele.»[39]

Spinoza kommt das Verdienst zu, dem größten Heldentum seiner Tage klar Ausdruck gegeben zu haben (auch wenn er sich dabei eines imaginären ausländischen Druckhauses bediente und anonym blieb).

> Wer die eigene Sache für gerecht hält, fürchtet nicht, wie ein Verbrecher zu sterben, und entzieht sich nicht der Strafe; er wird nicht von Reue über eine ehrlose Tat gepeinigt; für eine gute Sache zu sterben, ist ihm nicht Strafe, sondern Ehre, und ein solcher Tod im Namen der Freiheit ist eine Ruhmestat.

Er war überzeugt, daß «ein jeder das unverletzliche, natürliche Recht besitzt, selbst denken zu dürfen»; wenn demnach «Menschen mit unterschiedlichen und gegensätzlichen Meinungen gezwungen werden, sich nur gemäß dem Diktat einer höchsten Macht zu äußern, wird das katastrophale Folgen haben». Gegen die Inquisitoren, Häscher, Spitzel und Hysteriker führte er an, daß «ein jeder das unveräußerliche Recht auf eine eigene Meinung» habe. Dabei mußte er feststellen, wie um ihn herum und manchmal direkt vor seinen Augen Freunde, Lehrer und Mitstreiter ums Leben kamen. Der hochbetagte Staatsmann Oldenbarneveldt wurde in Amsterdam verhaftet, verhört und hingerichtet; seinen einstigen Lehrer Van dan Ende henkte man in Frankreich; die Brüder De Witt wurden gefoltert, mit Dolchen und Prügeln bearbeitet und schließlich an den Füßen an einem Laternenpfahl in Den Haag aufgehängt. Eine Momentaufnahme des zornigen, verzweifelten Spinoza ist uns erhalten; der junge Leibniz hat sie nach seinem Besuch 1672 notiert. (Später warnte Leibniz vor Spinoza, weil er «sämtliche Dinge einer allgemeinen Revolution in Europa geneigt macht» und seine Anhänger in der Lage seien, «die vier Weltteile in Brand zu setzen».)

Nach dem Abendessen verbrachte ich mehrere Stunden bei Spinoza. Er erzählte mir, wie er am Abend des Tages, an dem man die De Witts ermordet hatte, nahe dem Ort des Verbrechens einen Zettel anschlagen wollte mit den Worten: «*Ultimi barbarorum* (gemeinste Barbaren).» Doch der Hausbesitzer habe die Tür verschlossen, um zu verhindern, daß man ihn draußen in Stücke riß.

Weshalb mußten solche Menschen sterben, fragte Spinoza tief betroffen, welchem höheren Wert war damit gedient? «Die Sache, für die sie sterben, ist den Trägen und Törichten unbekannt, den Unruhestiftern zuwider, den Aufrechten ein höchstes Gut.» Doch entdeckte er darin auch eine Lehre: «Schmeichele den Staatsknechten oder folge den Opfern.» Leichter gesagt als getan? Gewiß. Wen wundert es, daß er es klüger fand zu schweigen? Die *Ethik* hielt er zurück, so daß sie erst nach seinem Tod erschien. Dort hatte er geschrieben:

Lehrsatz 69: Die Tugend des freien Menschen zeigt sich ebenso groß in Vermeidung als in Überwindung von Gefahren ... Folglich ist eine gleich große geistige Tugend oder Stärke erforderlich, um die Kühnheit wie um die Furcht einzuschränken ...

Folgesatz: Dem freien Menschen wird daher die Flucht zur rechten Zeit als ebenso große Seelenstärke angerechnet wie der Kampf. Mit anderen Worten: Der freie Mensch erwählt mit derselben Seelenstärke oder Geistesgegenwart die Flucht wie den Kampf.

Spinozas letzte veröffentlichte Arbeit, das *Tractatus theologico-politicus*, wird von seinem Biographen «ein Abgesang auf die Utopie» genannt. Müde geworden, notierte der Philosoph vor seinem Tod im Jahr 1677: «Die da glauben, Menschenmengen oder politische Eiferer könnten je dazu gebracht werden, ihr Leben nach den simplen Weisungen der Vernunft zu ordnen, sind in Träume von einem erdichteten Goldenen Zeitalter oder in ein Bühnenstück versponnen.» Seiner Ansicht nach (und das markiert seine Position auf dem halben Weg von More zu Marx) hätten die Philosophen «nie eine politische Theorie entwickelt, die in die Praxis umzusetzen gewesen wäre»; solange eine derartige Theorie aber fehle, blieben alle großen Entwürfe lediglich «Schimären» und «Utopien».[40]

Offensichtlich sind es also nicht Gewissensgründe, was uns zu Revisionisten werden läßt. Das Bündel von Prinzipien, das der Intellektuelle mit sich herumträgt, wird einer Revision ebenso aufgrund zeitbedingter Umstände und Einrichtungen unterzogen wie aufgrund langer, einsamer Grübeleien. Seine Gedankenwelt ist dem Wandel der Sichtweisen unterworfen, und er revidiert als Antwort auf neue, glänzende Hoffnungen und auf alte, übermächtige Bedrohungen; mal führt dies zur Häresie, mal zur Apostasie. Der Weg verläuft zwischen frischen Einsichten und faden Kompromissen, zwischen Freiheit und Notwendigkeit. Führt die Wahrheit zur Freiheit oder die Freiheit zur Wahrheit? Jedenfalls ist stets ein beschwerlicher Willensakt nötig, um sich freizumachen von dem inneren Bedürfnis nach klaren Grundsätzen und einsehbaren Lehren, und dem äußerlichen Risiko der Isolierung, Vergeltung oder Schlimmerem. Sowohl die geistige Befreiung als auch die moralische Entscheidung erfordern Mut. Über dem Intellektuellen schwebt eine innere und eine äußere Zensur, und es gehören immer zwei dazu, um zum Märtyrer oder Feigling zu werden.

Als die Pariser Zensur die neuesten Lieferungen der *Encyclopédie* verbot, entschied sich Voltaire, keine weiteren Beiträge zu verfassen, obwohl sein Genfer Grenzdomizil in sicherer Entfernung von der Bastille lag. Selbst Diderot versetzte der Gedanke an einen *lettre de cachet* und Aufenthalt im Zwingturm von Vincennes derart in Panik, daß er sich zu den «Exzessen» bekannte, «zu denen ich mich habe hinreißen lassen», und sich erbot, die Namen der Drucker und Verleger seiner verbotenen Schriften zu verraten. «Es ist ein Trauerspiel», schrieb Voltaire an Diderot, «daß wir nicht die Wahrheit über metaphysische Probleme sagen dürfen, ja nicht einmal über historische... Man zwingt uns zu lügen, und dann verfolgt man uns auch noch, weil wir nicht genug gelogen haben *(On est obligé de mentir, et encore est on persécuté, pour n'avoir pas menti assez).*»[41]

Wenn sogar die hehren Denker der Aufklärung aus verständlichen Gründen in Täuschungsmanövern und Notlösungen Zuflucht nahmen, wieviel nötiger war dies nicht dann für jene, die sich im modernen Getriebe zwangsherrschaftlicher Orthodoxie wiederfinden? Ich habe Georg Lukács schon einmal erwähnt und wie er, als man sein berühmtes Buch verbot, seine Ansichten widerrief. Vielleicht braucht man sich nicht zu wundern, daß er mit dieser Behandlung einverstanden war; schließlich hatte Hegel ja gemeint, was ist, sei richtig, und Marx hatte behauptet, daß aus Schlechtem sich Gutes entwickele. Er war, wie wir gesehen haben, der antiutopistische Revolutionär *par excellence*; ähnlich wie bei Marx war in Lukács der Wille zur Revolution so tief ausgebildet, daß ihm über die Zukunft nie Zweifel kamen. Der Konflikt zwischen seinem Denken und seinen Loyalitäten wirkte schärfer, als er tatsächlich war. Als der französische Philosoph Merleau-Ponty gut zwanzig Jahre später in einem Buch einige Fragen aus *Geschichte und Klassenbewußtsein* (1923) aufgriff, kam von Lukács ein scharfer Protest.[42] Er bezeichnete es als «Verrat und Verfälschung», sich mit einer Schrift auseinanderzusetzen, die «aus guten Gründen vergessen ist». Wenn man sich das Werk wieder einmal vornimmt, versteht man, wie raffiniert seine «guten Gründe» waren. So wie er einst der Gefahr einer moralischen Ablehnung mit einer dialektischen Theorie der Niedertracht begegnet war, wehrte er nun den Anfängen eines häretischen Dissidententums mit einer dialektischen Theorie wissenschaftlicher Intransigenz.

«Nehmen wir einmal an», sagt er – jedoch «nur um des Argumentes willen»! –, «neuere Untersuchungen hätten einwandfrei bewiesen, daß jede Behauptung von Marx faktisch falsch war.» Wäre das für ihn ein Grund zur Beunruhigung? Mitnichten. Die neuen Erkenntnisse könnten uneingeschränkt übernommen und jede Einzelaussage von Marx ersatzlos gestrichen werden, ohne daß man dabei die marxistische Orthodoxie auch nur «für einen einzigen Moment» aufgibt. Das ist ein Beispiel intellektueller Taschenspielerei, wie sie für den einfallsreichen Lukács typisch ist. Der orthodoxe Marxismus, behauptet er, sei *nicht* eine unkritische Übernahme von marxistischen Forschungsergebnissen. Keineswegs handele es sich dabei um einen «Glauben» an dieses oder jenes oder um die Interpretation eines «heiligen» Textes. Für Lukács bezieht sich der Begriff der Orthodoxie, soweit es um den Marxismus geht, ausschließlich auf Aspekte der Methode. Er definiert sie als

die wissenschaftliche Überzeugung, daß der dialektische Marxismus die richtige Untersuchungsmethode ist und diese Methode nur im Geist ihrer Gründer erweitert, ergänzt und vertieft werden kann. Jeder Versuch, sie zu überwinden oder zu «verbessern», konnte bisher und wird auch in Zukunft nur zu Seichtigkeit, Trivialitäten und Eklektizismus führen.

Seine heterodoxen Anhänger im Westen waren entsetzt. Wie und warum konnte man an einer Methode festhalten, *wenn sich sämtliche aus ihr entwickelten Vorhersagen als falsch erwiesen hatten*? Die amtlichen Hüter der Orthodoxie im Osten waren einst nicht weniger empört gewesen über sein gefährliches Abweichlertum von der Parteilinie. Bucharin hatte darin «einen Rückfall in den alten Hegelianismus» gesehen und Sinowjew es einfach unerträglich gefunden; auf dem 5. Kongreß der Komintern im Jahr 1924 hatte er festgestellt:

Wir werden nicht weiter dulden, was der ungarische Genosse Lukács in der Philosophie und Soziologie anrichtet... Noch ein paar solcher Professoren mit selbstgestrickten marxistischen Theorien, und wir sind verloren. Wir können nicht dulden... daß sich ein theoretischer Revisionismus dieser Couleur in unserer Kommunistischen Internationale breitmacht.[43]

Ernst Bloch, auch ein Professor mit einem Marxismus eigener Prägung, konnte ebensowenig geduldet werden. Er entwickelte seine Philosophie eines «humanistischen Sozialismus» an der Karl-Marx-Universität in Leipzig; in seinem Werk *Das Prinzip Hoffnung* meinte er gar: «Nicht allein daran, daß er die Dinge durchschaut, erweist sich der scharfe Blick. Nicht alles als durchschaubar zu erkennen, zeugt ebenfalls von Scharfblick.» Karl Kautsky hatte sechzig Jahre früher in ähnlicher Weise intellektuelle Arroganz gebrandmarkt, als er schrieb, daß «die meisten unter uns dem Irrtum verfallen, es lasse sich für jedes Problem eine Lösung finden, wenn man es nur klug genug anstelle; doch es gibt unlösbare Fragen».

Selbstverständlich wurde Ernst Bloch in einem Willkürakt von der Universität entfernt: Die Partei war der Ansicht, daß «mystische Hoffnungsphilosophien mit dem Marxismus unvereinbar» seien. Zwar wurde Bloch nicht wie einige seiner Jünger verhaftet und eingesperrt, doch blieb die Anklage bestehen, er habe «die Jugend korrumpiert». Unverzüglich verwiesen seine Freunde stolz darauf, daß Sokrates derselbe Vorwurf gemacht worden war. Nach dem Bau der Berliner Mauer im August 1961 entschloß sich der 75jährige Philosoph, der über «die Dunkelheit des gelebten Augenblicks» meditiert und geglaubt hatte, daß «wir keine Zuversicht, nur Hoffnung besitzen», nunmehr nur noch in Tübingen zu lehren und nicht in das Land zurückzukehren, das er jahrelang für «die wahre Heimat des Menschen» gehalten hatte.[44]

Manchmal war es eine Frage des Denkstils, wie beispielsweise die streitsüchtigen Randbemerkungen, die der junge Turgot einem allzu apodiktischen Freund ins Manuskript schrieb: «Stimmt, aber nicht immer – Vielleicht? – Daran ist manches wahr, manches verkehrt – Das hängt ganz von den Umständen ab.»[45] Manchmal half eine Art elastischer Moral, die einem fortschreitenden Skeptizismus Denkräume beläßt; dazu eine bemerkenswerte Stelle aus einem Brief Thomas Mores an einen Freund, der seine Ansichten geändert hatte:

> Ich konnte mir leicht ausrechnen, daß Ihr einst anders denken würdet, als Ihr damals dachtet. Aber daß Ihr nicht nur klüger werden, sondern diesem Sinneswandel auch in überaus überzeugender Weise Ausdruck verleihen würdet und zudem derart öffentlich, ehrlich und eindeutig, übertraf nicht nur bei weitem meine eigenen Erwartungen, sondern auch die Hoffnungen, und fast möchte ich sagen die Bittgebete der anderen, zeugte Eure Tat doch von rarster Lauterkeit und vollkommener Selbstbeherrschung. Denn obzwar nichts so häufig ist wie eine Änderung der Meinung, ist nichts so selten wie Euer Verhalten: Nachdem Ihr einmal Eure Meinung

geäußert, gegen Angriffe bekräftigt und mit Eifer verteidigt hattet, nun, da Ihr die Wahrheit erkanntet, erneut den Kurs zu wechseln und in den Ausgangshafen zurückzukehren, als sei die ganze Reise umsonst gewesen. Glaubt mir, mein lieber Dorp, was Ihr da mit großer Bescheidenheit vollbracht habt, hättet Ihr vergeblich von jenen verlangen können, die heutzutage vor der Welt als die Bescheidenheit in Person gelten... Gleichwohl Ihr so scharfen Geistes, so gelehrt und redegewandt seid, daß Ihr nach Belieben ein jedes, und erschiene es auch noch so unwahrscheinlich oder grundsätzlich verkehrt, Euren Lesern glaubhaft machen könntet, habt Ihr es doch vorgezogen, da Ihr die Wahrheit mehr liebt als den Trug, vor allen Menschen einzugestehen, daß Ihr Euch einst täuschtet, statt den Trug fortzusetzen.[46]

Hier ist wieder jene tiefgehende Ambivalenz zu spüren, die wir in den utopischen Sehnsüchten, dem revolutionären Engagement und der leidenschaftlichen Prinzipientreue nachzuweisen versuchten – das Spannungsverhältnis zwischen privatem und öffentlichem Verhalten, menschlichem Maß und Perfektion, Nonkonformisten und Gläubigen.

Zweifellos ist der Revisionismus mehr als ein ketzerisches Denkspiel einiger Intellektueller. Bei seinen zwei wichtigsten und stimulierendsten Auftritten – um die Jahrhundertwende (mit Bernstein als «Vater») und während der fünfziger und sechziger Jahre in Osteuropa (als der unbetrauerte Stalin postum die Initialzündung gab) – hatte er bedeutsame Auswirkungen auf die Zeitgeschichte.[47]

Der frühe Revisionismus trat in Verbindung mit den Anfängen einer Massenbewegung unter den europäischen Linken auf. Hatte man, als man machtlos war, einen Radikalismus gepredigt, so setzte man sich nun, da man an Einfluß gewann, eifrig für Reformen ein; Gesellschaftssysteme, die man früher für böse und unverbesserlich gehalten hatte, schienen nun wandlungsfähig und fortschrittswillig. Im täglichen Kampf gegen konkrete Fehlentwicklungen und für praktische Verbesserungen verlor die utopische Sehnsucht ihre apokalyptische, revolutionäre Spitze. In gewissem Sinn reflektierte die Debatte um Reform und Revolution den nervösen Zwiespalt, in dem sich die radikale Elite gefühls- und gewissensmäßig befand. Einerseits empfanden die Sozialisten eine emotionale Abscheu gegenüber einer Gesellschaftsordnung, die zunehmend zur Entfremdung führte; andererseits glaubten sie sich moralisch verpflichtet, der Armen und Unterdrückten wegen diese Gesellschaft in jeder nur möglichen Weise zu ändern und zu verbessern.

Die kommunistischen Revisionisten (die nach Stalins Tod 1953 in Osteuropa wie Pilze aus dem Boden schossen) waren mit einem ähnlichen utopistischen Dilemma konfrontiert: mit dem Widerspruch zwischen Theorie und Wirklichkeit. Nachdem die Verbrechen, die im Namen der orthodoxen Lehre begangen worden waren (und die man so systematisch, so dialektisch wegdisputiert hatte), schließlich offiziell bestätigt wurden, standen die gläubigen Massen vor einer Reihe peinlicher Fragen. Ließ die Barbarei einer ganzen historischen Epoche – jenes Vierteljahrhunderts von Stalins «Säuberungen» der Bauernschaft (die Zwangskollektivierung von 1929) bis zu seiner letzten parteiinternen «Säuberung» von 1952/53 – sich schlechtweg als pathologische Verirrung eines einzigen Menschen erklären, als Zufall der Geschichte? Konnte man als historischer Materialist die tieferen sozialen Ursachen ignorieren? Wo so vieles so schrecklich falsch gelaufen war, konnte doch etwas an den etablierten Methoden, Prinzipien und Werten nicht stimmen. In Warschau, in Budapest, ja sogar in Leningrad wurden die Revolutionäre skeptisch und wagten zu zweifeln.[48]

> Die Weissagungen der Dichter treffen nicht zu,
> Alles kam anders.
> Das Feuer, das der Dichter beschwört, ist eine Sache,
> Das Feuer, das in der Stadt lodert, eine andere.[49]

Ein junger ostdeutscher Rebell namens Wolfgang Harich, Freund und Gefolgsmann von Georg Lukács und Ernst Bloch, bemühte sich, eine neue politische Plattform zu formulieren. Er meinte, man müsse die marxistisch-leninistische Theorie «unter Einbeziehung der Ansichten Trotzkis und vor allem Bucharins ergänzen und erweitern»; dazu fügte er «Rosa Luxemburgs und teilweise auch Karl Kautskys Überlegungen», «von Fritz Sternberg Elemente, die zu übernehmen sich lohnt», «gewisse Ergebnisse der Experimente, die man in Jugoslawien gemacht hat» und schließlich noch «was es Neues gibt in den Theoriediskussionen in Polen und China».[50] Der blinde Doktrinär hatte sich zum einäugigen Eklektiker gemausert; und dieser Eklektizismus brachte ihm eine lange Gefängnisstrafe ein. Wieder zum offiziell anerkannten Intellektuellen des marxistischen Regimes avanciert, beschränkte Harich seine Innovationsversuche dann darauf, die Kritiker der materiellen Not in jenem armen Staatsgebilde mit ihrem Schicksal zu versöhnen, indem er aus der revolutionären Ideologie alle Verheißung von Frieden und Wohlstand strich und durch eine pessimistische Theorie der Einschränkung und Enthaltsamkeit ersetzte.

Es ist ein herzbewegendes Paradox, daß diejenigen, denen der «Klassencharakter der Wahrheit» so lange und gründlich eingebleut wurde, dann so unnachgiebig darauf bestehen, daß die Wahrheit ans Licht kommt. «Wir fordern das Recht», sagte Julius Hay, ein lebenslanger militanter Kommunist, 1956 vor dem Petöfi-Klub (und prägte eine der revolutionären Parolen des Ungarn-Aufstands),

> die Wahrheit zu sagen; jeden und alles zu kritisieren; traurig zu sein; verliebt zu sein; an den Tod zu denken; nicht lange zu überlegen, ob Licht und Schatten harmonisch verteilt sind; an die Allmacht Gottes zu glauben; die Allmacht Gottes zu leugnen; Zahlenangaben des Fünfjahresplans anzuzweifeln; in einer marxistischen Art zu denken, auch wenn die Gedanken noch nicht das amtliche Wahrheitssiegel tragen.

Die gleiche Wertschätzung der Wahrhaftigkeit angesichts einer mit Polizeigewalt aufrechterhaltenen Orthodoxie findet man bei Milovan Djilas, den Tito zweimal ins Gefängnis steckte. «Die Wahrheit kommt ans Licht», schrieb er einmal, «auch wenn jene, die ihr zum Durchbruch verhelfen, dabei zugrunde gehen.» Sollte der berühmte französische Sozialistenführer Jean Jaurès doch recht behalten, der vor mehr als sechzig

Jahren die Ansicht vertreten hatte, daß «der Marxismus in sich die Mittel trägt, die zu seiner Ergänzung und Revision nötig sind»?

Im Westen, wo heute die stichhaltigen Erkenntnisse des Marxismus in unterschiedlichem Maß in die anthropologische und soziologische Forschung integriert sind, wirken die wenigen Revisionisten eher exzentrisch, verspielt und nebensächlich. Es wäre albern, aus dem Revisionismus einen Fetisch machen zu wollen, wenngleich, wie wir festgestellt haben, die Revision integraler Bestandteil wissenschaftlicher Tätigkeit ist. Vielleicht gibt es manche Lehrsätze oder Gesellschaftstypen, die nicht reformiert werden können und deshalb beseitigt werden müssen, um dem Neuen Platz zu machen. Sicher wäre es töricht zu glauben, daß jede intellektuelle Revision an sich schon eine Verbesserung bedeute und gefeiert werden müsse. Ich denke dabei an die einigermaßen abrupten Revisionen, die John Stuart Mill für die zweite Ausgabe seiner *Political Economy* vornahm. Harriet Taylor war stark von den Umwälzungen des Jahres 1848 beeindruckt, und ihrem Einfluß ist es zuzuschreiben, daß Mill seine kritischen Einwände gegenüber dem Sozialismus und Kommunismus aus dem Text strich. Die Aktualisierung bereitete ihm «endlose Pein und Sorge», stellt sein Biograph fest; trotzdem revidierte er.[51] Ursprünglich war ihm die Vorstellung von kommunalem Eigentum «beinahe zu abenteuerlich erschienen, um sich damit ernsthaft auseinanderzusetzen»; nun nannte er sie «den wertvollsten Beitrag zur Besserung des Menschen, den es momentan gibt». In ähnlich vorschneller, unüberlegter Manier hat man heute Marx mit Freud, Heidegger, Jaspers, Sartre und sogar dem Zen-Buddhismus in Beziehung gebracht. In Amerika wurde versucht, den Marxismus mit John Deweys Philosophie zu verknüpfen und in England mit Keynes' Wirtschaftstheorie. Das sind zum Teil witzige und interessante Überlegungen, mit denen wir uns hier aber nicht beschäftigen wollen; für uns sind sie nur insofern relevant, als wir daran feststellen können, daß im Zusammenhang mit den gegenwärtigen sozialen Krisen in Europa der Tod der Orthodoxie zu einer Wiedergeburt der utopischen Sehnsucht und Erneuerung der alten revolutionären Leidenschaft geführt hat.

Was im Jahr 1956 in Ungarn geschah, gehört noch immer zu den erstaunlichsten und lehrreichsten Kapiteln der neuesten Geschichte.[52] Ich erinnere mich noch gut an die Debatten, die wir in den Nachkriegsjahren in Berlin führten (an denen sich, neben vielen anderen, auch Bert Brecht beteiligte); und damals wurde zumindest mir immer deutlicher, daß die sogenannte «bourgeoise Demokratie» nicht vorbei und vergessen und überholt war und daß die Oktoberrevolution keineswegs (wie immer behauptet wurde) für die Menschheit ein unvermeidlicher Schritt vorwärts gewesen war. Als sich durch die Berlin-Blockade und andere Ereignisse herausstellte, wie es in der Bevölkerung gärte, zeigte sich, daß nicht nur einige Intellektuelle vergeblich die Freiheit herbeisehnten, sondern daß sie eine volksweite und dynamische Kraft war. Als es im Juni 1953 in der DDR zum Aufstand kam, schien es gar nicht so abwegig zu denken, daß der Kommunismus ein reaktionäres Relikt der Vergangenheit war, das im natürlichen Verlauf der Dinge fortgespült werden würde. Die Völker Europas forderten Freiheit; offensichtlich war dies kein im Westen gezüchteter Mythos oder ein letzter Rest von Ewig-Gestrigem. «Die Massen» wollten Menschenrechte und sehnten sich nach freieren Lebensformen. Was sich am 16. und 17. Juni 1953 in Ost-Berlin und in der ganzen DDR abspielte, konnte man nicht als Revolution, nicht einmal als Aufstand bezeichnen; es war eine spontane Demonstration gegen das Regime, bei der Millionen Menschen in den Städten und auf dem Land auf die Straße gingen. Dabei fiel aber kaum ein Schuß, es wurde kaum ernsthaft gekämpft oder Gewalt angewendet (außer bei den Vergeltungsmaßnahmen der Russen). Die Vorgänge in Polen hat man, abgesehen von den Ausschreitungen in Poznań ganz zu Anfang, als «Tauwetter» oder «Frühling» bezeichnet. Unter Gomulkas Regie fand eine Art Palastintrige à la Machiavelli statt; zwar folgte eine gewisse Lockerung der politischen, wirtschaftlichen und kulturellen Zügel, doch das Endergebnis war ein prekäres Stillhalteabkommen, eine heikle Balance gegensätzlicher Kräfte, die getarnt im verborgenen weiterwirken.

In Ungarn führten die Massendemonstrationen gegen die bestehende Gesellschaftsordnung zu einem radikalen, offenen, historischen Bruch. Ob es wohlüberlegt war oder nicht – jedenfalls stürmten die Leute voller Wut und Hoffnung aus den Häusern. Die einzelnen Tagesereignisse verliefen nach einem klassischen Revolutionsschema, an dem Robespierre Gefallen gefunden und Engels seine helle Freude gehabt hätte. Hier geschah, was niemand für möglich gehalten hätte: Ein modernes, totalitäres Regime wurde gestürzt – zwar nur für eine Woche –, und das mit revolutionären Methoden, die dem 19. Jahrhundert entstammten, mit Gewehren und Barrikaden und mit Gruppen, die unter Schriftbannern singend durch die schmalen Straßen zogen. Ich werde nie das Bild vergessen, wie junge ungarische Revolutionäre auf eroberten Schützenpanzern saßen, eine Fahne schwenkten und riefen: «Wir haben gewonnen! Wir haben gewonnen!» War dies nicht genau jener hochgemute Volksaufstand der Armen und Ausgebeuteten, von dem der romantische Karl Marx geträumt hatte? Doch sie hatten nicht gewonnen; die rasche Intervention russischer Truppen wälzte sie nieder; die Revolution scheiterte. Ein berühmtes Aperçu von Marx besagt, daß in der Geschichte etwas beim erstenmal als Tragödie und beim zweitenmal als Farce abläuft. Und wenn es ein drittes Mal geschieht, wie sieht es dann aus? Vielleicht ist das dritte wirklich auch das letzte Mal. In der Geschichte hat vieles unglücklich geendet; aber wenn eine Schlacht verloren wurde, so mag derselben Sache auf anderen Wegen und unter veränderten Umständen doch noch ein Sieg beschieden sein. Die Geschichte scheint jetzt Reformen der Revolution vorzuziehen.

Mit der gegenwärtigen Wiederentdeckung der Utopien erleben wir die dramatischste Wende auf den verschlungenen Pfaden, denen wir bisher gefolgt sind. Der Kreis schließt sich, wir sind an unseren Ausgangspunkt zurückgelangt. König Utopos, der Fabier, ist wieder unter uns. Unlängst erinnerte uns ein romantisch veranlagter Neomarxist daran, daß die alten Träume «um die einfachsten Bedürfnisse des Menschen kreisten, um den großen Hunger, der jahrtausendelang die menschlichen Gesellschaften unterjochte». Doch die Zeit ist nicht stehengeblieben: «Gibt es nicht neue Bedürfnisse und neue Träume?» fragt er. «Oder sollten wir gemäß den Utopien des vorigen Jahrhunderts weiter dahinvegetieren und Götzen aufstellen, von denen sich die Menschen schon vollständig abgewandt haben?» Seine Antwort ist so schlicht und rührselig wie eine Schnulze:

> Den besten Dienst und die höchste Ehre können wir Marx' Andenken erweisen, indem wir mit dem Marxismus verfahren, wie er mit den Systemen seiner Zeit verfahren ist. Das heißt: die Gesellschaftsordnung in Frage stellen, die in seinem Namen errichtet wurde, weil wir wissen, daß für eine neue Welt neue Träume erfunden werden müssen.[53]

Wir sind bei unserem Rundgang durch die Geschichte am Ende angelangt, stehen wieder an unserem Ausgangspunkt: bei Sir Thomas More und seiner Erfindung einer Zukunft, mit der er die «Fehler, Monstrositäten und Irrtümer» ausmerzen wollte.

Aber wie? Ist es nicht immer noch leichter, zu wünschen als zu hoffen? More glaubte nicht, daß bei einem «allgemeinen Drunter und Drüber» etwas Gutes herauskommen könnte, solange die Anführer tollkühne, verzweifelte Gesellen waren, die «nichts zu verlieren hatten». Er machte sich keine Illusionen darüber, daß man mit neuen, ungewohnten Vorstellungen Menschen reizen könnte, «die felsenfest vom genauen Gegenteil überzeugt waren». Wie erreichte man also am besten das erwünschte Ziel? Wie sah die Herausforderung, wie die Antwort aus? Wie ging man ans Werk, um «nach bestem Vermögen alles recht geschickt zu behandeln»? Wie standen die Chancen für eine «indirekte Methode», für «große List und Findigkeit»? Im Ersten Buch der *Utopia* schrieb More, daß «die schwierigste Frage» (und, wie wir gesehen haben, eine ewig neue) lautet: «Was tun?» Eine Welt wartet darauf, bewegt und verändert zu werden, und wir versuchen, nach den Visionen und Revisionen der letzten Jahrhunderte, erneut festen Boden unter den Füßen zu spüren.

Falls es, wie ich angedeutet habe, alles schon einmal gegeben hat, vielleicht läßt sich dann mit Hilfe der sogenannten Lehren der Vergangenheit etwas Klarheit in das Schauspiel bringen, das sich gegenwärtig abspielt, wo gewaltsam etablierte Orthodoxien zusammenbrechen und Ketzerei und Toleranz neu erwachen. Der Historiker ist nützlich, weil er ein besonders feines Gespür für das *déjà vu* besitzt. Bevor die Freiheit sich etablieren konnte, mußte es stets eine geistige Revolte geben. Dazu möchte ich ganz kurz auf Voltaire als exemplarische Gestalt eingehen.

Wir wissen, daß er das ihm zugeschriebene geflügelte Wort nie gesagt hat: «Ich stimme mit Eurer Meinung nicht überein, würde aber auf den Tod Euer Recht verteidigen, sie zu äußern...» Doch er war und ist von überragender Bedeutung für die Geschichte der modernen Intelligenzija. Dieser Begriff wurde im 19. Jahrhundert in Rußland geprägt; was er bezeichnet – unabhängige Denker, die frei ihre Meinung sagen – gab es zuerst im 17. Jahrhundert in England; der Stil ist eine französische Schöpfung des 18. Jahrhunderts. Hier haben wir das Vorbild des modernen Intellektuellen: den Geistesarbeiter als Garanten der Wahrheit und Gerechtigkeit. Denken wir nur an Voltaire, der die Abfassung von Meisterwerken (und andere vergnügliche Beschäftigungen) unterbricht, um leidenschaftlich die «armen Hunde» zu verteidigen, die Opfer ungerechter, intoleranter Behandlung, und zwar mit einer langen und beispiellosen Reihe von Kreuzzügen – für Desfontaines (den er vor der Verbrennung bei lebendigem Leib bewahrte); für General Lally und Admiral Byng (sogar der Duc de Richelieu konnte als Verteidiger gewonnen werden); für die Familie Sirven und für de la Barre (den man zusammen mit einem Exemplar von Voltaires *Philosophischem Wörterbuch* verbrannte, das ihn angeblich zu seinem «Disrespekt» verleitet hatte); und am eindrucksvollsten für Jean Calas (einen Hugenotten im fanatisierten Toulouse, dessen Unschuld schließlich bewiesen werden konnte). Heute, da Verlogenheit und Verhetzung ganz üblich sind, täte es uns vielleicht ganz gut, an den feinsinnigen Interpretationen über die Aufklärung und das Zeitalter der *philosophes* vorbei uns dem schlichteren Sinn der Revolutionäre von 1791 zu nähern, die in einem Staatstrauerzug Voltaires Sarg von der entfernten Grabstätte zum Panthéon überführten. Der vom Maler David entworfene Leichenwagen trug die Aufschrift: «Er lehrte uns, frei zu sein.»

Wäre Freiheit lehrbar, so handelte die erste Lektion sicher von der Toleranz. Das Wort (und die Sache) existierte in England bereits seit gut einem Jahrhundert; Voltaire aber benutzte *«tolérance»* erstmals im Jahr 1733 in einem Brief aus Paris, in dem er sich ganz typisch über intolerante Gläubige äußerte: «Ich vergebe ihnen alles, solange sie nicht zu Verfolgern werden. Ich hätte nichts gegen Calvin einzuwenden, wenn er nicht Servet auf den Scheiterhaufen gebracht hätte. Ich würde mich dem Konstanzer Konzil unterordnen, wenn es nicht das Feuer unter Johannes Hus entfacht hätte.» Nicht immer formulierte er seine Gedanken so abstrakt und unpersönlich. Zu seiner Zeit gab es, wie so oft in der Geschichte, Flüchtlinge in großer Zahl. Er selbst lebte oft außer Landes (und hat mehrmals in der Bastille eingesessen), und 25 Jahre hat er ununterbrochen fern von Paris verbracht. Einmal, im Jahr 1736, ließ er sich, was selten geschah, zu einer offenen, pathetischen Klage hinreißen: «Welch ein schreckliches Leben! Stets von außen bedroht zu sein, meine Freiheit zu verlieren, und das unter dem geringsten Vorwand und ohne Rücksicht auf das Recht! Der Tod wäre mir lieber.»

In einem Brief an Diderot gestand Voltaire 1749: «Ich verachte die einfältigen Barbaren, die verurteilen, was sie nicht verstehen, und die bösartigen Gesellen, die sich mit den Narren zusammentun und das verbieten, was sie klüger machen würde *(Je mépris les barbares stupides qui condamnent ce qu'ils n'entendent point, et les méchants qui se joignent aux imbéciles pour proscrire ce qui les éclaire).*»[55] Als die Genfer Behörden am 19. Juni 1762 Rousseaus *Contrat social* und *Émile* verbrennen ließen, schrieb Voltaire: «Wir haben dieses Buch verbrannt... Eine weise Regierung sollte manchmal etwas ignorieren können. War das Buch gefährlich, hätte man es widerlegen sollen. Eine vernünftige Schrift zu verbrennen, kommt dem Eingeständnis gleich, daß man nicht intelligent genug ist, um darauf zu antworten.» Dabei war Voltaire Rousseaus Ansichten und Lebenswandel gegenüber natürlich nicht unkritisch; doch hieß seine Devise: «Es geht nicht um die Person, sondern um die Sache.»

Rousseau, verbittert über die Angriffe auf seine Person und seine Ideen, verzichtete auf sein Genfer Bürgerrecht; was er 1764 schrieb, war das klassische Epigramm eines hinsichtlich der Freunde und Mitbürger total desillusionierten Mannes: «Sie schwiegen, als sie hätten sprechen sollen, und sprachen, als Schweigen not tat.» Voltaires Position war klar: «Was ist tyrannischer, als die Pressefreiheit zu zerstören? Und wie kann ein Land sich frei nennen, wo man nicht schreiben darf, was man denkt? ... Wer die Macht in den Händen hält, möchte zum Despoten werden: Die Sucht zu dominieren ist eine unheilbare Krankheit *(la rage de la domination est une maladie incurable).*» Die Freiheit mochte ja ein integraler Bestandteil des «wahren und natürlichen» menschlichen Daseins sein; aber falls die Intellektuellen die Pflicht hatten, als Vorkämpfer und Wegbereiter zu wirken, hätten sie selbst unter den denkbar unnatürlichsten Verhältnissen zu leben: «Verfaßt ihr Oden auf den Monsieur Superbus Fabus, Madrigale für seine Mätresse und widmet seinen Lakaien ein Buch über Geographie, dann werdet ihr freundlich aufgenommen. Versucht ihr aber, die Menschen aufzuklären, werdet ihr vernichtet *(éclairez les hommes, vous serrez écrasé).*» Voltaire hatte so oft von den Behörden Schläge bekommen, daß er seinem sogenannten Optimismus einige Tropfen Bitterkeit beimischte:

> Die Dichter und Denker leben ohne Sicherheit. Sie gleichen den fliegenden Fischen – sobald sie hochtauchen, fressen die Vögel sie; wenn sie untertauchen, fressen die Fische sie. *(L'homme de lettres est sans secours; il ressemble aux poissons volants: s'il s'éleve un peu, les oiseaux le dévorent; s'il plonge, les poissons le mangent.)*[56]

Zudem waren sie nicht nur unschuldige Opfer eines rauhen Zeitalters. Was wir heute als *«trahison des clercs»* bezeichnen, scheint in den von uns so genannten «ideologischen Zyklen» ein häufig wiederkehrendes Phänomen zu sein. Das wußte auch Voltaire: «Es ist eine alte Geschichte, daß Philosophen von Fanatikern verfolgt werden; aber gelegentlich beteiligen sich auch Intellektuelle an solchen Hetzjagden und schärfen gar noch die Waffen, mit denen sie und ihre Brüder bekämpft werden. Armselige Intellektuelle! Warum müßt ihr Spitzel werden? *(Malheureux gens de lettres! est-ce à vous d'etre délateurs?)*» Die Männer, deren Namen er nennt, sind heute vergessen, aber das Gefühl ist uns nur allzu vertraut: «Zu heucheln ist schlimm genug! Aber zu heucheln und Unheil anzurichten, das ist die Höhe! *(Être hypocrite, quelle bassesse! Mais être hypocrite et méchant, quelle horreur!)*»

Voltaire verlangt also nichts Geringeres als Gedankenfreiheit; in seinem *Philosophischen Wörterbuch* findet man unter dem Stichwort *«liberté de penser»* folgende Unterhaltung zwischen Lord Boldmind und einem portugiesischen Grafen namens Medroso, nachdem die beiden zusammen etwas getrunken haben. Medroso hat bereits gestanden: «Lieber bin ich darüber unglücklich, daß mein Nachbar auf dem Scheiterhaufen verbrennt, als daß ich selbst geröstet werde.»[57]

BOLDMIND: Ihr braucht nur denken zu lernen. Den Geist dazu habt Ihr bei Geburt mitbekommen... Wagt es, selbständig zu denken.

MEDROSO: Es heißt, wenn jeder selbst dächte, gäbe es ein schreckliches Durcheinander.

BOLDMIND: Ganz im Gegenteil. Wenn die Leute ins Theater gehen, sagt jeder seine Meinung, und der Friede wird nicht gestört. Versucht aber einmal ein unverfrorener Gönner, seinen zweitklassigen Hauspoeten dem Publikum als Genie zu verkaufen und viele finden ihn schlecht, wird er rasch ausgepfiffen werden, und dann werden die beiden Parteien einander mit Äpfeln bewerfen, wie es in London passiert ist. Die Gedankentyrannei hat manches Unglück dieser Welt verschuldet. Wir in England fühlen uns erst glücklich, seit ein jeder das Recht hat, frei seine Meinung zu sagen.

MEDROSO: In Lissabon, wo niemand seine Meinung sagen darf, ist es auch sehr ruhig.

BOLDMIND: Bei Ihnen ist man ruhig, aber nicht glücklich; es ist die Ruhe von Galeerensklaven, die wortlos und im Gleichtakt rudern.

MEDROSO: Meint Ihr demnach, meine Seele leide auf der Galeere?

BOLDMIND: Gewiß, und ich würde sie erlösen.

MEDROSO: Wenn es mir auf der Galeere aber gefällt?
BOLDMIND: Dann seid Ihr dort richtig aufgehoben.

Es wäre noch eine letzte, ironische Verknüpfung von Umständen zu erwähnen, an der Voltaire seine Freude gehabt hätte (und die gut zu unserem nächsten Argument paßt). Die bürgerliche Freiheit entstand aus einem Kräftespiel: Die Regierung drückte von oben, die Intellektuellen von unten, und die dazwischenliegende Beamtenschicht trieb die Liberalisierung voran. Dem kenntnisreichen Biographen Diderots zufolge gab es einen Menschen, «der im Frankreich des 18. Jahrhunderts anscheinend so gut wie als einziger an der Pressefreiheit interessiert war», und das war, so paradox es klingt, der Hauptzensor. Amtsinhaber war ein fast vergessener Adliger namens Malesherbes (sein Name tauchte hier schon einmal im Zusammenhang mit Chateaubriand auf). Da er ständig mit Büchern zu tun hatte, lernte er sie schätzen, und aufgrund seiner beruflichen Kontakte mit Literaten fand er sich «durch unvorhergesehene Umstände – und vielleicht gegen meinen Willen – in der Lage, ihnen die Schreibfreiheit zu verschaffen, von der ich sie immer sehnsüchtig habe reden hören». Er fügte hinzu: «Ich glaubte, dabei auch dem Staat einen Dienst zu erweisen, denn mir schien schon immer diese Freiheit mehr Vor- als Nachteile gebracht zu haben.»

Nur ein Voltaire hätte vielleicht eine solch bizarre Geschichte erfinden können von einem Zensor, der sein eigenes Feld bestellt. Als Malesherbes einmal Diderot davon benachrichtigte, daß er am nächsten Tag ein erneutes Verbot der *Encyclopédie* erlassen würde, überlegte der *philosophe* verzweifelt, wie er seine Manuskripte in Sicherheit bringen könnte. «Schicken Sie sie mir», riet Malesherbes, «bei mir wird man nicht danach suchen.» Und so vertraute Diderot die Hälfte seiner Unterlagen eben dem Mann an, der die Hausdurchsuchung angeordnet hatte![58]

Hier siegte der Geist Voltaires; und im Rahmen unserer Darstellung war es sein schönster und wichtigster Erfolg. «Da es unmöglich ist, Meinungen zu dekretieren», schrieb Malesherbes, «wäre es ungerecht, die Bücher zu verbieten, zu zensieren oder umschreiben zu lassen, in denen sie vorgebracht werden.» Er war zu der Überzeugung gelangt, daß «jemand, der nur solche Bücher liest, die entsprechend dem Gesetz nur mit Zustimmung der Regierung erscheinen, seinen Zeitgenossen um fast ein Jahrhundert hinterherhinkt». So wurde ein Zensor vom Geist Voltaires bekehrt, der ihn nicht nur modern, sondern auch frei zu sein lehrte.

4. Alte Beschwörungsformeln und primitiver Wortzauber

Wie einst die Angelsachsen fest daran glaubten, daß sich ihr Reich gen Westen ausdehnen würde, so waren die Slawen überzeugt, daß der revolutionäre Funke sich wie ein Lauffeuer gen Osten ausbreiten würde. Doch dann erlebte das englische Empire seine Nemesis im Osten, und die revolutionäre Begeisterung scheint im westlichen wie im östlichen Europa allmählich verflogen zu sein. «Die Krone der Schöpfung» hat oft einen unsicheren Ortssinn. Die Schicksalsstürme blasen nicht immer aus der erwarteten Richtung. In Washington sieht man in den Revolutionären Asiens und Lateinamerikas eine Bedrohung, die aus dem Westen und Süden kommt; in Johannesburg ist es der Norden, von wo die schwarzen Jakobiner Afrikas anrücken. Der große Traum von der Revolution hat also noch eine Zukunft, seit die ganze Welt zur politischen Arena geworden ist. Das Wort, die Idee und die Sache selbst haben noch Chancen – auch wenn manchmal die Handlung ohne Gedanken geschieht oder der Gedanke früher vorhanden ist als das Wort. Ich nahm einmal in Rangoon an der Tagung eines burmesischen Literaturkomitees teil, das mit der Modernisierung der Landessprache befaßt war. Zu den dringlichsten Problemen gehörte die Suche nach einem neuen Wort für «Revolution», da die ursprüngliche Bedeutung – «ungehöriges Benehmen vor Gericht» – offensichtlich nicht mehr angemessen war. Nach langwierigen philologischen Erörterungen und kurzen, heftigen Wortgefechten, die zwischen einheimischen buddhistischen Mönchen und ausländischen Marxisten ausgetragen wurden, entschied man sich für das einfache, eindeutige und offenbar sinnfällige Homophon *«revolutsia»*.

Man sollte auch nicht glauben, daß diese neuen Zeichen und Symbole vielleicht nicht dieselbe Schlag- und Suggestivkraft besitzen können wie die alten europäischen Metaphern aus der Hochzeit der revolutionären Begeisterung. Sie verfehlen ihre Wirkung weder in Jakarta noch in Detroit. In seiner berühmten «Botschaft an die Basis» verkündete Malcolm X im November 1963 in Detroit das Leitmotiv der «Black Power»-Ideologie:

> Erst einmal: Was ist Revolution? Manchmal kommt es mir so vor, als ob viele von uns dieses Wort «Revolution» zu locker benutzen, ohne sich genauer zu überlegen, was es eigentlich bedeutet und was geschichtlich dazugehört. Wenn man den geschichtlichen Hintergrund begriffen hat, die Gründe für eine Revolution, die Ziele einer Revolution, die Ergebnisse einer Revolution und die Methoden einer Revolution, dann darf man auch andere Wörter benutzen.

Er verschmähte jedoch andere Wörter und redete beharrlich über jenen einen Aspekt, der seiner Meinung nach die historische Quintessenz ausmachte:

> Ich sage euch – ihr wißt gar nicht, was eine Revolution ist. Denn wenn ihr es wüßtet, würdet ihr den Schwanz einziehen und euch aus dem Staub machen... Es gibt keine Revolution ohne Blutvergießen. Und ihr habt Angst vor dem Blutvergießen. Ja, so ist es: Ihr habt Angst zu bluten... Ich habe diese verschiedenen Revolutionen erwähnt, Brüder und Schwestern, um euch zu zeigen, daß es friedliche Revolutionen nicht gibt. Es gibt keine Revolution, solange man die andere Wange hinhält. Es gibt keine gewaltlose Revolution... Die Revolution ist blutig, die Revolution ist bösartig, die Revolution ist kompromißlos, die Revolution stürzt und vernichtet alles, was sich ihr in den Weg stellt.

Kurz darauf, in New York im April 1964, sprach Malcolm X erneut von der «Schwarzen Revolution» und wiederholte das eine Wort, als enthalte es die Welt:

> Die Revolution findet nicht statt, solange man jemanden nur um eine nichtdiskriminierende Tasse Kaffee bittet. Die Revolution findet nicht statt, solange man die andere Wange hinhält. Die Revolution findet auch nicht statt, solange es «Liebe deine Feinde» und «Bete für die, die dich ausnutzen» heißt. Und die Revolution hat nicht schon stattgefunden, wenn man *We Shall Overcome* singt. Zur Revolution braucht es Blutvergießen. Revolutionen kennen keine Kompromisse. Revolutionen kennen keine Verhandlungen. Revolutionen geben sich nicht mit Alibi-Symbolen zufrieden. Revolutionen kommen auch nicht dadurch zustande, daß wir eine korrupte Gesellschaft oder ein korruptes Regime bitten, uns zu akzeptieren. Die Revolution vernichtet das Regime.[59]

Dieser Revolutionismus machte sich auch bei den afro-asiatischen Ideologen bemerkbar, als während der turbulenten sechziger Jahre die nationalen Befreiungsbewegungen diktatorische Macht erlangten. Dieselben Töne, die mit den alten Regimen verschwanden (wie der «Nkrumahismus» in Ghana), tauchten in den neuen Regimen («Nyerereismus» in Tansania, «Gaddaffiismus» in Libyen) wieder auf. Gaddaffi ist nur einer der jüngsten Vertreter eines wiedererwachten revolutionären Absolutismus und bietet mit seinen simplen Rhythmen eine weitere Version jenes politischen Götzendienstes und Wortglaubens, der in trüben Winkeln und Nischen der Menschheitsgeschichte überdauert hat. Tatsächlich hat in den meisten Fällen das Wort «Revolution» dieselbe Allzweckfunktion eines semantischen Signals innerhalb einer traditionellen Autoritätsstruktur übernommen, die früher von Begriffen wie «König», «Gott» oder «der Staat» erfüllt wurde. Der Revolution die Treue halten, für König und Vaterland sterben, gegen die Ungläubigen kämpfen, Opfer für den Staat bringen – die Parolen der meisten Ideologien lassen sich beliebig austauschen.[60]

Hier hören wir einen großen Diktator aus Südostasien im Rausch neuer Wörter delirieren:

Jedesmal wenn ich hier auf dem «Podium des 17. August» stehe, gilt mein Zwiegespräch nicht nur dem indonesischen Volk, das die Revolution vorantreibt, sondern gleichzeitig der gesamten Menschheit, die sich ebenfalls in der Revolution befindet. Wie geht es unserer Revolution? Wie gefällt euch der Marschschritt unserer Revolution? ... Kurz gesagt, jedesmal lege ich eine Bestandsaufnahme unserer revolutionären Erfolge vor, wie die Fluten auf- und niedersteigen, wie unsere Revolution gewaltige Fortschritte bringt und tiefes Leid ... Ja, die Geschichte geht weiter; ist sie je stehengeblieben? Auch die indonesische Revolution geht weiter.[61]

Was mit wirren Gefühlen beginnt, endet in uferloser Rhetorik: An diesen kunterbunten, beseligenden Wortfluten hat sich, wie die Revolutionsliteratur belegt, über die Jahrhunderte kaum etwas geändert. Die Redseligkeit ist auf üppigste Weise selbstbefruchtend; der selbsterzeugte Wortschwall wirkt wie Autohypnose. Hier treten sämtliche Lieblingsbegriffe eines verinnerlichten Vokabulars auf, der kritische Verstand wird ab- und die poetische Windmaschine eingeschaltet.[62] «Im primitiven Stadium», schrieb Malinowski, «dient die Sprache den Menschen zur Koordination gemeinsamer Aktionen, sie ist ein Teil der Handlungseinheit. Sie fungiert als Handlungselement, nicht als Mittel zur Reflexion.»[63]

Soweit es sich hier um rhetorische Beschwörungsformeln handelt, mache ich keinen Unterschied zwischen «eurasischen» und «afro-amerikanischen» Spielweisen, zwischen der traditionellen und der modernen Logorrhöe des Revolutionsrausches. Ein kurzer Abschnitt aus Proudhons *Idée générale de la Révolution au XIXe siècle* von 1851 mag als Beleg für meine These gelten, daß primitiver Wortzauber ein wichtiges Element bei der weltweiten Politisierung der apokalyptischen Hoffnung ist.

Die Revolution streckt euch die Arme entgegen; rettet das Volk, rettet euch selbst, wie eure Väter es taten, durch die Revolution.

Arme Revolution! Jeder bewirft sie mit Steinen. Wer sie nicht verleumdet, der mißtraut ihr und möchte sie vom Kurs abbringen ... Aber ob ihr es zugebt oder leugnet – sie kommt auf euch zugestürmt, die Revolution, mit einer Geschwindigkeit von Millionen Meilen in der Sekunde ...

Der Revolution Einhalt gebieten! Klingt das nicht wie eine Drohung an das Schicksal, eine Herausforderung an die ehernen Beschlüsse der Vorsehung, mit einem Wort, wie die größte denkbare Torheit? Gebietet der Materie, daß sie nach oben fällt, der Flamme, daß sie nicht brennt, der Sonne, daß sie nicht scheint!...

Eine Revolution ist eine Kraft, gegen die jede göttliche oder menschliche Macht hilflos ist... Eine Revolution kann man nicht niederschlagen, nicht täuschen, nicht verfälschen, vor allem nicht bezwingen. Je öfter man sie unterdrückt, desto mächtiger wird sie das nächste Mal erstehen und sich ihren Weg erzwingen... Wie einst in alter Zeit die Nemesis gegen alle Gebete und Drohungen taub blieb, so schreitet ernst und unaufhaltsam die Revolution hinweg über die Blumenkränze ihrer Verehrer, über die Blutopfer ihrer Verteidiger, über die Leichen ihrer Feinde...

Je länger der unvermeidliche Umsturz hinausgezögert wird, desto höher der Preis für den Aufschub: dieses Gesetz der Revolution ist so elementar wie die Lehrsätze der Geometrie. Die Revolution gibt niemals auf, einfach deshalb nicht, weil sie nie unrecht hat...

Und nun, ihr Reaktionäre... ihr wolltet Blut und Bürgerkrieg. Das hat die Revolution so wenig gestört wie ein Pfeil das Rhinozeros.

Wenn die Revolution unbezwingbar, unbesiegbar und unerbittlich war, mußte man sie dafür nicht lieben, ihr dienen, ihr ewige Treue schwören?

Der Revolution, habe ich eben gesagt, sind die Zähne gewachsen: die Manöver der Reaktion gehörten für sie zu den Beschwerden des Zahnens... Seid ihr also bereit, der großen Sache zu dienen? Euch ganz und gar, mit Herz und Hand, der Revolution zu verschreiben?... Wollt ihr die Revolution – ja oder nein?... Es gibt keinen Mittelweg zwischen Reaktion und Revolution.

Die Reaktion ist aber mathematisch unmöglich; wir haben nicht mehr die Wahl, unrevolutioniert zu bleiben; uns bleibt nur die Wahl der Geschwindigkeit. Ich selbst stimme für die Lokomotive... Deshalb mein Rat: Laßt uns die Strecke in einem Zug hinter uns bringen und ans Ziel gelangen, ohne zwischendurch zu rasten...

Wenn die Posaunen am Jüngsten Tag uns in den Ohren klingen, wer würde sich dann der Beichte entziehen können? Laßt uns deshalb jetzt beichten, denn ich versichere euch, den alten Untaten hat die letzte Stunde geschlagen. Da hilft kein Reden mehr vom Fegefeuer, von langsamer Abbuße, kein Versprechen künftiger Besserung. Die Ewigkeit erwartet euch. Zwischen Himmel und Hölle gibt es kein rettendes Land mehr. Wir müssen den Sprung wagen... im Sonnenlicht der Revolution ist für jeden Menschen Platz...

Das Motto meines Buches über «Widersprüche» lautet «*destruam et aedificabo*, ich zerstöre und werde aufbauen». Diese Antithese aus dem 5. Buch Moses ist genau das Gesetz, nach dem die Revolution abläuft... wie jede Negation eine Affirmation in sich trägt und nur jener wirklich Neues schafft, der zuerst das Alte zerstört hat...

Ich rufe euch zu: «Revolutioniert!»[64]

Der «Revolutionismus» von Proudhon bis Malcolm X und Sukarno ist immer schmale Kost, ernährt sich von den Abfällen großer Gelage. Aber die politisch Hungrigen mußten sich seit jeher mit den kärglichen Speisen zufriedengeben, die ihnen die semantische Armut bescherte. Wenig kam auf den Tisch, kaum eine Handvoll Wörter, und selbst die waren äußerst einfach. So reizvoll manche Variante auch aussieht – und manchmal gab es zugegebenermaßen eindrucksvolle Beispiele geistiger oder sprachlicher Originalität –, wird man schließlich nach einem Vergleich der verschiedenen Ideologien nicht umhinkönnen, in ihnen ein Paradebeispiel für die Beschränktheit des menschlichen Geistes zu sehen. Zumeist wirkten sie wie eine kurze Aufführung auf nahezu leerer Bühne; zur Darstellung gelangten nach einer lautstarken Eröffnung mit Freuden- oder Wehgeschrei einige melodramatische Gedanken, denen man ein buntes Flickenkleid aus Metaphern umgehängt und die man mit ein oder zwei vorhersehbaren Grundstimmungen versehen hatte.

Daß der Traum von der Revolution heute noch Zukunft hat, liegt daran, daß er von verschiedenen Seiten und auf unterschiedliche Art Nahrung erhält – zu nennen wäre die Propaganda machtberauschter Führer (wie Sukarno), aber auch die Förderung der «Black Power»-Idee durch Schriftsteller (Frantz Fanon, Malcolm X, James Baldwin), die ehrgeizige Realpolitik arabischer Rivalen (Nasser, Gaddaffi), die Parolen der von den

Roten Garden nachgebeteten «Mao-Zedong-Gedanken», die lateinamerikanischen Kommentatoren chinesischer Guerilla-Literatur (Castro, Guevara) und gelegentliche Botschaften aus Übersee, fernmündliche ideologische Ermunterungen (Jean-Paul Sartre, C. Wright Mills, Conor Cruise O'Brien).

Wie bei dem verzweifelten Konkurrenzkampf der Konfessionen lebt man auch hier in ständiger Existenzangst wegen der Bedrohung der Revolution durch die Reform. Marx hatte Engels gegenüber die Erfolge des Reformbundes plastisch kommentiert: «Die Reformbewegung hat uns beinahe *killed.*» Ähnlich nervös klingt ein Jahrhundert später Fidel Castro bei einem Zeitungsinterview: «Diese reformistischen Führer verzögern die Revolution oft mehr als alles andere.»[65] Ebenso wie Marx hastig zur Beruhigung hinzufügte, daß «die Lauserei der Reformbewegung bald als solche erkannt werden wird», hielt Professor O'Brien es für nötig, ganz Afro-Asien (und anderen Erdteilen) ernsthaft zu versichern, daß

> revolutionäre soziale und wirtschaftliche Veränderungen in der gesamten unterentwickelten, «blockfreien» Welt stattfinden müssen, und daß zudem solche Veränderungen wahrscheinlich nur von disziplinierten, revolutionären politischen Bewegungen durchgeführt werden, die vermutlich zum kommunistischen Typ gehören...

Im Vorwort zu Fanons *Les Damnés de la terre* schlägt Sartre andere, eher metaphysische Töne an:

> Täuschen wir uns nicht: diese blinde Wut, diese Verbitterung und Gereiztheit, dieser stets gegebene Wille, uns zu töten, die beständige Anspannung der kräftigen Muskeln, die jede Lockerung fürchten, hat sie zu Menschen gemacht... Haß, blinder Haß, momentan noch eine Abstraktion, ist ihr einziger Besitz... Durch die Gewalt erschafft sich der Mensch neu.

Bei Fanon selbst verschmelzen diese Elemente revolutionärer Metaphysik und Ideologie zu einer poetischen, mystischen Einheit. Seiner «Utopie» (die er jedoch vorsorglich in Anführungszeichen setzt) voraus geht «die gemeinsame Anstrengung von 250 Millionen Menschen, gleichzeitig Dummheit, Hunger und Unmenschlichkeit aus der Welt zu schaffen». Das nennt er den

«Aufwärtsdruck des Volkes». Bei diesem Druck, meint er, «behält niemand saubere Hände; es gibt keine Unschuldigen, keine Zuschauer. Wir alle haben schmutzige Hände... Wer nur zuschaut, ist entweder ein Feigling oder Verräter.»

Ein vertrautes Muster beginnt sich abzuzeichnen, und schon stellt sich wieder die schicksalsschwere Frage: Was tun? Dazu schreibt Fanon: «Seit Juli 1954 fragen die Kolonialvölker: Wie können wir ein neues Dien Bien Phu herbeiführen? Was müssen wir dafür tun?» Als erstes muß man begreifen, daß «nur Gewalt Erfolg hat»; der Feind «wird sich erst zurückziehen, wenn die Gegengewalt größer ist». In dieser Gewaltanwendung liegt eine «reinigende Kraft». Wem dies eine gewagte Behauptung scheint, die vielleicht nicht jedem sofort einleuchtet, dem erklärt Fanon, daß «eine gewisse Brutalität im Denken und eine Abscheu vor Spitzfindigkeiten allen Revolutionen eigen ist». Mit seiner erhöhten Sensibilität, die er selbstsicher gegen jene abgrenzt, welche «in verantwortungsloser Weise mit Phrasen um sich werfen, die sie direkt aus europäischen Moraltraktaten und Staatsphilosophien übernommen haben», ist ihm die Einsicht in eine revolutionäre Bestimmung gegeben, die in einer «Idee vom Menschen und der Zukunft der Menschheit» wurzelt, und (ebensowenig originell) in einem Staatswesen «durch das Volk und für das Volk, durch die Ausgestoßenen und für die Ausgestoßenen».

Wer *négritude* besitzt, vermag zu entdecken, daß «wir uns nicht unserer Vergangenheit zu schämen brauchen, denn sie birgt viel Würde, Ruhm und Feierlichkeit» – doch vermögen bislang nur die Mitglieder der «revolutionären terroristischen Bruderschaft» stolz in die Zukunft zu sehen, denn «nur die Gewalt, die vom Volk angewandte Gewalt, die von den Führern organisierte und verfeinerte Gewalt ermöglicht den Menschen, soziale Wahrheiten zu verstehen und sie zu entschlüsseln».[66]

Der Revolutionskult begann mit Bildern eines himmlischen Paradieses; hier endet er mit poetischen Blutgesängen. Ging man einst von den außerirdischen Bestimmungsgründen des wechselvollen menschlichen Schicksals aus, so orientiert sich der Kult nunmehr an den dunklen Triebkräften im Menschen selbst, die ihn zu einem erbitterten Fanatiker werden lassen. Beiden Phänomenen ist aber gemeinsam, daß die große Metapher, die drei Jahrhunderte lang endlos wiederholt wurde, stets die Funktion des Wortzaubers in den traditionellen Beschwörungsgesängen übernimmt.

Wir haben es hier nämlich mit Restbeständen eines primitiven Wortzaubers zu tun. Die Semantiker erklären uns:

> Die Dinge zu ordnen heißt, ihnen Namen zu geben, und für den Magier ist der Name eines Objektes oder einer Objektgruppe gleichbedeutend mit der Seele; wer den Namen kennt, erlangt Gewalt über die Seele. Nichts kann sich im menschlichen oder übermenschlichen Bereich der Zauberkraft des Wortes entziehen. Die Sprache ist ein Doppel, eine Schattenseele der gesamten Struktur der Wirklichkeit.[67]

Hierzu paßt ausgezeichnet eine Beobachtung, die Karl Vossler bei seiner Analyse über das Wesen der Sprache gemacht hat:

> Was man gemeinhin rednerische Emphase nennt, ist ein abgeblaßter Nachklang oder Widerschein von sprachlichem Zauber- und Beschwörungswesen; man wird am besten begreifen, was Emphase eigentlich ist, wenn man sich typische Fälle ihrer stärksten, krassesten und kondensiertesten Wirkung vorstellt: fürchterliche Verfluchungen, schauderhafte Beschwörungen, abergläubische Taufakte, Zitierungen von Dämonen und Gottheiten, nicht etwa nur intellektuelle Zitate aus Schriftstellern.
>
> Für uns ist dabei das Wesentliche, daß der sprechende Zauberer, der Emphatiker, völlig eingeschlossen und sozusagen eingeschmolzen wird in den magischen Ring der beteiligten Sprachgemeinschaft. Er steht im Augenblick des emphatischen Ausdrucks nicht als einzelner zu der Sprache, es ist dem Sinne nach nicht *er*, der spricht, es ist das Wort, es ist die Sprache selbst. Er redet nicht, spricht nicht, sagt nichts Eigenes, äußert keine persönliche Meinung, sondern leiht dem Spruch nur seine Stimme. So gut wie er, könnte es jeder andere tun, wenn er den Spruch nur weiß und *intus* hat. Was wirkt, worauf es ankommt, die sprachliche Energie, liegt jetzt im Wort, im Spruch, in der Sprache selbst, nicht im Sprecher: dieser fungiert nur als das zufällige Medium... Dieses Lebendig- und Konkretwerden von abstrakten und toten Dingen, wie Wörter, Silben, Sprüche, Sprachteile es sind, diese Erfüllung der sprachlichen Hülsen mit übernatürlicher

Macht, ist nur dadurch möglich, ja nur dadurch denkbar, daß ein einziger Wille, *eine* Gesinnung alle Beteiligten ergreift, daß alle sich diesen Willen, diese Gesinnung gefallen lassen.[68]

Ich habe gereits angedeutet, daß bei dem «großen Spiel der Revolutionen» (wie Kant es nannte), dem beliebtesten Zuschauersport der modernen Ideologenkaste, nur eine bestimmte Anzahl von Figuren und eine begrenzte Zahl von Zügen zur Verfügung stehen. Der revolutionäre Funke kommt entweder von Osten oder von Westen; aus dem In- oder Ausland; vom schwächsten, nachgiebigsten Glied einer Kette oder vom stärksten, das unter großem Druck zerbricht; aus den Wäldern, wo die Menschen frei sind, oder aus den Dörfern, wo die Natur grüner ist; von den kleinen Hügeln, wo die Luft klarer ist, oder aus der weiten Ebene, wo die Menschen umherstreifen können; von den Küstengebieten, wo die Menschen aufgeschlossener sind, oder aus dem Binnenland, wo kein offenes Meer zu rascher Flucht ermutigt; aus dem stimulierenden Ambiente der Stadt oder vom flachen Land mit seinen einfachen, unverfälschten Tugenden.

Inzwischen sollte der Leser nicht ganz unvorbereitet sein, wenn nach den Utopien ländlicher Idylle und den Bauernaufständen, den Pflasterkämpfen und weltmännischen Rebellen zu guter Letzt eine ausgereifte Revolutionstheorie entstanden ist, die von Bergeshöhen aus verkündet wird, von jenen «ergötzlichen Bergen» (wie Bunyan sagt), die seit alters her manch tatendurstigen Geist auf unergründliche Weise inspiriert haben: «Laß die Berge den Frieden bringen unter das Volk und die Hügel die Gerechtigkeit» (Psalm 72). Ich denke dabei an den nachmarxistisch-leninistischen Mythos vom *Guerillero*, wie er in dem Buch *Révolution dans la révolution* gefeiert wird, dessen Verfasser, ein junger Pariser Intellektueller, sein Material auf Kuba fand, seine Erkenntnisse in Frankreich erscheinen ließ und im Gebirge des konterrevolutionären Bolivien dafür verhaftet wurde.[69] Fidel Castro hat einmal gesagt: «Die Stadt ist der

Friedhof der Revolution»; entsprechend meint sein Schüler Régis Debray, der auch von Jean-Paul Sartre beeinflußt wurde: «Verlaßt die Stadt und zieht in die Berge.» Wie kam jemand dazu zu glauben, daß «nur die Sierra die Revolution retten kann»? Wir wollen versuchen, die Entstehung und Ursachen dieser psychologisch-geographischen Verirrung nachzuzeichnen.

Castro hatte sich nicht darum geschert, ein «Ketzer des marxistisch-leninistischen Lagers» zu werden, und Debray tat es ihm nach; er würde es zudem mit den, wie er sagte, «Unbilden der terrestrischen Dialektik» aufnehmen, wo alte Formen «entstehen, sterben und neu entstehen». War er ein Revisionist? Nein, denn – wie gehabt – er wollte nicht revidieren, sondern «das revolutionäre Denken revolutionieren». War er ein Orthodoxer? Eigentlich auch nicht, denn er war sich darüber klar, daß «man in einer bestimmten historischen Situation auf tausenderlei Weise von der Revolution reden kann, doch es kommt darauf an, daß zwischen denen, die sie machen wollen, Übereinstimmung herrscht». Das war vor allem eine Übereinstimmung über Zukünftiges: Debray betrachtete es als seine Aufgabe, «die Gegenwart von der Vergangenheit zu erlösen» und die «heilige» Sache von jenen utopischen, fehlgeleiteten Hindernissen zu befreien, die dem «totalen Krieg» und dem endgültigen Friedensreich der Gerechten im Weg standen.

Régis Debray zitiert eingangs einen Glaubensartikel des Helden der Sierra Mestre, Che Guevara:

> Entscheidend ist die täglich wachsende Bereitschaft zum Kampf, die Einsicht in die Notwendigkeit revolutionärer Veränderung und die Gewißheit, daß man siegen wird.

Dann verkündet er «den Tod einer bestimmten Ideologie» und schreibt:

> Heute wird ein Kampf auf Leben und Tod geführt, da ist für Scheinlösungen, für Bemühungen um einen Ausgleich kein Platz... Vernichtet sie *en bloc* oder akzeptiert sie *en bloc*; eine dritte Möglichkeit gibt es nicht... Alles zu riskieren, bedeutet für die Kämpfer in den Bergen ein Krieg bis

aufs Messer, ein Krieg, der keinen Waffenstillstand, keinen Rückzug, keine Kompromisse erlaubt. Wer erobern will, dem muß selbstverständlich sein, daß für den Revolutionär das Leben nicht das höchste Gut ist... Sie [die kleine Schar der Guerilleros] setzt alles aufs Spiel. *Patria o muerte.* Entweder wird sie physisch sterben oder sie wird siegen und damit das Vaterland und sich selbst retten... «Unser Kampf wird mit dem Tod oder dem Sieg der wahren Revolution gekrönt» [Fidel Castro].

Was die Reformer, Militanten und Radikalen jeder Schattierung angeht, so ist natürlich «die Revolution, von der *sie* reden, utopisch», und *ihre* «herrlichen Verballösungen erweisen sich real als Falle». Wie langweilen Debray die monotonen Weisen des Mittelalters – und ganz besonders die des Altertums! «Prometheus, der beständig mit dem tausendfach getarnten Zeus kämpft, um das Feuer der Befreiung zu stehlen und in Gang zu halten.» Unser neuer Prometheus kommt von den Bergen herab. Anfangs müssen die Jünger des neuen Prometheus die Prüfung eines «absoluten Nomadenlebens» in der Illegalität bestehen, wobei jedoch gerade aufgrund ihrer Bewegungsfreiheit «die Revolution vorwärts marschiert».

Für entscheidend hält Debray die Beseitigung der «alten Zwangsvorstellungen», der überkommenen Formeln, die nur ein «verbal-ideologisches Verhältnis zur Revolution» haben. Sämtliche älteren Typen von Revolutionären und natürlich auch die abscheulichen Reformer verschwinden in einer neuen, besonders geräumigen Mülltonne der Geschichte.

Wir sollten uns einmal klarmachen, daß es im Grunde immer noch derselbe naive Idealismus ist, wenn die Leute süchtig sind nach dem Opium freier Wahlen und den Sozialismus für verwirklicht halten, wenn sie mit einer Stimme Mehrheit gewählt werden.

Er stellt fest, daß «niemand ein Alleinvertretungsrecht auf die Revolution besitzt»; und spricht dann den Thesen von Marx, Lenin, Trotzki, Mao und Ho Chi Minh jede Relevanz für die Gegenwart ab (vor allem in bezug auf die hohe Kampfbereitschaft in Lateinamerika). Nein, zwischen der politischen und militärischen Sphäre, zwischen der Armee und der Partei zu unterscheiden, ist wenig sinnvoll. Die Erfahrungen der Sierra Mestre haben gezeigt, daß der Guerillakampf «grundsätzlich politischer Natur ist». Dichotomien existieren nicht; das alte Argument, der alte Streit war mit einem Wort Hegels «aufgehoben»; die alten Apostel mit ihren «heiligen Prinzipien» haben sich ausnahmslos getäuscht:

Sie leben in einer zweigeteilten Welt, die wirklich dualistisch und – es muß einmal gesagt werden – einer starken *idealistischen* Tradition verpflichtet ist: Politik auf der einen, Militär auf der anderen Seite. Der Volkskrieg wird als Technik, als Instrument betrachtet, das im Hinterland eingesetzt wird und von einer dirigistischen Politik abhängig ist, die als eine Meta-Technik angesehen wird, als «rein» theoretisch, «rein» politisch. Der Himmel befiehlt der Erde, die Seele befiehlt dem Körper, der Kopf befiehlt der Hand. Das *Wort* geht der *Tat* voraus. Was normalerweise an die Stelle des Wortes tritt – Reden, Palaver, Geschwätz – entstammt «höheren Regionen», geht den Kriegsmaßnahmen voraus und regelt sie.

Hier wird erstmals ein neues Prinzip, eine «überwältigende Neuheit» erwähnt; jedenfalls ist es jetzt viel klarer, als es während der Pariser Kommune war, während jenes Oktobers in St. Petersburg, beim «Langen Marsch» in China oder beim Dschungelkrieg der Vietminh und Vietcong, daß «der Guerillakrieg ausschließlich und existentiell politischer Natur ist». Während Lenin und Trotzki, Mao und Zhu De, Ho und Giap «dualistisch» vorgingen, vertreten Castro und Che die «Gleichzeitigkeit». Dies war die dialektische Transsubstantiationslehre des 20. Jahrhunderts: aus zwei mach eins, und dann sind Himmel und Erde vereint, Seele und Körper, Kopf und Hand, Wort und Tat.

Wenn das die von den Bergen gesandte Botschaft sein sollte, handelte es sich auch, aber nicht ausschließlich, um ein rhetorisches Meisterstück. Debray war stolz auf den «Reichtum an Metaphern» in seiner revolutionären Theorie, doch war ihm Rhetorik weniger wichtig als Rücksichtslosigkeit. So meinte er:

Einen Truppentransporter in die Luft zu sprengen oder einen Folterknecht der Polizei öffentlich hinzurichten, beeindruckt die Bevölkerung viel stärker als hundert Reden. Sie sieht dann, was das Wesentliche ist: daß die Revolution vorangeht, der Feind nicht mehr unverwundbar ist.

Wohlüberlegte Täuschungsmanöver ergänzen den massiven Terror:

Gesprächsbereitschaft signalisiert Unsicherheit... Wir reden vom Frieden, aber gleichzeitig kämpfen wir. Das ist die einzige Möglichkeit, die Friedensparolen gegen den Unterdrücker und nicht gegen die Aufständischen zu wenden.

Und schließlich regt sich der alte Martyrersinn in einem verzweifelten Bemühen um technische Effizienz. In wenigen, genau berechenbaren Sekunden können heute drei Männer einen Wagen mit dreißig Soldaten liquidieren.»

So sehen also die neuen Tugenden der revolutionären Kämpfer aus den Bergen aus, die dem «Großstadtdschungel» den Rücken gekehrt haben. Die Stadt «verkindlichte und verbürgerlichte» den Menschen; von dieser Verweichlichung und Korrumpierung erlöst einzig «ein Leben in den Bergen, in der Abgeschiedenheit der sogenannten jungfräulichen Natur». Die Stadt macht aus Proletariern Bürger; «der Berg macht aus Bürgern und bäuerlichen Elementen Proletarier» und läßt sie «wie eine enteignete Klasse» denken (Guevara). Die Sierra als rettendes Refugium der Revolution ist nur teilweise metaphorisch gemeint; es ist auch ganz real zu verstehen. Debray sieht nämlich «eine enge Verbindung zwischen Biologie und Ideologie». In den Bergen werden Männer stark, entschlossen und verantwortungsbewußt. An dieser Stelle wird der junge Pariser Intellektuelle, der sich als Kampfgefährte in Che Guevaras kleiner *foco*-Bande den Namen «Danton» zulegte, einen Moment lang defensiv, fast verlegen: «Die Blasierten werden über diese Schilderung in Rousseaus Manier lächeln. Wir brauchen nicht zu betonen, daß nicht die Liebe zur Natur oder die Suche nach dem Glück uns in die Berge trieb, sondern die Einsicht in die geschichtliche Notwendigkeit.» Zwar bleibt die grundsatzliche Einheit von politischem und militärischem Kampf unantastbar, doch benötigt das Argument den Beistand und Schutz von Abstraktionen, die in der Stadt ausgedacht wurden und die von geschichtlichen Gesetzmäßigkeiten reden und sich am uralten, vagen Schatz der Bergmetaphern stärken.

Denn seit undenklichen Zeiten gibt es die Vorstellung von «der hohen Berge Wiege» (Matthew Arnold); und dieser Nimbus läßt sie uneinnehmbar und verheißungsvoll erscheinen, wovon schon die alttestamentarischen Propheten schrieben: «Wie lieblich sind auf den Bergen...» (Jesaja 52,7). Erinnern wir noch einmal daran, daß John Milton sich die «süße Freiheit» als eine «Bergnymphe» vorstellte; und Gerrad Winstanley kleidete sein Ideal einer «Freiheit für das Menschengeschlecht» in die Metapher vom «heiligen Berg». Der Stadt hingegen, korrumpierendes und knechtendes Kunstgebilde, galt es stets zu entkommen. So heißt es in Byrons *Childe Harold:*

> Ich lebe nicht in mir selbst, werde vielmehr
> Teil dessen, was mich umgibt; und für mich
> Sind hohe Berge ein Gefühl, doch das Dröhnen
> In den Städten der Menschen eine Qual.

Da darf es niemanden wundern, wenn der moderne ideologische Wegbereiter der von den Bergen herabkommenden Erlösertruppen genauso fest an die Kraft und Klarheit der Bergeshöhen glaubt wie vor ihm zahllose andere romantische Naturen von Schiller bis Hugo. «Wir sind, wie Sonne, Wind und Wasser uns erschuf; die Berge standen Pate», heißt es in Walter Savage Landors *Regeneration*; es war die einzige wahre Stätte, wo eine Erneuerung der Welt konzipiert werden konnte, denn

> Großes geschieht, wo Mensch und Berg sich begegnen,
> Nicht in der engen Straßen Gedränge.
> (Blake, *Gnomic Verses*)

Daß große Veränderungen nur von hoch oben zu erwarten waren, bezweifelte niemand; und wenn Walter Scott sagt, daß «die Berge uns trennen», so meinte doch Shelley, daß nur «die Berge den hohen Himmel küssen».

Dieses Raunen durchhallt die gesamte Romantik wie ein

Echo. Kurz nachdem die Alpen ihn zu *The Assassins* (1814) inspiriert hatten – wo «ein neues, heiliges Feuer in ihren Herzen entbrannte und in ihren Augen leuchtete» –, behauptete Shelley:

> Die Wildnis spricht eine geheimnisvolle Sprache...
> Mit deiner Stimme, großer Berg, vermagst du,
> Trug und Gewalt die Herrschaft abzutrotzen.[70]

In diesem Dämmerlicht von eschatologischem Ahnen und dichterischem Deuten gedieh die Mythologie des Bergguerilleros, dem späten Nachfolger der von Robespierre und Danton beschworenen *«Montagnards»*; und ich glaube, daß die Zutaten zu diesem Gebräu aus Denk- und Sprachbildern ohne große Mühen von einem Metaphern-Forscher mit Zugang zu europäischem Quellenmaterial herausgefunden werden können.[71]

Die Chinesen ihrerseits mit ihrem feinen Gespür für Abweichungen mit bourgeoiser und sogar revolutionärer Tendenz haben unlängst eine neue häretische Variante identifiziert, kategorisiert und denunziert: das «Berggipfeltum»[72].

Ich kann nur Vermutungen darüber anstellen, aus welchen literarischen Quellen ein junger Franzose seine revolutionäre Sensibilität gewonnen haben mag; es sieht aber so aus, als sei Hugo mindestens ebenso wichtig dabei gewesen wie Havanna. In seinem *Quatrevingt-treize* (1874) evoziert Hugo wortgewaltig ein ähnliches Bild von den Tugenden der Gebirgsrevolutionäre und läßt seinem romantischen Glauben an die Kraft und Reinheit der Bergwelt freien Lauf.

> Der Aufstand in der Vendée scheiterte. Andere Aufstände waren erfolgreich, in der Schweiz zum Beispiel. Der Unterschied zwischen dem Bergrebellen, wie in der Schweiz, und dem Waldrebellen, wie in der Vendée, ist folgender: Fast immer – unvermeidliche Folge seiner Umwelt – kämpft ersterer für ein Ideal, letzterer für ein Vorurteil. Der eine fliegt, der andere kriecht. Der eine kämpft für die Menschheit, der andere für Einsamkeit; der eine strebt nach Freiheit, der andere nach Alleinsein; der eine verteidigt die Kommune, der andere das Kirchspiel... Der eine muß sich an Felsabgründen, der andere im Morast zurechtfinden; der eine ist von Wildwassern und Gischt umgeben, der andere von stehenden Tümpeln und Fieber-

dunst; über dem einen wölbt sich der Himmel, über dem anderen das Dikkicht; der eine steht auf Gipfeln, der andere im Schatten.

Was Höhen lehren ist anders, als was Tiefen lehren.

Ein Berg ist eine Festung, ein Wald ein Hinterhalt; der eine ermuntert zu Kühnheit, der andere läßt mehr ans Fallenstellen denken. Die Antike dachte sich die Götter auf den Bergen und die Satyrn im Gestrüpp ... Die Gestalt der Umwelt beeinflußt das Handeln der Menschen, und dieser Einfluß ist größer, als man gemeinhin glaubt ... Man könnte fast denken, die Natur hege geheime Absichten.[73]

Hugos historischer Romantizismus ist selbst bereits Echo von Schillers jugendlicher Begeisterung für die Revolutionäre der Berge: «Auf den Bergen ist Freiheit!» Und an einer berühmten Stelle des *Wilhelm Tell* (1804) läßt er einen Alpenrebellen sagen:

Nein, eine Grenze hat Tyrannenmacht.
Wenn der Gedrückte nirgends Recht kann finden,
Wenn unerträglich wird die Last – greift er
Hinauf getrosten Mutes in den Himmel
Und holt herunter seine ew'gen Rechte,
Die droben hangen unveräußerlich
Und unzerbrechlich wie die Sterne selbst.[74]

Nirgendwo findet man diesen Mischmasch der Bilder und Symbole so deutlich jetztzeitlich und mythisch konsistent formuliert wie in den «Mao-Zedong-Gedanken», denen man im kommunistischen China noch vor kurzem einen «höheren Listenplatz» in der Ideologie-Tabelle gab als sogar den geistigen Produkten von Marx, Engels, Lenin und Stalin.[75] Der befeuernden Wirkung dieser simplen Spruchweisheiten tut es nicht den geringsten Abbruch, daß sie lediglich eine x-te Wiederholung der gängigsten utopischen und revolutionären Standardformeln sind. Sie lassen sich folgendermaßen zusammenfassen und mit Beispielen verdeutlichen:

1. *In Zeiten des Unrechts und der Tyrannei muß der Mensch zum Rebellen werden.* «Der Marxismus enthält unzählige Prinzipien, aber man kann sie schließlich mit einem Satz ausdrücken: Rebellion ist gerechtfertigt.» (Mao, 1939)

2. Der echte und große Kampf ist allein schon etwas Gutes, das frei macht. «Das Richtige beweist sich erst im Kampf gegen das Falsche. Das Wahre, Gute und Schöne existiert nur durch den Vergleich mit dem Falschen, Bösen und Häßlichen und stärkt sich im Kampf mit diesem.» (Mao, 1957)

3. Gewalt im Dienst einer historischen Aufgabe ist notwendig und wünschenswert. «Wie kann man behaupten, daß angesichts des gegenwärtigen Terrors und Gemetzels die Bauern sich nicht erheben, ein oder zwei von ihnen erschießen und bei der Unterdrückung der Konterrevolutionäre einen begrenzten Terror entfachen dürften?» (Mao, 1927)

4. Die Revolution wird überall einen neuen Anfang setzen, denn sie hat ihren Blick auf das jungfräulich reine, unbeschriebene Blatt der Zukunft gerichtet. «Die Armen wollen Veränderung, wollen die Dinge selbst in die Hand nehmen, wollen die Revolution. Ein neues Blatt ist fleckenlos, so daß die neuesten und wunderbarsten Wörter darauf geschrieben werden können und die neuesten und schönsten Bilder darauf gemalt werden.» (Mao, 1958)

Ideologisch gesehen ist der Maoismus – das sollte inzwischen deutlich geworden sein – weder originell noch geheimnisvoll. Er ist eine Lehre nach altem Muster, die sich auf die wichtigsten Kettenglieder aus dem großen Netzwerk menschlicher Hoffnungen gründet, auf die Utopie und die Revolution. Wie alle vorausgegangenen Utopien, seien sie höherer oder niederer Ordnung, trägt er in sich bereits die Saat für Widerspruch und Spaltung. Als Programm einer realen Regierung, die die Theorie in die Praxis umsetzen möchte, führt diese Lehre in gesellschaftliche Krisen und Widersprüche; als religiöses Dogma verstrickt sie sich in Fehlurteile und Häresien; als weltlicher Glaube muß sie gegen die unausbleiblichen Angriffe der enttäuschten Anhänger zu bestehen haben.

5. Die verlorene Metapher

Das wichtigste und dramatischste Ereignis im intellektuellen Leben unserer Tage im Westen war das geistige Wiedererstarken der sogenannten Neuen Linken sowie, bedeutsamer noch, der vielfältigen, höchst engagierten Auseinandersetzungen im Zusammenhang mit der «Revolution der Schwarzen» in den Vereinigten Staaten. Was war daran neu, was alt? Die sozialen Probleme, die dabei angesprochen werden, sind im einzelnen sicherlich neu in dem Sinn, wie jedes historische Ereignis neu und einmalig erscheint; doch gibt es dahinter altbekannte, deutlich erkennbare Konfigurationen, und was hat es mit diesen nun auf sich?

Ich möchte das Thema einmal folgendermaßen angehen: Nachdem wir inzwischen die jahrhundertealten Konstellationen kennengelernt haben, die sich bei einem Wechsel des politischen Klimas und der intellektuellen Gemütslage ergeben, wie können wir dann diese Symptome interpretieren, die die «besondere Wetterverschlechterung in unserer Zeit und unseren Breiten» (Burke) ausmachen? Wenn wir einmal versuchen, die wichtigsten Glieder der von mir so genannten «großen Kette der menschlichen Hoffnungen» zu identifizieren, werden wir dann nicht wieder auf die bekannten Elemente utopischer und revolutionärer Militanz stoßen?[76] Erneut schließt sich hier der Zirkel der Ideologie, wo alle Archetypen wieder auftauchen: die hochgesinnte Suche nach einer idealen Gesellschaftsordnung; das erbitterte Ringen um radikale Veränderungen in der Gesellschaft; Ungeduld gegenüber moderaten Taktiken der Verbesserung; eine Vorentscheidung für die Gewalt als Teil der Moral und Strategie einer echten sozialen Umgestaltung; eine verzehrende Sehnsucht nach den Flammen der Erlösung. So hängen die Kettenglieder fest zusammen. Man könnte glauben, es mit einer *politica perennis* zu tun zu haben.

Ein radikaler Intellektueller aus New York, der unbeirrt (und dies im Jahr 1967) von der Bedeutsamkeit von «Marx' messianischer Idee» überzeugt ist, «daß wir, um die Welt ins rechte Lot zu bringen, aus der alten Ordnung etwas Neues formen müssen», ist immerhin so ehrlich, gleich beunruhigende Zweifel einzugestehen:

> Sollte etwa die von mir versuchte Unterscheidung zwischen den überspitzt formulierten Positionen der Rechten und der Linken ihre Ursache nicht in unterschiedlichen Prinzipien, sondern in unterschiedlichen Empfindungsweisen haben? Bin ich vielleicht ungerecht und kritisiere vorschnell Fehler, die sich als durchaus reparabel erweisen würden, wenn ich mehr Geduld hätte? Ist es Zeichen ihrer Schwäche, daß sie ungerührt Fehler akzeptieren, die es eigentlich schon zu lange gibt? Solche Fragen müssen feinfühlig differenzierend angegangen werden.[77]

Leider wurde während der folgenden fünf äußerst ideologisierten Jahre Feingefühl und Differenzierungswille meist ganz klein geschrieben.

Kurz nach den tragischen Unruhen in West-Berlin im Sommer 1967 sprach ich mit Studenten und Lehrern der Freien Universität, die urplötzlich zu einem Mittelpunkt der Studentenrevolte geworden war (zum Teil direkt inspiriert von ähnlichen Ereignissen und Bewegungen, die drei Jahre zuvor an der Berkeley-Universität in Kalifornien stattgefunden hatten). Was mir vor allem auffiel, war der offensichtliche Neubeginn jenes zyklischen Enthusiasmus für bestimmte, sehr alte utopische und revolutionäre Grundgedanken.[78]

1. «Uns schwebt ein Mensch und ein Gesellschaftssystem vor, das erstmals in der Geschichte wahrhaft frei sein wird, und für diese Vision müssen wir ein neues, positives Utopia entwerfen.»

2. «Unsere eigenen vereinzelten Versuche, eine perfekte Kommune [die sogenannte ‹Studentenkommune›] zu gründen, müssen scheitern, denn die Gesellschaft hat dafür gesorgt, daß uns nur verbildete und verkümmerte Mitmenschen umgeben.»

3. «Die bestehende Gesellschaft kann aus sich selbst heraus sich nicht wirklich und wesentlich ändern; das geht nur von au-

ßen und mit völlig anderen Zielvorstellungen und wahrscheinlich nur, wenn man sich mittels ungesetzlicher Gewalt den notwendigen Schutz verschafft.»

4. «Die neue Gesellschaft wird ein wahrhaft menschenwürdiges soziales Gebilde ohne Krieg, Armut, Ungerechtigkeit, Haß und andere heute noch vorhandene Übel.»

5. «Wir stehen heute vor der Aufgabe, die revolutionäre Negation durchzusetzen, denn was dringend nötig ist, ist nicht eine genaue Ausarbeitung von Zukunftsmodellen, sondern die Zerstörung der Zuchthausbarbarei der Gegenwart.»

Ähnliche Töne schlug die «Black Power»-Bewegung in England an, besonders nach dem Besuch (im Juli 1967) des schwarzen amerikanischen Propagandisten Stokely Carmichael, der auf dem Weg von Havanna nach Hanoi war. Natürlich unterschieden sich die Probleme der farbigen Bevölkerung in England (in der Mehrzahl vor kurzem eingereiste Immigranten aus den jungen Staaten Indien, Pakistan, Afrikas und der Karibik, die sich aus freien Stücken entschlossen hatten, von den Chancen in Großbritannien Gebrauch zu machen) ganz wesentlich von denen in den Vereinigten Staaten. Sie unterschieden sich ganz offenkundig darin, wie, weshalb und wohin diese Immigranten kamen (damit meine ich die ethnischen und politischen Hintergründe, die wirtschaftliche Lage in England und die Lebensformen in englischen Städten). Stets haben unruhige Minderheiten neue Gründe für ihre Absonderung und neue Formen des Protests gefunden; doch weil die Auswahl der Bilder und Symbole begrenzt ist, lief jedesmal die polemische Propaganda der Anführer dieser Minderheiten auf die traditionellen Themen von Utopie und Revolution hinaus. Auch die «Black Power»-Bewegung zehrt von einem Ideenreich, in dem Winstanley und Saint-Just, Babeuf und Blanqui, Basarew und Netschajew als Gespenster umherspuken, und wir befinden uns ein weiteres Mal zwischen «melancholischen Ruinen vorzeitig beendeter Wandlungsphasen» (wie Shelley es im *Prometheus Unbound* ausdrückt).

In einem Pamphlet mit dem Titel *Black Power in Britain*, das ein «Zentralkomitee» einer «Universal Coloured People's Association» im September 1967 herausbrachte, finden sich sämtliche schon bekannten zentralen Themen, die aus den jahrhundertealten Forderungen nach «weißer Macht» herausgefiltert wurden oder – wenn es der Stolz auf die eigene Rasse forderte – mit ihnen parallelliefen: die Verherrlichung der Zerstörungskraft; das wahre revolutionäre Engagement; die sprachliche Abhängigkeit von Metaphern und Klischees (Blut und Feuer, Donner und Sturm, Sturmflut und Erdbeben). Man darf aber nicht, auch wenn es verführerisch nahe liegt, dies als ein typisches Zeichen unserer Zeit interpretieren und dabei übersehen, daß es eine ausgezeichnete und aufschlußreiche Parallele vor nicht allzulanger Zeit gegeben hat. Dem vergleichenden Ideologieforscher wird sofort auffallen, daß in Westeuropa gerade erst vorgestern – ich meine die Generation zwischen den beiden Weltkriegen – die revolutionäre Emphase bei den Dichtern *de rigueur* war und einen Kommentar zur Zeitgeschichte darstellte.

In den blauen Augen der Revolution
Leuchtet eine notwendige Grausamkeit.[80]

Cecil Day-Lewis schrieb 1935:

Revolution, Revolution!
Ist der einzig korrekte Ton.
Wir haben sie entdeckt und wissen, daß sie siegen wird.
Was immer dich ärgert, mit ihr lebst du wieder auf.

Um dieselbe Zeit dichtete W. H. Auden:

Bauen werden wir morgen
Eine neue, saubere Stadt
Ganz ohne Sorgen
Wo schöne Menschen auf und ab gehen
Wir werden alle stark sein
Und werden alle jung sein
Keine Tage der Tränen, keine Tage der Angst mehr
Und keine unglücklichen Liebesaffären

Wir werden uns in die Ruder legen
Für das Staatsschiff
Und immer wird die Sonne scheinen.

Und Stephen Spender war überzeugt, daß man nicht ohne «das zerstörerische Element» auskommen könnte. Wie eh und je zieht die Revolution herauf, um zu zerstören und neu aufzubauen. Die jüngere Nachkriegsgeneration schöpfte Stärke aus neuen Hoffnungen; die ältere Generation, erschöpft und verzweifelt, hatte Kraft nur zu apokalyptischen Visionen. «Die Welt stürzt sich hinein in die Revolution», schrieb Lincoln Colcord 1918 an William Bullitt, «es stehen uns tragische, aber herrliche Zeiten bevor, die vom fahlen Lichtschein des Chaos beleuchtet werden.» Sogar Colonel House, der Berater Präsident Woodrow Wilsons und Verfasser eines utopischen Romans über einen gütigen Diktator, drohte damit, «über Nacht zum Sozialisten oder gar Anarchisten zu werden» und «Krach zu schlagen, daß man es von einem Ende der Welt bis zum anderen hört». Mit spürbarem Vergnügen hat unlängst ein Historiker davon gesprochen, daß sich damals aus derartigen «Träumen des Schreckens und der Utopie» ein neuer Radikalismus entwickelte.[82]

Zum erstenmal in der intellektuellen Geschichte der Amerikaner konnte sich damals eine Rhetorik der Revolution etablieren, die tiefere Wurzeln als in den rebellischen Zeiten eines Thomas Paine hatte und systematischer angelegt war als zur Zeit der Sklavenbefreiung unter William Lloyd Garrison. Diese Revolutionsrhetorik, zunächst gekennzeichnet durch eine konventionelle und wenig spektakuläre Phase während der zwanziger und dreißiger Jahre, wandte sich von der traditionell vagen Utopie des wissenschaftlichen Sozialismus mit seinen unscharfen und unharmonischen technologischen und humanistischen Hoffnungen allmählich ab und konzentrierte sich dann auf die dringende Notwendigkeit, daß die wahre Partei des Proletariats im Namen der Volksmassen die Macht im Staat an sich brachte. Besonders interessant und bemerkenswert wird diese erste massive Manifestation einer revolutionären Gesinnung in Amerika vor allem dadurch, daß in diesem klassischen Land des Pragmatismus und der Reform plötzlich eine transatlantische Verpflanzung der extremsten europäischen Archetypen stattfand.[83] Lincoln Steffens als Vertreter einer neodeistischen Auffassung sprach von «der Auferstehung und dem Leben des Menschen». Den Nachfolgern Jeffersons ging es nun um Beseitigung und Vernichtung, wollten sie doch, wie Max Eastman in *The Masses* ständig betonte, nicht die Reform, sondern die Revolution. In *The Liberator* dichtete ein revolutionärer Barde eine Ode «Zu Lenins Geburtstag»:

...ihr Kahlschläger der Wahrheit, Zerstörer von Lügen und Leiden, Fackelträger der Sonne, Brandstifter, Bombenwerfer, Lenker der Stürme, Denker und Pioniere, Schmetterer von Proklamationen, Dichter des Terrors, die ihr Volksaufläufe organisiert und Altäre errichtet, Ritter des wahnwitzigen Kreuzzuges, erhebt euch! Werft die Ketten ab, zerbrecht die Mauern eures Gefängnisses. Kappt die Henkersschlingen am Galgenberg – der Tag der Tage ist gekommen!

Man entdeckte den Marxismus, warf sich dem Leninismus in die Arme. Man fand Gemeinsamkeiten zwischen diesen beiden Lehren und den neuen Welten, die Kopernikus, Kepler und Newton entdeckt hatten, nur daß man (wie der junge Max Eastman in *The Masses* schrieb) «beim Stichwort Revolution nicht an den Umlauf der Erde um die Sonne» dachte. Woran man dachte, war vielmehr das Feuer und der Donner eines radikalen gesellschaftlichen Umsturzes. Die Bolschewisten hatten im Oktober 1917 den Funken entzündet:

In ihnen brennt ein Feuer, das endlich auf uns überspringt... Jenseits des Feuervorhangs, ein wenig hinter den Wolkenmauern von Pulverschwaden wartet sie im Strahlenkranz: die Revolution. Und in ihren Armen liegt ein kleines Kind, ein Säugling, der Sprache noch nicht mächtig: die neue Menschheit.

Ähnlich zuversichtlich versprach ein anarchistischer Dichter:

...es ist ernst und voller Leben, ein Schlachtruf, ein Schrei der Herausforderung, eine brennende Fackel, die wild die Nacht durchrast, um die Pulvermagazine der Welt in Brand zu stecken.

Ich bin mir gar nicht so sicher, daß sich der junge John Dos Passos (wie Daniel Aaron vermutet) wirklich «einen Spaß erlaubte», als er in einem Brief gestand:

> Ich habe beschlossen, daß meine einzige Hoffnung die Revolution ist – die unterschiedslose Ermordung sämtlicher Politiker, Kapitalisten, Kriegshetzer, Säbelraßler, Erfinder, Wissenschaftler – die Vernichtung der gesamten Maschinerie der industrialisierten Welt, die im Vernichten wie im Erschaffen gleichermaßen unfruchtbar ist. Die einzige Zuflucht bei schwersten Depressionen finde ich in Träumen von rächenden Guillotinen.

Oder als er schrieb: «... mein Gott, ich bin es leid zu jammern. Ich möchte morden.» Steht er in solchem Augenblick Netschajew näher oder dem Klamauk von Harvard-Studenten? Anscheinend geht nie etwas vollständig verloren. Man könnte fast glauben, es sei ein verborgenes Gesetz goethescher Prägung am Werk, das über die Erhaltung jeglicher ideologischen Verwirrung wacht.

Wie dem auch sein mag – zwei Jahrzehnte lang war bei der heftigen ideologischen Heilssuche in den USA die Grenzlinie zwischen Rhetorik und Realität nie ganz klar. Sein Traum von Utopia, erklärte Floyd Dell einmal, richte sich «nicht auf Lenins siebenhundert Millionen Glühbirnen, sondern auf ein Hausboot und eine glückliche Familie, die ein relativ fortschrittliches, halbnacktes Leben von Wilden führt!». Klang das Vokabular auch bolschewistisch, war doch die Einstellung oft bohemienhaft. Der gelehrte Chronist der linken amerikanischen Schriftsteller kann sich gut vorstellen, wie sie alle recht vergnügt «in einem Utopia leben, das in sich alle Vorzüge des alten Greenwich Village vereint, Bellamys Vision der Stadt des 21. Jahrhunderts, die bolschewistischen Sowjets und die Redaktionskonferenzen von *The Masses* sowie die Fourierschen Phalansterien». Aaron sieht das als

> eine weitere Drehung des Zyklus der Revolte... Zwar hat jede Drehung eigene, einmalige Charakteristiken, doch scheinen sie insgesamt nach einem gemeinsamen Muster abzulaufen... So hat der literarische Ra-

dikalismus sich offenbar nie sehr lange gehalten; der Schriftsteller wurde allmählich wieder in die Gesellschaft eingegliedert, die er vorher abgelehnt hatte. Das Nachspiel zu dieser Auflehnung wirkt manchmal tragisch, manchmal pathetisch, gelegentlich auch lächerlich. Häufig wird der ernüchterte Dichter nach seinem Abstecher in den Nonkonformismus bitter oder beschämt oder er ermüdet, sobald der Idealismus nachläßt und das Weltgefängnis ihn wieder aufnimmt.

Aber noch während die alte Revolution verlischt, erwacht eine neue zum Leben, und die neue Generation, so ungestüm, zuversichtlich oder zornig wie die alte, wird unter den gewohnten Fanfarenklängen die Bühne betreten.

Da ist Malcolm Cowleys Frage berechtigt, warum eine Bewegung, die «mit vielen guten Vorsätzen und Vorstellungen für eine bessere Gesellschaft» begann, so kümmerlich endete. Ein großer Teil der Schuld an dieser Degeneration ging sicherlich zu Lasten jenes geisttötenden, mechanischen Systems intellektueller Absolutheiten, des eifersüchtigen und monistischen Marxismus, der sich in seiner Orthodoxie abkapselte und gegen Außenstehende eine bestialische Intoleranz an den Tag legte; mitverantwortlich war aber auch die romantische Verklärung und der sentimentale Selbstbetrug, der das Bild von den «arbeitenden Massen» bestimmte, von ihrer Ausbeutung im kapitalistischen Amerika und ihrer Freiheit im paradiesischen Rußland.

Nun gab es auch damals Häretiker vor ihrer Zeit. John Chamberlain verfaßte sein bemerkenswertes *Farewell to Reform* in den dunkelsten Tagen der amerikanischen Depression. Zwar entschied auch er sich, anstatt «das Unflickbare flicken zu wollen», für eine kurze Laufbahn als Revolutionär, blieb dabei aber altmodisch genug, seiner Abneigung gegen Barrikaden und Guillotinen und dem «kribbelnden psychologischen Reiz» Ausdruck zu geben, der das Geständnis der eigenen Befürchtungen begleitete. «Aber es gibt Revolutionen und Revolutionen»; und Chamberlains eigene undogmatische Variante war eine Art «Revolution ohne Richtungsangabe... ein langer, windungsreicher und oftmals dramatischer Prozeß».[84]

Doch auch zu Beginn der dreißiger Jahre übte einem zeitgenössischen amerikanischen Autobiographen zufolge «die Revolution, die wilde, verrückte Hoffnung auf eine grundsätzlich neue Gesellschaft, noch eine starke Faszination aus». Wie schon so oft, setzte die Desillusion bei der nächsten literarischen Generation ein. So zog Alfred Kazin ein Fazit (etwas voreilig und mit ungerechtfertigter Endgültigkeit):

> Eines aber würde es niemals wieder geben in dieser politisiertesten aller Zeiten, nicht einmal in Rußland: den Glauben an eine grundlegend neue Gesellschaft, wie sie im revolutionären Ideal impliziert war... Man würde nicht mehr glücklich werden können. Der revolutionäre Glaube an die Zukunft, der ihr Leben beflügelt hatte, war verloren.[85]

Niemals darf man in der Geschichte der Ideologien «niemals» sagen. Auf die Trauerzeiten der einen Generation folgen die Festlichkeiten der nächsten, die mit unschuldiger Begeisterung alte Dinge wiederentdeckt und sie für völlig neu hält. Ideologie ist ein Bumerang. Während der dreißiger Jahre aber zog sich diese Generation von Intellektuellen tatsächlich aus der Sackgasse einer Rhetorik zurück, die derart verhängnisvoll und unverzeihlich blind den wahren Gegebenheiten gegenüber gewesen war: Stabilisierung und Aufschwung der kapitalistischen Wirtschaft durch Roosevelts «New Deal»-Politik; Brutalität der Moskauer Schauprozesse und des Hitler-Stalin-Paktes; Dringlichkeit einer gemeinsamen Front gegen die Nazi-Tyrannei. So fand die Mehrzahl der Angehörigen dieser Generation wieder Interesse an älteren kritischen, pragmatischen, ja sogar nationalpatriotischen Denkformen. Zurück blieb für sie eine Entzauberung der Welt, die tief und gründlich war und sich nicht leicht rückgängig machen ließ. Die Weltkugel war, um John Drydens Bild zu gebrauchen, «nach innen gebeult»:

> Ich bin die Rolle leid.
> Mein Licht ist aus; und vor mir liegt die Welt
> Wie eine schwarze Wüste, da es Nacht wird.

In André Gides Version eines Homerschen Themas (das so trefflich zu seiner enttäuschten Rückkehr 1936 aus der Sowjetunion paßt) muß das Feuer aufgegeben werden. Das nackte Kind, von der großen Göttin Demeter heimlich auf ein Bett von glühenden Kohlen gelegt, übersteht die feurige Glut und geht aus der Feuerprobe gestählt hervor. (Gide schildert, wie «die mächtige Demeter sich mütterlich über das strahlende Kindlein beugt wie über ein künftiges, neues Menschengeschlecht».) Doch die Göttin wurde verstoßen, das Kohlebett fortgetragen. Das Kind war gerettet, der Gott verloren.[86]

Im Westen beklagte eine ganze Generation den Verlust einer Metapher.

6. Eine Schlinge aus Wörtern

Viele, die geklagt hatten, gerettet wurden oder ihre Rolle leid waren, durchlebten anschließend die düstere, desillusionierte Phase des ideologischen Zyklus. Doch tun wir gut daran – und A. O. Lovejoy hätte sicher darauf bestanden –, zwischen verschiedenen Formen der Enttäuschung und Ernüchterung sorgfältig zu unterscheiden.[87] Unterschiedliche Illusionen haben von ihrem Aufkommen bis zum Absterben einen unterschiedlichen Werdegang, und C. S. Lewis hat einmal gereizt auf einige Probleme aufmerksam gemacht, mit denen der Chronist kurzlebiger, sterblicher Ideen sich konfrontiert sieht:

> Die Menschen (und ganz besonders die jungen) bezeichnen sich gerne als desillusioniert, allein schon weil das Wort nahelegt, daß man einst voller Illusionen war und nun von ihnen befreit ist – daß man zwei Welten durchlebt hat. Der Anspruch ist aber in neun von zehn Fällen nicht gerechtfertigt. Die Welt steckt voller Betrüger, die sich als desillusioniert bezeichnen, aber lediglich illusionslos sind: ganz «gewöhnliche» Menschen, die sich nie der Gefahr jener weitherzigen Illusionen ausgesetzt haben, die sie angeblich überwinden konnten ... Wir müssen vor solchen Leuten auf der Hut sein. Sie reden daher wie weise Männer, die Halbwahrheiten wie Menschenliebe, Standesehre oder romantische Leidenschaften hinter sich gebracht haben, während sie in Wahrheit Holzköpfe sind, die es nie so weit gebracht haben.[88]

Ob desillusioniert oder lediglich illusionslos – jedenfalls begann man erneut nach einem Schlüssel zu dem «Kode des beseligenden Humanitätstaumels» (Lionel Trilling) zu suchen. Waren dafür Bendas Kritik an der Sakralisierung der Politik geeignet, vielleicht George Orwells «muffige Orthodoxien» oder Hoffers Fanatismus der wahren Gläubigen? Von Joseph Freeman erschien während des Krieges ein Roman, in dem er seinen Werdegang als utopischer Revolutionär nachzeichnet; für ihn ist Condorcet der symbolische Märtyrer des französischen Dilemmas, der einzige *philosophe*, der an der Revolution teilgenommen hatte und der weiterhin an seiner Geschichte des menschlichen Fortschritts schrieb, während er sich vor den jakobinischen Häschern versteckt hielt.[89] Was mich betrifft, so erinnere ich mich, daß ich damals John Donnes Bemerkung über «den heutigen Zustand der Welt» in mein Notizbuch schrieb:

Die neue Philosophie bezweifelt alles vehement,
Fast schon erkaltet ist das Feuer-Element;
Die Sonne dahin, die Erde dahin, und auch der Witz ist am Verschwinden,
Der weisen könnte, wie dorthin zu finden.
Ein jeder bekennt verdrossen: Die Welt hat ihr Pulver verschossen.[90]

Einige besaßen aber genug Witz, um für sich die Vorzüge der Skepsis und Revision wiederzuentdecken; und mancher, der die Kraft besaß, seine Meinung zu äußern, fand zweideutigen Trost bei Charles Péguy:

> Dennoch muß jeder, der es ehrlich meint, sein Leben lang zu Apostasie und Desertion bereit sein. Der ehrliche Mensch ist ein ständiger Renegat, sein Leben eine Kette von Treulosigkeiten. Wer der Wahrheit die Treue halten will, muß unablässig allen Irrtümern die Treue verweigern, die in endloser Reihe sich anbieten und nicht auszurotten sind. Und wer der Gerechtigkeit die Treue halten will, muß unablässig jeder Ungerechtigkeit die Treue verweigern, die ewig von neuem triumphiert.[91]

Aber waren daran vielleicht die Sterne nicht weniger schuld als sie selbst? Was für ein tieferer Sinn steckte hinter diesen Drehungen des «Glücksrades», die, wie es in einem Gedicht des 17. Jahrhunderts heißt, «im Kopf ein seltsames Schwindelgefühl oder Delirium» verursachen, während «Revolutionen doch nur herrliche Utopien auf dem Mond» zustande bringen? Sind das nicht Anzeichen für eine tiefere Hilflosigkeit der Menschen und Ideen, die seit Jahrhunderten in solchen kopernikanischen Drehungen befangen sind? Die zyklischen Variationen, die wir betrachtet haben, weisen durchgehend bestimmte Wandlungsphasen in Ton und Rhythmus, Stimme und Bewegung auf. Wie kommt es, daß etwas, was man als eigene Herzensgüte betrachtet hat, sich plötzlich als geistige Verirrung entpuppt, was als intellektuelle Spitzenleistung galt, auf einmal wie ein gefährlicher Abgrund erscheint? Solche Fragen in überbeanspruchte Metaphern zu kleiden, führt uns zugegebenermaßen einer Lösung nicht näher, sondern ist selbst Teil des Gesamtproblems. Die Enttäuschungen und Entzauberungen, die im Gefolge von Revolution und Restauration auftauchen, haben neben den gedanklichen auch sprachliche Ursachen, die es zu untersuchen gilt. Vorerst möchte ich mich auf zwei knappe Vermutungen beschränken.[92]

Die Sprache der Utopisten und Revolutionäre ist völlig am politischen Vokabular ausgerichtet. Hier scheint ein tiefer und komplizierter Zusammenhang zu bestehen, eine Art rhetorischer Vergöttlichung. Die Sprachbildung tendiert dazu, sich selbständig zu machen. Malinowski hat anschaulich über die primitiven magischen Hintergründe beim weitverbreiteten Gebrauch und Mißbrauch der Sprache geschrieben und betont, «wie tief der Glaube verankert ist, daß das Wort eine gewisse Macht über das Objekt besitzt und Teil des Objektes ist».

> Das Wort gibt Macht, man vermag damit Einfluß auf den Gegenstand oder die Handlung auszuüben... Das Wort wirkt auf das Objekt und das Objekt aktiviert im menschlichen Denken das Wort.[93]

Es ist ein Phänomen, das häufig, wenngleich meist nebenbei, viele Denker beschäftigt hat, seit Francis Bacon die sogenannten «Kultfiguren des Marktes *(idols of the marketplace)*» identifizierte (*Novum Organon*, 43). Das waren Denkmuster, bei denen die verbalen und vernunftorientierten Elemente im Widerstreit lagen und «die Wörter offensichtlich das Verständnis in Schablonen zwingen und ausschalten, einen jeden Menschen verwirren und zu endlosen, leeren Streitereien und nutzlosen Phantastereien verleiten». Sprat greift in einer Passage seiner *History of the Royal-Society* (1667) Bacons Gedanken auf und läßt sich mit scharfen Worten über den «Trick mit den Metaphern» aus:

> So möchte ich kurz sagen, daß von allen Bereichen der Gelehrsamkeit keiner so einfach zu beherrschen ist wie die üble Kunst der Phrase, dieser Trick mit den Metaphern, diese Gelenkigkeit der Zunge, die solch einen Lärm in der Welt hervorruft. Doch predige ich tauben Ohren; hat doch das Übel heute derart um sich gegriffen, daß sich schwer feststellen läßt, wer dafür verantwortlich ist und wo eine Reform einsetzen könnte.[94]

Wir benutzen Wörter und die Wörter wiederum benutzen uns.

So ist es also ganz typisch für den wechselhaften Verlauf der ideologischen Zyklen, daß die erste Generation, die eine Revolution miterlebte, auch als erste eine Theorie über die sprachlichen Ursprünge von Verfall und Verrat in der Politik formulierte. Der *locus classicus* ist bekanntlich Thomas Hobbes' *Leviathan*, der 1651 erschien, kurz bevor der Philosoph in das von Cromwell regierte England zurückkehrte.

> Das Licht des menschlichen Geistes sind klare Wörter, die aber zunächst mittels exakter Definitionen der Mehrdeutigkeit entrissen und gereinigt werden müssen; die Vernunft bestimmt die Geschwindigkeit; der wissenschaftliche Fortschritt gibt die Richtung an; und das Ziel ist, der Menschheit von Nutzen zu sein. Und ihr Gegenteil, die Metaphern und sinnlosen, zweideutigen Wörter, gleicht den *ignes fatui*; darüber zu vernünfteln gleicht einer Wanderung durch ungezählte Absurditäten: und ihr Ziel ist Streit, Verrat oder Mißachtung.[95]

Dies ist nur die früheste von vielen weiteren Erklärungen, warum «das törichte Blendwerk» der Metaphern die höchsten Hoffnungen der Menschheit zunichte gemacht hat.

Durch ein Wort des Teufels ging uns das Paradies verloren, und auch Vernunft und Wissenschaft und der Fortschritt des Menschengeschlechts könnten durch eine verdorbene Sprache zerstört werden. Wo immer eine ausgefallene Wendung, eine mitreißende Wortmalerei oder ein überschwenglicher Begeisterungsruf auftauchte, sah man darin noch jedesmal einen Verstoß gegen die rechte Ordnung. Selbst den feinsten stilistischen Nuancierungen wurden die düstersten Auswirkungen auf die Gesellschaft nachgesagt – und zu Recht. «Welch pestilenzialische Konsequenzen der Rausch der Begeisterung und der parteiische Eifer auf den öffentlichen Frieden haben», stellt ein Autor im Jahr 1666 fest, «dafür gibt es zu viele Beispiele, als daß man es noch beweisen müßte.» Aus diesem Mißtrauen gegenüber dem politischen Vokabular, das täuschen und verführen kann, entwickelte sich eine sprachliche Gegenrevolution, die im Bereich der Dichtung zum Neoklassizismus der Restaurationszeit führte und generell zum intellektuellen Widerstand gegen die überspitzten und überzüchteten Gefühls- und Gemütsdarstellungen. Wenn Wörter solche gefährliche Macht besaßen, mußte die Sprache selbst einer ständigen Überwachung und Reinigung unterzogen werden. Sprachgewandtheit und rhetorische Höhenflüge betrachtete man als «offenen Widerstand gegen die Vernunft» – so Sprat, der damit die Einschätzung der Royal Society wiedergab –, denn «sie versetzen den Geist in Schwingungen, daß er leicht fehlgeht und verführt wird». Ein Dutzend Autoren, allesamt führende Köpfe bei dem sogenannten Aufstand gegen den Enthusiasmus, verfaßten gemeinsam einen programmatischen Aufruf zu einer Stilreform, die alles verbieten sollte, was «umständlich, überflüssig und überschwenglich» ausgedrückt ist; man sollte zur «ursprünglichen Reinheit» zurückkehren, zu einer «präzisen, durchsichtigen, natürlichen Ausdrucksweise».[96] Ähnlich wie die spätere, von Wordsworth initiierte Forderung nach einer allen zugänglichen, gemeinverständlichen Sprache (was damals, Ironie der Kulturgeschichte, als romantische Ausschweifung kritisiert wurde), liegt hier eine antiromantische Reaktion auf einen Sprachgebrauch vor, der nur «Vernebelungen und Unsicherheiten» Vorschub leistet. «Weil man die Sprache der Handwerker, Landbewohner und Kaufleute vorzieht», schreibt Sprat, strebe man nach einer «bodenständigen Natürlichkeit» im Namen einer idealen «Bündigkeit» und «Schlichtheit», die mehr im Einklang mit dem stand, was man sich unter nüchternen, natürlichen Umgangsformen vorstellte.

Wo liegen die Ursachen für die sprachverwirrenden Vorgänge? Soweit es die Literatur betrifft, hat es stets Schriftsteller gegeben, die sich dieses Prozesses bewußt waren, so auch Byron in *Childe Harold*:

> Ich glaube doch,
> Obwohl ich keine fand, daß es doch
> Wörter gibt, die Dinge sind...

Lafcadio Hearn schrieb:

> Wörter haben Farbe, formen den Charakter. Sie haben Gesichter, Haltung, Manieren, Bewegungen, haben Launen, Stimmungen, Eigenheiten, haben Schimmer, Tönung, Persönlichkeit. Ich schreibe für liebe Freunde, die in den Wörtern Farben sehen, den Duft erblühender Silben genießen, vom zarten, elfenhaften Eigenleben der Wörter schockiert sein können. Und gemäß der ewigen Ordnung der Dinge wird der Tag kommen, da die Menschen den Wörtern eigene Rechte gewähren werden.

In diesem Sinn hat auch der französische Essayist Jean Paulhan bemerkt, daß zum Verständnis eines Wortes oder Satzes nicht die gedankliche Reproduktion des konkreten Gegenstandes gehört, von dem die Rede ist, als vielmehr «eine sanfte Ahnung all der Empfindungen, die sich einstellen würden, wenn man die durch das Wort genannten Gegenstände tatsächlich vor Augen hätte».

Ernst Cassirer hat diesen Eindruck auf ein höheres philosophisches Abstraktionsniveau gehoben, wenn er schreibt:

> Je reicher und energischer der Geist sich bildend betätigt, um so weiter scheint ihn eben dieses sein Tun von dem Urquell seines eigenen Seins abzuziehen. Mehr und mehr zeigt er sich jetzt in seinen eigenen Schöpfungen – in den Worten der Sprache, in den Bildern des Mythos oder der Kunst, in den intellektuellen Symbolen der Erkenntnis – befangen, die sich gleich einem zarten und durchsichtigen, aber nichtsdestoweniger unzerreißbaren Schleier um ihn legen.

Nietzsche ist vielleicht unser feinfühligster Deuter dieser wiederkehrenden Zeichen, die er als «dekadent» interpretierte. Er erkannte sie daran,

daß das Leben nicht mehr im Ganzen wohnt. Das Wort wird souverän und springt aus dem Satz hinaus, der Satz greift über und verdunkelt den Sinn der Seite, die Seite gewinnt Leben auf Unkosten des Ganzen – das Ganze ist kein Ganzes mehr.[98]

In einer Passage mit der Überschrift «Die Worte liegen uns im Wege» scheint er einen Schritt weiterzugehen und an ein Grundmuster für eine ewige linguistische Tragödie zu denken.

Überall, wo die Uralten ein Wort hinstellten, da glaubten sie eine Entdeckung gemacht zu haben. Wie anders stand es in Wahrheit! – sie hatten an ein Problem gerührt, und indem sie wähnten, es *gelöst* zu haben, hatten sie ein Hemmnis der Lösung geschaffen. – Jetzt muß man bei jeder Erkenntnis über steinharte verewigte Worte stolpern, und wird dabei eher ein Bein brechen als ein Wort.[99]

Wie kann man diesem beinbrecherischen Terrain entkommen? Falls es überhaupt einen Ausweg gibt, läge er wohl in einer Art semantischer Skepsis nach Art von Nietzsches radikaler Kritik an «großen Worten».

Ich bin voller Argwohn und Bosheit gegen das, was man «Ideal» nennt: hier liegt *mein Pessimismus*, erkannt zu haben, wie die «höheren Gefühle» eine Quelle des Unheils, das heißt der Verkleinerung und Werterniedrigung des Menschen sind.

Man täuscht sich jedesmal, wenn man einen «Fortschritt» von einem Ideal erwartet; der Sieg des Ideals war jedesmal bisher eine *retrograde Bewegung*.

Christentum, Revolution, Aufhebung der Sklaverei, gleiche Rechte, Philanthropie, Friedensliebe, Gerechtigkeit, Wahrheit: alle diese großen Worte haben nur Wert im Kampf, als Standarte: *nicht* als Realitäten, sondern als Prunkworte für etwas ganz anderes (ja Gegensätzliches!)[100]

Die Wörter scheinen den Geist zu übermäßiger Starrheit und zerstörerischen Positionen zu verleiten. So wie in manchen klassischen Dramen die Protagonisten einen Haß aufeinander im wörtlichen Sinn «herbeireden», so «verleiten uns Wörter zu ideologischen Konfrontationen, aus denen es kein Entkommen gibt. Das ist die grundsätzliche Tragik der Politik. Der Geist wird zum Gefangenen von Schlagwörtern, Parolen, Klischees, rhetorischen Abstraktionen und falschen Antithesen (‹Tausendjähriges Reich›, ‹bedingungslose Kapitulation›, ‹Klassenkampf›). Politisches Verhalten ist heute nicht mehr spontan oder der Wirklichkeit unterworfen. Es wird zu einem harten Mantel um einen Kern toter Rhetorik. Statt wie Montaigne (der wußte, daß Prinzipien nur Bestand haben, wenn man sie als vorläufig, als Annäherungen versteht) Politik als eine fragwürdige und provisorische Angelegenheit zu betrachten, wähnt sich der Politiker im Besitz der Gewißheit und Gerechtigkeit, weil ihn die Sprache blendet und illusioniert. Und so beherrschen nicht wir die Sprache, sondern sie beherrscht uns. Das ist das Verhängnis der Politik.»[101] Auf diese Weise untergräbt politische Rhetorik die menschliche Vernunft und wird durch eine tragische Verkehrung ihr eigenes Verderben.

Die Gründe für die Desillusionierung unter den Intellektuellen unserer Zeit – die gleiche Schicksalsprüfung, der sich Lilburne und Winstanley, Kant und Constant, Wordsworth, Shelley, Proudhon, Herzen, Victor Hugo und viele andere unterziehen mußten, wenngleich mit etwas veränderten Vorzeichen – liegen demnach in dem periodischen Zerfall von «beredter Unvernunft».

> NARR: Seht mir doch dies Zeitalter! Eine Redensart ist nur ein lederner Handschuh für einen witzigen Kopf: Wie geschwind kann man die verkehrte Seite herauswenden!
>
> VIOLA: ... Wer artig mit Worten tändelt, kann sie geschwind leichtfertig machen.
>
> NARR: ... Aber wahrhaftig, Worte sind rechte Hundsfötte, seit Verschreibungen sie zu Schaden gemacht haben... Worte sind so falsch geworden, daß ich keine Gründe darauf bauen mag.
>
> (Shakespeare, *Was ihr wollt*, III, 1)

Obwohl linguistische Selbstzweifel wahrscheinlich so alt sind wie die Sprache selbst, spielte die Idee, daß Wörter Verbrechen begehen können, vor allem in den ideologischen Zyklen von Utopie und Revolution eine bedeutsame Rolle. Die Namen der Dinge wurden oft als unwahr, täuschend und geheimnisvoll empfunden und manchmal als noch Schlimmeres, wie Rabelais plastisch vorführte:

> Da sah ich auch sehr spitzige Wort, sehr blutige Wort, die, wie der Steuermann uns versichert', zuweilen an den Ort umkehren, von wo sie ausgehn: es war nichts als Kehlabschneiden, schauderhafte und andre wüste, wilde Wort, unhold zu sehn...[102]

Die Philosophen haben bei periodischen Anfällen von Unsicherheit und Zweifel die Unschärfe der Sprache beklagt und die «ungeheure Ungenauigkeit beim Benutzen der Wörter». Wissenschaftler, die sich mit der Bedeutung von Wörtern befassen, haben auf den «möglichen Verrat der Wörter» aufmerksam gemacht, der dazu führen kann, daß «die Erde mit erdachten Dingen bevölkert wird».[103] Mir geht es aber um einen beunruhigenderen Aspekt als die allgemeine Einsicht, daß bei Unterhaltungen wortbezogene Mißverständnisse auftauchen können oder daß die Sprache häufig der Feind der Wahrheit und ein Opfer der Logik sein kann. Wörter können Macht haben und können vergewaltigt werden; sie können Geheimnisse preisgeben, täuschen, verführen, entflammen, töten und zerstören. Dieses schillernde, unheimliche Potential drücken die Engländer, vor allem englische Schriftsteller des 17. Jahrhunderts, mit dem Begriff *bug-word* aus. Auch die wortmächtigsten Verteidiger von Cromwells Rebellion mußten sich oft gegen den Vorwurf verteidigen, den ein zeitgenössischer Kritiker gegen John Miltons politische Pamphlete vorbrachte: «Eure ganze Politik ist eine einzige lange Rede.» Daß man politische Gegner beschuldigt, sich mit Hilfe rhetorischer und sprachlicher Tricks unlauter Macht verschafft zu haben, ist natürlich in der Geschichte der Polemik einer der üblichsten Vorwürfe.

> Daß es alle windige Fopperei war von A bis Z [fährt der Milton-Kritiker aus dem Rota-Lager fort], zur Erbauung des Mobs geschrieben und in der Absicht, die Dummen hinters Licht zu führen. Daß Ihr stets wie ein Rheto-

riker mit der flachen Hand kämpft und nie die «logische Faust» ballt. Daß Ihr stets im Allgemeinen bleibt, wo es Täuschungen und Irrtümer zuhauf gibt, und Euch nie auf Einzelheiten einließet, so daß wir gelernt hätten, was Ihr aus der großen Zahl ähnlicher Dinge genau meintet.

Das Mißtrauen ging aber noch tiefer, als gehörte Milton tatsächlich zur Partei des Teufels («die Partei, die Ihr als ‹Wir› bezeichnet» und die «wie irr auf eine Phantasie-Freiheit setzt») und als spiegele sich in seiner Ideologie ein höllischer Widerschein jenes Zauberbannes, mit dem Satan alle Utopie und Revolution verwandten Wörter belegt hat.

Da Eure Politik stets nur die Außenseiten und Oberflächen der Dinge berührt und niemals an Wirklichkeiten heranreicht, achtet Ihr sehr auf die Wörter, als seien es Amulette oder als stecke mehr in ihnen als was sie besagen. Kein teuflischer Zauberer könnte besorgter um seine magischen Formeln sein als Ihr es um einfache Wörter seid, wobei Ihr jedoch nie daran denkt, was sie bezeichnen...

Die Freiheit, von der Ihr so oft redet, besteht aus nichts als Wörtern. Denn obzwar Ihr sehr laut tönt, daß die Menschen ihre Angelegenheiten selbst bestimmen dürfen, gebt Ihr ihnen in Eurem Utopia, wie Ihr es festgelegt habt, nur das Recht, sich die Lunge aus dem Hals zu schreien, und das alle drei Jahre, während sie es vormals vielleicht einmal im Leben taten.[104]

Zweifellos gab es Wörter, die (wie John Locke geahnt hatte) «unheimlich klingen... als stecke ein böser Geist darin». Von geisterhaftem Rumoren einmal abgesehen, gab es einfachere und sicher auch bessere Gründe für die Existenz dieser besonderen Gattung linguistischer Probleme. Locke, der größte Sprachtheoretiker seiner Zeit (und in vieler Hinsicht der Wegbereiter der modernen semantischen Analyse und sogar des logischen Positivismus), befaßte sich mit dieser Frage in einem Abschnitt seines *Essay Concerning Human Understanding* (1690), wo er das Ergebnis seiner Gedanken über den Gebrauch und Mißbrauch von Wörtern zusammenfaßte:

Es gibt keine bessere Methode, seltsame und absurde Thesen unters Volk zu bringen, als sie mit einer Unzahl obskurer und undeutlicher Wörter zu bewehren. Dadurch sehen diese Wehrburgen aber auch eher wie die

Verstecke von Räubern oder Schlupflöcher von Füchsen aus als die Festungen ehrlicher Krieger; daß man schwer an sie herankommt, liegt nicht an der Stärke der Anlage, sondern an den Sträuchern und Dornen und der Dunkelheit des Buschwerks, die sie umgeben. Weil nämlich die Unwahrheit dem menschlichen Geist widerstrebt, vermag sich eine Absurdität nur mittels dieser Dunkelheit zu schützen.[105]

So gibt es in jedem Jahrhundert eine Generation, für die die Dinge nicht mehr dasselbe bedeuten und die Wörter nicht mehr den Dingen entsprechen. Diese Krise gehört zur sogenannten Symptomatologie des Sprachverhaltens, und die modernen Analytiker, die sich mit der verheerenden Krankheit beschäftigen, unter der die menschliche Kommunikation häufig leidet, plädieren dafür, daß man zwischen verbalen Abhängigkeiten und der Freiheit unterscheide. Wenn man sich an speziellen Wörtern festhielt, als wohne in ihnen eine höchste, talismanische Kraft, ließ das unbedingt auf einen primitiven, abergläubischen Glauben an die Beziehung zwischen Namen und Objekten schließen?

Wir müssen stets zwischen jenen unterscheiden [meinen Ogden und Richards], die ihren Wortschatz nur nach einer umfassenden Neubestimmung ihres Bezugssystems zu ändern vermögen, und anderen, die ohne weiteres den Symbolgehalt je nach den Erfordernissen ändern können. Auf allen Ebenen intellektueller Auseinandersetzung findet man Menschen, die den Vorschlag, ihre Symbole zu ändern, als Vorschlag auffassen, ihre Überzeugungen aufzugeben. Sie glauben, anders zu sprechen bedeute anders zu denken, weil für sie ihre Wörter aufs innigste verknüpft sind mit ihrem Referenzsystem. Wer nicht so starr an die eigene Symbolwelt gebunden ist, dem erscheint die Unfähigkeit, zeitweilig auf die gewohnte Ausdrucksweise zu verzichten, wie eine ganz spezielle Form der Dummheit.[106]

Dem würde ich hinzufügen, daß manchen Leuten die linguistische Verwirrung als ein ernstes, aber korrigierbares Problem vorkommt; und unter den zahlreichen sozialistischen Revolutionären von Proudhon bis Sartre finden wir immer wieder selbsternannte Beschützer des heiligen Vokabulars. Proudhon klagte: «Überall ist das Verständnis für die Revolution gerade von jenen zunichte gemacht worden, die die Revolution verkörpern sollten.» An einen Kollegen schreibt er im Jahr 1861:

Wir sind die Revolution. Es ist ärgerlich, daß dieses hehre Wort mißbraucht wird, doch ist es unsere Aufgabe, ihm Sinn zu geben. Wir sind auch Demokratie und Sozialismus. Auch wenn wir gelegentlich über die Namen und Personen lachen, so gehört uns doch ebenfalls das, was hinter diesen Wörtern steht und wofür diese Personen eintreten; wir müssen gut auf sie aufpassen![107]

Noch drastischer bemüht Jean-Paul Sartre sich um linguistische Sauberkeit; er beweist mehr politischen Optimismus als existentielle Besorgnis, wenn er schreibt: «Sobald die Wörter krank sind, müssen wir sie heilen.» Wer über Unzulänglichkeiten zwischen Sprache und Wirklichkeit klage, mache mit «den Feinden gemeinsame Sache»; es gelte, schöpferisch daran zu arbeiten, daß die Sprache ihre Würde zurückerhalte. Positive Inhalte müßten wiederentdeckt werden, worunter Sartre vor allem die «Schlüsselbegriffe» *(les notions-clés)* des politischen Engagements versteht: Sozialismus und Revolution.

Jede Partei schiebt Wörter wie trojanische Pferde nach vorn, und wir lassen sie hinein, weil uns der Glanz der Bedeutungen des 19. Jahrhunderts so gut gefällt. Sind sie erst einmal an Ort und Stelle, öffnen sie sich und seltsame, erstaunliche Bedeutungen treten uns entgegen wie Armeen; die Festung ist erobert, bevor wir noch Mißtrauen geschöpft haben.[108]

Doch konnte die Festung – bemerkenswerterweise benutzen sowohl Sartre als auch Locke Vergleiche aus einer Defensivstrategie (dabei verbarrikadierten sich beide auf entgegengesetzten Seiten) – wirklich verteidigt werden? Hatte man den Kampf nicht bereits verloren, wenn man hoffte, in dem durch und durch schlechten alten System etwas Bewahrenswertes zu finden, und sei es nur ein einziges brauchbares Wort? Das junge, revolutionäre Frankreich nach Sartre entsagte dem linguistischen Sentimentalismus, der sich von derartigen reformistischen Hoffnungen auf Heilung und Genesung ernährt hatte. So meinte ein junger Philosoph an der Sorbonne während der Mai-

Unruhen 1968, daß «keine revolutionäre Bewegung wirklich neu sein kann, solange ihre Ziele innerhalb des Vokabulars und der Grammatik der Vergangenheit erträumt und abgesteckt werden. Die alten Wörter sind nur gut für eine ‹alte Zukunft›. Es wird nicht zum Umsturz kommen, bevor nicht eine neue Sprache geschaffen und die alte Sprache, die wir gelernt haben und benutzen, verschwunden ist...»[109] Locke war damals in Paris nicht *en vogue*, sonst hätte man sich vielleicht daran erinnert, was er Jahrhunderte früher geschrieben hatte und was damals ganz neu war: «Ich bin nicht so eitel zu glauben, wenn jemand den Versuch unternimmt, die Sprachen der Welt perfekt zu machen, ja allein schon die Sprache seines Landes, daß er sich dabei nicht der Lächerlichkeit preisgeben würde.»[110] Es sollte andere geben, die eitel genug waren und vor dem Risiko nicht zurückschreckten.

So hielten manche also neue Rhetorik, Grammatik und Wörter für herrliche Hinweise auf glückliche Veränderungen. Andere sahen in dem Zusammenbruch der traditionellen Sprache den Zusammenbruch der alten Welt; und die dunkle Macht einer dämonisierten Sprachform – voller «Wörter, die dem Mob gefallen und die Saat zum Steppenbrand in sich tragen», wie Robert South 1716 schrieb – barg unweigerlich Tragisches: «... eine tragische, alles verzehrende Flamme, die zumeist von einer lügnerischen, schwatzhaften Kreatur entzündet und mit fauligem Brodem weitergeblasen wird, daß alles in Aufruhr gerät...»[111]

Ich habe mit Bedacht eben noch einmal auf das semantische Verständnis rekurriert, wie es vor gut 250 Jahren aussah. Die erste Generation von modernen Revolutionären in England hatte ein neues politisches Vokabular geschaffen, und damit begann die bewußte, gezielte Handhabung von mitreißenden Formulierungen, ein Gespür für propagandistisches Potential, weil man gewahr wurde, wie wichtig Sprache für die Manipulation war, wie sehr das Wort das Denken beeinflussen konnte. Dieses Vokabular war zwar nie so zielstrebig und berechnend eingesetzt, wie die erbosten und erbitterten Konterrevolutionäre glauben wollten. Aber bei Siegern wie Besiegten wurde gleichermaßen der Wortschatz revolutioniert. Der Reverend Robert South, einer der besseren Polemiker aus der Zeit nach Cromwell, predigte 1716 über ein Jesaja-Wort («Weh denen, die Böses gut und Gutes böse heißen...», 5,20) und sprach über «das erste wichtige Beispiel für die fatalen Auswirkungen, die ein falscher Gebrauch der Wörter und Begriffe haben kann: wurde doch unlängst die englische Staatskirche durch die Umtriebe von Fanatikern geschwächt». Er wußte, wie man «dem Volk die Religion ausgeredet hat... indem man die schrecklichsten, aber überzeugenden Ausdrücke für die schlimmsten Absichten benutzt hat». Sorgfältig hatte er den Sprachgebrauch in jener historischen Auseinandersetzung studiert («Papistentum», «wahre Protestanten», «Reformation», «Verfolgung», «Mäßigung») und kam zu dem Schluß, «durch irreführendes Reden und Mißbrauch von Wörtern» – die «Fanatiker» waren «keine schlechten Meister in der Kunst, den Dingen falsche Namen zu geben», wie beispielsweise «sie hochgehen zu lassen oder niederzufeuern» – «wurde die arme Kirche so heftig in Mitleidenschaft gezogen, daß sie zugrunde ging». Mit den, wie er sagte, «geistigen Wortgeschützen» wurde auch in andere Richtungen geschossen, denn «es gibt keine bessere, erfolgreichere Methode, eine Regierung zu Fall zu bringen, als ihr ihre Untertanen abspenstig zu machen». Bei «verschwörerischen Zusammenkünften in Kaffeehäusern» wurde ein neues Arsenal von «Mund-Granaten» angelegt, eine heimtückische Sammlung von «Wörtern voller Arglist und Bösartigkeit», die für «das breite Publikum, das völlig den Wörtern und Begriffen ausgeliefert ist», bestimmt waren. Auf diese Weise wurden die Gemüter entflammt und die Vorbereitungen für eine Revolution getroffen, und dahinter stand eine gemeingefährliche Bande von vorgeblichen «Maßhalte-Aposteln», die in Wirklichkeit «ruhelose Demagogen und Brandstifter» waren:

Diese vier abgegriffenen Wörter, meine ich, nämlich Willkür, schlechte Ratgeber, Fürsprecher des Volkes, sowie Freiheit, Besitz und Rechte der Untertanen und einige mehr von der gleichen Wucht und Weise... sind das große, starke Mittel, mit dem die Abtrünnigen der Regierung noch einmal zu Leibe rücken möchten... Was kann man schon erwarten, wenn ein Haufen unverschämter, hinterhältiger, ränkeschmiedender Bösewichte dauernd etwas von «Tyrannei» und «Willkür» dem Mob in die Ohren bläst?... Ich meine, wenn dem Volk weiterhin mit solchen Mund-Granaten zugesetzt wird, was kann man dann anderes erwarten, als daß jene, die nicht hinter die Wörter schauen, den Brandhetzern aufs Wort glauben, Feuer fangen und entflammen und das gesamte Regierungssystem in Aufruhr und Verwirrung versetzen?

Zweihundert Jahre später erzählte ein anderer Engländer, der von der «Bedeutung der Bedeutung» und dem tragischen Einfluß der Sprache auf das Denken und Handeln ähnlich fasziniert war, folgende kleine Fabel:

Und als Homo sich mit den Elementen der Sprache beschäftigte, knüpfte er sich eine Schlinge aus Wörtern. Und er hörte sich zu, senkte den Kopf und bildete Abstraktionen, die hypostasierten und glorifizierten. So entstanden die Kirche und der Staat und der Streit auf dieser Welt; denn oftmals ließ Homo den Hominem für hypostasierte und glorifizierte Abstraktionen sterben; und die Kinder taten es ihren Vätern nach, denn so hatten sie es gelernt. Und zuletzt ging Homo gar daran, die eigenen Wörter zu essen.

Nun tauchte nach langer Zeit die Vernunft auf und fragte: «Warum hast du das getan?»

Und Homo sagte: «Die Sprache hat mich betrogen.»[112]

7. Der Bogen und die Leier

Und noch ein wichtiger Faktor macht sich immer wieder bemerkbar. Was jedesmal zerbricht, ist die Illusion der revolutionären Allmächtigkeit. Jedesmal von neuem wurde der Mythos zurückgewiesen, daß eindeutige Lösungen möglich waren. Waren mit der Trennung von Kirche und Staat «die Probleme» der weltlichen Herrschaft gelöst? Der Konflikt verlagerte sich nur; das Tauziehen um den Aufbau großräumiger institutioneller

Strukturen ging weiter. War für die Bauern in Rußland und die schwarze Bevölkerung der USA nach der Abschaffung der Leibeigenschaft und Sklaverei «das Problem» gelöst? Ohne die «Emanzipations-Akte» hätte man sie zweifellos noch lange als den einzigen radikalen Schritt herbeigesehnt, um dem amerikanischen Bürgerkrieg Sinn und progressiven Charakter zu geben. Aber nun, da es diese Akte gegeben hat, können wir feststellen, daß Sinngebungen nie erschöpfend sind und geschichtliche Aufgaben nicht ein für allemal erledigt werden können. Die menschliche Gesellschaft läßt sich nicht dadurch in Bann schlagen, daß man sie trickreich als Theaterstück inszeniert, wo für existentielle Probleme endgültige Lösungen geboten werden. Und so sehr sich die modernen Gesellschaftswissenschaften darum bemühen, kann man ihren Charakter auch nicht durch das Prisma historischer Krisensituationen bündeln, die sich vollständig der Analyse erschließen, oder indem man Fallstudien treibt, um präzise Berechnungen anstellen zu können.

Aller Wandel vollzieht sich schrittweise. Noch die revolutionärsten Taten sind nur Teil eines größeren historischen Entwicklungsprozesses. Den Sklaven von heute auf morgen per Dekret ihre Freiheit zu geben, war meiner Meinung nach in Rußland wie in den Vereinigten Staaten eine radikale, moralische und notwendige Tat; aber damit war für die Armen und Schwarzen das Problem der Freiheit nicht grundlegend gelöst. Der Sklavenhandel hatte ein Ende, und nun begann ein langer Kampf um jene, die nur nach dem Gesetz frei waren. Die positiven Auswirkungen des Fortschritts lassen oft dort am längsten auf sich warten, wo ihnen scheinbar rasch und endgültig eine Bahn geschlagen wird. Deshalb sind Reformen keine Alternative zu Revolutionen; der Wiederaufbau mag militant und minimal zugleich sein. Und Revolutionen sind keine Alternative zu Reformen; sogar der tiefstgehende und heftigste Umsturz ist doch nur ein Element innerhalb des langsamen sozialen Wandlungs- und Veränderungsprozesses. Großgrundbesitz wird aufgeteilt und die Bauern erhalten eigenes Land – aber ist damit je eine bleibende Lösung jener Verhältnisse erreicht worden, welche die Historiker «die Agrarfrage» zu nennen belieben? Neue Nationen zerbrechen stolz und zornig ihre imperialistischen Ketten – hat sich dadurch an ihrer Armut und fundamentalen Hilflosigkeit etwas Wesentliches geändert? Großunternehmen werden verstaatlicht, die Ausbeuter ausgebeutet – hat dies irgendwo und irgendwann die Grundprobleme der Politökonomie gelöst, die gegenseitige Ausbeutung oder den Klassenkampf beseitigt? Die jeweiligen Eingriffe mögen Gutes gebracht haben – und zu gewissen Zeiten und unter gewissen Bedingungen waren sie unvermeidlich und vernünftig, notwendig und gerechtfertigt – aber ihre Rechtfertigung müßte als frommer Selbstbetrug gelten, wenn man sie an dem absoluten, bedingungslosen Optimismus der millenaristischen Hoffnungen und Erwartungen mißt. Das menschliche Schicksal erfüllt sich innerhalb eines komplexen Spannungsverhältnisses zwischen ethischen Prinzipien und gesellschaftlichen Problemen. Bisher hat dafür noch niemand eine wirklich endgültige Lösung gefunden.

Revolution ist keine Alternative für Reformen – dieser häretische Gedanke kam Lenin 1921, als er sich gezwungen sah, ein «gradualistisches und behutsam indirektes Vorgehen» zu rechtfertigen, während der offiziellen Parteilinie zufolge «die Revolution auf breiter Front siegreich voranmarschiert». Es handelte sich um eine theoretische Frage, die gefährliche «Unsicherheiten und Zweifel» aufwarf. Er wollte das Dogma nicht aufgeben:

> Nur der Marxismus vermag präzise und korrekt das Verhältnis von Reform und Revolution zu bestimmen... Im Prinzip hat sich nichts geändert.

Doch mit der für seine dialektische Begabung typischen Spitzfindigkeit fügte er hinzu: «eine Änderung der Form findet statt, die Marx nicht voraussehen konnte». Lenin gab zu, daß die neuen Wirtschaftsmaßnahmen einen Rückfall in den Reformismus darstellten.

Im Vergleich zu dem früheren, revolutionären ist dies ein reformistisches Vorgehen. (Die Revolution ist eine Umwandlung, welche die Grundlagen und Wurzeln des Alten zerbricht und sie nicht behutsam, langsam und schrittweise umformt, um so wenig wie möglich zu zerstören.)

Es fragt sich nun: Wenn man, nachdem sich die revolutionären Maßnahmen als Mißerfolg erwiesen haben, nun reformistische Methoden anwendet, beweist das nicht, daß man die gesamte Revolution für einen Fehler hält? Beweist das nicht, daß man überhaupt nicht mit der Revolution beginnen durfte, sondern mit Reformen beginnen und sich auf Reformen beschränken mußte?

Das waren direkte, unangenehme Fragen; die Antwort aber war selbstverständlich ein «Nein»; etwas anderes zu sagen wäre sophistisch, irreführend, kindisch gewesen. Doch machte Lenin ein Zugeständnis – und mit dieser großen, entscheidenden Passage scheint die Revolution in derselben Abstellkammer zu landen, wohin alle unhaltbaren, absoluten Sehnsüchte verbannt werden.

Die größte und vielleicht einzige Gefahr für den echten Revolutionär besteht darin, daß er es mit der revolutionären Gesinnung übertreibt und darüber die Grenzen und Bedingungen vergißt, innerhalb deren revolutionäre Methoden geeignet sind und mit Erfolg angewendet werden können. Echte Revolutionäre haben sich oft genug das Genick gebrochen, sobald sie anfingen, «Revolution» in Großbuchstaben zu schreiben, die «Revolution» zu etwas fast Göttlichem zu erheben, den Kopf und die Fähigkeit zu verlieren, ganz kaltblütig und nüchtern zu überlegen, abzuwägen und zu prüfen, zu welchem Zeitpunkt, unter welchen Bedingungen und in welchem Aktionsbereich revolutionäres Handeln notwendig sei und wo man reformistisch vorzugehen habe.

Der Beitrag, in dem Lenin diesen Gedanken formulierte, trägt die Überschrift «Die Bedeutung des Goldes...».[113] Denn jetzt, so meinte er, müsse man Gold horten, es zu Höchstpreisen verkaufen und damit Waren zum niedrigsten Preis einkaufen. Aber der alte Traum vom Gold ließ sich nicht völlig ausrotten. Vielleicht, fuhr er fort, werde man «dereinst», also nachdem der Sozialismus im «Weltmaßstab» gesiegt habe, «öffentliche Bedürfnisanstalten aus Gold bauen».

König Utopos, der von Nachttöpfen aus Edelmetallen gesprochen hatte, wäre sehr zufrieden gewesen.

Zu dem Paradox von radikaler Veränderung und schrittweisem Fortschritt hatte Nietzsche in dem Aphorismus 534 der *Morgenröte* angemerkt:

> *Die kleinen Dosen.* – Soll eine Veränderung möglichst in die Tiefe gehen, so gebe man das Mittel in den kleinsten Dosen, aber unablässig auf weite Zeitstrecken hin: Was ist Großes auf *einmal* zu schaffen? So wollen wir uns hüten, den Zustand der Moral, an den wir gewöhnt sind, mit einer neuen Wertschätzung der Dinge Hals über Kopf und unter Gewaltsamkeiten zu vertauschen, – nein, wir wollen in ihm noch lange, lange fortleben – bis wir, sehr spät vermutlich, inne werden, daß *die neue Wertschätzung* in uns zur überwiegenden Gewalt geworden ist und daß die kleinen Dosen derselben, *an die wir uns von jetzt ab gewöhnen müssen*, eine neue Natur in uns gelegt haben. – Man fängt ja an, auch dies einzusehen, daß der letzte Versuch einer großen Veränderung der Wertschätzungen, und zwar in bezug auf die politischen Dinge – die «große Revolution» –, nicht *mehr* war als eine pathetische und blutige *Quacksalberei*, welche durch plötzliche Krisen dem gläubigen Europa die Hoffnung auf plötzliche Genesung beizubringen wußte – und damit alle politischen Kranken bis auf diesen Augenblick *ungeduldig und gefährlich* gemacht hat.[114]

Die ganze Frage über das Ineinandergreifen von Tradition und Wandel ist – das gehört zu dem ermüdenden Refrain, den jeder Chronist der Ideengeschichte mitsingen muß – wesentlich älter. Schon Aristoteles war darauf eingegangen:

> Das gilt vor allem bei Verfassungsänderungen. Denn man geht da nicht sofort zum Neuen über, sondern zuerst beschränken sie sich darauf, einander in Kleinigkeiten zu schikanieren, so daß zwar noch die bisher bestehenden Gesetze gelten, aber doch jene herrschen, die die Verfassung umstürzen wollen.[115]

Wenn wir in den Aufzeichnungen der Vergangenheit sehen, wie viele Irrtümer und Illusionen zu Grabe getragen werden mußten, können wir dann überhaupt noch an eine neue intellektuelle Bewegung glauben, die den verhängnisvollen Banden der Ideologie und Utopie, des Dogmas und der Revolution entkommen kann? Welche Zielvorstellungen würde solch eine neuartige Grundhaltung mitbringen und welche Überzeugungen und Gewißheiten von der Richtigkeit ihres Anliegens? Damit möchte ich mich bis zum Ende dieses Kapitels beschäftigen. Wenn Intellektuelle in Ost und West sich mit neuer Entschlossenheit äußerten, was würden sie auf ihre Fahnen schreiben? Würden sie einfach beschließen, «klüger zu sein», das heißt, tiefer schauend, mit schärferem Blick und größerer Konsistenz? Oder würden sie denken, es sei «mehr Glaube» erforderlich, mehr Enthusiasmus und Idealismus aufzubringen und man dürfe nicht so zynisch wie früher sein? Damit wären wir wieder in der alten Spirale von Vernunft und Leidenschaft.

Ich vermute, unter den Intellektuellen dieser Welt werden sich nicht viele finden, die sich für etwas von beidem entscheiden würden wie Merleau-Ponty: «Der Philosoph zeichnet sich dadurch aus, daß er gleichzeitig und untrennbar den Wunsch nach Beweisen und das Gefühl für eine elementare Unschärfe verspürt.»[116] Denn es gibt heute – und vielleicht war das schon immer so – zwei Lager in den «denkenden Kreisen (*the meditative world)*» (Thomas Hardy). Da sind zum einen jene klugen, mutigen Leute, die sich einem Leben für die Vernunft verschrieben haben; sie wollen der Wahrheit zu ihrem Recht verhelfen, wie schwierig und unerfreulich das auch sein mag; sie frönen unentwegt dem Geist, nicht selten auf Kosten des Herzens und der menschlichen Wärme. Und da sind zum anderen die Streiter und Kreuzzügler, die sich mit spitzer Feder und flinker Zunge großer, kontroverser Themen annehmen und sich leidenschaftlich für neue, hoffnungsvollere Gesellschaftsformen einsetzen. Es wirkt fast wie eine natürliche Arbeitsteilung je nach Temperament, eine Aufteilung nach Hirn- und Herzarbeiten, wo der Input zum einen aus Vernunft, Vorsicht und Skepsis besteht, zum anderen aus Militanz, Begeisterung und Revolutionismus. Sind sie tatsächlich unvereinbar und schließen einander aus? Harrington schrieb in *Oceana* (1656) in Anlehnung an klassische Vorstellungen: «Die Seele des Menschen ist die Magd zweier mächtiger Herren, hie Vernunft, hie Begeisterung, welche unablässig miteinander im Streit liegen; und je nachdem, welchem von beiden sie sich hingibt, wird über Glück oder Elend des einzelnen Sterblichen in dieser Welt entschieden.»[117]

Diese traditionelle Vorstellung ist später immer wieder kritisiert worden, vor allem auch von David Hume mit seinem Vorsatz (*An Enquiry Concerning Human Understanding*, II,33): «Um den Grundirrtum dieser Auffassung aufzudecken, werde ich zunächst zu beweisen suchen, daß die Vernunft nie das einzige Motiv bei einer willentlichen Handlung sein kann; und dann, daß sie bei der Beeinflussung des Willens stets der Leidenschaft unterlegen ist.» Ich glaube, es war Thomas Mann, der in unserer Zeit einmal sagte: «Denkt wie Männer der Tat, handelt wie Männer des Geistes!» Doch hat sich kaum einer aus jener Generation, auch Mann nicht, konsequent an diese zeitgemäße Maxime gehalten. Die Männer der Tat folgten bis auf ganz wenige Ausnahmen den unreifen Ideen, dummen Vorurteilen, dem Rauschen leerer Schlagwörter. Die Männer des Geistes waren entweder zu machtlos (trotz unzähliger Bücher und Artikel) oder zu zurückhaltend (man denke an die fleißigen Naturwissenschaftler in ihren Labors), um bei der Umgestaltung einer Welt mitzumachen, die sich schon zu lange in einem Teufelskreis aus Krieg, Armut und Ungerechtigkeit gedreht hatte. Und dennoch möchte ich nicht glauben müssen, daß wir alle entweder Hamlets oder Heißsporne sind – entweder «von des Gedankens Blässe angekränkelt» oder «den leichten Sprung machen, prächtige Ehre zu sammeln vom fahlgesichtigen Mond». Gedanken brauchen nicht immer blaß und angekränkelt zu sein, und man kann zu hohen Ehren kommen, auch ohne auf Luftsprünge zu vertrauen.

Was bedeutet das, wenn wir es auf die heutige Welt übertragen? Würde das nicht ein tiefgreifendes – dürfen wir noch «fundamentales» oder «revolutionäres» sagen? – Umdenken bei den Intellektuellen implizieren? Ich bin weder so naiv, das zu verlangen, noch mit dem dritten Auge begabt, daß ich es schon kommen sehe. Was not tut – trotz einer «dritten Position» (Halifax) oder «dritten Kraft» (Mme. de Staël) –, ist viel bescheidener. Ich möchte einige Vorschläge machen im Geist von Francis Bacons Aphorismus im *Novum Organon*:

> Es ist der eigentümliche und ewige Fehler des menschlichen Geistes, daß er tiefer und stärker von affirmativen Aussagen bewegt und begeistert wird als von negativen; während er eigentlich beiden gegenüber gleichgültig bleiben sollte.[118]

Ist es für einen westlichen Intellektuellen wirklich so schwierig, die Vor- und Nachteile der europäisch-amerikanischen Gesellschaftsstruktur, in der er lebt, zu erkennen, ihre Probleme und Prozeduren zu durchdenken und sich dann eine Position zu erarbeiten, von der aus er verteidigen und angreifen, bewahren und erneuern kann? Er muß sich nicht irgendwelchen nationalen «heiligen Kühen» oder Interessenverbänden verpflichtet fühlen; er kann für den Wohlstand sein und dabei noch den überbordenden Materialismus kritisieren; die Freiheiten verteidigen und doch von ganzem Herzen wünschen, daß sie erweitert und auch den Unterdrückten und Versklavten erreichbar werden. Er kann von den Errungenschaften der sogenannten westlichen Kultur überzeugt sein, aber gleichzeitig auch berücksichtigen, daß kein Mensch eine Insel ist, keine Kultur isoliert existiert, daß es für uns immer einen Indischen Ozean, ein Gelbes Meer gibt, Symbole weitergreifender Verpflichtungen. Leider sind solche Fälle selten. Die westlichen Intellektuellen neigen zumeist entweder zur Defensive oder zum Defätismus. Der eine sieht nur die positiven Seiten, die ihn mit Stolz erfüllen; der andere nur die negativen, für die er sich schämt. Der eine ist oft zu selbstgefällig, der andere zu entfremdet. Deshalb bleiben die beiden Lager meist separat und die Intellektuellen verzichten darauf, mit den ihnen gemäßen Mitteln geistig und moralisch Einfluß auf ihre Gesellschaft und die Welt zu nehmen. Man wünscht beinahe, was Santayana über das geistige Klima einer vergangenen Epoche schrieb, möchte auch auf unsere Zeit noch zutreffen:

> Seine Weisheit liegt in einer gewissen reumütigen Empfänglichkeit des Geistes; er bewegt sich unbeholfen in alle möglichen Richtungen, aber be-

kommt auf diese Weise zumindest einen Eindruck von den Tiefen und Untiefen, die um ihn herum existieren. Unter solchen Umständen ist es gar nicht entmutigend, nicht einmal störend, wenn sich zu den positiven Ergebnissen manches Triviale oder Verworrene mischt. Es sind die «Wanderjahre» des Glaubens.[119]

Immerhin gibt es immer wieder neue Stimmen, Anzeichen für eine neue Zeit. So ist der Schriftsteller Günter Grass zum Sprecher eines «neuen Standpunktes» geworden, der es ihm erlaubt, gegen eine ganze Generation von Schriftstellerkollegen und Akademikern zu Felde zu ziehen mit dem Vorwurf, ihnen sei «die Realität Ekel und allein die Utopie süß».[120]

So klopfen sie ihre tollkühnen Sprüche und besingen in windstillen Reservaten, jeweils nach Anfrage: Die Freiheit des Geistes, die Unabhängigkeit der Intellektuellen und die Schwierigkeiten beim Schreiben der Wahrheit. Gottähnlich tänzelnd über den Abgasen unserer Gesellschaft, ordnen sie ihren Seminar-Marxismus gleich Schäfchenwolken und sorgen sich um Indochina und Persien, also um weitentlegenes Elend, das sie, dank ihrer geistigen Hochstände, mühelos einsehen können. Eher gelänge ihrer Tinte ein hymnisch langes Heldenepos auf Fidel Castro und die Zuckerrohrinsel, als daß ihnen einfiele, mit einem schlichten Plädoyer für Willy Brandt der Lüge im eigenen Land die Beine zu verkürzen. Wer wollte auch verlangen, daß sich diese kleidsam weltbürgerliche Elite mit unseren kleinbürgerlichen Sozialdemokraten und ihren mühseligen Reformbestrebungen einließe?

Zum Schluß kommt der für ihn typische Trommelwirbel der zornigen Vernunft:

O, Ihr schmalbrüstigen Radikalen, denen Reformen zu langsam und widersprüchlich verlaufen. Ihr redet Revolutionen das Wort, die längst stattgefunden und sich selbst umgebracht haben, während die viel verlachten Reformisten, soweit sie die Revolutionen von links und rechts überlebten, unverdrossen hier ein bißchen verbessern, dort bebend, aber immerhin das Recht verteidigend, ihr Programm den wechselnden Zeiten anpassen, also von Kompromissen gehemmt, unendlich langsam vom Fleck kommen und sich Sozialdemokraten nennen.

Ihnen gehört mein Respekt. Ihre Niederlage ist meine Niederlage. Und ihre Fehler suche ich bei mir.

Es scheint demnach, daß hier und dort der Zeitgeist sich ändert. Vielleicht ist es tatsächlich so; betrachtet man aber das Gesamtbild, so ist ein Aphorismus von Rebecca West auch heute noch gültig: «Der Mensch ist aus zwei Gründen so schwierig. Wahrheiten, die zu kompliziert sind, kann er sich nicht merken; und Wahrheiten, die zu einfach sind, vergißt er.»

Und wie steht es mit den Intellektuellen im afro-asiatischen Raum? Dutzende neuer Staaten sind entstanden; man hat für die Ideale «Freiheit» und «nationale Unabhängigkeit» gekämpft, und eine Schlacht ist gewonnen. Aber werden die Intellektuellen hier und überall in den nächsten Jahren lernen, daß die alten Slogans passé sind? Man hat manche schmerzliche Erfahrung machen müssen: daß der Nationalismus, wie immer man ihn definiert, nur sehr wenige Probleme löst; daß man heute nur mit großräumiger wirtschaftlicher Zusammenarbeit überleben kann; daß ein Festhalten am Status quo allein auch mit dem besten Willen wohl nicht mehr genügt, um gesellschaftlichen Fortschritt zu erreichen. Man wird nicht mehr lange die Augen davor verschließen können, daß man nicht ewig den Kapitalismus oder Kommunismus zum Sündenbock für alles machen kann, sondern nur präzisere, intelligentere und durchdachte Regierungs- und Planungsmethoden helfen können. Überall – und warum sollte es in Afrika und Asien anders sein? – leben die Männer der Tat gern in der einfachen, harten Welt des großen revolutionären Kampfes, der «viel Ehr'» einbringt. «Bei uns zu Hause», erinnert sich Jewtuschenko in seiner Autobiographie, «benutzte niemand das Wort Revolution in großspuriger, pathetischer Weise. Wir sprachen das Wort ruhig, sanft, ein wenig verhalten aus. In unserer Familie war die Revolution die Religion.»[121] Aber der Intellektuelle hat fernab des Religiösen als «Stachel im Staat» zu wirken, sei der Staat alt oder jung, unter- oder überentwickelt. Bei meinen Reisen durch Asien und Afrika war ich beeindruckt, wie viele nachdenkliche und am öffentlichen Wohl interessierte junge Menschen eine mutige, unabhängige und kritische Einstellung besaßen – und das war lange bevor der Persönlichkeitskult um Nkrumah und Sukarno elend zusammenbrach: Sie hatten erkannt, daß mit den alten Parolen kein Staat zu machen war, und begannen, sich ihre eigenen Gedanken über Zentralismus und Föderalismus zu machen, über Stammessysteme und Modernisierung, Bürgerrechte und Autoritätsstrukturen, Neutralität und Internationalismus, Mäßigung und Fanatismus. Manchmal hatte ich den Eindruck, daß uns alle jene traurige Weisheit verband, die vor mehr als hundert Jahren Tocqueville formulierte: «Eine richtige Idee, die schwierig ist, hat stets weniger Erfolg als eine falsche, die einfach ist.»

Und wie ergeht es der Intelligenzija in jenem Land, wo der Begriff geprägt wurde? Wie schon erwähnt, können wir in der Sowjetunion und den kommunistischen Nachbarländern jenseits des sogenannten Eisernen Vorhangs sehr dramatische Veränderungen feststellen. Erstmals erfährt die Bevölkerung Wahrheiten über Verbrechen, Brutalität und das tragische Schicksal von Millionen ihrer Landsleute. Eine propagandistische Phantasiewelt beginnt zu zerbröckeln; was die Falschmünzer der Geschichte liefern, wird nicht mehr ohne weiteres für bare Münze genommen. Wenn man zuschaut, was in Moskau enthüllt wird und in Budapest, Prag und Warschau ein Echo findet, in Peking und Tirana unterdrückt wird und in Paris, Lissabon und Rom heftige Diskussionen auslöst, fällt einem unwillkürlich eine Bemerkung Alexander Herzens ein: «Man kann eine ganze Generation auf den Holzweg führen, mit Blindheit schlagen, in den Wahnsinn treiben, auf ein falsches Ziel einschwören. Napoleon ist der beste Beweis...»[122] In unserer Zeit hat Stalin den Beweis geliefert. Die jüngeren Intellektuellen, befreit von dieser Last, spüren wieder Boden unter den Füßen, halten die Augen auf und sehen sich um nach Zielen, die rationaler und ehrlicher sind. Darin steckt zweifellos der tiefere Sinn dieser Unruhe.

Das Hauptproblem bei diesem tieferen Sinn ist eine dialektische Spannung aus sämtlichen Gegensätzen und Widersprüchen, mit denen wir uns beschäftigt haben. «Mein Denken hat sich gespalten», schrieb Bentham in seinem letzten Memorandum, «und ein Teil davon betrachtet und prüft beständig den anderen.» Denn wie ist es möglich, daß sich der wiedererwachte

Enthusiasmus auf eine rein abstrakte Wahrheit beschränkt, ohne sich gleichzeitig dem Ideal verpflichtet zu fühlen, die Wahrheit zu suchen und gleichzeitig wieder in Frage zu stellen? Kann diese Verpflichtung sich nur auf einen abstrakten Glauben und einen neuen Enthusiasmus beziehen und Scharfsinn und Klarheit des ehrlichen Intellekts ignorieren? Natürlich muß beides zusammenkommen: so wie wir auf beiden Ohren hören, mit beiden Lippen Worte formen, auf beiden Augen sehen.

«Welches Auge», fragte John Donne einst, «kann Ost und West zugleich sehen?»[123] Was muß das für ein Auge sein! Welcher Geist vermag besonnen und begeistert zugleich zu sein? Welche Philosophie kann zwischen utopischer Sehnsucht und humanistischen Pflichten vermitteln? Welches Herz erträgt gespaltene Loyalitäten? Und wer kann gleichzeitig Burke und Mill, Milton und Locke, Voltaire und Tocqueville, Comenius und Bayle, Hegel und Herzen, Marx und More gerecht werden?

«Die Menschen verstehen nicht», meinte Heraklit, «wie das, was in sich uneins ist, doch eins ist. Es ist aber wie mit dem Bogen und der Leier: Harmonie entsteht durch das Zurückbiegen.»[124]

Zweiter Teil

BILDER UND IDEEN

Da sah ich auch sehr spitzige Wort, sehr blutige Wort, die, wie der Steuermann uns versichert', zuweilen an den Ort umkehren, von wo sie ausgehn: es war nichts als Kehlabschneiden, schauderhafte und andre wüste, wilde Wort, unhold zu sehn...

Rabelais (1535)

Überall, wo die Uralten ein Wort hinstellten, da glaubten sie eine Entdeckung gemacht zu haben. Wie anders stand es in Wahrheit! – Sie hatten an ein Problem gerührt, und indem sie wähnten, es *gelöst* zu haben, hatten sie ein Hemmnis der Lösung geschaffen. – Jetzt muß man bei jeder Erkenntnis über steinharte verewigte Worte stolpern, und wird dabei eher ein Bein brechen als ein Wort.

Nietzsche (1881)

Im primitiven Stadium dient die Sprache zur Koordination gemeinsamer Aktionen der Menschen, sie ist ein Teil der Handlungseinheit. Sie fungiert als Handlungselement, nicht als Mittel zur Reflexion.

Malinowski (1929)

4. Die Geburt einer Metapher (I)

«Herrliche utopische Welten... durch Revolution neu hervorgebracht» - Das faustische Futur - Revolutionäre Situationen - Von der alten Astrologie zur neuen Politik - Eine neue Art von Neuheit

1. «Herrliche utopische Welten... durch Revolution neu hervorgebracht»

Unterwegs zu den Pariser *événements* vom Mai 1968 erlebte ich zufällig mit, wie unter dem frenetischen Beifall von Studenten aus allen Ländern Europas Herbert Marcuse seine These vortrug: «Die Utopie ist die wirklichste aller wirklichen Möglichkeiten!» Und der gefeierte deutsche Komponist Hans Werner Henze lieferte mit leichter Akzentverschiebung (war doch nicht der alte Hegel, sondern der junge Wagner der Quell, aus dem er schöpfte) die unvermeidliche Ergänzung: «Es geht heute darum, nicht Kunst oder Musik zu machen, sondern die Revolution – auf der ganzen Welt.» Schon errichteten im Quartier Latin die Utopisten Barrikaden zur Verteidigung ihrer Träume; wenig später erlebte ich in London am Marble Arch eine «Demo» von Tausenden junger Briten (manche trugen Transparente: «Seid Realisten, verlangt das Unmögliche»), an jener historischen Stätte, wo einst der Galgen von Tyburn die Märtyrer erwartet hatte; plötzlich brach aus tausend Kehlen der Ruf, wie von Eingeborenen auf Kriegspfad: *«Re-wo-lu-zjon, Re-wo-lu-zjon!...»*

Zur selben Zeit schworen Männer in Afrika, «der Revolution ewig treu zu bleiben»; in Asien füllten sich die Gefängnisse mit «Verrätern der Revolution»; in Lateinamerika kämpften kleine Gruppen von Guerillas unbeirrt weiter, in der festen Überzeugung, es sei «unmöglich, die Revolution zu stoppen... von ihren Zielen abzubringen... zu besiegen», weil sie wie «ein mächtiger Strom... ein Feuersturm... ein Erdbeben... eine Flutwelle» alles vernichten werde, auf daß der revolutionäre Mensch mit seinem Traum von Utopia komme, um zu erneuern, wiederaufzubauen und zu erlösen.

Unterdessen warteten daheim im British Museum die alten Wörterbücher und Glossarien wieder auf mich.

Auf meinen sporadischen Expeditionen zu den Ursprüngen von Utopie und Revolution schien immer deutlicher zu werden, daß für die Intellektuellen überall immer Wörter den Anfang machten, daß die ideologischen Schlagwörter teils Litanei, teils Liturgie waren, ja daß das moderne europäisierte Temperament ohne dieses politische Vokabular gar nicht denkbar war, ohne diesen rauschenden und berauschenden Wald aus Wörtern.

Wie war es dazu gekommen, und warum?

Die früheste explizite Verbindung von Utopie und Revolution fand ich in den Versen eines englischen Dichters des 17. Jahrhunderts namens Robert Heath. Er nimmt einleitend in einigen Knittelversen zu den Erkenntnissen des Kopernikus Stellung; aber es geht ihm offensichtlich weniger um «die Erdenkugel» und «sphärische Bahnen» als um die sozialen und politischen Auswirkungen des neuen «Deliriums».

Nicht nur der Staat, vom Schicksalsrad getrieben,
Dreht sich; sogar die Religion, der Fels, erzittert.
Wir sind so weit den Weg, den antipodischen, gegangen,
Daß, was einst Tag war, nun die Finsternis umhüllt.
Bei diesem Wirbeln, Drehen bleibt als Trost, obzwar gering,
Daß uns der Himmel schützt, sosehr wir ihn verleugnen.

Es folgen mehrere Verse, die seinerzeit anscheinend oft zitiert wurden:

Als Noahs Flut aus festem Land ein Meer gemacht
Und diese Welt nicht mehr als eine Insel schien...
Ist heute wahr, was damals nur gedacht;
(So ist die Welt; es geht nur ums Verstehen
Der Menschen, die drin leben); die sich – schrecklich! – drehen
... vom Wahnsinn trunken, stier der Blick und blind,
Halten den Staat für stark und fest und schwanken schon beim Aufstehen.
Seltsame Hitze wie ein Rausch
Schwelt in dem Hirn, glüht in dem Kopf;
Während – als sei es Mode, sich im Kreis zu drehen –
Staat, Königreich getrieben werden, bis sie auf dem Kopfe stehen.
Der Zweck: Kostbares Reich, Utopia im Mond;
Für das allein, scheint's, Revolution sich lohnt.[1]

Die Welt war also tatsächlich gewarnt: Utopie war Revolution, Revolution Utopie, und mehr brauchten die Menschen nicht zu wissen.

In Miltons *Paradise Lost* (1667) warnt der Engel Adam deutlich genug:

Bescheide dich mit deiner Weisheit...
Träum nicht von anderen Welten, anderen Wesen,
Wie sie dort leben mögen und wozu.

Adams Zustimmung kommt aber nicht aus vollem Herzen. Er hält es zwar ebenfalls für töricht, «weitschweifende Gedanken und eitle Vorstellungen» zu haben, behält sich aber unausgesprochen die Möglichkeit vor, von dieser Welt zu träumen, indem er abstrakte Wunschbilder gegen pragmatische Hoffnung tauscht, also statt «hoch zu tönen» lieber «in niedren Höhen schwebt». Von Übel war nur das müßige Philosophieren (damit gaben sich die Teufel in der Hölle ab, wo leere Reden geführt wurden «über Gut und Böse... über Glück und Elend, Leidenschaft und Leere, Ruhm und Schande»); und nichts lag ihm ferner, als die Gedankenabenteuer des menschlichen Geistes aufzugeben. «Unser Herz ist größer geworden», schreibt Milton 1644, «unser Denken stärker gerichtet auf die Suche und Erwartung größter, herrlichster Dinge.» Milton stand auf Adams Seite; dort ging der Blick auf «die höchsten Ziele, zu denen der menschliche Geist sich aufschwingen kann...». Man strebte auch weiterhin nach dem Guten, nach Glück, Leidenschaft und Ruhm, nur wollte man dies praktischer, mehr diesseitig erleben können.

Doch Geist und Phantasie, sie schwärmen gerne
Unbändig, ungehemmt; und werden weiter schwärmen
Bis sie – durch Warnung, durch Erfahrung – lernen,
Daß nicht das allgemeine Wissen um Dinge
Fern von Nutzen, dunkel und diffizil, sondern
Um Dinge, die im Alltag uns begegnen,
Wahrhafte Weisheit bringt; mehr ist nur Rauch,
Ist leer und nichtig oder ist verspielter Übereifer.

Darin lag für Milton der Unterschied zwischen seinen eigenen Kopfgeburten und denen eines More oder Bacon. Politische Eingaben und Vorschläge, die sich mit «neuen Modellen für einen Staatenbund» befaßten, fanden seine Zustimmung (denn «es gehört zu den edelsten Beweisen des Mitgefühls, daß man den Geist der Menschen erleuchtet»); irrelevantes Phantasieren brachte ihn zur Verzweiflung. Die Aufgabe – klar und eindringlich schon 200 Jahre vor Marx und Engels formuliert – bestand nicht darin, «der Wirklichkeit in atlantische und utopische Staatswesen zu entfliehen, die nie einen praktischen Nutzen haben; sondern darin, für diese Welt voller Übel eine weise Ordnung zu erdenken». Bei anderer Gelegenheit lobt Milton

jene ernste und edle Fiktion, zu der sich die größten, göttlichsten Geister aller Zeiten bekannten, Plato im *Kritias* sowie unsere beiden berühmten Landsleute, der eine in seinem *Utopia*, der andere in *Neu-Atlantis*... einen mächtigen Erdteil, um darin den Reichtum ihrer Gedanken zu entfalten, der dieser unserer Welt bessere und richtigere Dinge lehren sollte, wie sie vorher nie gekannt oder versucht worden waren.

(Eine andere Sache waren jene «törichten Personen, die von Amerika, dieser Grille des Kolumbus, schwärmen...».)[2] In dieser unserer Welt stand also Besseres zu erwarten: ein praktikables Utopia, von einer «zeitgemäßen Revolution» *(revolution of time)* herbeigeführt.

Dieser hellsichtige Vorgriff auf das moderne Ideengespann Utopie und Revolution kommt besonders deutlich an der Stelle in der *Areopagitica* (1644) heraus, wo Milton kurz über seinen Besuch bei Galilei berichtet und über die Einheimischen, die die Engländer darum beneiden, «in einem Land *philosophischer* Freiheit geboren zu sein, wie sie sich England dachten».

Dort eben fand und besuchte ich den berühmten Galileo, der alt geworden war, ein Gefangener der Inquisition, weil er über die Astronomie anders dachte als die franziskanischen und dominikanischen Zensoren. Und obwohl ich wußte, daß England damals schrecklich unter dem Joch der Prälaten stöhnte, betrachtete ich es dennoch als Unterpfand seines künftigen Glückes, daß andere Nationen derart von seiner Freiheit überzeugt waren.

Dieses Absolutum des künftigen Glückes ist, wie gesagt, meiner Ansicht nach der Kernpunkt jedes modernen revolutionären Engagements; auch Milton versprach sich davon «eine Erlösung, wie keine *revolution of time* sie je wird negieren können, kein Zeitenumbruch, der dieser Welt noch bevorsteht».[3]

2. Das faustische Futur

Wie es so oft in allen Jahrhunderten geschah, waren die feinen Unterscheidungen, durch die sich die einzelnen Utopisten und Revolutionäre voneinander abgrenzten, für ihre Gegner im Establishment mit bloßem Auge kaum wahrzunehmen. Ob sie praktisch oder phantastisch, weise oder verwegen waren – ihre Zukunftsträume galten als verderblich, ihre Taten als abscheulich. Unter Miltons Gegnern im englischen Bürgerkrieg gab es manchen, der, mit dieser ersten Welle utopistischer Revolutionsdenker konfrontiert, sofort und ohne Zögern ein Urteil parat hatte, der (wie beim unglücklichen Cinna) im Dichter nur den Dunkelmann sah. Bischof Joseph Hall – ein großer Stilist, von den Zeitgenossen als «unser englischer Seneca» apostrophiert und heute vor allem bekannt als Zielscheibe für Miltons große Polemiken – wandte sich in einer Predigt in Whitehall 1628 ausführlich gegen jene, «die von der bevorstehenden utopischen Vollkommenheit träumen». Er und seine Kirche wollten weder mit Utopien noch mit Revolutionen etwas zu tun haben.

Hört also gut zu, mutwillige Gesellen, die ihr euch keine Frömmigkeit ohne Grausamkeit vorstellen könnt: Die Kirche ist eine Taube und keine Gabelweihe, kein Geier oder Falke, auch kein Adler, sie ist überhaupt kein Raub- oder Beutevogel. Hat es je eine Taube gegeben, die mit spitzen Krallen bewehrt war? Deren Schnabel rot mit Blut befleckt war? Wer hat je diesen unschuldigen Vogel gesehen, daß er sich an einer Beute gütlich tat und die Knochen saubernagte?...

Habt ihr je eine Rotte gesehen, deren Messer mit Menschenblut befleckt sind; die mit brennenden Fackeln naht, um die zu Unrecht errichteten Scheiterhaufen zu entzünden und Märtyrer zu verbrennen; die sich mit Pistolen und Dolchen bewaffnet und dafür gesegnet werden möchte, daß sie geweihte Gottesmänner gemeuchelt hat; die den Zündstein bereithält für das Pulver, mit dem König, Fürst, Staat und Kirche in die Luft gejagt werden sollen; die mit Donnerkeilen der Verdammnis ausgestattet ist, um einen jeden in die Hölle zu befördern, der nicht die neuesten Zusätze zum Glaubensbekenntnis akzeptiert? Wenn ihr glaubt, daß dererlei Absichten und Auftreten eine taubengleiche Gesinnung offenbaren, so heißt die Rotte willkommen.

Gewiß, er wollte nicht bestreiten, daß «Freiheit ein liebliches Wort» ist und «die Sache selbst noch weitaus lieblicher». Aber mit Feuer, Blutvergießen und Kanonenschlägen hatte es nichts zu tun. Die Freiheit, die er meinte, war friedlich und denkbar praktisch, bar jeder Schwärmerei von einer goldenen Vergangenheit oder einer utopischen Zukunft. Hall war einer jener Redner am Vorabend der Revolution, deren rhetorische Talente in demselben Maß zunahmen, wie ihnen der Boden unter den Füßen davonglitt.

In diesen rebellischen Köpfen spukt eine treulose Freiheit; sie verachten die Regierung und betrachten es als Knechtschaft, wenn sie nützliche Gesetze einhalten müssen; diese unruhigen Gesellen kennen nur die Freiheit, die das kalte Machtwort der Autorität vermittelt, die zu verräterischen Zwecken von ihren Anführern ausgeheckt wird und die in ihren utopischen Entwürfen enthalten ist. Alles gefällt diesen Leuten, nur die Gegenwart nicht und nichts, was nicht ihr eigen ist; womit sie nicht Freiheiten im Sinn haben, sondern Sittenlosigkeit.[4]

Der König selber wetterte weniger eloquent, aber dafür noch dringlicher gegen die «Kabbalisten», welche «neue Lehren» verbreiten und «ohne Uns eine Herrschaft von Emporkömmlingen» errichten wollten. Er wandte sich gegen das Gesetz zur Aufstellung einer Bürgerwehr, weil sie seiner Meinung nach «nur ein Glied in der großen Kette, eine erste Sprosse auf der Leiter war, mit der Unsere gerechte, altehrwürdige Königsherrschaft niedergeholt werden soll». Als er 1642 das Parlament aufforderte, «den Aufruhr für ungesetzlich zu erklären und die Rädelsführer zu bestrafen», äußerte Karl I. sich sarkastisch über «verschiedene Leute, die jetzt sogar schon im Ober- und Unterhaus allzugroßen Einfluß besitzen, nur das öffentliche Wohl im Sinn haben oder zu haben scheinen, und sich für ein neues Utopia der Religion und Staatsgewalt begeistern, in das sie dieses Königreich verwandeln möchten».[5]

Wie müssen sich die Verteidiger von König und Kirche gefreut haben, als die Träumer einer «utopischen Vollkommenheit» bei ihren Bemühungen um eine umfassende Umgestaltung bald darauf die ersten politischen Rückschläge einstecken mußten. Als es 1647 zum dramatischen Bruch zwischen dem gemäßigten und dem radikalen Flügel kommt, frohlockt der scharfzüngige Pamphletist *Mercurius Anti-Pragmaticus* über die neue Feindschaft zwischen *Pragmaticus* (seinem alten politischen Kontrahenten) und John Lilburne und über die Niederlage der «Adjutatoren». Hämisch kann er sich nun darüber auslassen, wie Oberst Harrisons Truppen «einst widerspenstig und jetzt unterwürfig sind, erst unbotsam und jetzt voller Reue, und wie alle anderen uneingeschränkt Zustimmung und Gehorsam geschworen haben». Welchen Weg würden John Lilburne und seine militanten Gefolgsleute nun einschlagen, «der sie (daran zweifeln wir nicht) in das Gelobte Land führen wird»? Im Augenblick seines Triumphs hat er für den Gegner nur Verachtung und abfällige Worte übrig. «Zunächst aber werden John [Lilburne] und die anderen erst einmal vierzig Jahre umherirren und bittere Zeiten durchmachen... bevor sie ihr utopisches Paradies erreichen.» Und genüßlich schließt er: «Nun schlägt ihnen die Stunde... Wie tief sind die Mächtigen gefallen!» [6]

Aber für jede Utopie, die in revolutionären Zeiten in den Machtkämpfen zerrieben wird, entsteht eine neue aus den kompensierenden Träumereien der nachfolgenden Restaurationsperiode. In einer Zeit, als man sich den Geschichtsverlauf noch nicht als einfachen, gradlinigen Prozeß vorstellte, dachte man sich auch Utopismus und Revolutionismus als zugehörig zum großen Glücksrad, das sich hin- und herdreht, mal nach links zugunsten der Hitzköpfe mit ihren neuen Ideen, und dann zum Ausgleich wieder nach rechts.

In einer bemerkenswerten Passage der *Vision von der Herrschaft des Oliver Cromwell* (1661) setzte sich der Dichter Abraham Cowley, ein royalistischer Sympathisant, tatsächlich dem Vorwurf aus, ein «utopischer Träumer» und Apologet des «goldenen Mittels» zu sein, jenes «erhabenen Bereichs, zu dem nur die Tugenden vorstoßen können, die nicht um einen Deut vom Mittelweg abweichen». Bis dahin hatte der Dichter mit ungetrübter Selbstgerechtigkeit die schwersten Geschütze gegen den toten «Reichsprotektor» aufgefahren oder vielmehr gegen den Mann, «der sich Protektor nennen ließ». Harte Vorwürfe schleuderte er gegen «unseren vermaledeiten Reformator... Kühnheit... Brutalität... Übereifer... Raserei... Es gibt kein Wort, das ihn adäquat beschreiben würde, also müssen wir darauf verzichten». Denn Cromwell war für die Tyrannei verantwortlich, die England in Aufruhr und Anarchie gestürzt und eine Herrschaft der Narren und Tollhäusler errichtet hatte.

Glückliches Eiland, wie anders bist du und verflucht...!
Bist du dasselbe Land, das der Franzosen
Unbeständigkeit haßte und verspottete?

Haben wir nicht letzthin
Dort mehr Beständigkeit gesehen als hier bei dir?
Unglückliches Eiland!...

Er war sich absolut sicher, daß «niemand Cromwells Taten zu rechtfertigen oder gutzuheißen vermag». Und doch

gibt es viele, sogar ehrliche und wohlmeinende Menschen, die, ohne sich allzu tief mit der Angelegenheit zu beschäftigen, glattwegs hinters Licht geführt werden von schönen Worten und allen äußerlichen Zeichen der Prunksucht und ihn leicht für einen großen, bedeutenden Menschen halten; eine Täuschung ist's, die von außerordentlichen und überaus erfolgreichen Betrügern der Welt vorgegaukelt wird.

Cowley gestand seinem visionären Gegner zuviel (und zudem zu überschwenglich) zu:

Der allgemeine Grund Eures Arguments lautet, daß alle, die ungewöhnliche Veränderungen in der Welt herbeiführen, mit außergewöhnlichen Kräften der Natur begabt sein müssen, mit deren Hilfe es ihnen möglich ist, das gewaltige Rad nach Belieben in Bewegung zu setzen...

Er mußte zugeben, daß dies «ein sehr verbreiteter Glaube ist, der so vernünftig scheint und so populär ist». Doch war es unverzeihliche Blindheit gegenüber dem wirklichen menschlichen und sozialen Elend, das mit «einer radikalen Abschaffung des Alten» einhergeht. Cowley versuchte mit einem Wust von Bildern, Metaphern und Analogien seine Antipathien zu erklären.

1. *Die Flut.* Es kommt zu «Springfluten in öffentlichen Dingen», sobald «die Sintflut» hereinbricht und «die Schleusentore aus den Angeln hebt» und sogar manche böswillig «alle Schleusen» öffnen – «und alle Kunst und aller Fleiß der Menschheit wird nicht ausreichen, Deiche und Wälle dagegen zu errichten».

2. *Teufelei.* «Kühnheit» gestand er Cromwell zu, sah es jedoch «keineswegs als Zeichen männlichen Mutes», sondern als «Ausfluß rohen Wahns oder teuflischer Besessenheit».

3. *Brandstifterei.* «Dachte Cromwell etwa daran, wie Nero die Stadt durch Feuer zu zerstören, um als Gründer einer neuen und schöneren Ruhm ernten zu können? Er war zu verrucht, um

auch nur den Funken eines edlen Gedankens zu haben; er wollte die Welt in Flammen sehen, nur damit das Brandschatzen leichter und einträglicher gelänge.»

4. *Zerstörungswut.* «Dieser Mensch wollte den alten Bau niederreißen, bevor er daran dachte, wie und womit und von welchen Arbeitern und Baumeistern der neue Bau errichtet werden sollte.»

5. *Das Faustische.* «Seit in England dieser Name zum erstenmal vernommen wurde, ist er durch nichts so sehr befleckt und geschädigt worden wie durch das ruchlose Treiben dieses unseligen Faustus.»

Sicherlich nicht auf seine politischen Überzeugungen, sondern auf seine dichterischen Praktiken ist es zurückzuführen, wenn Cowley in seiner Vision jenem Wesen, das den historischen Cromwell zu verteidigen die Aufgabe hat, ein oder zwei bestechende Argumente in den Mund legt, so etwa: «Ihr versteift Euch gar auf die altertümlichen Richtmaße Tugend und Gewissen»; gerade diese Altertümlichkeit aber war ein Erbe der Klassik. Einen ähnlichen Treffer konnte Cowley vielleicht verbuchen, als er dem Vertreter der Cromwell-Faktion sagen ließ, das imaginäre Streitgespräch sei wie ein Kampf zwischen «der Politik des Aristoteles» und den «Prinzipien des Machiavell». Militante politische Denker sind in Zeiten der Ohnmacht oft zu großzügigen Zugeständnissen bereit; sie legen ihre Scheuklappen ab und verwickeln sich spielerisch in Widersprüche. Wie ist es sonst zu erklären, daß der dichtende Ideologe sich als einen «Pedanten und platonischen Staatsmann, einen theoretischen Befürworter des Allgemeinwohls, einen utopischen Träumer» bezeichnet?[7]

Für Cowleys Parteigänger sollte dieser spezielle utopische Traum in der Revolution von 1688 bald Erfüllung finden. Lilburnes Gefolgsleute allerdings kamen mit den Jahren ihrem Gelobten Land um keinen Schritt näher; die Idee, daß sie ganz allein ihre eigene Revolution auf die Beine stellen könnten, um so zum utopischen Paradies zu gelangen, mußte erst noch geboren werden.

3. Revolutionäre Situationen

Dieser absonderliche neue Einfall keimte bereits seit einem Jahrhundert, mindestens seit Giordano Brunos «messianischem Boten» (der verkündet *«la revoluzion dunque, ed anno del mondo»*, 1584) und seit Sir Philip Sidneys radikaler Vision eines glorreichen Umsturzes in *«Arcadia»*.[8] Als nun althergebrachte Gesellschaftsstrukturen ins Wanken gerieten, schien er sich kaum noch unterdrücken zu lassen. Im Jahr 1571 hatte der Bischof von Ross der Herzogin von Feria, einer Engländerin, einen merkwürdigen Brief geschrieben in der Hoffnung, sie werde ihn dem König von Spanien zeigen.

> Das Leben der schottischen Königin war in höchster Gefahr... Es hätte sich, wenn der spanische König nur den kleinen Finger gerührt hätte, ohne Mühe eine Revolution zu ihren Gunsten entfachen lassen; doch gab er das Zeichen nicht... Wenn die Verfolgungen andauern, werden die Katholiken allen Mut verlieren, und dann ist es für eine Revolution zu spät.

Ebenso bemerkte der spanische Gesandte in einem Schreiben, wo er den König über die durch Elisabeths Heiratspläne entstandene Krise unterrichtete: «Das Volk scheint deswegen überall zur Revolution bereit *(y en general toda la gente amenaza revolución sobre esto)*.»

Hier wird das Wort in einer Weise benutzt, die dem modernen Verständnis nahekommt, und es finden sich darin Anklänge sowohl an die von Machiavelli begründete realpolitische Betrachtungsweise wie auch an ältere astrologische Auffassungen. So heißt es in einem ähnlichen Schreiben eines in London weilenden spanischen Diplomaten an den Herzog von Alba:

> Während der letzten fünf oder sechs Nächte zeigte sich am Himmel ein schrecklicher Komet von gewaltiger Größe; und weil die Menschen hier zu allerlei Spekulation neigen, redet ein jeder davon; man denkt allgemein, daß solche Zeichen stets Vorboten sind für eine Änderung der Herrschaft.[9]

«Revolution» benutzte man in den meisten Fällen (und deshalb muß man bei Dokumenten, die übersetzt wurden, höllisch aufpassen)[10] noch einfach als himmlische Metapher für eine Veränderung der Lebensumstände oder eine kreisförmige Rückkehr zu den «Anfängen».

Die vielschichtigen Denkbilder, mit denen die Menschen dieser Übergangszeit Korrespondenzen zwischen Himmelsphänomenen und irdischen Vorgängen herstellten, hat Shakespeare mit gewohnter Brillanz in einer berühmten Stelle des *Lear* wiedergegeben; da werden alle Phänomene angeführt, die für uns heute eine «revolutionäre Situation» charakterisieren – ohne daß das Wort selbst fällt:

> Jene letzten Verfinsterungen an Sonne und Mond weissagen uns nichts Gutes. Mag die Wissenschaft der Natur sie so oder anders auslegen, die Natur empfindet ihre Geißel an den Wirkungen, die ihnen folgen: Liebe erkaltet, Freundschaft fällt ab, Brüder entzweien sich; in Städten Meuterei, auf dem Lande Zwietracht, in Palästen Verrat; und das Band zwischen Sohn und Vater zerrissen. (I,2,107)

Mit denselben Vorstellungen arbeiteten die zeitgenössischen «Nachrichten», wo «schreckliche Verdunkelungen aus jüngster Zeit und häufige Eklipsen der Feststerne» gemeldet wurden und ihre trüben Folgen:

> ... neue Bünde, verräterische Absprachen, Anschläge auf Königreiche, Niedergang der Nationen, Sturz der Mächtigen, Nacheiferung, Ehrgeiz, Neuerungen, faktionelle Umtriebe, Sektiererei und viel Aufruhr und Unruhe in der Religion und den Angelegenheiten der Kirche, und noch viele andere Dinge, die notwendig aus den himmlischen Konstellationen folgen.[11]

Sogar Kopernikus erlaubte sich in *De revolutionibus*, bevor er seine Berechnungen mit sorgfältigen Tabellen belegte, den Rückgriff auf einen antiken Topos, wenn er schreibt, wie «die Erde von der Sonne empfängt und schwanger geht mit der alljährlichen Wiedergeburt». In den Jahren, die Kopernikus von Kepler trennen, wurde die Beziehung zwischen irdischem Schicksal und «revolutionären» Himmelszeichen wesentlich dramatischer, als man plötzlich «neue» und «unerhörte» Sterne zu entdecken begann.[12]

Dieser astrale Zug im politischen Mystizismus, die Verknüpfung von lokalem politischen Geschehen mit universellen Omina, macht sich während der folgenden fünfzig Jahre immer stärker bemerkbar, vor allem nach Ausbruch des englischen Bürgerkriegs. James Howell, 1661 zum königlichen Historiographen ernannt, schreibt in einem seiner «Traktate über die jüngsten Revolutionen», daß «die europäische Welt in Scherben liegt»; er fürchtet, daß «seit jenem schicksalsdüstren Kometen, der sich im Jahr 1618 am Himmel zeigte, fortgesetzt ein böswilliger, finsterer Unglücksstern das Haus regiert und mit seinem widrigen Wirken in den Seelen der Menschen seltsame und seltene Effekte herbeiführt, weshalb es zu Aufständen, Revolten und Tumulten kommt». Derartige Äußerungen eines kritischen und gelehrten Mannes wie Howell gehören eher zur politischen Astrologie als zur politischen Astronomie. Bei seiner Bewerbung um das Amt eines «General-Historiographen» beschreibt er das geistige Neuland, das er sich von einem Gang «auf den Grund der Dinge» verspricht:

1. Ein solcher Amtsträger bedarf einer besonderen Meisterschaft, damit seine Historie nicht ein einfaches Tage-Buch, ein zusammengefegter Haufen der unterschiedlichsten Materialien bleibt, sondern einen sorgfältig hergerichteten und zusammengefügten Bau ergibt, davon alle Teile wohlgestaltet sind.

2. Er sollte bei der Bewertung des Geschehens auch das Wirken des Schicksals in Rechnung stellen, also die jeweiligen Ursachen zu erforschen versuchen, die selten naheliegen. Oft nämlich liegt eine lange Zeit, manchmal sogar ein Jahrhundert, und eine Vielzahl von Nebenumständen zwischen dem Ergebnis und seiner Ursache.

Eigene Erfahrungen und seine Ansicht vom großen Zeitabstand zwischen den (wie er sich ausdrückt) «seltsamen Beben und Revolutionen» und ihren Ursachen überzeugten Howell davon,

daß die nach Bewegung und Charakter des Kometen Ausschau haltenden Astronomen entdeckten, wie der Schweif, nachdem er zuerst in verschiedene Richtungen gezeigt hatte, zuletzt direkt auf diese nordwestlichen

Inseln gerichtet schien; wie er in dieser Stellung verging und schließlich verlosch, als wollte er der Welt verkünden, daß diese Inseln der Schauplatz wären, auf dem sich der letzte Akt der Tragödie abspielen würde.

Ob es sich um Anhänger der alten Astrologie oder der neuen Astronomie handelte – von Kopernikus bis Cromwell glaubte man, den Verlauf von Revolutionen am Himmelszelt ablesen zu können. Für das tragische Ereignis mögen die Sterne verantwortlich gewesen sein, doch nicht ausschließlich: Howell war zu heftig in irdische Staatsgeschäfte verwickelt, als daß er in seinem «Bau» nicht auch revolutionäre Aktivisten und Aktionen eingeplant hätte. Im Gegenteil: Wegen seiner Vertrautheit mit den Vorgängen in Italien – und seines Gespürs für Wörter, das ihn zu einem bahnbrechenden Lexikographen werden ließ – war er einer der ersten, die «Revolution» im Sinn eines dramatischen «Wechsels der Herren» benutzten.[13]

Wir haben schon angedeutet, wie die seltsamen neuen Klänge aus dem turbulenten Wortschatz des Mittelmeerraums und insbesondere Giordano Brunos heroische, voller Begeisterung proklamierte *revoluzione* des Geistes im elisabethanischen England ein Echo fanden. Ich will mich hier auf Fulke Grevilles *Why are my revolutions strange...?* (1609) und den Vers beschränken:

> Wenn all dies alles Zeit um Zeit geschieht,
> Revolution im engen Kreis sich schließt,
> Erscheint himmlisches Recht wie Rache,
> Brausend die Höhlen, brennend das Meer,
> Ruhm läuft schwarz an, die Sonne wird zur Nacht,
> Und läßt die Welt höh're Gewalt erahnen.[14]

In der Literatur dieses Zeitalters geraten ein Wort (und eine Sache) und ihre moderne Bedeutung sich atemberaubend nah.

4. Von der alten Astrologie zur neuen Politik

Während in den Schriften eines John Florio, James Howell und Samuel Hartlib, die alle enger mit dem Sprachgebrauch auf dem Kontinent vertraut waren, neue und unbekannte Dinge durchscheinen, verwendet Shakespeare das Wort «Revolution» noch im traditionellen Sinn. Viermal taucht es bei ihm auf, jedesmal – von einer möglichen, aber unwahrscheinlichen Ausnahme abgesehen – frei von politischen Bezügen; es bezieht sich auf die Bewegungen des Glücksrades, Veränderungen der Lebensumstände und ähnliche himmlische Wandlungsweisen.

ANTONIUS: ... the present pleasure,
By revolution lowering, does become
The opposite of itself.
(... erfüllte Freude, / durch Zeitumschwung ermattet, wandelt sich / ins Gegenteil ...) (*Anthony and Cleopatra*, 1,2,126–129)

HAMLET: ... here's fine revolution, an we had the trick to see't.
(Das ist mir eine schöne Verwandlung, wenn wir nur die Kunst besäßen, sie zu sehen.) (*Hamlet*, 5,1,88–89)

HOLOFERNES: This is a gift that I have, simple, simple; a foolish extravagant spirit, full of forms, figures, shapes, objects, ideas, apprehensions, motions, revolutions ...
(Dieses ist eine Gabe, die mir verliehen ward – simpel, simpel: ein launischer, abspringender Geist, erfüllet von Gestalten, Figuren, Formen, Gegenständen, Einbildungen, Wahrnehmungen, Motionen, Revolutionen ...) (*Love's Labour's Lost*, 4,2,66–68)

KING: O God! that one might read the book of fate,
And see the revolution of the times
Make mountains level, and the continent, –
Weary, of solid firmness, – melt itself
Into the sea! ...
(O Himmel, könnte man im Buch des Schicksals / Doch lesen, und der Zeiten Umwälzung / Die Berge ebnen, und das feste Land, / Der Dichte überdrüssig, in die See / Wegschmelzen sehn!) (*Henry IV*, Pt. 2,3,1,45–49)

Das Wort beginnt gerade erst eine neue Gestalt, einen neuen Sinn, eine Eigendynamik, gelegentlich sogar einen *«extravagant spirit»* anzunehmen. Ein Schriftsteller führt es 1655 in einem angehängten Glossar auf, «das wenig bekannte Ausdrücke erklären will».[15] Aber die rein englischsprachigen Wörterbücher des 17. Jahrhunderts, die ich konsultiert habe, enthalten nicht den geringsten Hinweis auf den bevorstehenden Bedeutungswandel. Erst die Lexikographen des 18. Jahrhunderts deuten – mit der gewohnten Verspätung – politische Konnotationen an, beschränken sich dabei aber zumeist auf Einzelfälle wie «die große Veränderung der Verhältnisse nach der Abdankung von König James und der Ankunft [1688] des Königspaares William und Mary».[16]

Als im Jahr 1704 Clarendons Sohn den letzten Band der gewaltigen *History of the Rebellion and Civil Wars* (die sein Vater verfaßt hatte) der englischen Königin widmete, machte er sie aufmerksam auf «den praktischen Nutzen, von den Fehlern und Mißständen jener Zeit zu erfahren», und «nun, da eine Revolution und eine Restauration hinter Ihr liegen, haben Eure Majestät Gelegenheit, die damaligen Ereignisse im Rückblick zu betrachten».[17]

Die semantische Evolution der «Revolution» als politische Metapher wird in seiner frühen Phase durch zwei aufschlußreiche Zitate illustriert, die ich in dem Konvolut von Pamphleten, Broschüren und Flugschriften der Sammlung Thomason im British Museum fand. Das erste Zitat stammt aus Samuel Hartlibs Einleitung zu *Clavis apocalyptica* (1651); dort untersucht er «Absicht und Ausgang der gegenwärtigen Erschütterungen und fortgesetzten Kriegswirren in allen Teilen Europas» und macht als Resultat seiner prophetischen Analyse dem Leser große Versprechungen:

> Leb wohl (geneigter Leser!), und gedulde dich noch ein wenig, dann wirst du sehen, daß diese Verwirrung durch gewaltige Revolutionen, die Kirche und Staat innerhalb und außerhalb Europas erfaßt haben, ein Ende finden.

Das zweite Zitat fand ich in einem astrologischen Kalender mit dem Titel *Now or Never* (1659), «worin die großen Veränderungen, Revolutionen und Wandlungen berechnet und dargestellt sind». Auf dem Titelblatt steht:

Der fürstliche Sorgen-Kalender: Das ist / der blutige Almanach zu dem Jahr / unseres Herrn 1660 mit Vorhersage der seltsamen / Katastrophen, Änderungen und Revolutionen, / die in ganz Europa fast sämtliche Herrscher / Nationen / und Staatenbünde durchmachen werden; / dazu die gewaltigsten Vorkommnisse, vom Himmel gelenkt, / so sie Krone, / Zepter und Reichsapfel betreffen.[18]

Wir haben es also zum erstenmal mit einem im wörtlichen Sinn revolutionären Jahrhundert zu tun. Eine neue Astronomie verbündet sich mit einer neuen Politik. Wie aber bei allen Mischungen, zu denen die Geschichte die Kräfte des Wandels zwingt, existierte daneben weiterhin die alte Astrologie, die noch ältere Religiosität und die uralte menschliche Hoffnung auf Erneuerung und Erlösung. Historiker der Cromwell-Ära haben den englischen Bürgerkrieg witzig und treffend als eine Auseinandersetzung zwischen rivalisierenden Astronomien charakterisiert, den parlamentarischen Heliozentristen einerseits und den royalistischen Ptolemäikern andererseits (wobei Ptolemäus und Karl I. gleichzeitig starben). Es war zugleich eine Auseinandersetzung von rivalisierenden Eschatologien, von jenen, die an ein vergangenes und künftiges Paradies glaubten, und den anderen, denen die «törichten jüdischen Phantasien» (wie Calvin es einmal nannte) ein Dorn im Auge waren.

Weil die Ansicht, daß der Utopismus etwas mit der jüdischen Phantasie zu tun habe, immer wieder auftaucht, soll hier klargestellt werden, daß Calvin bei seiner Bemerkung die Anabaptisten im Sinn hatte, tadelnswerte Utopisten, weil sie «so töricht sind, an eine Vollkommenheit zu glauben, zu der die Menschen doch unfähig sind»; außerdem waren sie gefährliche Revolutionäre, «wilde und rohe Gesellen, die mit aller Macht die Ordnung zu stürzen versuchen». In der französischen, der letzten von ihm durchgesehenen Fassung der *Institutio* (1541), spricht er von *«les phantastiques»* (die neue Genfer Ausgabe hat das zu *«les frénétiques»* modernisiert). Auf den Zusammenhang dieses frenetischen Vollkommenheitswahns mit gewissen, angeblich jüdischen Eigentümlichkeiten geht Calvin in der folgenden Passage ein:

> Deshalb sind sie der Ansicht, es könne nichts wohl stehen, wofern nicht die ganze Welt umgestaltet würde und dadurch ein neues Gesicht erhielte... Da es also ein jüdischer Wahn ist, Christi Reich unter den Elementen dieser Welt zu suchen und darin einzuschließen, so wollen wir vielmehr bedenken, was die Schrift deutlich lehrt, nämlich daß die Frucht, die wir aus Christi Wohltat empfangen, geistlich ist, und darauf bedacht sein, diese ganze Freiheit, die uns in ihm verheißen und dargeboten wird, innerhalb ihrer Grenzen zu halten.

Gegenüber dem lauten und prahlerischen Geschrei der «Schwarmgeister, die an ungebundener Zügellosigkeit ihre Freude haben», empfahl Calvin, sich von den heiklen politischen Angelegenheiten fernzuhalten. Denn – außer unter besonderen Umständen, wenn eine unterdrückte Gruppe aus dem Kreis der Mächtigen einen Fürsprecher findet – «man kann der Obrigkeit nicht widerstreben, ohne sich zugleich Gott zu widersetzen».

> In diesem Gehorsam begreife ich außerdem auch die Mäßigung mit ein, die sich amtlose Leute im öffentlichen Leben auferlegen müssen, damit sie sich nicht unberufen in öffentliche Dinge einmischen oder der Obrigkeit unüberlegt ins Amt greifen und auch sonst öffentlich durchaus nichts ins Werk setzen. Wenn an der öffentlichen Ordnung etwas gebessert werden muß, so sollen sie nicht selbst Lärm machen, auch nicht die Hand ans Werk legen... Aber wenn man von da aus zu der Ansicht kommt, man brauche nur einer gerechten Herrschaft untertänig zu sein, so vollzieht man eine törichte Beweisführung... So soll uns zunächst die Erinnerung an unsere Missetaten ins Gedächtnis kommen, die unzweifelhaft durch dergleichen Geißeln des Herrn gezüchtigt werden. Dann wird die Demut unsere Ungeduld zügeln.[19]

Woanders aber gab es eine Gruppe ungeduldiger, zorniger Männer, die sich für eine Reformierung der Welt begeisterte und auf den Tag hoffte, da alle Menschen in völliger Freiheit zusammenleben würden, und die sich nicht so leicht abspeisen ließ. Den tatendurstigen, wenngleich selbsternannten Heiligen in England standen noch «große Aufgaben» bevor, nämlich «einen neuen Himmel und eine neue Erde zu erschaffen».

«Warum sollten wir nicht ein gegenwärtiges Himmelreich besitzen können», fragte Winstanley, «und das künftige außerdem?» Die Lehren Christi, «des größten, ersten und wahrsten *Leveller*», sollten hier und heute in die Tat umgesetzt werden. Wer kaltherzig Trost erst für das Leben nach dem Tod versprach, war für Winstanley (mit einem Zitat aus dem Judas-Brief) «wie die Träumer, die ihr Fleisch beflecken, und wie Wolken ohne Wasser».

«Lebt nicht länger in Finsternis», flehte er in *Fire in the Bush*, «denn es ist ein Ruf ergangen: Freiheit, Freiheit, Freiheit.» Dieses war aber eine Befreiung, die vom Wirken des Schicksals abhängig blieb, denn erst mit der Wiederkehr Christi würde der Antichrist getötet, der Teufel vertrieben und dem menschlichen Leid ein Ende bereitet werden. In jener «großen Schlacht», schrieb er, «wird das Licht gegen die Dunkelheit kämpfen, allgemeine Liebe gegen eigensüchtige Herrschaft, das Leben gegen den Tod, wahre Erkenntnis gegen trügerische Einbildung». Und «dieses Herauszerren, Niederwerfen und Zerschmettern jeder Herrschaft, Macht und Autorität» würde dazu führen, daß «die Menschheit zu jenem Stand reinherziger Einfalt zurückfindet, in dem sie lebte, ehe der Teufel sich näherte und sie ins Verderben führte... der Stand des kleinen Kindes».

Wer vermochte «dem Feuer des reinen Lichtes» und den «unlöschbaren Flammen» zu widerstehen? Für die Zukunft prophezeite Winstanley «Weh, Leid und Kummer der falschen Herrschaft, die die Welt regiert; sie wird von Entsetzen gepackt, wird stürzen und zerbersten». Staatsgebilde würden zerfallen und Tyrannen stürzen, sobald «die große Reformation und Restauration» stattfindet.[20]

5. Eine neue Art von Neuheit

Ein junger marxistischer Kommentator, der Lenin und Trotzki beiseite gelegt und sich John Milton und John Knox zugewandt hat, bezeichnet die erste große Revolution der Neuzeit einprägsam als «eine Fortsetzung einer religiösen Auseinandersetzung mit militanten Mitteln» [21]. Wir sind in unserer Darstellung noch nicht dort angelangt, wo man die Revolution als Fortsetzung utopischer Hoffnungen mit gewaltsamen Mitteln bezeichnen könnte; momentan fehlt der Revolution noch eine eigene, auf das Diesseits bezogene Sprache und Bildwelt. Dieser tiefe Wandlungsprozeß ist sicher einerseits eine Revolution des Neuen, andererseits aber zeigt er ganz deutlich auch die vertraute Verquickung von Fortbestand und Veränderung und darf somit als ein innovativer Umbruch gelten, dem noch einige alte Zöpfe anhängen.

Wie neu, genaugenommen, ist dieses «Neue»? Wir müssen bei dieser Frage besonders behutsam vorgehen, nachdem Generationen von Historikern aufgrund eines intellektuellen Impressionismus oft naive Mythen darüber verbreitet haben, wie traditionelle, stabile Herrschaftsordnungen durch fortgesetztes Vertrauen auf zyklische Permanenz fossiliert seien und einer modernen sozialen Dynamik Platz machen mußten, die dem Fortschrittsgedanken und der damit verbundenen Vorstellung von der linearen Vorwärtsbewegung der Menschheitsgeschichte verpflichtet ist. Eine solche simplistische Interpretation ist undifferenziert und geht in die falsche Richtung. Wie der Revolutionsgedanke sowohl kreisförmige als auch lineare Konzeptionen zuließ, so vermochte die Idee des Fortschritts und des Neuen zweierlei Herren zu dienen. So gab es bei den Christen schon sehr lange die Vorstellung von einer Vorwärtsbewegung hin zur Wiederauferstehung, eine Vorstellung, die mit den grundlegenden eschatologischen Kategorien von Sünde und Erlösung arbeitete und in die wunderbarste Neuheit mündete, die man sich denken konnte: in ein von neuen Menschen bewohntes Paradies. Wie stets bei der Geschichte von Utopie und Revolution darf man auch an dieser Stelle nicht die apokalyptische Botschaft vergessen, von der die Offenbarung des Johannes spricht und wo der Tag beschrieben wird, der nach dem letzten Kampf mit seinem Feuer und Blut, Donner und gewaltigen Erdbeben anbricht: «Und ich sah einen neuen Himmel und eine neue Erde... und der auf dem Thron saß, sprach: Siehe, ich mache alles neu» (Offenbarung 21,1,5). Hier sind bereits alle Elemente angesprochen, die zu einer ausgereiften Idee des Neuen und der Zukunft gehören; zwar unterscheidet sich das eschatologische Geschichtsbild in wichtigen Punkten von der modernen evolutionären Vorstellung mit ihren säkularen Wandlungsfaktoren (die ohne ein göttliches Schauspiel auskommt, bei dem Zeitlichkeit sich in Ewigkeit auflöst), aber es war wie die späteren teleologischen Konzeptionen ebenfalls «zukunftsorientiert». Lange bevor die Idee des sogenannten säkularen Fortschritts aufkam, hatte bereits die bewegende Vision von einem Weg existiert, der in die Zukunft führte; die gesamte Menschheit sehnte jenes Ereignis, jenen großen Schlußakt herbei und wartete auf das himmlische Ende.

Ich glaube, die Historiker haben die Vielschichtigkeit einzelner Wörter und die Strukturen dieser Vielschichtigkeit zuwenig beachtet. Wir brauchen nicht erst William Empsons Typologie der sprachlichen Unschärfen in *Seven Types of Ambiguity* zu lesen, um die Mehrschichtigkeit zu erkennen, die in den großen, wichtigen Schriften steckt – denn was als «neu» erscheint, enthält stets *altes* Neues und *neues* Neues. Die großen Losungen sind immer mehr als rasch hingepinselte Fahnenrufe, denen die Anhänger blindlings folgen; auch wenn die Heere sich in stockfinsterer Nacht begegneten (um eine Metapher von Matthew Arnold zu benutzen), blind waren sie dabei doch nicht. Auch wenn nicht jedermann die Finessen der Dialektik beherrscht, sind doch die Menschen selten so einfältig, wie manche Historiker uns glauben machen möchten. Sie können häufig bewußt oder unbewußt feine Unterschiede und noch feinere Zusammenhänge entdecken; sie haben die ganze dokumentierte Geschichte hindurch die Fähigkeit bewiesen, gleichzeitig an zwei gegensätzliche oder widersprüchliche Dinge zu glauben. Nehmen wir als Beispiel nur den Titel eines Werkes aus dem 17. Jahrhundert, dessen gelehrter Verfasser zwar den begreiflichen Wunsch hatte, Altes und Neues zu verbinden, aber schon bei der Formulierung deutlich zögert und sofort Einschränkungen macht: *A New or, More Truly, a New-Ancient Explanation...*[22]

Ein kurzes Stöbern in jener einzigartigen Fundgrube für die Gedankenwelt des 17. Jahrhunderts, John Spencers Anthologie *Things, New and Old* «oder eine Schatzkammer von Gleichnissen, Sentenzen, Allegorien, Sinnsprüchen, Sprichwörtern und Apologien von geistlicher, moralischer, politischer und anderer Art, sowie ihre mannigfaltige Anwendung» genügt, um diese dialektische Mehrdeutigkeit und das Potential für Widersprüche mit zahlreichen Beispielen zu belegen. So wirkt einerseits der Einbruch des Neuen, Innovativen, dessen, was ich das «neue Neue» nenne, als Subversion der gesellschaftlichen und kirchlichen Ordnung; andererseits ist das alte Neue unabdingbar für den Glauben an einen transzendentalen Sinngehalt der Welt. Niemand wetterte so fulminant gegen das «Blendwerk der Neuheiten» wie Spencer. Mit bitterem Sarkasmus bemerkt er: «So ergreifen manche für diesen Prediger Partei, andere für jenen; und Lehren, die unter Donnerhall geboren wurden und zu Spaltung und Neuerung ermuntern, finden kein Gehör, wenn sie nicht nach dem neuesten Geschmack aufgeputzt daherkommen.» In solcher Tirade steckt ein explosiver innerer Widerspruch. Solche Einlassungen, ebenso gelehrt wie verzweifelt argumentiert, konnten sich auf Dauer nicht behaupten, weil sie gedanklich inkonsistent waren; Spencer und Männer seines Schlages mußten noch miterleben, wie die logische Basis ihrer Überzeugungen zerstört wurde. Einer seiner Sinnsprüche lautete: «Neuerungen in Kirche und Staat – äußerst gefährlich», ein anderer «Regeneration – eine ausgezeichnete Sache», denn «ohne diese *neue* Schöpfung gibt es keine Erlösung aus der Verdammnis und kein Glück». Nichts konnte unter der Öffentlichkeit gefährlichere Verwirrung stiften als der Versuch, drei offenkundig widersprüchliche Prinzipien gleichzeitig verteidigen zu wollen: Alles Neue war von Übel; wirklich Neues gab es gar nicht, es gab nur Variationen der alten Wahrheiten; nur wirklich Neues versprach Erlösung.

«Wir glauben, Gewehr und Druckerpresse seien neue Erfindungen», meint Spencer skeptisch und läßt sich dann auf eine Argumentation ein, die zu einem Paradebeispiel für einen logischen Zirkelschluß gerät:

> ... und doch heißt es, daß bei den Chinesen Gewehr und Druckerpressen schon lange in Gebrauch waren, bevor wir im Westen davon wußten. Was also nutzt es dem Christenmenschen, jeder Neuheit nachzujagen, da doch Gott durch Solomon der Menschheit gebieterisch sagen ließ, *‹Gibt es etwas, wovon man sagen kann, dies ist neu?›* Möge sich ein jeder um fromme Einsicht bemühen, auf daß er die Herrlichkeiten der neuen Geschöpfe und die Tapferkeit des neuen Jerusalem erkenne, und sich Christus hingeben, auf daß er zu einer neuen Kreatur werde und ihm ein neuer Name zuteil werde, ein neuer Geist, neue Loyalität, neue Anteilnahme, ein neues Wesen und ein neues Wirken, ein neues Gebot, ein neuer Weg zum Himmel und eine neue Wohnstatt im Himmel.

Über diesem Abschnitt stand die Aufforderung: *«Ein jeder möge sich anstrengen, ein neues Geschöpf zu werden.»* Etwas später im selben Text heißt es: «Tägliche Besserung hilft jedem, der ein neuer Mensch werden möchte.» Glaubte wirklich jemand, das sei ausreichende Vorbereitung für den Kampf gegen einen Rivalen, der revolutionäre Thesen über das Neue verkündete?

> Sobald die alten Dinge beseitigt sind, wird alles neu erstehen; wir werden neue Menschen, neue Kreaturen sein, mit neuen Herzen und mit neuen Gesängen auf den Lippen, werden an dem neuen Bündnis teilnehmen und schließlich das neue Jerusalem erben.

Je häufiger diese Glaubensartikel wiederholt wurden, desto mehr Munition gab man dem Gegner, der von der Möglichkeit, sie zum Gegenangriff zu verwenden, denn auch Gebrauch machte. Hier sehen wir einen der großen und schicksalhaften Bumerangs in Aktion, die es hin und wieder in der Geschichte der europäischen Rhetorik gegeben hat; am Schluß kann unser traditionsverhafteter Ideologe der *Things, Old and New* sich nur mehr zu einer letzten verzweifelten, ironischen Bemerkung aufraffen und hilflos stotternd abzuwenden versuchen, was erst durch seine apokalyptische Argumentationsbasis möglich wurde.

Was uns betrifft, so sind wir mit ganzem Herzen für Erfindungen und neue Formen der Sünde, wie sie unseren Vorvätern unbekannt waren; für neue Herren und neue Gesetze; neue Leuchten, neue Lehren, neue Moden, neue Köpfe; ja eigentlich für eine ganz neue Sorte Mensch; für neue Möglichkeiten der Bereicherung, neue Techniken des Betrugs und neue Formen des Diebstahls. Kein Zweifel, daß Gott auch an einer neuen Form für das Jüngste Gericht arbeitet.[23]

Nein, woran vielmehr gearbeitet wurde, war eine historisch neue Kategorie des Neuen.[24] Ein florentinischer Humanist – der dem portugiesischen König begeistert über die triumphalen Fortschritte berichtete, die in dieser Epoche des Aufruhrs, des weltweiten Abenteuers und der Entdeckungen gemacht wurden – empfand es als eine Zeit, da «neue Länder erschlossen werden, neue Meere, neue Kontinente und sogar neue Gestirne».

Nichts ist so alt wie die Sehnsucht nach Neuem; es liegt in der Natur der Sache, daß sie immer wieder als neu, einzigartig und noch nie dagewesen empfunden wird. In dem stets wiederkehrenden leidenschaftlichen Verlangen nach Neuem ruft die Seele aus animalischer Tiefe nach Wiedergeburt, nach Kraft, nach Abwechslung und Abenteuer; es ist für den an Zeit und Geschichte gefesselten Menschen eine weitere Möglichkeit, seinem starken Bedürfnis nach einem Gefühl von Anderssein und Besonderheit und seiner innigen Hoffnung auf neue Sinngebung und Erfüllung Ausdruck zu geben. Und nun, als dieses vehemente Verlangen an der Schwelle zur Neuzeit wieder auftaucht, werden die traditionellen drei Archetypen um ein ganz wichtiges Konzept ergänzt – zu Wiederauferstehung, Wiedergeburt und Erlösung gesellt sich die Revolution, und mit ihr die Aussicht auf etwas glanzvoll Neues, auf eine zusätzliche herrliche Möglichkeit für die Menschheit. Die Revolution gehört mit der Utopie (wie früher das Paradies oder Nirwana) zu den Grundformen menschlicher Vorstellungskraft; sie findet Sinn und Ziel in jenem esoterischen, transzendentalen Bereich, wo sich jenes kosmische Drama abspielt, das den mutmaßlich schicksalhaften Weg der Menschheit bestimmt. Nun wurde das «Goldene Zeitalter» in die Zukunft verlegt, und man entwikkelte für das Arkadien zeitliche Koordinaten und aktuelle Bezüge, während einige entschlossene Gestalten, geistig gerüstet und von hehren Moralbegriffen getrieben, darangingen, diese Welt vollkommen zu machen.

In der neuentstandenen Sphäre des sozialen Wandlungswillens fand der revolutionäre Impetus seinen Ausdruck in der Utopie. Die Revolution verschaffte einen utopischen Blick auf neue Welten und neue Denkweisen. So wird sie sogar von Kopernikus in *De revolutionibus* verstanden: «Und warum leugnen, daß die täglichen Revolutionen sich scheinbar am Himmel, in Wirklichkeit aber auf Erden vollziehen *(... neque fateamur ipsius quotidianae revolutionis in caelo apparentiam esse, et in terra veritatem)*?» Beide Revolutionen, die wissenschaftliche wie die soziale, begannen damit, daß sie den herkömmlichen Ansichten über das Hier und Heute eine neue und bisher nicht denkbare Welt gegenüberstellten. Thomas Mores «Utopia» auf einer fernen Insel und John Miltons revolutionärer Schlachtruf nach einem «in Freundschaft und Brüderlichkeit geschlossenen Bund aller Menschen dieser Erde» sollten zum Doppelgestirn am politischen und moralischen Firmament des modernen Menschen werden. Er durfte sich von nun an einbilden, daß stets noch ein anderer Weg möglich war, ein «naher, leichter Weg» (*«a readie and easie way»*, wie Milton sein letztes politisches Pamphlet überschrieb). Nur noch eine letzte Revolution, und die Erde selbst würde sich endlich in das schöne, neugestaltete Utopia verwandeln.

Es gibt keine bessere Methode, seltsame und absurde Thesen unter die Leute zu bringen oder zu verteidigen, als sie mit einer Unzahl von obskuren, zweideutigen und undeutlichen Wörtern zu bewehren. Dadurch aber sehen diese Wehrburgen auch eher wie die Verstecke von Räubern oder Schlupflöcher von Füchsen aus, als wie Festungen ehrlicher Krieger; daß man schwer an sie herankommt, liegt nicht an der Stärke der Anlage, sondern an den Sträuchern und Dornen und der Dunkelheit des Buschwerks, die sie umgeben. Weil nämlich die Unwahrheit dem menschlichen Geist widerstrebt, gibt es für Absurditäten keinen anderen Schutz als die Dunkelheit.

John Locke (1690)

5. Die Geburt einer Metapher (II)

Das fehlende Wort - Masaniellos Auftritt - Annäherung an ein neues Vokabular - Milton, Nedham, Locke - Zwischen Pragmatik und Idylle - Das mythologische Szenarium

6. Das fehlende Wort

Nur selten trat im 17. Jahrhundert die Revolution unter ihrem eigenen Namen auf; wo sie es aber tat, dachte man dabei – jedenfalls in England – eher an Rückschritt als an Fortschritt, an Restauration, an eine «Rückkehr zum Ausgangspunkt». Vielleicht beweist sich darin wieder einmal der Genius der englischen Sprache und Art, daß Revolution – als Rebellionen und Gewalttaten schon alltäglich geworden waren – als Reform dargestellt werden konnte. Eine Predigt des Thomas Case vor dem Unterhaus im Jahr 1641 enthielt den Aufruf:

> Reformation muß überall stattfinden... Ich flehe euch an, reformiert alle Stände, alle Menschen und Gewerbe; reformiert die hohen Gerichte und die niederen Amtsstellen... Reformiert die Kirche... Reformiert die Universitäten, die Städte, die Länder, die Volksschulen; reformiert den Sabbat, die Erlasse und den Gottesdienst.

«Mehr Arbeit erwartet euch, als ich sagen kann», schloß der Geistliche. «Jede Pflanze, die mein himmlischer Vater nicht selbst gepflanzt hat, soll mit der Wurzel ausgerissen werden.»

Nicht abgebrochen nur, weil sie dann wieder wachsen und sprießen kann; sondern herausgezogen mit Stumpf und Stiel. Wenn sie nicht von

Gott gepflanzt wurde, was hat sie dann im Garten zu suchen? Reißt sie heraus, diese Pflanzen, samt Blatt und Wurzel, daß nicht das geringste von ihnen übrigbleibt.

Diese Metapher gehört zu den gängigsten hausbackenen Metaphern der Revolution, paßt aber doch wohl nicht für Reformer und Reformatoren; normalerweise identifizierten diese sich nicht mit Entwurzelung oder mit «einer gewaltigen Reformation», die «eifrig – beherzt – geschwind» vorangetrieben werden soll. Aber wir haben es hier mit einem seltenen und ungewöhnlichen historischen Ereignis zu tun; so spürte auch Milton, daß «eine neue, große Zeit anbricht», die im Extremfall «sogar mit der Reformierung der Reformation» enden könnte.[1]

Fehlte schlicht das Wort, oder war es eher so, daß es speziell für den politischen Diskurs noch nicht zur Verfügung stand? Die Wortgruppe, mit der dramatischer geschichtlicher Wandel bezeichnet wurde, erfuhr eine schicksalhafte Umwertung der Werte, und dabei verlor «Reformation» seinen breiten politischen Bezug und wurde zu einem Spezialausdruck für religiöse Veränderungen; während in die «Revolution» allmählich Assoziationen von drastischen menschlichen Empfindungen in beispielloser Fülle miteinflossen. Etwas von diesem semantischen Scheidepunkt spürt man hinter der geladenen Formulierung von Clarendons Sohn in der Einleitung zur Erstausgabe von *The Rebellion and Civil Wars* (1702): «... ein Zeitalter, da es eine Revolution brauchte, um eine Reformation durchzuführen.»[2] Von nun an erscheint das neue Wort dann auch tatsächlich mit gleichsam astronomischer Gleichförmigkeit und Unausweichlichkeit, und wir sollten uns deshalb sein ungewöhnliches Debüt auf der Bühne der Geschichte einmal genauer betrachten.

7. Masaniellos Auftritt

Einem Sprachwissenschaftler zufolge hat Montaigne in seinen *Essais* (1595) «wenn nicht sogar als der erste, dann als einer der ersten» das Wort in seiner modernen politischen Bedeutung verwandt; und er meint, die Vorstellung von *rivolutioni* habe ein italienischer Historiker popularisiert, der über den Aufstand der Neapolitaner gegen die Spanier schrieb.[3] Diese Datierungen sind jedoch von anderen Forschern inzwischen um mehrere Jahrhunderte vorverlegt worden: So benutzte Matteo Villani bereits im Jahr 1355 das Wort *revoluzione* im Zusammenhang mit einer Volkserhebung in Siena.

Andere italienische Geschichtsschreiber, so auch Guicciardini, benutzten das Wort häufig im Zusammenhang mit Darstellungen von den Unruhen in Florenz während des 15. und 16. Jahrhunderts.[4] Bei Savonarola fand ich:

> Glaube mir, Florenz, es wäre viel Blut geflossen in dieser Revolution *(revoluzione)*, wenn Gott nicht mäßigend eingegriffen hätte.[5]

Machiavelli benutzte das Wort anscheinend selten, aber in modernen Übersetzungen taucht es anachronistisch zur Wiedergabe von *mutazione di stato* oft auf. In John Florios englisch-italienischem Wörterbuch *A World of Wordes* (1598) lautet der betreffende Eintrag:

> *Rivolgiménto*, eine Umdrehung, eine Revolution, ein Rollen und Auf- und Niederbewegen. Ebenso ein Drehen oder Kurbeln, hinein und hinaus, ein raffinierter Trick oder durchtriebene Gaunerei. Auch eine Revolte, ein Auflehnen oder Rebellieren.

Offenbar entsprach dem heutigen Bedeutungsfeld von «Revolution» damals *ribellione* – «Rebellion, Erhebung gegen Autorität, Recht, Gesetz und Fürsten». *Riformatione* wird definiert als «eine Reformation, ein Reparieren, eine Wiederherstellung der Dinge gemäß ihrer ursprünglichen Beschaffenheit» (in der zweiten Auflage wird allerdings hinzugefügt: «Auch ein Gesetz oder Erlaß, vom Volk ohne den Senat beschlossen.») Und *riuolatione* erklärt Florio als «eine Revolution, ein Umdrehen, ein Zurückdrehen zum ursprünglichen Platz oder Punkt, eine Revolution der himmlischen Körper oder Sphären». Es ist besonders interessant festzustellen, daß unter den von Florio herangezogenen Büchern auch die Londoner Schriften des Giordano

Bruno sowie Werke von Machiavelli, Tansillo und Guicciardini auftauchen.[6] Jedenfalls scheint es keine Frage mehr, daß das Wort «Revolution» aufgrund der politischen Unruhen in Italien nach Nordeuropa gelangte und nicht – wie R. G. Collingwood zu beweisen versuchte – durch die französische Literaturkritik des 17. Jahrhunderts in Umlauf gebracht wurde.[7]

Vielleicht waren die englischen Schriftsteller wirklich besonders langsam bei der Übernahme eines politischen Vokabulars, das die Chronisten Italiens im Zusammenhang mit Aufständischen und ihren Unternehmungen seit mindestens zwei Jahrhunderten ständig gebrauchten. Eine zentrale Bedeutung für unsere Untersuchung haben sicherlich die hervorragenden Übersetzungen Howells von zeitgenössischen Darstellungen aus Italien. Dabei sind die Aufstände der Jahre 1647–48 in Neapel – deren ungewöhnlicher Beginn unter der Führung eines gewissen Masaniello stand, eines jungen Fischers, barfüßig, mit blauem Hemd und roter Kappe, dem die Bevölkerung Neapels begeistert zur Macht verholfen hatte – das wichtigste Glied in der Kette, die das mediterrane mit dem modernen ideologischen Idiom verbindet. Hatte man in Europa die Revolution aufgrund ihrer Assoziation mit dem kopernikanischen System bisher als eine Vokabel für den Lauf der Planeten verstanden, sollte bald ein andersartiger, schicksalsträchtiger Lauf mit ihr vorgezeichnet werden. Hier sind wir an dem entscheidenden Punkt angelangt, wo die alten politischen Paradiesvorstellungen um eine neue säkulare Abstraktion erweitert werden, die originell und stark genug ist, um himmlische Hoffnungen in irdische Gewißheiten umzupolen und Bewegungen am Sternenhimmel in ein großes und ausgesprochen menschliches Drama zu übersetzen. James Howell ist deshalb für uns so wichtig, weil er den Augenblick der Transformation schriftlich festgehalten hat.

Im Vorwort zu *Parthenopoeia* (1654), einer Geschichte des Königreichs Neapel mit besonderer Berücksichtigung von Masaniellos Massenerhebung, schreibt Howell: «Nun gab es in dieser gewaltigen Revolution vieles, was außergewöhnlich war und Aufmerksamkeit verdient.» Er erwähnt die «Hitze in der

Luft» und «die schwefelige Beschaffenheit der Hitze» des italienischen Bodens, die zu «Bränden und Erdbeben» führt, und schlägt dann einen Bogen von der Geologie zur Politik. «So ist der Neapolitaner, weil er in solcher Landschaft lebt, von feurig kochendem Wesen, weshalb der Spanier ihn mit Knüppel und Stampfstock bändigt; er trägt so viele konträre Winde im Kopf und Unbeständigkeiten im Herzen wie die Franzosen oder sonst jemand...» Deshalb neige er auch zu «allerlei Innovationen»; doch damit nicht genug: «Ich kenne kein politisches Instrument, das häufiger verstimmt wäre, hat es doch in den letzten vierhundert Jahren nicht weniger als vierzig Revolutionen gegeben.» Die jüngste Revolution, die Howell als Übersetzer von Giraffis Geschichtswerk wohlbekannt gewesen sein muß, war Masaniellos rebellischer Ausbruch gegen die ausbeuterische und ungerechte spanische Besatzungsmacht.

> Die letzte Revolution, die 1647 stattfand, war heftiger als alle vorhergehenden, war wie eine an beiden Enden brennende Kerze, und das gemeine Volk gebärdete sich so toll, als wäre es von etwas Stärkerem als einer Tarantel gestochen. Bei dieser Revolution geschah so viel Gewaltiges, daß niemand es glauben und jeder für Erfindung halten würde, wenn es sich nicht jüngst, sozusagen gerade erst gestern ereignet hätte... daß sich dieser Tumult aus einem kleinen Funken zu einem so mächtigen Feuer entwickelte, aus einer kleinen Quelle zu einem rauschenden Sturzbach, aus einer schwachen Brise plötzlich zu einem solch unbezähmbaren Wirbelsturm.[8]

Hier sehen wir, wie Revolution aus der Metapher entstand, und sie hat den literarischen Charakter ihrer Geburt nie verleugnen können. Mehr noch: Die gesamte politische Evolution dieses Wortes, das zu einem der großen archetypischen Denkbilder und mythischen Symbole der Menschheit geriet, wurde stets – trotz der gewaltigen Veränderungen der folgenden Jahrhunderte – von etwas maßgeblich bestimmt, was wir vielleicht als einen «metaphorischen Imperativ» bezeichnen können. Es bestand und besteht eine starke Affinität zum Funken und Feuer, zum Fluß und zur Flut, zum Sturm und Wirbelwind, zum Vulkan und Erdbeben, und vor allem zum Kreislauf der Zeit und den Bewegungen am Firmament.

8. Annäherung an ein neues Vokabular

Wie lange würde es dauern, bis die neue Terminologie von einer anderen, fremden Sprache übernommen würde? John Milton zeigt deutlich, wie vorsichtig in Stilfragen und zurückhaltend gegenüber verbalen Neuerungen der englische Sprachkonservatismus ist, wenn er schreibt:

> Weil sie es für das beste hielten, einem ausländischen Wort nicht die rauhe, fremde Endung zu belassen, damit ein englischer Mund sich nicht zu verzerren brauchte, behielten sie das radikale Wort bei und taten es damit doch nur den elegantesten Autoren der Griechen und Römer und den Italienern von heute nach, die für dergleichen Liebedienerei nur Verachtung übrig haben. Man denke nur daran, wie unsere englischen Namen vom Ausland mißhandelt werden; so ist es nur billig, wenn wir anderen dasselbe tun.[9]

Wörter kämpfen, die Sprache widersteht.

Aber die Zeiten waren für ein neues Vokabular besonders günstig, als im Jahr 1648 in allen Teilen Europas Sozialkonflikte ausbrachen und rebellische Geister die politischen Erwartungen und einen feurigen Enthusiasmus schürten. Seite an Seite erlebten Rhetorik und Rachlust eine Hochblüte. Henry More, ein aufmerksamer Beobachter der Wörter und Sprache und einer der gefeiertsten Philosophen seiner Zeit, sprach damals von der «starken Versuchung», der der Enthusiast verfiel:

> Wie ein mächtiger Sturmwind überfällt ihn die Lust, sich einer Sache hinzugeben und völlig zu verschreiben, sein Herz erbebt vor Begeisterung, in seinem Kopf entstehen klare, überzeugende Bilder, und der Mund geht ihm über mit glänzender, mächtiger Rede, die die einfachen Zuhörer in großes Erstaunen versetzt.

Henry More war dieses Phänomen nicht ganz geheuer, und er hielt «dieses ganze Übermaß an Eifer und Begeisterung und den Überschwang an Worten» für «eine Art von natürlicher Berauschtheit». Seine Einwände waren zwar in erster Linie auf die «dichterischen Verzückungen» der «großsprecherischen Jünger unter den Enthusiasten» gemünzt, treffen aber genauso auf die poetischen Verzückungen zu, welche die erste Welle des revolutionären Enthusiasmus begleiteten, von dem hier die Rede sein soll. Mores weitblickende Kritik an der Eloquenz und am Wortrausch erhellt in mancher Weise auch eben jenen Kontext, in dem das Wort «Revolution» entstand, das in den folgenden Jahrhunderten im Mittelpunkt zahlreicher Flutwellen des Enthusiasmus stehen würde: «Die Einbildungskraft ist derart ungebändigt, daß es für sie viel einfacher ist, in die Ferne zu schweifen und sich irgendeiner schrägen, verrückten Idee aus dem entlegensten Winkel zu verschreiben, als sich mit Dingen zu befassen, die näherliegen und dem Verstand zugänglicher sind.» [10] Das erklärt vieles, aber nicht jenen «mächtigen Sturmwind», der viele seiner Zeitgenossen mitriß. «Näherliegend» und ganz außergewöhnlich war das Ungewitter, die Erschütterung des Geistes und der Erde. Der junge Thomas Sprat, der als Kind die Wirren von Bürgerkrieg und Rebellion miterlebt hatte, äußerte sich in demselben Sinn, sah aber das Verhältnis von Sprache und Politik etwas nüchterner:

> Während des [Bürger-]Krieges (eine Situation, in der die Sprache wie niemals sonst unglaublich bereichert wird, weil solche unruhigen und bewegten Zeiten viele neue Ideen hervorbringen, die angezeigt und durch neue Wörter kenntlich gemacht werden wollen) also erhielt sie viele merkwürdigste Wörter, die von unseren religiösen Sekten eingeführt wurden, sowie zahlreiche ausländische Begriffe, eingeführt von Schriftstellern und Übersetzern, die in großer Hast arbeiteten und freigebig mit ihnen umgingen, so daß viele neue Laute und die dazugehörigen Formen und Wendungen in sie einflossen. [11]

«Revolution» war einer dieser neuen Begriffe, ein schwieriges Wort, dem in unruhiger, kreativer, kriegswirrer Zeit ein neuer Sinn gegeben wurde und das erkennen ließ, daß es Leute gab, die sich nun mit einem neuen, bisher vergeblich gesuchten Gedanken befaßten.

Dieser Aspekt des zeitgenössischen Selbstbewußtseins, diese bemerkenswerte Einsicht in den Prozeß, wie Wörter und Dinge, wie die Bezeichnungen für Realia geformt und umgeformt werden, ist ebenso erstaunlich wie weit verbreitet. Bei Thomas Blount, der neben James Howell und Miltons Neffen Edward Phillips zu den bedeutendsten Lexikographen jener Zeit gehörte, finden wir ein geradezu unheimliches Gespür für die historische Entwicklung, die wir hier aufzuzeigen versuchen. In der *Academie of Eloquence* (1653) schreibt er:

> Eine Metapher ist die in freundlichem, gutnachbarlichem Sinn betriebene Entlehnung eines Wortes, um etwas besser und deutlicher und gleichzeitig weniger direkt und üblich auszudrücken, als das exakte Wort für das Gemeinte es könnte...
>
> Für die Metapher gilt die Regel, daß sie weder zu stark noch zu abwegig sein soll; zwar enthält jede Metapher mehr, als zur genauen Bezeichnung nötig ist, doch kann man ihrer nicht entbehren, um die weitschweifende Gedankenwelt der Menschen wiederzugeben.

Im praktischen Teil gibt er Beispiele für die Technik der «Erweiterung», bei der man Synonyme aneinanderreiht. So heißt es unter dem Stichwort «Aufruhr»:

> ...*Aufruhr*; Tumult; Meuterei, Toben, verwegene Verschwörungen, gottlose Zusammenschlüsse, wildes Durcheinander, verräterische Rebellion, verbrecherische Bündnisse, Verführung zum Vertrauensbruch, blutiges Wüten, gegenseitiges Abschlachten der Bürger.[12]

Ein gewisses sinnerweiterndes Synonym glänzt hier durch Abwesenheit; die weitschweifenden Einfälle der Menschen mußten erst noch ein wenig weiterschweifen.

Um plötzliche, radikale politische Veränderungen zu benennen, genügten Hobbes – und Bacon, Coke, Greville, Selden – Wörter wie «Revolte», «Rebellion» und «Umsturz»; und bei anderen Autoren findet man unverändert «Tumult», «Aufruhr», «Bürgerkrieg». Man folgte dabei dem Vorbild der Klassik: Denn obwohl Herodot, Thukydides, Platon und Aristoteles Revolutionen schildern, hatten die Griechen kein eigenes Wort dafür. In einem lateinischen Wörterbuch lautet der betreffende Eintrag:

Revolution: conversio... mutatio... vicissitudo... res novae... rerum mutatio.

In der Definition, die ein französischer Lexikograph gibt, klingen die nationalen Erfahrungen des Jahres 1789 nach:

Changement brusquement et violent dans un Etat: rerum mutatio *ou* commutatio permutatio civilis (Cic.), magna rerum perturbatione; *faire une révolution*: res commutare (Suet.), turbata respublica... seditiosus... turbulentus.

Und ein Glossar spätlateinischer Termini:

Conversio: Revolution (der Gestirne), Umkehr des bußfertigen Sünders voll Reue, Konversion...
Revolutio: Zurückrollen, Rückkehr, Revolution (der Zeit)...[13]

Diese lange nachklingenden Assoziationen von Wandel und Sünde, von Rebellion und Reue, von den Schicksalsfällen gewaltsamer Veränderungen sind auch für John Milton noch präsent, wenn er in seinen lateinischen Schriften von den großen Umwälzungen unter Cromwell spricht; wenn beim Leser der Eindruck entsteht, Milton habe darin eine gesellschaftliche Revolution gesehen, so sind daran im wesentlichen Anachronismen in den modernen Übersetzungen schuld.[14]

Ebenfalls präsent war die Vorstellung vom «Glücksrad» und seinen Wandlungsphasen, wie Polybius es beschrieb:

So also verhält es sich mit den zyklischen Revolutionen in der Politik, daß ihr Lauf von der Natur vorgeschrieben ist und die Verfassungen sich ändern, verschwinden und schließlich dorthin zurückkehren, wo sie begonnen hatten. (*Historia*, 6.5.1)

Ganz in diesem Sinn definiert Cotgrave in seinem *Dictionarie* (1611):

Revolution: *f* eine Revolution; eine volle Kreisbewegung; ein Rundgang oder Zurückkehren zum Ursprungspunkt oder -ort, die Vollendung einer Kreisbewegung.[15]

Das weist teils auf Polybius, teils auf Kopernikus. Erst nach der «glorreichen Revolution» von 1688 geben die englischen Lexikographen auch die neue politische Bedeutung des Wortes an (so etwa Samuel Johnson in seinem *Dictionary* von 1755).

Daß es schon lange vorher in einem allgemeinen historischen und politischen Kontext benutzt wurde, sollte inzwischen deutlich geworden sein. Der Prozeß gegen Karl I. und seine Hinrichtung veranlaßten Matthew Wren zu einer Schrift über «jene seltsamen Revolutionen, die wir miterlebt haben»; und Anthony Aschams Pamphlet über den Bürgerkrieg trug den Titel *Of the Confusions and Revolutions of Governments* (1649). In allen Grundsatzerklärungen, die Karl II. aus Breda kurz vor seiner Rückkehr nach England General Monk, dem Oberbürgermeister von London sowie dem Ober- und Unterhaus zukommen ließ, sprach er stets von «den großen Revolutionen, die vor kurzem geschehen sind».[16] In *Oceana* machte James Harrington einen Unterschied zwischen «natürlichen Revolutionen» (die «von innen kommen») und «gewaltsamen Revolutionen» (die «von außen kommen»). Jener Historiker, der vermutet, daß in der zeitgenössischen Presse die Ereignisse von 1648/49 deshalb nicht als Revolution bezeichnet wurden, weil es sich nicht um eine Rückkehr zu einem älteren Regierungsmodell handelte, hat wahrscheinlich recht. Revolution war ein Aspekt eines kreisförmigen und nicht eines linearen Geschichtsverständnisses; das führt uns Hobbes eindrücklich vor, wenn er auf der letzten Seite seines *Behemoth*, der «Geschichte von den Ursachen des Bürgerkrieges in England», recht schadenfroh bemerkt:

> Ich habe hinter dieser Revolution das kreisförmige Wirken einer höheren Macht erkannt, vom verstorbenen König über zwei Usurpatoren bis heute zu seinem Sohn; es begann nämlich bei Karl I., ging dann zum Langen Parlament, von dort zum Rumpf-Parlament, von diesem zu Oliver Cromwell, kehrte dann zurück über Richard Cromwell zum Rumpf-Parlament, zum Langen Parlament und endete bei Karl II., an welchem Ort es lange verharren möge.[17]

9. Milton, Nedham, Locke

Soweit ich feststellen kann, wird nirgendwo in den politischen und historischen Schriften von John Milton und John Locke, obwohl beide tief in die revolutionären Vorgänge ihrer Zeit verstrickt waren, das bewußte Wort in seiner modernen Bedeutung gebraucht. In Miltons englischen Schriften und teilweise auch in zeitgenössischen Übersetzungen seiner lateinischen Werke wird das Wort in demselben alten Sinn verstanden wie bei Shakespeare, wenn die Rede geht von «Gestalten, Figuren, Formen, Gegenständen, Einbildungen, Wahrnehmungen, Motionen...». In der Übersetzung, die Miltons Neffe Edward Phillips 1694 von den Staatspapieren seines Onkels anfertigt, ist an einer Stelle (in einem Brief an den König von Dänemark aus dem Jahr 1659) seltsamerweise die Rede von einer «Revolution dieser Regierung *(a Revolution of this government)*»; das ist deshalb seltsam, weil Phillips in seinem etwa gleichzeitig verfaßten Wörterbuch *The New World of Words* (1696) diese Bedeutung nicht erwähnt. Eine andere Übersetzung aus dem 17. Jahrhundert belegt die einfallsreiche Ausweitung der revolutionären Metapher in einen allgemein historischen (und sogar soziologischen) Bereich. Da klingt in Miltons *Declaration against Spain* eine Stelle so, als habe der Übersetzer sich bereits so übereifrig ans Interpretieren gemacht, wie das später üblich wurde: «Die Reformierung der Religion und die Entdeckung Westindiens, zwei große Revolutionen *(conversiones)*, die fast zur gleichen Zeit stattfanden, haben die Verhältnisse auf der Erde sehr stark verändert.»[18] Auf diesen Themenkreis bezogen, war Miltons Wortgebrauch jedoch grundsätzlich traditionell, und nur gelegentlich auf Bedeutungswandel hin nuanciert. Wie es später unter Historikern üblich wurde, taucht in Miltons *History of Britain* (1670) das Wort «Revolution» auf der ersten und der letzten Seite auf.[19] Eingangs spekuliert er über das Schicksal von Nationen: «So geschieht es, daß sie mal durch den Druck barbarischer Fluten, mal durch gewisse Revolutionen der Zeit unaufhaltsam zugrunde gehen und in Faulheit und Ignoranz versinken.» Und er schließt mit der Bemerkung: «Wenn dies also die Ursachen für Elend und Knechtschaft unserer Vorfahren waren, läßt sich kein besserer Schluß finden, als hier an passender Stelle auf die gesicherten Zeiten hinzuweisen, in denen wir leben, und auf die Gefahr, daß ohne Vorsichtsmaßnahmen dieselben verderbten Sitten zu einer Revolution mit denselben Schrecken führen werden.»

Aber trotz der wichtigen philosophischen Implikationen (und der späteren theoretischen Ambitionen) ist es weniger ergiebig, Anwendungsbeispielen des Wörtchens «Revolution» bei solchen hohen und abstrakten Bewältigungsversuchen nachzugehen, als bei den niederen Schriften, der Agitprop-Literatur der Zeit, wo es sich zu seiner künftigen Größe mausert. Nirgendwo habe ich es an einer Einzelstelle häufiger gefunden als in den Streitschriften des Marchamont Nedham, dessen Polemik oft halbamtlich abgesegnet war: vielen Flugblättern hatte John Milton im Namen der Cromwell-Regierung die Druckerlaubnis erteilt. Als die politischen Implikationen der Revolution in den unruhigeren Jahren um 1650 zum erstenmal mit voller Macht ins Bewußtsein dringen, verwendet der konservative James Howell, der fast eigenhändig dem Wort seine ideologische Prägung in der englischen Sprache gab, es stets als Synonym für eine gräßliche Katastrophe; im Kampf der Wörter pariert der radikale Nedham mit Dutzenden von Ausdrücken, die allesamt wunderbar verheißungsvoll sind. Zu Nedhams Pro-Cromwell-Schriften meinte ein politischer Gegner: «Es ist unglaublich, wie viele Menschen davon stark beeindruckt waren, die nicht sehr weit dachten und unter dem seltsamen Wahn litten, was gedruckt ist, müsse wahr sein.» Dann wurde die Revolution aber doch wahr, weil Nedham den neuen Gedanken so originell formuliert hatte wie niemand zuvor und gleichzeitig mit einer Klarheit, wie sie erst fast hundert Jahre später wieder erreicht wurde; für diese historische Leistung waren ihm die späteren Revolutionäre in Amerika und Frankreich gebührend dankbar. *The Excellencie of a Free State* (1656), sein bedeutendstes Werk, machte Nedham im wahrsten Sinn zum ersten «revolutionären» Ideologen.[20]

Bedürftigkeit und Bedrängnis öffneten den Menschen die Augen, so daß sie (als einzig mögliche Abhilfe) die Macht jenen aus den Händen nahmen und in die eigenen legten und Personen anvertrauten, die in periodischen, wohlgeordneten Revolutionen von der Gemeinschaft gewählt wurden.

Er gab dem Gedanken eine noch drastischere Formulierung (die nachweislich das Geistesklima von 1776 und 1789 beeinflußte), als er schrieb, daß

eine Revolution der Regierung durch die Hand des Volkes stets das einzige Mittel gewesen ist, die Obrigkeit zur Rechenschaft zu zwingen und Störungen wie Tyrannei, Verzweiflung und Elend vorzubeugen.

Da kann man verstehen, warum John Adams die Resonanz mißbilligte, die Marchamont Nedham bei den Radikalen der amerikanischen Unabhängigkeitsbewegung fand, und warum Condorcet während der Französischen Revolution sein Andenken ehrte.

John Locke wird manches von diesem Schrifttum gekannt haben, aber wir können nur Vermutungen darüber anstellen, wie direkt er damit in Berührung kam. In den frühen Jahren seiner geistigen Reifezeit an der Westminster-Schule und am Christ Church College in Oxford stand er vor allem unter dem Einfluß der von Hobbes begründeten konservativen, monarchistischen Denkrichtung. Wir wissen, daß er «Mr. Aschams Buch» über die Wirren und Revolutionen im Staat gelesen hat, und ich habe ein Exemplar von *Notable Revolutions* (1653) gesehen, das sich in der Bibliothek des Earl of Shaftesbury befand, wo Locke viele Jahre als Bibliothekar arbeitete. Doch scheint Locke weder an dem Wort noch an der Idee Gefallen gefunden zu haben, nicht einmal, als seine ideologische Wanderschaft ihn von den konservativen Rechten zu den linken Liberalen führte. Lag es daran, weil er ein feinfühliger und penibler Stilist war, für den manche Wörter einen «bösen Klang» besaßen, «als geistere darin ein dunkler Schemen»?[21]

In seiner Sprachtheorie hatte Locke natürlich den Fall berücksichtigt, daß auch sogenannte «vermischte Modi» auftreten: «Wer neue Gedanken hat, mag vielleicht auch neue Begriffe prägen, um sie auszudrücken.» Doch war ihm jede Bedeutungsänderung äußerst suspekt. Es gab schon genug törichte Wortgefechte, «wenn einer den Kopf des anderen mit Lärm und Dröhnen füllt». Da es unvermeidlich ist, daß die Menschen Wörter «wechselhaft» verwenden, hält Locke es für «offenen Mißbrauch und Betrug», wenn jemand «ein Wort mal in diesem, mal in jenem Sinn verwendet; wer so mutwillig handelt, ist entweder ein ausgewachsener Dummkopf oder ein ganz abgefeimter Betrüger». Am schlimmsten war «absichtliche Undeutlichkeit *(affected obscurity)*» – indem man «für neue oder ungewöhnliche Vorstellungen alte Wörter benutzt oder neue, mehrdeutige Wörter erfindet, ohne eine Definition zu liefern, oder Wörter derart kombiniert, daß sie in ihrer ursprünglichen Bedeutung verstanden keinen Sinn ergeben». Seinen philosophischen Betrachtungen zu Zeit und Zeitverlauf läßt sich entnehmen, daß Locke unter «Revolution» eine präzise astronomische Angabe verstand, so bei den «jährlichen Revolutionen der Sonne», den «regelmäßigen und anscheinend äquidistanten Revolutionen» im Weltall und dergleichen.[22]

In einem frühen politischen Traktat verwendet er das Wort ganz im herkömmlichen Sinn, wenn er von «all jenen tragischen Revolutionen, die das Christentum in den vergangenen Jahren erschüttert haben», spricht; hier knüpft das Wort eher an die allgemeine Vorstellung von schicksalhafter Veränderung an, wie Shakespeare und Milton es verstanden, als an die neuen, flackernden politischen Formulierungen eines Howell oder Nedham. In *Two Treatises of Government* (1690), dem Hauptwerk seiner mittleren Jahre, findet man das Wort ganze zwei Male, und zwar im Schlußkapitel «Über die Auflösung der Regierung». Wenn man bedenkt, daß Locke schon lange als vorbildlicher philosophischer Verteidiger des Rechts zur Revolution gilt, wirkt der Kontext nicht sonderlich revolutionär. Einmal scheint Locke damit einen politischen Kreislauf zu beschreiben, bei dem ein Volk an einen früheren Ausgangspunkt zurückkehrt oder «wieder zurückgebracht wird»; «die vielen Revolutionen haben nie so weit geführt, daß das Volk dadurch in eine andere Laufbahn geraten ist». Das zweite Mal benutzt Locke das Wort im Zusammenhang mit dem seltenen, aber bedauerlichen Fall, wo ein mißhandeltes Volk sich zu Recht gegen «fortwährende Mißhandlungen, Vertröstungen und Augenwischerei» erhebt; solche Revolutionen geschehen, damit «jene an die Macht kommen, die diese Macht so einsetzen, wie es ursprünglich gedacht war».[23]

«Er war nie geradeheraus», schreibt Lockes Biograph. «Er hatte eine fast gotische Neigung zur Geheimniskrämerei um ihrer selbst willen: Er verwandte alle möglichen kleinen Chiffren, schrieb aus Gründen der Geheimhaltung eine modifizierte Kurzschrift und mindestens einmal, soweit wir wissen, mit unsichtbarer Tinte...» Vielleicht erklärt diese Randbemerkung von Maurice Cranston teilweise den merkwürdigen Fall eines radikalen Philosophen, der einer plötzlichen und gewaltsamen politischen Veränderung nur zögernd das Epithet «Rebellion» verleiht. Eigentlich war «Rebellion» doch nicht das richtige Wort – so lautete die unbeholfene Argumentation –, weil es vielmehr der beste Garant gegen eine Rebellion war! War nicht der absolutistische Herrscher der wahre Rebell? Man konnte annehmbarerweise nur dann von einer Revolution sprechen, wenn die Staatsordnung zu ihrem Ausgangspunkt im konstitutionellen Zyklus zurückkehrt – und inzwischen konnten immer mehr Konnotationen in den Begriff einfließen, von providentiellem Schicksal bis zur handfesten Meuterei, vom dynamischen Wechsel bis zur Umwandlung der Gesellschaftsordnung; die meisten Zeitgenossen Lockes assoziierten es jedenfalls mit irgendeiner Art von vollendeter Kreisbewegung.

Nur am Rand sei erwähnt, daß in Lockes Bibliothek Mores *Utopia* in verschiedenen Ausgaben des 17. Jahrhunderts stand. Eine Bemerkung im ersten *Treatise* (Sektion 147) legt die Vermutung nahe, daß er im utopischen Denken – in der Bemühung «herauszufinden, welches Eutopia den eigenen Vorstellungen oder Interessen am besten entspricht» – ein neuartiges Lösungsmittel für das hierarchische Gefüge von Autorität und Herrschaft sah. Es ist typisch für Locke und sehr aufschlußreich, daß er sich zwar in seinem Pariser Journal aus den siebziger Jahren Gedanken zu einem «Atlantis» notierte, diese verstreuten Einfälle aber nie zu einem umfassenden, abgerundeten Modell für die ideale Gesellschaftsform ausarbeitete. Wahrscheinlich wirkten auf den besonnenen Locke Utopie und Revolution etwas zu drastisch, etwas zu total und unkontrollierbar. In einem Brief an den Vater gestand er, schon in der Jugend fast nur mit Abscheu jene betrachtet zu haben, die «nur von Feuer, Schwert und Untergang *(nothing but fire, sword and ruin)*» redeten. Auch hier ist wieder von Feuer die Rede, und das trifft sich gut: denn es ist eines der Schlüsselthemen dieses Buches, daß die Feuermetapher samt ihres prometheischen Zubehörs zu den sichersten und klarsten Indizien einer utopischen, revolutionären Gesinnung gehören. Locke hat sich in seiner langen literarischen Laufbahn immer wieder gegen jenes Schwärmertum ausgesprochen, das die perfekte Welt mit Gewalt herbeizuführen trachtet; und über seine wahren Gefühle geben sowohl seine Sprache als auch seine Logik eindeutiges Zeugnis ab.

> Und sollte in uns tatsächlich eine kleine Flamme göttlichen Ursprungs brennen, gibt sie uns doch mehr Sorge und Leid als Licht, weil sie unruhig flackernd beständig dorthin zurückzukehren versucht, wo sie ursprünglich leuchtete; so verschafft sie diesem unserem Körper aus Lehm lediglich ein Bewußtsein, und dieses Bewußtsein ist ständig tätig und wird ständig von dem gefangenen Feuer in lautloser Tortur verzehrt und verstört. So muß uns der Diebstahl des Prometheus nicht weniger bedauernswert erscheinen als seinem Urheber.

Klingt so ein Revolutionär, dessen Seele bereits versteinert und unempfänglich geworden ist für die zündenden Funken einer flammenden Idee? Die Frage ist berechtigt. Die rebellischen Feuerköpfe, die später Amerika und Frankreich in Aufruhr versetzen sollten, fühlten sich von dem angeblichen Philosophen der glorreichen englischen Revolution ermutigt, dessen Denken einer neuen Ära der Vernunft und Reform ein solides

Fundament zu geben schien. «Besteht aber nicht die Gefahr», fragt Vernon Snow (wobei er Lockes Ansichten mit einigen modernen, anachronistischen Wendungen paraphrasiert),

> daß die Rebellen an politischen Neuheiten Gefallen finden und die Rebellion wie eine Büchse der Pandora politische Übel in die Welt setzt? Durchaus nicht, meint Locke, eine Revolution habe gerade den entgegengesetzten Effekt. Eine Revolution ist eine reaktionäre Bewegung, ein rückwärtsgerichtetes Unterfangen, bei dem die Menschen auf ältere Erfahrungen zurückgreifen und für die kommenden Generationen ein Regierungssystem nach traditionellem Muster einrichten... Man braucht kaum zu befürchten, daß sie utopischen Entwürfen folgen.[24]

Wie ist das möglich? Kann die Utopie gleichzeitig revolutionär und konterrevolutionär sein? Es gibt Zusammenhänge, wo die historische Etymologie eher verdunkelt als verdeutlicht. In unserem Fall mag die Verwirrung aber auch ihre gute Seite haben, wenn man dadurch auf die verschlungenen, mehrschichtigen Beziehungen zwischen Wort, Metapher und Wirklichkeit aufmerksam wird. Wie C. S. Lewis zu sagen pflegte, gibt es Situationen, in denen man selbst für einen kurzen Gedächtnisverlust dankbar sein kann.[25]

10. Zwischen Pragmatik und Idylle

Wir haben also festgestellt, daß in wichtigen Bereichen des politischen Denkens das Wort praktisch noch fehlte. Aber die Sinneinheit existierte schon. Zeugt es nicht von ausgeprägtem revolutionären Selbstbewußtsein, wenn John Arrowsmith 1643 im Unterhaus sagt: «Ich bin überzeugt, Sie haben nicht einmal im Traum daran gedacht, daß sich Kirche und Staat so leicht ändern lassen.» Was immer geträumt worden sein mag, es wird darin zweifellos einiges vorgekommen sein, woraus sich allmählich die Grundlagen einer neuzeitlichen Ideologie etablierten.

1. *Utopische Hoffnung.* «Unsere Heimat ist das Paradies» (Richard Greenham).

2. *Der Wille zur systematischen Veränderung.* «Überlegt Euch

gut, wenn Ihr an morschem Bau weiterzimmert, der von Rechts wegen niedergerissen werden sollte; überlegt Euch gut, wenn Ihr Mauern verputzt, die Ihr zerstören solltet» (Henry Wilkinson vor dem Unterhaus, 1643).

3. Eine Vorliebe für schmerzhafte Extreme. «Ihr seid die Bader des Staates, und nun heißt es zur Ader lassen; laßt alle bösartigen Säfte aus dem Staats- und Kirchenkörper ausfließen» (Francis Cheynell vor dem Unterhaus, 1643).

Es überrascht kaum, daß seit Eduard Bernstein und Karl Kautsky die marxistischen Historiker sich immer stärker im England des 17. Jahrhunderts heimisch fühlen.[26] Christopher Hill liest Sir Francis Bacon durch eine von Marx und Lenin getönte Brille, und obwohl er zugibt, daß die Komplexität der Aufgabe, die diese Propheten der Menschheit stellten, stets unterschätzt wurde, bleibt er doch (mit mehr Ehrlichkeit als Logik) dabei, daß «in allen drei Fällen die apokalyptische Vision als Ansporn zur Tat wirkte, die ihr eigener Lohn war». Michael Walzer, der in *The Revolution of the Saints* den «Ursprüngen des politischen Radikalismus» nachgeht, spricht fasziniert von jenem historischen Augenblick, «da plötzlich herrenlos gewordene Menschen in großer Zahl nach strenger Selbstdisziplin streben, neue Sinnbereiche des Lebens entdecken, eine neue Ordnung erträumen und ihr Leben in den Dienst disziplinierter und methodischer Arbeit stellen ...». Diese Männer sind in seinen Augen «potentielle Heilige und freie Bürger; Puritanismus, Jakobinertum und Bolschewismus sind für sie gültige Alternativen».

Die ganze Zeit über aber wirkten auf diese Entwicklungen Faktoren ein, die jedenfalls mir als typisch englisch erscheinen. Jene Haltung, gegen die John Knox gewettert hatte, weil sie ihm «weder heiß noch kalt» war, sollte sich schließlich durchsetzen; es war ein Zugang zur Welt, der nicht – wie Knox – davon ausging, daß «alles, was unsere Feinde tun, Teufelswerk ist» und der sich nicht für die Aussicht auf «schreckliches Beben und Verwüsten» begeistern konnte.

Man sollte gemächlich und umsichtig an alle Änderung herangehen. Die Natur hat uns eine Vorlage gegeben... wir müssen sie sich nach und nach entwickeln lassen. (Edward Forset, 1606)

Nun sind alle aufregenden Veränderungen gefährlich, besonders wenn der Staatskörper heftig erkrankt ist. (Calybute Downing, 1634)

Sogar der Rebell und Freiheitsapostel John Pym mahnte 1628 in einer berühmten Rede:

Stört man dieses Miteinander und Zusammenwirken, dann wird das ganze Gerüst rasch auseinanderfallen und zerbrechen, und statt Eintracht und gegenseitiger Hilfe wird man, wenn ein Teil die alte Regierungsform beizubehalten und der andere eine neue einzuführen versucht, sich aufs schrecklichste zerfleischen und zerstören. Die Geschichte bietet ungezählte Beispiele, wie solche Verhältnisse Staaten und Reiche in die Katastrophe stürzten. Zweifellos muß es im Lauf der Zeit zu Veränderungen kommen, und jede Veränderung ist ein Schritt, eine Stufe auf dem Weg zur Auflösung... Deshalb haben die größten Autoritäten auf diesem Gebiet gemeint, daß jene Staaten am haltbarsten und langlebigsten sind, die nach Maßgabe ihrer ursprünglichen Verfassung und Anlage sich selbst oft reformiert und neu geordnet haben; auf diese Weise kann man ausbessern, wo etwas einstürzt, und den gewöhnlichen und natürlichen Einwirkungen der Zeit entgegenwirken.[27]

Hier wird erstmals jener pragmatische Zugang zu gesellschaftlichen Fragen sichtbar, der in den folgenden Jahrhunderten von jenen, die in England die Politik bestimmten, zu einem ehernen Grundsatz der Geschichte erklärt wurde. Revolutionäre Ideologien überließ man den anderen; zumindest war das der Wunschtraum der tonangebenden Schichten in England. Und tatsächlich gelang es – bis auf relativ unbedeutende Ausnahmen – den breiten Hauptströmungen des englischen staatspolitischen Denkens, das ungeheure Potential und die momentanen Verlockungen des utopischen Revolutionismus ohne Verluste zu umgehen.

Ich habe bisher nicht gefragt (und nicht gesagt), was zuerst kam, das Wort oder die Sache. Der Anfang jeder neuen historischen Epoche hat seine Wurzeln irgendwo in der vorhergehenden, und ob man bei diesem oder jenem Punkt ansetzt, man wird stets auf eine wellenförmige Entwicklungskurve der politischen Rhetorik stoßen. Menschen und Ereignisse produzieren Bilder, und die aus alten Wörtern und neuen Einfällen komponierten Bilder beginnen sich untereinander zu befruchten und machen sich oft von ihren sozialen und semantischen Ursprüngen frei. F. R. Leavis spricht im Zusammenhang mit der «eigentümlichen Beziehung zwischen bildlichem Denken und Sinngebung» davon, daß «die Bilder allgemein die Tendenz haben, ihre Eigenschaft als Metapher oder Gleichnis zu verlieren, mit der sie ursprünglich auftraten, und nach einiger Zeit sich so zu benehmen, als seien sie autonom und dürften sich nach Belieben fortpflanzen; daher kommt es, daß in unruhigen Zeiten mit ungewissen Zukunftsaussichten ganz in Vergessenheit gerät, welches Ereignis oder welcher Gedanke diesem Denkbild einst seine angebliche Daseinsberechtigung gab...».[28] Doch nicht immer gehen dabei Klarheit und Kraft verloren. Vage Vorstellungen wirken plötzlich beflügelnd, und ausgedienten Metaphern gelingt ein Comeback; manchmal endet, was undeutlich und nebensächlich begann, als relevanter Beitrag zur Geistesgeschichte. Als Sir Philip Sidney «feurigen Sinnes» den Aufstand der Niederländer begrüßte, geschah das lediglich aufgrund einer Gedankenverbindung mit der klassischen Vorstellung vom Feuer des Prometheus; «ohne solch ein gewaltiges Flammenmeer» schien ihm keine wahre Befreiung möglich. Harrington, der *Oceana* General Cromwell widmete, einem noch lebenden Architekten siegreicher Feldzüge, gab der Metapher eine melodramatische Aktualität und verschaffte ihr damit einen Kontext, in dem bereits die Assoziationen mit der Gewalt anklingen, die in unserer Zeit selbstverständlich geworden sind. Als Oceana um den toten Fürsten Archon trauert, den «*Pater patriae*... unbeirrt im Glauben... glücklichster unter den Gesetzgebern», heißt es von ihm auch, er habe «den Königreichen der Erde die

Freiheit gegeben und das Königreich des Himmels mit Gewalt erobert». In mächtiger Rede, die Philip Sidney sogleich als ein Flickwerk disparater Einfälle entlarvt hätte, tönt Harrington:

> Eure gotischen Politiker haben, will mir scheinen, mit ihrem König und Parlament *(duo fulmina belli)*, der Regierung, eine Art Munition oder Pulverwerk geschaffen. Denn was ist mit den Fürsten (in gewisser Weise zum Volk gehörig) in Deutschland geschehen? In die Luft gejagt *(blown up)*. Wo sind die Generalstände, die mächtigen Volksvertreter in Frankreich? In die Luft gejagt. Wie steht es mit der Macht des Volkes in Aragon und den übrigen Teilen des Königreichs Spanien? In die Luft gejagt. Andererseits: Was ist aus der spanischen Herrschaft in Holland geworden? In die Luft gejagt. Und jene der österreichischen Fürsten in der Schweiz? In die Luft gejagt. Diese ständige Unzufriedenheit und Mißgunst, sei es unter der Herrschaft von Fürsten oder des Volkes, läßt sich vom geringsten Funken entfachen. Und so wird auch niemand vernünftige Gründe anführen können, weshalb die Bewohner von Oceana nicht auch ihren König in die Luft jagen sollten, wenn er ihnen nicht zuvorgekommen wäre und sie in die Luft gejagt hätte. Was man sonst noch darüber sagen kann, mögen die Frauen besprechen. Weshalb eure Parlamente künftig nicht mehr aus dem Schlauch des Äolus [des Herrschers der Winde, die auf seinen Befehl sich empören oder schweigen – *Odyssee*, Zehnter Gesang], sondern aus dem eurer Himmelsgeister kommen werden, als ewige Nahrung für das Feuer der Vesta.

Angesichts dieses speziellen Interesses für die Entwicklung vom Sturm zum Feuer oder vom Funken zur Explosion, das wir in der «gotischen» Ecke des europäischen Kampffeldes finden, war es Harrington darum zu tun, sich abzugrenzen gegenüber jenen «Historikern, die von alters her ebenso fleißig das Geschehen in fremden Ländern beobachten, wie sie die heimischen Revolutionen ignorieren, die (nicht so angenehm, weil viel weniger romantisch) den Staatsmännern größten Nutzen gebracht haben; dieser Fehler, den ich nicht machen möchte, ist unter den modernen Autoren gar noch stärker verbreitet, was mich dieses Werk zu unternehmen veranlaßt...».[29]

Spätere Autoren haben diesen Fehler nicht gemacht: Das Liebäugeln mit Revolutionen in der eigenen Heimat stand noch bevor.

11. Das mythologische Szenarium

Ich möchte nur wissen, was die Schüler von Lovejoys «philosophischer Semantik» – oder was Ernst Robert Curtius «Metaphorik» zu nennen pflegte – über diese Spurensicherung zu den Anfängen der neuen politischen Bildwelt in Europa sagen werden.[30]

Wie wir gesehen haben, wurde von Locke und den Kommentatoren des Jahres 1688 Revolution zunächst als ein Synonym für Restauration gebraucht. Beide Wörter steckten voller sphärischer Konnotationen und ließen sich heranziehen, um einen Prozeß des Wandels und Ausgleichs zu verbildlichen; die kopernikanische Metapher aber gab weitaus mehr her. Offen, säkular und nach außen gerichtet, ließen sich in ihr die neuen Lebensgeister der Wissenschaft einfangen sowie in späteren Jahren die Idee des Fortschritts. Rudolf Bultmann ist der Hinweis zu verdanken, daß der griechische Ausdruck *apokatastasis* (Restauration) in der astrologischen Literatur eine eigene Bedeutung hatte, nämlich

> die periodische Rückkehr eines Sterns zu seinem Ausgangspunkt, und folglich diente es den Stoikern als Bezeichnung für die Rückkehr des Kosmos am Ende eines Weltjahres zum Ursprung, von dem ein neues Weltjahr beginnt. Aber in der Apostelgeschichte (3,21) und der späteren christlichen Literatur wird es in der Nachfolge Origenes zu einem Terminus technicus der Eschatologie.[31]

In diesem Sinn stellt die revolutionäre Metapher einen Triumph der Astronomie über die Astrologie dar.

Ihre grundlegenden Themen ähneln jenen wirkungsreichen Kraftströmen, die Mircea Eliade in den frühesten Glaubensäußerungen der Menschheit aufgedeckt hat; er bezeichnet dies als *«archétypes et répétition»*, und wir werden im weiteren Verlauf unserer Darstellung viele Beispiele dafür finden.[32] Ich möchte nicht Partei für die Zyklentheorie ergreifen, sehe aber andererseits, daß ich hier in tiefere Wasser geraten bin, als ich ursprünglich beabsichtigt hatte. Ich wollte lediglich die historische Entwicklung nachzeichnen und nicht philosophischen Spekulationen nachgehen. Aber es ist ein Punkt, der immer wieder auftaucht, und allmählich mögen Autor wie Leser einige gezielte Fragen selbst stellen dürfen. Ich selbst habe in diesem Zusammenhang häufiger gedacht, daß vielleicht der anthropologische Zugang befriedigendere Auskünfte geben kann, und sei es in der spielfreudigen Pariser Manier eines modernen Meisters wie Lévi-Strauss, der einmal sagte, so wie es Fragen ohne Antworten gibt, gibt es auch Antworten ohne Fragen.[33]

Mich ärgert bei den Anthropologen, daß sie geflissentlich eine vergleichende Betrachtung einzelner Sitten und Gebräuche in Europa übergehen und statt dessen ihrer Vorliebe für klare Verhältnisse nachgeben und primitive Kulturen studieren, die stets als reiner und in sich geschlossener angesehen werden, als es angesichts der Verwicklung des wahren Geschichtsprozesses möglich scheint. Auf vielen Nebenschauplätzen der europäischen Geistesgeschichte war es gerade die typisch christliche Vorstellung vom eschatologischen Drama, die ältere Formen menschlicher Hoffnung und sozialer Verzweiflung auf einzigartige Weise weiterentwickelt hat. Das war allzuoft verheimlicht, übergangen, vergessen oder unterbewertet, so auch bei Interpretationen der millenaristischen Flutwelle, welche die Indianer gegen Ende ihres tragischen Niederganges erfaßte.

Die verzweifelten Stammesaufstände und der heftige, oft fast wahnsinnige Glaube an ein baldiges millenaristisches Ereignis, das von Wirbelsturm und Erdbeben begleitet sein würde, basiert auf traditionellen Vorstellungen von einem Welterneuerungszyklus, vermischt mit einem doktrinären Element, das die Indianer bei ihren sporadischen Kontakten mit jüdisch-christlichen Anschauungen aufgegriffen hatten.[34] Ein zeitgenössischer Beobachter der sogenannten Geistertanz-Religion und des Sioux-Aufstandes von 1890 stellte tiefgreifende Veränderungen der Stammesriten und mystischen Überzeugungen fest; er freute sich über das überraschende Aufgreifen neuer moralischer Grundsätze und zitierte als Beispiel die Anweisung eines Messias der Prärieindianer: «Ihr dürft niemanden verletzen und niemandem Schaden zufügen. Ihr dürft nicht kämpfen. Tut stets das Rechte.» Tief beeindruckt meinte er: «Es ist eine Revolution, wie sie nur einmal im Leben einer Rasse vorkommt.» Aber bei dieser «Revolution» wurde noch einmal die Problematik der aktiven und passiven Aspekte der ambivalenten christlichen Einstellung nachvollzogen: Konnte man etwas zur Erneuerung der Welt beitragen, oder sollte man warten bis zum baldigen Ende und dem Anbruch einer neuen Zeit, da überall Frieden herrschen und das Leben gut, frei und unglaublich glücklich sein wird?

Manche Indianer kämpften, andere tanzten. Alle aber waren überzeugt, daß der Messias unterwegs war, denn sie spürten das Drehen eines großen Rades. Die verheißungsvolle Botschaft sprach von der ewigen Erlösung von Tod, Krankheit und Leid. Die Krieger warfen sich in die Schlacht, als wären sie unverwundbar, und veitstanzende Propheten ermunterten zu einer neuen Art des Geistertanzes (an dem auch erstmals Frauen und Kinder beteiligt wurden), bei dem man sich im Kreis bewegte und nicht wie früher sich auf der Stelle auf- und niederbewegte. «Gib uns unsere Pfeile zurück!» sangen manche. Ein anderes Lied erzählte von dem Propheten, der versprochen hatte: «Ich komme mit Wirbelstürmen... Ich bin es, der den lauten Donner verursacht, wenn ich daherschwebe... Seht, gleich wird die Erde sich bewegen...»

> Der Vater wird hinabsteigen.
> Die Erde wird erzittern.
> Ein jeder wird hinaufsteigen.

Herab von den Bergen war eine heilige Kunde gedrungen: die weißen Feinde würden von einer großen Flut oder «einer Wand von Feuer» vernichtet, die Büffelherden würden zurückkehren, die toten Helden würden wieder auf Erden wandeln, das Land würde wieder den alten Stämmen gehören, und die Welt würde neu sein.

Was der Indianer-Messias Wowoka sagte, berührte viele Leitgedanken der revolutionären Vorstellungswelt: «... Die Erde wurde zunehmend älter und müder, die Menschen wurden immer schlechter... Meine Aufgabe war, alles so zu erneuern, wie es einst gewesen, und es besser zu machen.» Zwischen denen, die heute Leid und Unterdrückung erlebten, würde brüderliche Gerechtigkeit herrschen:

> Weil ich arm bin,
> Bete ich für alle lebenden Geschöpfe...
> Arm wie ich bin, strecke ich die Hände aus zu ihm und weine.

Und in den Rundgesängen, welche die Tänze der Arapanjo, Schoschonen, Payote, Cheyenne und Sioux begleiteten, hieß es:

> Das ist der Staub von dem Wirbelsturm,
> Von dem Wirbelsturm aus den Bergen...
> Der Berg,
> Der Berg,
> Er kreist,
> Er kreist...
> Die gelben Strahlen der Sonne schießen herab...
> Blitz! Blitz!
> Sturm! Sturm!
> Ich kreise
> Um die Ränder der Welt...[35]

Wenn wir uns das millenaristische Erlebnis der Indianer vor Augen halten, entdecken wir, daß es tatsächlich offene Fragen gibt, die besonders nachhaltig von den historischen Lebenserfahrungen der Jünger des Prometheus, den Metaphysikern des Jüngsten Gerichts und von den «süßen Träumern» gestellt werden. Was bedeuten die verhüllten Wörter und das Netzwerk gemeinsamer Symbole? Können wir über den semantischen Rahmen präzise, eindeutige Aussagen machen? Gibt es einen Hauptschlüssel zu allen Kombinationen und Varianten? Läßt sich das Wiederauftauchen gleicher oder ähnlicher Motive erklären, und sind sie Bestandteil eines sinnhaften Ganzen? Handelt es sich hier um «Strukturen», wie Lévi-Strauss den Begriff versteht, die sich um ein tiefliegendes Sinnzentrum gruppieren, oder vielleicht um ein festes Transformationsschema, das erklären würde, warum die gleichen Eigenschaften in scheinbar disparaten Systemen vorkommen? Kann uns, da dingliche Wahrheiten fehlen, eine «Wahrheit der Vernunft» weiterhelfen? In seiner Bedrängnis nahm Lévi-Strauss Zuflucht bei einem Dichter:

> Alle Formen sind ähnlich, doch niemals gleich,
> So daß der Chor den Weg zu verborgenem Gesetz weist.

Auch wir wollen uns einstweilen mit Goethes Antwort zufriedengeben.

Oft allerdings wird ein Weg gewiesen und dennoch bleibt das verborgene Gesetz unauffindbar. Ob die Entwicklung einer Gesellschaft bestimmten Grundmustern folgt, kann natürlich niemand wirklich wissen, und wer kann beweisen, daß der Geschichtsprozeß kreisförmig (oder überhaupt nach einem festen Schema) verläuft? Mir geht es hier nur um den Hinweis, daß die zyklische Geschichtsinterpretation selbst in Zyklen aufzutreten scheint. So bezeichnet der gelehrte Übersetzer der Schriftrollen vom Toten Meer als Inspiration der Verfasser dieser Texte, wie überhaupt der Bewohner von Qumran,

> die weitverbreitete und gut dokumentierte Ansicht jener Zeit, daß der große Zyklus der Zeiten bald eine volle Drehung durchlaufen habe. Man kann diesen Glauben bis in die Anfänge der indischen Kultur zurückverfolgen, daß die Existenz nicht als eine geradlinige, vorwärtsgerichtete Entwicklung gedacht wird, sondern als eine ewige zyklische Wiederholung vorzeitlicher, archetypischer Ereignisse. Große Umwälzungen wurden sogleich mit der bevorstehenden Vollendung eines Zyklus erklärt; bald würde das Große Jahr stattfinden und der Kosmos erneut zum Chaos werden. Die Urelemente, die am Anfang der Welt verhalten und wohlgeordnet gewirkt hatten, würden von neuem losbrechen; alles würde in einer ungeheuren Sintflut verschwinden oder von jenem ewigen Feuer verzehrt werden, das im Innern der Erde brennt. Dann würde ein neuer Zyklus beginnen, eine neue Welt geboren werden...[36]

Das war noch nicht alles: Die Bannkraft, die die Revolutionsmetapher auf das moderne Denken ausübt, legt weitreichende Fragen über ihren tiefen mythischen Charakter nahe. Wie nahe ist sie jener großen primitiven Tradition verwandt, die kosmische Archetypen mit irdischen Aktualitäten verknüpft? Es ist doch bemerkenswert, daß kein anderer Ausdruck für eine radikale Veränderung – beispielsweise Rebellion, Aufstand, Umsturz – sich so tief und beherrschend dem modernen Vokabular eingeprägt hat. Nur die «Revolution», von der die Astronomen redeten und die ihre Gründe in den Geheimnissen und Gewißheiten der himmlischen Sphäre besaß, fand als Rede- und Denkfigur auf besondere, beseligende Art allgemein Gefallen.

> Wenn ich dies schöne Werk betrachte, dies Ganze
> Aus Erd und Himmel, und errechne,
> Wie groß das alles ist – die Erde, nur ein Korn, ein Gran,
> Nur ein Atom verglichen mit dem Firmament
> Und all den Sternen, groß an Zahl, die Räume unvorstellbar
> Zu durchlaufen scheinen (denn dafür spricht
> Ihre Entfernung und die rasche Rückkehr
> Jeden Tag) . . . und den Gestirnen Tag um Tag
> Rastlose Revolution bestimmen.
>
> (Milton, *Das verlorene Paradies*, VIII, 15–31)

Daß die moderne Revolutionsgeschichte stärker praktisch orientiert ist («jene epochalen Katastrophen, in denen die Menschheit zerstört und neu belebt wird»), zeigt sich auch bei Victor Hugo, als er kurz nach der Pariser Kommune von 1871 im Zusammenhang mit dem weltbewegenden Jahr 1793 von den «aalglatten Wörtern» schrieb,

> die unruhig schillern und in denen manchmal, ohne daß sich der Sprecher selbst dessen bewußt ist, das schicksalhafte Wetterleuchten der Revolution aufblitzt; dann scheinen die materiellen Umstände etwas Unbefriedigendes, Leidenschaftliches zu erhalten, als hätte das, was man soeben gehört hat, Anstoß erregt; die Ereignisse scheinen durch die Worte gereizt zu werden; und Katastrophen brechen aus, wild und wie verzweifelt durch das Reden der Menschen. So genügt ein Wort aus Bergeshöhen, und eine Lawine stürzt herab. Ein Wort zuviel vermag einen Erdrutsch auszulösen.

Als Hugo über die große Bedeutung des Nationalkonvents nachdachte, mußte er zugeben, daß «alles Große einen heiligen Schrecken verbreitet». Er rief sich das Bild vom Platz des Präsidenten oberhalb des Podiums ins Gedächtnis zurück, mit einer schwarzgerahmten Erklärung der Menschenrechte darüber und monumentalen Büsten daneben, die Lykurg, Solon, Plato und Montaigne darstellten. Der Sessel war rund und vergoldet, den Tisch trugen einbeinige, geflügelte Monster, die «aussahen wie Gestalten der Apokalypse, die bei der Revolution zugegen sein wollten». Er besaß ein ausgeprägtes Gefühl für den *horreur sacrée*:

> Revolutionen bestehen aus zwei Schrägen, von denen die eine steigt, die andere fällt, und auf beiden herrschen die vier Jahreszeiten. Auf jedem Abschnitt dieser Schrägen leben Menschen in ihrem entsprechenden Klima, von denen im Sonnenlicht bis zu denen hinunter, wo es beständig blitzt.[37]

Mircea Eliade hat gezeigt, daß es für die heiligen Berge idealtypische Vorbilder in den Himmelssphären gibt und Tempel und Stadtanlagen nach (göttlichen oder astrologischen) Sternbildern angelegt waren.[38] Kleinere Vorlagen genügten nicht. Unter diesem anthropologischen Blickwinkel erscheint die Revolution etwa als eine Episode in dem heiligen kosmischen Schauspiel, uralt und vertraut, als eine Vision jenes unverzichtbaren Rituals, das menschliches Handeln durch den Hinweis auf übermenschliche Parallelen legitimieren soll. Der Himmel bildet die Kulisse; dort liegen die alten Wohnstätten der Götter, von dort kommen die welterschütternden Zeichen Donner, Blitz und Sturm.

> Zu manchen Revolutionen werden die Verdammten
> Herangeführt, um abwechselnd den bittren Umschlag
> Der schrecklichen Extreme zu erleiden, die durch den Wechsel
> schrecklicher noch werden,
> Von Liegestätten blanken Feuers hin zu den Eiseskälten,
> Die ihre sanfte Lebenswärme friert, dort bleiben sie
> Reglos gebunden, ganz vereist,
> Für eine Zeit, dann jagt man sie zurück zum Feuer.
> (Milton, *Das verlorene Paradies*, II, 597–603)

In diesem großangelegten mythologischen Szenarium, wo Feindschaften als Teil des Rituals gelten, wo mit heiligen Zornesausbrüchen und der Hoffnung auf die Erlösung der Menschheit gearbeitet wird, wo die Planeten unverrückbare Wahrheiten kundtun und ein großes Goldenes Zeitalter verkündet wird, gehört die Revolution auf ihre Weise zu den paradigmatischen Gestaltungselementen der archaischen Menschheit, zu den Archetypen einer vorzeitlichen Welt.

Die Tage der alten Ordnung sind gezählt. Der Kapitalismus wird zusammenbrechen und untergehen. Wir müssen uns erheben und mithelfen, die Machtstrukturen mit Stumpf und Stiel auszurotten. Zum erstenmal in der Geschichte ist die Menschheit fähig, frei zu leben, ohne die Ketten der Unterdrückung oder der Entfremdung. Die gegenwärtige Unterdrückung, dieses abgrundtief üble System von Krieg, Armut und Ausbeutung, ist dem Jüngsten Tag ausgeliefert. Die Revolution wird kommen und sie wird alles Leben und alle Kultur, alles, was uns bisher bekannt war, völlig verändern.

Ein Studentenvertreter auf der
«Conference of Revolutionary Youth»,
London, Juni 1968

6. Die Metaphysik des Jüngsten Tages

John Rogers, der Fifth Monarchy-Mann - Der chiliastische Funke - Worte und Schwerter - Rebellion in Permanenz - Der Müllhaufen der Geschichte - Die große Kette der menschlichen Hoffnung

1. John Rogers, der Fifth Monarchy-Mann

Ende der sechziger Jahre veröffentlichte der englische Historiker H. R. Trevor-Roper eine ironische Studie mit dem Titel *Three Foreigners and the Philosophy of the English Revolution*. Wollen wir der wissenschaftlichen Paradoxie-Übung des Oxforder Gelehrten Glauben schenken, so befand sich unter «den echten und einzigen Philosophen», deren «wilder, blutrünstiger Mystizismus» die englische Gentry des 17. Jahrhunderts eine Vision der Gesellschaft, die sie auf irgendeine Weise zu erlangen hofften, erleben ließ, kein Engländer! Samuel Hartlib, der auf die «Reformierung der ganzen Welt» hoffte, war ein polnischer Preuße; er hatte seinen utopischen Entwurf *Macaria* nach dem «Muster» von More und Bacon geschrieben («dessen ausgezeichnete Herrschaftsform aufzeigend, worin die Einwohner in großem Wohlstand, in Gesundheit und Glück leben... Laster gestraft und Tugend belohnt werden. Ein Beispiel für andere Nationen»). Dieses Buch widmete er 1641 dem Parlament, das, wie er glaubte, «den Grundstein für das Glück der Welt» legen würde. Der unermüdliche Idealist John Dury, dem es sogar gelang, ein Treffen zwischen Cromwell und Spinozas Lehrer Rabbi Menasseh ben Israel zu arrangieren, kam aus Elbing an der Ostsee. Und der berühmte Johannes Amos Comenius, ein Böhmischer Bruder, war auf Hartlibs Einladung aus Polen eingetroffen, um Bacons «Neu-Atlantis» in England zu verwirklichen: Erst als die Ereignisse zu turbulent wurden, reiste er nach Schweden weiter. Zuvor versprach er John Pym, seinem wie auch Hartlibs und Durys treuem Gönner, zurückzukehren, «wenn sich die Zustände in England beruhigt haben». Comenius kam nie zurück, aber er schrieb später:

> Wir sind alle miteinander Bürger einer einzigen Welt, alle von einem Blute, alle sind wir Menschen. Wer wollte uns daran hindern, uns zu einer einzigen Republik zu vereinen? Nur ein Ziel steht uns vor Augen: Das Gute für die Menschheit; und wir wollen alle Gedanken an uns selbst, an Nationen und Sektiererei abtun.

Einer wahrhaft englischen Geisteshaltung soll solche «sonderbare Metaphysik» völlig fremd sein, wenn wir Trevor-Roper glauben dürfen.[1]

Ob nun sonderbar oder nicht, ein stimmgewaltiger, unübersehbarer und sehr englischer Teil dieser Cromwellschen Generation von Kriegern und Revolutionären, nämlich die *Fifth Monarchy Men* (auch als Quinto- oder Fünftmonarchisten bekannt), wurzelte mit seiner Vorliebe für abstrakte Prinzipien jedenfalls fest in heimischem Grund.[2] Die bösen Königreiche dieser Erde (die ersten vier waren, nach geheimen Fingerzeigen im Buch Daniel, das babylonisch-assyrische, das medisch-persische, das griechische und das römische Reich) wurden als greulich gehörnte Tiere symbolisiert, deren Zerstörung die Herrschaft der Gerechten im fünften und letzten Königreich heraufführen würde.

Waren die Apokalyptiker im Grunde pessimistisch (denn welche Hoffnung auf echte Besserung gab es vor dem Ende der Welt?), so schienen die Millenaristen oder Chiliasten stärker auf das Diesseits zu hoffen: Es würde schon vor dem Ende aller Dinge zu einer Herrschaft der Heiligen kommen. Ein moderner Historiker hat die Sammlung von Flugschriften aus dem 17. Jahrhundert des Londoner Buchhändlers George Thomason statistisch ausgewertet, um «das Ausmaß der chiliastischen Welle» zu errechnen. Er schätzt, daß während der Zeit von 1640 bis 1643, den Hauptjahren der Bewegung, 70 Prozent von den Hunderten veröffentlichter Schriften als chiliastisch bezeichnet werden können: «Sie glaubten, ein herrliches Königreich auf Erden stünde bevor, entweder eine buchstäblich tausendjährige Herrschaft, oder (besonders bei den Presbyterianern) eine Periode der ‹Herrlichkeit der Letzten Tage›, und legten oft den Bürgerkrieg als dessen Vorläufer aus.»

Hier mußt du den Kampf suchen [schrieb John Spencer 1642], wolltest du jemals in den Himmel kommen... Der Herr sprach zu dir, *Die letzten Tage werden eine greuliche Zeit sein...* Spürest du noch nicht, wie es Blutstropfen zu regnen beginnt?

Wenn diese britische nordländische Nation das Volk ist, das Gott auserwählt hat, die letzten Wunder der Welt zu vollbringen [fragte Christopher Syms 1644], muß dann nicht diese Nation selbst als erste geläutert werden?

Das Schwert des Herrn wird allen Königreichen in die Seite gestoßen werden durch Bürgerkriege [prophezeite Thomas Banaster 1649 in seinem *Alarm to the World*]. *England*, du hast begonnen, Blut zu trinken, und du wirst noch einen Zug mehr für die ganze Welt tun, und sie werden dir wiederum einen Eid ablegen mit einer Schale Blutes.

Dies waren die revolutionären Schlagworte: Blut und Läuterung, schreckliche Zeiten, Zerstörung morscher Bauten, Sturmwellen der Veränderung. «Dies ist das Zeitalter, da sich die Seelen aller Menschen in einer Art Gärung befinden», berichtet ein Chronist. «Mir scheint, ich sehe, wie all der alte Abraum weggeworfen und das faulige Bauwerk umgestürzt und fortgetragen werden muß bei einer so mächtigen Überschwemmung.»[3]

Das waren die Tumultuanten in dieser tumultuarischen Zeit. Man nannte sie *Fanatiques*: zornige Männer und, wie manche meinten, wahnsinnige. Wie sich der junge John Rogers (später selbst führend unter den Fünftmonarchisten) erinnerte, war der Mann, der ihn zu der großen Sache bekehrte, voller Eifer und Unruhe, der wie ein Donner redete und die Kanzel mit der Faust traktierte ... Ich war erstaunt und dachte, er wäre verrückt; ich versuchte zu verstehen, was er meinte, und während ich ihn anstarrte, überkam es mich und ich sah: Er benahm sich so, weil *wir* wahnsinnig waren. Oh, sprach er, du knorrig, rauhes, stolzes Stück Fleisch! du steinern, felsig, eisenhartes Herz! was willst du noch machen, wenn du erst einmal in der Hölle brüllst unter den Verdammten?

Dies führte, wie Rogers bekannte, zu seinen eigenen «rasenden Ausbrüchen» (in denen «ich jeden Donner und jeden Blitz als mein eigen Schicksal sah ...») und zu Angstträumen von Feuerregen.[4] Wahrscheinlich führte es auch zu jener stürmischen Eloquenz, mit der er Oliver Cromwell und dessen Generalen klarzumachen versuchte, wie nahe das Tausendjährige Reich und «jetzo alles auf Erden im Schwanken und Taumeln ...» war.

Die Familie Rogers selbst bietet sich als Modellfall eines Generationskonfliktes, der moderne Versionen tiefer Temperamentsunterschiede zwischen Vätern und Söhnen vorwegnimmt. Sowohl Nehemiah als auch John Rogers waren Prediger, Protestanten und Pamphletisten. «Im Unterschied zu seinem Sohn», schreibt beider Biograph, «war Nehemiah Rogers sanftmütig und friedlich veranlagt und hatte gemäßigte Anschauungen; anders als sein Sohn, konnte er konziliant mit Leuten umgehen; und auch darin unterschied er sich, daß er sich nicht gerne über politische, sondern lieber über praktische Religion ausließ und eher über die Güte seiner Freunde als die Schlechtigkeit seiner Gegner.»

Die beiden Rogers' schienen nicht nur aus zwei verschiedenen geistigen Welten zu kommen, in denen Gott mit gegensätzlicher Stimme redete; es war, als lebten sie in zwei verschiedenen Gesellschaften, wo das, was dem Vater tugendhafter Fortschritt dem Sohn abscheuliches Verderben schien. Zwei Paar Augen betrachteten zwei Nationen, keinem von beiden erkennbar aus der Sicht des anderen. Ich zitiere aus einer Predigt, die Nehemiah Rogers ungefähr sechs Wochen vor dem Tod Oliver Cromwells in *The Fast Friend* (1658) veröffentlichte:

Laßt uns zurückblicken und dann vorwärtsschreiten. Wie können wir denn überhaupt anders, als unsere entsetzliche Undankbarkeit und unser unfreundliches Benehmen gegen einen so großzügigen und freigebigen Herrn zu bejammern und beklagen. Wunderbares hat Gott unserem Land und der Nation zukommen lassen. Weder hat je ein Volk unter dem Himmel mehr vom Reichtum Gottes gekostet, noch mehr in Gottes Schuld gestanden für diese seine Freigebigkeit. Welcher Friede! Welche Fülle! Welche Rettungen! Welcher Glanz des Himmelslichtes, dessen wir uns achtzig Jahre lang erfreuten!

Während die benachbarten Völker zermürbt wurden durch blutige Kriege und bei ihnen kaum ein anderer Tau fiel als das Blut der Bewohner, saßen wir unter unseren Reben und Feigenbäumen und hatten Frieden in unseren Mauern und Fülle in unseren Palästen. Wir schliefen, während sie bluteten, wir hatten Überfluß, während sie darbten, wir praßten, während sie hungerten. Uns strahlte die Sonne, während sie bei ihnen unterging. Wir hatten nur die besten Magistrate, Pfarrer, Schulen, Kirchen, Gesetze und Geschäfte, während sie froh gewesen wären über die schlechtesten, da sie doch all dessen beraubt waren. Fragt in Böhmen, fragt in Deutschland, wie man von uns dachte. Würden sie nicht sagen: Glücklich bist du, o England! Wer kommt dir gleich?...

Während wir doch ihre Wohltaten hätten preisen sollen, haben wir an unserem Staat und unserer Regierung Fehler gefunden und Risse erspäht. Die weltliche war tyrannisch, die kirchliche Herrschaft päpstlich, und so fort. Nichts fand Gefallen, nicht die Einfriedungen, nicht die Weinkelter, nicht der Wachtturm, nicht die Wächter. Das treten wir nieder mit den Füßen, reißen es aus mit den Händen... Wir haben nur der eigenen Undankbarkeit zu danken für das, was uns verlorenging.

Solch liberaler Optimismus konnte John Rogers nicht rühren, solch Nationalstolz und freundlicher Dank. Er war ein junger Mann, der wüten und toben mußte, und der an seinen Knabenträumen vom Feuer festhielt. Sogar in seinen schlimmsten Stunden, als er entsetzlich unter der «unmenschlichen Tyrannei» (besonders unter einem strengen Gefängnisdirektor, dem Major Bull) zu leiden hatte, konnte er verborgene Kraftquellen in sich finden für einen Trost besonderer Art: «Oh, es ist gut, geschlagen zu werden zum Guten hin, besser als ohne dies zu sein, denn diese Schläge lassen in meinem Kopf Himmelsmusik erklingen.» Und ihm kam dieses ungewöhnliche Phantasiebild (das wir auch bei Dante finden)[5].

Von *Domitians* Mutter wird gesagt, ihr habe, als sie mit ihm schwanger ging, geträumt, sie trüge einen Wolf in sich, dem Feuer aus dem Maul flammte. Eine solche Flamme kam aus deinem Mund, o wilder Bull, daß sie dich sicherlich ganz verbrennen wird.

Alles würde richtig werden in der letzten Feuersbrunst.

2. Der chiliastische Funke

Die Revolution lief im 17. Jahrhundert selten unter ihrem richtigen Namen; und tat sie es doch, dann bedeutete das zumindest in England eher Rückschritt als Fortschritt, eher eine Restauration und astronomische Rückkehr zum Ausgangspunkt. Aber wenn das Wort auch fehlte, die Disposition war doch vorhanden – in der kopernikanischen Gewißheit über das große universale Ereignis, das eintreffen würde, «wenn die *Zeiten* sich wenden und die *Staaten* sich ändern». Die Texte von Rogers schreien fast nach der modernen politischen Metapher, die allein all die Superlative und Imperative zusammenfassen könnte: «Die lauten und sehnsüchtigen Erwartungen des Volkes... Dieses Werk ist das größte... Dieses Werk muß vollbracht werden...» Rogers war dicht daran, wie wir einem offenen Brief an Oliver Cromwell vom 20. April 1653 entnehmen können: «... in der Revolution der Zeiten werden die Wechsel im Umlauf sich erschöpfen, und dann wird der Herr kommen und herrschen». Wohl könne man, was den genauen Zeitpunkt anging, verschiedener Meinung sein, «doch daß es bald und stürmisch kommen wird, darin stimmen alle überein».

Nach Rogers' eigener Kalkulation würde das «revolutionäre» Werk 1660 «bis Rom» kommen und 1666 «überall auf Erden sichtbar» sein. Sein geheimnisvolles Eintreffen würde schrittweise und jäh zugleich vonstatten gehen («Oh, schrecklicher Jüngster Tag»), begleitet vom «Beben aller Nationen», und würde schließlich das Volk von allem Zwang, von Verderbnis,

Sklaverei und «grausam niederträchtigen, ungerechten, verworfenen, tyrannischen Gesetzen» erlösen. Es war ihm lediglich etwas peinlich, daß es «ein Heide» gewesen war, der einst gesagt hatte, *Fiat iustitia, pereat mundus*, denn er konnte bezeugen, daß «Jehova jetzt spricht, *Es werde Gerechtigkeit, obschon die Welt dafür untergehet*».

Er schloß sich den Prophezeiungen des Joachim von Fiore an (wie vor ihm Dante und Kolumbus, Paradiessucher in anderen Gefilden); er machte sich des Paracelsus' Version zu eigen, daß «eine schreckliche Sonnenfinsternis mit einer großen Flut einhergehen wird... und danach wird es Tumult und Aufruhr, Kampf, Brand und Blutvergießen aller Art geben».

> Oh! Dann bricht die große Wende an, was folgt, wird die glückliche Reformation geheißen, die daherkommt ohne Falsch und Künste und Finessen; nur in einfachen, klaren und ehrlichen Gesetzen.

Diese Botschaft wurde den etablierten Machthabern eilends zugestellt. In einem weiteren Schreiben an Cromwell vom 21. Dezember 1653 warnt Rogers vor dem gräßlichen Zusammenbruch, zu dem es käme, wenn noch länger an «den alten Staatsprinzipien einer ungeistlichen Politik» festgehalten werde. Sir Philip Sidney hatte einst vorgeschlagen, die Politik eines Staates nicht auf prophetische Sterngucker ei, sondern auf kundige Analyse der öffentlichen Angelegenheiten zu gründen; einem John Rogers war eine derartige Wende zu humanistischer Vernunft nur ein zusätzlicher Vorbote für die Herrschaft des Antichrists.[6] «Laßt Euch von jenen raten«, schlug er dem Lordprotektor vor,

> die bewandert sind in Gottes Geheimnissen und den Visionen dieser Tage... Solltet Ihr, Mylord, entdecken, daß Euch alle die weisen Männer der Welt mit ihren freien Künsten und Wissenschaften, ihren philosophischen Begriffen und Regeln in der Deutung dieser Zeichen und Zeiten enttäuscht haben, so laßt die Jünger *Daniels* rufen.

Dieser Daniel-Jünger hielt sich schon bereit. Geheime Schau und apokalyptische Prophezeiung waren alles. Die Veränderungen, die der Vater begrüßt hatte, waren dem Sohn fast gleichgültig: nach der Revolution – das Tausendjährige Reich.

Es ging in der Tat «in diesen verkehrten, verdrehten, verrückten Zeiten» nicht einfach darum, das Fünfte Reich in einem einzigen Land zu errichten; gewiß, es würde «zu Hause beginnen» (nach den Ratschlägen, die John Spittlehouse 1653 Cromwell erteilte), aber bald würde es «auf die entlegensten Erdteile» ausgedehnt werden. Die Heiligen würden «den Gefangenen und Unterdrückten anderer Nationen die Freiheit verkünden». Dies war ein Programm für den Umsturz der Welt; und so trug eine von Rogers' Flugschriften den Untertitel

oder, der Jüngste Tag zieht herauf
Mit Donner und Blitzen für Gesetzgeber
In einem Weckruf
Für neue Gesetze, und der Völker Freiheiten vom
Normannischen und Babylonischen Joch
Enthüllend
Die jetzigen gottlosen Gesetze und
Gesetzgeber des
Vierten Reiches
Und die Ankunft des Fünften...

Selten sind Revolutionäre bescheiden in ihren geographischen Ambitionen. Das Paradies in einem einzigen Park oder Land wird für eine Anomalie gehalten, für Kurzsichtigkeit, oder sogar für Verrat an dem universalen Auftrag. Nicht nur die Enthusiasten des Fünften Reiches, auch Cromwells Propagandisten hatten weltweite Bestrebungen; England war, nach Spittlehouse' Lesart des großen Dramas, nur «die Bühne, wo vorgemacht wird, was ER an allen Nationen tun will...». Hugh Peter beschreibt 1648 ganz deutlich das Szenarium, als er dem Unterhaus seine Überzeugung darlegt: «Diese Armee muß die Monarchie ausmerzen, nicht nur hier, sondern auch in Frankreich und den anderen Königreichen ringsumher... Diese Armee ist der tragende Fels, der aus dem Berg gebrochen wurde und die Mächtigen der Erde in Stücke zerschmettern wird.»[7]

John Rogers war sich genauso sicher: Alle bestehenden Mächte brächen zusammen, «überall auf Erden und zwar bald, bis nicht eine übrigbleibt».[8]

Eine Zeitlang wurde dieser ganze Weltrevolutionismus von den Fifth Monarchists mahnend und fast respektvoll formuliert. Lokale Klagen, sie hätten das Volk zu «Aufruhr, Tumult und körperlichen Angriffen» aufgewiegelt, bestritten sie. Die Fünfte Monarchie sollte moralisch und religiös überzeugen.[9] «Wo ist der Geist von früher geblieben?» fragte Rogers (er war damals knappe 26 Jahre alt) in einer geheim und anonym gedruckten Flugschrift.

> Jener Geist, Glaube und Mut, der unter uns selbst, unter den guten alten Puritanern vor zehn, zwölf oder vierzehn Jahren herrschte? Jener Geist der Engländer und der vernünftigen Männer unter uns. Oh! welcher Wandel! welche Einfalt, welche Schläfrigkeit, welche Leblosigkeit, welche Dunkelheit, welche Bangigkeit und Zahmheit hat sich unser bemächtigt!

Mit wachsender Verzweiflung und Nostalgie wurde Rogers' Sprache immer hemmungsloser (und für die Ordnungshüter deutlicher). «Schlagt Babel in die Flucht», schrie er, «und zerstört die Herrschaft des Antichrists mit Stumpf und Stiel...» Zu Anfang desselben Jahrhunderts hätte mancher solches Reden als magische oder mystische Beschwörungen abgetan; so läßt Ben Jonson in *The Alchemist* (1613) einen äußerst weltlichen Ritter namens Sir Epicure Mammon auftreten, der

> vom Fünften Reich sprach, das ich bauen würde
> mit dem Stein der Weisen...
>
> (4,3)

Jetzt aber war es für jemanden wie Rogers weniger eine Frage der Philosophie als der Politik. Heroische Vergangenheit und Zukunftserwartungen schienen sich auf den eigenen Augenblick der Gegenwart zu konzentrieren, der chiliastischen Märtyrern die höchste Erlösung bringt: «... denn wir dürfen keine Zeit vergeuden; die Gefahr ist groß, gekommen ist der Tag, und wir stehen im Kampf (da gibt es kein Weichen); Leben oder Tod, Stehen oder Straucheln, Kampf oder Flucht – der Tag ist gekommen». Die Stimmen der Quintomonarchisten klangen immer weniger wie Posaunenstöße aus der anderen Welt. Zorn, Rache, Zerstörung, «Blut schreit nach Blut» – wieviel davon war Rhetorik, wieviel Rebellion?

Cromwell selbst war sich darüber nicht sicher; John Rogers wahrscheinlich ebensowenig. Aber das alte Bild vom «Erdbeben, das sie mitsamt der Wurzel herausreißen wird» wiederzubeleben, war doch etwas ganz anderes als die Ankündigung, daß die wunderbare Schar der übriggebliebenen Zeugen «die große Stadt erstürmen und die Mauern emporklettern wird wie Kriegsleute...». Wenn die Gründung des Fünften und Letzten Reiches das Ziel blieb, waren dann die Mittel immer noch nur Glaube, Gebet und die Hoffnung auf Wunder? Ein Geheimbericht zitierte diesen Vers, den Rogers komponiert und öffentlich vorgetragen hatte:

> Denn Gott beginnt zu ehren uns,
> Die Heiligen marschieren,
> Das Schwert ist scharf, die Pfeile schnell,
> Babel zu vernichten;
> Gegen das Reich des Antichrists
> Stehen wir Zeugen auf...

Ihre Triebkraft erhielt die Bewegung teils aus natürlichen Impulsen, teils aus übernatürlicher Hoffnung.

3. Worte und Schwerter

An einem Februartag des Jahres 1654 kam es zu einer außergewöhnlichen Konfrontation zwischen Oliver Cromwell und John Rogers.[10] Der Fifth Monarchy-Führer, der für diese Unterredung das Gefängnis von Lambeth verlassen durfte, leitete eine Zwölferdelegation – denn die Zwölf war «des Lammes Zahl gegen den Antichrist und Wurzel und Quadratzahl der hundertvierundvierzigtausend im 14. Kapitel der Offenbarung» –, und sie fanden sich alle in Whitehall ein, jeder mit einer Bibel in der Hand.[11]

Bezahlte Denunzianten hatten üble Lügen über sie verbreitet, sie waren willkürlich und ohne rechtliche Gründe im Gefängnis festgehalten und von Häschern und Wärtern brutal mißhandelt worden. Nun würden sie zu guter Letzt ihre Ansichten darlegen, «in Schlichtheit, Torheit und Einfalt... ohne Berechnung und Heuchelei und also anders, als die Weltklugen und die Fürsten dieser Erde zu sprechen und sich auszudrücken pflegen». Sie waren nicht Verbrecher, sondern litten um ihres Gewissens willen. Solche Unterscheidungen allerdings stießen bei den Wachleuten in Whitehall auf taube Ohren; und bevor sie zu dem «großen Mann» gelangten, wurden sie grob behandelt, mit Schwertern, Hellebarden und derben Schimpfwörtern. Rogers und einige andere wurden schließlich in den Raum vorgelassen, der voll war von «machiavellischen Sykophanten»; Cromwell stand am Fenster (wo, wie sie bemerkten, «eine Pistole bereitlag»).

«Ihr hättet mehr Geduld zeigen sollen in Euren Worten», eröffnete Cromwell das Gespräch. «Jetzt habt Ihr die Freiheit zu reden... aber mißbraucht Eure Freiheit nicht.» Er wiederholte, wie er die Situation sah: daß ihnen Leid geschehe, weil sie widerrechtlich Aufwiegelei trieben und Gesetzesbruch begingen, und nicht, weil sie ihrem Gewissen folgten. «Denn manche Worte sind *Taten*, und Worte sind gepaart mit *Taten*, denn Taten und *Worte* sind so scharf wie Schwerter, und solcher Angelegenheiten wegen klage ich Euch an.»

«Ich begehre zu wissen», begann Rogers, «in welcher Eigenschaft ich vor Euch stehe – als Gefangener oder als freier Mann, als Christ vor einem Christen, mit der gleichen Freiheit, die andere haben, oder als Sklave?» Durch Cromwells Versicherung, «ein Gefangener besitzt Bürgerrechte», wurde Rogers ermutigt (falls er überhaupt Ermutigung gebraucht hätte), seine Einwände gegen die Anklage vorzubringen:

Aber Eure Worte sind keine Beweise, Mylord. Und doch will ich, da ich sehe, daß mein Weg nun klarer ist, etwas mehr sagen: Es gibt weder ein göttliches noch irgendein menschliches Gesetz, das mich zu einem derartigen Missetäter macht, außer dem Euren, das schlimmer ist als römisch Gesetz und Tyrannei, indem es aufgrund von Worten einen Mann zum Verräter erklärt.

Die Worte flogen rasch und heftig. «Wer nennt Euch einen Verräter? Ich nicht.» «Aber wer hat Euch zum Richter über die Heilige Schrift gemacht, Mylord?» «Warum, wer will Euch daran hindern, das Evangelium Christi zu verkünden – ja, seiner hocheigenen Herrschaft?» «Ich weiß, Mylord, Ihr seid als Sophist bekannt. Und das scheint wieder bestätigt, denn es wird uns erlaubt, einen Teil der Wahrheit zu predigen, nicht aber die ganze, nicht... gegen die himmelschreienden Sünden derer, die an der Macht sind oder waren; denn das scheint zu sehr Eure eigenen Interessen zu treffen.» «Warum, was für Absichten soll ich haben?» «Weltliche Absichten, die Gott zunichte machen wird.» «Ha! – Und Ihr wollt mich richten?» «Ja», erwiderte Rogers, «mit dem Wort des Herrn.»

Was Rogers als unnachgiebiger puritanischer Radikaler erhoffte, war entweder «ein fairer Prozeß oder eine christliche Debatte». Von beidem sollte er sehr wenig bekommen. Was dem Lordprotektor an theologischen Spitzfindigkeiten abging, machte er durch ein robustes Gefühl für die Staatskunst, die zur Verteidigung seiner eigenen Macht erforderlich war, mehr als wett. Ihm genügte, daß die vorgelegten Dokumente für eine Anklage wegen gefährlicher Subversion ausreichten. Rogers wies diese Dokumente pauschal als das Werk von Denunzianten zurück, mit der Bemerkung, diese seien so ungültig wie jene unredlich. «Und ebensowenig sollte dieses Verhör zwischen Tür und Angel stattfinden; falls ich unrecht getan habe, sollte darüber öffentlich verhandelt werden.» Wieder sah sich Cromwell in die Ecke gedrängt, in die Defensive (wenn wir dem *Wahrheitsgetreuen Bericht* Glauben schenken dürfen). «Wer verhört Euch? Und wer sagt, es läge eine Anklage vor? Wer spricht von einem Prozeß? Ich nicht. Und seht: Bevor Ihr wißt, worum es geht, nennt Ihr es schon falsch.» Rogers glaubte, sich auf solche legalistischen Haarspaltereien nicht einzulassen zu brauchen.

Oh, Mylord, ich kann nicht umhin, Euch und Eure Lage zu betrauern, denn sie ist traurig und beklagenswert... Ich denke, meine Lage, obgleich ich nur ein armer Gefangener bin, ist durch Gottes Gnade ein Großteil besser als die Eure; ich wollte nicht mit Euch tauschen.

Offenbar begann Cromwell die Geduld zu verlieren. «Na, na, Ihr seid nicht ganz unbekannt und man weiß, wo Ihr steht.» Um Blasphemie ging es, und nun nahm Cromwell kein Blatt vor den Mund. (An dieser Stelle enthält das Fifth Monarchy-Pamphlet eine Randbemerkung: «Mr. Rogers, erstaunt über solche Rede, erhob wiederum Hand und Augen gen Himmel, Gott um ein gerechtes Urteil anflehend.») In seinem Zorn wurde er ausfallend:

Ja, ich wiederhole es: Blasphemie, und mögt Ihr noch so sehr die Augen gen Himmel verdrehen. Ich sage Euch, auch die beste Medizin kann von einem kleinen Ding verdorben werden, von einem Haar in der Suppe, einem einzigen Haar.

Aber dann gewann Cromwell schnell wieder die Fassung und erging sich nun in einem entlarvenden Anfall von Sentimentalität, in der so oft besorgte Kämpfer und verbitterte Genossen eine Zuflucht finden. «Nun, Ihr wißt», sagte er zu Rogers, «daß es eine Zeit gab, da zwischen Euch und mir kein großer Unterschied war. Ich hatte Euch im Auge und dachte daran, Euch Arbeit (und ein Ehrenamt) zu geben. Ihr wißt das sicher noch gut.»

Das stimmt, Mylord; und damals konntet Ihr zu mir sagen, Ihr hieltet niemanden in England für fähiger. Inzwischen hat sich die Lage jedoch sehr gewandelt; doch bedenkt bitte, wer sich geändert hat.

Alte Rebellen üben Verrat; junge Rebellen sitzen zu Gericht. Der pathetische Klang zerbrechender Bündnisse hallt durch die Geschichte aller revolutionären Bewegungen.

Cromwell verlor noch eine oder zwei Runden in dem Streitgespräch, bevor er erbarmungslos in die Offensive ging. «Sorgt Ihr Euch nur um Euer Gewissen«, wechselte er das Thema, «und ich sorge für meines.» Da stand er auf festem Boden, denn sein Gewissen erwies sich als unzugänglich gegenüber allen Argumenten der Logik, des Gesetzes, der Politik und Theologie, die scharfsinnige Dialektiker einzuschmuggeln versuchten.[12]

ROGERS: ... wie ich schon sagte, den verneinenden, negativen Teil der Offenbarung könnt Ihr nicht ertragen.

CROMWELL: Pfui! Hier liegt viel Positives und Privates vor, woraus ersichtlich wird, daß Ihr ein Gelehrter seid. Wo findet Ihr nur diese Unterscheidungen?

ROGERS: In der Logik.

CROMWELL: Ha!

Legalistisches Latein war noch weniger genehm als Logik.

ROGERS: Die Ihr die Fünftmonarchisten nennt, wurden durch Euer Schwert dazu getrieben, einander zu lieben.

CROMWELL: Nun seht, hier habt Ihr Anabaptisten *(er zeigt auf Mr. Kiffin)*, die möchten den vorgeschriebenen Gottesdienst beschneiden; ebenso schnitten die Presbyterianer gern allen die Kehle durch, die nicht ihrem Ritual folgen, und genauso würdet Ihr Fünftmonarchisten es auch gern tun. Darum ist es richtig, all diese Bekenntnisformen von der Macht fernzuhalten.

ROGERS: Wer hat Euch, Mylord, zum Richter über unsere Grundsätze eingesetzt? Ihr redet schlecht von Dingen, die Ihr nicht kennt. Denn das Fifth Monarchy-Prinzip, wie Ihr es nennt, ist von einer solchen Weite, daß es alle Heiligen enthält, alle die da geheiligt sind in Jesu Christ, ohne darauf zu schauen, welches Bekenntnis oder welche Einsicht jemand hat. Aber *judicium sit secundum vim intellectualis luminis. (Er wird unterbrochen.)*

CROMWELL: Was erzählt Ihr uns da in Eurem Latein?

ROGERS: Wie, Mylord, Ihr seid Kanzler von Oxford und könnt diese Sprache nicht ertragen?

Wer immer es gewesen sein mag, der dieses Gespräch veröffentlicht hat, er konnte der Versuchung nicht widerstehen, seine eigenen Bemerkungen an den Rand drucken zu lassen: «Ein Ignoramus ...» In der Tat erfolgen bei dieser Unterredung Hieb und Gegenhieb mit einer derartigen Geschwindigkeit und solcher Heftigkeit, daß man unwillkürlich daran denken muß, wie wenig sich über Jahrhunderte hinweg der Stil politischer Dialektik geändert hat; und es ist eindrucksvoll und ergreifend, mit welchem Elan und welcher Bravour einige wenige politische Gefangene es zu allen Zeiten gewagt haben, unverblümt ihre Vorwürfe den höchsten Amtsträgern an den Kopf zu werfen.

In einem turbulenten Moment während dieser Debatte bekannten sich die Fünftmonarchisten so deutlich und so furchtlos zu ihrer ambivalenten Bereitschaft zur Revolution wie nirgendwo sonst. Das begann mit der zornigen Forderung: «Billigt uns denn Gewissensfreiheit zu, Mylord. Wollt Ihr uns nicht soviel Freiheit gönnen, wie das Parlament sie uns gab?» Mit der für ihn typischen Taktik, auf eine peinliche Frage mit einer Gegenfrage zu antworten, entgegnete Cromwell: «Ich sage Euch, eine derartige Gewissensfreiheit hat es bisher nie gegeben, nicht seit der Herrschaft des Antichrists, wie sie heute existiert – darf denn nicht jedermann predigen und anbeten, was er will? Und hat nicht jeder Meinungsfreiheit?»[13] (Unser Rand-Kommentator fügt trocken hinzu: «Kein Wunder, daß die Gefängnisse voll sind von Heiligen.»)

Das führte zwangsläufig zu der explosiven Frage über die Grenzen der Freiheit und das Recht zum Widerstand. Denn wenn, so Rogers, absolute Macht in Sklaverei ausartete, dann «konnte der Magistrat sich nicht mehr widersetzen und für gerechte Grundsätze Partei ergreifen...». Cromwell verlor nun offensichtlich die Geduld. «Und wer – hört zu: wer, sage ich, soll das geändert haben? Wo ist diese willkürliche, absolute Gewalt? Ja, sagt bitte: wer hat diese Gewalt?» Rogers' Antwort ließ an Schärfe und Deutlichkeit nichts zu wünschen übrig:

Zeugt nicht das Langschwert von solcher Gewalt? Unter welchem Gesetz, von welcher Macht wurden wir ins Gefängnis geworfen, mein Bruder Feake diese zwölf Monate über, ich 28 Wochen lang, und einige andere unserer Brüder, und wir wissen bis heute nicht wofür? Und das, sage ich noch einmal, ist schlimmer, viel schlimmer als unter römischem Recht. Und das soll nicht Willkür sein? Habt Ihr nicht durch die Armee absolute Macht, um Parlamente aufzulösen und zu tun, was Euch beliebt? Aber laßt mich bitte noch andere Beispiele geben. *(Das aber duldeten sie nicht.)*

Er wurde von einem Offizier unterbrochen, vermutlich von Oberstleutnant Worsley aus Cromwells eigenem Regiment: «Sagt bitte, woher nehmt Ihr das Recht, Euch den von Gott eingesetzten Mächten zu widersetzen?» Mit solch armseliger Theologie war an jenem Tag und in jenem Jahrhundert kein Staat mehr zu machen. «Sir, Ihr seid im Irrtum», erwiderte Rogers, «wir widerstehen nicht jenen, die von Gott eingesetzt sind, sondern wir kämpfen gegen die Sündhaftigkeit im Menschen.» Cromwells Leutnant sollte durch einen zweiten Einwand noch härter bedrängt werden:

Jener Herr hat gefragt, mit welchem Recht wir uns den herrschenden Mächten widersetzen. Da möchten wir nun gerne eine gute Antwort, mit welchem Recht Ihr Euch dem König widersetzt, gegen ihn und seine Anhänger Krieg geführt und die Regierung beseitigt habt, da diese alle doch ebenfalls rechtmäßig Macht ausübten.

Cromwell bestand darauf, selbst zu erwidern; seine Antwort war konventionell, lahm und fast völlig irrelevant. Des Königs absolute Macht, die Klagen des Volkes, der Verteidigungskrieg – ja, aber endet nicht das, was in berechtigter Rebellion beginnt, in permanenter Revolution? Wie der Tag auf die Nacht folgt, wie der Mond um die Erde kreist, so kommen neue Menschengeschlechter und erneuern die gute alte Sache. Rogers ergriff sofort die Gelegenheit zu einem bombastischen Sermon, einem Höhenflug politischer Rhetorik, der ihn weiter fortriß, als er bisher zu gehen bereit gewesen war.

Jawohl, Mylord... Unser Streit ist entschieden, und in diesem Fall – das ist jetzt deutlicher geworden als je zuvor – zu unseren Gunsten; denn fühlt nicht das arme Volk Gottes, daß ihm ein Vorrecht genommen werden soll? Wie die alten Nonkonformisten – oder die guten alten Puritaner – verfolgt, eingekerkert und mit Vorwürfen überhäuft wurden und ihnen seitens der Menschen aller Schutz versagt wurde, so daß sie gezwungen waren, zu Gott zu flüchten durch Glaube und Gebet und Tränen, Tag und Nacht, ohne Unterlaß, bis die Schale des Zornes ausgegossen wurde über den Häuptern des Königs und seiner Prälaten; so, sage ich, werden die neuen Nonkonformisten beschimpft, enteignet, aller Schutz wird ihnen versagt, sie werden verfolgt, eingekerkert, verbannt und Tag und Nacht (ja, Tausende von ihnen in Stadt und Land) stärker zum Glauben getrieben, zu Tränen, Gebeten und Bitten, zu den *bombarda Christianorum*, den Geschossen der Christenheit, und sie werden obsiegen, so wahr da ein Gott im Himmel ist, bis die nächste heiße, sengende Sonne Seines Zornes sich über den neuen Feinden und Verfolgern entlädt.

Nun, Mylord, erhört die lauten Schreie des Blutes, das vergossen wurde im Kampf gegen diese Dinge, die Ihr errichtet habt, und leistet Genugtuung für jenes Blut, jene Leben, Tränen, Gedärme, Glauben, Gebete, Glieder und Schädel von uns und den Unseren, die im Feld geblieben sind und ausgestreckt daliegen, ob im Laien- oder Klerikerkleid, nach dem Kampf gegen diese Herrschaft; oder aber gebt uns, wofür jene gefallen sind, sonst müssen und wollen wir mit des Herrn Hilfe zu Parteigängern für jene gerechten Grundsätze werden, die im Bund mit Gott beschlossen und von ihm bestätigt wurden. Und dies wird so deutlich ein Verteidigungskrieg sein, wie es noch niemals einen gegeben hat.

Er war, so schloß er, gefaßt auf den Ruf, für die gerechte Sache Partei zu ergreifen, «sei es *praedicando, precando* oder *proeliando*, durch Predigt, Gebet oder Kampf». Überrascht fragte einer von Cromwells Leuten nach: «Sagtet Ihr ‹proeliando›?» Rogers zögerte nicht und bestätigte es. «Denn die Lage», sagte er, «war nie so klar wie sie jetzt ist, beim jetzigen Stand der Kontroverse.»

Die Lage war klarer und ernster, als er dachte. Die Wende, die eingetreten war, bedeutete nicht nur das Ende der Fifth Monarchy-Anhänger; langfristig betrachtet, setzte dieses verfrühte revolutionäre Engagement auch den feurigen apokalyptischen Sehnsüchten in England für immer ein Ende. Einen kurzen historischen Augenblick lang waren die Chiliasten in voller Fahrt und nicht aufzuhalten. Nichts konnte sie zurückhalten. Was konnte sich schon der siegreichen letzten Schlacht entgegenstellen? In dieser unerschütterlichen Zuversicht, halb Glaubenseifer, halb Dogmatismus, erkennen wir bereits die extreme moralische Verachtung, die noch jahrhundertelang Ideologen den Mächtigen gegenüber empfinden würden.

«Ihr steckt in einer verzweifelten Lage», hatte Rogers zu

Cromwell gesagt, «denn die nächste Schale, die ausgegossen wird, ist sengend heiß... Und seht Euch vor, denn wahrscheinlich wird sie Euch und die Euren arg verbrennen.» Und noch einmal:

ROGERS: Denn die Auseinandersetzung findet nun nicht von Mann zu Mann statt oder zwischen verschiedenen weltlichen Mächten oder zwischen König und Volk, sondern sie findet statt zwischen Christi Herrschaft und Eurer, Mylord, zwischen Christus und Euch; und welche von diesen beiden die höhere Macht ist, für die wir Partei ergreifen und der wir gehorchen müssen, dies entscheidet selbst... Denn ich flehe Euch an zu bedenken, Mylord, wie bald die Herrschaft des Antichrists zu Ende ist; bedenkt die 42 Monate, und wie spät am Tag es bereits ist. *(Doch Mr. R. wurde unterbrochen.)*

CROMWELL: Sprecht nicht davon, denn ich muß Euch offen sagen, das sind Dinge, auf die ich mich nicht verstehe.

Und als schließlich der «große Mann» hinausging, die Freiheit verhöhnend, für die sie kämpfen wollten, wurde er noch einmal daran erinnert, daß er gerichtet werden müsse, denn der Tag sei nahe. Die Schwerter, die jetzt gegen die Fünftmonarchisten gezogen seien, würden «zerstückelt» werden. Der Jüngste Tag dräue, ob der Lordprotektor davon nichts spüre? Das sei zu metaphysisch, meinte dieser, und ginge über seine Begriffe. Da hatten sie gelacht.

4. Rebellion in Permanenz

Cromwells unruhige Sorge galt der gefährdeten Stabilität eines neuen und nicht ganz legitimen Regimes, das durch eine Periode des «Hin und Her» gegangen war, jedoch noch nicht die Zeit zu «Heilung und Ruhe» gehabt hatte. Wie er 1654 dem Parlament sagte, gab es «viele ehrenwerte Leute, deren Herz aufrichtig ist, und das Böse, das sie irregeführt hat, ist die falsche Vorstellung von einem Fünften Reich». Er räumte ein, daß dies eine Sache war, «deren Anspruch hauptsächlich spirituell war». Aber man dürfe nicht übersehen, daß die Staatsmacht durch diese Anmaßung schwer herausgefordert würde, «sie seien die einzigen

Menschen, die Königreiche lenken, Nationen regieren und dem Volk Gesetze geben dürfen; die über Eigentum und Freiheit und alles andere bestimmen dürfen».

Wie lange durfte man einen unerträglichen Konflikt tolerieren? «Wenn das nur Ideen wären», meinte Cromwell, «oder ich sie nur für Ideen, simple geistige Übungen hielte, so müßte man sie in Frieden lassen. Ideen tun niemandem etwas zuleide außer jenen, die sie haben. Aber wenn sie dann zu Taten schreiten... sollte ein jeder Amtsmann die Sache im Auge behalten, vor allem, wenn alles getan wird, um Verwirrung zu stiften.» Wie deutlich und direkt war die Gefahr? Cromwell konnte dem Parlament ein alarmierendes Bild vom allgemeinen Drunter und Drüber geben:

> ... die Nation ist in Geist und Grundsatz gespalten und zerrissen von einem Ende zum anderen, wie ich Euch geschildert habe: Familie gegen Familie, Gatte gegen Gattin, Eltern gegen Kinder, und nichts bewegt die Herzen der Menschen als der Gedanke an Umsturz, Umsturz, Umsturz *(overturning)*. Und die Heilige Schrift wird von allen unzufriedenen Leuten dazu mißbraucht, ihr aufrührerisches Handeln zu rechtfertigen.

Auch aus Irland, wohin Cromwells Sohn gesandt worden war, um den Widerstand gegen das Protektorat auszuloten, kamen entmutigende Berichte:

> Ich höre von seltsamen Bemerkungen Eurer Dubliner Anabaptisten, die den Ehrenwerten Henry Cromwell betrüben und erzürnen... Es gibt unter uns Gruppen von Menschen von trüber und wirrer Wesensart, die nach Macht und Ruhm gieren; und wenn es ihnen nicht nach der Methode gelingt, wie die Hebräer auf dem Zug nach Kanaan den Jordan durchschritten, werden sie es nach der Methode von Münster versuchen. Captain Vernon (der Gesandte der Kirche) war im Ausland... Ich glaube fest, daß etwas im Gange ist und geheim verhandelt wird, was die Sache nur gefährlicher macht und weshalb man sie genau im Auge behalten sollte... Was der Inhalt ihrer Beratung war, ist noch dunkel; dennoch solltet Ihr besonders aufmerksam sein... Denkt daran, was in Leiden passierte. Wenn auch dasselbe Prinzip nicht immer in allen Einzelheiten dasselbe Resultat hervorbringt, gebt ihm nur Zeit und laßt die Zügel ein wenig schleifen, so wird es im wesentlichen doch auf dasselbe hinauslaufen.[14]

Zwei Jahre nach diesen sorgenvollen Ermahnungen konnte Cromwell die Sache schon fast als erledigt betrachten, «wie die Fifth Monarchists und andere danach trachteten, unser Blut zu sehen». Die erste Runde gegen die Attentäter war gewonnen, «denn sie hätten, um ihr Ziel zu erreichen, mehr Kehlen durchschneiden müssen, als menschenmöglich war». Nun aber gab es anscheinend neue Zusammenschlüsse: die Leveller gingen mit den Commonwealth Men, die Baptisten mit den Fünftmonarchisten, und außerdem schürten unentwegt die Royalisten (und die Papisten) insgeheim den Aufruhr.[15] Er drängte das Parlament, «klar zu sehen, was hier vor sich geht», besonders, daß «uns durch die üblen Umtriebe noch das Haus über dem Kopf zusammenbrechen wird».

Was hier dem siegreichen Rebellen in die Quere kam, war eine in permanenter Rebellion befangene Geisteshaltung. Bei jeder Revolution bildet sich eine Faktion heraus, welche die Bewegung immer weiter treiben, ja unendlich fortsetzen möchte: stets gibt es eine noch echtere und tiefere Erfüllung. Für die einen war das jetzige Geschehen lediglich ein Vorspiel, und der Höhepunkt stand noch aus (und stand sehr nahe bevor); andere hegten den Verdacht, daß dem ansonsten unaufhaltsamen Vormarsch der menschlichen Geschichte ein Hemmschuh oder Hindernis in den Weg gelegt werden könnte. Wer aus der Provinz kam, war meist eine Spur naiver: So glaubten die radikalen Bittsteller aus Kent und Devon ganz fest, daß «der Tag, an dem alle Verheißungen in Erfüllung gehen, angebrochen ist». Doch für die Prediger von Blackfriars in London waren die Auswirkungen von Cromwells Macht direkter zu spüren. Sie äußerten sich besorgt über «die Widersacher der Reformation» und bezeichneten die gemäßigten Parlamentarier als «Unheilige» und «zum Vierten Reich Verdammte». Scharfblickender Revolutionstaktiker, der er war, lieferte John Rogers auch die nötige Erklärung für den Unterschied zwischenbloßem Reformieren und dem Errichten einer letzten Ordnung der Dinge.

Es ist nicht genug, einige Gesetze zu ändern und sie also zu *reformieren* (wie es die meisten von euch vorhaben)... O nein, das wäre wenig sinnvoll und ist nicht eure Aufgabe. Ihr sollt jetzt vielmehr das Fünfte [Reich] vorbereiten... in dem die von Moses übermittelten Gesetze Gottes zu den Gesetzen einer *Re-publik* gemacht werden.[16]

Rogers und seine Freunde waren zweifellos einig in der Hoffnung, daß der Kampf weitergehe, daß die Revolution doch noch eine Wendung nähme, und zwar eine sinnvollere.

Wie einer von John Miltons politischen Kritikern schrieb (wobei er der wirklichen Politik von Cromwells Sekretär unrecht tat):

Ein Gemeinwesen ist wie ein großer Kreisel, der durch Peitschenhiebe aufrecht und in ständiger Umdrehung gehalten wird, denn sollte man das Drehen einstellen und dulden, daß der Senat zur Ruhe kommt und stillsteht, wird er sofort umfallen...

Aber wie ließ sich die Drehung anhalten?

Der Pamphletist Marchamont Nedham, der mit Milton befreundet war – Milton hatte ihm seine wöchentliche Editionslizenz erteilt und wurde oft für den Verfasser von Nedhams Leitartikeln gehalten –, spürte ganz klar die Bedrohung des «neuen Establishments». (Wie das folgende Zitat zeigt, hatte er eine eindrucksvolle Vorahnung von der Herausforderung, die von dem Gedanken einer «Revolution in Permanenz» ausgeht drei Jahrhunderte vor den theoretischen Formulierungen durch Parvus und Trotzki, ganz zu schweigen von der rastlosen Kulturkonzeption des Vorsitzenden Mao.)

...es wäre zu wünschen, daß allein der allgemeine Konsens immer und zu allen Zeiten Einfluß auf die Errichtung von Regierungen haben möge; aber wenn ein Establishment sich einmal konstituiert hat, nach den vielen Erschütterungen und Spaltungen durch den Bürgerzwist, nach dem Kampf für die Freiheit, wie jetzt hier in England, haben wir zweifellos allen Grund, die etablierte Macht zu schätzen, da sie um den Preis unseres Blutes erkauft ist, heraus aus den Klauen der Tyrannei. Und wir meinen, daß wir in besonderem Maß Sorge dafür tragen müssen, eine eindeutige Klausel einzubringen, um eine Zerstörung der neugelegten Fundamente der Freiheit zu verhüten, besonders in einem Zeitalter wie diesem, da die Menschen sehr leicht Fundamente untergraben oder beschädigen und übereifrig die eine Form ablegen und eine neue suchen... Wenn man dies in Erwägung zieht, dann war es höchste Zeit, daß ein Machtwort gesprochen und eine Verordnung erlassen wurde gegen die unsteten Launen des Volkes und dieser Nation gesagt wurde, wie der Allmächtige selbst zum ungestümen Meer sprach: *Hier sollen deine Ufer sein, bis hierher darfst du und nicht weiter.*

«Sonst würden wir immerfort die Regeln ändern und verschieben und für immer in Verwirrung leben», meinte er. Diese Stabilisierung der neu etablierten Freiheiten des Volkes, insbesondere durch die Verteidigung der Herrschaft des Rechtes, war «die einzige Methode überhaupt, nicht mehr im Irrgarten unserer eigenen Streitigkeiten weiterzuwandern...».[17]

In ähnlichem Geiste, aber mit ernsthafteren praktischen Konsequenzen erklärte der Lordprotektor selbst, daß es «Gruppen in unserem Land gibt, die beständig von nichts anderem als Redlichkeit und Gerechtigkeit und Freiheit reden». Für einige mit ihren «armseligen und niedrigen Einfällen» hatte er nichts als Verachtung übrig. Er zog es vor, die Ideen der Fünftmonarchisten für «mehr seraphisch» zu halten.[18] Aber sogar ihre «sehr seraphischen Ideen» konnten – waren sie erst einmal mit anderen subversiven Kräften vereint – nur «in Blut und allgemeinem Durcheinander» enden. Und in der Tat, der Haftbefehl, der zur Festnahme und Inhaftierung im Tower gegen John Rogers und andere erging, bezichtigte sie des Versuchs, «Herz und Geist des Volkes mit Unzufriedenheit und Erbitterung zu erfüllen, um dadurch die Nation wieder in ein Blutbad zu stürzen».

Die beste generelle Formel für seine Aufgabe als «Protektor», die Cromwell ersann, war «alles zu tun, was zum Zweck der Reformation getan werden muß». Aber es sollte eine «wirkliche Reformation» sein. Es gab sehr vieles zu verbessern. «Ich sage es mit bestem Gewissen und wie vor dem allmächtigen Gott, daß ich glaube, Eure Reformation wird, so sie aufrichtig und gründlich und gerecht ist, Euch die beste Sicherheit geben.» Genau gesagt, es würde ein neues Programm für Überwachungsausschüsse im Interesse der öffentlichen Sicherheit geben, das er als eine «kleine Beaufsichtigung des Volkes» bezeichnete. Nach den veröffentlichten Vorschriften für die Generalmajore, denen je ein Distrikt des Gemeinwesens unterstand,

waren alle Tumulte, Aufstände, Rebellion und Invasion zu unterdrükken.... Sie sollen darauf achten, daß alle Papisten entwaffnet sind; sie sollen veranlassen, daß Chausseen und Straßen für Reisende sicher sind... Sie sollen auf das Reden und Benehmen aller unzufriedenen Personen innerhalb der Grafschaften ein wachsames Auge haben... Ebenso sollen keine Pferderennen, Hahnenkämpfe, Bärenhatzen, Theatervorstellungen oder gesetzwidrige Versammlungen irgendwelcher Art innerhalb ihrer Grafschaften erlaubt sein, werden doch Hochverrat und Rebellion gegen den Staat gewöhnlich bei derartigen Gelegenheiten ausgeheckt und ersonnen und viele Schand- und Übeltaten begangen.

Würden damit die Sorgen, die mit den «Agitatoren und Reformatoren» begonnen hatten, ein Ende finden?[19] Inwieweit vertraute der Lordprotektor auf seine kleinen Programme politischer und geistiger Repressalien? «Der Mensch ist, was er denkt», hatte er in seiner eindrucksvollen Antrittsrede vor dem Parlament im September 1656 erklärt. «Wird der Geist rein gehalten, so stellt der Mensch etwas dar; wird er nicht rein gehalten, sehe ich kaum den Unterschied zwischen ihm und einem Tier. Er hat dann nichts als die Kraft, mehr Unfug anzurichten.»

Aber mußten ihm nicht die heiligen Männer auch wie wilde Tiere vorkommen oder zumindest wie bösartige Personen, wenn sie ihm von Dutzend Kanzeln herab und mit Flugschriften entgegenschleuderten, daß die Flammenschrift schon an der Wand geschrieben stehe, und ein Ende von «Weh und Ach... Pein, Drangsal... Seufzen, Schluchzen, Weinen, Klagen, Schreien, Kerkerhaft, Galgen und Morden» verkündeten? Es ging zu weit, wenn sie verlangten, daß «die Gesetze widerrufen oder gar ignoriert werden sollten». Seine Geduld war erschöpft, und er spürte, daß die alttestamentarischen Parolen von der «Zerstörung Babylons» und dem «Flammentod für die Hure» nunmehr zu Signalen für Gewalttätigkeit und Aufstände geworden waren. Die meisten Anführer der Fifth Monarchists wurden aufgespürt und eingesperrt.

5. Der Müllhaufen der Geschichte

Die Heiligen blieben verstockt. Das System der Unterdrückung mußte ganz und gar umgestürzt werden, und dieses «Züchtigungswerk» konnte, wenn überhaupt, nur jemand «von militärischen Graden» vollenden. Cromwell hatte es für unter seiner Würde gehalten, einen «jüdischen Sanhedrin» oder ein Parlament der Heiligen einzuberufen, und das ausgedünnte *Barebones*-Parlament war nur von kurzer Dauer. Sprecher der Fifth Monarchists sollten schon bald den frisch proklamierten Lordprotektor als den «heuchlerischsten Meineidler der ganzen Welt» beschimpfen.

Der Antichrist würde samt all seiner Hörner vernichtet werden, das Tausendjährige Reich stand bevor. Die Rechenkünstler der Heiligen Schrift kalkulierten das Ende der Herrschaft des Antichrists auf 1260 Jahre nach dem Ende des Heidentums Anno Domini 396. Aus duldenden Heiligen wurden kämpfende Heilige, und ihre «stillen Träume» machten den verzweifelten Plänen für eine bewaffnete Revolte Platz. Zu den kampfbereiten Heiligen gehörte der Kaplan Sedgwick, der General Fairfax (der im Juni 1646 zu Oxford die Kapitulation der königlichen Truppen entgegengenommen hatte) mahnte: «Ihr solltet nicht vergessen, was ich Euch zu Windsor predigte... Umstürzen, umstürzen, umstürzen – so steht es geschrieben, und jenes Wort bei Hesekiel 21,27 lebt noch in und über Euch.»

Nachdem sie nun Textstellen zurechtgestutzt und Lehrmeinungen überarbeitet hatten, um mit apokalyptischer und streng mathematischer Gewißheit prophezeien zu können, daß ihre Herrschaft bevorstünde, wurden die Heiligen immer ungeduldiger.[20] Wie der Prediger Erbury schrieb: «Die Besten unter uns denken an eine tausendjährige Herrschaft Christi und daß die Heiligen mit Ihm regieren werden.» Sie versuchten, wenn auch vergeblich (denn sie waren unfähig, Verbündete unter den

Volkskräften zu finden), Kaplan Dells Predigt zu beherzigen, der gesagt hatte: «Die Macht liegt bei dir, Volk, bewahre sie und trenne dich nicht von ihr.» Sie waren völlig von dem Argument überzeugt (wobei allerdings John Lilburne und seine Leveller einige politische Vorbehalte anmeldeten), das Kaplan Peters in einer Predigt so formuliert hatte: «Ihr redet von Gesetzen, immerzu von Gesetzen, doch das wahre Königreich wird nicht von Gesetzen regiert, sondern von Menschen von höchster Vollkommenheit.» Das hatte ein gegnerischer Pamphletist klar genug verstanden, als er 1654 unter der Überschrift *Confusion Confounded* schrieb: «Die gesammelten Gesetze (Frucht langer Erfahrung und großer Umsicht unserer Ahnen) sollen zum Fenster hinausgeworfen werden und Männer in den Senat kommen und mit der Bibel neben sich über politische Notstände beratschlagen...»[21]

Was konnte schlimmer sein als das Hier und Heute? «Uns knechtet ein Geist des Antichrists», schrieb Rogers, «der so barbarisch ist wie nur irgend etwas auf der Welt, und auf uns lastet ein Joch, so elend wie in der Türkei.» Trotz Provokationen warnte er, «nicht im falschen Augenblick... zu Aufruhr oder Verteidigungsmaßnahmen anzustacheln». Er rief zum Bündnis der Fifth Monarchists mit den Commonwealth Men auf, «was leicht zu bewerkstelligen ist, und dann marsch! Denn die Zeichen sind alle eingetroffen und die Trompeten ertönen. Zu Pferd, zu Pferd, und drauf und dran!» War dies das Signal zum Aufstand? Noch nicht ganz.

Ja, sie reden von angeblichen Verschwörungen und tun das nur aus Furcht vor tatsächlichen Erhebungen; mit ihren unerträglichen Unterdrückungen, Verfolgungen und Provokationen tun sie alles in ihrer Macht Stehende, um uns – ob wir wollen oder nicht – in Unruhe und Aufregung zu versetzen, da wir doch unser Leben, unsere Freiheit, unsere Verwandten, unsere Religion und unser Gewissen bewahren möchten vor ihrer ungeheuerlichen Unmenschlichkeit und ihren Nachstellungen hinter scheinheiliger Maske.

Aber wenn nicht jetzt, wann sonst? Rogers selbst war «in des alten Schlächters Verliesen für die Heiligen» gewesen, wo Wycliffes Ketten noch an der Wand hingen, wo Märtyrer wie Cranmer, Ridley und Latimer gelitten hatten. Auch er hatte, wie seine Brüder, alles durchgemacht: «Kerker, Schmach, Tumulte, oftmalige Schläge und Stöße, Niederwerfen, Verbannung und Anspucken, ja Verwüstung meiner Güter... und häufiges Plündern und Lebensgefahr, Krankheit, Fieber, Gewitter, Kälte, Schnee und Stürme, ohne Bett, ohne Brot, auf harten Fahrten; und viele Prüfungen mehr...» In Erinnerung an seinen Gefängniswächter Major Bull, den «Rinder-Major», zitierte er Jeremia 50,27: «Erwürget alle ihre Rinder und führt sie hinab zur Schlachtbank.» Er ging sogar «ein wenig weiter»:

Nach dem, was ich vorhersehe und leicht den Zeichen der Zeit entnehmen kann, wage ich zu versichern... daß entweder außergewöhnliche Leiden oder außergewöhnliche Taten bald über England kommen werden, wobei wir so oder so bereit sein müssen, unser Leben zu opfern. Jedoch erhoffe ich eher das letztere.

War das nur eine Vorhersage? Wohl kaum. «Wacht auf, wacht auf, ja steht auf, ihr Heiligen», rief Rogers,

und schüttelt den Kerkerstaub von euch ab... denn es ist hohe Zeit; ja, nun ist die Zeit gekommen, loszubrechen wie Löwen (zu kühn, um die Leiden wie früher hinzunehmen)... Nennt den Tag, verteilt die Aufgaben, und dann los! Ja, laßt einen Ruf ertönen, daß es den Feinden in den Ohren dröhnt. Ja, laßt die Erde beben und zerstört die Grundfesten bis auf den letzten Stein... ja, bis ein solches Beben, Zittern und Zähneklappern sie packt, ja, eine solche *Metathesis*, Übersetzung, Umwälzung und völlige Verdrehung unter ihnen stattfindet, daß der Antichrist niemals wieder seine Herrschaft in England errichten wird... Aber unsere Sache kann nicht fehlgehen, Freunde, sie kann uns nicht mißlingen, uns, die wir die Erben der Verheißung sind.

Mit der großen Wandlung war auch eine sehr persönliche Befreiung verbunden:

...denn ich sage Dir, daß ich durch Deine Grausamkeit auf einen Berg gehoben wurde, so hoch, daß ich Dich und alle Könige der Erde zu meinen

Füßen sehe, wie stolz sie auch sein mögen... [sie sind] wie Ameisen an einem Maulwurfshügel, über die ich lache, wie sie so eifrig ihren Bau pflegen, der mit einem Schlag vernichtet, zertreten und weggewischt werden wird, wie Müll auf dem Boden...[22]

Die Geschichte der Revolutionen scheint sich um einen bodenlosen, alles verschlingenden Mülleimer zu drehen.

6. Die große Kette der menschlichen Hoffnung

Die gute alte Sache war verraten worden. Die Fifth Monarchists waren nun «gänzlich von Oliver Cromwells Glaubensabtrünnigkeit, Scheinheiligkeit, von seinem Morden und Hochverrat überzeugt», und sie veröffentlichten ihren «Grundsatz für die Welt», um «ein Richtmaß zu geben allen ... die nach Wahrheit hungern, die da warten auf Gerechtigkeit und Rechtschaffenheit...». Zur selben Zeit (1657), als Rogers gegen die «augenblicklichen Niederträchtigkeiten, Scheinheiligkeiten, Gotteslästerungen, Verfolgungen und Grausamkeiten des Natterngezüchts» wütet, hält jemand in seinem Tagebuch fest, die Fünftmonarchisten seien «Enthusiasten und verzweifelte Zeloten, die vorgeben, sie wollten mit dem Schwert das Königreich Christi errichten: So kritisch ist die Lage geworden.» Ein anderer Chronist befürchtet den Übergang zu «Feuer und Schwert» und muß gestehen, daß «wir täglich auf ein Massaker gefaßt sind»; und ein Besucher von Blackfriars berichtet: «Ich hörte ein Gebet und zwei Predigten; aber, großer Gott! welch grausame und widerwärtige und äußerst abscheuliche Trompetentöne über Feuer, Mord und Flammen waren das.» Eine bitterironische Notiz in der *Bibliotheca fanatica* warnt: «Den Heiligen wird die Erde gehören; und damit ist bewiesen, daß die Brüder ganz legitim durch Erstechen, Halsabschneiden oder auf irgendeine andere Art mit den Üblen dieser Welt aufräumen dürfen, solange ihnen daraus nur ein Vorteil erwächst.» Etwas nachsichtiger klingt ein Bericht an die Regierung: «Männer, die auf verschiedene Weise durch die langen Wirren verarmt sind, voll Unzufriedenheit und müde vom langen Warten auf Besserung, neigen stark dazu, auf jene zu hören, die erklären, daß ein neuer, frischer Anfang, ein Goldenes Zeitalter, nahe bevorstehe.»

Aber die frischen Anfänge mußten bald eingestellt werden, das Goldene Zeitalter ließ auf sich warten. Militante Geister der frühen Jahre erlagen der Verzweiflung und Schlimmerem; neue Enthusiasten tauchten auf und verjüngten die Hoffnung. Rogers selbst bemerkte die Treuebrüche unter den Heiligen: «Es ist (fast) unglaublich, was an Falschheit, Feigheit und Fahrlässigkeit vorkommt.» Vielleicht würde es nie ein Tausendjähriges Reich geben, vielleicht hatte man sich grob verrechnet, vielleicht war gar nicht England der wahre Schauplatz der Ereignisse, sondern Deutschland. Während verschiedener Krisen in den fünfziger Jahren des 17. Jahrhunderts schien die Bewegung ihrem Ende und ihrer Auflösung nahe, und viele hielten einen Kurswechsel für die einzige Lösung.

Vier konventionelle Wege schienen sich anzubieten. Die einen fanden Zuflucht im politischen Purismus und lehnten es sogar ab, um die Freilassung Feakes und anderer Gefangener, um die Abschaffung des Zehnten, um die Auflösung der Armee Eingaben zu machen, alles mit der Begründung, daß eine Petition schon die Anerkennung des verhaßten Regierungsestablishments bedeute. Andere gingen in die Gegenrichtung, traten für Mäßigung ein und meinten sogar, die Fifth Monarchists dürften im Vierten Reich Ämter bekleiden, falls sie diese in göttlicher Weise versähen. Wieder andere wandten sich der Innerlichkeit zu, der Mystik des immanenten Königreiches. Ein harter Kern der Bewegung wählte die letzte Möglichkeit ultramilitanter Verzweiflung, wie eine bevorzugte Textstelle (5. Moses 32,42) sagt: «Ich will meine Pfeile mit Blut trunken machen.» Waren sie noch fähig, «jenen angst zu machen, die selber Böses tun»? Konnten sie noch «ein Licht leuchten lassen in grundschlechter Zeit»? Die prophetischen Visionen von Gefahr und Sicherheit, vom *Schwarzen Panther*, der durch List die Welt überwinden könne, und vom *Roten Löwen*, der die rettende Stärke des Stammes Juda hatte, waren doch sicherlich lebendige

Symbole der menschlichen Vorstellungskraft geblieben? Wollte denn noch immer nicht ein jeder, daß «Friede und Sicherheit, Fülle und Wohlstand das Land überschwemmen»? Was immer Zyniker wie Thurloe über ihre «großen Worte» und «großzügigen Versprechungen» sagen mochten, war es denn nicht ein unwiderstehliches chiliastisches Ideal, einer Zeit entgegenzusehen, in der es (in Bunyans Worten) «immer Sommer, immer Sonnenschein, immer angenehm, grün, fruchtbar und schön» sein würde? Oliver Cromwells Tod und der Sturz seines Sohnes Richard gaben den Verzweifelten erneut Hoffnung. Die neue Lage «bestärkt mich in meiner alten Meinung, daß das Erdbeben begonnen hat».[24]

Thomas Venner war der letzte dieser verzweifelten Führer, die den Rest der Getreuen zum direkten Einsatz brachten. Er war der zornige Unbestechliche unter den Heiligen, unverzagt in seiner Überzeugung, daß Gott durch ihn handeln werde, wie es in Jeremia 51,20 offenbart ist: «Du bist mein Hammer, meine Kriegswaffe, durch dich zerschmettere ich die Heiden und zerstöre die Königreiche.» Zweimal versuchte Venner, einen Aufstand zu organisieren; das erste Mal im Jahr 1657, das die Fifth Monarchists «die Endzeit» nannten in einer Flugschrift, deren Vorspann Rogers und Feake verfaßt hatten. Unterstützt wurde der Versuch hauptsächlich von den unteren Rängen der Bewegung; General Harrison, Rogers und andere aus der Führung hatten ihre Zustimmung verweigert, weil sie bezweifelten, daß die genau und gewissenhaft errechnete Zeit (vierzig und zwei Monate nach der Herrschaft des Antichrists) bereits gekommen war.

Venner, ein Küfer, der aus Salem in New England rückgewandert war, hatte immer mit Abweichlern Schwierigkeiten gehabt bei seinen Versuchen, der Fifth Monarchy-Bewegung eine militante Führung zu geben. Marchamont Nedham nahm als Beobachter der Regierung an einer von Venners Versammlungen in Blackfriars teil (Nedham war damals John Miltons führender Cromwell-Propagandist) und berichtete von einem Zwischenfall, der sich nach einer Rede von Vavasor Powell ereignet hatte:

Als Mr. Powell geendet hatte, begann einer, der in der Ecke saß, zu reden und wollte dem widersprechen, was gesagt worden war; er erhob seine Stimme mit äußerster Kraft, um die Zwischenrufe zu übertönen; aber als nach halbstündigem Tumult Mr. Cokain die Kanzel bestieg, schrien sie den anderen nieder.

Kurz darauf führte Nedham in einer Flugschrift eine Attacke gegen die Grundsätze jener «von falschen Träumen besessenen Männer, die deshalb viele Dinge unternahmen und unterstützten, was letztlich (wenn auch von der Mehrzahl ungewollt) zum Umsturz der fundamentalen Gesetze unseres Landes geführt hätte». Nedham genügte eine einzige utopische Revolution, die realistisch geplant und umsichtig durchgeführt wurde. Sie in Permanenz fortzusetzen, wäre nur ein wahnwitziges Unterfangen, hinter dem zerstörerische Leidenschaften ständen. «In Wirklichkeit haben ihre Grundsätze sie dazu verführt, alles niederzureißen und nichts aufzubauen... Sie verrannten sich in reine Anarchie und Verwirrung.» So mußten «Träume von einem imaginären Paradies» stets enden.[25]

In Venners inzwischen von Historikern entziffertem Tagebuch ist an diesem Tag ständig die Rede von erregten Debatten und Diskussionen, von «andersdenkenden Brüdern» und insbesondere von einem Bruder Spencer, der später in Verdacht geriet, die Pläne der Aufständischen an die Regierungsmächte verraten zu haben.

[Spencer] entfachte viel Streit... Es war ein Wunder, daß wir nicht alle daran zerbrachen. Wir bettelten und flehten ihn an, es sein zu lassen. Er sagte uns, er kenne unseren Plan; wir sagten ihm, er wäre in unseren Augen zum großen Teil schuld daran, daß die Versammlung in Unfrieden geendet habe. Er sagte, er hielte es für ein gutes Werk, die Versammlung zu sprengen.

Venner ließ sich davon nicht abschrecken und sandte getreue Gefolgsleute aus, «um Stadt und Land zu erforschen und auszuspähen», um die Standorte der Truppen und mögliche Treffpunkte zu notieren und sämtliche Karten zu sammeln, die «Angaben zu den Brücken, Wäldern und Landstraßen verzeichnen».

Die Meinungsverschiedenheiten nahmen zu, als Fifth Monarchists wie General Harrison und John Rogers aus theologischen und taktischen Gründen (die oft auf dasselbe hinausliefen) Venners Pläne ablehnten. Wie Venner seinem Tagebuch anvertraute: «... und Mr. Rogers hatte zu jemandem gesagt – nämlich zu Schwester Hardye, aus deren eigenem Mund wir davon erfuhren –, daß er sich eher hängen ließe, als bei dieser Unternehmung mitzumachen... und daß er, falls wir Ernst machen wollten, sich der Gnade des Gegners unterwerfen statt sich uns anschließen wolle». Falls der Zeitpunkt für die Erhebung nicht ganz präzise und richtig errechnet war, wäre das ihr Ende.

Zu dieser Zeit hat auch John Jones uns hinter unserem Rücken sehr verleumdet und einigen der Unsrigen versichert, daß der Geist Gottes nicht mit uns sei und daß wir alle vernichtet würden, weil erstens die alten, weisen Christen nicht mit uns seien, wie Mr. Harrison, Carew und Mr. Rogers, und zweitens, weil der richtige Zeitpunkt um zwei Monate später liege. Auch Mr. Rogers macht uns nun unseren Freunden gegenüber viele Vorwürfe.

Venner aber wankte nicht in seinem Entschluß, entschied sich jedoch für einen verhaltenen Start, in der Absicht, einen strategischen Kompromiß zu erreichen.

Um einen Treffpunkt zu bestimmen und bereit und ordentlich gerüstet zu sein, soll eine Anzahl von Brüdern vorgeschickt werden zu Pferd und wohlbewaffnet und unsere Erklärungsschrift am Markttag in einer Marktstadt öffentlich bekannt machen und danach alle einladen, für Christum und um eines jeden eigener Freiheiten willen aufzustehen; so sollen sie die Erklärung verbreiten und verteilen unter dem Landvolk, welches dann die Schriften überallhin trägt und ausstreut, so daß es sein wird wie eine gesäte Saat, und sie sollen jede Antwort hinnehmen ohne Gewaltanwendung, außer bei echter Gegnerschaft.

Einige der Brüder fanden dieses Täuschungsmanöver eines friedlichen propagandistischen Beginns in Epping Forest «Betrug, Lüge und Heuchelei». Diesmal schien der Verrat nicht von außen, sondern aus den eigenen Reihen zu kommen, und Venner bekam von seinen Kritikern zu hören, er weiche von «unseren Grundsätzen und Gelübden» ab. Sie bezweifelten, daß er «für dieses Werk qualifiziert» war. Venner hat uns einen großen Dienst erwiesen, als er alle diese Einwände schriftlich festgehalten hat: «... wenn wir das Unternehmen tatsächlich in der geäußerten Art und Weise durchführen wollten (sagte Mr. Chapman), so glaube er fest, wir würden dabei stolpern, dem gemeinsamen Feind nur einen Gefallen tun und der guten Sache das Grab schaufeln». Der schlimmste Vorwurf bei jeder revolutionären Bewegung ist die Behauptung, daß jemand «objektiv gesehen» dem Feind in die Hände arbeitet. Die Abtrünnigen verlangten, daß ihre Namen von der Mitgliederliste «gelöscht» würden, «und so verließen sie uns».[26]

Wie es sich traf, waren die Londoner Behörden sehr gut informiert, da Secretary Thurloe, Cromwells Geheimdienstchef, einige Stunden vorher irgendwie davon Wind bekommen hatte; und der Aufstand wurde durch die Konfiszierung der «Pistolen und Halfter, Pulver, Kugeln und entsprechend vieler Lunten» der Verschwörer vereitelt. Es hatte sich nur um eine kleine Gruppe Bewaffneter zu Pferd und zu Fuß gehandelt: Man hatte vorgehabt, isolierte reguläre Truppen zu überrumpeln und zu entwaffnen, die eigenen Reihen zu vergrößern, indem man Gemeine aus dem Gegenlager aufnahm, und die Kriegskasse mit Beute zu füllen, um Sold zu zahlen und Familien entlasten zu können. Alles war bereit gewesen: Bündel von Manifesten zur Verteilung, das Taftbanner mit dem Roten Löwen des Stammes Juda (mit der Aufschrift *Wer wird ihn aufwekken?*). Aber es hatte nicht sein sollen. Sie saßen «bewaffnet, gestiefelt und gespornt» in ihrem Hauptquartier in Shoreditch in der Falle, und ihr geheimes Waffenlager in der Swan Alley wurde auch entdeckt.

Venner war mutig genug, es 1661 noch einmal zu wagen. Entweder würde von diesem Glutrest der Bewegung «die Sache endgültig begraben» (wie es die Pessimisten vorhersagten), oder sie würden schließlich und endlich doch noch in England und überall sonst ihren heiligen Triumph erringen.

Und wenn wir die großen Prophezeiungen für dieses Jahr bedenken, die wunderbaren Wirkungen, die es wohl zeitigen wird, die süße Harmonie und die Übereinstimmung des Vorausgeschauten, die Deutlichkeit, mit der die Dinge sichtbar sind, die für die Todeszeit der Zeugen vorhergesagt wurden, die große Wahrscheinlichkeit der Auferstehung der Zeugen, die großen Verheißungen des Neuen Bundes durch den Heiligen Geist, die diesem Werk gelten, die wundervollen, unleugbaren Zeichen der Zeit, und wie wunderbar wir verschont blieben und für dieses Werk bewahrt... so sind wir mächtig erweckt und entfacht, und jene Feuerglut, die unter unserer Asche verborgen war, wird in Flammen ausbrechen, und jene Brunnen der Flüsse der lebenden Wasser in Ströme ausbrechen, wie die sprudelnden Quellen, die den Erdboden durchwandern und hervorbrechen, wenn sie eine Öffnung finden. Unser Leben und alles, was uns nach weltlicher Rechnung teuer ist, verachten wir als gemein... bis *Rom* in Asche liegt und *Babylon* ein Zisch- und Schimpfwort ist... und wir in heiligem Triumph uns unserer Knechtschaft entknechtet haben, nicht um unter unseren Weinstöcken und Feigenbäumen auszuruhen, sondern weiterzugehen nach *Frankreich*, *Spanien*, *Deutschland* und *Rom*, Antichrist und Hure zu vernichten, ihr Fleisch mit Feuer zu verbrennen und sie mit solcher Gewalt zu zerschmettern, wie ein Mühlrad ins Meer stürzt...[27]

Jetzt kam es zum letzten Gefecht, und diesmal kämpften Venners Getreue, wie es in den Berichten heißt, «mit unglaublicher Begeisterung, gleichwie um sich selbst glauben zu machen, daß ein einziger einem Tausend nachsetzen und keine gegen sie gerichtete Waffe verwunden könne». Aber welchen Einfluß vermochte eine Gruppe von vielleicht fünfzig Heiligen, und mochte ihr Glaube noch so fest sein, auf den Lauf der Dinge zu haben? Hier ist Samuel Pepys' Tagebucheintrag vom 9. Januar 1661:

Morgens gegen sechs Uhr aufgeweckt durch Leute, die in Mr. Davis' Haus herauf- und hinabliefen und erzählten, daß in der City die *Fanatiker* einen gewaltsamen Aufstand unternommen haben. Und so stand ich auf und ging los; und fand auf der Straße jedermann in Waffen an den Toren. So kehrte ich zurück (keineswegs guten Mutes, doch ich wollte nicht ängstlich erscheinen) und nahm mein Schwert und meine Pistole, die zu laden ich allerdings kein Pulver hatte; und ging ans Tor, wo ich Sir R. Ford fand, und ging mit ihm bis zur Börse und verließ ihn dort. Auf unserem

Weg – die Straßen voll Bürgerwehr und wilder Gerüchte. Welch Unheil diese Schurken angerichtet haben! Und ich glaube, fast ein Dutzend wurde an diesem Morgen getötet, auf beiden Seiten... Die Läden geschlossen und alles in Unruhe.[28]

Die Mehrzahl der Rebellen wurde zwischen Highgate und Hampstead eingeschlossen. Thomas Venner, neunzehnmal verwundet, wurde gefangengenommen. Einem Bericht über diese Niederlage zufolge hatten sie alle gekämpft «mit einer Kühnheit, wie man sie viehischer und teuflischer nie bei Menschen gesehen hat, und wenn sie an Männern so stark wie an Kampfgeist gewesen wären, hätten sie in der Stadt das Unterste zuoberst gekehrt und im ganzen Land und auf der ganzen Welt».

Die Führung der Fifth Monarchy-Bewegung war dezimiert. Sir Henry Vane und John Carew wurden hingerichtet. Vavasor Powell dachte nun, daß «es ein gut Stück Weisheit ist, in einer schlimmen Zeit zu schweigen...».

Christopher Feake verbarg sich in Dorking. John Rogers, inzwischen dreiunddreißig, floh nach Holland. Als er zurückkehrte, widmete er («heuchlerisch», wie ein Historiker bemerkt), eine medizinische Schrift dem Earl of Clarendon (der immerhin dem König prophezeit hatte, daß die Fifth Monarchists «gern ein wahnsinniges Werk verrichten und die ersten sein werden, die das Werk beginnen müssen», nämlich eine Sympathiebewegung für die Restauration der Königsherrschaft).[29] Im Oktober war Generalmajor Thomas Harrison gehängt, geschleift und gevierteilt worden; und jetzt im Januar wurden Venners und Hodgkins Köpfe auf den Pfählen der London Bridge aufgepflanzt. Als General Harrison zum Galgen von Charing Cross geführt wurde, rief jemand: «Und nun – wo ist Eure gute alte Sache?» Er antwortete, indem er auf seine Brust deutete: «Hier ist sie! Und ich werde sie mit meinem Blut besiegeln.»

Einem himmlischen Ideal war «hier auf Erden» das Siegel aufgedrückt worden. Ein frommes Engagement für ein «wohlgeordnetes Gemeinwesen, gelenkt von den besten Männern, von makellosen Prinzipien und wohlbekannter Redlichkeit», hatte zu der Forderung nach einer revolutionären Tat geführt, «um jedes Joch und jedwede Unterdrückung weltlicher und geistlicher Natur vom Nacken des armen Volkes zu nehmen». Die Kühnheit mag verfrüht gewesen sein, aber für die Anhänger sollte immer – um den Titel des Fifth Monarchy-Programms zu zitieren – «ein Tor der Hoffnung *(a door of hope)*» offenbleiben.

Wie hätten sie, die kämpfenden und leidenden Heiligen, auch je daran zweifeln können, daß ihre Standhaftigkeit belohnt und anerkannt würde? «Wir mögen dem gegenwärtigen Zeitalter in unseren Predigten und Schriften verwegen erscheinen, daß wir in dieser Weise dunkle Prophezeiungen aufgreifen; jedoch werden nachfolgende Geschlechter den Herrn dafür preisen, daß er einige vor ihrer Zeit emporgehoben hat.» Das Vertrauen auf eine Zukunft, die man aus dunklen Prophezeiungen herauslas, sollte sich als verfehlt erweisen; aber wenn auch «ihre Zeit» nie kam, wurde doch ihre Verwegenheit zu einem nie vergessenen Ansporn. Sogar für Historiker. Von zwei Forschern, die sich im 20. Jahrhundert mit den Fifth Monarchists beschäftigt haben[30], beharrte der eine darauf, daß «ein langsamer, pragmatischer Wandel mehr in Übereinstimmung mit dem englischen Nationalcharakter ist als eine jähe, gewaltsame Veränderung». Der andere aber schrieb: «Sie traten für ein Ideal ein, das in bezug auf seine Reinheit und seinen Glanz, verglichen mit den Idealen, für die unsere Generation ihre Kräfte einsetzt, wie ein Matterhorn zwischen Maulwurfshügeln dasteht!»

Donner und Blitz ... Tage des Umsturzes ... Schwanken und Taumeln ... Blut schreit nach Blut ... der Jüngste Tag zieht herauf ... die Herrschaft der Gerechten ... eine wahre Reformation ... eine Flutwelle der Veränderungen ... verwegene Männer und dunkle Prophezeiungen ... Worte sind Taten ... das menschliche Denken ... säubert das Land ... stürzt die morschen Bauten um ... die heilige Vernichtung des Übels, das da heißt Unterdrückung und Ungerechtigkeit ... das Goldene Zeitalter ist nahe ... Feuer und Schwert.

Drei Jahrhunderte hindurch sollten dies die Schwerpunkte,

die grundlegenden Elemente in der Welt des radikalen Temperaments bleiben, mit einigen wenigen historisch bedingten Varianten. Sie sind die festen Glieder in der großen Kette menschlicher Hoffnung. Bei einem modernen Zyklus der Revolution standen am Anfang die Heiligen und am Ende die Wissenschaftler. Aber es gibt einen Berührungspunkt (und das ist eine sowohl gefühlsmäßige wie auch semantische Konvergenz) des neuen Radikalen, der säkulare Lösungen in der Sprache religiöser Formen und Redewendungen erträumt, und des alten Rebellen, der ein eschatologisches Ende für seinen diesseitigen Kampf um die gute Sache schaute. Zu allen Zeiten gilt: Was für einen eine Metapher ist, ist für den anderen Wirklichkeit.

Dieselbe Theorie, die als Waffe gegen den Irrtum dient, kann manchmal auch der Wahrheit Schaden zufügen.

Während der Belagerung von Wien bekam ich eine erste Ahnung davon, wie sehr ich mich in dem Glauben getäuscht hatte, die Menschheit wäre von den schimärenhaften Hoffnungen geheilt, die so oft aus inneren Visionen entstehen. Überall traf ich auf Menschen, die von nichts anderem redeten als... der Wahrheit, der sie völlig vertrauten, und die eine solche Zahl von Luftschlössern erbauten, daß sie Babylon im Nu zerstören könnten.

Die Welt ist zu unbelehrbar, als daß sie aus den Fehlern vergangener Zeiten lernen könnte. Jedes Zeitalter führt sich auf, als sei es das erste... Und das Schlimmste ist, daß die Menschen selbst nicht aus der Vergangenheit lernen; jede Generation offenbart die gleichen Symptome.

Pierre Bayle (1697)

7. Die großen Vordenker (I)

Eine fortschrittliche Mentalität - Drei Ausländer: Hartlib, Dury, Comenius - Andreaes deutsche Utopie - Hartlib, der «große Vordenker Europas» - Die utopische Internationale

1. Eine fortschrittliche Mentalität

Die meisten Revolutionen finden nur im Reich der Gedanken statt. Sie sind aus Mythen und Träumen gewoben, aus Plänen und mächtigen Hoffnungen, aus Ideen und Idealen, Schlagworten und flüchtigen Gefühlen; und in der Neuzeit bewegten sie sich die meiste Zeit in Bahnen, die in gehörigem Abstand von den Gefilden der Macht und effektiver Gestaltungsinstanzen verliefen – abgesehen von jenen seltenen Augenblicken, da gewisse grundlegende Elemente in den Wissenschaften, der Wirtschaft oder Herrschaft plötzlich verändert, verlagert oder umgestürzt wurden. Sie sind eher Ausdruck menschlicher Denkweisen als eines Reformwillens. Sie markieren bewegte Episoden in der Geschichte einer jeden Generation, in deren Verlauf sich eine Gruppe von Enthusiasten in Eloquenz und Schmähreden, Maßlosigkeit und Mißtrauen, physischer und psychischer Höchstleistung und Erschlaffung schließlich vollkommen erschöpft. Die wahre Geschichte des revolutionären Denkens gleicht selbst einer utopischen Erzählung, beeinträchtigt einzig durch ihre Neigung, die aufgrund simpler Fiktionen und phantastischer Einfälle erzeugte Spannung mit den dramatischen Konflikten des geschichtlichen Wandels zu verwechseln.[1]

Das drastische Epithet von den «träumenden Rabbinern», das Marchamont Nedham bei einer Wortschlacht zwischen zwei revolutionären Gruppen prägte, weist auf die gewaltige Kluft zwischen den beiden revolutionären Denkformen hin, die sich während der bewegten Epoche der europäischen Geschichte, mit der wir uns zu beschäftigen haben, zunehmend vergrößerte.

In dem einen Lager standen Leute, die wie Nedham die großen prinzipiellen oder gar philosophischen Fragen zwar nicht völlig ignorierten, aber vor allem nach einem Einstieg in die politische Arena Ausschau hielten, sei es durch eine Hintertür oder mittels opportunistischer Kompromisse. Bei mächtigen Heerführern wie Cromwell oder intellektuellen Staatsdienern wie John Milton kann man deutlich das Bemühen um eine Balance erkennen, die sowohl der ursprünglichen ideologischen Leidenschaft als auch den Erfordernissen der sogenannten praktischen Politik gerecht werden soll.

In dem anderen Lager finden wir Männer, die zwar nicht vollständig gefeit sind gegen die Verlockung, selbst die Hebel der wirklichen Macht zu ergreifen, die sich aber doch stärker jenem Wort verpflichtet fühlen, das ihnen erste Inspiration gab; dieser Verpflichtung kommen sie bis zum letzten Atemzug nach, unermüdlich, kompromißlos und wirklichkeitsfremd. Bei solchen von prophetischem Zorn getriebenen Gestalten wie John Rogers und Thomas Venner oder bei noblen Träumern wie Comenius und Samuel Hartlib spürt man etwas wie Verehrung für den unausrottbaren Mythos, daß der Glaube Berge zu versetzen vermag, ja daß der Glaube selbst ein heiliger Berg ist.

Bei der Lektüre von Schriften aus der Puritanerzeit fällt immer wieder auf, wie leicht in Krisenzeiten der ungeduldige Geist in einen chronischen Zustand der Selbsttäuschung verfällt, in die Illusion, daß das herbeigesehnte Ereignis unmittelbar bevorstehe. Der Morgen dämmert, der Tag bricht an, bald wird alles sonnenklar sein. Während der vierziger und in die fünfziger Jahre des 17. Jahrhunderts hinein hegten die Kinder des Lichtes bei ihrem Kampf gegen die Kräfte der Finsternis große Hoffnungen. Die Gaukelbilder der Hoffnung waren so überspannt wie die Erwartungen, die Semantik so unruhig wie die Gemüter. Ein großer zeitgenössischer Prediger in England gab seinen Zuhörern melodramatisch Wegzeichen, an denen sie die abenteuerlichen Episoden abmessen konnten, bei denen sie eine Rolle spielen sollten; denn «wir leben im Mahlstrom der Zeiten. wo sämtliche Bewegungen und Veränderungen so nah am Kern der Dinge sich vollziehen, daß sie mit höchster Geschwindigkeit und größter Eile ablaufen ...». Nicht weniger eindringlich wird das Bild gewirkt haben, daß «wir uns am Rand befinden, aber sozusagen schon inmitten des Wirbels». Hartlib klingt etwas weniger barock, aber genauso euphorisch:

> Doch seht nur, wir leben, und statt Trostlosigkeit sind die Bruchstellen des Alten repariert, statt Verwirrung sind die Fundamente bereitet für viele künftige Generationen, statt der Ängste öffnet sich uns ein großes Tor, damit wir beständig und vollständig in der ganzen Fülle des Friedens und der Wahrheit sein werden.

Im ersten Gefühlsüberschwang hatte Hartlib einst Comenius zum Kommen aufgefordert, damit sie gemeinsam die Tage erleben könnten, die die Welt erschüttern würden: «Kommt, kommt, kommt; es ist zur Ehre Gottes: Sorgt Euch nicht weiter um Fleisch und Blut!»[2]

Diese Schlagwörter des euphorischen Übergangs – ob sie nun abheben auf eine gewaltige, zentrale Bewegung und schnelle Änderung am Rand und im Auge des Sturmes, oder auf den bodenständigeren Prozeß der Errichtung fester Grundlagen für eine neue Zeit der Festigkeit und Fülle – sind zuverlässige Indikatoren einer apokalyptischen Grundstimmung. In diesem Zustand befanden sich unsere Protagonisten nun, da von oben Paradies und Utopie lockten und die wunderbaren Aussichten auf Revolution und Reformation übermächtig und unmittelbar bevorzustehen schienen. Alle standen sie gerade und gespannt vor dem großen Tor der Hoffnung. John Dury war mit Cromwells Umwälzungen einverstanden und erklärte vertrauensvoll seine Zustimmung zu «dieser Revolution der Herrschaft» (besonders, da sie seiner hochgemuten Ansicht zufolge «ruhig und rasch bewerkstelligt» worden war). Und wie man sich vielleicht erinnert, ermahnte Hartlib im Londoner Vorwort zu Durys *Clavis Apocalyptica* (1651) die Leser: «Geduldet euch noch kurze Zeit, dann werdet ihr das Ende dieser gewaltigen Revolution in Staat und Kirche in Europa und anderswo erleben.»[3]

Welche Verheerungen würde der vielgepriesene Wandel trotz all seiner Segnungen mit sich bringen? Manche waren eifrig und ungeduldig und ganz versessen auf die Katastrophe; andere pendelten zwischen mystischer Unruhe und gelassenem Abwarten; und nicht wenige gab es, die inmitten der geistigen und gesellschaftlichen Unruhe ein gewisses Maß an Ausgeglichenheit bewahrten. Wo die Eschatologie auf lange Sicht Gewißheit verhieß, versprachen die bescheideneren Ziele des Humanismus eine langsame, aber regenerierende Vorwärtsbewegung. Eine Bemerkung von Comenius zeigt, wie tief die neue, fortschrittliche Geisteshaltung im europäischen Bewußtsein bereits Wurzeln geschlagen hatte. In einem Werk, das bezeichnenderweise der «Verbreitung des Lichtes der Erkenntnis für die gesamte Menschheit» gewidmet war, schrieb er: «Wenn wir nicht stehenbleiben oder an Boden verlieren wollen, müssen wir unsere ersten Erfolge durch weitere Eroberungen festigen.»[4] Offensichtlich aber war für die Ausgießung des Lichtes der Erkenntnis die Mithilfe weiser Ratgeber fast unerläßlich; und als im Jahr 1642 sowohl Comenius als auch Dury ihrem Gastland den Rücken kehrten, machte sich unter Hartlibs Gefolgsleuten in England Mutlosigkeit breit. Wie sollten sie die nötige Standhaftigkeit aufbringen, um das herrliche Werk zu vollenden? Würde sich das «Tun und Treiben» fortsetzen?

> Wahrlich hat der Abschied jener [beiden] guten Menschen die Kraft und Quelle meines Willens arg geschwächt und tut es immer noch, nicht weil ich (scheint mir) an der Schönheit der Aufgabe zweifele, doch an der Möglichkeit ihrer Verwirklichung; und ohne diese Möglichkeit hört jedes Tun und Treiben auf.

Nur wenige Jahre später hatte dieser Anfall von Niedergeschlagenheit einer neuerwachten Begeisterung darüber Platz gemacht, daß «die demokratisch gesonnenen Geister... in dieser Nation solche Wurzeln geschlagen haben».

...und so verdrängt jede folgende Generation ihre Vorgängerin; je näher wir dem Kern der geistigen und politischen Wahrheit kommen, desto heftiger wird das Treiben und desto kürzer wird der Tag (überall und für jede Herrschaftsform).[5]

Den Zeitgenossen Hartlibs in England mögen die seltsamen Metaphysiker fremdländisch vorgekommen sein, wie Trevor-Roper meint, aber dennoch zutiefst kongenial. In seiner Abhandlung über die Erziehung erklärt John Milton in der an Hartlib gerichteten lobenden Einführung seine «Hochachtung für einen Mann, den ein glückliches Schicksal aus einem fernen Land auf diese Insel gebracht hat, damit er Anlaß und Ansporn für viel Gutes werde». Und Cromwells Sekretär fuhr fort: «Wie ich höre, werdet Ihr ähnlich von Personen geschätzt, die für ihre Klugheit bekannt sind, und auch von anderen in höchsten Staatsämtern.» Ähnlich wie Matthew Arnold, der zweihundert Jahre später den unphilosophischen Provinzialismus der Engländer mit einer kosmopolitischen Weltschau zu korrigieren versuchte, war Milton für Ideen aus fernen Ländern dankbar:

Denn die Sonne, die uns fehlt, ist für kluge Köpfe genauso gedeihlich wie für das Obst; und wie wir Wein und Öl aus fernen Ländern einführen, so mußt gereiftes Wissen, müssen bürgerliche Tugenden aus fremden Schriften und gemäß den besten Vorbildern aller Zeiten unserem Geist zugeführt werden; andernfalls werden wir noch straucheln und bei dem Versuch scheitern, größere Vorhaben zu verwirklichen.[6]

In dieser reifenden, revolutionären Zeit verdrängte tatsächlich eine Generation die andere. Es trat jetzt nämlich eine neue Generation auf den Plan, die (wie Hartlib schrieb) nicht mehr «an den Dingen hängt, weil sie vertraut und überliefert sind» und die alten, alteingesessenen Gestalten abzulösen gedachte, die «entweder den Weg bereits zu weit gegangen sind, um noch an einen Richtungswechsel zu denken, oder jeden neuen Vorschlag als leichtsinniges Produkt unreifen Denkens betrachtet». Alter «Abfall» mußte beseitigt, ein antiquiertes System abgebaut werden.

Obwohl die Entwürfe dieser Zeit [schrieb Hartlib 1654 an den Sprecher des Parlaments] meiner tiefen Überzeugung nach auf eine gründliche Reformation abzielen, können wir bisher nicht mehr davon sehen als Umsturz und Mißbrauch alter Institutionen: teils, weil viel Abfall zu beseitigen ist, teils, weil man kein neues Haus an derselben Stelle errichten kann, solange das alte nicht abgerissen ist. Doch kein vernünftiger Mensch wird sein altes Heim zerstören lassen, bevor er weiß, wie der neue Bau aussehen wird: Deshalb wird zumeist zuerst ein neues Modell konstruiert, bevor das alte beseitigt wird.[7]

2. Drei Ausländer: Hartlib, Dury, Comenius

Daß der größte intellektuelle Makler dieser Zeit aus einer der dunkleren Regionen des alten deutschen Reiches kam, nahm niemand als düsteres Vorzeichen. Die führenden Denker bildeten damals eine wunderbar kosmopolitische Gruppe, eine ungebundene kulturelle Vorhut, wie sie nur möglich war in einem Zeitalter, das seinen alten lateinischen Internationalismus noch nicht verloren und sich zu einem nationalen geistigen Provinzialismus verhärtet hatte. Noch früher war ein Giordano Bruno, exkommuniziert und von den kontinentalen Zentren der Gelehrsamkeit verbannt, nach London gereist, hatte Sidney, Greville und Florio kennengelernt und dort einige seiner besten Werke geschrieben. Auch Comenius reiste (und rannte gelegentlich) von Land zu Land und publizierte unablässig. Dury war zeitweilig Pfarrer an der französischen Kirche in Köln und wurde später als «englischer Prediger» in Polen zur Emigration nach Amerika eingeladen. «Die Länder gleichen sich heutzutage fast völlig», schrieb einer von Hartlibs Korrespondenten 1644 aus Amsterdam, «und es spielt kaum eine Rolle, wo man beheimatet ist oder sein Lager aufschlägt.»

Leider ist über Samuel Hartlibs frühes Tun wenig bekannt: Wie und wann und warum siedelte er nach England über? Wir wissen nicht viel mehr, als daß er in den späten zwanziger Jahren des 17. Jahrhunderts an der Universität Cambridge war, vorher vermutlich in Königsberg (und vielleicht auch in Heidelberg) studiert hatte, und daß er bald als der ungewöhnlichste Flüchtling aus Deutschland galt, zumindest als der geschäftigste; und man kann verstehen, wenn sein deutscher Biograph, stolz auf die nationalen Bande, auf seine unermüdliche Schaffenskraft hinweist («denn unthätig konnte er einmal nicht sein»).[8]

Hartlib hat uns eine aufschlußreiche, wenngleich Fragment gebliebene biographische Notiz hinterlassen, die wir aus verschiedenen Gründen (Ton, Sprache, soziale Nuancen) mit seinen eigenen Worten wiedergeben:

> Mein Vater war Kaufmann, aber kein gewöhnlicher, sondern der Kaufmann des Königs von Polen, der eine Kirche gründete in Posen im Polenland, und als dann die Jesuiten in dem Königreich das Sagen hatten, entschloß er sich, nach Preußen zu ziehen, und gelangte nach Elbing, wo es noch kein einziges Bankhaus hatte, weshalb er mit einem anderen Patrizier zuammen aus Breslau in Schlesien zwei stattliche Häuser gründete, die noch heute in Elbing zu sehen, und die bedeutendsten Häuser jener Stadt sind und deren Kosten sich für meinen Vater auf mehrere tausend Reichstaler beliefen in jener billigen Zeit... Mein Vater hatte zuvor zwei polnische Damen von adeliger Herkunft geheiratet, die beide nach Landessitte Edelfrauen waren, weshalb er um so rascher eine dritte Ehefrau bekam, meine Mutter.

Aus unerfindlichen Gründen erwähnt er nicht, daß seine Mutter Engländerin war, die Tochter eines reichen englischen Kaufmanns zu Danzig, die in ihrem Heimatland viele gutsituierte Verwandte besaß. Über Hartlibs zehn Brüder, die in Mitteleuropa in dieser oder jener Funktion als Diener des «deutschen Reiches» blieben, erfahren wir, daß «einige persönliche Berater des Kaisers sowie von Fürsten niederen Ranges waren, einige Syndici zu Augsburg und Nürnberg. Aber sie galten später nicht mehr so streng für Edelleute des Reiches, als manche sich Handelsgeschäften zuwandten, welche – wie bekannt – vom deutschen Adel geringgeschätzt werden.» Dieses außergewöhnliche autobiographische Dokument enthält große und wichtige Auslassungen («Man hat mir vorgeworfen, zu nachlässig mit meiner Abstammung gewesen zu sein»). Offensichtlich war ihm bei diesem Ansatz zu einer Lebensbeschreibung unbehaglich zumute; und die wohlüberlegten und anerkennenswerten Gründe, die er dafür gibt, sind bezeichnend für sein gesamtes Leben und Wirken:

> Und wahrlich darf ich mit gutem Gewissen sagen, daß ich niemals im Leben ernsthaft mich mit meiner Herkunft beschäftigt habe; hätte ich es getan, wäre meine Geschichte anders verlaufen; doch stellte ich meine himmlische Geburt über alle solchen Eitelkeiten und habe mich seitdem bis auf den heutigen Tag bemüht, Gottes Geschöpfen von Nutzen zu sein und seiner Kirche zu dienen, statt reich oder ehrenwert zu werden.

Nur nebenbei erwähnt er seinen großes Freundes- und Bekanntenkreis, der von Erzbischöfen, Kaufleuten und «Professoren beider Universitäten» bis zu «jeder Art von gebildeten oder irgendwie nützlichen Menschen» reichte, und die ihm zuteil gewordenen Ehrungen, bei denen er sich ausdrücklich auf Empfehlungen des Parlaments und ihm gewidmete Schriften beschränkt. «Ich könnte viele Bögen damit füllen, wie man mich in diesen dreißig Jahren in England geliebt und geschätzt hat... Doch ermüdet mich solche Prahlerei.»[9]

In jenen dreißig Jahren in England füllte Hartlib tatsächlich viele Bögen Papier, und seine Bücher und Briefe stecken voller informativer und zum Teil sensationeller Bemerkungen, die viel Freude machen. Würde es Dury gelingen, Gustav Adolf von den Vorzügen des Friedens und der Toleranz zu überzeugen? Würde Comenius das Angebot des Gouverneurs Winthrop akzeptieren und Präsident von Harvard werden? Würde es Hartlib gelingen, mit Hilfe seiner Freunde Milton und Dury bei Cromwell Gehör zu finden für Rabbi Menassahs Eingabe, die Juden wieder ins Land zu lassen? Da finden sich politische Neuigkeiten, literarischer Klatsch und interessante Randbemerkungen; das Spektrum reicht von den neuesten Berichten über die Fifth Monarchists (und die chiliastische Anhängerschaft des jetzigen «Rabbiners» John Rogers) bis zur Standortangabe lange verschollener Manuskripte des Flavius Josephus in der Bibliothek Cambridge. In den *Ephemerides* notiert er Miltons neuestes schriftstellerisches Vorhaben (und betätigt sich auch einmal selbst als eine Art Lektor, als er den nervös kampfbereiten Milton wissen läßt, daß Samasius sehr bald eine polemische Replik herausbringen wird). Er schlägt die Gründung einer öffentlichen Bibliothek in London vor und kümmert sich dann um die Auflösung und Verteilung hinterlassener Privatbibliotheken (damit nicht die Londoner *«hugster»* die wertvollsten Bücher an sich reißen). Die Loblieder der Zeitgenossen aber gelten weniger seinen lokalen bürgersinnigen Verdiensten – wenngleich diese stets als praktischer Beweis nobler Gesinnung angesehen wurden – als vielmehr seiner Universalität: Wenn er für eine «universelle Erziehung» plädiert, scheint er dabei wirklich an den gesamten Erdkreis gedacht zu haben, hat er sich doch auch mit Projekten für den Unterricht der Indianer in der Neuen Welt befaßt. Am sympathischsten sind seine jahrelangen hartnäckigen Bemühungen um Hilfe für Kriegsflüchtlinge und Verfolgte, vor allem für ausländische Gelehrte und Studenten. Seine schönste Auszeichnung war das schlichte, eindeutige Zeugnis, daß er «der treue Freund von Fremden in Not» war.

Unter den großen Themen in Hartlibs Leben – Wissenschaft, Freiheit und Utopie – tauche die außergewöhnliche Hingabe an die umfassende Vision von einer freien und glücklichen Menschheit schon sehr früh auf, und die spärlichen biographischen Daten können ein wenig Licht in die Zusammenhänge von jugendlicher Inspiration und dem intellektuellen Klima jener Jahre bringen. Dabei war der Einfluß einiger großer Geister Kontinentaleuropas auf seine politische Metaphysik ähnlich prägend wie später die englische Umgebung auf seinen gesellschaftspolitischen Pragmatismus. Ein kurzer Blick auf die Haltungen und Handlungen von John Dury und Johann Valentin Andreae ist nötig, um die Ursprünge sichtbar werden zu lassen, die bei dem Utopisten Hartlib ein zunehmendes Interesse an Fragen der Reform und Revolution hervorriefen.

Im November des Jahres 1631 reiste Dury durch das noch unter dem Dreißigjährigen Krieg leidende Europa nach Würzburg, mutig genug, König Gustav Adolf entgegenzutreten. «Ich stellte mich dem König in den Weg», berichtet er Hartlib, «als er von seinen Gemächern kommend zum Abendessen ging; als er mich, der ihm unbekannt war, sah, schaute er mich sehr ernst an und ging langsam weiter, was mir Kraft und Gelegenheit gab, mich ihm zu nähern.»[10]

Der König erinnerte sich an eines von Durys Pamphleten für den Kirchenfrieden, «wandte sich dann an die Umstehenden und sagte lächelnd, dieser Mann möchte, daß wir uns in der Religion alle einig sind; haltet ihr das für möglich? Niemand antwortete.»

Einige Tage später erhielt Dury Gelegenheit, die Frage selbst zu beantworten. «Er kam auf das Problem der Befriedung zu sprechen und redete mit mir darüber gut ein und eine halbe Stunde, erfuhr von mir durch viele Fragen umfassende Information über das ganze Projekt, fand dabei manches einzuwenden und sah manche Schwierigkeit, die ich aus dem Weg zu räumen hatte.» Handelte Dury allein oder sprach er für andere? Wie sollte das Übereinkommen aussehen? Mit welchen Mitteln ließ sich eine neue Einheit herbeiführen? Und schließlich: «Was soll ich Eurer Meinung nach tun?»

Ich brauche nicht zu betonen, daß uns diese faszinierende Unterhaltung weniger wegen ihrer möglichen geschichtlichen Auswirkungen interessiert (die «Befriedung» sollte noch ein Jahrzehnt auf sich warten lassen), als vielmehr wegen ihres ideologischen Kontextes. Dury vertrat die Ansicht, Friede und Toleranz seien wünschenswert und machbar, «zum mindesten eine gegenseitige Toleranz ohne bittere Vorwürfe von beiden Seiten, wenn schon keine vollständige Übereinkunft und brüderliche Verbindung». Der König griff den Gedanken auf, doch nicht ohne einige Skepsis, und versprach, er werde «alles zur Mäßigung der Bitterkeit und Zwietracht unter den Menschen tun». Er konnte es nicht unterlassen hinzuzufügen, daß diese Untugenden «zum größten Teil dem Stolz und der Habgier der Geistlichen zuzuschreiben seien, die er (dabei lächelte er), wenn ich sie ihnen austreiben könnte, bald friedlich machen würde». Hartlibs Anhänger stimmten dem aus vollem Herzen zu, denn ihrer Ansicht nach mußten um des Friedens und Fortschritts willen sich alle wahrhaft Gläubigen eine gewisse Mäßigung bei ihrem geistigen Agieren auferlegen. In einer Stellungnahme, die Dury auf Hartlibs Drängen hin verfaßte, wird die künftige Aufgabe folgendermaßen beschrieben:

> ... den Bruch zu heilen und die tödliche Zwietracht und Bösartigkeit zu versöhnen. Derselbe Eifer, der einst auf Kontroversen und Pamphlete verwendet wurde, soll nun für die Belange des Friedens und der Versöhnung eingesetzt werden. Dies schien anfangs nicht zeitgemäß und wenig aussichtsreich. Es war nur vernünftig, wenn man sich zunächst auf die Kraft des Arguments verließ und alle Fragen gründlich diskutierte, wobei ein jeder sich um die Wahrheit bemühte. Jetzt, nach diesem Kräftemessen, wird klar, wie wenig mit Gewalt erreicht werden kann. Das Feuer wird dadurch nur weiter geschürt, und die Gegner erhitzen sich, deshalb sollen sie sich nun hinsetzen und abkühlen; und diese Ruhe ist besser geeignet, um alle Dinge wohl zu erwägen, und es wird leichter nachgegeben. Und nochmals: Wir haben so lange gekämpft, wie es für beide Seiten sicher war, jetzt aber wird der gemeinsame Feind alle verschlingen, wenn wir uns nicht in Eintracht zusammenfinden.

Das Prinzip des «Abkühlens» sollte später auch in England eine kurze Zeit triumphieren, als Locke und Halifax als «revolutionäres» Ziel eine moderate, tolerante Flexibilität propagierten. Wie so oft trat auch dort die Ideologie in die Fußstapfen der Theologie.

Wir erleben hier das allmähliche Aufkommen einiger der großen Schlagwörter der nächsten Jahrhunderte: Friede und Wohlstand, das Interesse der Allgemeinheit, Harmonie und Einheit, Toleranz, Menschen guten Willens, Gemeinschaft und Solidarität, Freiheit und Glück, gegenseitige Hilfe. Was noch «fehlte», schrieb ein Korrespondent Hartlibs, sei «eine universelle und allgemeine Grundstimmung, etwa für Einheit und Harmonie»; und wie diese nötige neue «Gemütslage» aussehen sollte, hat Dury besonders deutlich in einem anderen Brief (ebenfalls an Hartlib) formuliert:

> Wenn mir etwas unklar ist, gebe ich mich am liebsten uninteressiert, weil ich nicht Partei ergreifen möchte... Desgleichen, wenn Dinge durch Übereifer verdreht werden und mir nicht sonderlich wichtig zur Erbauung

oder unerläßlich für das Seelenheil erscheinen, auch dann enthalte ich mich lieber der Stimme und Parteinahme, sei es für oder gegen jenen, der meine Meinung nicht teilt; denn ich weiß, wie leicht ein Mensch überheblich wird, wenn er über unbedeutende Dinge streitet, wenn er vorgibt, nichts als die Wahrheit im Sinn zu haben; das ist nur theoretisch so, denn sobald die Wahrheit Dinge der Praxis und der ehrlichen göttlichen Liebe berührt, wird sie von den Disputanten im Stich gelassen. So bin ich, daß ich neutral bleibe gegenüber manchem, was heute heftig beredet wird, oder dem Kampf der Zungen gleichmütig zuschaue. Mit neutral meine ich, eine andere Meinung zu haben als die der streitenden Lager, und gleichmütig bin ich jenen gegenüber, die einander heftig bekriegen, weil ich keine Hitze in mir spüre oder Maßlosigkeit bei Nebensachen.[11]

Durch Übereinstimmung in vielen Fragen der Religion und Politik, vor allem aber durch diese Bemühungen um neue, aufgeklärte Spielregeln für Auseinandersetzungen verbunden, schlossen Dury und Hartlib und ihr Mentor Comenius sich zu einer mächtigen Dreierallianz zusammen (*Foederis fraterni ad mutuam in publico*..., 1642).

Von Neutralität oder Gleichmut aber war keine Spur, als sie gemeinsam darangingen, «das öffentliche Wohl, das heute zu privaten Zwecken mißbraucht wird», zu definieren. Über den «Knoten», der sie zusammenhielt, schrieb Dury: «Ich meine Meister Comenius, Herrn Hartlib und mich selbst: Mögen wir auch unterschiedliche Aufgaben haben, so ist doch ein jeder als Teilnehmer verknotet mit der Arbeit der anderen und könnte kaum ohne die Hilfe und den Beistand der anderen sein.»[12] Diese drei Männer – später kamen noch andere dazu – schlossen ein förmliches Übereinkommen, einander materiell und intellektuell zu unterstützen sowie Frieden, Erziehung und Reformen zu fördern. Sie bildeten sozusagen ein kleines Zentralkomitee einer weitverstreuten utopistischen Internationale, die sich den «Regeln der Reformation» verpflichtet hatte – zur «Methodisierung» (wie sie es nannten) der Richtlinien, die eine langersehnte Revolution der menschlichen Lebensumstände glücklich vollenden sollten.[13]

3. Andreaes deutsche Utopie

Johann Valentin Andreaes Inspirationen, soweit sie sich auf den Hartlibschen Kreis auswirkten, waren von recht anderer Art. Er war ein Prophet des «Lichtes in der Finsternis», der Bote einer «glorreichen Dämmerung», die bald bevorstand. Diese und ähnliche Begriffe finden sich in seinen frühesten Schriften; die *Fame Fraternitatis* (die jahrelang in handschriftlicher Form zirkulierte, bevor sie 1614 in Straßburg im Druck erschien) enthielt den reizvollen Gedanken – der einem kurz vor einem schrecklichen Krieg stehenden Kontinent sehr tröstlich vorkommen mußte –, daß sich kleine Gruppen etablierten, um gemeinsam eine allgemeine Reform *divini et humani* durchzuführen. Seine Vision des Idealstaates, die *Reipublicae Christianopolitanae Descriptio* erschien im Jahr 1619, als gerade die ersten Schlachten des Dreißigjährigen Krieges ausgetragen wurden.[14] Der chiliastische Zungenschlag klang sehr gedämpft: «Laßt uns um das verlorene Paradies trauern und auf seine Neuerschaffung hoffen.»[15]

Diese sogenannte deutsche Utopie des Andreae mit ihren Einflüssen von Thomas More und auf Francis Bacon beschließt das erste Jahrhundert des europäischen Utopismus, und zwar auf eine verblüffend kreisförmige Weise. Von der Konzeption und den geistigen Grundlagen her ist Christianopolis viel stärker religiös konstruiert als das Herrschaftssystem des Königs Utopos, aber bei beiden spielen die Zwiespälte und Komplexitäten des utopischen politischen Impulses eine hervorragende Rolle. Der privaten Hoffnung auf phantastische Fluchtwege steht als Gegengewicht das ethische Gebot gegenüber, an der Verbesserung einer schlechten Welt mitzuhelfen. Wenn einerseits gegen himmelschreiende Ungerechtigkeit Haß und Zorn als Waffen eingesetzt werden, werden andererseits der gesamten Menschheit gegenüber die zartesten Gefühle aufgebracht. Und die sanfte Verheißung eines wohltemperierten Fortschritts wird fast ein Opfer der alttestamentarischen Versessenheit auf sofortiges, unverzügliches Handeln. Alle diese Themen spielten schon im 17. Jahrhundert eine immer stärkere Rolle im revolutionären Denken, und bei Andreae gibt manche bemerkenswerte Passage Aufschluß darüber, wie unter den repräsentativen Denkern seiner Generation gewisse Grundhaltungen ausgestaltet werden.

Zunächst wäre ein neuer, halbsäkularer Rhythmus in der utopischen Bewegung festzustellen, der mehr und mehr den älteren einfachen Pendelschwung vom Verlust des Paradieses zu seiner Wiedergewinnung verdrängt. Bacon hat dies äußerst scharfsinnig bei der Aufzählung der drei Hauptziele in *Neu-Atlantis* herausgestellt: *1)* «Erkenntnis der Ursachen und geheimen Bewegungen der Dinge»; *2)* «Erweiterung der menschlichen Herrschaft» sowie *3)* «die Verwirklichung des überhaupt Möglichen». Wir werden später vielen Variationen dieser Dreierstruktur begegnen, aber es mag an dieser Stelle nützlich sein, auf ihre Bedeutung für die Ausgestaltung der utopischen und revolutionären Vorstellungswelt hinzuweisen. Im Marxismus wird aus der Trias *1)* der Historische Materialismus, *2)* der Klassenkampf und die proletarische Bewegung sowie *3)* die Bereitung des Königreiches der Freiheit. Bei Hartlib und seinen Gefolgsleuten wurde daraus *1)* Wissenschaft, *2)* Erziehungs- und Sozialreform sowie *3)* ein utopisches («makarisch» oder «antilisch» genanntes) Modell der Freiheit, des Friedens und der Fülle.

So gesehen läßt sich sagen, daß Andreae von einigen traditionellen Beschränkungen des christlichen Paradies-Propheten sich befreite und einen Platz einnahm innerhalb jener neuen intellektuellen Strömung, die sich bemühte, die göttliche Apokalypse in den Dienst des menschlichen Fortschritts zu stellen und es sich versagte, aus Nostalgie für den verlorenen Garten Eden auf ein unmittelbares Engagement für eine bessere Zukunft zu verzichten.

Aber die verschiedenen neuen intellektuellen Gedankenspiele waren für ihn und seine ernsthaften politischen Absichten unzureichend. In einer heiteren Passage über Campanella amüsiert sich Andreae über den einfallsreichen Italiener und seine Erfindung einer Art politischen Automaten *(automa monarchicum)*, das nach dem archimedischen Prinzip der «Räder im Räderwerk» den Nationen dieser Erde einmal Großmachtstatus verleiht und ein andermal wieder nimmt. In einem kurzen Abschnitt eines Spätwerkes verbindet Andreae eine angeblich stichhaltige utopische Doktrin mit zwei Prinzipien, die uns von nun an immer wieder begegnen werden. Die Praxis, so meint er, darf nie vom Predigen losgelöst sein; Eloquenz, Weisheit und Verstehen müssen stets mit erfolgreichem Handeln verbunden sein. Darüber hinaus werden die Vertreter dieser neuen ersehnten Einheit von Theorie und Praxis sich nicht aus den Reihen der alten herrschenden Klassen rekrutieren, sondern werden utopische Heroen aus der Schar der Enteigneten sein. Vieles in diesem Dialog, in dem ein Vortasten zu einer neuen Politik mit christlichen und griechisch-römischen Gemeinplätzen durchsetzt ist, klingt gleichzeitig altmodisch und alternativ; aber der folgende radikalistische Wortwechsel ist besonders interessant:

A: Was nun Wissen und Nichtstun angeht, so sieht man Tun ohne Wissen allenthalben, aber Wissen und Tun im Gleichgewicht findet man fast nirgends.

B: Unglückliche Alternative! Wie recht tun die Bewohner Utopias, unter viel Mühen die beiden zu vereinen!

A: Was ist das für ein Utopia, von dem Ihr sprecht?

B: Jene Kolonie, die von solch raren Kolonisten besiedelt ist.

A: Man hat Euch demnach beauftragt, weitere zu finden?

B: Wie Ihr seht. Ob ich vorangekommen bin, darüber wird Euch dieses Dokument Aufschluß geben. Seht diese Liste.

A: Viel Papier, das muß man sagen, doch wo stehen die Namen?

B: Blättert weiter.

A: Ich sehe nichts.

B: Blättert weiter und immer weiter.

A: Was soll das?

B: Lest die letzte Seite.

A: Nun, hier stehen einige, ganz am Schluß, und aus den niedrigsten Schichten der Gesellschaft.

B: Ganz recht; denn aus den höheren Schichten hat jeder abgelehnt, die Reise zu machen.

A: So fügt doch bitte meinen Namen hinzu, wenn auch aus keinem anderen Grund als dem, daß ich bei allen als niedrig und gemein gelte und jeder mich verachtet ...

B: Kein Grund zur Eile, das Boot legt nicht heute oder morgen ab.

A: Nun denn, wenn sonst kein Besserer mit von der Partie sein möchte, dann werden wir die Reise nach Utopia eben nicht mit dem Schiff machen, sondern in einem Ruderboot oder gar auf einer Planke.[16]

Kaum hat Andreaes utopische Reise endlich begonnen, kommt es zum wohlbekannten Motiv des Schiffbruchs. Ein Entdeckungsunternehmen ist in Gefahr; der Sturm treibt ein hilfloses Schiff gegen die Felsen; ein seliges Eiland bietet den wenigen Überlebenden glückliche Rettung. Andreae läßt die Überlebenden sagen: «Wir sahen um uns die Welt zusammenbrechen und waren auf den Tod vorbereitet.» Eines ist deutlich: Der Schiffbruch geht der Utopie voraus in der gleichen Art von Antithetik, die Chaos und Schöpfung, Finsternis und Morgendämmerung, Apokalypse und Paradies verbindet. «Ihr gehört uns», lauten die ersten Begrüßungsworte an die Überlebenden; denn sie wurden «reingewaschen». Wie der Schiffbruch unerläßlich ist auf dem Weg zur Insel der Seligen, so geht Verzweiflung dem Glück voraus, kündet der Sturm den Wandel an, führt der Weg nach Utopia über die Revolution. Dieses sind die rhythmischen Schicksalsschläge, mit denen der menschliche Geist das tiefsinnige Bild von der «stürmischen Landung» umzeichnet. Dem liegt vielleicht eine Metapher von der physischen Geburt des Menschen zugrunde, der zufolge der Anfang des Lebens bereits alle Mittel und Ziele enthält.

Weniger politisch tiefgründig betrachtet, setzte Andreaes Werk – obwohl es, wie er selbst zugab, weniger «klug und ernsthaft» war als Mores und als ein Beitrag zur phantastischen Literatur den klassischen Texten dieser Gattung weit unterlegen ist – auf ambivalente Weise gewisse Kerngedanken des utopischen Denkens fort und gab ihnen zu einer Zeit, da in Europa Krieg und Aufruhr wüteten, eine unmittelbare Relevanz. «Die Welt ist sich über die Gründe ihres Handelns nicht so klar, wie es scheinen mag», schrieb er, «und nicht so unerschütterlich in ihren Ansichten, daß diese nicht geändert werden könnten.» Gerade die Instabilität der Situation schuf die realen gesellschaftlichen Bedingungen, die einen utopischen Wandel möglich machten; und persönlich nahm Andreae dafür eine Flut «aller solcher Wörter wie ‹Fanatiker›, ‹turbulent›, ‹eine Gefahr für die Literatur›...» in Kauf, die ihm entgegenströmte. Der Intellektuelle war zutiefst verpflichtet, eine unmoralische und uneinsichtige Welt beständig zu hinterfragen.

> Was werden doch vor Thorheiten im gemeinen Wesen begangen, weil man nicht wissen will, und nicht fragen darff, warum? Die Welt glaubt denen, die selber nichts glauben, läßt sich durch die Blinde leiten, fürchtet sich vor den Feigen und Schwachen, ernährt die Faullentzer, und was treibt sie nur mehr vor läppische Händel. Die darff ja dessentwegen nicht zürnen, so sie jemand auslacht; sie solle vielmehr diejenige Grübler lieb und werth halten, die auch zur Unzeit alles von ihr wissen wollen, warum sie dieses oder jenes gethan und zugelassen habe. Es wird sie niemahl gereuen, da sie aus der Finsternuß in das Licht, und aus der Knechtschafft in die Freyheit zu gelangen angereitzt worden.[17]

Wie also sollten jene, die ihre Stimme erheben, der absurden Welt wieder zu Maß und Ordnung verhelfen? Ließ sich allein mit Worten die Welt auf Freiheitskurs bringen?

Soweit wir bei Andreae von einer Theorie zur Strategie und Taktik sprechen können, handelte es sich um eine recht mechanische und grobe Vorstellung eines politischen Klassenkampfes, der zwischen zwei Lagern innerhalb der Gesamtgesellschaft ausgefochten wird, zwischen den – um moderne Termini zu gebrauchen – Apologeten des Wandels und des Status quo, zwischen Konservativen und Liberalen. Mit bemerkenswertem psychologischen Gespür stellte Andreae fest:

> Zweyerley Leute nehme ich in dem gemeinen Wesen wahr, deren einer theil also geartet ist, daß sie alle Sachen, denen sie entweder vorstehen oder untergeben sind, nicht so wohl billigen, als vielmehr bewundern, und bis aufs Rauffen vertheidigen. Die andere Art ist im Gegentheil also gesinnet, daß sie die menschlichen Dinge zwar so erträget und duldet, doch, daß sie auch keinen Anstand nimmt, nach einer Besserung zu seuffzen, und wo solche in rechter Masse geschicht, sich derselbigen gerne zu unterwerffen.

Wie nun die letzte Gattung mit ihrer Bescheidenheit und Vernunfft niemahls einige Verwirrung anrichtet, sondern vielmehr so viel möglich ist, nachgibt, schweigt und leidet, so fahren gegentheils die andere, als Leute, die ihr selbst nicht mächtig seyn, in einem blinden Eyfer über alle diejenigen her, die nur wider sie muchsen, und hudlen sie so lang herum, biß sie auch mit ihrem äußersten Widerwillen mit ihnen zuletzt müssen handgemein werden.

Angesichts der historischen Spannungen bei dieser unbehaglichen und widersprüchlichen Beziehung war es keineswegs utopisch anzunehmen, daß sich früher oder später eine revolutionäre Situation zusammenbrauen würde. Das mochte bedauerlich sein, und man durfte nicht leichtfertig die Schuldzuweisung vornehmen; aber trotzdem würde der dramatische Zusammenbruch mit bestimmten Illusionen darüber aufräumen, wie weit man mit «maßvollen und erträglichen Mitteln» nur kommen konnte. Und hier sehen wir einen Augenblick lang einen Mann der Mitte, der vor Wut kocht, einen Reformer, der radikal wird, einen Utopisten des 17. Jahrhunderts, der zum Revolutionär geworden ist.

Auf diese Art brach der unüberwunden gebliebene Held D. Luther hervor, da man dessen Bitten und Weinen nicht erhören wolte, so fieng er erstlich an, aus Göttlichen Wort zu drohen, da er durch Demüthigung nichts ausrichten konnte, so fieng er an sich zu erheben, da er lange belagert war, so fienge er an die Engelsburg selbst zu bestürmen, und zwar mit solchem *Success*, daß wir darüber jauchzen und Frohlocken, jene aber die Zähne blecken. Ich weiß in Wahrheit nicht, ob nicht eben diese *Tragoedie* zu unsern Zeiten wieder gespielt werde.[18]

Dieser kurze Abschnitt mit seinen düsteren Untertönen des Sturmes, der Belagerung und der bevorstehenden Aufstände gibt uns den Hintergrund, vor dem das damalige Revolutionsstück aufgeführt wurde, und auf dieser Bühne sollten Hartlib und Milton, Lilburne, Walwyn, Howell und Nedham und viele andere ein außergewöhnliches Schauspiel vorführen.

4. Hartlib, «Europas großer Vordenker»

Hartlibs literarisch gelungenster Versuch, das höchste Gut herbeizutrommeln (wie Milton sich ausdrückte), war ein kurzer Exkurs im utopischen Stil, eine «Erfindung», die stark von Thomas More und Francis Bacon beeinflußt war, wie er freimütig zugab.[19] Das machte aber sein Vorhaben um keine Spur weniger aktuell und politisch drängend.

«In die Form einer Geschichte gekleidet», sollte die kleine Schrift «ein neues Regierungssystem vorstellen, das bestens geeignet ist, den verheerenden Bruch zu heilen». Chaotische Verhältnisse stehen unmittelbar bevor, und Hartlibs Reisender «von jenseits des Meeres» ist besonders begierig, seine Botschaft zu verkünden, weil er gehört hat, daß das englische Parlament «generell eine gute Reformation wünscht». Unter diesen Umständen sollte man auf die Erfahrungen Makarias und der Makarier hören, denn dort «lebt das Volk in großem Wohlstand, Fülle, Gesundheit, Frieden und Glückseligkeit und hat nicht halb so viele Sorgen wie die Länder Europas».[20] Man hat dort den Ackerbau verbessert, Straßen angelegt und Brücken geschlagen; eine gut organisierte Fischzucht wirft großen Gewinn ab; die medizinische Versorgung ist kostenlos, Operationen werden mit «öffentlichen Geldern» bezahlt. Und das Wichtigste: Es herrscht ewiger Friede. Es war also eine Botschaft aus einem verwirklichten Paradies – «das ganze Königreich ist wie ein fruchtbarer Garten».

Die herrlichen Zustände in Makaria sollten nicht als vage, utopische Hoffnungsbilder verstanden werden. Hartlib war ein wissenschaftlicher Pionierdenker, und seine praktischen Vorschläge zu Fragen der Landwirtschaft und Warenproduktion wurden weithin anerkannt: John Winthrop, der amerikanische Gouverneur von New England, war so beeindruckt, daß er Hartlib «Europas großen Vordenker» nannte. Tatsächlich war Hartlibs Denken von seltener Weite und umfaßte transatlantische Dimensionen; er machte sich über die materiellen Verbesserungen in der Neuen Welt ebenso Gedanken wie über ihr unmittelbares politisches Schicksal. «Ich betrachte es als meine Pflicht», schrieb er Winthrop im Jahr 1661, «Sie wissen zu lassen, daß man sich bei Hof mit dem Gedanken trägt, einen Gouverneur nach Neu-England zu entsenden, und man gewisse geheime Dinge mit dem Land beabsichtigt.» Jedoch waren seine verschiedenen Vorstöße in die Politik und in wissenschaftliches Neuland oft nicht mit dem erhofften Erfolg gekrönt. Jede Generation hat ihre ungeduldigen Geister, die davon überzeugt sind, daß sie endlich zu begnadeten Zeugen des Neubeginns bestimmt sind und daß sie dabeisein werden, wenn – wie Hartlib voreilig ankündigte – «diese großen revolutionären Wirren in Kirche und Staat ein Ende finden, in Europa und anderswo». Unbegreiflicherweise aber verzögerte sich die Weltrevolution, und wir hören ihn (ebenfalls Winthrop gegenüber) alle «öffentlichen Übel» beklagen: «Anscheinend ist eben die Zeit für die allgemeine und universelle Glückseligkeit noch nicht reif.»[21] Hier stieß er auf die gesellschaftlichen Schwierigkeiten, die jeder Bewegung für abstrakte und vollkommene menschliche Ideale einen Strich durch die Rechnung machen; und wenn es in dem erfundenen fernen Makaria auch recht anders zuging und aufgrund dichterischer Höhenflüge keine Probleme gab, schien selbst dort nicht alles im reinen.

Der englische Gelehrte, den Hartlibs ausländischer Reisender rasch für seinen Glauben an ein praktikables Paradies gewinnen konnte, ist doch ein wenig verblüfft zu hören, daß in Makaria «keine verschiedenen Meinungen existieren».

GELEHRTER: Wie ist das möglich?

REISENDER: Sehr einfach: Dort gibt es ein Gesetz, daß jeder Weise, der dem Volk eine neue Meinung verkünden will, als Störenfried des allgemeinen Friedens betrachtet und mit dem Tod bestraft wird.

GELEHRTER: Aber das heißt, daß man Irrtümer verewigt, sobald sie einmal akzeptiert sind.

REISENDER: Ihr täuscht Euch; denn wer eine neue Meinung hat, darf sie einmal im Jahr vor dem Großrat verteidigen; sollte er stärker sein als seine Gegner oder als jene, die zu Gegenrednern bestimmt wurden, gilt es als Wahrheit; wird er besiegt, gilt es als Unwahrheit.

Man fragt sich, ob dieses makarische Verfahren, das später «demokratischer Zentralismus» genannt wurde, einen nichtfiktiven englischen Gelehrten restlos überzeugt hätte. Hartlib jedenfalls ließ seinen fiktiven Sprecher dieses neuartige Programm für die allgemeine Glückseligkeit eindeutig gutheißen.

GELEHRTER: Ich habe Sir Thomas Mores *Utopia* gelesen und Mylord Bacons *Neu-Atlantis*, das er in Anlehnung an Platos altes Atlantis so genannt hat; aber keines hat meine Frage, wie solches Glück im Königreich England zu verwirklichen wäre, so befriedigend beantwortet wie dieses Gespräch, das kurz und zur Sache war und leicht in die Tat umzusetzen ist, sobald alle dazu willens sind.

Sogar an dieser Stelle, wo eigentlich nur noch die Frage nach dem richtigen Vorgehen zu beantworten ist, betont Hartlib nochmals ausdrücklich, daß seine Utopie, seine «Geschichte», nicht nur unterhalten soll. «Es ist mir Ernst damit.» Aus Frankreich, Spanien, Deutschland und anderen Ländern trafen besorgte Meldungen ein, die von «Explosionen» berichteten. Wie konnte ein Land, das innerlich gespalten war, zu überleben hoffen? Jeder Engländer mußte «aus voller Überzeugung» mittun, um sein Land «reich», «unbesiegbar» und «zu einem Makaria» zu machen. Nun hieß die Parole Agitation und Propaganda – «nur Toren und Verrückte würden dagegen sein», meint der Gelehrte. «Ihr habt mich umgestimmt ... und ich werde so viele umzustimmen versuchen, wie ich kann.» Als erstes sollte ein Protokoll ihrer Unterhaltung veröffentlicht werden.

Doch ein leiser Zweifel blieb: Nach allgemeiner Überzeugung sei «eine derartige Reformation nicht vor dem Jüngsten Tag möglich». War es wirklich denkbar, daß die höchste Glückseligkeit noch in diesem Leben zu erlangen war?

Obwohl Hartlib es sich bei dieser Frage leichtmachte, war er sich der Komplexität des theologischen Problems bewußt. Niemand, der das Paradies verkündete, konnte die rechnerischen Vorhersagen einer irdischen bzw. göttlichen Erlösung ignorieren. Leute wie Gerrard Winstanley rechneten mit beidem; andere wie John Norris verwischten den Unterschied, indem sie von allgemeiner «Himmelsgerichtetheit» schwärmten. Dafür war es sofort nötig und möglich, «an jener intimen und nackten Vision jener geheimnisvollen und unbegreiflichen Vorzüglichkeit teilzuhaben... über die glückselige Gesellschaft der Heiligen und Engel zu meditieren... den Gottesstaat... jene berauschende Harmonie göttlicher Liebe und geistigen Einverständnisses». Dabei dürfte man, wie Norris schrieb,

> all dies nicht kalt oder gleichmütig betrachten, als läge es in weiter Ferne oder wäre eine Veränderung mit ungewissem Ausgang oder eine erdachte Utopie, sondern als einen Zustand, der bald und unbedingt eintreten wird, und mit demselben Glauben und derselben Zuversicht, die alle Hoffnung nährt und alles Wissen um die Existenz nie erblickter Dinge; wir wohnen, reden und führen ein Leben im Himmel... als seien wir bereits Bewohner jener seligen Stätte und wahrhafte Teilnehmer an der heiligen Ordnung und Gemeinschaft.[22]

Hartlibs Makaria war eine ebensolche «Als-ob»-Konstruktion, ein zwischen Phantasie und Wirklichkeit angesiedeltes Utopia. Er faßte die bestmögliche Gemeinschaft ins Auge und war bereit, Himmel und Erde in Bewegung zu setzen, um ihr zur revolutionären Verwirklichung zu verhelfen.

Doch den vielverzweigten Fragen der christlichen eschatologischen Verheißung war nicht mit einer so simplen Verknüpfung von Theorie und Praxis beizukommen. Hartlib wußte das nur zu gut, da er an vielen der theologischen Kontroversen unmittelbar beteiligt gewesen war, die im Zeitalter puritanischer Exegeten wichtige politische (und «revolutionäre») Auswirkungen hatten. Kein Geringerer als der berühmte Dr. Joseph Mede, Miltons Tutor in Cambridge, hatte ihm dies in einem bemerkenswerten Dokument geduldig dargelegt. Dies war der auf den 16. April 1638 datierte Brief «von Mr. Mede an Mr. Hartlib, betreffend die Zahl 25, die Wurzel aus der Zahl des Antichrists, nämlich 666, nebst einem Urteil über eine ihm gesandte analytische Tabelle zur Apokalypse; worin er in vier Punkten mit dem Autor nicht übereinstimmt». Dort erklärt Mede seine Differenzen mit einem gewissen Mr. Potter und schreibt Hartlib in diesem Zusammenhang: «Die goldene Zahl [1666] ist mir schon lange bekannt, hat mir aber nie gefallen.» Außerdem

> glaube ich nur an ein einziges Millennium, jenes nämlich, das mit der Vernichtung des Antichrists beginnt. Er [Potter] glaubt an zwei, eines läßt er mit Konstantin beginnen, das andere mit der Vernichtung des Antichrists... Ich halte beide Auferstehungen, die erste ebenso wie die zweite, für richtig und wahr, er für metaphorisch. Es ist heikel, die Kirche jener Texte zu berauben, auf welche sich ihr Glaube an die Auferstehung gründet. Dann müßten wir nämlich auch auf Daniel 12 verzichten, worauf meines Wissens die Kirche des Alten Testaments ihren diesbezüglichen Glauben gründete... Er scheint das zweite Millennium (das einzige, das ich akzeptiere) nur als einen Sieg des Judentums zu verstehen. Für mich bezieht es sich auf die gesamte katholische Kirche der Nichtjuden, und die Juden werden sich dann der Gemeinde anschließen; und daß die Apokalypse wirklich und vor allem eine Prophezeiung für die Nichtjuden ist, ich meine für die Kirche der Nichtjuden, und die Juden nur zufällig und nebenbei betrifft. Die Juden haben genug eigene Prophezeiungen im Alten Testament.[23]

Ich hoffe, man hält es weder für voreilig noch abwegig, wenn ich an dieser Stelle unserer Untersuchung darauf hinweise, daß im 19. und 20. Jahrhundert die Exegeten der sogenannten weltlichen Apokalypse, die Chiliasten der Sozialrevolution, ganz ähnliche Argumentationsstränge verfolgten, als sie über das Ende einer «bösen Zeit» und den Beginn einer «goldenen Zeit» polemisierten. Wann würde die Herrschaft des Bösen enden? Wie nahe war dieses Ende? Und wenn es einmal soweit ist, werden von der millenaristischen Erlösung nur die hochentwickelten, für eine Veränderung «reifen» Industrienationen profitieren, wie Marx prophezeite, oder wird es zu einer Weltrevolution kommen, zu einem weltweiten Aufstand, an dem auch alle rückschrittlichen Länder der Erde teilnehmen? Und schließlich: Geben die wissenschaftlichen und prophetischen Texte darüber Auskunft, ob das Ende auf einmal eintrifft (mit dem Sieg des Sozialismus) oder ob (vor dem endgültigen Sieg des Kommunismus) noch ein zweites und letztes Stadium zu durchlaufen ist, währenddessen sich «alle der Gemeinde anschließen»?[24]

Kurzen Prozeß mit dem lästigen dialektischen Gepäck machend, verfällt Hartlib auf eine makarische Abkürzung und läßt den Reisenden dem Gelehrten versichern: «Doch kann ich hundert Stellen aus der Heiligen Schrift anführen, die eindeutig beweisen, daß eine solche Reformation noch vor dem Jüngsten Tag stattfinden wird.» Wenn dem so war, stand nichts mehr im Weg, daß sich beide zu «guten Werkzeugen für die Reformationsarbeit» machten. Nun kam Gutenberg an die Reihe!

Reisender: Es gibt auch natürliche Hilfsmittel; so wird mit der Buchdruckerkunst Wissen und Erkenntnis verbreitet, bis das einfache Volk um seine Rechte und Freiheiten weiß und sich nicht länger von der Obrigkeit unterdrücken lassen wird; dadurch wird Schritt für Schritt ein jegliches Königreich sich Makaria angleichen.

Gelehrter: Das wird eine Wende zum Besseren sein, wenn sowohl die Höheren wie die Niederen mehr Freude haben werden; nun, im Geist bin ich schon paradiesiert, wenn ich daran denke, wie glücklich England sein wird und wie rasch und einfach sich das erreichen läßt.

Jetzt blieb nur noch übrig, einen jeden in der Gesellschaft zu «paradiesieren», im Hier und Heute, innerhalb einer neuen, glücklicheren Ordnung des irdischen Daseins. Dazu würde es gewiß kommen, auch wenn (wie Hartlib, dieser seltsame metaphysische Ausländer, fein genug erkannte) ein starkes, mitreißendes Gesellschaftsstück keineswegs nach dem einheimischen Geschmack der Insulaner war. Hartlibs Gelehrter beendete die Unterhaltung mit gedämpftem und darin typisch englischem Optimismus.

...und obgleich unsere Nachbarn England gerne als schwerfällige Nation bezeichnen, weiß doch die Mehrheit, was gut für sie und ihre Nachkommen ist, und wird die anderen überzeugen; also werden wir und unsere Nachkommen glücklich.

Eine gesegnete Zukunft mit einer glücklichen Menschheit, ein gutes Leben für kommende Generationen: darauf waren seine tiefen utopistischen Neigungen gerichtet, das waren die Triebkräfte von Hartlibs begeistertem Einsatz für löbliche Unternehmen; und für mich ist die radikale Modernität seines Denkens in allen seinen intellektuellen Beschäftigungen deutlich. Mit feurigen Worten trat er für «die Rechte des Volkes» ein und bestand darauf, daß sie wichtiger waren als das intolerante Gezänk der Kirchen – «auch anderen Religionen oder Nichtreligionen gegenüber muß man sich menschlich und gerecht verhalten». Er war offen, aufgeklärt und von sympathisch unsektierererischer Art im Umgang mit Menschen der verschiedensten Richtungen. Bei aller privaten Aufgeschlossenheit mangelte es ihm aber nicht an taktischem Geschick; das zeigte sich beispielsweise, als erwogen wurde, James Howell, mit dem er in grundsätzlichen öffentlichen Fragen völlig konträr war, zum ersten Präsidenten der Akademie zu wählen – er empfing einen Bericht (in dem es darum ging, «große, aufrechte Männer ausfindig zu machen»), wo es hieß: «Man wird sich seiner bestens bedienen können, denn obwohl er verderbten Ansichten anhängt, ist er großzügig und hochgesonnen.»[25] Hartlib besaß auch die für ideologische Dialektiker typische Schlagfertigkeit: «Man nennt uns politische Kriegshetzer; wir sollten darauf klug antworten und Worte nicht fürchten. Laßt uns also hetzen (wenn sie es schon so nennen), Aufruhr stiften und Verteidigungslinien anlegen gegenüber solchen Gegnern, die uns überraschen wollen, und jeden Widerstand brechen.» Das war im Jahr 1648 ein sehr nützlicher Ratschlag und entsprach genau der Doktrin von einem defensiven revolutionären Vorgehen. Er machte sich sicherlich auch keine Illusionen über die Schwierigkeit, die militante Stimmung im breiten Volk längere Zeit aufrechtzuerhalten, denn er wußte, wie schnell die Menschen etwas vergessen und wie ein Anfall von Massenamnesie alle Erinnerung an die Politik des Vortages auslöschen kann. «Alle haben vergessen, was der König verbrochen hat, also vergessen sie auch, wovon sie befreit wurden; die Menschen denken nur daran, wo sie im Moment der Schuh drückt, und da sind sie sehr empfindlich...»

Der Gedanke an eine Glückseligkeit à la Makaria spukte nicht nur in England in vielen Köpfen, sondern auch in Europa und überhaupt überall. Wenn alle jetzt (schrieb Hartlib 1647) «dazu beitragen... daß die gewünschte Reformation bestens in die

Wege geleitet wird», würde «zur rechten Zeit» dadurch «die übrige Welt in Aufruhr versetzt». Der große Umschwung mochte langsam und zögernd kommen, aber vielleicht – wer konnte es wissen? – auch «ganz plötzlich».

Ich weiß, daß die hier erwähnten Dinge anderswo schrittweise verwirklicht worden sind, und deshalb besteht kein Grund, warum sie bei uns nicht alle auf einmal in die Tat umgesetzt werden könnten ... Doch bin ich mir nicht ganz im klaren über den richtigen Zeitpunkt, ob nicht der Geist der Zeit noch zu uneins (um kein stärkeres Wort zu benutzen) und zerstreut ist für derartige Unternehmungen. Doch in welcher Verfassung auch immer die Menschen sein mögen, diese Sorte Samen muß in ihre Herzen gesät und ihnen zum Nachdenken vorgesetzt werden. Wer weiß, was daraus noch entstehen mag?[26]

Dieser skeptische, fast ungläubige Ton der Hoffnung – ungeachtet all des religiösen Glaubens und weltlichen Optimismus, den Hartlib besaß – ist ein Charakteristikum des humanistischen und praktischen Utopisten, der zu beschäftigt ist, um Zeit für abstrakte Fanatismen zu haben. Wer außer einem revolutionären Reformer und unverbesserlichen Melioristen würde davon sprechen, eine Saat in Herz und Hirn der Menschen aufgehen zu lassen (statt etwa vom Zerstören und Entwurzeln zu sprechen)? Dies war (und ist) ein grundlegender und schicksalsschwerer Unterschied zwischen den verschiedenen politischen Rhetorikern, dessen sich Hartlib stets mehr oder minder bewußt war. In einem erst kürzlich veröffentlichten Manuskript aus dem Jahr 1653 schreibt er: «Denn wenn wir alles niederreißen und verstreuen, bevor wir wissen, was wir aufbauen wollen und wie die Dinge besser zu ordnen sind als bisher, erweisen wir uns nur als Meister der Zerstörung, aber nicht des Aufbaus.» Solide Fortschritte würden «sich schrittweise einstellen und nichts von dem beeinträchtigen, was uns heute noch in mancher Hinsicht nützlich und sinnvoll ist».[27]

Mit seinen paternalistischen Allheilmitteln versprach Hartlib zwar viel, Unfehlbarkeit und Endgültigkeit aber beanspruchte er nicht. Als solidestes Fundament betrachtete er eine veränderte wirtschaftliche Basis, zu der auch – keineswegs ein nebensächliches Element – Vollbeschäftigung gehörte.

> Und wenngleich diese Dinge nicht sonderlich wichtig erscheinen mögen, wird man doch sehen, wenn man näher hinschaut, daß sie einen Einfluß auf die Grundlagen eines zu etablierenden Commonwealths haben. Denn wenn daheim und im Ausland Landwirtschaft und Handel wohlgeordnet sind, wird jeder Beschäftigung finden, und wo ein jeder seine Arbeitskraft einsetzen kann, kann sich die Nation mit ganzer Kraft ihren Zielen widmen.

Er war nicht so naiv, sich billige Illusionen über die Leichtigkeit und Geschwindigkeit zu machen, mit der sich solche Zustände herbeiführen ließen. Manchmal zweifelte er an der Bereitschaft der Menschheit, das dargereichte Füllhorn entgegenzunehmen, besonders «aufgrund der bekannten Gleichgültigkeit der Mehrheit des Volkes, die auf erstaunliche Weise an den alten Sitten hängt und nicht leicht für neue Dinge zu gewinnen ist, und versprächen sie noch so großen Nutzen». Gelegentlich kamen ihm sogar Zweifel über seine selbstgewählte Position eines Vorkämpfers des «öffentlichen Wohls», und er gestand, daß «es die meiste Zeit ein undankbares Amt ist, und je mehr man als Freund des Volkes bekannt ist, desto weniger wird man geschätzt».[28]

Seine Stärke war gerade diese oft sarkastische und unerschrockene Selbstbefragung. Anders als viele ebenso unruhige Naturen, denen die Glückseligkeit der Menschen am Herzen lag, fand Hartlibs Energie ein Ventil in einer Fülle praktischer, lebensnaher Problemstellungen und nicht ausschließlich in einer großen, blendenden Vision. Ständig machte er Entdeckungen und Erfindungen. Eine dieser «Maschinerien», wie er sie nannte, war das Kernelement eines Sozialgetriebes, das die meisten schweren Probleme der Nation beheben sollte: ein «Eingabe-Amt», das wir wohl als ein frühes Modell des Wohlfahrtsstaates auffassen dürfen. An «dem Wort Gottes und den klaren Grundsätzen der Vernunft» orientiert, war es von allem etwas: philanthropische Stiftung, Datenbank, Arbeitsvermittlungsstelle und «Think-tank», alles gedacht zur Förderung «des gemeinsamen öffentlichen Wohls» durch die «Beseitigung öffentlicher Mißstände». Über dieses Amt konnte man Arbeit finden, landwirtschaftliche Techniken verbessern, neueste Informationen aus den Wissenschaften erhalten, den Armen und Kranken helfen und sogar seelische Unterstützung bekommen. Wegen dieses letzten Punktes wäre der besorgte Dury beinahe abgesprungen; er meinte, eine «materielle Maschinerie» dürfe nicht in seelischen Bereichen operieren. Dury war auch über die negativen Auswirkungen alternativer Erziehungsmodelle besorgt, weil die Verwirklichung solcher ehrgeizigen Pläne «möglicherweise sämtliche Universitäten und angesehenen Lehrstätten subtil unterminieren und überflüssig machen würde».[29]

Die Großen der Politik wurden von den Großen des Geistes aufgerufen, neue Institutionen zu schaffen, die «Instrumente allgemeinen Glücks» sein würden. Hier wird der essentielle Instrumentalismus von Utopie und Revolution angesprochen. Hartlib formulierte ihn so:

> Ein solches Amt ist die einzig adäquate Hilfe und Heilung für das ungeordnete, wirre Dasein, in das wir geraten, wenn uns sinnvolle Einrichtungen fehlen, wo wir mit unseren Mitmenschen in Berührung und ins Gespräch kommen können... Dieses Amt wird zur Zentrale für alle, die Vorhaben mittels gegenseitiger Hilfe verwirklichen möchten.

Ein verlockendes Angebot nie gekannter Wunderdinge wurde versprochen: Informationen über Neuerscheinungen von den wichtigsten Bibliotheken aus aller Welt, die Einführung von Comenius' Lehrmethoden an sämtlichen Schulen, Berichte über in allen Teilen der Erde erzielte Fortschritte und sogar ein «Komitee für Regeln zur Reformierung». Das makarische Manifest war mehr als ein Traum; vielleicht ließ sich daraus eine Wissenschaft von der Politik und sozialen Umgestaltung entwickeln. «Dem höchsten Staatsdiener steht damit eine Maschinerie zur Verfügung (wenn er sich nur ihrer bedienen will)», versichert Hartlib, «die Ordnung bringen kann in alles, was in Unordnung ist, und zwar für alle Bereiche des Staates, vornehmlich aber zum Ziel seiner heilsamen Reformation.» Manche der mechanischen Hilfsmittel zur Errichtung einer auf Harmonie und gegenseitiger Hilfe basierenden glücklichen Gemeinschaft waren neu (oder erhielten jedenfalls neue Bezeichnungen aus einem bereicherten Vokabular), aber die zugrundeliegende visionäre Weisung war uralt; und bezeichnenderweise zitiert Hartlib am Ende seiner an das Parlament gerichteten Flugschrift aus dem Brief an die Philipper (4,8):

> Was wahrhaftig ist, was ehrbar, was gerecht, was rein, was lieblich, was wohllautet, ist etwa eine Tugend, ist etwa ein Lob, dem denket nach![30]

5. Die Internationale der Utopisten

Hartlib war nicht der einzige, der über dieses Drama nachdachte. Er stand einer der ungewöhnlichsten Gruppen von Intellektuellen nahe, die der frühen europäischen Moderne entscheidende Impulse gegeben haben. Von seinem Londoner Hauptquartier aus stand er in ständigem Kontakt mit Amerika und Kontinentaleuropa, warnte die Neuengländer vor imperialistischen Gelüsten der englischen Krone, ermutigte Dury zum Gespräch mit Gustav Adolf über Frieden und Toleranz, ermunterte Robert Boyle zu einem Briefwechsel mit Descartes, organisierte für verbannte Gelehrte vom Kontinent Unterschlupf in England, kümmerte sich um zügigeren Austausch von Manuskripten und Übersetzungen zwischen Gelehrten aus einem Dutzend Ländern, machte weite Kreise mit Vorschlägen für Sozialreformen und wissenschaftliche Projekte bekannt, und hoffte dabei immer wider besseren Wissens vielleicht am Rhein, vielleicht in Florida oder Virginia eine lebensfähige utopische Siedlungsgemeinschaft aufbauen zu können. Wie ich zu zeigen versucht habe, war Samuel Hartlib der Gründer der ersten Internationale der Utopisten. Bei den Zeitgenossen galt er als «der große Vordenker Europas» und «einer der angesehensten ingeniösen Köpfe» (Christopher Wren), «das wichtigste Instrument zur Belehrung der Öffentlichkeit» (Dury), «der große Geist, der unsere Zeit belebt und lenkt» (John Hall). Wie Milton, Comenius und Boyle, war auch das englische Parlament ein Bewunderer Hartlibs und verlieh ihm als besondere Ehrung den Titel eines «Vorkämpfers für Volkserziehung und öffentliches Wohl *(an Agent for the Advancement of Universal Learning and the Public Good)*».[31]

Er war demnach ein Mann der *raison* und Revolution (diese Begriffe sollen nicht als anachronistische Interpretation moderner Denkweisen auf ältere intellektuelle Konzeptionen verstanden werden). Für Hartlib war es selbstverständlich, daß die Vernunft revolutionär war und die kommende Revolution vernünftig sein würde. Er war der Propagandist der neuen Kräfte der europäischen Aufklärung und führte einen intellektuellen Kampf gegen ein verkalktes System aus Ignoranz und Irrationalität. Er wollte zeigen, daß «eine allgemeingültige Denkweise existiert, mit der wir aus eigener Kraft jede noch verborgene Wahrheit zu entdecken vermögen und alle Fragen beantworten, die uns die Natur aufgibt; und zwar indem wir alles zum Gegenstand vernünftigen Nachdenkens machen». Diese neuen, entdeckungsfreudigen Fragen würden auch Probleme der Gesellschaft und Weltgeschichte nicht vernachlässigen; das nannte er den «Überbau» *(superstructure)*, zu dem «die wichtigsten Revolutionen und Veränderungen der Vergangenheit» gehörten. Dabei galt es, sowohl die Irrtümer als auch die Unmoral zu entlarven, weil sie «die Ursachen des Elends sind, unter dem heute alle Nationen stöhnen». Hartlib war zweifellos (ein Jahrzehnt zu früh und in einem anderen Land) ein *philosophe* und ein *encyclopédiste*.

Denn die Enzyklopädie der Wissenschaften muß dem Rad der menschlichen Fähigkeiten entsprechen und dieses Rad auf den Kreis der Geschöpfe abgestimmt sein, von wo der Mensch sich nimmt, was ihm fehlt. Wie bei einer Uhr greift dann jedes richtig gelagerte Rädchen mit den Zähnen in das nächste und setzt durch dieses ein drittes in Gang, so daß sich alle miteinander drehen, wenn sie an der für die Zwecke der Uhr richtigen Stelle sitzen; ebenso verhält es sich mit den Fähigkeiten des Menschen.[32]

Nun war Hartlib aber kein Wissenschaftler, und seine Beschäftigung mit komplizierteren technischen Problemen blieb meist Tüftelei. Dennoch darf man wohl sagen, daß durch die Vielfalt seiner technischen Arbeiten und die freundschaftlichen Beziehungen, die er zu vielen hervorragenden Wissenschaftlern seiner Zeit unterhielt, ihm ein zentraler Platz in der dynamischen neuen Welt des wissenschaftlichen Denkens zukommt. Der einzige Biograph, der sich eingehender mit Hartlibs umfangreichem Gesamtwerk beschäftigt hat – das überquillt mit Vorschlägen zur Verbesserung der Landwirtschaft und Tierzucht, mit mechanischen Konstruktionen und raffinierten Erfindungen (vom Airconditioning bis zu Unterwasserbomben, von Verbesserungen bei der Brotbäckerei bis zu Pflanzmaschinen) –, stellt fest, daß eine ausführliche Darstellung aller dieser Einfälle und Projekte «mehrere Bände» füllen würde. Manche seiner wissenschaftlichen Korrespondenten bauten die Erfindungen fleißig aus, um selbst davon zu profitieren (was ihnen im reichen England auch oft gelang); andere trieb die weniger kompromittierende Liebe zur Wahrheit und zum Wissen. Ich glaube, Turnbull hat recht, wenn er Hartlibs wissenschaftliches Interesse als hauptsächlich sozial motiviert interpretiert. Wie ließ sich das neue Wissen in den Dienst einer weltweiten Reformation stellen? Wieweit nützte es dem leiblichen und materiellen Wohl der Menschheit? Das öffentliche Wohl war die Triebfeder seiner religiösen Mission: Die Wissenschaft sollte zur Erleichterung des menschlichen Schicksals beitragen. Statt die scheinbare Ambivalenz von Hartlibs wissenschaftlichen und sozialen Interessen zu bedauern (die bei einem altmodischen Biographen starkes Mißfallen erregte), sehen wir darin vielmehr den Grund für seine bedeutende Position in der Reihe jener revolutionären und utopischen Denker, die einzig und allein «die Grundlagen für weltweites Glück» schaffen wollten.

Ein bemerkenswerter Brief von Sir William Petty an Hartlib läßt etwas von der raffinierten historischen Doppeldeutigkeit ahnen, durch welche diese beiden bahnbrechenden Geister zusammen-, aber auch auseinandergebracht hätten werden können.

Ich denke, es würde einen Hund zum Lachen bringen, wenn er die Menschen sieht, die über Dinge reden und diskutieren, von denen sie nichts verstehen, und sich, sobald sie ihnen begegnen, für bessere Philosophen halten als jene, die diese Dinge experimentell kennengelernt haben und ihre Wechselwirkungen verstehen, die sich täglich mit den Werken der Natur befassen, diese sorgfältig studieren, vergleichen und anwenden...

Petty dachte hauptsächlich an Descartes, als er jene kritisierte, «die Spinnweben fabrizieren, und zwar aus Prinzipien, die, auch wenn sie wahr sein sollten, doch zu abwegig, abstrakt und allgemein sind».

Unterdessen behindern sie einander mit ständigen Querelen um die Phantasieprodukte der anderen, wobei niemandem etwas Gesichertes gelingt, weder in der Theorie noch in der Praxis... [während sie] ganze Berge von Papier mit nichtigen Mutmaßungen und Einbildungen samt dazugehörigem Für und Wider vollschreiben. Aber lassen wir sie machen, was ihnen gefällt... [Ich] habe nie jemanden kennengelernt, der einmal die Köstlichkeiten experimentellen Wissens gekostet hat und danach noch Appetit hatte auf das gehaltlose Knoblauch- und Zwiebelfutter einer phantasmatisch wirkenden Philosophie.[33]

Petty ging es hierbei natürlich um naturwissenschaftliches Forschen und Experimentieren. Trotzdem finde ich seine polemische Tirade anregend und vielleicht ganz heilsam. Wenn wir seine Einwände auf die gesellschaftlichen Fragestellungen anwenden, die im utopischen Denken seit More und Robert Owen und Saint-Simon dominieren, springen verblüffende Parallelen mit jener Kritik in die Augen, die Marx und Engels an den Spinnwebern ihrer Zeit übten und mit ihrem Plädoyer für gründliche soziologische Untersuchungen und gegen abstrakte philosophische Streitereien über lebensferne Prinzipien. Die beiden überaus giftigen polemischen Attacken entsprangen dem Wunsch nach einer neuen, empirisch gegründeten Positionierung von Theorie und Praxis, die frei war von verspielten, phantasievollen Vermutungen und insubstantiellen Phantastereien. Wir haben es hier mit intellektuellen Grundfragen innerhalb einer leidenschaftlich verfochtenen Ideologie der Natur- und Sozialwissenschaften zu tun.

Ich möchte damit sagen, daß Hartlibs Werke für uns ein wichtiges Dokument über die frühen Bemühungen eines europäischen Denkers sind, auf mittlerem und hohem Niveau eine Balance zwischen Vernunft und Phantasie, Fakten und Fiktionen herzustellen. Für mich stellt sein Leben und Wirken einen historischen Brückenschlag zwischen Wissenschaft und Gesellschaft dar, das heißt den Versuch, das neue Wissen vom Menschen und die neuen Träume für den Menschen aufeinander abzustimmen. Wissenschaftliche Prinzipien und nicht mehr allein moralische Desiderata sollten die Grundlage einer wohltemperierten Sozialordnung bestimmen, die auf Glück und Wohlstand zielte. Dazu schreibt Thomas Sprat in schwungvoller Rede am Ende seiner Geschichte der *Royal Society* (1667):

> Während dieses glückliche Wissen sich vermehrt, werden alle Stürme abklingen; die Widerstände und kleinen Streitigkeiten gegenüber einer mißgedeuteten Wissenschaft werden bald ein Ende haben; die menschliche Urteilskraft wird mit ihrer freudvollen Gelassenheit den vorzüglichsten Einfluß auf das Benehmen haben; die Gradlinigkeit ihrer Sichtweise wird sich in ihren Taten äußern; ihre Meinungen werden weniger streitsüchtig und dogmatisch sein, dafür aber viel gesicherter; sie werden einander wie Götter begegnen und nicht mehr wie Wölfe; der Wert ihrer Künste wird an der Größe ihrer Taten und nicht an der Größe ihrer Reden gemessen werden... Während das Alte uns nur einige leblose Begriffe und Vorstellungen vermitteln kann, wird uns das Neue über den Sinn und Nutzen aller Kreaturen aufklären und uns um all die Vorteile von Fruchtbarkeit und Fülle reicher machen.

Im 17. Jahrhundert versuchte Hartlib mit seinem Utopismus Wissenschaft und Gesellschaft zu verbinden; im 19. Jahrhundert versuchte Marx durch die Absage an den Utopismus die Revolution in eine Gesellschaftswissenschaft einzubauen. Zwar konnten wir bereits erste Anzeichen einer «Wissenschaft des Staatshandwerks» feststellen (ein Konzept, daß bei Philip Sidney gestreift und bei James Howell ausformuliert wird), ein wohldefinierter und selbständiger soziologischer Zugang aber entwickelte sich erst später. Das natürliche Interesse der Utopisten richtete sich auf die Naturwissenschaften, während die Revolutionäre ihr natürliches Habitat innerhalb der Sozialwissenschaften fanden.

Hartlibs seltsam «utopistische» Beziehung zu einem Naturwissenschaftler mag die Anfänge des wissenschaftlichen Utopismus veranschaulichen. Als Robert Boyle nach London kam – ganze zwanzig Jahre alt und gerade am Beginn einer Laufbahn auf den Gebieten der Physik, Chemie und Medizin –, verwirrte ihn zunächst «dieses Labyrinth» der Großstadt; aber bald wurden die Zusammenkünfte des erlauchten Zirkels, zu denen Hartlib ihn einlud, für ihn zu einem großen und alles wettmachenden Erlebnis.

> Das beste ist, daß die Koryphäen der Unsichtbaren oder (wie sie selbst sagen) der Philosophischen Loge mich hin und wieder mit einer Einladung beehren, und dabei bedaure ich dann, daß es dringende Angelegenheiten gibt, die mich wieder fortrufen, wie ich zu anderen Zeiten mich über die gesellschaftlichen Verpflichtungen ärgere, denen ich gelegentlich nachkommen muß. Diese Männer sind geistig so aufnahmefähig und interessiert, daß die Schulphilosophie nur den gemeinsten Teil ihrer Kenntnisse ausmacht; und während sie mit ganzem Herzen die größten Projekte vorantreiben möchten, sind sie gleichzeitig so bescheiden und lernbegierig, daß sie es nicht für unter ihrer Würde ansehen, den einfachsten Menschen anzuhören, so er nur seine Gedanken auf die Vernunft gründet. Es sind Männer, die der Engstirnigkeit den Garaus machen wollen, indem sie ein liebevolles Interesse für alles und jedes aufbringen, das den Menschen angeht, und die das Wohlergehen der ganzen Welt zu ihrer Aufgabe gemacht haben... Sie haben sich der gesamten Menschheit angenommen.[35]

In einem weiteren Brief aus demselben Jahr (1647) berichtet Boyle Hartlib begeistert über seine Lektüre gewisser utopischer Texte – er erwähnt Campanellas *Civitas solis* und Andreaes *Reipublicae Christianopolitanae Descriptio*[36] –, und der junge utopische Konvertit gesteht, daß «meine Erwartungen keineswegs gering sind»; er stellt hohe literarische Ansprüche und verlangt gleichzeitig echte und ernsthafte politische Perspektiven. Er hält «jene Gemeinschaften (wie die Holländer und Venezianer) für die glücklichsten und erfolgreichsten, wo man Einfallsreichtum durch jede nur denkbare Ermutigung fördert». Deshalb, schlägt er Hartlib gegenüber vor, «sollten wir unsere Briefe mit vielen utopischen Nachrichten füllen, um zumindest auf diese Weise unser sehr großes Interesse an sämtlichen Formen geistiger Schöpfung zu bekunden».[37] Und so geschah es auch.

Die Unsichtbare Loge *(Invisible College)* bereitete die Gründung der *Royal Society* vor; von den 21 Mitgliedern des Direktoriums, die im königlichen Patent von 1663 erwähnt werden und also die Gründungsmitglieder dieser Gesellschaft sind, hat Hartlib die meisten gekannt (nämlich Boyle, John Wilkins, Theodore Hask, Christopher Wren, John Evelyn, Elias Ashmole, John Aubrey, John Pell und einige andere).[38] Als Hartlib seine revolutionären Pläne für ein moderneres Erziehungssystem vorlegte, die unter anderem die Abschaffung der «grammatikalischen Tyrannei des Fremdsprachenunterrichts» vorsahen, stellte er auch eine Liste von Mitgliedern des Aufsichtskollegiums zusammen; dazu gehörte eine eindrucksvolle Riege zeitweiliger oder lebenslanger Tyrannophoben: John Dury, John Pell, Marchamont Nedham und John Milton.[39]

Dies war der Höhepunkt einer europäischen Aufklärungsbewegung, die mit einer großen Sozialreform parallellief, so wie ein Jahrhundert später das Zeitalter der *lumiéres* das brillante Vorspiel für *la grande révolution* war. «Ihr kümmert Euch so sehr um die Unsichtbare Loge», schrieb Boyle an Hartlib, «und jene Gesellschaft ist so interessiert an allen Einzelheiten Eures Lebens, daß nichts, was Ihr mir über Eure Aktivitäten mitteilen wollt, nicht auf irgendeine Weise (zumindest gedanklich) das *Utopische* berührt.» Noch Jahre später spricht er mit Anerkennung und Dankbarkeit von den «exakten Auskünften, die Ihr mir aus Utopia habt zukommen lassen». Und in einem anderen Schreiben erklärte er bescheiden, er möchte ihn nicht mit Bitten um weitere Neuigkeiten belästigen («von denen ein ganzer Bogen nur einen Penny kostet») – «nein, ich werde meinen Appetit auf Eure *utopischen* Mitteilungen zügeln». Die

Spärlichkeit der Briefe wurde durch ihre starke persönliche Wirkung aufgewogen.

Ich danke Euch [so Hartlib an Boyle am 9. Mai 1648] für Eure neuen Entdeckungen in der Anatomie und den Erforschungen anderer nützlicher und tiefsinniger Wissensgebiete. Ich zeigte den Brief Mr. Hobbes, dem er sehr gefiel und den er zu entleihen wünschte und auch von mir bekam.

In solchen Augenblicken, da ein rasch geschriebener Brief von Hand zu Hand ging, war die schmerzhafte Kluft zwischen den momentanen Unzulänglichkeiten und den Zukunftsplänen kaum mehr zu ertragen – ach, was ließe sich nicht noch alles für den Fortschritt der Menschheit tun, wenn nur, wie auf der glücklichen Phantasie-Insel, Gutenbergs Kunst und Handwerk besser eingesetzt werden könnte!

«Meine Seele stöhnt vor Qualen», schreibt Hartlib; so viel ist noch zu tun, und die Mittel sind äußerst knapp; die Schulden erdrücken ihn beinahe. «Um ehrlich zu sein: Ich gedenke, solche und ähnliche Werke und Schriften auf Kosten von Makaria drucken zu lassen, wo man sich ja eindeutig dem Ziel verschrieben hat... die gesamte Welt zu reformieren.»[40]

Aber noch gab es kein Makaria, das die Kosten tragen würde.

Menschlicher Verstand vermag nichts dagegen vorzubringen noch menschliche Macht oder Gewalt sich diesem Werk zu widersetzen, das die Erneuerung der Welt bedeutet, noch menschliche Güte sich etwas Besseres für die Menschheit auszudenken... Zögert denn nicht, das heilige Feuer mit euren Funken anzuheizen, nein, besser noch mit euren Fackeln und Fächern.

J. A. Comenius (1670)

Aber noch scheint für derartige allgemeine und universelle Glückseligkeit die Zeit nicht reif... Der Rauch ist verzogen, aber das Feuer ist noch nicht ganz erloschen. Mag sein, daß es zur rechten Zeit wieder emporlodert.

Samuel Hartlib (1661)

Leicht ist der Wechsel von einem Extrem zum anderen; schwer aber ist es, an jenem kleinen Punkt einzuhalten, der der richtige ist.

Thomas Sprat (1667)

8. Die großen Vordenker (II)

Der Aufbruch des wissenschaftlichen Utopismus - Comenius und die apokalyptische Revolution - Pierre Bayles Kritik an Comenius - Hartlibs Experimente, Neuheiten und Neuerungen - Reden, Rechnen, Revoltieren

6. Der Aufbruch des wissenschaftlichen Utopismus

Als er im Auftrag der *Royal Society* die Geschichte dieser Institution schrieb, war Thomas Sprat ein jugendlicher Amateur in wissenschaftlichen Kreisen; sein Enthusiasmus als Propagandist und seine literarischen Talente als Polemiker waren die ideale Voraussetzung, daß er der erste englische Ideologe für die neue europäische Bewegung der experimentellen Wissenschaften wurde. Bacon hatte, wie Glanvill sich ausdrückte, nur ein «romantisches Modell» zustande gebracht. Jetzt würde es etwas Substantielleres geben, ein echtes Manifest des wissenschaftlichen Utopismus, das auf die unwiderstehlichen Kräfte des geistigen und gesellschaftlichen Wandels einging und die realen Etappen der tiefgreifenden Umwandlung anzuzeigen vermochte. Es würde der Welt Kunde geben «von der Hilfe, die jenes universelle Licht gewährt, welches sich über dieses Zeitalter zu ergießen scheint».

Sprat war angetreten, um berühmte Männer zu preisen und der neuen «freien Art» des Denkens, die von einer einzigartigen Gruppe «forschender Geister» praktiziert wurde, ein Denkmal zu errichten.

Ich gestatte mir, ganz allgemein von ihnen zu behaupten, daß es zweifellos weder in Vergangenheit noch Gegenwart je so viele Männer gleichzeitig in so kleinem Umkreis gegeben hat, die derart inbrünstig die Wahrheit liebten; nach ihr so unermüdlich suchten; und auf deren Arbeit die Menschheit so zuversichtlich vertrauen darf.

Ganz dem Prinzip einer «unlösbaren Verbindung zwischen Hand und Hirn» verschrieben, waren sie Indiz dafür, daß die alte Zeit mit all dem «gloriosen Wortbombast» zu Ende war. Die neue Zeit würde auf wunderbare Weise anders sein, eine «Philosophie der Menschheit» bringen und «wirkliche Ergebnisse». Die Einheit aller Kopf- und Handarbeiter würde den Fortschritt der wissenschaftlichen Revolution markieren, und ihre Genialität «das Werkzeug, mit dem die Menschheit Herrschaft über die Dinge erlangt».

Über die zivile Verfassung sagt Plato, daß die Welt am besten regiert würde, wenn Philosophen Könige oder Könige Philosophen wären. Und dasselbe will ich von der Philosophie sagen: Sie wird ihre höchste Vollendung finden, wenn die Mechaniker philosophische Köpfe oder die Philosophen mechanische Hände haben.[1]

Hier, scheint mir, fallen der erste und der letzte große utopische Entwurf, die Utopie von oben und die von unten, zusammen. Es ist eine Zwischenlösung, die teils die klassische Formel von den *happy few*, der kleinen Zahl der Glücklichen, teils die moderneren Versionen von der großen Zahl der Unzufriedenen aufgreift, wo – wie Marx und nach ihm Veblen meinten – die «mechanischen Hände» (der Arbeiter, Ingenieure, wissenschaftlichen Technokraten und selbständige Mitarbeiter) die philosophische Aufgabe übernehmen, über das perfekte Arrangement der Menschen innerhalb der Gesellschaft zu entscheiden.

Die Beschäftigung mit einem wissenschaftlichen Utopia wurde rasch zu einem populären Gedankenspiel, als gewähre die neue Art, die Zukunft zu betrachten, allein schon so etwas wie zaubergleiche Erfüllung. Nie zuvor war das menschliche Ideal der Fülle mit solch reichen und mannigfaltigen materiellen

Gaben und geistigen Potenzen geschildert worden. «Wer nicht nach Größtem strebt», behauptete Sprat, «wird selten über das Kleinste hinauskommen.» Seine große Begeisterung schaffte gierig sich ständig selbst Nahrung. Die eigene Skepsis gegenüber prophetischen Phantasien momentan ignorierend, spekuliert er: «Wir dürfen wohl annehmen, daß die absolute Vollkommenheit der wahren Philosophie nicht mehr lange auf sich warten läßt.» Das große Ereignis kam ständig näher; im Zusammenhang mit dieser überwältigenden Vision bot die Wissenschaft wohl einen speziellen Pfad zum Paradies. Die so verlockend erscheinende Zukunft enthielt ein ganz besonderes, persönliches Versprechen, an dessen Erfüllung ein jeder individuell und vollständig teilhaben würde. Sprat war sich sicher: «Der herrliche Busen der Natur wird vor unseren Augen liegen.» Und mehr noch – falls das überhaupt möglich ist: «Wir werden ihren Garten betreten und von ihren Früchten kosten und uns an ihrer Fülle gütlich tun.»

Wenn schon der Blick auf die technischen Leistungen des menschlichen Ingeniums so atemraubend war, wie mußte es dann erst die Aussicht auf einen unendlichen Fortschritt sein? Tatsächlich bestand ein gewisser Bezug zwischen der mit der empirischen Betrachtungsweise erschlossenen neuen Welt und den Implikationen der kürzlichen Entdeckungsreisen in Länder jenseits des Atlantiks. Sprat zeigte sich stets ein wenig verlegen, wenn er im Ton der «eitlen prophetischen Inspiration» sprach, sagte aber trotzdem die Entdeckung von Welten jenseits der Welt voraus. Amerika als Symbol und als Wirklichkeit bestärkte die hoffnungsfreudigsten Gemüter jener Zeit, und Sprat kam zu dem Schluß: «Wenn uns in Europa jenes gewaltige Gebiet einmal vertrauter sein wird, entweder aufgrund freier Handelsverbindungen, von Eroberungen oder anderer Revolutionen seines gesellschaftlichen Gefüges, wird Amerika sich für uns als etwas Neuartiges erweisen.»[2] So wurde schon sehr früh eine amerikanische Revolution Bestandteil der utopischen Träume. Hier wird fraglos ein historischer Markstein erreicht, wo die mächtigsten utopischen Konzeptionen, mit denen wir uns beschäftigt haben, von Dante, Kolumbus und Bruno zu More, Sidney und Milton, zu ihrer um einige Elemente bereicherten geistigen Vollendung zusammenzuströmen scheinen.

Freilich befand sich dabei der Utopist noch in unbehaglicher Nähe zum Revolutionär. Obwohl ich hier nicht näher auf das im engeren Sinn politische Element in der utopischen Imagination eingehen möchte, hat die Anreicherung dieser Vorstellungswelt mit szientistischen Strukturen notwendigerweise Auswirkungen auf alle künftigen Überlegungen, wie in der politischen Arena zu verfahren sei. Was geschieht mit dem bescheidenen skeptischen Ideal, die Welt vernünftig und maßvoll zu gestalten, wenn dem menschlichen Sehnen nach Hoffnung und Veränderung plötzlich die Tore zu fremden Welten und Wonnen geöffnet werden? Jeder Ideologie haften mindestens Spurenelemente politischer Apologetik und sprachlicher Megalomanie an, die sich dann allzuleicht als Störfaktoren hinsichtlich intellektueller Konsistenz oder Beharrlichkeit erweisen können. Möglicherweise ungewollt, doch unvermeidlich, werden neue Ideen nach kurzer Zeit eingeschränkt, revidiert, um Sonderfälle ergänzt und gelegentlich aufgrund einer stets latenten, perversen Dialektik in ihr Gegenteil verkehrt. Solange es die anderen sind, die sich Exzesse zuschulden kommen lassen, läßt sich das als Beweis ihrer gefährlichen Maßlosigkeit hinstellen; aber wer sieht schon in den Exzessen der eigenen Seite etwas anderes als bedauerliche Begleiterscheinungen edelster Unternehmungen? Wer will zudem bestreiten, daß zu den größten menschlichen Leistungen stets auch Kühnheit, Unruhe, vielleicht sogar eine gelegentliche drastische Gewaltmaßnahme nötig sein mögen?

Mit genau dieser Einstellung geht Sprat das elementare, allgegenwärtige Dilemma an und verfängt sich dabei auf exemplarische Weise in grausamen Verstrickungen. In seiner Beschreibung der großen Kulturheroen seiner Zeit, deren «Größe des Geistes» ihn beeindruckt, heißt es einmal:

Jede Erfindung ist eine heroische Tat in Gefilden, die einem niederen, gemeinen Denken unerreichbar sind. Für so etwas muß der Sinn tatendurstig, kühn, flink und unruhig sein; tausend Schwierigkeiten gilt es zu überwinden, an denen ein weniger tapferes Herz zerbrechen würde; viele Versuche zu unternehmen, die nicht weiterführen; große Ausgaben zu machen, die keinen Profit bringen; viel Gewalt und geistige Kraft aufzuwenden; manches irreguläre Verhalten und mancher Exzeß muß ihm zugestanden werden, was nach den strengen Regeln der Klugheit kaum zu entschuldigen wäre.

«All das dürfte uns überzeugen», schließt er, daß nur «ein großer, unbeengter Geist zum Urheber wesentlicher Dinge befähigt ist.» Ich habe wiederholt darauf hingewiesen, daß es sich hierbei um den Konflikt zweier Grundhaltungen, zweier elementarer Charakterzüge handelt, um das Spannungsverhältnis zwischen den Temperamenten der Grenzsetzung und der Grenzauflösung, das im europäischen Denken auch später nie gelöst worden ist. Utopie und Revolution sind Welt- und Endzeitvorstellungen, die beide nach Vernunft und Gefühl geformt werden, auf Ordnung und Wandel ausgerichtet sind und Hoffnungen der Antike mit Sehnsüchten der Romantik vereinen, und die beide fortwährend und unvermeidlich die Saat für Konflikt und Widerspruch in sich tragen.

Einerseits schwärmte der Chronist der wissenschaftlichen Revolutionäre davon, wie aufregend die Erwartung des Unerwarteten wäre und wie herrlich die Freude am erfolgreichen Durchbruch; und er plädierte sogar für eine erforderliche «Vermischung der Temperamente», wozu auch «wilde und feurige... ungestüme Naturen» nötig wären.[3] Andererseits konnte er gleichzeitig sich selbst glauben machen, die neuen Wissenschaftler hätten «versichert, ihr experimenteller Fortschritt werde auf ewig ruhig und maßvoll verlaufen». Thomas Sprat liebte teils das Feuer, teils das Wasser. Voll frommer Hoffnung glaubte er, der neue Geist könne «moderierend und reformierend tätig sein, indem er die Furie des Enthusiasmus vernichtet oder bändigt». Er wußte um «die Schwierigkeit, die einzelnen Bewegungen der insensiblen und vernunftlosen Dinge zu ordnen» und wußte, «wieviel schwieriger es ist, den unruhigen Sinn der Menschen zu festigen». Kalter Schauder packte ihn bei dem Gedanken an die unmittelbaren Folgen, die ein «Sturmwind geistigen Wahnwitzes», eine unergründliche Abkehr vom Zustand der göttlichen Gnade hervorrufen könnte; das nannte er «eine Revolution, die man nicht ohne Schrecken betrachten kann». Besorgt über den Einwand seiner Zeitgenossen, die wissenschaftliche Bewegung, deren Sprecher er war, werde möglicherweise zu einer unheilvollen Unterminierung aller Dinge führen, versuchte er, die Angriffe auf andere (und angeblich damit nicht zusammenhängende) geistige Tendenzen zu lenken.

Die Wissenschaft, welche man in der Disputation lernt, lehrt die Menschen, auf Nebensächlichkeiten herumzureiten und mit sicherer Finesse Fehler zu entdecken; sie gibt ihnen ein unerschütterliches Vertrauen in das eigene Urteil; sie bringt sie vom sportlichen Streit zum bitteren Kampf; sie läßt sie glauben, daß alles der Für- und Widerrede unterworfen sein darf, im Staat so gut wie in der Schule.

Dort also saß die tadelnswerte Faktion, da waren die wirklich Schuldigen zu finden!

Der Vorwurf war spitzfindig und wenig überzeugend. Sprat wurde mit Protesten von Gegnern überschüttet (darunter auch Dr. Henry Stubbe und Robert South), die ihr nicht geringes Erstaunen über die Behauptung äußerten, daß die neue, innovierende Philosophie klug, friedfertig und harmlos sei. Zum Teil hatte Sprats logische Inkonsistenz seinen Grund natürlich in der bewährten Methode des polemischen Apologeten, der von allen Seiten bedrängt mit flinker Wortfechterei nach allen Seiten Schläge verteilen und Gegenschlägen ausweichen muß. Eine tiefere Ursache aber lag in der sehr weit verbreiteten Tendenz der Zeit, die Dinge unter einem chiliastischen Blickwinkel zu sehen. Einer von Sprats modernen Herausgebern wirft ihm sogar vor, zeitweilig «so vehement wie die feurigsten Apokalyptiker» argumentiert zu haben.[4] Er war weder der erste noch der letzte Intellektuelle, der von Erkenntnis sprach und Erlösung meinte. Selbst Hohepriester der Vernunft waren gegen stürmische Anfälle der Wut und Euphorie nicht gefeit. Aus Menschen, die als sehr sorgfältige und vorsichtige Experimentierer begonnen hatten, entwickelten sich manchmal bedenkenlose prophetische Geister, die in ihrer Ungeduld mit so viel alter, festgefahrener Realität begeistert der Parole von einer «totalen Zerstörung, einer Beseitigung mit Stumpf und Stiel» folgten. Sogar die größte wissenschaftliche Selbstdiziplin vermochte nicht gänzlich jene romantische Sehnsucht abzutöten, die von tiefster Veränderung und höchster Vervollkommnung träumt und von der Zeit, da die Menschen wirklich «einander Götter sind».

Daß diese Inkonsistenz, diese ambivalente Argumentation nicht nur Ausdruck einer privaten, individuellen Auffassung über korrekte Wissenschaftlichkeit war, sondern im Zusammenhang mit übergreifenden Ideen zum politischen Wandel und gesellschaftlichen Fortschritt gesehen werden muß, wird ganz deutlich, wenn Sprat auf die Ausweitung von «Verkehr und Handel» zu sprechen kommt und auf die verschiedenen Ursachen, die zu den tiefgreifenden Veränderungen seiner Zeit geführt haben. Eine der Hauptursachen ist für ihn «der Bürgerkrieg selbst». Dieser nämlich – und schärfer lassen sich die unberechenbaren Folgen revolutionärer Gewalt zum Guten oder Bösen kaum formulieren – «führt immer entweder zur grausamsten Tyrannei oder zur besten Reform; läßt entweder alles in Rauch und Asche vergehen oder zivilisiert, verschönt und erhöht die Lebensformen aller Staaten». Wieder ist der Dualismus einfach, bequem und ganz willkürlich gesetzt; das Entweder-Oder der Entwicklung wird wie selbstverständlich als Dichotomie dargestellt. Hier konnten dann andere Leute, die romantischer und gewalttätiger veranlagt waren, anknüpfen und behaupten, daß die völlige Vernichtung des Überkommenen eben der Preis war, den man für die zivilisatorische Verbesserung zu zahlen hatte und daß nur eine Tyrannei die notwendige zerstörerische Kraft besaß, welche die Grundlage für die ersehnten Reformen schaffen konnte.

Thomas Sprats Stärke war zweifellos seine Fähigkeit, die strategisch wichtige zentrale Höhe zu besetzen und gleichzeitig beide Flanken zu verteidigen. Mal ergriff er für den heroischen Abenteuergeist Partei und ließ sich sogar zu enthusiastischen Ergüssen und romantischen Zukunftsvisionen hinreißen; mal predigte er beschwichtigend eine Umsicht von derart mäßigendem Einfluß, daß er sich davon den «ewigen Frieden» versprach; und schließlich gab er sich auch als Mann der Mitte, schwärmte von der «Vielfalt der Meinungen» und von der erhabenen Rolle der Wissenschaft, die darüber «als Schiedsrichter» wache.

Hin und wieder sah er mit brillanter Schärfe die Fehler, die «dem Denken der Menschen so natürlich sind» (seinem eigenen selbstverständlich ebenfalls): «Ihnen behagt nicht langes, verdrießliches Zweifeln, auch wenn es zuletzt wirkliche Gewißheiten vermittelt; ihnen ist ein rasches Ergebnis lieber als ungewisses Warten, und führe es auch zu besseren Schlüssen.» Sei es aus Eifer, Unvernunft oder Unsicherheit, jedenfalls zeigte die Menschheit – so Sprat – «überall die Neigung, sich selbst in die Irre zu führen». Neben simpler Erschöpfung und Nachlässigkeit hatte auch die Neigung zum Spekulieren einen Einfluß auf die «Überbauten», die die Philosophen im «plötzlichen Vertrauen auf die Gewißheit ihrer Erkenntnisse» konstruierten. Sprat als ein geläuterter Ideologe der Wissenschaften, der inzwischen vorsichtiger und kritischer geworden war, machte sich mit Freude an die Definition von Hürden und Horizonten. Dabei spürt man aber auch bei ihm dieselbe Melancholie wie bei anderen Denkern, die mit rhetorischen Mitteln ihre gemäßigte Position zu behaupten versuchen: bei Winstanley, Bayle, Kant, Mackintosh, Mme. de Staël, Camus und anderen. «Leicht ist der Wechsel von einem Extrem zum anderen», schrieb Sprat, «schwer aber ist es, an jenem kleinen Punkt einzuhalten, der der richtige ist.» Von jenem «kleinen Punkt» im Zentrum aus gesehen schien es stets eine herrliche Rechtfertigung der Vernunft und Wahrheit, wenn auf beiden Seiten ein Krieg ausbrach.

Während einige übereifrige Geistliche die Naturphilosophie als eine verderbliche, allzusehr mit weltlichen Dingen befaßte Lehre verurteilen, sehen andererseits die Menschen von Welt und die Geschäftsleute darin lediglich einen törichten Zeitvertreib, der uns hindert, das menschliche Treiben richtig zu begreifen. So wird ihr von der einen Seite vorgehalten, sie lasse sich zu tief hinab, und von der anderen, sie schwebe zu hoch; so daß ich glaube, wir dürfen sie mit gutem Grund von beiden Fehlern freisprechen, da sie gleichermaßen von den einen wie den anderen Extremisten verdammt wird.

Die Themen der Auseinandersetzung mochten wechseln, die Konfiguration auf dem Schlachtfeld aber blieb unverändert: Die gehobene Mittellage mußte gegen Angriffe an beiden Flanken verteidigt werden. Die brüsken modernen Utilitaristen auf der einen Seite und die fanatischen theologischen Sektierer auf der anderen – beiden gemeinsam war ein gefährlicher Mangel an Augenmaß. Wie wollten sie denn beweisen, daß «die neuen Entdeckungen sich nicht entfalten können, bevor nicht sämtliche Künste der Alten verworfen und ihre Brutstätten beseitigt sind»? Jene Extremisten, meinte Sprat, «gehen mit derselben Besessenheit an die Säuberung der Philosophie wie unsere modernen Zeloten an die Reformation der Religion. Und es ist ebenso richtig, die eine Partei zu verurteilen wie die andere.»

Beide geben sich nicht eher zufrieden, als bis alles, was nach Altertum aussieht, vernichtet ist, mit Stumpf und Stiel. Doch wie die Universitäten den einen widerstanden haben, die eifrig, doch ohne Wissen waren, so werden sie sicher auch gegen die Gewalt der anderen obsiegen, die Wissen vorgeben, aber ohne Umsicht sind.

Dieses ist in vielerlei Hinsicht einer der beachtlichsten Versuche zu Anfang der Moderne, eine Abwehrstrategie gegen die wiederholte Polarisierung des Geisteslebens zu formulieren. Wenn, wie bei Sprat, der Versuch gelegentlich mißlang, ist nur jener der leidenschaftlichen Vernunft inhärente Widerspruch daran schuld, der Selbstbeherrschung und rhetorische Balance zunichte macht.

So kämpfte sich Sprat voran, äußerst tapfer und keineswegs

ungeschickt bei der Tarnung seiner grundsätzlich zweideutigen Einstellung; ohne direkt auf die Kritiker zu antworten, versuchte er doch, ihre Argumente zu widerlegen.

Die übliche Kritik am Wissen lautet ungefähr, daß es die Menschen unstet und streitsüchtig werden läßt ... daß es sie romantisch stimmt und eine Perfektion der Dinge erträumen läßt, die in den Dingen nicht angelegt ist.

Hier im Zusammenhang mit dem Antiintellektualismus des 17. Jahrhunderts ist ein früher Hinweis auf die Angst vor dem romantischen Rebellen, vor seiner Subversivität im Namen hehrer Ideale und seinem utopischen Traum von einer Perfektion, die es nicht geben kann. Barg der wissenschaftliche Utopismus tatsächlich etwas in sich, das «unsere Gedanken gar zu luftig und versponnen geraten läßt und ihnen Idealformen der Dinge vorgaukelt, zu denen die Dinge selbst nicht angelegt sind»?[5]

Wenn das selbstkritische Zweifel von der Art waren, wie sie einen Thomas More oder Samuel Hartlib plagen sollten (und es auch taten), ließ Sprat selbst sich jedenfalls davon kaum stören. Die neuartige Forschungsweise würde Nutzen und Freude bringen, und zuversichtlich meinte er, daß «sie durch die erfreulichen Ergebnisse der Entdeckertätigkeit die geistige Starrheit mildern und die seelische Beschränktheit mindern wird, aus der heraus viele Menschen verbittert und zur Rebellion verführt werden». Mit Grundlagenforschung sollten also politische Fehler korrigiert werden, denn er und seine Freunde glaubten, den grundlegenden Wirklichkeiten der Natur nahegekommen zu sein wie niemand je zuvor. Das stolze, unverhüllte Plädoyer für die romantische Imagination sollte einer späteren Generation vorbehalten bleiben; Sprat war so klug, es bei Angriffen auf die Gegner zu belassen. Gerüstet war er – und, wie sich im Lauf der Geschichte zeigen sollte, dadurch unbesiegbar – mit einem stets wachen und beflügelnden Gespür für die wahren Ursachen allen Geschehens; und wie ein hartnäckiger Marodeur bedrängte er die abgewirtschafteten Reiche der Unwahrheit.

Es beleidigt wahrlich die Vernunft und Ehre der Menschheit, daß jeder hergelaufene Mogelvogel und Zukunftsverkäufer sich erlauben kann, die verborgenen Gesetze des Himmels erläutern zu wollen und sich über den Lauf der Dinge, der Zeiten und des Schicksals von Weltreichen auszulassen, wo er nicht einen blauen Dunst von den einfachsten Werken der Natur versteht, die ihm direkt unter den Füßen liegen.... Dadurch wird die Konstanz des menschlichen Verhaltens geschwächt. Die Menschen verfallen in Angst und Zweifel, werden unentschlossen und furchtsam. Man kann gewöhnlich beobachten, daß solche an Wahrsagerei und Prophetie reichen Zeiten großen Verheerungen und Revolutionen im Dasein der Menschen vorausgehen. Und das ist ganz natürlich, wenngleich die Vorschauer und Sternengucker nichts Derartiges verkünden. Denn diese melancholische, ängstliche und astrologische Gemütslage schwächt die Menschen, nimmt ihnen den Mut, verwirrt ihre Beschlüsse und trägt dazu bei, daß sie sich selbst ihr Verderben bereiten.

So ist durch die Ambivalenz im neuen wissenschaftlichen Denken das Auftreten eines eindeutig modernen Typus des utopischen Revolutionärs entscheidend nähergerückt worden, eines Mannes, der furchtlos und entschlossen, meinetwegen «romantisch» und erfinderisch bei der Ausgestaltung der perfekten Ideale mit Herz und Hand dem menschlichen Wirken zu seiner Erfüllung verhelfen möchte. Eine solche Gestalt war sicherlich eine der Folgen (und nicht die unwichtigste), an die Sprat dachte, als er von den «Errungenschaften eines Zeitalters der Vernunft» sprach, «samt allen Erweiterungen des Wissens, der Widerlegung alter Vorstellungen von der Natur und der Einführung entsprechender neuer Denkweisen».[6] Es handelte sich um eine «Reformation» – auf diesem Wort beharrte er – alter Denk- und Lebensgewohnheiten.

Bei allen Mühen, die neue Wissenschaft auf die Kirche und den Staat der Restaurationszeit abzustimmen, hat es Sprat anscheinend besondere Freude gemacht, die vergangene revolutionsbewegte Ära wegen einer einzigen Leistung loben zu können:

Die zurückliegende Zeit des Bürgerkriegs und der Not hat als Entschädigung für ihre unendlichen Schrecken doch etwas Gutes gebracht, indem sie nämlich die Menschen aus der alten Untätigkeit, der faulen Ruhe aufstörte und munter, fleißig und interessiert machte: gehört es doch zu den nützlichen Folgen der Stürme und Ungewitter im Staat genau wie am Himmel, daß sie die Luft, die sie durcheinandergewirbelt haben, klären und reinigen.[7]

Wie typisch ist es für einen in blumenreicher Rede plädierenden Fürsprecher nüchterner, der «trickreichen Metapher» entsagenden Sprache, daß er sich selbst Metaphern aus dem Bereich der Naturgewalten bedient und bildkräftig Donner und Sturm beschwört! Diese Art von Vergleichen erfüllen Sprats Geistesverwandte, die ambivalenten Apokalyptiker, stets mit tiefer Befriedigung. Irdische Katastrophen, auf graphische Kürzel reduziert, gehören zum unerläßlichen Anschauungsmaterial, aus dem die romantisch veranlagten Wissenschaftler – ähnlich den kongenialen Geistern unter den Utopisten und Revolutionären –, ihre augenfälligste Daseinsberechtigung ablesen.

7. Comenius und die apokalyptische Revolution

In Samuel Hartlibs Zirkel stand man Boyle zufolge «jeder Art von neuen Einfällen sehr aufgeschlossen gegenüber». Das mochte für den neuen Traum vom utopischen Fortschritt zutreffen; galt es aber auch für ein revolutionäres Vordenken des apokalyptischen Wandels? Im Unterschied zu vielen anderen Visionären jener Zeit machen Hartlibs Freunde wenn überhaupt, dann sehr selten den Eindruck, daß sie die nahe Erfüllung der eschatologischen Verheißung mit klopfendem Herzen erwarteten.

«Wenn überhaupt»? Hier heißt es für den Chronisten des Zeitgeistes, sich der Gefahren der impressionistischen Methode bewußt zu werden und den Leser auf ihre Beschränkungen hinzuweisen: Wenn man nicht zuerst jedes einzelne apokalyptische Motiv in den Tausenden von zeitgenössischen Dokumenten feststellen will, muß man die allgemeine Behauptung einschränken. Da man zu jener Zeit noch tief im christlichen Denken und

Empfinden befangen war, wurde die Möglichkeit eines dramatischen Weltunterganges (wie ihn das Buch Daniel und die Offenbarung voraussagen) von den meisten Intellektuellen durchaus als real, ernstzunehmend und persönlich relevant betrachtet; die Mystiker reagierten darauf mit Besessenheit, für die Rationalisten war es kaum mehr als ein nebensächlicher Glaubenssatz. Wie selbst die größten wissenschaftlichen Denker des 17. Jahrhunderts häufig abwegige Ansichten über Alchimie und Hexerei vertraten, scherten normalerweise nüchterne und gemäßigte Personen, sobald das Schicksal der Gesamtgesellschaft zur Debatte stand, häufig wild in Richtung auf jene endzeitliche Katastrophe aus, die von den Kirchenlehrern als Zeichen für ein gottgewolltes und endgültiges Glück angegeben wurde. Das gilt sogar für solche bewundernswerten Vorkämpfer einer rechten Vernunft wie Comenius und Henry More.

In den verschiedenen Ausgaben seiner zwischen 1657 und 1665 entstandenen Schrift *Lux e tenebris* (die Änderung des ursprünglichen Titels *Lux in tenebris* halten verschiedene Forscher für bedeutungsvoll) stellte Comenius eine bizarre Reihe mystischer Weissagungen zusammen, die das nahe Ende des österreichischen Kaiserhauses und den baldigen Sturz des Papstes verkündeten. Wie mancher verzweifelte Revolutionär, der eifrig nach dem kleinsten Lichtschein in der Finsternis sucht, übernahm Comenius dieses Material von drei «Propheten», die seinerzeit für Sensationen gesorgt hatten: von Christoph Kotter, Christina Poniatovia und Nicholas Drabicius; eindrucksvolle Illustrationen ihrer Visionen begleiteten den Text. Größer als die Popularität des Buches war allerdings die Ablehnung und teilweise das Entsetzen der europäischen Intellektuellen, die jeden Verstoß gegen die neuen Wertmaßstäbe der kritischen Vernunft scharf verurteilten.

Pierre Bayles heftige Reaktion, als er Comenius schlicht «untragbar» nannte, war typisch für den Gegenangriff, der vierzig Jahre lang in Paris, Amsterdam, London und anderen Orten Europas geführt wurde – und das in einer Zeit, die wegen der großen gegensätzlichen Forderungen an Geist und Glauben der

Menschen ernsthaft aus dem Gleichgewicht geraten war. Im Verlauf einer ätzenden Kritik war Bayle großherzig genug, Comenius zumindest dies zuzugestehen:

> Er war vielseitig begabt und belesen; über andere Fragen konnte er durchaus vernünftig und sehr geistvoll argumentieren; und von seinem Äußeren her hätte niemand einen Enthusiasten in ihm vermutet. Deshalb dachten die Leute, er glaube selbst nicht, was er sagte. Es ist nicht schwierig, Ekstase vorzutäuschen, und passiert gelegentlich; aber man darf annehmen, glaube ich, daß bei Comenius nie böse Absichten damit verbunden waren...[8]

Noch dreihundert Jahre später wirkt Comenius' Hinwendung zur Apokalypse rätselhaft und befremdend.[9] Wir sind zwar nicht mehr versucht, Satanismus oder Unredlichkeit als Erklärung zu akzeptieren oder die Kritik der späteren Aufklärung, als rationalistische Historiker den Chiliasmus schlichtweg als «kindliche Leichtgläubigkeit» abtaten.[10] Aber gerade wegen ihrer Mischung von Mystizismus, Politik und Verzweiflung ist Comenius' dezidierte, heftige Apologie endzeitlicher Prophezeiungen von mehr als antiquarischem Interesse – auch besonders für unser Hauptthema.

Von Bayle wissen wir, daß Comenius' Schrift «nach einigen Jahren Nachahmer fand und dann in Vergessenheit geriet; jedoch wieder ungeheuer gefragt war, als 1683 die Türken Wien belagerten». Anscheinend durchstöberten Leute ihre Dachböden nach verstaubten Exemplaren und verkauften sie zu hohen Preisen. «Wäre Wien erobert worden», bemerkt Bayle trocken, «hätte man mehr über Drabicius geredet als über den Großwesir.» Hinter dem Sarkasmus lag persönliche Betroffenheit:

> Während der Belagerung von Wien wurde mir zum erstenmal klar, wie sehr ich mich in dem Glauben getäuscht hatte, daß die Menschen von den schimärenhaften Hoffnungen weitgehend geheilt seien, die so oft aus Visionen entstehen. Überall traf ich auf Menschen, die von nichts anderem als des Drabicius Weissagungen redeten, von denen sie völlig überzeugt schienen, und so viele Luftschlösser bauten, daß Babylon im Nu zerstört worden wäre.

Wer will sagen, daß der Glaube an prompte Befreiung seither wesentlich geringer geworden ist?

Comenius war viel zu intelligent, als daß er seine überraschende und ungewohnte Rolle als Verteidiger des politischen Chiliasmus ganz selbstverständlich gefunden hätte. In einem Brief an Drabicius fühlte er offensichtlich «große Bitterkeit», als er schrieb:

> Eure Gewißheit, Freund, daß Gott durch Euch spricht, mag Euch genügen, aber nicht jenen, die durch den anderen Verlauf der Ereignisse unsicher geworden sind. Und ständig treffen wir Menschen, die Irrtümer für Wahrheit halten und ihretwegen ihr Leben zu opfern bereit sind wie für die höchste Wahrheit, erachten sie doch nichts anderes als göttlich, als was sie schon immer geglaubt, gehört und getan haben. Aber deswegen wird ein Irrtum nicht weniger Irrtum.

Er bat den Propheten aus Mähren, über den in ganz Europa gestaunt und gestritten wurde, seine Ehrlichkeit zu beweisen, indem er «nicht verschweigt, daß einige der offensichtlich verkehrten Dinge nur eigene Vermutungen waren». Er bat ihn inständig, «mir gegenüber aufrichtig zu sein».[11]

Aber Comenius' Rechtfertigung kam trotz leiser Zweifel aus vollem Herzen. Den Einwand, daß «die Dinge nicht wie vorhergesagt eingetroffen sind», versuchte er mit dem Argument zu entkräften, daß alle «prophetischen Aussagen von gewissen Bedingungen abhängig sind» und «noch die Möglichkeit besteht, daß die meisten in Erfüllung gehen... Denn Propheten sind Irrtümern, Leidenschaften, Affekten u. ä. unterworfen, was während der prophetischen Eingebung nicht immer völlig verschwindet... Jede Prophezeiung ist rätselhaft und dunkel.» Er war überzeugt, «was heute sich nicht erfüllt, mag morgen eintreffen», eine Behauptung, die keine hohen Ansprüche an den Glauben stelle, jedoch auch Entschuldigung von der Art zuließ, die viele irritiert: «Wenn die Vorhersage sich nicht erfüllt, sind die Menschen daran schuld.» Der echte Chiliast kann nämlich weder auf den Propheten noch auf die Prophezeiung verzichten; die Schuld am Mißerfolg liegt stets bei anderen.

Nein, er würde den Glauben an die «großen Revolutionen» nicht aufgeben, die Christina Poniatovia den Polen vorausgesagt hatte (gegen Wallenstein), Kotter den Deutschen (über das Ende des Papsttums) und Drabicius den Ungarn (gegen das Haus Habsburg).

Selbst Machiavelli war kein solcher Atheist und Ungläubiger, daß er Gottes bekannte Methode zur Vorhersage aller großen Revolutionen bezweifelte. Ich flehe euch an, o ihr weisen Männer! ... Laßt nicht zu, daß euch die Politiker übertreffen in der Fürsorge um Gottes Wort. Als Machiavelli Vergangenheit und Gegenwart verglich, gab er freimütig zu, daß er die Ursachen nicht kannte, und meinte, über alle Beispiele aus alter und neuer Zeit ließe sich nur eines sagen: Noch jedesmal sei jedes große Ereignis, ob es eine Stadt oder einen Staat betraf, vorhergesagt worden, ob nun von Deutern und Rechnern, mittels einer Offenbarung, durch Wunder oder Himmelszeichen.

Diese raffinierte Einvernahme des italienischen Meisters des politischen Handwerks war kein nebensächliches rhetorisches Manöver; die «großen Revolutionen» nämlich, an die Comenius dachte, würden offensichtlich sowohl millenaristischer als auch machiavellistischer Natur sein. Seine Vision sprach sowohl von traditioneller eschatologischer Verheißung als auch von einer radikalen Neuordnung der Machtverhältnisse in Europa.

Seht aber, wie in dieser Zeit die Worte der alten und neuen Prophezeiungen wahr werden, was sich an der allgemeinen Unruhe in den Nationen zeigt, die ihr jetzt erlebt, und an der allgemeinen Umwälzung der Dinge, die ihr bald erleben werdet. Nehmt deshalb die Macht, die rechtmäßig euer ist, wieder an euch und überlaßt eure Zepter nicht länger fremder und falscher Hand: Ich habe euch befohlen, o Könige und Fürsten, daß ihr selbst wieder regieren sollt... Aber was habt ihr zu tun, sobald ihr die Macht wieder in den Händen haltet, ihr Könige? Eben das, was der König der Könige (dessen Diener ihr allesamt seid in dieser Zeit) von euch verlangt: DIE WELT ZU REFORMIEREN UND ALLES, WAS DARIN IST, UND SÄMTLICHE NATIONEN.[12]

Deutlich genug war die Aufforderung, «alles neu zu machen» und «mit dieser herrlichen Erneuerung zu beginnen». Die «messianische» Aufgabe bestand darin, die Verfolgung der Menschen einzustellen, alle Kriege zu beenden und einen dauerhaften Frieden zu verkünden. Zwar indirekt, aber leicht verständlich warnte Comenius: «Der jetzige Aufruhr in der Welt und die vielen unerwarteten Veränderungen geschehen nicht ohne Plan.»[13]

Sprach hier derselbe kühle und vernünftige Reformer, der – nur mit edlen Plänen zur Verbesserung der Schulen und Gelehrsamkeit im Gepäck – in den vierziger Jahren Hartlibs Einladung nach London gefolgt war und die dortigen Verhältnisse für zu turbulent und gefährlich befunden hatte?[14] Offenbar war es nun nicht mehr damit getan, die Welt neu zu interpretieren, nicht einmal mehr, sie zu verbessern – sie mußte geändert werden, und zwar total. Nun hieß die Botschaft: «Entweder totale Reformation oder totale Vernichtung, eines von beidem.» Die Zustände waren derart babylonisch geworden, daß nichts anderes mehr half, als sie «von Grund auf zu reformieren oder bis an die Wurzel zu zerstören».[15]

Was das Buch selbst betrifft – ein wildes, erschreckendes Revolutionsmanifest, das zweifellos immer noch rebellische Naturen zu packen vermag –, so bat Comenius die Leser, «nicht vorschnell zu urteilen oder allzu rasch zu verdammen», was wahrscheinlich heißen sollte, daß man es nicht «dem Feuer» überantworten sollte.

> Ich flehe euch an, ihr Theologen! Oh, ihr neuen Ratsversammlungen, Synoden, Konsistorien, Universitäten... Hört auf, dieses Buch zu verbieten. Denn menschlicher Verstand vermag nichts gegen die Aufgabe der Erneuerung des Geistes vorzubringen noch menschliche Macht oder Gewalt sich dem Werk zu widersetzen, das die Erneuerung der Welt bedeutet, noch menschliche Güte sich etwas Besseres für die Menschheit auszudenken.

Das Plädoyer für Toleranz ist wieder mehr in Comenius' altem Ton und Stil gehalten, wobei ein solches Ersuchen eigentlich unter der unantastbaren Würde eines Traktats liegen müßte, das sich als unwiderlegbar und unwiderstehlich bezeichnete. Wie merkwürdig für einen Humanisten, um geduldige Anhörung seiner apokalyptischen Visionen zu bitten! Was uns hier vorgelegt wird, ist letztlich nichts anderes als das offene und ehrliche Bekenntnis zu einer apokalyptischen Mission: «Dieses Buch ist die Trompete des Krieges...»[16] Doch war es nicht das erste und wird auch nicht das letzte Mal sein, daß ein Vorkämpfer der großen Revolution logisch inkonsistent argumentiert und aus lauter Eifer, dem Unaufhaltbaren zum Durchbruch zu verhelfen, auf Rechte pocht, die der eigenen Theorie zufolge sinnlos oder überflüssig sein müßten.

Die Londoner Ausgabe von 1670, in der diese mitteleuropäischen Ansichten «zur allgemeinen Verwendung und Unterrichtung der Engländer» verbreitet wurden, stellte sie in einen historischen Kontext, der bemerkenswert feinfühlig die neuen Implikationen des Revolutionskonzepts berücksichtigte. Recht scharfsinnig, doch von seinen Einsichten nicht unbedingt beglückt, erkennt Comenius, daß Revolutionen systematisch, ansteckend und sogar permanent sein können. Er bemerkt überall den neuen Geist, «sogar in Neuengland», und der Gedanke an eine ewig weiterlaufende Bewegung beschäftigt ihn offensichtlich. «Seltsam», meint er, «daß die Reformation stets im Werden, doch nie geworden ist»,

Als wäre Religion erdacht
Nur dazu, daß man sie besser macht.

Er legt eine umfassende Chronologie der «neuesten großen Revolutionen in Europa» vor, mit besonderer Berücksichtigung der «Revolutionen in den Niederlanden, in Frankreich, England und Böhmen», der «Revolutionen des Kaiserreiches» und der «Gründung und Revolutionen des gegenwärtigen türkischen Reiches», und kommt zu dem Schluß:

Wir haben also gesehen, wie in dieser jüngsten und schlimmsten Epoche der Welt die ganze Christenheit allenthalben von Kriegen und Wirren wie von einem Lauffeuer heimgesucht wird, das ein Land nach dem anderen überfällt und dann zum Ausgang zurückkehrt. Ebenso ist keine Nation von den gewaltigen geistigen und weltlichen Revolutionen völlig verschont geblieben.

Tiefbesorgt über die verschiedenen Verschwörungen und Machtwechsel, die «Bürgerkriege, Zusammenstöße, Tumulte und Entzweiungen», konnte Comenius trotz der zuversichtlichen Vorhersagen der drei apokalyptischen Propheten nicht daran glauben, daß die Zustände hier auf Erden sich einst wieder bessern könnten. Nein, der Revolution fehlte noch jeder fortschrittliche Aspekt (zumindest in Comenius' Augen), aber man sah sie schon als die stärkste und mitreißendste geschichtliche Kraft im gegenwärtigen politischen Gefüge.

> ... die erstaunlichen, bisher nie dagewesenen Veränderungen und Verwirrungen, die fürchterlichen, blutigen Kriege und wunderbarsten Revolutionen sogar in allen Teilen Afrikas und Asiens, die ebenfalls zur Zeit stattfinden, ganz besonders aber in dem sehr alten und überaus blühenden Kaiserreich China, sind nicht weniger überraschend und gewaltig gewesen als in Europa.[17]

Es war demnach auch eine *Welt*revolution.

Bevor ich zum Ausgangspunkt zurückkehre, zu Pierre Bayle und zu Hartlibs Zirkel und den dortigen Debatten über Vernunft und Religion, möchte ich wenigstens einmal Drabicius zitieren, um eine Kostprobe jenes prophetischen Stils zu geben, der Comenius – aus welch verzweifelten Gründen auch immer – so beeindruckte.[18] Gleichzeitig bietet das Zitat einen aufschlußreichen Kontrast zu der apokalyptischen Ausdrucksweise der Engländer, wie beispielsweise Dr. Henry More sie pflegte. So klingt Drabicius, wenn er wundervoll erregt ist:

> Heule und jaule nur zu, du verfluchtes Haus Österreich; weine und klage; denn siehe, über dir fliegen die Pfeile meines Zorns, die ich von meinem Thron hageln lasse, um dich für die Schandtaten zu strafen und die Tyrannei, welche du über die dir anvertrauten Nationen ausgeübt hast und über ein Volk, das dich stützte und nährte. Du, o Haus Österreich, hast dich berauscht am Blut vieler ausgezeichneter, erleuchteter Männer, die dir

dienten und guten Rat gaben; du aber hast sie verjagt von ihrem Land und dem Erbe ihrer Väter und wütest grausam bis zu dem Tag und der Stunde deines Untergangs, den ich dir bestimmt habe: denn du saßest auf dem Ungeheuer, das der Antichrist ist, und das Ungeheuer saß auf dir und befahl dir, deine Untertanen zu töten, ihre Städte niederzureißen, ihre Länder zu verwüsten, ohne Furcht vor Gott oder Mitgefühl gegen die Menschen; so nun ist die Zeit deiner Wehklage angebrochen, denn ich habe den Ruf der Erschlagenen nach meinem Wort gehört, die unter dem Altar schreien. Eilt also, Nationen dieser Erde, und versammelt euch zum Abendmahl meines Zorns.[19]

Bedrängt von Kritikern, die ihm vorwarfen, seine Offenbarungen seien lediglich Hirngespinste oder entsprängen gar teuflischem Wahn, schwor Drabicius einen ernsten Eid und bestritt, daß er «seltsames Flammenwerk aus der Schmiede meines eigenen Hirns» verbreitet habe. Wenn, was er verkündet habe, nicht fleischgewordenes göttliches Wort sei, werde durch Gottes gerechten Zorn «das Feuer herabkommen... und mich verzehren und verbrennen im Kreis meiner Brüder... Amen!»

Wie ich andeutete, trennt eine Welt solche Fluten der Rede und Rage aus dem Herzen Europas von den schmalbrüstigen Formeln des Engländers Henry More (unter dessen insularem und isolierendem Einfluß Hartlibs kontinentales Temperament domestiziert wurde).

Die Zeit ist unser: ... Bald wird eine dreizüngige Flamme die Bühne von diesem alten, schmutz'gen Müll säubern, und alles wird jung erblühen.

Die Worte, die ich jetzt in die Eisluft schleudere, wird man erst hören, wenn das große Tauwetter einsetzt.[20]

Schon allein die milde Formulierung dieser Vision, die fast beiläufig die bevorstehende Katastrophe erwähnt, läßt deutlich werden, wie weit die Zähmung der Apokalypse in England bereits fortgeschritten war.

8. Pierre Bayles Kritik an Comenius

Wenige Kritiken jenes Jahrhunderts wurden mit derselben Unerbittlichkeit, die wir heute bei politischen Auseinandersetzungen gewohnt sind, vorgebracht wie Pierre Bayles 1695 einsetzende Angriffe gegen Comenius, nachdem dieser überraschend eine Verteidigung der drei mitteleuropäischen Propheten und ihrer Visionen einer politischen Apokalypse unternommen hatte. Es läßt sich schwer feststellen, was den französischen Skeptiker, der damals als Flüchtling in Rotterdam lebte, mehr erboste – der Verrat an einem intellektuellen Denkstil, der für ihn zum gemeinsamen Erbe humanistischer, vernünftiger Menschen gehörte, oder die Blindheit, die die entsetzlichen sozialen Konsequenzen ignorierte und die in einer Zeit antiliberaler Hetzjagden und blutiger Streitigkeiten fast wie bösartige Verantwortungslosigkeit aussehen mußte.

Mußte man in solcher Zeit als gebranntes Kind nicht selbstverständlich vor dem Feuer zurückschrecken? Bayle kam als Sohn eines protestantischen Geistlichen im Stammland des alten albigensischen Frankreichs zur Welt; er war dann nacheinander Katholik und jesuitischer Gelehrter, rückfälliger Häretiker, der sich wieder der reformierten Kirche zuwandte, und wurde schließlich, als passionierter Verteidiger der Vernunft, zum kritischen Enzyklopädisten der Irrtümer und Phantastereien der Menschheit. Er durchforschte die Annalen der Geschichte, Theologie und Politik in unermüdlicher Suche nach Mißdeutungen, abergläubischen Vorstellungen und Denkfehlern. Kein Beispiel für intellektuellen Unfug war ihm zu unbedeutend, um in den *Dictionnaire* aufgenommen zu werden, und ein Wust streitsamer Hinweise begleitete die Anmerkungen, bis sie zuletzt auf den Seiten der Folio-Ausgabe mehr Platz einnahmen als der eigentliche Text. Während seine Kritiker darin nur eine oberflächliche und auf Effekthascherei angelegte Gelehrsamkeit feststellten, scheuten seine Anhänger sich nicht, es als ein Meisterwerk des europäischen Geistes zu bezeichnen, ja möglicherweise als den ersten Klassiker des gehobenen Journalismus. In einem Brief, der wohl zu den Verfassungsdokumenten einer neuen literarischen Gattung gerechnet werden darf, hatte Bayle einst bekannt: «Ich sehe ein, daß meine unersättliche Sucht nach Neuigkeiten zu jenen unheilbaren Krankheiten gehört, gegen die kein Kraut gewachsen ist. Die Wassersucht – ja, das ist es wohl. Je mehr man ihr gibt, desto mehr verlangt sie.»[21] Seine Korrespondenten in den Hauptstädten Europas belieferten ihn fortlaufend mit allen Informationen, die er als Munition gegen Comenius und vor allem gegen Drabicius brauchen konnte; und nach einiger Zeit machte ihm die Kampagne sogar Spaß.

Trotz ihrer monomanen Fixierung hatten Bayles Angriffe nichts vom Fanatismus des einäugigen Polemikers. Seine vielseitige Laufbahn und wechselvolle Lehrzeit hatten ihn zu einer skeptischen Grundhaltung geführt; sein dialektischer Zugang gab sich nicht mit Simplizitäten zufrieden, und seinem wachen Blick entgingen auch paradoxe und mehrdeutige Elemente nicht. «Dieselbe Theorie, die als Waffe gegen den Irrglauben dient, kann manchmal auch der Wahrheit Schaden zufügen.» Bayle war überzeugt, wenn man nur lange genug sucht, wird man zuletzt stets auf Antinomien und Widersprüche stoßen. Das war noch nicht alles: Der Mensch befand sich in dieser *mauvaise situation*, weil «das Licht, das ihm ein Übel sehen hilft, ihn unweigerlich ins nächste stürzen läßt».[22] Bayle ging bei seinem Bemühen, den verfahrenen Wegen des Geistes nachzuspüren, noch weiter und stieß dabei auf eine scharfe Biegung, eine plötzliche Kehre, die von späteren Kämpfern gegen die Unvernunft leichtfertig ignoriert wurde.

Keine Verfälschung der Wahrheit ist zu absurd, als daß sie nicht von Buch zu Buch, von Generation zu Generation weitergereicht würde. Lüge nur mit Überzeugung, könnten wir auch dem unfähigsten Gauner Europas zurufen, bringe die unglaublichsten Sachen zu Papier, und du wirst genug Leute finden, die deine Geschichten weitertragen; und wenn es auch jetzt mit dir vorbei ist, so wird einst der Tag kommen und es werden Umstände eintreten, daß jemand ein Interesse daran haben wird, dich wiederzuerwecken.[23]

Noch ein zweites ethisches und methodisches Prinzip bildete die Grundlage für Bayles Arbeit, und dafür hat Ernst Cassirer ihn zum Begründer des Ideals von der geschichtlichen Wahrheit erklärt.

Wer die Gesetze der Geschichte kennt, der wird mir zugestehen, daß ein Geschichtsschreiber, der seine Aufgabe getreu erfüllen will, sich vom Geist der Schmeichelei frei machen muß. Er muß sich, soweit als irgend möglich, in den Zustand eines Stoikers versetzen, der von keiner Leidenschaft bewegt wird. Unempfindlich für alles andere darf er nur auf die Interessen der Wahrheit achten, und ihr muß er die Empfindlichkeit über ein Unrecht, das ihm widerfahren, wie das Gedächtnis einer Wohltat, ja selbst die Liebe zum Vaterlande opfern. Er muß vergessen, daß er einem bestimmten Land angehört, daß er in einem bestimmten Bekenntnis erzogen ist, daß er diesem oder jenem zu Dank verpflichtet ist, daß diese oder jene seine Eltern, seine Freunde sind. Ein Historiker als solcher ist wie Melchisedech ohne Vater, ohne Mutter und ohne Abstammung. Fragt man ihn, woher er kommt, so muß er erwidern: Ich bin weder Franzose noch Deutscher, weder Engländer noch Spanier; ich bin Weltbewohner; ich stehe weder im Dienste des Kaisers, noch des Königs von Frankreich, sondern ausschließlich im Dienst der Wahrheit; sie ist meine einzige Königin, der ich den Eid des Gehorsams geleistet habe.[24]

Mit analytischem Verstand und einer weisen, wenngleich etwas distanziert-kosmopolitischen Haltung gegenüber den menschlichen Schwächen gewappnet, verfaßte Bayle seine streitbaren Beiträge zu den verschiedenen Bänden des *Dictionnaire*, von *Aaron* und *Abelard* bis *Zoroaster* (und in einem Anhang Nachträge zum Thema *Obszönität*). Wir wollen hier kurz einhalten, um uns über die Quintessenz seiner scharfen und fast vergessenen Gegenerklärung klarzuwerden, und zwar am Beispiel seiner drei Artikel über Kotter, Drabicius und Comenius.[25]

Unter dem Eindruck von Comenius' wichtigem Beitrag zur Erziehung und Literatur des Humanismus tendieren die Historiker dazu, Bayles feindliche Haltung gegenüber dem noblen und urbanen Vordenker als unfair zu betrachten; dabei übersehen sie die Tragweite der schwerwiegenden und gezielten Einwände, die Bayle gegen die entstehende Ideologie des utopischen Revolutionismus vorbrachte. Worauf es Bayle nämlich ankam, als er seine Zeit wegen ihrer chiliastischen Umtriebe geißelte – und die späteren sogenannten säkularen Religionen der Zukunft zeigen dieselben Züge –, waren die psychologische Anfälligkeit der Enthusiasten, der gesellschaftliche Zündstoff ihres programmatischen Extremismus und die dunklen, tragischen Implikationen ihres totalen Einsatzes für eine Zukunft, die ihr Glück erst nach einem gewaltsamen Reinigungsprozeß entfalten würde. Verführerisch und blendend hell leuchtet das Vorbild des Prometheus, und ist man einmal von seinem Feuer erwärmt und erhitzt, stört einen der Rauch nicht mehr. «Ihr gelehrten Leute!» rief Comenius (und diesem Appell sind edle Geister aller Zeiten gefolgt), «zögert denn nicht, das heilige Feuer mit euren Funken anzuheizen, nein, besser noch mit euren Fackeln und Fächern.»[26] Bayle hingegen versuchte, Europa auf die brennende Gefahr des *fumo chiliastico* aufmerksam zu machen.

Diesen Ausdruck prägte einer von Comenius' schreibfreudigsten Kritikern, ein gewisser Maresius, der an der Universität Groningen lehrte und von dem das Motto für Bayles eigene Ausführungen stammte: «*Sed praefertim est Comenius Fanaticus, Visionarius, et Enthusiasta in solio* (Aber vor allem Comenius ist ein Fanatiker, Visionär und Enthusiast ersten Ranges)». Die Argumente gegen den visionären, enthusiastischen Fanatismus wurden Punkt für Punkt dargelegt.

1. *Die Propheten werden von den Ereignissen widerlegt.* Bayle sammelte fleißig sämtliche diesbezüglichen Angaben und ging so weit, die eigenen Fußnoten mit weiteren Fußnoten zu versehen. Ließ sich überhaupt etwas Positives über die großen Vorhersagen von Niedergang und Erneuerung anführen? Welche Mächte gingen unter, und zu welchem Zeitpunkt setzten die Reformen und Veränderungen tatsächlich ein? Seine Nachforschungen schienen nur einen unwiderlegbaren, vernichtenden Schluß zuzulassen:

Keine falschen Propheten sind so grausam widerlegt worden wie jene, deren Prophezeiungen Comenius veröffentlichte.

Am Schluß standen zwei Warnungen: einmal vor den dialektischen Spitzfindigkeiten, mit denen große Fehlprognosen immer wieder vertuscht werden; zum anderen vor den unfairen Einschüchterungsversuchen, zu denen sich Fanatiker im Verlauf heftiger Streitigkeiten hinreißen lassen. «*Voilà de nos gens*», sagt er über Drabicius und seine Anhänger, «sie liegen immer richtig, wenn sie nur genug Zeit haben, sich den veränderten Umständen anzupassen.» Und außerdem:

Laßt euch das konfuse Gerede von Comenius' falschen Propheten eine Warnung sein, ihr, die ihr mit dem Buch der Offenbarung alle jene erschrecken wollt, die euch nicht passen.

Die allgemeine Feststellung über die Fehlerhaftigkeit prophetischer Aussagen führte ganz natürlich zu einer Betrachtung des unsteten Wesens der visionären Propheten selber.

2. *Auch Irrtümer und Niederlagen vermögen dem prophetischen Temperament nichts anzuhaben.* Für Bayle war dies der hoffnungsloseste und enttäuschendste Aspekt der enthusiastischen Veranlagung. Zwangsläufig mußte jemand «bigott» werden, dem (wie Comenius) «der Kopf voll steckte mit Weissagungen, Revolutionen, der Vernichtung des Antichrists, dem Millennium und ähnlichen Ideen eines gefährlichen Enthusiasmus». Wenn aber die Prophezeiung sich nicht erfüllt, fängt dann nicht die Entzauberung an? Wie kommt es, daß weder Scham noch Verwirrung noch Schande jemanden zu einer nüchterneren Betrachtung der Tatsachen und Wirklichkeiten bewegen können?[27] Woran liegt es, daß die chiliastische Gewißheit sich immer wieder selbst erneuert? Bayle hat als erster mit einer ganz modernen Mischung aus analytischem Gespür und ideologischem Interesse diese komplexen Zusammenhänge der politischen Psychologie untersucht. Selbst bemüht, in jeder Hinsicht auf dem neuesten Stand zu sein, konnte Bayle sarkastisch feststellen, daß «Comenius die Vorgänge in Europa aufmerksam verfolgt, um sie auf sein System der Wahnbilder *(au Système de*

ses Visions) abzustimmen!». Und er meinte: «Solche Leute haben die Angewohnheit (wie man jüngst wieder feststellen konnte), ihre Vorhersagen mit den Zeitungsberichten *(selon les nouvelles de la Gazette)* in Einklang zu bringen.» Er las dieselben Zeitungsberichte über dieselben Ereignisse und konnte daher verfolgen, wie der Unmut über Comenius zunahm und wie unaufrichtig der Prophet selbst war.

Um ihn der Lächerlichkeit preiszugeben, genügte es, seine eigenen Behauptungen miteinander zu vergleichen. Das machte ihn sehr ärgerlich. So sieht die Strafe für Starrsinn und Arroganz aus und für Menschen, die zu Fanatikern werden, weil sie allzu eifrig gewisse Meinungen aufsaugen. Ihre ersten Werke zerstören die letzten; und wenn jemand ihnen mutig die eigenen Widersprüche vorhält, werden sie sofort sehr heftig.

«Merkt euch gut», rät uns Bayle bei seiner Beschreibung von Intellektuellen, die aus Nachsicht gegen sich selbst vom rechten Pfad abgekommen waren,

an Ausreden mangelt es ihnen nie; immer findet sich ein Umstand, den sie nicht in Betracht gezogen hatten; und so halten sie sich stets eine Hintertür offen und die Möglichkeit, mit neuen Prophezeiungen aufzuwarten... Comenius war raffinierter, als wir denken, als er seine Triole zusammenstellte *(quand il compila son triolet)*. Bei drei Propheten kann man sich leichter herausreden als bei einem.

Damit das nicht zu sehr als ein Angriff *ad hominem* verstanden wurde, relativierte Bayle ihn durch einen Hinweis auf den größeren kulturellen Rahmen und sogar auf die soziale und öffentliche Verantwortung für die weitverbreitete politische Leichtgläubigkeit und Dummheit.

Diese Herren haben hervorragende Nerven; nichts kann sie aufregen oder in Verlegenheit bringen; und auch wenn die Frist abgelaufen ist, zeigen sie sich in der Öffentlichkeit frech wie eh und je. Sie fürchten weder die Spötteleien noch die schweren Vorwürfe, denen sie ausgesetzt sind; und sind stets bereit, von neuem zu beginnen. Kurz gesagt, auch der berechtigtste Tadel kann ihnen nichts anhaben. Wir dürfen dafür aber nicht allein ihre exzentrische Natur und Denkungsart verantwortlich machen; die Öffentlichkeit ist daran mehr schuld als sie selbst, weil sie solchen Personen gegenüber allzu nachsichtig ist... Denn es ist nun einmal so, daß der Mensch sich gerne über gewisse Dinge täuschen läßt *(tant il est vrai qu'on se plaît à être trompé sur certains articles)*.

Was Comenius selbst betraf (der sich gut genug kannte, um sich «einen Mann der Sehnsüchte» zu nennen), so glaubte Bayle verstehen zu können – vielleicht, weil er selbst das entwurzelte Leben eines Flüchtlings und Verbannten geführt hatte –, was ihn unbeirrt am Glauben an die «Große Revolution» festhalten ließ. Totale Reformation oder totale Zerstörung waren für Comenius die einzigen Chancen, jemals dem grausamen Labyrinth europäischer Machtpolitik zu entkommen und den Weg zurück in die Heimat zu finden. Skeptisch und mit kühler Ironie gewährte Bayle ihm statt dessen nur die Aussicht auf das, was Comenius «das Paradies des Herzens» genannt hatte:

Lobenswert wäre gewesen, er hätte im Exil den Blick nach innen gerichtet und alle Gedanken auf seine Seelenrettung verwandt, statt sich so emsig mit dem Geschehen in Europa zu befassen und nach der Betrachtung der Interessen, Kriege und Bündnisse der Fürsten etwas in die Welt zu setzen, womit er die Hoffnung auf Rückkehr in die Heimat nähren und gleichzeitig Rache an den Feinden nehmen konnte, denn dadurch wurde er zum Besessenen.

Den gleichen ebenso berechtigten wie irrelevanten Ratschlag hätte er Dante, Bruno und allen anderen europäischen Wortführern nationaler Nostalgie und heroischer Sehnsucht geben können. Echtes revolutionäres Engagement bezog nun einmal seine Kraft aus einem tiefverwurzelten individuellen Romantizismus und aus einer übergreifenden historischen Konstellation.

3. *Zur Revolution bedarf es einer prophetischen Vision, einer utopischen Mischung aus Enthusiasmus, Zuversicht und apokalyptischer Weltschau.* Mit dieser Auffassung wird Bayle in gewissem Sinn zum Vater der Revolutionssoziologie (und Wegbereiter vergleichender Ideologiestudien wie der vorliegenden, wenn ich so sagen darf). So schreibt er einmal kurz und klar: «Zu allen Zeiten und in allen Ländern hat man falsche Prophezeiungen ausgegeben, um das Volk zur Revolte zu veranlassen.» Doch wäre es

naiv zu glauben, im Verlauf eines gewaltsamen und vielschichtigen Ringens um neue Machtpositionen könnte der Zusammenhalt zwischen utopischer Initiative und revolutionärer Breitenwirkung ungestört bleiben, die Beziehung beider Elemente nicht pervertiert, manipuliert oder auf tragische Weise gelöst werden.

Prophezeiungen sind zu wichtig, um sie den Propheten zu überlassen. «Es ist durchaus möglich», stellt Bayle klug fest, «daß ein Fürst, der weise genug ist, selbst an solche Wahnbilder nicht zu glauben, trotzdem Pläne und große Entwürfe macht, die den Visionären gefallen.» Abschließend macht er eine Bemerkung, die zweifellos zu den hellsichtigsten – und ironischerweise prophetischen – Äußerungen in diesem ersten Jahrhundert der klassischen utopischen Revolutionsideologie gehört: «Denn es ist eine sehr effektive Methode, um große Revolutionen in Gang zu setzen, daß man das Volk mit apokalyptischen Visionen darauf vorbereitet und diese mit einem Anschein von Inspiration und Enthusiasmus vorbringt...» Aber die Geschichte hält noch eine tiefere Ironie bereit, und wir werden notgedrungen später auf das Paradox zurückkommen, daß ein skeptischer, nichtutopischer und antirevolutionärer Denker wie Bayle zum Vater der *philosophes* gemacht und von der zornigen Politikergeneration von 1789 als Bundesgenosse der *grande révolution* vereinnahmt wurde. Zornige Männer, die von einer perfekten Welt träumten, paßten wahrlich seltsam zu dem umsichtigen und moderaten Zeitkritiker, der einst schrieb:

> Es soll einer sein Bestes tun und bessere Systeme entwerfen als Platos *Staat*, Mores *Utopia*, Campanellas *Sonnenstaat* usf. Alle diese herrlichen Ideen werden sich als unzulänglich und mangelhaft erweisen, sobald man sie verwirklichen will. Menschliche Leidenschaften, die sich in vielfacher Weise aneinander erhitzen, werden schließlich die Hoffnungen zunichte machen, welche uns diese ausgezeichneten Systeme gegeben hatten.[28]

«Seht doch nur, was geschieht», warnt er, sobald «die herrlichsten Phantasieprodukte sich als schadhaft herausstellen, wenn sie mit Dingen außerhalb unseres Kopfes konfrontiert werden, nämlich mit hartem, undurchdringlichem Material». Leider gab es keine einfache Verknüpfung – schon gar nicht durch «Revolution» – zwischen dem, «was sich der Mensch unter dem vollkommenen Staat vorstellt» und jenem, was Bayle für den «wahren Ausdruck menschlicher Leidenschaften» hielt.

Vielleicht sollte hier immerhin soviel gesagt werden: Ähnlich wie Robespierre die unterkühlte, kritische Einstellung Voltaires, Condorcets und anderer *philosophes* verachtete (und ihnen den Einzug in das jakobinische Pantheon verwehrte – man zog den «tugendreichen» Rousseau vor), so hätte man auch bei Bayle, dessen *Dictionnaire* 1790 gerade wieder aufgelegt werden sollte, das rechte Feuer vermißt, das zur Zerstörung der alten Welt und Errichtung eines Goldenen Zeitalters nötig ist. Doch soll hier nicht dem schweren historischen Mißverständnis nachgegangen werden, das zu solchen absurden Verwechslungen führte.

Kurz gesagt, die utopischen Revolutionäre glaubten, was für religiöse Menschen richtig war, müsse für vernünftige Menschen mit diesseitigen Hoffnungen völlig gegenstandslos sein. Sie konnten nie akzeptieren, daß beiden Varianten des totalen Engagements dieselben politischen Phantasien zugrunde lagen. Im Lauf der Entwicklung des modernen Utopismus wurde die Apokalypse vom traditionellen Kirchendogma und die Revolution von astrologischen Spekulationen des Mittelalters gelöst. Beide Konzepte müssen, wie ich zu zeigen versuche, als Wesenselemente des ideologischen Denkens gesehen werden, deren inhaltliche Ausfüllung von ebenjener entfesselten Sprache und wechselhaften Stimmungslage bestimmt wurde, die Bayle an Comenius bemerkte, Hartlib an Milton, Walwyn an Winstanley, Worthington an Hartlib, Howell an Masaniello und schon vor allen anderen Sir Philip Sidney an seinen rebellischen Arkadiern.

Was an Bayle am stärksten beeindruckt – was man beinahe als verfrüht bezeichnen möchte –, sind diese bemerkenswerten, ahnungsvollen, aus doppelter Blickrichtung gewonnenen Einsichten in das doppelt gewirkte Muster der modernen Sehnsüchte nach dem Absoluten. Der utopische Revolutionär unterschied sich vom apokalyptischen Enthusiasten nur durch die Vorzeichen. Wenn man das einmal erkannt hat, was bleibt dann noch zu hoffen und zu unternehmen? Deutlicher als andere Intellektuelle seiner Zeit sah Bayle, in welcher verzweifelten Lage jemand steckt, der so ehrlich und offen auf den einfachen Trost verzichtet, den Optimismus und Zuversicht spenden können. Bei manchen besorgten Nebenbemerkungen klingt eine Vorahnung zweier tiefgründiger Probleme an, die in den folgenden Jahrhunderten die Gebildeten Europas plagen werden. Vielleicht kann man sie folgendermaßen formulieren und illustrieren:

1. Die Tragik des Menschen in der Mitte. Den Versuch eines Zeitgenossen, eine einigermaßen neutrale Mittelposition zu halten, kommentierte Bayle mit den denkwürdigen Worten:

Vergeblich versuchte er, vom Ufer aus in Ruhe das aufgewühlte Meer zu betrachten. Er fand sich heftigeren Stürmen ausgesetzt, als wenn er sich einer der beiden Flotten angeschlossen hätte. Das ist das ewige Schicksal jener, die Neutralität bewahren wollen. Sie werden gleichzeitig von beiden Parteien angegriffen und machen sich Feinde, ohne neue Freunde zu finden. Wie bedauerlich ist solch ein Schicksal, wie offenkundig töricht eine philosophische Vernunft, die solches eingibt! Sie läßt uns glauben, daß Seelenfriede und ein ausgeglichenes Temperament das Ziel unserer Bemühungen sein sollten und das beglückendste Ergebnis unserer tiefsten Überlegungen. Doch lehrt die Erfahrung, daß im wirklichen Leben niemand unglücklicher dasteht als der Freund, der sich nicht dem Wellenschlag der Faktionen anvertrauen möchte. Träte er hingegen eifrig für eines der beiden Programme ein, würden ihm Freunde und Feinde sicher sein.

Wer mit den Wölfen heult, hat das Glück, nicht zu merken, daß er im Unrecht ist, denn niemand vermag am eigenen Lager etwas Schlechtes und am fremden etwas Gutes zu entdecken außer jenen, die ein feuriger Eifer gepackt hat, die rasch Anstoß nehmen und von starken Vorurteilen gelenkt werden. Solche Menschen... sind arm dran. Sie wollen nicht als Hammer dienen und werden folglich zum Amboß, auf den beide Lager unentwegt einschlagen.[29]

Von Bayle zu Mme. de Staël und Albert Camus reichen die Beispiele für dieses «bedauerliche Schicksal» zwischen Hammer und Amboß, dem sich der Ideengeschichtler stellen muß: Wie da jemand kämpft, um nicht in den Sog der aufgepeitschten Meinungen zu geraten, dem Wellenschlag der streitenden Parteien zu entgehen, den heulenden Wölfen, den starken Einflüssen des Eifers, der Mißgunst und der Vorurteile von rechts wie von links. Glanz und Elend dieser Position sind so gemischt wie die Metaphern.

Bayle kannte also die «Unannehmlichkeiten einer moderaten Haltung» und die peinlichen Konsequenzen für den, der nicht bereit war, «sich entweder denen anzuschließen, die die Mißstände fortsetzen, oder jenen, die ihnen ein Ende setzen wollen»; ihm waren «beide zu heftig», und mit Cicero sagte er von sich, «*Quem fugiam habeo, quem sequar non habeo* (Ich weiß, wen ich meiden, aber nicht, wem ich folgen soll)».[30] Warum aber glaubt man, daß das Bemühen der «philosophischen Vernunft», sich von den kriegerischen Faktionen fernzuhalten, so «unentrinnbar zum Scheitern» verdammt sei? Bayles Schrift machte auf ein simples Theorem aufmerksam, dem von Zeit zu Zeit auch der Ideengeschichtler zustimmen möchte, das aber selten so ehrlich und rücksichtslos offen ausgesprochen wird.

2. *Jede neue Generation leidet an historischem Gedächtnisverlust.* War also das die Ur- und Erbsünde des europäischen Geistes? Gab es denn nicht Fortschritte, zunehmende Weisheit, Lehren aus der Vergangenheit? «Nein!» ruft Bayle, eher betrübt als skeptisch. «Die Welt ist zu wenig belehrbar, als daß sie sich die Torheiten vergangener Zeiten zu Herzen nimmt. Jedes Zeitalter benimmt sich, als sei es das erste.» Recht bitter meinte er, das geschichtliche Spektakel mit seinen «tausend finsteren Leidenschaften» müßte in den Menschen zumindest «ein heilsames und demütiges Schamgefühl» wecken, doch dem sei nicht so: «Und das Schlimmste ist, daß die Menschen sich die Vergangenheit nicht zunutze machen; jede Generation zeigt dieselben Symptome.»[31]

9. Hartlibs Experimente, Neuheiten und Neuerungen

Pierre Bayle war natürlich nicht der einzige, der die apokalyptische Mentalität kritisierte und Comenius' *Lux in tenebris* einer ätzenden Kritik unterzog. Sogar Samuel Hartlib, der eigentlich Comenius' großer, wirksamer Fürsprecher in England war, ging kühl auf Distanz zu dem Urheber des visionären Wahns, als er Dr. Worthington gegenüber die abfällige Bemerkung eines Freundes wiederholte: «Als ich das erste Mal von Drabicius reden hörte, wollte ich sofort alles über ihn wissen, fand aber bald heraus, was ich schon geahnt hatte: daß er ein Ekstatiker war. Ich bin sicher, Gott würde nicht jemanden zu seinem Sendboten machen, der bei allen anständigen Menschen wegen seiner Falschheit berüchtigt ist. Und die Zustimmung ehrenwerter Bürger ist eine Art Fundament für unseren Glauben...»[32]

Hier macht sich bereits der entscheidende Schritt der Engländer bemerkbar, konzeptionell die Utopie von der Revolution und beide von der Apokalypse abzukoppeln. In einem Brief an Boyle spricht John Evelyn einmal von der Hoffnung, daß sie «bald... ein so gesegnetes Leben führen werden, wie es tugendhafte Menschen nur wünschen oder erstreben können auf dieser jämmerlichen und unsicheren Pilgerfahrt durchs Leben, sowohl was die gegenwärtigen Revolutionen angeht als auch was die Zukunft bringen mag, soweit wir sie uns vorstellen können...».[33] Woran er dabei dachte, war aber lediglich ein Detail zur Verbesserung des englischen Erziehungswesens, die Verwirklichung eines geplanten College «in gesunder Lage» außerhalb Londons (und es versteht sich von selbst, daß er gleich einen genauen Kostenanschlag und Zeitplan beifügte). Hier haben wir den exemplarischen Fall des Utopisten als Reformer: «Nun, geehrter Herr, lassen Sie mich darlegen, unter welchen Umständen sich dies praktisch durchführen läßt gemäß den Berechnungen, die ich für unsere kleine Stiftungsanstalt angestellt habe...»

Denn so, wie dem Revolutionär die Apokalypse Trost gibt, schöpft der Reformer Kraft aus praktikablen Phantasieprodukten. Die Sorgen des einen lindern berechenbare und überschaubare Details; die Schwierigkeiten des anderen werden erträglich, weil er von einer unbeschreiblichen Selbstgewißheit erfüllt ist. Diese unterschiedlichen, vom Charakter geprägten Anschauungsweisen machen, wenn sie politischen und gesellschaftlichen Einflüssen ausgesetzt werden, viele Prüfungen durch; und wir können zusehen, wie sie dabei weich oder hart, hitzig oder kuhl, optimistisch oder pessimistisch werden und wie sie Richtung und Wesen ändern. Der Revolutionär wird nach Enttäuschungen manchmal zum umsichtigen Reformer, und der Reformer, wenn ihn der Zorn gepackt hat, zum Revolutionär. Daß die Übernahme der selbstauferlegten Rolle gelegentlich von Gedanken an bühnenwirksame Effekte beeinflußt wurde, war vielen Akteuren bewußt. Aber während Andreae mit jäher Ungeduld die Nutzlosigkeit «maßvoller und begrenzter Maßnahmen» verdammt und deshalb dem «Drama, das da kommen mag», Beifall geklatscht hatte, gelangten die Makarier mit ihrem schärferen Bewußtsein für die tatsächlichen politischen Konsequenzen zu einer anderen, kritischeren Einschätzung der Vorgänge auf der Bühne. In John Halls Kommentar aus dem Jahr 1647 gerieten die Metaphern durcheinander, aber der Sinn war klar.

> Die Eifersucht nimmt täglich zu, neue Gruppen bilden sich, neue Interessen tauchen auf, als ob wir... einer wohldurchdachten Regie folgen, die auf jedem neuen Blatt mit reizvollen Unmöglichkeiten aufwartet. Der politische Leib ist heute so schwer erkrankt, daß er aus nichts anderem besteht als aus Krämpfen, Zuckungen und fürchterlichen Träumen...

Zu dieser Zeit, als militärisch noch keine Entscheidung gefallen war, verkündete Hall «diese beiden goldenen Regeln»: «daß in einem Bürgerkrieg dem der Sieg sicher ist, der die Hauptstadt erobert; und daß das Volk nie eifriger und mutiger ist, als wenn es um die Bewahrung oder Rückgewinnung seiner Freiheiten geht». Seine weiteren allgemeinen Ansichten verdeutlichen die ideologische Ambivalenz der moderaten Gefolgsleute Samuel Hartlibs:

Es ist ein bedenkliches Schwächezeichen eines Staatswesens, wenn die Parteien sich in Gruppen aufspalten und jede kleine Gruppe etwas anzustellen und sich schrecklich zu gebärden vermag, während die größte Partei sich nicht rühren kann.

Gewaltsame Veränderungen sowie die Beseitigung einer Regierung, noch bevor die Nachfolge gewährleistet ist, sind äußerst gefährlich.

Wenn die Parlamentspartei mehr Mäßigung gezeigt hätte, wäre die Lage heute ruhiger.

Bildung und Erziehung haben in diesen Zeiten ungeheuer gelitten, und man sollte sich sehr um sie kümmern, damit die nächste Generation nicht das Nachsehen hat. Es empfiehlt sich, zur Besänftigung des Volkes die Theater wieder zu öffnen, was auch eine wesentliche kulturelle Bereicherung für die Bürger wäre.[34]

Der letzte Ratschlag war vielleicht eher poetisch-strategischer Natur, um mit Theatralischem sich den Zeitgenossen ins Bewußtssein zu bringen.

Allen Einzelelementen dieser intellektuellen Bewegung, die nach bestem Vermögen Neues und Altes im Gleichgewicht halten wollte, war eines gemein: eine Abneigung gegen Exzesse. Was Theologen und Dichter und Wissenschaftler verband, war ein Charakterzug, war ihr maßvolles Temperament, und nichts scheint verkehrter als die alte, simplistische Interpretation, die den Gegensatz von traditioneller religiöser Gesinnung einerseits und innovativem wissenschaftlichen Denken andererseits hervorhebt.[35] Die Front verlief woanders. Sicherlich war es allein den Wissenschaftlern möglich, sich uneingeschränkt für das Neue zu engagieren, da es das grundlegende Wesensmerkmal ihrer Forschungsdisziplin war. Als Sprat die Royal Society gegen Angriffe aus dem nichtwissenschaftlichen Lager verteidigte, mußte er wohl oder übel diese verfängliche Situation klarstellen.

Daß es die Ursache für viele Neuerungen sein wird, will ich gar nicht bestreiten, vielmehr freudig bestätigen. Auch fürchte ich nicht den häufigen Einwand, daß Veränderungen und Neuheiten Gefahren bergen. Denn wer alles Neue für zerstörerisch hält, müßte auch die verschiedenen Techniken und Fortschritte verdammen, welche die Menschheit zu ihrer heutigen Vollkommenheit in den Künsten geführt haben. Wenn es ein Verbrechen sein sollte, Neuerungen einzuführen, müßte diese Schuld auch die ersten Zivilisatoren der Menschheit treffen, die Gesetzgeber und Staatsgründer. Was uns heute an der Welt erfreut, weil es besser ist als der rauhe Urzustand zur Zeit der Schöpfung, ist neu. Was uns in den Städten und im Haus begegnet und über die ursprüngliche Wildheit des Bodens, Kargheit der Hütten und Nacktheit der Menschen hinausgeht, ist alles auf Veränderungen zurückzuführen, denen man zu ihrer Zeit stets den Vorwurf der Neuerung hätte machen können. Es ist deshalb kein Unrecht, neue Dinge einführen zu wollen, solange sie selbst nicht abträglich sind; oder nur eingeführt werden können, wenn anderes dabei vernichtet wird, das besser war...

In dieser Hinsicht verkörperte die Wissenschaft selbst deutlicher als die Reformationen in Politik und Religion die wahre Revolution des Neuen. Die psychologische Trennungslinie, deren Verlauf wir hier feststellen möchten, verlief allerdings geradewegs durch sämtliche Meinungslager. Bei dem unsicheren Bemühen, sich auf die neuen Gegebenheiten einzustellen, mußte man sich in jedem Lager bald über die konstruktiven und destruktiven Elemente in den eigenen Reihen klarwerden. Dabei gelangte man oft langsam und mühsam, aber unaufhaltsam zu der Einsicht, daß es auch unter den eigenen Mitgliedern moderate und extreme Vertreter gab; und am Ende kam es zum Bruch zwischen den Gemäßigten und den gewalttätigen Eiferern. Hierzu noch einmal Sprat, der wohl wußte, daß die Gegensätzlichkeit im Grunde genommen auf Veranlagung beruhte:

Ich gebe zu, unter den Verfechtern der neuen Philosophie waren nicht wenige, die sich keineswegs Mäßigung auferlegten... und zuletzt überzeugt waren, daß von den neuen Entdeckungen nichts wohl gelingen könnte, solange nicht sämtliche Künste der Alten verworfen und deren Pflegestätten aufgelöst wären. Aber mit ihrem ungestümen Vorgehen haben diese Männer dem, wofür sie sich einsetzten, eher geschadet als genützt. Sie haben sich so stürmisch an die Säuberung der Philosophie gemacht wie unsere modernen Zeloten an die Reformation der Kirche. Die eine Partei ist so gehörig zu verurteilen wie die andere. Beide sind nicht eher zufrieden, als bis alles mit Stumpf und Stiel vernichtet ist, was den Stempel der Vergangenheit trägt. Aber wie die Universitäten den Angriffen der unwissenden Eiferer widerstanden haben, so werden sie zweifellos sich auch gegen die Gewalttätigkeiten jener wehren können, deren Wissen es an Klugheit mangelt.[36]

Bei Robert Boyle, dem häufig ein Mangel an Religiosität vorgeworfen wurde, äußern sich die makarischen Neigungen mit charakteristischer, unerschütterlicher Nüchternheit; es ist die ausgeglichene Gemütslage eines Wissenschaftlers, der gegen die Versuchungen des Mystizismus oder Zelotentums immun ist. Nicht unempfänglich für «romantische» Gedankenspiele, geht er aber konkrete Fragen mit vorsichtiger Skepsis an (so berichtet er Hartlib einmal schriftlich, daß er sich gegenwärtig den «Tychoniern, Kopernikanern und anderen Neuerern» gegenüber neutral verhalte). In jenem unruhigen Jahr der Putney-Debatten und des beginnenden Bruchs zwischen Radikalen und Moderaten (1647) schrieb Boyle an Dury über «unsere sektiererischen Emporkömmlinge» und verglich sie mit «Pilzen, die über Nacht aus dem Boden schießen». Beunruhigt und gereizt schlug er vor, «statt sie in der richtigen Weise wie Kerzen zu entzünden», ihnen «den Kerzenhalter an den Kopf zu werfen». Ihm schienen sie völlig in den Klauen ihrer eigenen Irrationalitäten zu stecken, und er wagte zu prophezeien, daß sie «so schnell welken werden, wie sie erblüht sind». Er schließt mit den Worten: «Vielleicht ist die sicherste Lösung, sie aus der Welt zu schaffen, daß man sie verkümmern und sterben läßt, anstatt zu versuchen, sie zu töten...»[37]

Zwölf Jahre später, als Cromwells Commonwealth die ersten Verfallserscheinungen zeigte, war man sich nicht mehr so sicher, wie man den irrationalen Extremisten gegenüber am besten die eigene Mittelposition behauptete. Hartlib hielt es für nötig, vor seinen Korrespondenten die Parlamentsauflösung zu rechtfertigen. So beschreibt er John Pell, einem von Cromwells

Gesandten in der Schweiz, den Ärger, den «die alten royalistischen Schleimkröten» immer noch verursachen, und außerdem ein Nachtkonzert aus einer ganz anderen Ecke.

> Glaubt mir, es war dringend notwendig, denn wenn die Sitzungen noch zwei oder drei Tage länger gedauert hätten, wäre überall Blut geflossen, in den Städten und auf dem flachen Land, um Charles Stuarts willen... Zudem machte noch eine andere Petition in der Stadt die Runde, die ein Commonwealth forderte, und diese wäre andernfalls schneeballartig angewachsen. Nur die entschlossene und plötzliche Auflösung des Parlaments hat gnädigerweise diesen beiden gefährlichen Entwicklungen vorzeitig ein Ende bereitet.[38]

Vor Boyle erlaubt sich Hartlib, als er von «der Angst vor einer allgemeinen Erhebung» schreibt, einen astronomischen Seitensprung und scheint – müde und verzweifelt, wie er ist –, die Schuld nicht bei sich und seinen Anhängern, sondern bei den Sternen suchen zu wollen: «Die Streiterei ist noch nicht geschlichtet, und die Agitatoren treiben es neben den gemeinen Soldaten am schlimmsten. Donnerstag nacht waren schreckliche Zeichen am Himmel zu sehen, als gegen zehn Uhr nachts ein feuriger Stern mit einem großen Schweif in Form eines Stabes und dann eines Schwertes erschien, geradewegs über Whitehall und gen Westminster...»[39]

In seinen letzten Jahren (er starb 1662) wurde Hartlib oft von Zweifeln geplagt. Einer seiner Herausgeber meint sogar, die Jahre von 1654 bis 1660 seien «für Hartlibs Kreis eine einzige endlose Enttäuschung» gewesen. Ein weniger lebhaftes Parlament ignorierte jeden mutigen Vorschlag, der die etablierten Verhältnisse nur noch länger zu gefährden drohte; und selbst «die kleinen Fortschritte, die zu Beginn der Republik errungen worden waren, verschwanden allmählich». Auf Vorschläge «romantischer» Natur wurde nicht länger eingegangen, und die radikale Reformbewegung verlor ihren Schwung. Historiker haben darüber gerätselt, weshalb Hartlib seinerzeit und später derart ignoriert wurde, Freunde und Bekannte sich bewußt zurückhielten, von seinem Tod keine Notiz genommen wurde und sein Tun und Denken fast völlig in Vergessenheit gerieten. Vielleicht weckte sein Name «zu viele Erinnerungen an die puritanische Revolution». Charles Webster, der auch Hartlibs unveröffentlichte Schriften kennt, ist dieser Ansicht:

> Seine sorgfältig aufbewahrte Korrespondenz enthält Material, das zu einer Zeit, da die wenigsten Intellektuellen an ihre Aktivitäten während der Protektoratszeit erinnert werden wollten, nur peinlich sein konnte. Hartlibs umfangreiche Aufzeichnungen, seine Eingaben und Reformtraktate gerieten deshalb in Vergessenheit, ebenso wie die Dokumente anderer Reformbewegungen, der Leveller beispielsweise und Winstanleys Schriften. Man sah sie als Zeugnisse eines vorübergehenden und bedauerlichen Experiments.[40]

Wie Thomas More vor ihm war Hartlib ein Utopist in der Politik, dessen «Weichherzigkeit» (wie es ein Anhänger einmal nannte) und Bemühungen um Ausgleich und Balance von der Heftigkeit des Geschehens um ihn herum ständig auf die härteste Probe gestellt wurden. Nicht alle alten Gefährten aus der «Unsichtbaren Loge» wurden derart von ihrem Gewissen und Empfinden gequält. Leute wie Sir William Petty konnten, wenn es opportun schien, sich charakterlich auf die veränderten Umstände einstellen und die Loyalitäten wechseln (er war schließlich nicht von ungefähr in Paris der Assistent von Hobbes gewesen). Im Jahr der Stuart-Restauration erfuhr Hartlib von einem Korrespondenten, daß Petty ihm kürzlich erklärt habe, «wir hätten nun einen philosophisch und mathematisch-mechanisch begabten König... tatsächlich ein derartiges Genie, daß man etwas ganz Besonderes und Ungewöhnliches von ihm erwarten dürfe». Auf Hartlib muß das als die unvorstellbar exzentrische Ansicht eines Wissenschaftlers gewirkt haben, der sich nicht gründlich, konsequent und ernsthaft genug mit öffentlichen Angelegenheiten beschäftigte.

Er begann überall «erschreckende Zeichen» zu entdecken. In seiner Verzweiflung und Niedergeschlagenheit (zudem am «Stein» leidend, von dem die befreundeten Ärzte ihn ebenfalls kaum befreien konnten) reagierte er auf jede Kritik, auf die geringste Spur von Spott und Ironie äußerst empfindlich. Spürbar gereizt schreibt er dem Vizekanzler von Cambridge, John Worthington: «Habt Ihr aber schon eine anonyme Schrift in [Quartformat] mit dem Titel *Olbia* gesehen? Ich gestehe, es macht mir wenig Freude, daß sie mir zugeeignet ist. Man sagt, ich erschiene darin wie ein Quäker oder Fanatiker der besseren Sorte, so daß ich besonders dieser Widmung wegen fast entschlossen bin, mein Mißfallen publik zu machen. Ich habe bisher nichts davon gewußt und kenne auch den Verfasser nicht...»[41] Als er es dann selbst las, stellte er fest, daß es keineswegs eine Satire war, sondern aus der Feder eines alten Freundes stammte, von John Sadler, der der jüdischen Gemeinde in London beim Bau ihrer Synagoge behilflich gewesen war, und den er gern mochte.[42] Das Buch selbst war das Produkt eines wilden, ungereimten Mystizismus (über die Zahlensymbolik des Antichrists «1666» und ähnliches) und ein weiteres Beispiel für die Verzweiflung der Utopisten.[43]

«Ich habe meine früheren Ansichten nicht geändert», schreibt Hartlib noch im Juni 1660. «Wenn ein Makarien nur existieren oder sich bemerkbar machen würde...» Doch im Augenblick war die Hoffnung neuerlich geschwunden, nun wohl endgültig. «Wir haben dem erwünschten Gemeinwesen den Namen Antilia oder auch Makaria gegeben; doch Name und Sache sind so gut wie verschwunden.» Aber halt! – da ist ihm zu Ohren gekommen, daß der Graf von Worth, der in der Nähe von Köln Land besitzt, sowohl Grundstücke als auch Schutz anbietet. Und er erwähnt andere, die «sich viel von den Bermudas versprechen und sie für den geeignetsten Ort halten, wo die edelsten Denker ein echtes Makaria errichten könnten». Er denkt, daß zweitausend Pfund Sterling als Abfindungssumme an die lizenzierte Seehandelskompanie ausreichen müßten.[44]

Alte Hoffnungen und neue Enttäuschungen lösten sich jetzt in immer kürzeren Abständen ab. Hartlib sah sich mit denselben schmerzhaften Alternativen konfrontiert, die in den folgenden Jahrhunderten ein geläufiges Phänomen werden sollten: Gibt man die entschwundenen Ideale auf? Denkt man mit letzter

Hoffnung sich irgendein abstruses Unternehmen aus? Oder geht man zurück zum Ausgangspunkt aller utopischen Theorie? So schreibt er einmal: «Ich nehme an, Ihr habt davon gehört, daß ein *Nova Atlantis* im Druck ist, das zu jenem des Lord Verulam eine Art Fortsetzung darstellen soll.» Diese neue, von Bacon inspirierte Schrift griff viele von Hartlibs Lieblingsideen auf – «eine ergötzliche Zusammenstellung seltener Einfälle und heilsamer Verhaltensregeln, die es verdienen, in sämtlichen Königreichen, Staaten und Gemeinschaften eingeführt zu werden»; und wenngleich er bedauern mußte, daß sie den älteren «wohlüberlegten und vernünftigen Ausführungen» weit unterlegen war, fand sie doch insgesamt seine Zustimmung, «denn sie würde eine noble Wende herbeiführen, wenn sie in allen menschlichen Bereichen Anwendung fände». Und wieder trauert er um den gescheiterten Traum: «Wenn sich Makaria nur gezeigt hätte ...»[45]

Diese kleinen, sorglosen Tagträume wurden brutal von einem Brief John Worthingtons unterbrochen, der unverblümte Wahrheiten enthielt und deshalb wohl besonders schmerzhaft war. In so reiner Form wie vielleicht niemals sonst während dieses Jahrhunderts kommt es hier zu einer Konfrontation zwischen dem englischen Temperament und einer europäischen Denkungsart auf fremdem Boden, zu einem Konflikt zwischen dem einheimischen praktischen Melioristen und dem kosmopolitischen utopischen Reformator. Es war vielleicht nicht der glücklichste Augenblick, um über Prinzipien und private, aber folgenschwere Neigungen zu polemisieren. Die Situation war verworren und nervenaufreibend, überall herrschte Panik und Unordnung, Harrington war unterwegs zum Tower, Nedham im Gesinnungswandel begriffen, Milton auf dem Rückzug in die Dichterklause, John Rogers auf der Flucht. Doch Hartlibs sentimentale und unkritische Gedankenspiele wirkten offenbar zu provozierend. Er wisse nicht, beginnt Worthington, warum Ihr in Euren späteren Schriften den Namen Antilia einem Nichts gegeben habt, wie sich jetzt zeigt; und tatsächlich hatte ein gemeinsamer Freund schon immer vermutet, daß es nur leere Worte waren. Ich hatte den Eindruck, der Entwurf arbeite mit so hehren Dingen und gewaltigen Effekten (deren Ursachen äußerst dunkel blieben und selten überhaupt erwähnt wurden), daß ich weder viel damit anfangen konnte noch mir Ergebnisse davon versprach, die mit den Erwartungen im Einklang stünden. Ich hatte keine andere Veranlassung, ihm den geringsten Realitätswert zuzusprechen als die Meinung eines ehrenwerten Freundes, der, wenn er unmittelbar davon gewußt hätte (und nicht über einen Internuntius), ihn sofort klug durchschaut hätte. Deshalb liegt die Schuld mehr bei den Internuntii.

Dieses war ein kleines Zugeständnis, das, so freundschaftlich es auch gemeint war, das abschließende Urteil doch kaum versüßen konnte.

Die besten Dinge, die eben am nützlichsten und nötigsten sind, und die Menschen, die solche Dinge in der Welt fördern, sind bescheidener und sorgen sich kaum um Lob und tumbe Bewunderung der Mitmenschen. *Mediocria firma. Moderata durant.*

Bei den heftigen Auseinandersetzungen um Utopie und Revolution ist diese grundsätzliche Charakterfrage, der Einsatz für Mäßigung und Augenmaß, stets mehr oder minder präsent. Auch Worthington hoffte weiterhin, daß «eine bessere Gesellschaft (und eine, die weniger von Wundern spricht) zur rechten Zeit auf Erden errichtet wird»; jedoch werde jene Gesellschaft, versicherte er, «solche Männer des Maßes anziehen und vereinen, die ohne Arg sind». Absolutistische Ausgangspunkte waren moralisch suspekt.

Zwei Wochen später kam aus London Hartlibs Antwort auf dieses Schreiben, das für ihn, der nach nahezu fünfzig Jahren redlichen Bemühens um «universelle Reformation» sich jetzt oft mutlos fühlte, vielleicht der schmerzhafteste Hieb war. Worthington hatte gebeten, seinen Brief vertraulich zu behandeln («Ich bin ganz offen und möchte deshalb nicht, daß allen weitergegeben wird, was ich sage; wird es doch weitergegeben, so soll der Name des Verfassers ungenannt bleiben»). Hartlib beruhigte ihn: «Ich habe mich an Eure Ermahnung gehalten und den Brief nicht weitergereicht»; und ich vermute, daß es dem größten Kommunikator seiner Zeit in diesem Fall ganz recht war, den Inhalt für sich zu behalten. Hartlibs Antwort klang defensiv und so schwerfällig wie die meisten Versuche, zwischen den Erfahrungen verschiedener Generationen zu vermitteln. «Ich nannte es Antilia zur Erinnerung an eine alte Gesellschaft aus der Zeit vor dem böhmischen Krieg, die sich fast denselben Zielen verschrieben hatte. Es war sozusagen ein Tessera [Losungswort] jener Gesellschaft... Die kurz nach ihrer Gründung ausbrechenden Kriege in Deutschland und Böhmen brachten ihr vorzeitiges Ende.» All das hatte sich vor vielen Jahren zugetragen; die Zeiten waren hart, die Bewegung schwach; und außerdem war es in einem anderen Land gewesen. Bei der Auseinandersetzung um die Relevanz der antilischen Assoziationen ging es teils um einen Namen – einen numinosen, utopischen Namen, der zu einem «mystischen Wort» geworden war – und teils um die Unwürdigkeit gewisser vorgeblicher Bundesgenossen. Hartlib erwähnt die «Betrüger von der Brüderschaft des Heiligen Kreuzes» und ihre «endlosen Täuschungsmanöver und Ausflüchte». Von Krankheit zermürbt, erspart sich der inzwischen über sechzigjährige Hartlib, alle unerquicklichen Fragen erneut zu erörtern und begnügt sich mit dem Versprechen, «künftig vorsichtiger zu sein» und Comenius noch einmal über alles Bericht zu erstatten.

Dieser Wortwechsel zeigt bereits sämtliche Symptome dessen, was später innerhalb der utopischen Bewegungen fieberhafte Anfälle von Spaltungen, Verleumdungen und Ausschlußverfahren verursachen wird. Worthington hielt sich besser unter Kontrolle; in seiner Antwort heißt es:

> Es scheint also, daß Antilia ein geheimes Losungswort jener Gesellschaft war. Makaria (das Wort, das wir in unseren Briefen benutzten) ist ein zu gutes Wort für diese neue prahlerisch-überhebliche Sippschaft... Die Schwarmgeister verstecken ihre wahren Absichten zumeist hinter hohlen Beteuerungen und Versicherungen ihrer Religiosität und Menschenliebe. Mir schien das immer zu edel, um wahr zu sein.

Er riet zu größerer Vorsicht und Umsicht. Wie die utopischen und revolutionären Ideen, die sie bezeichnen, sind gute Wörter leicht in Gefahr, mißbraucht zu werden.

Man hört in Hartlibs letzten Briefen an Worthington einen pathetischen Unterton, einen unterdrückten Schrei, der aber weitgehend von den Einsagungen einer ungebrochenen Zuversicht übertönt wird, wie sie sich ein Utopist in Debatten vor der Revolution hatte leisten können. Er hatte nie seine Zukunftserwartungen den realen Gegebenheiten gegenübergestellt (jedenfalls nicht systematisch), und die jüngsten Ereignisse ließen noch keine deutlichen oder grundsätzlichen Schlüsse zu. Im Gegensatz zu manchen dissidenten Puritanern, die Tränen vergossen, weil sie vom rechten Weg abgekommen waren («Wie sind unsere Hoffnungen vernichtet! unsere Erwartungen enttäuscht! unsere Pläne durchkreuzt worden!»), brauchte sich Hartlib durch keine politische oder intellektuelle Entwicklung zu der Erkenntnis gezwungen zu sehen, daß sein Traum zum Alptraum geworden war; oder mit dem verbitterten Milton festzustellen, daß England «in Europa zum Gegenstand allgemeinen Gespötts» geworden sei, nachdem die Reformation lediglich zu einer «neuen Sklaverei» geführt habe. Dabei hatte sein Freund Culpeper schon früh vor einem Versiegen der «Quellen und Kraftströme der inneren Festigkeit» gewarnt, vor der Gefahr, daß «jedes Tun und Handeln aufhört, sobald die Aussicht auf ein Ende schwindet». Wiederholt hatte es scheinbar unüberwindliche Hindernisse gegeben; und 1646 hatte der besorgte Culpeper an Hartlib geschrieben, daß «Ihr hierbei (und bis zum Ende Eurer Tage) ohne Hoffnung und sogar gegen die Hoffnungen kämpfen werdet».

Doch trotz aller Rückschläge während der jahrelangen Arbeit bewahrte Hartlib sich seinen Optimismus und seine Zielstrebigkeit, wenngleich manchmal nur mit Mühe. In einem merkwürdigen (und erfolglosen) Ersuchen an den wiedereingesetzten König, ihm eine Staatspension auszusetzen, erläuterte Hartlib seinen Beitrag «zum Besten dieser Zeit und der Nachwelt... zum Wohl der Menschheit in jeder Hinsicht».[46] Er schreibt

Worthington noch einmal zum Thema «Antilia» und bittet um Nachsicht: «Nehmt nicht daran Anstoß, daß ich weiterhin dieses mystische Wort gebrauche.» Er beschäftigt sich mit den Auswirkungen der Philosophie Giordano Brunos (und seinem Verhältnis zu Sir Philip Sidney) und versucht, nach bestem Vermögen die historische Rolle auszufüllen, die eine neue Generation europäischer Intellektueller sich selbst zugesprochen hatte – «Menschen zu sein, denen das öffentliche Wohl und das Glück der Menschen am Herzen liegt», utopische Philosophen mit «weitgreifendem, forschendem Sinn», die sich «der Gesamtheit des Menschengeschlechts» annehmen. Noch in seinem Todesjahr schreibt Hartlib: «Nun muß ich gestehen, wie froh und überrascht ich über die gegenwärtigen Fortschritte bin, und ich wage unseren Nachkommen zu versprechen, daß das Wissen der kommenden Zeit einen sehr hohen Grad der Vollkommenheit erreichen und für edle Unternehmungen eingesetzt werden wird.»[47]

Was das edelste der eigenen Unternehmungen betrifft, so hatte es sich lediglich verzögert und verfahren. Im gleichen Jahr läßt er Gouverneur Winthrop von Neuengland wissen: «Der Entwurf für eine neue Gesellschaft, von dem ich Euch schrieb, wird nicht verwirklicht, da seinen Förderern Europa dafür gänzlich unwürdig erscheint. Sie beabsichtigen, das besagte Vorhaben in einem anderen Teil der Welt auszuführen... Gegenwärtig scheint für derartige allgemeine und universelle Glückseligkeit die Zeit noch nicht reif.»[48]

Es gibt eben nur die Alternative, mit der Revolution der gesellschaftlichen Zustände entweder im eigenen Land oder in der Fremde zu beginnen. Sollte das Zentrum versagen, dann bleibt die Hoffnung auf die Peripherie; und entsprechend hat von Hartlib bis Marx und Sartre der prophetische Blick in die Zukunft stets diese einfache Pendelbewegung durchgemacht. In einem anschaulichen – und fast unvermeidlichen – Bild faßte Hartlib am 26. Juni 1661 zum letztenmal sein utopisches Testament zusammen: «Der Rauch ist von der Antilischen Gesellschaft verzogen, aber das Feuer ist noch nicht ganz erloschen.

Mag sein, daß es zur rechten Zeit wieder emporlodert, aber dann nicht in Europa…»[49]

10. Reden, Rechnen, Revoltieren

Einen sehr lebendigen Eindruck von Hartlib vermittelt eine Tagebuchnotiz von John Evelyn vom 27. November 1655, als er

> den ehrenwerten und gelehrten Mr. Hartlib besuchte, einen Mann mit Gemeinsinn und Erfindungsgabe, der viele nützliche Dinge und Künste vorgeschlagen hat… Sprach zu mir von den Burgen, die man in Deutschland als Schmuck auf die Öfen setzt… von einer Tinte, die zwölf Abzüge ermöglicht, indem man feuchte Bögen Papier daraufpreßt, mit perfektem Resultat… Dieser Gentleman war ein Meister unzähliger Kuriositäten und äußerst mitteilsam.[50]

Das waren nur scheinbar Skurrilitäten, denn in Wirklichkeit hatten diese Interessen allesamt ihren wohlüberlegten Platz im Gesamtplan einer auf eine neue, modernisierende Gesellschaft abgestellten Ethik. Man kann seine Betonung von «Fleiß» und «Nutzen und Reichtümern» leicht mißverstehen und dann Hartlib schmalspurig und dogmatisch als Apologeten bestimmter Klasseninteressen der «aufgehenden Bourgeoisie» darstellen (so jedenfalls wird er von Leuten eingeschätzt, die sich die Gesellschaft als eine Art riesigen Hefeteig vorstellen).[51] Solche Etikettierung erklärt nichts und hilft nicht weiter. Hartlib war im Höchstmaß der Idealismus des unermüdlichen Abenteurers und Entdeckers eigen, der in der großen Tradition der Utopisten nach einem verschollenen Garten Eden sucht, nach einer neuen Welt, einem weiten Betätigungsfeld für die schöpferische Phantasie. Ihm war Entdeckermut gegeben; und sein erfinderischer Geist beschäftigte sich ebenso mit Methoden der Tierhaltung wie mit Erziehungsreformen und politischen Verbesserungen. Sein Buch *The Reformed Common-wealth of Bees* enthielt, wie es im Untertitel heißt, «zahlreiche ausgezeichnete und vorzügliche Geheimnisse, Experimente und Entdeckungen, um dem Staat und dem einzelnen Nutzen und Reichtum zu bringen». Besonders wichtig war ihm *industry* (Fleiß); darunter verstand er in erster Linie schlicht die menschliche Schaffenskraft, ein Aspekt des Wortes, der heutzutage in der englischen Sprache oft unbeachtet bleibt, seit «Industrie» aufgrund einer merkwürdigen, auf Saint-Simons französische Terminologie zurückzuführenden Sinnverschiebung ein durchstrukturiertes Handels- und Produktionssystem bezeichnet. Semantische Verwandtschaft besteht zum spätlateinischen *industria*, «eine Tugend, zu der sowohl Anstrengung wie Tüchtigkeit gehören» (nach Elyots Wörterbuch von 1538), und historisch relevant wurde der Begriff im Zusammenhang mit einer energischen, im Umbruch befindlichen Gesellschaft, in der es vor allem auf Handfertigkeit, Ehrgeiz, Einfallsreichtum und Gewissenhaftigkeit ankam. Es scheint fast unvermeidlich, daß im Kontext gesellschaftsbezogener Aktivitäten wieder die Ameise als inspirierendes Vorbild für Zielstrebigkeit herangezogen wurde. Daß die emsige Schaffenskraft der Ameisen und Bienen ihren sinnvollsten Einsatz nur in einem «reformierten Commonwealth» finden könnte, war für einen sozial denkenden Menschen wie Hartlib eine natürliche und für die Zeit typische Analogie. Vergleicht man Hartlibs Abhandlung mit dem älteren, 1634 erschienenen, anerkannten Handbuch zu demselben Thema, wird auf dramatische Weise deutlich, wie sehr das soziale und ideologische Gefüge sich innerhalb von zwanzig Jahren verändert hatte. Dort war dieselbe Bienengattung beschrieben worden, «ihr vorbildlicher Charakter und ihre Fähigkeiten; ihre Fortpflanzung und Kolonisierung; ihre Staatsform, Loyalität, Kunst, Tüchtigkeit; Feinde, Kriege, Großherzigkeit»; und auch der Titel *The Feminine Monarchy* hatte seinerzeit trefflich gepaßt. So haben auch Metaphern ihre kleinen Revolutionen; sogar Redewendungen geraten in den Sog der Neuerungen; und die Sprache selbst dreht sich mit im Räderwerk der Geschichte.[52]

Evelyns Skizze vom Exzentriker und mitteilsamen Gelehrten zeigt nicht den ganzen Menschen. Bei anderen Gelegenheiten, wo es um ernsthaftere Dinge als die Verzierung an deutschen Öfen und die Herstellung eingefärbten Durchschreibepapiers ging, war dieser erfindungsreiche Mann offenbar äußerst verschwiegen, um nicht zu sagen geheimniskrämerisch. Es gibt offenbar Hinweise, wonach Comenius während seiner späteren «ungarischen Zeit» gemeinsam mit Dury, Hartlib und einigen anderen (darunter Comenius' Schwiegersohn Peter Filgus und ein gewisser Baron Sadowski) «einen evangelischen Geheimbund gründete, dessen ehrgeiziges Ziel der Sturz des österreichischen Herrscherhauses war». Selbst Comenius' Biograph gibt zu, daß das «unglaublich» klingt, aber er hat in der Korrespondenz zahlreiche Andeutungen über die Existenz einer solchen revolutionären Organisation gefunden.[53] So hatte Hartlib «im Namen unseres vertriebenen Volkes» Cromwell darum gebeten, sich der Sache der verfolgten Protestanten in Böhmen, Mähren, Schlesien und Österreich anzunehmen; er war enttäuscht, als ihm der Lordprotektor für die protestantischen Flüchtlinge lediglich Siedlungsland in Irland anbot.[54] Und in einem Brief an Hartlib hatte Comenius zu höchster Vorsicht geraten: Demnach hatte man von einem hohen ungarischen Offizier gehört, daß «der Kaiser drei Todfeinde haben soll – einen gewissen Dury, J. A. Comenius sowie einen Dritten, dessen Namen ich nicht erfahren konnte...».

Wenn man das weiß, klingt nach der Beschreibung in Dircks' *Memoir* Hartlib fast wie eine Gestalt unserer Tage, wie der Typ des Intellektuellen als utopischer Revolutionär.

> Er scheint keine reguläre Arbeit gehabt zu haben, weder einen Beruf noch öffentliche Verpflichtungen, sondern scheint die ganze Zeit damit beschäftigt gewesen zu sein, sich die neuesten Nachrichten aus Literatur, Wissenschaft, Theologie und Politik zu beschaffen; dadurch wurde er sozusagen zum Mittelpunkt eines großen und gemischten Personenkreises, für den er ungefähr die Aufgaben eines Generalagenten oder Sekretärs erfüllte. Er war selbst eine Art imaginäre Institution und vereinte in seiner Person deren Eigentümer, Vorstand und sämtliches Personal; und auch die Gelder kamen allein aus seiner Tasche.[55]

So war Hartlib der erste in einer langen Reihe von europäischen Intellektuellen, denen London ein kongeniales Milieu für ihr Lesen, Schreiben und Revolutionieren bot.[56] Der Augenblick, als Hartlib auf Boyles Anregung hin[57] sich selbst «Geburtshelfer und Krankenschwester» einer geschichtsträchtigen Bewegung nannte, markiert – bildlich gesprochen – etwa die Hälfte des Weges, der uns zu Marx und den Geburtswehen des Neuen aus dem Schoß des Alten bringen wird.

Dritter Teil

IDEOLOGIEN

... zuweilen ist eine Niederlage ehrlicher und anständiger als ein Sieg.

John Milton (1649)

... eine Revolution der Regierung durch die Hand des Volkes ist stets das einzige Mittel gewesen, um die Herrschenden zur Verantwortung zu ziehen und die Übel der Tyrannei, des Aufruhrs und Elends zu verhindern.

Marchamont Nedham (1656)

Glück. Glück ist fortwährende Zufriedenheit ohne Störung. Sehr unvollkommen auf dieser Welt. Kein Mensch hier glücklich bestimmt. Mag vollkommen sein in einer anderen Welt, vielleicht, wahrscheinlich.

John Locke
(handschriftliche Notiz, um 1660)

Und er hat sie versammelt an einen Ort, der da heißt auf hebräisch Harmageddon... Und es wurden Blitze und Stimmen und Donner; und ward ein großes Erdbeben, wie solches nicht gewesen ist, seit Menschen auf Erden gewesen sind, solch Erdbeben, so groß.

Offenbarung 16,16 und 18

9. Nach Armageddon und zurück

Miltons Grenze - Nedhams voller Kreis - Locke und die Gleichnisse der Stärke

1. Miltons Grenze

Mit gewissen Einschränkungen und richtig verstanden – einige politische, theologische und semantische Besonderheiten, die es zu berücksichtigen gilt, habe ich bereits angesprochen – darf man wohl sagen, daß John Milton die beherrschende Figur in der Frühzeit des revolutionären Utopismus war. Sein politisches Vokabular war zwar noch altmodisch und nur erst halb säkular, und in praktischen und gesellschaftspolitischen Fragen entschied er sich oft gegen abstrakte, phantasievolle Lösungsmodelle. Doch als einer seiner traditionsverhafteten Zeitgenossen aus dem Lager der Gemäßigten mit Angst und Sorge von den «grenzenlosen und unübersehbaren Konsequenzen» sprach, die sich auftaten, brachte er damit gleichzeitig zum Ausdruck, wo seit Miltons Erweiterung der ideologischen Imagination die neuen Grenzen lagen. Es waren neue, absolute Entscheidungen zu treffen, um menschliche Gerechtigkeit und Glückseligkeit zu verwirklichen; auf den Trümmern der unvollkommenen, bösen und unerträglichen Staaten sollte eine heilige Gemeinschaft der Tugend und Vollkommenheit errichtet werden. Die einzig gültigen und unzertrennlichen Bande waren jene zwischen dem Menschen und der Freiheit, frommem Gewissen und umfassender Reformation, zwischen menschlichem Streben und irdischem Paradies.

Und wenn ich dann Menschen sagen höre [meinte General Ireton bei den Putney-Debatten 1647], man müsse alle Bande ignorieren und nur den wilden, gewaltigen Vorstellungen eines jeden über Recht und Unrecht freien Raum gewähren, dann zittere und bange ich wegen der grenzenlosen und unüberschaubaren Konsequenzen.[1]

Hier also spricht wieder nicht die Stimme der «Revolution», sondern des konservativen, gemäßigten Zentrums innerhalb des Lagers der rebellischen Puritaner; oft führen Zweifel und Ablehnung zu klarerer Selbsterkenntnis als muntere Zustimmung. Eine wilde, gewaltige Idee ergriff das Land, und nicht mehr Grenzen und Ziele, sondern der Ausblick auf ein unendliches Maß an säkularem Fortschritt und Hoffnung bestimmte zunehmend das Denken und die Gemüter. Wo würde das noch enden? Thomas Case jedenfalls sorgte sich über eine totale Freiheit und ihre permanente Herausforderung. Wenn man Sektierern Toleranz und Freiheit gewährt, meinte Case, würden sie

mit der Zeit glauben (gibt es doch Leute, die ihnen dies beibringen), daß es zu ihrem Geburtsrecht gehört, frei zu sein von der Gewalt des Parlaments und des Königs und gegen beide die Waffen zu ergreifen, falls sie nicht wählen und ihre Launen durchsetzen dürfen. Es wird nicht lange dauern, und auf eine falsch verstandene Gewissensfreiheit wird Freiheit des Besitzes, Freiheit der Häuser, Freiheit der Ehefrauen folgen, mit einem Wort: Freiheit zur ewigen Verdammnis von Leib und Seele.[2]

Kaum sechs Jahre früher hatte derselbe Case für jene radikale Lösung «mit Stumpf und Stiel» plädiert, die wir als die exemplarische Forderung nach eifriger und entschiedener Reformation zitiert haben!

Das Auftauchen eines revolutionären Utopismus bei Mitgliedern des – wie wir heute sagen würden – linksextremen Flügels der Commonwealth-Anhänger beunruhigte die Mitte, nicht zuletzt wegen der Gemeinsamkeit in der Ausdrucks- und Betrachtungsweise, die sie anfangs im Dienst der guten Sache scheinbar unzertrennlich verbunden hatten. Das war auch der

Grund, weshalb Milton oft als Mitläufer der Fanatiker gerügt wurde: Seine Formulierungen waren so heftig, daß man ihn für einen Eiferer hätte halten können, und seine Hoffnungen so hochgesteckt, daß sie in manchen Ohren apokalyptisch klangen; und trotz aller politischen Rückschläge und neuen sozialen Probleme glaubte er mit schlichter Sehnsucht stets an eine «schnelle und leichte Lösung». Für die Kritiker des Rota-Klubs unterschieden die Extremisten sich nur in der Terminologie, nicht in den Prinzipien: «So geht Ihr den Weg, und er wird nicht enden, solange es genügend Narren und Verrückte gibt, um die Arbeit fortzusetzen.» Dieselbe Kritik rückte Milton in die Nähe der radikalen «Heiligen», der «Männer der Fünften Monarchie, die glänzend zu Euch gepaßt hätten, wenn sie nur von einem Fünften Stand geträumt hätten».[3] Der Angriff zielte auf etwas, dessen sich alle Utopisten und Revolutionäre schuldig machen, wie sehr sie sich in Fragen der Taktik und Spitzfindigkeiten in der Theorie auch unterscheiden mögen. Anklagend wies er auf «die Faktion, die Ihr ‹Wir› nennt», und deren «absurde Sehnsucht nach einer selbsterdachten Freiheit».

Dabei hatte es einmal eine ungetrübte Vision der Zukunft gegeben und der Aufgaben, zu der sie die Menschen verpflichtete; in jenem großen Jahr 1648 hatte Milton Psalm 82 so übersetzt:

Regard the weak and fatherless
  Despatch the poor man's cause,
And raise the man in deep distress
  By just and equal laws.
Defend the poor Iand desolate,
  And rescue from the hands
Of wicked men the low estate
  Of him that help demands.

(«Gedenkt der Schwachen und Waisen, schafft dem Armen Linderung und helft dem Elenden mit gerechtem, gleichem Recht.

Steht den Armen und Verlassenen bei und erlöst aus der Gewalt der Bösen den Untertanen, der Hilfe braucht.»)

Und auch die Ermordung eines Königs schien damals den lichten Weg nicht zu überschatten, der sich vor ihnen erstreckte:

> There can be slain
> No sacrifice to God more acceptable
> Than an unjust and wicked king.[4]

(«Keine Opfergabe kann Gott wohlgefälliger sein als ein ungerechter und böser König.»)

Ein angebliches Gottesgnadentum war durch wahrhaft göttliche Gerechtigkeit abgelöst worden, und zwar durch menschliches Eingreifen: durch die politische Begeisterung eines Volkes, das sich geweigert hatte, «sich der Welt zu entziehen und in atlantische oder eutopische Reiche zu entschwinden, die uns keinen Nutzen bringen und nichts verbessern können...».

Die echten Weltverbesserer – oder genauer «unsere Staatssanierer mit den Langschwertern», wie der sarkastische Nedham es ausdrückte – hatten das Schicksal der Menschen zu ihrer tiefsten Herzensangelegenheit gemacht. Das Signal mochte Gott gegeben haben, doch der Appell an das Mitgefühl kam von innen her. Wenn die Menschen ihr Schicksal selbst bestimmen könnten, würden sie einander Götter werden.

> Der Geist der Menschlichkeit, aus diesem dunklen Kerker befreit, wird in alle Richtungen reichen, bis er die ganze Welt und den weiten jenseitigen Raum durch die Ausbreitung seiner göttlichen Herrlichkeit erfüllt. Dann endlich wird er alles Wirken und Wandeln so rasch begreifen, daß ihm im Besitz dieses Schatzhauses der Weisheit kaum noch etwas geschehen kann, was zufällig oder überraschend kommt. Dann wird sich zeigen, daß er es ist, dessen Macht und Herrschaft die Sterne gehorchen, dessen Befehlen Land und Meer folgen, dem die Winde und Stürme untertan sind; dem sich schließlich Mutter Natur ergeben wird, als hätte tatsächlich ein Gott seine Weltherrschaft aufgegeben und ihre Gesetze, Rechte und Verwaltung ihm anvertraut.[5]

Ähnlich wie Giordano Bruno, dessen Geist ebenfalls «in der dumpfen Luft einer engen Kerkerzelle zu ersticken drohte» und der dann als heroischer Enthusiast den Himmel zu durchstoßen und über «die Ränder der Erde» hinauszudringen wagte, blieb auch Milton unbeirrbar in seinem Glauben an die gottähnliche Mission, die in der «größten Revolution des Jahres» ihre Verwirklichung fand. In einem anderen Zusammenhang sprach er von ihr als «dem Glauben, der so kostbar und rein gehalten werden muß wie alles Heilige, der Glaube an die Öffentlichkeit»; und stets verband sich für ihn damit eine «heroische Weisheit».[6]

«Eine so gewaltige Sehnsucht im Menschen» (wie er es einmal in einer Vorrede nennt) durfte nicht enttäuscht werden. Und jetzt erreichte das Zeitalter der Sehnsüchte seinen Höhepunkt, da seine Landsleute – «Männer von so hervorragender Tugend, edlem Geist und Beständigkeit, daß sie an Glanz alle Vorfahren übertreffen» – nichts Geringeres vollbringen wollten als «das heldenhafteste und vorbildlichste Unternehmen seit Beginn der Welt». Milton war überzeugt, daß «die Gerechtigkeit ihrem Wesen nach Stärke und Tatkraft bedingt und ihr ein Schwert zur Hand gegeben ist, auf daß sie Unrecht und Unterdrückung auf dieser Welt damit bekämpfe». Ließ sich der Auftrag nicht ohne Gewalt durchführen, so reinigte doch das vergossene Blut, und das Feuer war ein echtes Zeichen der bevorstehenden endgültigen Befreiung. Wenn die Menschen etwas aufbauen wollten, mußten sie auch zerstören. «Warum sollten wir dem Propheten David nicht beistimmen», schrieb Milton, «daß Gott den Zeitenwandel bestimmt, ein Königreich aufbaut und ein anderes vernichtet? Denn so ist es – nur geschieht es durch Menschenhand.»[7]

Doch dann sah es bald ganz so aus, als würde auch die neue, von Menschen für Menschen errichtete Ordnung ihrerseits zerstört werden. Warum hatten die Sterne nicht gehorcht, waren Land und Meer den Befehlen nicht gefolgt; warum waren Winde und Stürme so eigenwillig? Warum das bedrohliche Wiederauftauchen von Dingen, die «zufällig und überraschend» kamen? Irgendwo im Hinterkopf des Revolutionärs spukt immer dunkel und drohend die Angst vor Feinden, vor alten und neuen. In seinem Sonett *To the Lord General Cromwell* hatte Milton gewarnt:

> ... new foes arise
> Threatening to bind our souls with secular chains.[8]

(«... neue Gegner erscheinen / Und drohen, unsere Seelen in weltliche Bande zu schlagen.»)

Wo hatte Milton demnach die Zeichen der Zeit falsch gelesen oder gedeutet? Man hatte sich bereits auf dem hohen Weg gen Armageddon befunden und sollte nun zur Umkehr gezwungen sein? Hatte «das Zeichen zum Aufstieg» getäuscht? Ich habe bereits erwähnt, auf welche vielschichtige Weise Zweideutigkeit und «doppelter Blick» bei den gewaltsam vereinfachten Patentrezepten der utopischen Revolutionäre hineinspielen. So spricht sogar Milton in der Tat von der «scharfen, zweiseitigen Schneide» der Freiheit.[9] Und nicht nur dort ahnt er den Grund für tragische Fehlentwicklungen:

> Die Antwort, welche dein Orakel gab,
> Zweideutig, dunkel war's, voll Doppelsinn
> Und unverständlich dem Befragenden;
> Drum besser ihm, wenn er sie nicht empfing![10]

Dagegen war der Dualismus in Miltons eigenem politischen Denken von recht anderer Art und Anlage. Es war ein Gedankengebäude im europäischen Stil, dessen Elemente in unterschiedlicher Zusammenstellung uns schon bei Dante und Joachim, Bruno, Philip Sidney, Comenius und Thomas More begegnet sind. Die Grundstoffe waren Zorn und Verzauberung – zu dem Zorn gehörte die pauschale Absage an sämtliche überkommenen Lebens- und Denkweisen; und was verzauberte, war die beflügelnde Vision von einer Paradiespolitik, welche die Erlösung der Menschheit herbeiführen würde. Beide Substanzen waren tief genug im Denken und Fühlen eingelagert, um den heiligen, diesseitigen Glauben gegen jeden Angriff und Verrat «unbesiegbar» zu machen. «Betrügerische Doppeldeutigkeit» stellte Milton nur bei seinen Gegnern fest, die eigene Doppeldeutigkeit empfand er als stärkend, auch dann noch, als er zuletzt fast als einziger die Fahne des Commonwealth hochhielt. Ich hoffe, das wird überzeugend deutlich, wenn wir seine zwei großen Streitschriften näher betrachten, die er zu Beginn und gegen Ende der Cromwell-Ära verfaßte: seine erbarmungslose

Kritik an der Stuart-Schrift *Eikon Basilike* (1649), die noch im gleichen Jahr erschien, und seine letzte Verheißung einer «schnellen und leichten Lösung» (1660), die er mit einer Hoffnungsfreude vortrug, wie sie in England außer ihm niemand mehr aufzubringen vermochte.

Zunächst *Eikonoklastes*. Schon auf der Titelseite stehen zwei Zitate aus den Sprüchen Salomos, deren Zusammenstellung einen weniger intellektuellen Gläubigen hätte beunruhigen können. Das erste Zitat (28,15) bekräftigte die revolutionäre Absicht: «Ein Gottloser, der über ein armes Volk regiert, das ist ein brüllender Löwe und gieriger Bär.» Der zweite Vers aber mußte – hatte man doch nach fast zehnjährigem, blutigem Bürgerkrieg gerade in diesem Jahr den König hingerichtet – jeden Friedens- und Freiheitspropheten nachdenklich stimmen: «Ein Mensch, der am Blut einer Seele schuldig ist, der wird flüchtig sein bis zur Grube, und niemand halte ihn auf» (28,17). Wie wollte Milton (nach einer eigenen Formulierung) «die Widersprüche versöhnen»?[11]

Keiner Staatsphilosophie oder Parteilinie, die den Sieg der Revolution plante oder proklamierte, ist es bisher je gelungen, die vielfachen Belastungen unbeschadet zu überstehen, die der eigentliche Aufstand mit sich bringt; und wenn trotzdem verzweifelt der Anschein erweckt werden soll, die alten Grundsätze seien weiterhin gültig und würden eingehalten, wirkt das meistens abstoßend, unehrlich, zynisch, hinterhältig oder wie dialektische Wortklauberei. Es gibt immer gute und überzeugende Gründe, taktisch so zu lavieren, daß Theorie und Praxis irgendwie in Einklang stehen; aber die ursprüngliche Unschuld, die durch die unerschütterliche Harmonie von Wort und Tat so bestach, geht dann verloren, wenn die Parolen trügen, die Menschen enttäuschen, Kurswechsel beschlossen werden und die Konfrontation von neuen Tatbeständen mit alten Thesen ein unbehagliches Spannungsfeld aufbaut.

Das hektische Bemühen, zwischen utopistischen Prinzipien und revolutionären Taten eine sichere Balance zu finden, bestimmt auch maßgeblich alle Schwingungen, die Miltons ideologische Äußerungen im Lauf der Zeit durchmachen. Völlig zu Recht hat ein gelehrter Interpret der Revolutionsgeschichte Milton neben Paine, Robespierre und Lenin zu den großen Revolutionären gezählt.[12] Aber auch unter jenen weniger entschlossenen Figuren, die weder den intellektuellen Verlockungen einer Revision noch den psychischen (und anderen) Attraktionen des Widerrufs nachgaben, steht Milton allein. Seine Zuversicht blieb bis zuletzt unbezwingbar; das scheint mir das treffendste Wort, weil gerade Milton diese Eigenschaft und Haltung sich in eigener Sache zugute hielt, den Gegnern aber ankreidete.

> Doch seine [Charles Stuarts] Seele war unbezwingbar *(invincible)*. Soll das ein Lob sein? Ebenso unbezwingbar ist manchmal ein Kinderbauch gegen jede Medizin. Die Seele eines unbelehrbaren Menschen bleibt aller Vernunft und guten Einsagung gegenüber unbezwingbar. Und wer unzugänglich ist, wer sich von nichts umstimmen läßt, darf der sich der Unbezwingbarkeit rühmen, wo doch eine Niederlage zuweilen ehrlicher und anständiger ist als ein Sieg.[13]

In seinem heiligen Glauben an die Öffentlichkeit wirkte Milton selbst allerdings ebenfalls irgendwie unbezwingbar und unzugänglich jedem Zweifel und Einwand gegenüber. Womit hätte man ihn davon überzeugen können, daß nicht jeder Mensch sich nach Erneuerung sehnt und nicht alle Errungenschaften der vergangenen zehn Jahre heroisch und vorbildlich waren und höchste Tugend widerspiegelten?

Ideologische Leidenschaft gedeiht am besten, wenn sie beständig von der Empörung darüber geschürt wird, wie bis ins Mark und unheilbar schlecht die bestehende Ordnung der Dinge ist. Man sammelt ähnlich den feindlichen Heeren zu Armageddon die Kräfte zum letzten Gefecht, «zum Streit auf jenen großen Tag Gottes, des Allmächtigen» (Offenbarung 16,14).[14] So kommt es, daß zeitlich und räumlich begrenzte lokale Ereignisse, deren Bedeutung für die Gestaltung des nie endenden politischen Entwicklungsprozesses der menschlichen Gesellschaft mehr oder minder groß ist, nun eine universelle, absolute Relevanz für den endgültigen Sieg zugesprochen bekommen. Aus der Sicht der Jahrhunderte stellt es sich so dar, daß eine alte, autoritäre Monarchie (zeitweilig) abgeschafft wurde und man eine komplexere Verteilung von Pflichten und Freiheiten auf einem kleinen Eiland vor der europäischen Festlandsküste vornahm. Daraus machte eine von «gesunder Hitze» erfüllte ideologische Phantasie «eine solche Erlösung, daß sie durch keine andere Umwälzung in Vergessenheit geraten wird, welche der Welt bis ans Ende der Zeit noch bevorstehen mag».

Es mag seltsam anmuten, daß diese «unvergleichliche Befreiung», die den Menschen über alle Hindernisse hinweg ins Gelobte Land tragen soll, ihre ursprüngliche Anregung und Kraft aus einer Argumentation schöpfte, die lediglich als Schutz und defensiv gedacht war. Milton verwendet viel Mühe darauf, die Schuld für das Blutvergießen und die Gewalttaten, zu denen es dann kam, einer «einzigen jämmerlichen Gestalt» zuzuschreiben. Das war «der erste Urheber»; mit ihm fing alles an. Dem verfolgten, verzweifelten Volk blieb nichts anderes übrig, als zur Verteidigung «der bürgerlichen Freiheiten der Nation» die Waffen zu ergreifen, denn der König hatte zuerst angegriffen.

> Er bedachte nie, in welch furchtbare, gnadenlose Bedrängnis er fast zwanzig Jahre lang durch alle möglichen Verfolgungen jene mit zartem Gewissen gebracht hatte; bis so viele leiden mußten, daß es keine Verfolgung mehr, sondern schon regelrechter Krieg war.

Wer für Frieden und Freiheit eintrat, mußte sich zu schützen wissen; das war nicht nur eine simple rhetorische Rechtfertigung, gibt doch gerade die Logik der sozialen Wandlungsprinzipien dem Widerstand der Rebellen seine tiefe moralische Berechtigung. Dazu sagt Milton: «Jene Aufstände waren nur die milden Auswirkungen einer bösen, ungerechten Herrschaft; nicht der Beginn neuer, sondern die Beendigung alter Übel.»[15]

Und er fährt fort: «Denn überhaupt kommt es unter einer guten Regierung sehr selten so weit und nie ohne guten Grund»; und «wenn sie extrem und bösartig werden», dann doch nur, weil «ein Extrem das andere nach sich zieht». War demnach *«the revolution of time»* Beispiel einer Ausartung ins Extrem, oder diente das kleine «Wenn» nur zur verbalen Rückversicherung? Weshalb rief er nach «Männern aus Eisen», die «einzeln... oder zu Tausenden» antreten sollten? Versuchte er «die Ungeheuerlichkeiten zu rechtfertigen, die das gemeine Volk in rohem Übereifer begehen mag», «die Schwächen, die auch die besten Menschen befallen, und das schandbare Handeln wirrköpfiger Heuchler, wie es sie in allen Reformzeiten gibt»? Nein, aber «andererseits dürfen wir auch nicht die Ausschreitungen einiger Personen als Entschuldigung hernehmen für unser Zaudern oder unseren Rückzug».[16]

Für sein Fazit – «Deshalb sollten wir uns davon nicht abhalten lassen» – gibt Milton vier Argumente. Das erste, das wir schon gehört haben, beruht lediglich auf der simplen Behauptung, daß der Angriff von dem «ersten Urheber» ausgegangen sei, die Schuld beim Gegner liege und man aus reiner Notwehr gehandelt habe. Das zweite lautet, daß «zu allen Zeiten, da reformiert wurde», Exzesse üblich waren, wenn die gute Sache an eine «falsche Bruderschaft» geriet, an Männer mit «launischer, hitziger und immer unerfreulicher Sinnesart, die ihre Anführer zuweilen in große, gefährliche Unternehmungen verwickelten... und die dann, wenn ihr Gewissen sie plötzlich packt und unsicher macht, sie schmählich verraten mitten in einer Arbeit, die hauptsächlich ihretwillen begonnen worden war». Zum dritten argumentiert er, daß die Gewalt nur ein Aspekt jeder innovativen Revolution sei; panische «Angst vor Veränderungen» läßt er schlichtweg nicht gelten. Es sei normal, wenn bei großen Neuerungen auch einmal das Unterste zuoberst gekehrt werde. Theoretisch sei es zwar möglich, «das Räderwerk der Reformen intakt zu halten, ohne dabei den Staatsapparat zu verletzen», aber seiner Meinung nach «führt es meistens nicht zum Ziel». Dazu verweist er auf «das klare Bibelwort», wo Christus sagt: «Das Himmelreich leidet Gewalt, und die Gewalt tun, reißen es weg» (Matthäus 11,12).[17]

Und schließlich: Konnte eine *«revolution of time»* denn überhaupt heftig genug sein? Jede Reformation auf dem Zeitplan der Menschheitsgeschichte war per Definition ein Akt reiner Tugend und stets und völlig gerechtfertigt. In aller Bescheidenheit mußte er doch jenen widersprechen, «die erwarten, daß eine überfällige Reformation nur maßvolle Forderungen stellt». War nicht nach der durch eine Eklipse verursachten Finsternis die Reformation «unser wahres Sonnenlicht»? Der Stuart-König hatte sich angemaßt, «unser aller Sonne» zu sein; aber dies war nicht der einzige Fall, wo die Astronomen im Haus Stuart die Bewegungen der Sterne und Planeten falsch interpretiert hatten. James I. hatte sich für das *primum mobile* gehalten und seine Macht benutzt, um allzeit «einen festen und stetigen Kurs beizubehalten und so die wechselhaften und unsicheren Bewegungen der kleineren Planeten zu lenken». Sein Sohn Charles hielt die Aktionen seiner Gegner für «exzentrische, unregelmäßige Bewegungen», eine «Anspielung auf die Himmelskörper», die Milton nicht durchgehen ließ. Er klingt eher wie ein Kasuist als ein Kopernikaner, wenn er so tut, als sei offensichtlich, daß «unregelmäßige Bewegungen auch auf Erden manchmal nötig sein können und am Himmel sogar ständig».[18] Mit anderen Worten: Gewalttätigkeiten, die während der siegreichen Durchführung der guten Sache passierten, waren gerechtfertigt, denn es handelte sich um Selbstverteidigungsmaßnahmen, die sowieso nur unvermeidliche Randerscheinungen waren, alles in allem gesehen also gar keine wirklichen Gewalttätigkeiten.

So also, unter Berufung auf Astronomie und Geschichte, auf die Heilige Schrift und andere klassische Texte zur Ethik und Staatsphilosophie, erhielt Milton sich den Glauben «unbezwingbar». Die Verteidigung der Freiheit und Förderung des heiligen Erlöserwerkes ging allem voran; kein Argument vermochte seinen Glauben an den großen Auftrag zu erschüttern. Und wenn eine tyrannische Herrschaft dem Land Wohlstand beschert (was James Howell, Nehemiah Rogers und andere für möglich hielten)? Das änderte nichts, «denn Wohlstand und Fülle sind in einem Land, wo keine Gerechtigkeit herrscht, nicht Zeichen eines blühenden Staatswesens, sondern des nahen Verfalls und Endes». Die ökonomische Situation der Menschen war nebensächlich; und in der zweiten Auflage (1650) beeilte Milton sich, den Vorrang der Freiheit noch deutlicher herauszuheben.

Wenn wir uns rühmen, frei geboren zu sein, und doch nicht über unsere Freiheit verfügen und uns in der Öffentlichkeit sicher fühlen, ist das um einen Grad [der Versklavung] schlimmer, als nicht über den eigenen Besitz zu verfügen. Denn Freiheit der Person und Recht auf Selbsterhaltung liegen dem Menschen näher, sind ihm natürlicher und wertvoller als die Unantastbarkeit seiner Güter und Reichtümer.[19]

Der süße Traum von der großartigen, unbegrenzten Freiheit zusammen mit der grimmigen Entschlossenheit, dem tyrannischen Übel ein Ende zu setzen, schirmten Miltons revolutionäre Ideologie in besonderer Weise gegen die sich überstürzenden Ereignisse und Anfälle des Zweifelns ab, gegen «Zaudern oder Rückzug». Niemand aus diesem Jahrhundert verkörperte wie er den Geist der radikalen «Stumpf-und-Stiel-Lösung», wie es in einer Petition von 1640 geheißen hatte. Opportunistische Erwägungen kamen ihm nie in den Sinn, und er wollte nichts mit einer «dummen Versöhnung» zu tun haben. Er wußte um die Gefährlichkeit von Kompromissen und warnte: «Was er [der König] heute gewährt, weil er Angst hat, mag er bald mit Gewalt zurücknehmen, wenn die Zeit günstig ist.» Das alte Regime war bestenfalls noch «wie ein baufälliges Haus, das man neu hergerichtet hat». Zu weit war die Fäulnis des Staatskörpers schon fortgeschritten, und für diesen Zustand prägte er das Wort *Dyskrasie* (wie ein Herausgeber erklärt, «bezeichnen die beiden Wortelemente im Griechischen eine Krankheit, welche durch eine gefährliche oder tödliche Vermischung der vier Temperamente des Körpers entsteht und schwer heilbar ist»). Konnte er behandelt, verarztet, geheilt werden? Nein: «Wir werden bis zum Sankt-Nimmerleins-Tag anderer Meinung bleiben.» Vermittlungsvorschläge und Zwischenlösungen fanden bei ihm keine Gnade, gehörten sie doch nur «zu dem endlosen Reigen ... der Seitenschritte und Ausweichmanöver».[20]

Aber auch dann, wenn die alte Ordnung beseitigt und neue

Männer an die Macht gekommen waren, war die Gefahr noch nicht vorüber. Jede Revolution verlangt theoretische Bestätigung ihrer Permanenz, denn sogar die erhebendsten Momente, wenn die Konsolidierung gelungen ist, gewähren keine Erlösung von der beklemmenden Sorge, daß dieser Augenblick vorbeigeht und die eigenen Parolen, die von Veränderung und Wechsel schwärmten, gegen sie verwandt werden könnten. Obwohl die Unruhe bei der Armee und den politischen Extremisten zuzeiten berechtigten Anlaß zur Nervosität bot, verwarf Milton die «irrationale» Ansicht, Revolutionen müßten kreisförmig verlaufen «wie ein Ticktack-Spiel mit Wörtern: ‹Aufstand und Armee›, ‹Armee und Aufstand›...». Doch das Spiel wurde tatsächlich noch zu seinen Lebzeiten ganz ernsthaft durchgespielt, und er konnte die Vorahnung von einer (wie wir heute sagen würden) Konterrevolution nicht bannen, oder gar von einer Revolution innerhalb der Revolution, die Sorge, daß man «ein weiteres Mal jene gräßlichen Wirrungen des Aufruhrs und Mordens durchmachen muß», nachdem man bereits an der Eingangspforte zum Gelobten Land gestanden hatte. Ihn beunruhigte die «wertlose Anerkennung von seiten eines unsteten, irrationalen und visionsgläubigen Mobs» und überhaupt jede Art Rückfälligkeit. Selbst Milton mit seinem dicken Polster des Glaubens und der Gewißheit blieben letzte Zweifel, ob sich nicht doch noch zeigen würde, daß die Menschen

> von Natur her Sklaven oder irrende Tiere sind: nicht der Freiheit mächtig, nach der sie schrien und brüllten, sondern gerade so mächtig, sich zurückführen zu lassen in die frühere Knechtschaft, vergleichbar einer aufsässigen, unruhigen Herde, die sich losgerissen hat und nun die Freiheit, die sie mit aller Gewalt wollte, nicht zu nutzen und bewahren versteht...

Zum Ausgleich für die Unbeständigkeit oder Unentschlossenheit der Massen gab es aber das felsenfeste Engagement der treuen Auserwählten – wie die Justitia selbst, «voll Kraft und Tatendrang» –, die sich nicht «entmutigen, enttäuschen, abweisen und abhalten» ließen.[21]

Zudem war die Justitia nicht allein; sie hatte Verbündete.

«Wahrheit und Gerechtigkeit sind eins, denn Wahrheit ist nichts anderes als gedachte Gerechtigkeit und Gerechtigkeit nichts anderes als praktizierte Wahrheit.» Und wie sollten wahre Theorie enttäuschen und gerechte Praxis versagen können? Milton wärmte sich an der Vorstellung von der «wohltätigen Hitze einer guten Regierung» (im Unterschied zur «fiebrigen Hast der Tyrannei»). Stärker der metaphorischen Bildwelt verhaftet als vielleicht irgendein anderer in jenem Jahrhundert, glaubte Milton, daß auch sämtliche Naturgewalten – die guten wie die bösen und der Himmel mit seinen regelmäßigen und unregelmäßigen Phänomenen – das zu verteidigen helfen würden, was er einst (1641) als «eine gute Zeit, eine Zeit des Parlaments, das wahre Freudenfest und Wiedererwachen des Staates» genannt hatte. Hatte er nicht bereits seinen grünen Daumen gezeigt, indem er sich nicht damit zufriedengab, «die Auswüchse zu beschneiden, sondern das Übel bei der Wurzel zu packen»?[22]

Im 20. Kapitel des *Eikonoklastes* ärgert Milton sich, daß man böswillig «zwei Buhmänner, nämlich Neuheit und Aufruhr, als Intermezzo» auftreten läßt, denn er fürchtet, daß «das häßliche Aussehen und Reden dieser beiden ... alle Bemühungen um eine Reformation zunichte macht». Er hätte statt dieser Begriffe ebensogut zwei gerade in Mode kommende Synonyme benutzen können, die hübschere Musik machten und gefälliger aussahen: Revolution und Utopie. Aber Milton gebrauchte mit Vorliebe ausgefallene Bilder, die er gehörig strapazierte, statt der einfacheren Wörter, die alle nachkommenden Ideologen verwendeten. Nichts vermochte zu verhindern, daß «das Commonwealth unter vollen Segeln auf die Reformation zusteuert», schon gar nicht jene «kleinen Meeresungeziefer» (die *Remora*, von denen Plinius berichtet, daß sie sich am Schiffsboden festmachen und die Fahrt hemmen).[23]

Zehn Jahre später waren neue Schiffe mit windgefüllten Segeln unterwegs, um unbelästigt und ungehindert eine Ladung Passagiere an Land zu setzen, die dem letzten Rest von Miltons Commonwealth endgültig den Garaus machen sollten. Milton veröffentlichte seine letzte Streitschrift, seinen Abgesang auf revolutionäre Politik, im Jahr 1660, als er 51 Jahre alt war und sprungbereit zur Flucht vor jenen, die «ihn zu einer Fahrt auf dem Karren nach Tyburn verurteilen» wollten.[24] Anscheinend existieren nur drei Exemplare dieses Pamphlets. Es ist in zweierlei Hinsicht typisch für Milton. Es zu veröffentlichen, war gefährlich, und dieser Mut war charakteristisch für diesen Mann und seinen Geist. Als dann eine scharfe Replik erschien, waren es sicher nicht mehr ausschließlich eingefleischte, unverbesserliche Royalisten, sondern auch enttäuschte Freunde, die dem treffsicheren Angriff beipflichteten:

> Kein Hexenkünstler ist den Zaubersprüchen so hörig wie Ihr es den Wörtern seid, doch die Dinge, die sie bezeichnen, kümmern Euch keinen Deut.
>
> Ihr kämpft wie die Rhetoriker immer mit der flachen Hand und schließt sie nie zur logischen Faust.
>
> Ihr wandelt allzeit zwischen Universalien, im Reich der Täuschung und Fehler, aber geratet nie so nahe an die Partikularien, daß Ihr uns sagen könntet, welche aus einer größeren Zahl Ihr genau meint.
>
> Eure Politik erreicht nur die Außenseite, die Oberfläche der Dinge, stößt aber nie zu den Wirklichkeiten durch.
>
> Eure Politik gründet sich überall auf die Werke von Polemikern.
>
> Eure steife, formale Eloquenz... beladet Ihr... mit allem, was Euch gerade unterkommt, ob es richtig oder falsch ist.
>
> Wenn es Euch nur ins Argument paßt, nehmt Ihr unbewiesene Dinge als gegeben, auch wenn sie noch so fragwürdig sind, und glaubt dankbar alles, solange es Euch nur nützt.[25]

Als im Oktober 1659 das Parlament von Truppen umstellt worden war, hatte Milton das Vorgehen des Militärs als «ungesetzlich, skandalös, barbarisch» verurteilt; und als General Monk die Macht übernahm, notierte John Aubrey (der uns einen Bericht von den Diskussionen des Rota-Klubs hinterlassen hat, bei denen Harringtons und Miltons Ansichten dominierten), daß «durch diese unvorhergesehene Entwicklung... die Luftschlösser zerstoben». Ein einziges Luftschloß blieb übrig – Miltons «rasche und leichte Lösung» sämtlicher drängenden politischen Probleme eines Landes, das an seiner inneren Zerrissenheit und Zwietracht fast verzweifelte.

Plötzlich wurden die alten Vorahnungen bedrohlich aktuell. Es bestand nun wirklich die Gefahr einer «Rückführung in die frühere Knechtschaft». Die Nation war dabei, «rückfällig zu werden – oder besser gesagt, kniefällig –, denn so einen jämmerlichen Anblick bietet das Volk jetzt im Angesicht des einst verdammten und verhaßten strafenden Götzen, der Königsherrschaft». Welch «verräterischer Widerruf»! Verbittert fragt Milton: «Wo ist dieser herrliche Turmbau eines Commonwealth, von dem die Engländer prahlten, daß er das Königshaus überragen und ein zweites westliches Rom bedeuten sollte?» Er konnte nicht umhin zu sehen, daß «nach vergeblicher Mühe unsere glücklichen Fortschritte beim Reformationswerk rückgängig gemacht werden». Er war nahe daran, das Ende der «edelsten, männlichsten, gleichesten und gerechtesten Regierung» zu beklagen.

Wie war es also zu jener «seltsamen, abscheulichen Verderbnis» gekommen, warum hatte «die plötzliche Pest sich unter uns ausgebreitet?» Es war kaum Zeit, sich ausgiebig in revolutionärer Selbstkritik zu üben oder akribisch den Ursachen der verratenen Revolution nachzugehen. Vielleicht waren dies «die letzten Worte unserer sterbenden Freiheit». Doch die folgende Einsicht in die Fehler der Vergangenheit war ihm so wichtig, daß er darauf eingehen mußte; und die Lehre sollte in späteren Jahrhunderten wieder und wieder gelernt und vergessen werden.

In dem Augenblick, da das Königtum abgeschafft war, hätte man umgehend die Gestalt des Commonwealth festlegen und in die Tat umsetzen müssen, damit das Volk sich bald von der guten Ordnung, Mäßigung und Nützlichkeit hätte überzeugen und daran erfreuen können. Dann hätten wir jetzt feste Wurzeln geschlagen und könnten ohne Angst vor Aufruhr und Veränderungen im Wohlstand leben. Die rechtzeitige Festigung der neuen Regierung nach der alten zu sehr zu vernachlässigen, das war unser Verderben.»

Seit wann aber war es die vornehmste Aufgabe der siegreichen Revolution, eine «gute Ordnung» zu errichten, deren «Mäßigung und Nützlichkeit» die Menschen sofort erfreuen würde? Sogar jetzt noch warf Milton sorglos mit Versprechungen und Versicherungen um sich, die selbst unter den günstigsten Bedingungen schwer zu erfüllen gewesen wären.

War es nicht zu spät? Durchaus nicht, denn «nun ist Gelegenheit, nun ist der richtige Zeitpunkt, um ein freies Commonwealth zu bekommen und es auf ewig im Land zu verankern, ohne Schwierigkeiten und viel Verzögerung». Er modifizierte einige ingeniöse Klauseln seines Wahlreformentwurfs, «damit wir noch Schritt für Schritt zur Vollkommenheit gelangen». Eine lange Passage über die Gewissensfreiheit strich er, vielleicht um desto leichter argumentieren zu können, daß «der vorgeschlagene Weg gerade, leicht und offen vor uns liegt; ohne Komplikationen, ohne die Einführung neuer oder obsoleter Formen, Ausdrücke oder exotischer Vorstellungen». Er wollte gern alles garantieren, wenn er dadurch «unsere eifrigen Rückfälligen» zurückhalten konnte, die

> nach zehn oder zwölf Jahren, in denen nur der Krieg und der Kampf gegen die Tyrannei geblüht hatten, feige und verblendet den Kopf wieder unters Joch legen, das sie zerbrochen hatten, und die Früchte ihres Sieges den Besiegten ohne Gegengabe vor die Füße legen.

Als er von «Krieg und Kampf» sprach, benutzte er wirklich «die Sprache der (nicht zu Unrecht so genannten) guten alten Sache». Aber sicher gab er sich zum letztenmal einer Illusion hin, wenn er glaubte, solche Worte würden auf fruchtbaren Boden fallen; und vermutlich sah er das auch selbst und redete

> nur zu den Bäumen und Steinen, fand nirgends Gehör als bei des Propheten «O Erde, Erde, Erde...».

Am Ende fand Miltons ganze Eloquenz ihren Bestimmungsort im Reich der Wunder. Nur dort hätte er die «Kinder neugeborener Freiheit» finden können, nur dort hätte er weiterhin glauben können, daß er «gezeigt hatte, wie leicht wir jetzt ein freies Commonwealth bekommen können und ebenso leicht soviel Freiheit, Frieden, Gerechtigkeit und Fülle, wie wir wünschen...». Allmählich zeigte sich, daß solche leichten Versprechen schwere Probleme aufwarfen. «Mehr möchte ich im Augenblick nicht dazu sagen: einige wohlüberlegte Worte können uns retten und einige einfache Dinge, für die jetzt die richtige Zeit ist... Werden nur einige wichtige Dinge nun ohne Verzug verwirklicht, so werden wir uns wieder sammeln und alles in Ordnung bringen können.» Dann aber, nachdem er bereits müde auf jedes weitere Wort verzichtet hatte – höchstens die wenigen zur Rettung nötigen Worte würde er noch sagen –, schwingt er zwei oder drei Seiten später sich zu einem bemerkenswerten Höhenflug auf; man ist geneigt anzunehmen, daß die Angst vor der Konterrevolution den Stil genauso durcheinanderbringt wie die Hoffnung auf die erlösende Revolution. Mit diesem rhetorischen Wirrwarr nämlich versuchte er, das breite Volk für seine Sache zu gewinnen:

> ...daß sie ein wenig nachdenken und überlegen, wohin sie strömen, und diesen Sturzbach, der aus Menschen besteht, zu ermahnen, sich nicht so wild zu gebärden und besser in seinem alten Flußbett zu bleiben; und schließlich sich an ihre besseren Vorsätze erinnern und vereinen, da sie nun sehen, wie offen und grenzenlos die Überheblichkeit und Wut unserer gemeinsamen Feinde bereits ist, und diesen verderblichen Entwicklungen einen Riegel vorschieben, da sie zu Recht und noch zu rechter Zeit fürchten, an welchen Abgrund des Verhängnisses die Flutwelle dieses seuchenhaften Wahnsinns uns alle treiben wird, weil die fehlgeleitete und mißbrauchte Masse zuhauf desertiert ist...

Dazu schreibt David Masson ganz richtig:

> Einen Sturzbach ermahnen! Wie sich hier Miltons Gedanken überschlagen, die Metaphern mischen und jagen, das spiegelt akkurat die Situation um ihn herum wider. Fluten, Strom, Sturzbach, Flutwelle, die alle dem Abgrund zustürzen: Man kann die Bilder und Vergleiche gar nicht turbulent genug mischen, um einen anschaulichen Eindruck von dem wilden Eifer in London und ganz England zu vermitteln, als Ende April 1660 König Charles vom Kontinent herübergebracht wurde.[26]

Ein letzter Angriff, der schmerzhafteste von allen, erschien in demselben Jahr unter dem Titel *The Spirit of the Phanatiques Dissected*; darin hieß es mehr oder minder deutlich, Milton solle dorthin zurückgehen, woher er gekommen sei, nämlich nach Utopia. Mit unverhüllter Verachtung wurde gefragt, «ob man nicht seinen neuen Entwurf eines Commonwealth... zusammen mit dem des Dummkopfes Harrington nach Sir Thomas Mores Utopia oder in eine *terra incognita* schicken sollte samt den Verfassern, die dort ihren Freistaat errichten können?»[27] Er, der es abgelehnt hatte, «sich aus der Welt in eine utopische Politik zurückzuziehen», der die Welt von allen Übeln befreien wollte und geglaubt hatte, das Schlachtfeld von Armageddon vor sich liegen zu sehen, wurde nun ins intellektuelle Exil und in die geistige Diaspora geschickt. Die gute Sache – bei More eine neue, bei Milton schon eine alte Sehnsucht – war am Ende des ersten Jahrhunderts der Revolution rüde an ihren Ausgangspunkt zurückverwiesen worden.

2. Nedhams voller Kreis

Zumindest ein Schriftsteller jener Zeit vermochte sich von den humorlosen Gewißheiten und Verwirrungen freizuhalten, mit denen tapfere Männer des Schwertes und wohlmeinende Dogmatiker sich an die Neuordnung der Gesellschaft machten. Durch das Fernglas der Geschichte betrachtet, wirkt sein Beitrag nur wie ein kleiner Spaß, den allerdings dieses erste Jahrhundert der Utopie und Revolution bitter nötig hatte. Marchamont Nedham, der brillante und unberechenbare Herausgeber des Cromwell-Blattes *Mercurius Politicus* (vorher hatte er den royalistischen *Mercurius Pragmaticus* ediert), veröffentlichte im Frühjahr 1657 fünf Artikel, die angeblich neueste Berichte aus einem Ort in Utopia darboten.[28]

Die ersten Nachrichten aus der Fremde schienen Grund zur Beunruhigung zu geben (eine leichte Beruhigung brachte allerdings die Kunde von der Landung einer «lustigen Gesellschaft von der Insel Oceana, zu der auch der gelehrte Autor selbst gehörte»). Die Utopier «litten schwer unter der ansteckenden Seuche, politische Traktate zu sudeln... Die Leute hier machen sich mit ihrem Streit über das Regieren gegenseitig verrückt.» Das war um so schlimmer, weil es gegen ein Grundgesetz von Utopia verstieß – «denn jeder will ernstgenommen werden». Anscheinend hatte das tragische Ende des Gründers von Utopia (Thomas More, der auf dem Schafott endete) bewirkt, daß man schon früh «eine weise Staatsregel aufstellte, wonach man stets lustig und nie ernst zu sein hatte, außer wenn es ans Sterben ging».

Im zweiten Bericht ging es um die Satzungen für eine neue utopische Körperschaft, die «über Möglichkeiten und Maßnahmen beraten sollte, wie dieses Commonwealth in ein fröhliches Gemeinwesen umgewandelt werden kann... Aber auch dies soll lustig geschehen, wie die Gesetze von Utopia es verlangen.» Im dritten Bericht scheint man einzugestehen, daß ernst sein alles ist.

Verehrter Herr, es betrübt mich zu hören, daß viele Ihrer Landsleute den Atlas konsultiert haben, ohne unser Utopia finden zu können. Nun muß ich sagen, das war nicht ihre Schuld, denn ebenso wenig wie die klügsten Geographen wissen wir selbst, auf welchem Längen- und Breitengrad es sich befindet; wobei hinzuzufügen ist, daß wir einige Personen kennen, die gut zwölf Jahre danach geforscht haben und wie Sir Francis Drake deswegen mehrmals die Erde umsegelten und schließlich in die Heimat zurückgekehrt sind. Weshalb sollte dann noch jemand sich ärgern, wenn nach all den Entdeckungsreisen durch die *terrae incognitae* der drei Regierungsformen und der vier Monarchien kein sicherer Fleck Erde gefunden wurde und wohl auch nicht zu finden ist, es sei denn, man steuere eine fünfte an? Und in der Tat (verehrter Herr), das einzige, was wir auf unseren Reisen gelernt haben, ist schön zu Hause zu bleiben und ruhig zu sein, sagt uns doch alle Erfahrung, daß eine Gemeinschaft notwendig ist und die Form keine Rolle spielt, solange das Regieren nur zu den richtigen Ergebnissen führt.

Offenbar war Utopia von revolutionären Utopisten gestört worden!

Sie meinten, wir sollten grenzenlos sein wie das Meer, schlicht wie die Erde, frei wie die Luft und wild wie das Feuer, damit wir wie hochgelehrte Alchimisten durch Verbrennung noch feinere Teilchen hervorbringen, als unsere Vorfahren es konnten. So sollten wir zu unserer ursprünglichen Freiheit zurückfinden.

«Nur dort ist man wahrhaft frei», vermerkt der Reporter aus Utopia mit autorisierter Ironie, «wo niemand gehorcht, jeder befiehlt, und alle machen, was sie wollen.»

So kamen Wandel und Innovation auch nach Utopia. Jetzt ließ sich eine noch glücklichere Gemeinschaft vorstellen, und die Reform selbst konnte reformiert werden. «So gesehen, hatten wir vormals keinen Staat der Freiheit, außer daß sich das Volk von Phantasien ernähren durfte und ihm gesagt wurde, es sei die höchste Macht und müsse sie bei einer Revolution oder Rotation ihrer Abgeordnetenversammlung einsetzen, ein Gedanke, bei dem es den Hochwohlgeborenen schwindelig wurde.»

Das war in mancher Hinsicht ein historisches Plädoyer gegen revolutionäre Schwindelanfälle. Obwohl Nedham zuweilen rechts bei den Konservativen, den Royalisten, stand und manchmal links bei den Radikalen, den Unabhängigen, hätte seine «Bereitschaft zur Utopie», wo Probezeiten und Experimente, Veränderungen und Improvisationen und vor allem die praktischen Konsequenzen sozialer und politischer Modelle eine große Rolle spielten, bei keiner Partei Anklang gefunden.

Es gibt kein ewig gültiges Prinzip über die richtige Staatsform. Die Regeln und Gründe für ein bestimmtes Regierungssystem können nicht stets gleich bleiben, weil sie davon abhängen, was die Zukunft bringt; sie müssen also gemäß den einzelnen und verschiedenen Umständen und Zufällen veränderlich sein. Deshalb kann man nicht eine einzige Form für alle Zeiten festlegen; denn was zu einer Zeit ratsam scheint, mag zu einer anderen nachteilig wirken. Am besten ist immer, was dem augenblicklichen System und politischen Klima am besten entspricht und den Zielen der Regierung am förderlichsten ist; also mag sich ein «Freistaat» ebensogut und oft viel besser in einer sogenannten Monarchie verwirklichen lassen als in jeder anderen Staatsform. Nicht auf Namen wie «Freistaat» oder «Commonwealth» kommt es an, sondern darauf, daß es ein in jeder Beziehung freier Staat ist, wo die Menschen ihre Rechte und Pflichten frei und sicher genießen können. Weil dem so ist, lautet bei uns in Utopia einer der Grundsätze der Staatsphilosophie, daß wenn einer, der seinen Bruder als Abtrünnigen bezeichnet, weil dieser aus Vernunft der Drehung des großen Staatsrades folgt, seine Starrhalsigkeit mit dem Tod bezahlt, dieses nur für ihn selbst ein Verlust war und nicht etwa für das Gemeinwesen.

«Doch mehr davon ein andermal», endet der utopische Bericht, «diesmal, fürchte ich, bin ich schon zu ernst geworden.»

Marchamont Nedham war als Staatstheoretiker zu erfahren, als daß er in der Hitze des journalistischen Gefechts einen wichtigen Punkt übersehen hätte.[29] Möglicherweise gab es einen dritten Weg «zwischen dem Träumen und Disputieren», existierte da doch «ein Geheimnis, das uns in Utopia viel Erfahrung und Nutzen gebracht hat». Seiner Meinung nach war die entscheidende Frage, «wie man jene bessert, die sich anmaßen, über verschiedene Staatsformen zu schreiben und zu reden», um so «die kleinen Pinscher der Stadt an die Leine zu legen, bevor sie anfangen zu beißen» und die Gesetze «vor den Attacken zu bewahren, die jede kleine Clique gegen sie reiten möchte». Die neue Erkenntnis lautete:

> Dies wird unseren Utopiern allmählich klar und einsichtig: daß sämtliche Regierungsformen nur zeitweilige Konstruktionen sind, die auf die Probe gestellt werden müssen, und daß der Staat dies rechtens und notwendigerweise tut im Interesse der öffentlichen Sicherheit; und daß es töricht wäre, an einer Staatsform festzuhalten, wenn sie ihre Berechtigung verloren hat. Es ist also weder Schande noch Schmach, sämtliche Staatsformen durchzuprobieren, solange es überlegt und vernünftig geschieht; und wenn alle Versuche gescheitert sind und die Ziele des Staates sich anders nicht bewahren lassen, zu den alten Grundlagen und Fundamenten zurückzukehren.

«Bis zum nächstenmal», endet der vierte Brief, «verbleibe ich, *Joco-Serio* ...»

Der fünfte und letzte Bericht kam aber nicht aus Utopia im Jahr 1657, sondern aus Oceana. Es ist denkbar, daß die Spöttelei zu ernst wurde und es ratsam schien, für dieses politische Stück den Ort der Handlung zu verlegen. «Ich bitte Euch, beschmutzt Euch nicht länger die Hände mit dem törichten Korrespondenten aus Utopia.» Am besten «kümmert man sich nicht mehr... um diese Baumeister von Luftschlössern», und offenbar war es gar nicht schwierig, eine «bessere Insel als Utopia» zu finden (oder zu kaufen). Oceana war vermutlich besser; und der neue Berichterstatter verliert sich in Details zur Organisation von «Wahlurnen, -kugeln und -kästen» für zehntausend Gemeinden und fünfzig Stämme (mit ihren fünfzig Pavillons), von Lohnsätzen für Aufsichtsbeamte und den Obersten Kontrolleur; denn das waren «die Verfahren, mit denen man die Welt regiert».

Vielleicht war nur jemand mit einer so buntgescheckten Karriere wie Marchamont Nedham fähig, derart schillernde Grundsätze der Vernunft aufzustellen, deren Einfärbung, Muster und Verknüpfung ein wundersames Gewebe bildeten.[30] Als junger Mann hatte Nedham mit den Royalisten sympathisiert, bis man ihn wegen Majestätsbeleidigung ins Gefängnis steckte; einen zweiten Aufenthalt daselbst verschafften ihm seine Angriffe auf die neue Regierung. Beide Male wurde er begnadigt, ließ sich dann von John Miltons Ideen (und Protektionsmöglichkeiten) stark beeinflussen und erhielt die Stelle eines Chefredakteurs und Herausgebers beim *Mercurius Politicus* (dessen Lizenzinhaber und redaktioneller Oberaufseher Milton war). Vierzig turbulente Jahre lang benahm er sich oft zynisch und opportunistisch, gemäß dem Wechsel der Überzeugungen und Lebensumstände. «Vielleicht stimmt Ihr nicht mit den folgenden Ansichten überein», schrieb er im Vorspann eines Pamphlets im Jahr 1661. «Ich muß gestehen, daß auch ich zeitweilig anders dachte, bevor gewisse Ereignisse mich zum Nachdenken brachten.» Seine satirischen Ausfälle grenzten an Verleumdung, und seine Unberechenbarkeit wirkte verdächtig so, als hänge er sein Mäntelchen nach dem Wind. In Höchstform aber zeigte er sich als klarer, kultivierter und scharfer Kopf; und aus vielen Passagen klingt die Wortgewalt, die schlichte Sprachmacht eines geborenen Ideologen vor dem

Zeitalter der Ideologien, weshalb man ihn unlängst als «einen Meister der Propaganda» gewürdigt hat.

Tatsächlich brachten weltgeschichtliche Ereignisse ihm postum eine zweite Karriere, da ihn die amerikanischen und französischen Revolutionäre zu ihrem Sprecher erklärten. Sein *Excellencie of a Free-State* in der Ausgabe von 1767 war den Revolutionären in den englischen Kolonien Nordamerikas wohlbekannt.[31] John Adams spricht besorgt von seinen «vielen Anhängern».[32] Eine französische Übersetzung mit dem Titel *De la souverainité du peuple* – vom Herausgeber um lange Zitate von Montesquieu, Voltaire und Rousseau bereichert – erschien in Paris noch im ersten Jahr der Großen Revolution.[33]

Marchamont Nedham ist damit eine in der Ideologiegeschichte seltene Erscheinung, ein wertvolles *missing link* für die ideengeschichtliche Entwicklung von drei verschiedenen Revolutionen.

Wie alle unter dem Druck revolutionärer Ereignisse stehenden Ideologen kann man Nedham mit seinen Brüchen und Unvereinbarkeiten in den verschiedenen Ansichten nur erklären, wenn man die Verlockungen und Verdächtigungen des neuen Regimes berücksichtigt. Machiavelli hatte ihn gelehrt, daß nur der «bewaffnete Prophet» überleben kann; das gab den im Namen der Volksrevolution verübten Gewalttätigkeiten sowohl göttliche als auch weltliche Rechtfertigung. «Sollte dies aus den profanen Schriften noch nicht klargeworden sein, dann seht in der Heiligen Schrift nach, wo es heißt, daß nur das Schwert über die Macht im Commonwealth oder Königreich entscheidet.» Irgendwo in seinem Plutarch hatte Nedham gelesen, daß Volksaufstände «wie die Wehen einer Schwangeren» sind (das wurde die klassische gynäkologische Analogie in der Revolutionsliteratur); und von daher leitete er eine medizinische Begründung für die Schmerzen der Übergangsperiode ab: «Der jüngste Streit und Aufruhr zwischen dem König und dem Parlament gleicht dem stechenden Schmerz und Fieberwahn, der quasi antiperistaltisch mit zunehmendem Alter immer heftiger wird, sobald die ersten Auflösungserscheinungen eingetreten sind.» Beim

Nachdenken über den Zusammenhang von Mittel und Zweck (*«Qui vult media ad finem, vult etiam & ipsum finem»*) war er – mit Aristoteles – zu dem Schluß gekommen, daß notwendigerweise das eine das andere heilige. Denn was hier auf dem Spiel stand, war nichts Geringeres als eine utopische Revolution der menschlichen Daseinsweise, und «eine von des Volkes Hand durchgeführte Revolution des Staatswesens war seit jeher das einzige Mittel, um die Herrschenden zur Rechenschaft zu verpflichten und die Mißstände der Tyrannei, des Aufruhrs und der Not zu verhindern». Das war nicht nur bloße Theorie. Nach dem Sieg der «nationalen Revolution des Staates» (wie er es nannte), das heißt der Cromwell-Herrschaft (die ihm auf dem Umweg über seinen Freund Milton manche Gunst erwies), bestand die Aufgabe nicht mehr in der Propagierung hehrer Ideale, sondern in der Verteidigung eines etablierten Machtgefüges. «Wir sind so kühn zu behaupten (unter Berücksichtigung aller Umstände), daß diese Nation niemals zuvor wirklich frei war und auch ihre Freiheit nicht so voll nutzen konnte wie jetzt.»[34]

Wenn dem so war, dann konnte die Ideologie nicht mehr als utopisches Zersetzungsmittel der gesellschaftlichen Ordnung fungieren, sondern mußte der neuen revolutionären Macht und ihrer Festigung dienen.

> O wie schön ist es, wie erquickt es den Mut
> Gerechter Männer in der Unterdrückung,
> Wenn Gott die nie besiegte Kraft in ihres
> Befreiers Hände legt,
> Die Mächtigen der Erde zu zertreten.
> (Milton, *Samson Agonistes,* V. 1268–1272)

Gleich Milton sah Nedham die heraufziehende Gefahr. «Jene mutigen Männer, die sich mit der Gründung eines Commonwealth unsterblich machten, wußten sehr wohl, daß bei einer raschen Revolution andere mit weniger Gemeinsinn ihre Stelle einnehmen und neuerlich sich die Augen nach einem Königsthron ausgucken würden.» Man mußte deshalb dringend «den Menschen solche Grundsätze einprägen, die sie einen unerbittlichen Haß gegen das alte Regime empfinden lassen» – oder auch gegen ein neues Regime, wie es jenen vorschwebte, die das Rad der Revolution in Bewegung halten wollten, weil es noch nicht eine vollständige Drehung durchlaufen hatte. Die Gefahr drohte von rechts wie von links, und weder «Royalisten noch Presbyterianer» hatten das Recht, «sich der gegenwärtigen Regierung zu verweigern», ganz zu schweigen davon, die Waffen zu ergreifen, um ihre eigenen politischen Ziele zu verwirklichen. Von Guiccardini wußte Nedham, wie verhängnisvoll extremistische Tendenzen sein konnten: «Es ist oft passiert, daß das Volk, nachdem es aus Freiheitsdrang eine Tyrannei oder Königsherrschaft beseitigt hat, von einem Extrem in das andere verfällt.» Momentan schienen die Extremisten aus dem königstreuen Lager keinen Grund zur Besorgnis zu geben; das war eine, wie Nedham verächtlich meinte, «üble, lausige, geschlagene Generation». Ganz akut und beängstigend hingegen war die Bedrohung von den anderen Extremisten. Es bestand die Gefahr, daß es zu einer Revolution in der Revolution kam; die Feinde waren mitten unter ihnen.[35]

Waren sie, fragte er sich manchmal, «nur Anarchisten», oder vielleicht nur, wie die Propagandisten der Fünften Monarchie, «arme, verirrte Seelen»? Oder wie die Digger und Leveller feurige Faktionalisten, die sich vorgenommen hatten, «alles niederzureißen und nichts aufzubauen»? Wer immer sie waren und in welchen Koalitionen sie auftauchen mochten (vielleicht erhielten die Leute aus Putney und Blackfriars Hilfe von den Stuart-Verschwörern), jedenfalls waren die Angriffe auf das Commonwealth eine dunkle Bedrohung, die das oberste, unantastbare Gesetz dieser (und jeder) Revolution in Frage stellte: ihre eigene Unantastbarkeit. Nochmals betonte Nedham, daß «das Schwert seit je über die Vergabe der Herrschaft richtet»; was vermutlich heißen sollte, daß von nun an niemand mehr das Schwert ergreifen durfte. Er predigte allen Menschen «geduldige Unterwerfung ... unter ihre jeweilige Revolution».[36]

Wer deshalb die Unterordnung unter eine etablierte Herrschaft verweigert mit Berufung auf sein Gewissen, das durch Abmachungen, Eide und Vereinbarungen gebunden sei, oder in der Annahme, sie sei durch das Schwert unrechtmäßig etabliert, verdient nur, ein Nörgler und Querulant genannt zu werden, der sich halsstarrig gegen Vernunft und Sitte der ganzen Welt stellt. Mag er sich berufen, worauf er will – nach dem Recht der Völker gilt Widerstand als Verrat. Und wenn er unbedingt von den Flammen des eigenen frenetischen Eifers verzehrt werden möchte, kann man ihn bestenfalls einen Heiligen der Verrückten und Märtyrer der Narren nennen.

So geschah es noch im ersten Jahrhundert der Utopie und Revolution, daß das junge, kühne Recht auf Widerstand von der alten, oft strapazierten Pflicht zum Gehorsam verdrängt wurde. Jedoch mit einem grundlegenden und bisher unbekannten Unterschied: daß nun die Gehorsamspflicht den Mächtigen gegenüber mittels einer neuen ideologischen Kasuistik dem Volk als Realisierung seiner eigenen Macht vorgespiegelt wurde, als «größere Freiheit» innerhalb eines grandiosen, revolutionären Plans. In miltonischen Kadenzen (und man vermutet, daß Milton bei der Abfassung seine Hand im Spiel hatte) läßt Nedham seiner Wut gegen die «Einpeitscher» freien Lauf. Die Zeit für neckische Utopien und Späße auf einer imaginären Insel war vorbei – Fanatiker betörten mit «Schimären der Freiheit, wie es ihren Zielen und Phantasien paßte... Sie wollten nicht Freiheit, sondern Zügellosigkeit».[37]

Zwei geschichtlich bedeutsame Einwände erhob man gegen jene Kräfte, die zu einer Revolution in der Revolution anstiften wollten, und beide gaben Nedhams Plädoyer zusätzlich Nahrung, daß der Utopie ein Ende gesetzt und die Grenzen der Revolution erkannt werden müßten.

1. *Die doktrinäre Arroganz einer exklusiven Elite.* Die neuen Cliquen maßten sich «kühn und unverschämt» an, «nach Diktatorenart zu definieren, was Freiheit ist und was nicht, und wie sie einzurichten sei; als seien sie unfehlbar und die einzigen Vorkämpfer einer allgemeinen Freiheit». Und was noch schlimmer war: Diese «ruhelosen Geister» gingen «den Weg der Gewalt».[38]

2. *Der Verdacht des Einheitsdenkens unter einem neuen Absolutis-*

mus. Anstelle des *latitudo prudentalis*, jenes «weisen Spielraumes», ohne den kein Volk frei leben und atmen kann, «wollen sie eine absolute Gemeinschaft errichten«. Nedham nahm hier unmißverständlich Partei für soziale Toleranz und intellektuelle Vielfalt.

> Und weil es notwendig und unvermeidbar ist, daß es (solange die Welt besteht) unterschiedliche Meinungen gibt, ist es zweifellos am vernünftigsten, so vorzugehen, daß man gegen etwaige unangenehme Konsequenzen eine Handhabe hat, statt daß man sofort mit Folter und Drangsalen andere Meinungen unterdrückt und verhindert; denn man kann den Verstand der Menschen so wenig wie ihren Willen zwingen, etwas gutzuheißen, was sie nicht mögen.

Nun aber tauchten neue Dunkelmänner auf, «jene hohen, rücksichtslosen Vereinheitlicher, die verlangen, daß sich jeder mit seiner Meinung nach ihnen richtet wie der Tyrann Mezentius, der seine Gäste, waren sie für sein Bett zu lang, kürzer schnitt, und waren sie zu kurz, mit Folterinstrumenten in die Länge zog; denn sie sollten alle sein eigen Maß und Meinung haben».[39]

Als er nach Jahren im Exil und der endgültigen Enttäuschung seiner politischen Hoffnungen auf die miltonischen fünfziger Jahre zurückschaute, fiel es Nedham, dessen Blick nun vom typischen nachrevolutionären Astigmatismus getrübt war, nicht schwer, alle Vertreter der Commonwealth-Idee, die Moderaten und Militanten, die bedächtigen Liberalen und enthusiastischen Apokalyptiker in demselben einheitlich düstren Licht zu sehen. Und das führte wieder zur Trennung von alten Freunden, unter denen er nicht wenige «Heißsporne» und «Feuerköpfe» auszumachen glaubte.

> Ich weiß, daß die Philister, die Leute, die rasch und gerne mit einem Urteil bei der Hand sind, manchen bitteren Pfeil abschießen werden, um meinem Ruf zu schaden, und mich der Leichtfertigkeit und Unbeständigkeit bezichtigen, weil ich weniger obstinat war als sie... Stürmten sie nicht (wie Feuer, von Wolken bedrängt) mit Blitz und Donner los und brachten allem, was im Weg stand, Schrecken und Verwüstung?[40]

Er versöhnte sich mit der Restauration der Monarchie und glaubte, seine wahren politischen Feinde nun deutlicher erkennen zu können. Der gefeierte Held der Volksrevolution erschien ihm jetzt «eifrig und nicht klug; kompromißlos und nicht bescheiden; ganz naiv und nicht ehrlich: wer ihm nicht traut, den wird er nicht täuschen können».[41]

Einige Jahre vor seinem Tod 1678 schrieb Nedham *A Short History of the English Rebellion* in Versform, der sein alter Freund John Milton weder inhaltlich noch stilistisch zugestimmt hätte. Doch es lohnt sich, einige der holprigen Verse zu zitieren, weil sie in «*Joco-Serio*»-Manier noch einmal die wichtigsten Themen aufgreifen, die wir aus der entstehenden politischen Kultur jenes Jahrhunderts herauszupräparieren versuchten, von Kopernikus und dem Kreislauf der Revolution bis zur Klage über den erfolglosen Versuch, ein Paradies auf Erden zu errichten. Natürlich beruft Nedham sich auf Kopernikus:

> Kopernikus, wir preisen deine Gaben,
> Seit wir die Wahrheit haben.
> Steht nun der Himmel still,
> Die Erde dreht sich, wie sie will.
> Sieh, wie das Schicksalsrad sich kehrt
> Und altes Durcheinander uns beschert.

Dann rechnet er mit dem eitlen Stolz jener heiligen Sucher nach einem «irdischen Paradies» ab:

> Himmel auf Erden wollen sie bringen,
> Doch wie in Wahrheit die Worte klingen,
> Wissen wir wohl:
> Hölle auf Erden wird es werden!

Und Nedham vergaß auch die vielen Streitgespräche über die theologisierte Politik mit den «Rabbinern» nicht, die sich mit dem Verlauf der Offenbarung minutiös auskannten:

> Sie wälzen die Folianten
> Wie Wählerstimmen hin und her.
> Den größten Hokuspokus
> Macht man in Westminster.

Über den tatsächlichen Ablauf der Ereignisse heißt es in dieser «Geschichte»:

Von Rebellion erschüttert wird unser großes Land;
Doch der Rebellen Namen, der ist noch nicht bekannt.
Die Roundheads war'n die ersten, wie erkannt,
Falls Richter Wahrheit lehrten,
Bis Hochverrat in Ehr' sich wandt',
Gescheh'nes aufzuwerten.

Entsprechend sentimental klingt Nedhams Abgesang auf Rebellion und auf Reform:

Reformen sind ein müd Geschäft
Voll Zorn und Streitigkeit;
Ihr bringt uns in das Paradies,
Beschert uns Goldne Zeit.

Ihr seid uns Glaube, Gott, der ganze Krempel,
Den man als himmlisch uns vormalt,
Westminster Hall ist euer Tempel,
Und unsre Priester sind von euch bezahlt.

Die Hölle gilt als papper Wecken,
Grad' gut, von Untat abzuschrecken,
Und Religion als bös gemeinte Bleigewichte,
Widrige Stolpersteine in der Weltgeschichte.

Wer einen Kopf hat, wird verbannt,
Könige, Fürsten Verräter genannt;
Und jeder Wahnsinn gilt als Wert
Unseren Staatsflickern mit dem langen Schwert.

Und mit ein, zwei Knittelversen ist für Marchamont Nedham auch die Revolution abgetan:

... alle Dinge gehn vorüber
Auch das Neueste wird mal trüber...

Wer Rechte schändet, was ist der schon wert,
Und Unterstes zuoberst kehrt?[42]

3. Locke und die Gleichnisse der Stärke

Das Jahr 1660 war dramatisch genug, gewinnt aber für den Chronisten der Ideengeschichte noch an Spannung durch kürzlich entdecktes Material, das ein neues, schärferes Licht auf das historische Auftreten und Verschwinden jener berühmten Denker wirft, die jeweils zu Sprechern verschiedener Generationen wurden. Seit diese Texte unlängst – mit dreihundertjähriger Verspätung – gefunden wurden, wissen wir, daß zu derselben Zeit, da John Milton sein letztes politisches Pamphlet herausbrachte, John Locke an seinem ersten arbeitete. Locke war damals noch nicht dreißig Jahre alt, Milton über fünfzig. Erblindet, verängstigt von Stimmen, die ihn zu «einer Reise mit dem Karren nach Tyburn» verurteilt sehen wollten, erschüttert durch die Vernichtung jeder Hoffnung auf ein Commonwealth und «in ständiger Angst vor Mordanschlägen», hielt sich Milton gleich Harrington und Nedham versteckt. Eine ganze Generation verschwand in kürzester Zeit von der Bildfläche, jene Radikalen, die unter Cromwell aktiv gewesen waren und nun verfolgt wurden. Für die Jüngeren (Locke erhielt seinen Magistertitel in Oxford im Juni 1658), die von den «schwindeligen Narrheiten» genug hatten, konnte die eine Revolution nicht schnell genug enden, um der nächsten Platz zu machen.[43]

Diese Ungeduld ist intellektuell als eine konservative Reaktion auf die vorausgegangenen zwanzig Jahre zu verstehen, eine Periode, in der enthusiastisch und voller Gewißheit große Fragen erwogen und endgültige Lösungen verkündet wurden, und an deren Ende manche immer noch an «rasche und leichte Lösungen» glaubten. Dagegen schreibt Locke einmal scharf: «Wo bleibt denn die große Diana der Weltvernunft... Es gibt niemanden, der nicht überzeugt wäre, daß er allein diese in sich trägt und alle anderen in Finsternis umherstolpern.» Eine handschriftliche Notiz belegt die typische nachrevolutionäre Skepsis dieses Staatsphilosophen, der später seinerseits einige sichere Lösungen anbieten sollte:

> *Glück.* Glück ist fortwährende Zufriedenheit ohne Störung. Sehr unvollkommen auf dieser Welt. Kein Mensch hier glücklich bestimmt. Mag vollkommen sein in einer anderen Welt vielleicht wahrscheinlich.[44]

Was sonst noch möglich oder wahrscheinlich sein mochte, eines schien todsicher: daß «alle jene herrlichen Versprechungen», die in jenem Zeitalter der Sehnsüchte gemacht worden waren, nur Tod und Verderben gebracht hatten. Woher das Versagen der «tragischen Revolutionen, von denen die ganze Christenheit in den letzten Jahren in Aufruhr versetzt wurde»? Wie war es möglich, daß «eine auf Frieden und Nächstenliebe gebaute Botschaft zum Grund für dauernden Krieg und Streit wurde»? Wer hatte «die Flammen entzündet, die Verheeren und Elend über Europa gebracht hatten und erst mit dem Blut von Millionen gelöscht worden waren»?

Die Antworten des jungen Locke sind die ersten Kritiken an der neuen Ideologie des 17. Jahrhunderts, und die Abrechnung ist so gründlich und vernichtend, daß der Autor nie sich des Ruhmes als Mentor der Französischen (und Amerikanischen) Revolution hätte erfreuen können, wenn man sie damals gelesen und diskutiert hätte. Vielleicht wußte er gar nicht, wie klug es von ihm war, diese Schriften verschlossen zu halten. Wer hätte sich 1776 und 1789 eingefunden, um für Lockes Parole einer liberalen Demokratie zu kämpfen, wenn man ihm gesagt hätte, daß «die Freilassung des empfindlichen Gewissens der erste Schritt zu den Verwirrungen und unglaublichen, destruktiven Thesen war, die dieses Land überschwemmten», und wenn man ihn warnend darauf hingewiesen hätte, daß «das Gemüt der Menschen auch jetzt noch genauso bereit zu falschem Übereifer und religiösem Wahn ist, und nur einige gerissene Gestalten aufzutauchen brauchen, um sie für solche Thesen zu begeistern und entflammen»? Was Locke in dieser Frühphase dem entgegenzusetzen hatte, klang melancholisch und entmutigend.

... mag die Natur auch viele Glückseligkeiten verheißen, was sie dann tatsächlich bietet, ist wenig und flüchtig, wie man deutlich genug am Klagen der ganzen Menschheit erkennen kann und an den eitlen Hoffnungen, die stets auf die Zukunft gerichtet sind, so daß der Geist wie auf einer Folter immer gespannt und niemals zufriedengestellt wird.[45]

Hätte auch nur ein Mensch Freiheit und Glück zu finden gesucht, wenn er Lockes Ansicht über das Naturgesetz geteilt hätte, demzufolge eine «ohnmächtige und bedauernswerte» Menschheit sich «von Schmerz zu Schmerz» vorwärtsschleppt und es also sinnlos ist, weiterhin gleich den Jüngern des Prometheus glückbringende Verbesserungen zu erstreben?

Doch die Männer mit empfindlichem Gewissen oder unbefriedigter, zukunftsorientierter Hoffnung wußten stets, daß beim Kampf um «ein besseres Leben» man unter Umständen auch zerstören, Unglaubliches vollbringen, für einen neuen Glauben entflammt sein mußte. Dreißig Jahre später sollte Locke, nunmehr reifer und nicht mehr «allein an den Schattenseiten der Wolken interessiert», die rebellische Gesinnung recht anders einschätzen und dem Bedürfnis nach aufgeklärter Toleranz deutlich aufgeschlossener gegenüberstehen, zumal bei der eigenen Rückkehr aus dem holländischen Exil, als er unter der Flagge der Oranier und der «glorreichen Revolution» in England landete.

Vorerst aber konnte den zornigen jungen Mann mit seinen «unauslöschlichen Erinnerungen an unser vergangenes Unglück» nichts bremsen. Wie er einmal erklärte: «Kaum fand ich mich in dieser Welt, ward ich von einem Sturm ergriffen.» Dabei war ein Sturm noch nicht das Schlimmste. Es gab auch Personen, die, wie er 1659 seinem Vater schrieb, «von nichts anderem als Feuer, Schwert und Vernichtung» träumten.[46] Er selbst träumte von *felicitas* und *tranquilitas*, und er versuchte sich einzureden (mit mehr Emphase, als er sich üblicherweise erlaubte): «Die Welt und all ihr Flitterwerk ist kaum einen zornigen Gedanken wert; wer dafür auch nur einen Bruchteil seiner Ruhe und Zufriedenheit aufgibt, hat einen schlechten Tausch gemacht.» Einen einzigen wilden Gedanken mußte er aber aufschreiben, auch wenn dieser nie den Drucker erreichte.

So [habe ich] beobachtet, daß allen tragischen Revolutionen, die seit vielen, langen Jahren die gesamte Christenheit geplagt haben, eines gemeinsam ist: Noch das niederträchtigste Vorhaben hat die Maske der Religion getragen, und noch jede Rebellion hat sich in trauter Sorge um ihr Schicksal fälschlich als Reformation ausgegeben und behauptet, sie wolle an der Religion gewisse Mängel beheben oder Fehler verbessern; und jeder gab vor, den Staat nur deshalb zerstören zu wollen, um einen neuen Tempel zu errichten. Wer immer die öffentliche Ruhe störte, war klug genug, sich die Religion zum Schild zu nehmen, mit dem sich vielleicht auch nicht die eigene Sache verteidigen, so jedenfalls doch Kredit verschaffen ließ, denn von keiner anderen Sache läßt sich der Mensch so einfach dazu bewegen, sein Leben aufs Spiel zu setzen oder Kriegsgefahren auf sich zu nehmen wie von dem Versprechen auf ein besseres Leben.

Damit zielte er nicht nur auf die dunkle Neigung zum Meliorismus; denn natürlich sind «Freiheit, Heimat, menschliche Beziehungen und Ruhm nur in diesem Leben zu genießen und deshalb wenig Grund, um ihretwillen dieses Leben zu riskieren». Was treibt die Menschen zu dem tragischen, paradoxen Verhalten, wo sie, um «ihre jetzige angenehme Lage ein wenig zu bessern», bereit sind, «sich in Gefahren zu begeben, bei denen sie alles verlieren können»?

Locke zeigte anklagend auf jenes Phänomen, das wir heute Ideologie nennen – jene Summe von Ideen, Vorstellungen, Pauschalurteilen und Vorspiegelungen, die wie eine Maske und ein Schild schützen und gleichzeitig eine Revolution glorifizieren können, bei der alles aufs Spiel gesetzt wird, um einem neuen und besseren Leben eine heilige Freistatt zu erobern. Zudem liefern ihre wichtigsten Schlagwörter die inspirierenden Parolen einer neuen, total engagierten Streitmacht.

Alle heiligen und profanen Werte gelten ihnen nichts, und sie meinen, ein jeder darf tun, was er will, solange es nur im Namen von Freiheit und Gewissen geschieht, diesen zwei Losungen, mit denen man so wunderbar effektiv Anhänger gewinnt. Und ganz gewiß vermag der überhitzte Eifer jener, welche den töricht hastenden Unwissenden und den leidenschaftlichen Massen etwas von der Macht des Gewissens vorschwärmt, oft eine Flamme im Volk zu entzünden, die alles verzehren kann.

Man hat diese Auffassung es Lockes manchmal kurzsichtig der einen oder anderen Variante einer Betrachtungsweise zugeordnet, die soziale Veränderungen als das Werk von Verschwörern versteht. Zwar macht Locke tatsächlich für doktrinäre Verdrehungen «die Hinterlist und Bosheit einiger Menschen» verantwortlich und gibt öfter (so in einem Brief an seinen Vater aus etwa derselben Zeit, dem Frühjahr 1660) die damals übliche, enggefaßte Erklärung von «gewalttätigen Faktionen» und ihren «gefährlichen Absichten». Aber der unvoreingenommene Leser tut gut daran, gleichzeitig das tiefere Verständnis von der Gesellschaft und ihren komplexen Interdependenzen zu beachten, das bei Locke nie fehlt und dem er manchmal sogar zu weit nachgab.

Die Verführungskraft der Ideologie setzte Locke zufolge letztlich bei den Sozialfaktoren Sitte und Interesse an, die das Leben jedes Menschen bestimmen. Wissen und Urteil der Menschen beruhen, meint er, «auf nichts anderem als Meinungen, die durch Sitte und Interesse geformt wurden, den zwei großen Lichtquellen auf der Welt und dem einzigen Licht, das ihnen den Weg leuchtet». Dadurch erweitert sich das Problem der Fehlperzeption zwar um eine wichtige und gesellschaftlich möglicherweise folgenschwere Dimension, aber das heißt nicht, daß dann die «wunderbar effektiven Losungen» authentischer sind, daß sie den wahren menschlichen Bedürfnissen mehr entsprechen. So engagiert er sich später für die Freiheit des Geistes einsetzte – «Die Menschen müssen selbst denken und entscheiden», hieß seine Forderung –, so geringschätzig und manchmal zynisch bewertete er ursprünglich die geistigen Potenzen des Menschen. Starken Eindruck machte auf ihn ein Reisebericht aus China von einer belagerten Stadt, die sich schließlich den Tataren ergab: Man öffnete die Stadttore und übergab dem Sieger alles, was man besaß, Besitz, Freiheit, Familie. Als der Sieger aber verlangte, daß jeder sich den Kopf scheren und nur einen Zopf tragen sollte, ergriffen die Bewohner erneut die Waffen und kämpften weiter bis zum letzten Mann. Eine alte Sitte, «eine völlige Nebensächlichkeit», galt mehr als das eigene Leben. Und Locke hielt das keineswegs für besonders ausgefallen oder exotisch. Am Schluß der Ausführungen schreibt er: «Jeder, der die Aufstände in unserer eigenen Gesellschaft näher untersucht, wird zugeben, daß wohl auch bei uns Kriege von manchen genauso barbarisch und erbittert geführt wurden um Dinge, die auch nicht schwerer wogen.» Die Menschen, die Landsleute eingeschlossen, waren überaus seltsam. Und dieser junge, hartgesottene Beobachter begann nach eigenem Geständnis zu lernen, «sich nicht auf die Menschen zu verlassen, diese prallvollen, schillernden Luftblasen, die weich und einladend wirken, aber als Stütze untauglich sind; und wer auf sie baut, wird bald merken, daß sie nur bunte Schatten sind».

Sein Pessimismus hinsichtlich der menschlichen Natur im allgemeinen enthob ihn nicht gewisser intellektueller Verpflichtungen, als er das Auftreten «tragischer Revolutionen» zu erklären suchte. Jenseits des psychologischen Bereichs, wo die Verschlagenheit und politischen Gehässigkeiten einzelner Personen ursächlich wirken mochten, lag ein weites anthropologisches Feld mit unberechenbaren und merkwürdigen Sitten und Kulturformen: ein Netzwerk «menschlicher Bedürfnisse, Gefühle, Laster und falsch verstandener Interessen, die das Denken beeinflussen». Konnten derartig beeinflußte Denkweisen anders sein als «kurzsichtig» und generell ungenügend? Philip Abrams hat Lockes Überzeugung auf die Kurzformel gebracht: «Beschränktheit bleibt das typische Wesensmerkmal des Menschen in der Gemeinschaft.» Der für Lockes Philosophie kennzeichnende Glauben an die Möglichkeit, diese Beschränktheit durch die Anwendung einer kritischen Vernunft überwinden zu können, kam erst später. Zunächst nähert sich Locke hier einer Theorie des «falschen Bewußtseins», wenn er düster von dem ersten Grundirrtum und dem permanent verzerrten Weltbild schreibt, das Leben und Denken der Menschen in der Gesellschaft vergiftet. Konnte man sich überhaupt irgend etwas sicher sein? Der junge Locke, der später der Philosoph der Freiheit werden sollte, schien sich zumindest einer Sache sicher, und das war ein seltsam beunruhigender Gedanke, der es nicht verdient hat, dreihundert Jahre versteckt zu bleiben – daß alles «derart von der allgemeinen Meinung abhängig ist... daß es als sicher gelten darf, daß uns die Freiheit, die wir nicht zu haben glauben, auch tatsächlich fehlt *(ut certum sit eam vere nobis libertatem deesse, quam nos non habere putamus)*».[47]

Das unzulängliche Verständnis des Menschen von den sozialen und politischen Wirklichkeiten, das unberechenbar, erratisch und in der Gewohnheit verhaftet war (und vor allem gleichgültig gegenüber echten moralischen Werten), ließ sich noch aus einem anderen Umstand erklären. Zwar wurde die folgende, häufig zitierte Passage viel später geschrieben, doch bringe ich sie hier, um die Beschreibung abzurunden. Es war der Versuch eines unmittelbar Betroffenen, einen Reim darauf zu finden, was der vom Auftauchen des revolutionären Utopismus ähnlich beunruhigte James Howell «die seltsame neue Metaphysik» genannt hat. In Lockes Metapher von den «Orakeln der Kinderstube» trifft sich sein früher Ansatz zu einer Theorie des falschen Bewußtseins mit einem ähnlich bemerkenswerten Einblick in die Infantilität im Menschen.

Wohl jeder Mensch hat Ansichten, die ihm in frühen Jahren beigebracht wurden... die nicht in Frage gestellt, sondern voller Verehrung gehütet werden und ihm Maß sind für Recht und Unrecht, Wahrheit und Lüge; wohingegen diese geheiligten Ansichten doch nichts weiter sind als Orakel der Kinderstube, oder der Überlieferung und ernsten Rede von Menschen entsprangen, die uns in der Kindheit zu belehren suchten und die selbst ungeprüft übernommen hatten, was ihnen gesagt worden war. Auf solche und vielleicht noch andere Weise setzen sich Ansichten in den Köpfen der Menschen fest, erstarren und werden nicht fortgehen, ob sie falsch oder richtig sind, weil sie als tiefe, erfahrene Wahrheiten betrachtet werden... und sollten sie falsch sein, wie es bei den meisten Menschen in den meisten Fällen sein muß, werden sie ihrem Besitzer bei allen seinen Bemühungen schlechte Dienste erweisen. Ohne sich dessen bewußt zu sein, halten die

Menschen Vorurteile für Wahrheiten, und nehmen dann nur solche Dinge auf, die dieser verderbten Betrachtungsweise entgegenkommen.[48]

Mehr blieb also von jenen Geistesheroen der vierziger und fünfziger Jahre des 17. Jahrhunderts nicht übrig, die «das Fundament für allgemeine und universelle Glückseligkeit» legen wollten! Männer, deren feste und erstarrte «geheiligte Ansichten» lediglich ungeprüfte Vorurteile waren; deren hehre Grundsätze auf Irrtümern und Ammenmärchen beruhten; die eine «verderbte Betrachtungsweise» an den Tag legten – man kann sich Miltons Empörung vorstellen, wenn er davon gewußt hätte! Wie ungerecht behandelt eine junge und teilweise bindungslose Generation ihre ideologischen Vorgänger! Aber was konnte man anderes von einem jungen Repräsentanten der neuen Zeit erwarten, dessen Blick in die Vergangenheit ihm nur «Unordnung und Finsternis» zeigte und der dort nicht das strahlende Licht sehen konnte, das Milton veranlaßt hatte zu sagen: «Unsere Herzen sind geräumiger, unser Geist ist fester, da wir die größten und klarsten Dinge suchen und erhoffen»? Freudig hatte Milton neue Modelle für ein neues Commonwealth entworfen, in dem sich seine Vision vom «Höchsten, dessen der Mensch fähig ist», verwirklichen sollte. Der nüchterne Locke erkannte durch die Brille seines Mentors Hobbes die Konsequenzen: «Kein Friede, keine Sicherheit, keine Lebensfreude, Streit aller gegen alle und keiner seiner Habe sicher, dazu seuchenartiges Elend, das Anarchie und Rebellion stets begleitet.» Es führte kein Weg von den Höllenfeuern zum Neuen Jerusalem.

Denn keine Ideologie stirbt eines natürlichen Todes; sie wird im Schlaf ermordet. Der junge Locke leistete gute Arbeit. Er zerpflückte die Ideale der älteren Generation, ihre betrogenen Hoffnungen und wilden Verirrungen, ihre philosophischen Prämissen und politischen Betrügereien. Er glaubte, sie gut zu kennen, die Männer mit ihrem «leidenschaftlichen Eifer», und nichts haßte er mehr als ihren «Eifer, den Scharfrichter zu spielen». Er durchschaute ihre Beteuerungen, nur das Wohl des Volkes im Auge zu haben zu einer Zeit, da dieses Volk «hilflos jedem ausgeliefert war, um zerfleischt und in Stücke zerrissen zu werden, wenn er nur sein Gewissen herauskehrte und ein Schwert ziehen konnte». Nur Verachtung hatte er übrig für die Brandstifter jener Zeit mit ihren feurigen Metaphern, und das traditionsreiche Streben, es dem Prometheus nachzutun, war ihm grundsätzlich zuwider. Er scheint schon am Wort «Revolution» Anstoß genommen zu haben, benutzte es selten (tatsächlich nur zweimal) und hegte tiefes Mißtrauen gegenüber der «absichtlichen Unschärfe» der Modeworter, die hochtönende, aber vage Ideen bezeichneten. Er stellte die peinliche Frage, die alle Freiheitskämpfer in Verlegenheit bringt: Ob die Freiheit auch für die Feinde der Freiheit und der Friede auch für die Feinde des Friedens gelte?

> Wenn Gekränktheit ein Argument wäre, kenne ich keinen, der sich nicht ein zartes Gewissen zulegen würde, um gegen Angriffe ausreichend gerüstet zu sein, da ihm dann mit dem Recht nicht mehr beizukommen ist, ohne daß gegen das Gesetz der Nächstenliebe und Gewissensfreiheit verstoßen würde. Wieviel wir von unserer Freiheit aufgeben sollten, um andere nicht in Gewissensnot zu bringen, ist eine hübsch komplizierte, schwierige Frage. Doch wage ich zu sagen, wie hoch der Preis für den Seelen- und Privatfrieden eines jeden Christenmenschen auch immer angesetzt wird, ihn zu erkaufen darf nicht zu Lasten des bestehenden allgemeinen Friedens im Commonwealth gehen, zumal dann nicht, wenn dadurch die Angriffe nicht mehr verstummen, sondern nur verlagert werden und der Friede der Andersdenkenden gestört wird, da nun einmal die einen sich über die Nachsichtigkeit des Magistrates so erbosen wie die anderen über seine Zurechtweisung.[49]

Nein, er war den «geheimen Machenschaften böswilliger Leute» auf der Spur, ihren Tricks, um «die Schwachen und Skrupelhaften» zu erschrecken (es war ein einfacher Trick: «Unschuldige Taten behängt man mit Schmäh- und Schimpfworten, um sie den Menschen zu verleiden»). Er begriff, wie sie «mit derartigen Argumenten arbeiten und solche Konsequenzen vorgaukeln«, was schließlich den Magistrat vor eine verhängnisvolle Alternative stellte: «Ist er nicht zu den Reformen bereit, die sie für nötig halten», müßten sie «die Reformen mit dem Schwert durchsetzen». Er verglich sie mit einem Lotsen, der «das Schiff nicht in den Hafen, sondern gegen den Felsen steuert». Weder ihre privaten Winkelzüge noch ihre philosophischen Reden vermochten ihn zu täuschen. Hatte Hooker nicht schon auf die Gefahr solcher Fanatiker aufmerksam gemacht, die «die Welt auf den Kopf stellen und einen jeden zum Befehlshaber machen wollten»? Auch hier orientierte Locke sich an alten Meistern, als er die künftige Anarchie beschrieb:

> Jede Disziplin wird verschwinden, das Recht wird sich auflösen, jede Autorität auf der Erde wird verlorengehen; und wenn die gesetzte Ordnung der Dinge erschüttert und das Staatsgerüst zerbrochen ist, wird jeder sein eigener Gesetzgeber und Gott sein.[50]

Dieses war also der «wilde Gedanke», der einer müden, fadenscheinigen Ideologie den Todesstoß versetzen sollte. Im Jahr 1660 schrieb Locke: «Wir sind erschöpft vom bitteren Kampf der Worte und Waffen und sollten uns also mit unserem Frieden und unserer Freiheit bescheiden.» Das war verständlich, aber naiv; und Locke scheint geahnt zu haben, wie intellektuell unbefriedigend dieser Schluß war. Was würde geschehen, sobald die Erschöpfung vorbei, die gesellschaftliche Energie wiedergewonnen war und eine rastlose Unruhe die Menschen ergriff, weil sie dachten, daß die Freiheit und Glückseligkeit, die sie nicht zu haben meinten, ihnen auch tatsächlich fehlte? Das ist der Punkt, wo wir feststellen können, wie unser junger Konservativer aus der im jugendlichen Elan ergriffenen Position auf der Rechten hinüberwechselt und sich in der uns an ihm vertrauteren Mittellage einrichtet, wo es umsichtig, moderat und liberal zugeht. Hier macht er einen ersten Versuch, dem mörderischen Dualismus der Extreme zu entkommen:

> Ich gebe zu ... die Menschen sollten jeder Unterdrückung fliehen, doch wird Unordnung ihnen nur eine unbehagliche Zuflucht bieten. Nicht ohne Grund nennt man Tyrannei und Anarchie die raffiniertesten Geißeln der Menschheit, denn die eine hält sich normalerweise ihre Autorität, die andere ihre Freiheit zugute; und zwischen diesen beiden nun wird die

menschliche Ordnung ständig hin- und hergeworfen. Auch kann man nicht hoffen, daß der Mensch klug genug ist, sich so einzurichten, daß er ihre Rückkehr nicht zu fürchten braucht, solange es Menschen gibt, die ehrgeizige Pläne hegen oder ewig unzufrieden sind, oder bevor nicht die meisten Menschen mit ihrem Dasein zufrieden sind.[51]

Bevor es soweit war (falls es je so weit kommen sollte), blieb die Geschichte in einen Teufelskreis gesperrt, in einen Wechsel von Revolution und Gegenrevolution, da auf gescheiterte Utopien konsequent eine autoritäre Herrschaft folgte. Ein Klassenkampf von Extremen der Hoffnung und Enttäuschung würde stattfinden. Es war höchstens denkbar, daß mit Versöhnungsmaßnahmen größere Toleranz erreicht werden könnte, um dem Konflikt etwas von seiner Schärfe zu nehmen. Das war ein altes, ehrwürdiges Rezept, und Locke brachte seinen Lesern das einschlägige Zitat aus Juvenals 15. Satire: «Jede Partei hetzt gegen die andere, weil jede der anderen Hausgötter haßt und glaubt, keine seien so heilig wie die eigenen.» Wie wohltuend muß es gewesen sein, für die eigene Sache literarische Verbündete in der Antike zu finden, denn die Gegenwart sah trübe aus, und Locke fühlte sich einsam und isoliert. Welcher literarische Zeitgenosse hatte seine Feder nicht mit Blut befleckt? Hatten die Ritter vom Geist nicht sämtlich versagt?

Ich habe mich stets als Feind der Schreiberei unserer Tage zu erkennen gegeben und oft die Feder der Engländer so schuldig gefunden wie ihr Schwert, denn ich glaube, der große Aufruhr war bereits in Gang, als noch kaum Blut geflossen war... Wenn nur die Menschen sparsamer mit Tinte umgegangen wären und nicht diese Furien Krieg, Grausamkeit, Raub, Verwirrung usf., welche diese arme Nation so ermüdet und geschwächt haben, in privater Stube erdacht und aus dem Haus gelassen hätten, wodurch die Ruhe gestört wurde, die wir genossen.

Der Leser wird sich erinnern, daß diese Gedanken erstmals im Jahr 1967 veröffentlicht wurden, und verstehen, wenn ich darin einen aktuellen Bezug zur These von der *«trahison des clercs»*, dem «Verrat der Intellektuellen» sehe. Es ist ein alter Topos, und der junge Locke wäre weniger typisch für die neue Zeit gewesen, hätte er am Schluß seines «wilden Gedankens» nicht ein Pauschalurteil über die älteren Gebildeten gefällt, die Anstifter der gesellschaftlichen Misere; denn sie waren verantwortlich für «eine Gesinnung, die dieser Zeit alles andere als zuträglich ist».

Der Wahrheit wird selten eine Chance gegeben; die meisten Menschen, von Zufall oder Interesse dahingebracht, behandeln ihre Meinungen wie ihre Frauen: Sie glauben, sie auch behalten zu müssen, nachdem sie sich mit ihnen vermählt haben, und sei es aus keinem anderen Grund, als daß sie ihnen gehören, und sie sind auf die Ehre der einen so bedacht wie der anderen; und wenn man sie vor die Wahl stellen würde, ist es nicht unmöglich, daß sie sich schwerer von jenen trennen würden als von diesen.[52]

Zwar hat Locke in den folgenden Jahrzehnten (er starb 1704 mit 72 Jahren) seine Staatsphilosophie mehrfach überarbeitet und um viele neue Gedanken bereichert; aber der scharfe, ironische Zugang und polemische Schwung, mit dem er gewisse intellektuelle Strömungen verfolgte, blieben ziemlich (und unziemlich) unverändert. Enthusiastisch gestimmte Geister mit ihrer vorgeblichen Redlichkeit waren ihm ein Greuel. Er verwarf «jede Wahrheit, die in unser Denken Eingang findet, ohne daß sie durch ihre Selbstverständlichkeit überzeugt hat oder durch Experimente belegt wurde».

Die Stärke unserer Überzeugungen beweist noch keineswegs ihre Richtigkeit; krumme Dinge können so solide und widerstandsfähig sein wie gerade, und der Mensch vermag so sicher und gewiß einem Irrtum wie einer Wahrheit anzuhängen. Wie wäre es sonst möglich, daß die Eiferer der verschiedenen, einander widersprechenden Lager derart starr und unbeugsam auftreten?

«Dies», meinte er, «ist die richtige Art, von solchen Personen zu reden»:

Sie sind sich sicher, weil sie sich sicher sind; und was sie glauben, ist deshalb richtig, weil sie so stark daran glauben. Denn wenn man ihre Reden aller Metaphern des Sehens und Denkens entkleidet, bleibt nur dieser Schluß übrig. Und doch haben diese Gleichnisse derartige Macht über sie, daß sie daraus Gewißheit schöpfen und anderen als Beweis vorhalten.[53]

Doch wie Locke schon vermutete, ließen die Metaphern sich nicht so einfach entkleiden, und die Gleichnisse sollten noch lange ihre Macht behalten.

Dies ist keine Revolte, sondern eine Revolution. Sämtliche alten Institutionen müssen zerstört werden.

Studentenführer bei einer
Demonstration in Berlin (April 1968)

Eines müssen wir vermeiden, und koste es unsere Seele – den Scheiterhaufen.

Günter Grass in Frankfurt
zu jungen Demonstranten, die Zeitungen und
Zeitschriften verbrannten (September 1967)

Réforme non, révolution oui!

Schlachtruf Daniel Cohn-Bendits bei
Demonstrationen an der Sorbonne (1968/69)

10. Die Jünger des Prometheus

Phlogiston im Herzen - Der Weltbrand - Der metaphorische Imperativ - Heilige, Märtyrer, Rebellen - Die neue Welt des Menschen - Das ultralebendige Element

1. Phlogiston im Herzen

Um die flammende Rhetorik und die Begeisterung für das Feuer der vorangestellten Motti aus jüngerer Zeit besser zu verstehen, muß man meiner Meinung nach zu Turgenjews *Väter und Söhne* (1862) zurückgehen, wo der Nihilismus der «vollständigen, uneingeschränkten Zerstörung» seine für das 19. Jahrhundert klassische Formulierung findet.[1] Es ist ein Abschnitt auf unserer Reise, die nicht nur bis zum Finnischen Bahnhof in St. Petersburg führt – wo Edmund Wilson seine ideengeschichtliche Darstellung der Russischen Revolution enden läßt –, sondern noch weiter bis zu den Pariser Barrikaden.

Basaroff meinte: «Der Mensch tut Dinge, weil er sie für nützlich hält. Momentan ist die Negation am nützlichsten und deshalb verneinen wir...»

«Alles?»

«Alles!»

«Wie? Nicht nur Kunst und Dichtung... sondern sogar... schrecklicher Gedanke...»

«Alles», wiederholte Basaroff mit unbeschreiblicher Gelassenheit. Pawel Petrowitsch starrte ihn an; das hatte er nicht erwartet. Arkadi wurde vor Freude rot im Gesicht.

«Erlaubt eine Frage», begann Nikolai Petrowitsch. «Ihr verneint alles, oder genauer gesagt, Ihr zerstört alles. Aber muß man schließlich nicht auch aufbauen?»

«Das ist im Augenblick nicht unser Problem. Als erstes muß das Feld freigemacht werden.»

Pawel Petrowitsch wagt den Einwand, das russische Volk sei anders, als sie denken. Dem widerspricht Basaroff nicht, er gibt ihm sogar recht, doch das beweise nichts.

«Was meint Ihr mit ‹Das beweist nichts›?» brummte der recht verstörte Pawel Petrowitsch. «Dann wollt Ihr also dem Volk zuwiderhandeln?»

«Und wäre das so schlimm?» rief Basaroff.

Der Streit geht weiter. Basaroff erklärt die Ursache für seinen Nihilismus («Wir haben gesehen, daß unsere Führer, sogenannte Fortschrittliche und Reformer, nicht gut sind»), rechtfertigt, daß er sich auf verbale Angriffe beschränkt, und bricht dann das Gespräch ab. «Ich würde Euch gern recht geben», meint er, «wenn Ihr mir eine einzige Institution in unserem System nennen könnt, die es nicht verdient, mit Stumpf und Stiel kaputtgemacht zu werden.» Pawels Ruf «Ich kann Millionen solcher Einrichtungen nennen, Millionen!» ist vergeblich. Es hatte keinen Zweck, denn es handelte sich bei diesem prophetischen russischen Wortwechsel um ein Generationsproblem.

«So sehen also unsere jungen Leute der neuen Generation aus. So sind sie also, unsere Nachfolger!»

«Natürlich könnt Ihr mich nicht verstehen. Wir gehören verschiedenen Generationen an. Jetzt sind wir an der Reihe. Und unsere Nachfolger können uns sagen, ‹Ihr gehört nicht zu unserer Generation, macht euch davon›.»

Ich möchte das nicht im engen, abträglichen, nationalen Sinn verstanden wissen. Die Abfuhr, die da erteilt wird, ist kein spezifisch russisches Phänomen; genauso wurden davor und danach in anderen Ländern andere Leute zurückgewiesen. Ein führendes Mitglied der französischen Revolutionskomitees und ein Basaroff seiner Zeit war M. Rabaut de St. Étienne, der später zum Präsidenten gewählt wurde (worüber Burke natürlich entsetzt war):

> Sämtliche bestehenden Einrichtungen in Frankreich setzen doch nur dem Elend des Volkes die Krone auf; will man das Volk glücklich machen, muß man erneuern und die Ideen, Gesetze, die Moral ändern ... muß die Menschen, die Dinge, die Wörter ändern ... muß alles zerstören, ja, alles; denn alles muß von vorne begonnen werden.

In jedem Konflikt zwischen Generationen, zwischen Vätern und Söhnen, gibt es einen Basaroff: Nihilist, zorniger Träumer, utopischer Zerstörer. Ja, die Geschichte des revolutionären Enthusiasmus wirkt fast wie Variationen auf eine Maxime Michail Bakunins: «Freude am Zerstören ist eine schöpferische Freude.» Doch auf den ideologischen Zyklus bezogen, ist manche interessante und feinsinnige Variante darunter.

Als A. N. Radischtschew aus der Reisekalesche sich den Zustand Rußlands im 18. Jahrhundert betrachtete und die Not der ausgebeuteten Bauernschaft sah, notierte er in seiner *Reise von Petersburg nach Moskau* (1790; das Buch wird sofort von Katharina verboten, der Autor ins Exil geschickt): «Oh, wenn die an ihrer Not verzweifelnden Sklaven mit den Eisenstangen, die ihnen die Freiheit versperren, unsere Köpfe einschlagen, die Köpfe ihrer unmenschlichen Herren, und die Felder mit unserem Blut rot färben!» Im nächsten, gewalttätigeren Jahrhundert war immer nur die Rede von *ihren* Köpfen und von *ihrem* Blut. Geistreich, aber vielleicht zu oberflächlich klingt Chateaubriands Bemerkung: «In Frankreich ist die Ansteckungsgefahr besonders groß: Da würde jeder ‹Schlag mir den Kopf ab!› rufen, wenn er es vom Nachbarn hört.»[2] Die Seuche grassierte unter Nachbarn und Feinden, aber der Ruf hieß immer: «Schlag *ihm* den Kopf ab!»

Michel de Bourges, ein Pariser Radikaler, stand einmal mit Georges Sand an der Seine, schaute zu den Tuilerien hinüber und sagte: «Bevor die Gesellschaft erneuert werden kann, muß der Fluß blutrot fließen und jeder Palast in Schutt und Asche liegen.»[3] Rot hat immer schon fasziniert: Blake und seine wundersamen «roten Wolken», Michelet mit der urtümlichen Kraft der *chaleur vitale*, Tennyson, der von dem «roten Narren-Zorn an der Seine» sprach, oder Auden, der rosige Hoffnungen aus einer «stärkenden Flamme» schöpfte. Dazu erklärte Michelet: «In diesen Tagen hört man häufig den Vergleich zwischen dem Aufstieg und Fortschritt des Volkes und der Invasion der Barbaren. Das Wort gefällt mir; ich akzeptiere es. *Barbaren!* Ja, denn das heißt, voll neuem, lebendigem, stärkendem Saft zu sein... Wir anderen Barbaren haben einen natürlichen Vorsprung; während die Oberschichten Kultur haben, steckt in uns mehr Lebenshitze *(nous avons bien plus de chaleur vitale)*.»[4]

Und William Blake, der sich in London eine rote Kokarde an den Hut gesteckt haben soll, schreibt in dem unvollendeten Gedicht über die Französische Revolution: «Fürchtet nicht die Träume, nicht die Visionen»,

> Denn das Unterhaus tritt zusammen
> In der Halle der Nationen,
> Wie Feuergeister auf den
> Herrlichen Vorhöfen der Sonne,
> Um Schönheit in die nach Wasser
> Dürstende Wüste zu bringen,
> So leuchtet es über der besorgten Stadt...

Ganz im jakobinischen Geist der Zeit (der neunziger Jahre des 18. Jahrhunderts) erfaßte der 22jährige Coleridge in einem Brief an den jungen Robert Southey die dem Feuer innewohnende Sprengkraft, wenngleich innerhalb der metaphorischen (und wissenschaftlichen) Ausdrucksweise von damals: «Deine kompromißlose, schlichte Redlichkeit», schrieb Coleridge, «hat Dich vorschnell entscheiden lassen – weil Du selbst Dich nie geirrt hast, ärgern Dich die Irrtümer anderer, statt daß Du sie bedauerst. Du trägst Phlogiston im Herzen.» Damit hatte er recht; der 21jährige Southey weigerte sich zunächst, die phlogistischen Empfindungen und generelle Entzündbarkeit aufzugeben. «Möge der Himmel verhüten, daß die Freude an schematischen Entwürfen nachläßt. Es ist das Feuer des Prometheus, das meine Seele belebt – und wenn *das* erlischt, wird *nur Finsternis* sein...»[5] Aber schon fielen Schatten auf die herrlichen Vorhöfe der Sonne.

2. Der Weltbrand

Ich werde an anderer Stelle versuchen, diese ständig wiederauftauchende Faszination des Feuers in einen größeren anthropologischen Rahmen zu setzen: Denn ob wir von modernen, weltlichen Glaubensvorstellungen zurück zur klassischen Mythologie gehen, zu den Religionen oder dem Christentum – immer wieder können wir beeindruckt feststellen, daß da eine rätselhafte kreative Auseinandersetzung mit den Kräften der äußeren Natur und biologischen Eigenschaften des Menschen stattfindet.

Welches andere Konzept hat solches Beharrungsvermögen, ist so unverwüstlich wie die Idee der Revolution, die menschliche Triebkräfte und politische Strukturen, planetarische Gewißheiten und animalische Energien miteinander vereinbaren kann? Wie wir gesehen haben, enthält bereits der geschichtliche Kern des Wortes die Assoziation von kosmischem Feuer und Menschenblut. Mit seiner geläufigen modernen Konnotation gibt das Wort sein englisches Debüt in einer unvergeßlichen Szene aus *Le Rivolutioni di Napoli* (1647, James Howells hervorragende Übersetzung erscheint 1650), wo ein junger Fischer, barfuß, mit blauem Hemd und roter Mütze, den Aufstand einer wilden Volksmenge von mehreren zehntausend Menschen anführt.

«Die Stunde eurer Erlösung ist nahe», hatte Masaniello ihnen versprochen, und nun erhob sich der Schrei: *Muora il mal governo!* «Gott gibt reichlich, eine schlechte Herrschaft spärlich.» Das revolutionäre Manifest erklärte, warum es soweit gekommen war: «Dieses stets loyale Volk sah sich gezwungen, zu seiner Erhaltung auf die Mittel der Natur zurückzugreifen, weil es alle Hoffnung aufgegeben hatte, anders in Frieden leben oder den königlichen Beamten die Einlösung oft gegebener Versprechungen abverlangen zu können.» Man wollte also die Herrscher mit einem grandiosen Akt der Zerstörung vernichten. «Mit Worten wurden die Gemüter aufs höchste entflammt», aber wie stolz war man, daß kein Mensch ans Plündern ging – niemand eignete sich etwas an, denn sämtliches Gut (Möbel und Nahrungsmittel, Geld, Schmuck, die großen Paläste) wurde an die rituellen Scheiterhaufen der Revolution verfüttert.

Alles, was – wie man sagte – die Quintessenz ihres Blutes war, mußte dem Feuer geopfert werden. Kein Jota sollte deshalb den Feuerfurien entkommen. Das Volk wurde immer ausgelassener und verwegener, da sich ihm kein Widerstand und kein Hindernis bot, und immer mehr machten mit, bis es wohl zehntausend waren... Lauter denn je ertönte der Ruf: «Hinweg mit der schlechten Herrschaft!»

Das geschah am allerersten *giorno della rivolutione*, und nichts entkam dem gewaltigen, reinigenden Sturm.

...das alles wurde auf den Marktplatz geschafft und in das große Feuer geworfen, wo es zu Asche verbrannte, während das umstehende Volk einen gewaltigen Krach machte und man sagte, «Das alles war unser Blut, und wie es jetzt verbrennt, so verdienen die Seelen der Hunde, denen es gehörte, im Höllenfeuer zu verbrennen»... Mit Öl gefüllte Flaschen schleuderten sie in das Feuer, damit die Flammen noch heftiger emporloderten... Obwohl dies zur Nacht geschah, war jeder Winkel der Straße so hell beleuchtet wie am Tag.

So endete «dieser erste Aufzug der feurigen Tragödie». «Es sah gerade so aus», meinte Giraffi, «als wäre der Jüngste Tag angebrochen.»[6]

Das Wort Revolution ist zu dieser Zeit, wie ich schon gesagt habe, mehrdeutig und befindet sich in einem Bedeutungswandel. Modern ist daran, daß es nicht eine vage, dramatische Veränderung bezeichnet, sondern den gewaltsamen Umsturz einer politischen Herrschaft. Dabei ist allerdings zu beachten, daß das nicht unter Berufung auf ein neues soziales Ordnungssystem geschieht (wie es bei späteren Revolutionären der Fall war), sondern auf traditionelle Loyalitätsprinzipien, die, wie man glaubte, eine Beseitigung unerträglicher Mißstände erlaubten.

Masaniello und seine Anhänger, die sogenannten *lazzari* und *scalzi*, die «unbeschuhten» städtischen Armen, sind noch aus demselben Holz geschnitzt wie die älteren volkstümlichen Rebellen. An ihren Parolen – *«Viva Dio... viva il Papa... viv' il Re d'Spagna... e muora, muora il mal governo»* – erkennt man, daß sie die Wiederherstellung der alten Freiheiten und Privilegien des Volkes erhofften. Hier ging das Sehnen nostalgisch in die alte Zeit zurück und nicht nach vorne in eine große Zukunft. Doch war der Blick nach vorne darin angelegt. Noch vor Jahresfrist – das schicksalsreiche 1648 erlebte sechs Revolutionen gleichzeitig – wurde ihr Horizont erweitert, ihre Perspektive vertieft.[7] *«Viva la Republica, viva il Popolo»*, hieß jetzt der Schlachtruf. Giraffi bemerkt: «Das Volk glaubte, alle Gerechtigkeit der Welt auf seiner Seite zu haben»; und jetzt dringt auch erstmals eine Ahnung von einer Weltrevolution ins Bewußtsein. Als Handelsreisende von den Vorgängen in England berichteten, «hörte man deshalb oft den Ruf *‹Viva il Parlamento d'Inghilterra›*». Volksaufläufe waren an der Tagesordnung, «manche riefen *Spanien*, manche *Frankreich*, manche *Das Parlament von England* und andere *Die Republik*: so daß ein jeder sich bewaffnete».

Howell kommentiert treffend: «Nun ereignete sich während dieser mächtigen Revolution vieles, was außergewöhnlich war und bedacht zu werden verdient.» Verständnisvoll erkennt er sowohl das parallele Erscheinen als auch die diffundierende Wirkung des revolutionären Impulses in verschiedenen Ländern und sieht den Zusammenhang zwischen dem, was in Neapel und in anderen Teilen Europas passiert (in Sizilien, Portugal, Katalonien, Flandern; diskret übergeht er zunächst die Ereignisse in der Heimat). Es war, als ob «mit wundersamer Plötzlichkeit... es unter Mitwirkung von Geistern geschehen sei und die Nachrichten davon auf übernatürliche Weise weitergeleitet wurden; derart, daß man diesen gewaltigen Aufruhr mit einem großen, zugefrorenen Teich vergleichen könnte, wo das Eis, wenn es an einer Stelle springt, gewöhnlich auch anderswo überall bricht».[8]

Ich habe Masaniellos weiteres Schicksal und den tragischen Verlauf des revolutionären Dramas schon an anderer Stelle beschrieben. Aber es ist verführerisch, jetzt einmal drei Jahrhunderte zu überspringen und zwei jugendliche Hitzköpfe zusammenzubringen, die revolutionäre Agitation des Masaniello und die des Daniel Cohn-Bendit, die alte neapolitanische und die neue Pariser Pyromanie.[9] Denn bei dem Einäschern der Paläste handelte es sich, wie Howell bemerkt, um «Opfergaben an Vulkan aus der Hand des wutentbrannten Volkes, dessen Zorn heißer brannte als das Feuer selbst». Man fragt sich unwillkürlich, ob die verschiedenen revolutionären Feueranbeter sich lediglich durch die Namen ihrer Götter unterscheiden.

Mehrere tausend mit Axtgriffen, Holzschlägern und Eisenstangen bewaffnete Studenten stürmten [im Mai 1968] die Tore der Pariser Börse und riefen dabei im Sprechchor *«Temple d'or, temple d'or!»* ... Die Börse stand in Flammen. Was zunächst ein kleines Feuer gewesen war, flammte plötzlich auf und schien sich auszubreiten. Die gegenüberliegenden Gebäude wurden vom Widerschein beleuchtet, und eine sich rasch verkleinernde Gruppe junger Anarchisten, die vom Eingang wegrannte wie kleine Buben mit schlechtem Gewissen, umtanzte einen Augenblick lang, was sie zum Scheiterhaufen des Kapitalismus machen wollte.[10]

Es geht mir jetzt aber mehr darum, mit einigen historischen Einblenden das größere metaphorische Umfeld zu skizzieren.

1. Der Flammenstrom zum Paradies. In der alten griechischen, unter dem Namen «Sibyllenbücher» bekannten Textsammlung sind uns Visionen früher jüdisch-christlicher Apokalyptiker erhalten, die anschaulich das Feuer mit dem Ende und Neubeginn aller irdischen Dinge zusammenbringen.[11] Der große Zorn wird die Kräfte des Bösen

Führen zur Säule heran, wo rings herum in dem Kreise
Fließet unauslöschlicher Strom von Feuer. Und jene
Alle werden die Engel des unsterblich ewigen Gottes
Schrecklich mit brennenden Geißeln und mit feurigen Ketten,
Oben gefesselt vorher mit unzerbrechlichen Banden,
Züchtigen; und alsdann bei Mitternachtsdunkel sie stürzen
In die Gehenna hinab zu den Ungethümen der Hölle,
Zu den vielen und furchtbaren, wo unergründliche Nacht herrscht.
Aber wenn sie sodann viele Strafen verhängt über alle,

Welche von böser Gesinnung gewesen, alsdann wird sie nachher
Aus dem gewaltigen Strom ein feuriges Rad sie bedrängen
Ringsum wiederum, dieweil sie frevelnde Werke geübet.

Nur wenige Zeilen danach wird uns das irdische Paradies geschildert, wo die Gerechten und Gläubigen

Werden von Engeln entrückt und durch die brennenden Fluthen
Zu dem Lichte geführt und in ein sorgloses Leben,
Wo der unsterbliche Weg des großen Gottes sich hinzieht,
Und drei Quellen da sind von Wein, von Milch und von Honig,
Und die Erde wird gleich für Alle; nicht Mauern, noch Zäune
Scheiden sie mehr und Früchte trägt sie von selber in Fülle.
Auch ist das Leben gemeinsam und der Reichthum entbehrlich.
Denn keinen Armen gibt's dort, noch Reichen, noch einen Tyrannen.
Nicht werden Sklaven mehr sein; nicht groß noch klein ist mehr Einer.
Nicht gibt's Könige mehr, noch Herrn; sondern Alle sind Gleich.
Nicht mehr spricht man alsdann: die Nacht ist da, oder der Morgen;
Nicht: es ist gestern geschehn; nicht giebt's viele Tage zur Sorge;
Nicht ist Lenz, noch Sommer mehr, nicht ist Winter, nicht Spätherbst;
Weder Hochzeit, noch Tod; nicht Kauf ist mehr, oder Verkaufen;
Auf- und Untergang nicht; einen langen Tag wird er machen.

2. *Feurige Worte.* Ähnliches liest man bei den alttestamentarischen Propheten, und ich will aus unzähligen Beispielen nur auf Jeremia verweisen, in dessen Herzen es «wie ein brennendes Feuer» ward (20,9), und der den Gott Zebaoth sagen läßt (5,14): «Weil ihr solche Rede treibt, siehe, so will ich meine Worte in deinem Munde zu Feuer machen und dies Volk zu Holz, und es soll sie verzehren.»

3. *Das Feuer des Krieges.* Die Römer stellten sich den Zorn als ein Feuer vor, das im Kopf oder Hirn brannte; und das soll die merkwürdige Passage in der *Aeneis* erklären, wo es von dem kampfversessenen Turnus heißt, er werde «von den Furien gejagt, vom glühenden Antlitz sprühen Funken, und das blitzende Auge speit Feuer», und «die Schimäre, die ihn umkrönt, sprüht um so feuriger, je heftiger er kämpft».[12]

4. *Die Ideologie der Hitze.* Eine Vorstellung, die gelegentlich als die «Ideologie der ‹inneren Hitze›» bezeichnet wird, scheint

in archaischen Stammesverbänden eine zentrale Rolle bei der Magie, Zauberkunst und religiösen Vertiefung zu spielen. In Indien sagen die Moslems von jemandem, der mit Gott kommuniziert, er «brennt»; bei den Hindus verfügen mächtige Gottheiten über die Macht des Feuers; in Australien betrachtet man die Medizinmänner als «Feuerläufer». Mircea Eliade sieht als den Kern dieser Ideologie die Beherrschung des Feuers, seine weihevolle Erhöhung und seine Beziehung zu himmlischen Schicksalsmächten.[13]

5. *Eine Fackel für eine Welt in Flammen.* Diese Vorstellungen sind aber nicht auf exotische Kulturkreise beschränkt; die Verbindung zwischen Feuer, Macht und Weissagung existiert auch in nähergelegenen Gedankenwelten. Bei Dante bezeugt im 12. Gesang des *Paradieses* der heilige Bonaventura dem heiligen Dominikus seine Ehrerbietung (wie einen Gesang zuvor der heilige Thomas, ein Dominikaner, eine Lobrede auf den heiligen Franziskus gehalten hat). Während *«la benedetta fiamma»* ausklingt und das große, hohe Fest des Gesangs und strahlenden Lichts zu Ende geht, erhebt sich eine Stimme «aus dem Herzen des neuen Feuers», um den sanften Heiligen zu preisen, der «gütig gegen die Freunde und gnadenlos gegen die Feinde» war:

> Ein Geist so vorzüglich gestaltet
> In seines Lebens voller Kraft, daß ein prophetisch Wirken
> Bis in der Mutter schweren Schoß gelangt'.[14]

Die Dante-Forschung verweist zur Erklärung auf eine Stelle im *Breviarium Romanum*, wo es über den heiligen Dominikus heißt: «Als seine Mutter schwanger ging, träumte ihr, im Schoß ein Hündchen [*domini canes*, ‹die Hunde des Herrn›] zu tragen, mit einer Fackel im Maul, um die Welt in Brand zu setzen, sobald er ans Licht kommt.» Und weiter heißt es (Eintrag zum 4. August in «Vom rechten Dienst an den Heiligen»): «Dieser Traum kündete vom brennenden und leuchtenden Licht des heiligen Lebens und der Macht der Lehre, damit er in aller Welt Gottgläubigkeit entzünde. Das Ende bestätigte die Wahrheit des Traumbildes.»[15]

6. Der glühende Enthusiast. In seinem epochalen Werk *De gl'heroici furori* (1585) unterscheidet Giordano Bruno genau zwischen den einzelnen Stadien, die sein neuer europäischer Held zu durchlaufen hat, während das Feuer seines Geistes «sich erwärmt, erhitzt, erglüht, entflammt und entbrennt». Sein Enthusiasmus «verliert sich in tiefen Gedanken, wird von drängenden Sorgen gepeinigt, von heftigen Begierden erhitzt, von häufigen Krisen erregt». Er schreit: «Ich verbrenne vor Inbrunst *(Infinito mi scaldo).*» Brunos heroische Begeisterung «gerät in Wallungen und steigt und fällt, während Hoffnung, Angst, Zweifel, Eifer, Gewissensnot, Reue, Entschlossenheit, Mitleid und andere Plagen in Wellen ihn ergreifen und als Blasebalg, Kohlen, Hammer und Amboß wirken». Im «Zustand unendlichen Sehnens» schreibt er die Zeilen:

Wenn eure Ängste unendliche Pein geben,
Macht Platz, schafft Raum, o Menschen!
Fürchtet mein scharfes, durchdringendes Feuer,
Denn wenn es in euch dringt und euch berührt,
Werdet ihr fühlen und wissen, daß die Feuer der Hölle
Dagegen wie der eisige Frost des Winters sind.[16]

7. Das unlöschbare Flammenmeer. Es gab natürlich auch Höllenmalereien, bei denen mit der Feuermetapher weniger exaltierte Vorstellungen verbunden waren, wo das Feuer nicht als klarer Hinweis auf göttliche Kräfte und berechtigtes Werkzeug für edle Zwecke genommen wurde. Ich habe bereits von den wilden Racheträumen des jungen John Rogers gegen seinen Feind gesprochen, den brutalen politischen Gefängniswächter Bull, aus dessen Maul Feuer quoll, «daß es dich verzehren sollte». Die danteske brennende Fackel, die frommes Symbol für das «leuchtende Licht des heiligen Lebens» war, konnte unter dramatischen Umständen auch aus dem satanischsten Mund ragen. In einem kurzen Kapitel mit der Überschrift «Von ihrem Cantzler (oder der Zunge)» in seiner Beschreibung des utopischen *Christianopolis* (1619) warnte Johann Valentin Andreae alle guten Menschen vor dem Auftreten eines schlimmen Feindes:

«... da indessen die fleischlichen Menschen brennende Fackeln im Munde tragen, womit sie GOtt, die Menschen, und sich selbst in Flammen setzen, daß sie endlich in einem unauslöschlichen Feuer selbsten verbrennen.» [17]

8. Erneuerung durch das Feuer. Überzeugte, unerschütterliche Theologen haben im frühen 17. Jahrhundert immer wieder (und mit einer Ahnung von den destabilisierenden politischen Auswirkungen) die «Erneuerung der Welt» mit dem «Weltenbrand» zusammengebracht. Bei seinem Versuch zu erklären, «wie man sich die Zerstörung der Welt durch das Feuer vorzustellen habe» (später behaupteten seine Freunde, die extremistischen Puritaner hätten ihn mißverstanden), schrieb Dr. Mede:

> Das *Beatum Millennium* wird mit flammendem Feuer beginnen ... das die Welt, wie sie jetzt ist, verfeinern und aus den Banden des Sittenverfalls erlösen wird... Das sagen wir, weil wir bei Paulus lesen (1. Kor. 3,13): *Der Tag* [des Jüngsten Gerichts] *wird's klar machen, was an unseren Werken den Flammen gebührt. Denn mit Feuer wird er sich offenbaren; und welcherlei eines jeglichen Werk sei, wird das Feuer bewähren...* Und doch haben sie, wenigstens einige von ihnen, ein *weiteres* Feuer erwartet, das am Ende der tausend Jahre Gog und Magog vernichten sollte.

Dieselbe theologische Darstellungsweise können wir später auch auf dem Kontinent finden, während der erbitterten Religionskämpfe und kaiserlichen Oberherrschaft; doch wenn beispielsweise Comenius die revolutionäre Forderung nach einer «vollständigen Reformation» der europäischen Verhältnisse stellt – «Ihr gelehrten Leute... zögert denn nicht, das heilige Feuer mit euren Funken anzuheizen, nein, besser noch mit euren Fackeln und Fächern» –, spürt man darin ein stärkeres Grollen der nahen Apokalypse. [18]

9. Die rote Wolke. Aber auch die Nichttheologen, die Vertreter der Errungenschaften des 18. Jahrhunderts in den Bereichen der aufklärerischen Vernunft und der Rebellion, entfernten sich nie weit von dieser uralten Metapher. In seiner (halbherzigen) Würdigung Rousseaus als dem wahren feurigen Genius von *la lumière* und *la révolution* schrieb Proudhon: «Er beseelte mit seinem Feuer, was französische Gelehrte in zweihundert Jahren zusammengetragen hatten. Es ist schon etwas, im Herzen der Menschen ein solches Feuer entfacht zu haben. Darin besteht Rousseaus Stärke und Relevanz.»[19] Ein Blick in die von einem verwandten Feuer entflammten Herzen der Amerikaner veranlaßte William Blake zu einer schwärmerischen Vision von einer Zeit, wo «das englische Weltreich nicht mehr existiert und Löwe und Wolf abgedankt haben»; und wenn er an «Washington, Franklin, Paine...» dachte, sah er dies:

Rot stiegen die Wolken aus dem Atlantik, wie riesige Räder von Blut,
Und den roten Wolken entstieg ein Wunder über dem Atlantischen Meer,
Stark! Nackt! ein menschliches Feuer, feurig glühend
Wie eine im Schmiedeofen erhitzte Eisenscharte.[20]

10. Entflammte Begeisterung. Unter Hinweis auf die Worte, mit denen Jesus seinen Auftrag beschrieb (Lukas 12,49): «Ich bin gekommen, daß ich ein Feuer entzünde auf Erden», meinte Kierkegaard:

Der christliche Glaube war ein Feuer, das Christus entzündete und das in Brand gehalten werden sollte... daß man im Menschen ein Feuer schüre, indem man ihn mit Leidenschaft entflammt... daß man ein Feuer schüre, das Zwietracht schafft zwischen Vater und Sohn, Tochter und Mutter... daß man ein Feuer schüre, damit man «Verwandte» trennt und aus jedem einen eigenen Menschen macht, wie es Gottes Wille ist... Wenn man möchte, daß der christliche Glaube wieder kräftig auflebt, wie ein Feuer... muß man demnach sagen: «Weg, nur weg mit Abstraktionen...», denn jedes solche Werk ist ein Verrat am Feuer.[21]

3. Der metaphorische Imperativ

Da überrascht es dann weniger, daß bei allen modernen utopischen und revolutionären Beschwörungsformeln der zentrale Bezug zu den Metaphern von Eisen, Blut und Feuer beibehalten bleibt. In der Paradiespolitik gibt der metaphorische Imperativ den Ton an. Jede «lebensfähige Pflanze des menschlichen Fortschritts», meinte Bakunin, wurde «mit Menschenblut gewässert». Begeistert sprach er von der «kindlichen, fast dämonischen Freude des russischen Volkes am Feuer»; dabei dachte er natürlich an das brennende Moskau, an dem sich Napoleon die Finger verbrannt hatte. Von ähnlichen Gedanken wurde Napoleon selbst verzehrt. Auf einen Fetzen Papier (der angeblich nach seinem Tod gefunden wurde) schrieb er mit eigener Hand: «Wie ein neuer Prometheus bin ich an einen Fels geschmiedet, damit ein Geier mich benagt. Ja, ich habe dem Himmel das Feuer geraubt und es Frankreich zum Geschenk gemacht. Das Feuer ist an seinen Ursprung zurückgekehrt und ich bin nun hier!»

Dabei hatte er eine Zeitlang geglaubt, das Feuer wäre eine den Bonapartisten vorbehaltene Waffe. «Eine Revolution kann man weder beginnen noch anhalten... das revolutionäre Feuer schwelt unter der Asche, und früher oder später werden die Flammen mit neuer Kraft wieder emporschießen und alle Hindernisse vernichten.» Dann hatte die Natur oder hatten vielleicht die Götter selbst die Waffen umgedreht. In den *Gesprächen mit Las Cases* (1816) heißt es an einer Stelle:

> Niemals war ein gewaltigeres Unternehmen zum Nutzen der Zivilisation erdacht worden, niemals eines mit edleren Zielen, und keines stand so nahe vor seiner Verwirklichung. Und das ist bemerkenswert: Woran ich scheiterte, war nicht von Menschen verursacht, sondern war einzig den Naturelementen zuzuschreiben. Im Süden war das Meer mein Verhängnis; im Norden die Moskauer Feuersbrunst und der eisige Winter. Wasser, Luft und Feuer, sämtliche der Natur angehörend und vollständig Natur – das waren die Feinde einer universellen Erneuerung, nach welcher die Natur selbst verlangte! Die Wege des Schicksals sind unergründlich.[22]

Wer im Bann der Feuermetapher steht, vermag anscheinend nie eine historische Perspektive zu erlangen, von der aus deutlich sichtbar würde, wie alt und immer wiederkehrend, wie nahezu urgeschichtlich die politische Pyromanie tatsächlich ist. Stets von neuem muß er für sich das Feuer entdecken, mal kindisch verwegen, mal wie jene vorgeschichtlichen Höhlenbewohner, wenn sie von den tanzenden Schatten an den Wänden zum erstenmal Ursache und Bedeutung erkannten. Als dem jungen Alexander Herzen auffiel, daß in Rußland auf die politische Brandstiftung mit gewissem Frohlocken reagiert wurde (in den dreißiger Jahren des 19. Jahrhunderts), notierte er sich, daß «das Feuer, der ‹rote Hahn›, bei uns eine ganz eigene nationale Form der Rache ist»; und er schloß, daß «das Feuer etwas Revolutionäres an sich hat: es erkennt weder Eigentumsrechte noch soziale Schranken an».[23]

Bakunin, naiv und unerfahren im Umgang mit Ideologie und Macht, verlor diese Unschuld nie, lernte nie, daß man etwas, aber auch selbst verbrennen kann. Herzen erzählt, wie Bakunin unterwegs von Paris nach Prag einmal in Deutschland hinzukam, als vor dem Schloß eines Barons Bauern schrien und demonstrierten. Er stieg aus der Kutsche, zeigte ihnen, was zu tun war, und sah beim Fortfahren befriedigt das Schloß in Flammen aufgehen. Er konnte sich durchaus vorstellen, «daß ganz Europa mit St. Petersburg, Paris, London in einen einzigen riesigen Trümmerhaufen verwandelt wird». Ein zeitgenössischer Roman legte Bakunin die für ihn bezeichnende Definition von Demokratie in den Mund: «Die Demokratie ist ein Tempel des Feuers, darin das Menschengeschlecht vom Unrat der Sklaverei gereinigt wird.»

Für das marxistische Sprachverständnis Trotzkis war dieses eher eine Definition für die Revolution selbst. Im März 1905 schrieb er im *Iskra* (der im Untertitel an das Gelöbnis eines Dekabristen-Dichters erinnerte: *«Aus diesem Funken wird ein Feuermeer entstehen»*): «Ihr Bauern, laßt in ganz Rußland dieses Feuer im selben Augenblick ausbrechen, dann wird keine Macht es löschen können. Einen solchen Flächenbrand, der das ganze Land überzieht, nennt man Revolution.»[24] Im Zusammenhang mit einer Warnung vor der Unberechenbarkeit des revolutionären Eifers bemerkte Proudhon zu Marx, er «würde lieber das Eigentum in einem langsamen Feuer verbrennen sehen» als «eine Bartholomäusnacht anstiften».[25] Die Unterscheidung war pedantisch und hatte wenig für sich, wie Alexander Block ironisch-verächtlich meinte. «Uns der Bösartigkeit unseres Tuns genußvoll hingebend, schichteten wir Brennholz, Späne und trockenen Reisig zu einem Haufen auf, der von Schnee und Regen feucht war; wenn dann aber plötzlich die Flammen himmelwärts loderten (wie ein Banner), rannten wir herum und schrien: ‹Oh, ah, wir stehen in Flammen!›» Die Skythen in Bloks Gedicht wußten es besser, denn sie hatten nicht «eine Liebe vergessen / Die wie Feuer brennt und wie Feuer vernichtet».[26] Wordsworth, den die Französische Revolution enttäuscht, der Aufstand in Spanien aber wieder begeistert hatte, rief: «Laßt das Feuer von neuem entflammen; laßt die Menschen sich begeistern...»[27] Che Guevara schließlich erklärte (1966, in einem Interview mit einem französischen Journalisten): «Die Revolution muß eine Tat ohne jedes Maß sein, die alles auf ihrem Weg verbrennt... Falls die Menschheit je vom Elend befreit werden soll, gibt es nur eine Methode: Die vollständige Vernichtung mit Feuer und Blut... Einen anderen Weg, eine andere Hoffnung gibt es nicht.»[28]

Ich habe noch hundert ähnliche Zitate gesammelt, vom 17. Jahrhundert und seiner Vision vom Ende der Unterdrükkung durch «den feuerströmenden Geist, der die Menschheit nicht verbrennt, sondern reinigt» (so Winstanley in *The Fire in the Bush*) bis zu den Manifesten der «Black Power»-Revolutionäre aus den sechziger Jahren dieses Jahrhunderts. Stets war es (in der Formel, die damals ein Pamphlet der Schwarzen Amerikas benutzte) «das Feuer als nächstes *(the fire next time)*».[29] Es ist der Weltbrand, das große, zündende Klischee, die wichtigste Schablone, in welche die Jünger des Prometheus das politische Streben des Menschen gepreßt haben.

Diese Gedankenwelt hat Kant einst «die terroristische Vorstellungsart der Menschheitsgeschichte» genannt: «...nun kann es nicht mehr ärger werden: der jüngste Tag ist vor der Tür, und der fromme Schwärmer träumt nun schon von der Wiederbringung aller Dinge, und einer erneuerten Welt, nachdem diese im Feuer untergegangen ist.»[30]

4. Heilige, Märtyrer, Rebellen

Nun wäre es völlig verkehrt, all dies als die Pyromanie gewisser Zündelfreunde (nach dem Motto «*Burn, baby, burn*») abzutun. Wie ich bereits angedeutet habe, reicht die Faszination des Feuers tiefer. Die im Mythos und in der Philosophie angesprochene schicksalsschwere Verbindung des Feuers mit der Politik und Macht reicht bis in die Frühantike zurück. So heißt es in einem Fragment des Heraklit: «Denn alles, sagt er, wird das Feuer, das heranrücken wird, richten und verdammen.»[31] Ein sich mit Ideengeschichte befassender Historiker ist der Frage nachgegangen, wie Heraklit zu seiner Vorstellung vom Wandel aller Dinge gelangte und weshalb er als Wandlungssymbol auf das Feuer verfiel. Die Antwort liegt seiner Meinung nach in dem schrecklichen persönlichen Leid, das er als Folge der «revolutionären sozialen und politischen Veränderungen» durchmachte.

> Heraklit entwickelte seine Philosophie des Wandels aus persönlichen Erlebnissen, und diese waren schrecklich gewesen: Abkömmling aus dem Adelshaus der Priesterkönige von Ephesos, lebte er in einer Epoche gesellschaftlicher Revolution; neue demokratische Kräfte machten sich bemerkbar und die griechische Stammesaristokratie begann, diesen Kräften nachzugeben. Heraklit war Zeuge dieses Nachgebens, und aus dieser schmerzlichen Erfahrung formte sich die Vorstellung von der Vergänglichkeit aller Dinge; alles ist in ständiger Bewegung, in Fluß... Für ihn hatte das Feuer, wie wir heute sagen würden, dinglichen Charakter, es war aber gleichzeitig ein Vorgang mit eigenen Bewegungsgesetzen... Deshalb ließ sich alles als eine Umwandlung des Feuers verstehen.[32]

In älteren Darstellungen wurde Heraklits Entdeckung mit «einem Erdbeben, bei dem sich alles zu bewegen scheint», verglichen. Karl Popper ist ähnlicher Ansicht: «Ich bezweifele nicht, daß Heraklit zu dieser Entdeckung aufgrund schrecklicher persönlicher Erfahrungen gelangte, die er als Nebeneffekte der sozialen und politischen Unruhen seiner Zeit erlebte... [eine] Reaktion auf die soziale Revolution, die er erlebte.» Somit wurde das Feuer Symbol für die Umwandlung von einem Stadium in ein anderes. Es gibt sogar ältere Hinweise, daß Heraklit an ein *periodisches* Auftreten des Feuers dachte – so wie später die Revolutionäre an periodisch wiederkehrende Rebellionen glaubten, bei denen Märtyrerblut den Baum der Freiheit speiste. Blut und Feuer als Begriffspaar begleiten jede Revolution.

Der rastlose deutsche Revolutionär Ferdinand Lassalle schreibt einmal mit der ihm eigenen schwungvollen Ironie:

> Wie? Kann jemand gleich Faust mit heißem Bemühen sich durch die Philosophie der Griechen gekämpft haben, das römische Rechtssystem, die verschiedenen Abteilungen der Geschichtswissenschaft bis hin zur modernen politischen Ökonomie und Statistik und dann ernstlich glauben, daß diese lange Entwicklung darauf hinausläuft, die brandstiftende Fackel dem Proletariat in die Hand zu geben?

Natürlich konnte man das ernstlich glauben: Mühte er sich nicht selbst faustisch um die brandstiftende Fackel? Bevor er zum Propagandisten und Pamphletisten der Sozialdemokratie wurde, hatte Lassalle mit einer langen Studie über *Die Philosophie Herakleitos des Dunklen von Ephesos* (1858) sich in der gelehrten Welt einen Namen gemacht. Darin entdeckte er für sich die «absolute Bewegung», denn Heraklit hatte «alle Ruhe und Stillstand aus der Welt verbannt». Er fühlte sich stark hingezogen zu dem philosophischen Helden des Feuers, der Bewegung und des Kampfes; und tief befriedigt stellte er fest, «daß Heraklit... weit entfernt war von jener Apathie, welche den ethisch-politischen Räsonnements der Späteren Stoiker eine so tiefe Langweiligkeit einflößt. Es war *Sturm* in dieser Natur!» Sein Aufgerührtsein hatte klassische Wurzeln, und Lassalle, den jemand einmal als «Heausforderung in Person» beschrieb, hat sich oft mit einem Lieblingszitat aus Vergil beschäftigt: *Flectere si nequeo superos, Acheronta movebo* (Wenn ich den Willen des Himmels nicht beugen kann, so will ich in der Hölle Sturm entfachen).

Etwas von diesem stürmischen Wesen hat George Meredith in der Gestalt des Alvan, des feurigen Liebhabers in *The Tragic Comedians* (1880) eingefangen, für den Lassalle Modell stand.

Aber vielleicht nur Georg Brandes mit seinem feinen Gespür für Persona und Persönlichkeit im Europa des 19. Jahrhunderts vermochte die inneren revolutionären Schwingungen getreu nachzuzeichnen.

Der alte griechische Philosoph Heraklit, welcher so lange der Gegenstand von Lassalles Studien war, bediente sich einer Menge verschiedener sinnbildlicher Ausdrücke, um sein Prinzip zu bezeichnen: Feuer, Strom, Gerechtigkeit, Krieg, unsichtbare Harmonie, Bogen und Leier; sie fallen einem unwillkürlich ein, wenn man nach einem Symbol sucht, welches das Lebensprinzip Ferdinand Lassalles bezeichnen könnte. Irgendwo in einem Briefe, der voll Ungeduld über die langsame Entwickelung der Ereignisse ist, gebraucht Lassalle den Ausdruck «meine glühende Seele»; unter Tausenden, welche eine Redensart wie diese, die zur Phrase geworden ist, anwenden möchten, hat er allein sie ohne Übertreibung gebraucht. In seinem tiefsten Innern war wirklich etwas, das dem Feuer glich. Seine glühende Liebe zur Wissenschaft und zur Erweiterung seiner Kenntnisse, sein Durst nach Gerechtigkeit und Wahrheit, seine Begeisterung, sein unbändiges Selbstgefühl, seine tiefe Eitelkeit, sein Mut, seine Freude an der Macht: Alles trug denselben flammenden und verzehrenden Charakter. Ein Lichtbringer, verwegen und trotzig wie Lucifer selbst, ein Fackelträger, der gern sich selber durch den Schein der Fackel, mit welcher er Klarheit brachte, in volle Beleuchtung stellte – *grand oseur et grand poseur.*[33]

Mag auch die Idee des Feuers sich in Verzweiflung und Trotz geäußert haben, stand bei ihrer Geburt doch die mythische Hoffnung Pate.[34] Prometheus ist an den Fels gefesselt, weil er Mitgefühl und Verbundenheit mit der Menschheit empfand: Ohne das Feuer und die Techniken der Zivilisierung konnte das Menschengeschlecht nie den Göttern ähnlich werden. Schlimmer noch, hatte nicht Zeus sogar den Genozid geplant?

... einzig für die armen Menschen trug
Er keine Rücksicht; ganz zu vertilgen ihr Geschlecht,
Ein andres neues dann zu schaffen, war sein Plan.
Da trat denn niemand ihm entgegen außer mir.

Zeus blieb unerbittlich, und jeden Tag pickte ein Adler an der Leber des Prometheus, daß sie schwarz wurde; trotzdem gab er die Hoffnung nicht auf:

Mein Schicksal
Bringt mir Freiheit nur nach endlosen Schmerzen.
... Zeus kann dem Schicksal nicht entkommen.

Sämtliche Motive, mit denen wir uns schon beschäftigt haben, sind hier in der Gestalt des Prometheus vereint: Gegner des Genozids, Erlöser der Menschheit, einsamer Rebell, standhafter Rächer:

Dann nicht von dem honigsüßen Geschwätz
Der Beredsamkeit ihm erweicht, nicht bang
Vor dem wildesten Dräuen soll je mein Mund,
Was ich weiß, ihm enthüll'n, er befreite mir denn
Von den Ketten den Leib, und bequemte sich, so
Unwürdige Schmach mir zu büßen!

In dem Fragment *Der befreite Prometheus* versucht Herakles den Prometheus zu retten, als Zeus sich dazu entschließt, «Mäßigung walten zu lassen»; und alle Jünger des Prometheus müssen sich die Kritik des Hermes gefallen lassen:

Eure eigene Unvernunft
Hat euch ins Netz des Verderbens geführt, ohne
Jede Hoffnung, gerettet zu werden.

Hier finden wir wieder das Feuer in seiner alten, vorgeschichtlichen Verbindung mit Freiheit, freundlichem Mitleid am unterdrückten Menschen, mit dem Vormarsch der Zivilisation und mit der dunklen Ahnung von einem «Netz des Verderbens». Was immer in den verlorenen Schauspielen *Prometheus bringt das Feuer* und *Der befreite Prometheus* sich noch ereignet haben mag, jedenfalls überrascht es nicht, daß das Bild vom leidenden Vorkämpfer Blake, Hölderlin, Goethe, Byron und Shelley fasziniert hat und auch Rimbaud, bei dem der Dichter zum «Dieb des Feuers» wird, «beauftragt, die Menschen zu regieren». Campanella, der jahrelang in gräßlichen spanischen Verliesen schmachtete, verglich sich verzweifelt mit dem an den Kaukasus geschmiedeten Prometheus (*ego tanquam Prometheus in Caucaso detineor,* 1. Juni 1607).

Ähnlich schwört Marx (mit Aischylos' Worten): «Ich werde nie meine Ketten gegen sklavische Untertänigkeit vertauschen. Es ist besser, an einen Fels gefesselt zu sein, als Zeus Dienst tun zu müssen.»[35] Dem jungen Marx, der mit einer Doktorarbeit über Aspekte des klassischen griechischen Denkens seine philosophische Laufbahn begann, war Prometheus, wie er im Vorwort gestand, «der größte Heilige und Märtyrer im Kalender des Philosophen». Sowohl die marxistische Philosophie als auch die Revolutionspolitik enthalten Elemente dieses Prometheus-Ideals. «Wie Prometheus, nachdem er dem Himmel das Feuer geraubt hat, Häuser zu bauen und sich auf Erden einzurichten beginnt, so wendet sich die Philosophie, nachdem sie die ganze Welt umfaßt hat, gegen die erscheinende Welt.» Oder in denkwürdig formuliertem, transzendentalem Jubel: «Was innerliches Licht war, wird zur verzehrenden Flamme, die sich nach außen wendet.»[36]

5. Die neue Welt des Menschen

Shelley hat in mancher Hinsicht vollendet, was Byron begann, indem er das kosmische Drama neu schrieb und einen neuen Protagonisten auf die Bühne des Welttheaters brachte. Wie vor ihm Brunos enthusiastischer Eiferer, so sollte Byrons dichterischer Held am Firmament brennen und leuchten für einen irdischen Zukunftsplan von astronomischer Dimension. Eine literarisch-politisch konzipierte Kultur sollte den lange erwarteten neuen Menschentyp hervorbringen – Dichter des Geistes, Männer der Tat, von denen sich sagen ließ, daß sie «den Gott in sich trugen und wieder den Sternen verwandt waren». Sie waren göttliche, wenngleich notwendigerweise noch tragische Missionare des Lebens, und dies war ihre Bestimmung: zu streben

Nach einem Leben jenseits unseres Schicksals,
Zum neuen Prometheus neuer Menschen zu werden,
Das Feuer vom Himmel zu holen und dann zu spät
Zu entdecken, daß die geschenkte Freude mit Schmerz vergolten wird,

Da Geier am Herzen des Gabenbringers nagen,
Der dieses hehre Geschenk vergeblich brachte
Und nun gekettet ist an einen einsamen Felsen dicht am Meeresufer.[37]

Durch Shelley wurde der Heilige und Märtyrer Prometheus in einen reichen Heros der utopischen Revolution umgedichtet. Er lehnte es ab, den traditionellen Weg zu gehen und eine Neudichtung der verschollenen Aischylos-Dramen zu unternehmen. Im Vorwort zu *Prometheus Unbound* (1820) erwähnt Shelley seine Abneigung gegen «eine so schwache Katastrophe, die nur den Vorkämpfer und den Unterdrücker der Menschheit versöhnt». Nein, Prometheus sollte statt dessen zu einer romantischen Hauptfigur seiner eigenen Zeit werden, «eine Gestalt, in der Moral und Intellekt höchste Vollkommenheit erreichen und die von den reinsten und wahrsten Motiven zu den besten und edelsten Zielen getrieben wird».[38]

Und der Menschen neuer Staat
Sei uns Muster und Rath –
Des Prometheus Namen führ' unsere That!

Sein eigenes Muster zielte auf eine Verbindung mit den «großen Schriftstellern unserer Zeit», jenen «Begleitern und Wegbereitern einer bisher nie geschauten Veränderung in unserer sozialen Lage oder in den Vorstellungen, die ihr unterliegen». Jetzt war der richtige Augenblick: «Die Wolke des Geistes entlädt ihre gesamte Blitzeskraft.»

So beginnt das Drama mit Bildern einer urgewaltigen Katastrophe:

... O, horch, wie stürzt
Der Schnee! Und die Lawine, von der Sonne
Geweckt! Der'n Masse von dem Sturm dreimal
Gesiebt, sich Flock' auf Flocke hier gesammelt,
Wie in Gemüthern, die dem Himmel trotzen,
Gedanke still sich auf Gedanken häuft,
Bis eine große Wahrheit ist gelöst,
Und sie die Völker ringsum wiederholen,
Erschüttert tief im Grunde so, wie jetzt
Die Berge.

Sollte man versuchen, den Himmel selbst zu stürmen, machte Jupiter sich keine Illusionen, daß damit eine tödliche Bedrohung auf ihn zukam.

> ... des Menschen Seele nur
> Flammt noch, ein ungelöschtes Feuer, auf
> Gen Himmel, mit unwilligem Gebet,
> Mit wildem Vorwurf, Zweifel und Gestöhn,
> Aufwirbelnd die Empörung, welche unsre
> Uralte Herrschaft könnte kranken machen...

Diesmal würde es kein Mitleid, kein Nachgeben, keine Atempause geben; Donner und Flammenräder nahten mit den Sturmwinden; Fliehen und Flehen war vergeblich. «Wie eine Wolke», stöhnt Jupiter, «verdunkelt der Feind über mir meinen Sturz mit seinem Sieg». Und während Donner und «lichtes Echo sich mischen», nimmt Prometheus als Anführer des siegreichen Aufstandes den frohen Morgenrapport des «Geistes der Stunde» entgegen, der soeben vom irdischen Schlachtfeld zurückgekehrt ist.

> ... ich schwebte zu der Erde;
> Sie war, was sie noch ist: das Leid des Segens
> Sich zu bewegen und zu athmen und
> Zu sein. Ich kam im Wandern durch die Stätten
> Und Niederlassungen der Menschheit, und
> War erst enttäuscht, keine so gewalt'ge
> Veränderung in äußern Dingen zu
> Gewahren, als ich sie in mir empfunden.
> Doch bald schon blickt' ich näher, und sieh' da!
> Es standen Throne herrenlos, und Menschen
> Ergingen Einer mit dem Andern sich,
> Wie Geister. Keiner schmeichelte und keiner
> Trat seinen Nächsten in den Staub; Haß, Furcht,
> Geringschätzung und Selbstverachtung, oder
> Selbstliebe standen nicht auf Menschenstirnen
> Mehr eingeprägt, wie ob dem Thor der Hölle:
> «Laßt, die ihr eingeht, jede Hoffnung fahren!»
> Und keiner blickte finster, keiner bebte,

Und keiner starrte, angstdurchdrungen, auf
Des Andern kalt, gebieterisches Auge...
... keiner zwang mehr seine Lippen,
Daß trugvoll sie die Lüge lächelten,
Die seine Zung' verschmähte auszusprechen.

Wer wagte jetzt noch daran zu zweifeln? Die Erde war «dem Himmel gleich». Niemals war eine Revolution so erfolgreich, nie eine Utopie so wirklich geworden.

... Die niedre Maske fiel. Der Mensch
Bleibt übrig, unbeherrscht, frei, unumschränkt –
Nur Mensch; gleich, ohne Stand und Stamm und Volk,
Befreit von Schein, von Anbetung und Rang,
Sein eigner König, weise, milde und
Gerecht!...

Der Schluß enthält Shelleys Botschaft an die verzweifelten Rebellen dieser Welt, die sich dann vielleicht aufmachen und es ihm nachtun werden für «eine neue Welt, die das Unglück der alten berichtigt».

Leiden ertragen, das der Hoffnung dünkt endlose Noth,
Unrecht vergeben, das schwärzer als Nacht ist und Tod,
Mächte, die übergewaltig erscheinen, nicht scheuen,
Lieben und dulden und hoffen, bis Hoffnung neu baut
Aus seinem eigenen Wracke das Ding, das sie schaut;
Nimmer sich wandeln, nicht schwanken je oder bereuen:
Das heißt, Titan, wie dein Ruhm sein, groß, herrlich und rein,
Frei und beglückt, schön und gütig; und dies ist allein
Freude, Gewalt und Triumph und wahrhaftiges Sein.

Dazu muß gesagt werden, daß Shelley didaktische Dichtung als Greuel empfand und daß «es ein Fehler ist anzunehmen, ich verfolgte mit meiner Dichtung einzig und allein das Ziel, unmittelbar Reformmaßnahmen anzuregen». Niemand wird bestreiten wollen, daß hier Dichtkunst und politische Parteinahme zusammenkommen (wogegen es andere Stellen gibt, wo der dichterische und der politisch radikale Impuls im Widerstreit liegen). Aus demselben Jahr (1820), das ihm die Nachricht vom erfolgreichen Aufstand in Spanien und der Abschaffung der Inquisition brachte, verfaßte Shelley die *Ode to Liberty*, die wiederum von einer apokalyptischen Vision beherrscht wird. Zum Auftakt zitiert er Byron und das Banner der Freiheit, das «wie ein Donnersturm dem Wind entgegenrauscht»; und unter den sogenannten «Relikten», die Shelley hinterließ, fanden sich diese später verworfenen Zeilen:

In einem Höhlendunkel im Labyrinth des Menschensinnes
Thront eine Bildfigur, so leuchtend rein
Daß kühnes Denken, das sich nähert,
Andächtig harrt und niederknieend zittert und erglüht
Vom Glanz des Bildes, und das Licht
Durchdringt sein traumlos Sein
Bis es erfüllt ist von der Kraft der Flamme.[39]

6. Das ultralebendige Element

So weit sind wir inzwischen gekommen: In dem reichhaltigen Inventar revolutionärer Bildsymbole, das von kühnen, himmelstürmenden Geistern zusammengestellt wurde, versinnbildlicht das Feuer den Prozeß des Wandels und die innere Kraft der Hoffnung und des Befreiungskampfes. Es ist der ewige Traum des Menschen von Licht und Macht und gleichzeitig der immer wiederkehrende Alptraum von Tod und Verderben. Dazu meint Gaston Bachelard:

Das Feuer deutet auf den Wunsch zur Veränderung, zur Beschleunigung des Zeitablaufs, um alles Leben zum Abschluß zu bringen, zum Hernach. Unter solchen Umständen wird die Träumerei vor dem Kaminfeuer wirklich faszinierend und dramatisch: sie erhöht das menschliche Schicksal, verbindet Kleines mit Großem, den heimischen Herd mit dem Vulkan, das Leben eines Holzscheites mit dem Leben einer Welt. Der gebannt Zuschauende hört das Prasseln des Scheiterhaufens. Ihm ist die Zerstörung mehr als ein Wandel, ist Erneuerung.

Damit wird das Feuer zu einem der Prinzipien, die alles erklären können.

Wenn jede langsame Veränderung sich durch das Leben erklären läßt, läßt sich jede schnelle Veränderung durch das Feuer erklären. Feuer ist das ultralebendige Element. Es existiert im Kleinen und in der Welt. Es lebt in unseren Herzen. Es lebt am Himmel. Es steigt auf aus den Tiefen der Materie und bietet sich an mit der Wärme der Liebe. Oder es kann tief in die Materie zurücksinken und sich versteckt halten, ausbruchsgefährlich gestaut wie Haß- und Rachegefühle. Unter allen Phänomenen ist nur dieses wirklich fähig, die diametral entgegengesetzten Werte Gut und Böse in sich aufzunehmen. Es leuchtet im Paradies. Es brennt in der Hölle. Es ist das Sanfte und die Folter. Es ist die Kochkunst und die Apokalypse... Es ist eine beschützende und beängstigende Gottheit, sowohl gut als auch böse. Es kann sich selbst widersprechen.[40]

Bleiben wir beim Feuersymbolismus unserer Zeit und wenden uns von Gaston Bachelard zu Norman O. Brown, so gehen wir von der Poesie des Funkens zur Dichterhaftigkeit der Aschenglut; fast scheint es dann, als habe eine unsterbliche Metapher sich historisch erschöpft. In Bachelards *Psychoanalyse du feu* ist die Bildwelt noch geistvoll in eine allgemeine historische Psychologie eingebettet; Brown reduziert in einem neonietzscheanischen Rahmen durch eine Art Epigrammatik der Widersprüche das Feuer mit Fleiß bis zur äußersten Sinnlosigkeit und Unsinnigkeit. Er sieht in der Metapher «den Urfehler jedes Satzes» – «mit der Metapher benennt man eine Sache mit dem Namen einer anderen»; und «die Metapher ist ein Fehler, ein Verstoß gegen die guten Sitten; ein Fauxpas, ein falscher Zungenschlag; ein zarter Wahnsinn, *un petit mal*; ein kleiner Anfall, eine Inspiration» – und so kommt er nicht über eine phrasenhafte letzte Parodie auf den Geist des Prometheus hinaus:

Das wahre Gebet richtet sich darauf, diese Welt in Flammen aufgehen zu sehen.

Das wahre Opfer ist total, ein Holocaust. *Consummatum est.*

Das Eine ist mit dem Ganzen vereint, einem verzehrenden Feuer.

Die letzte Feuersbrunst; oder Apokalypse. Die Einheit von Tod und Leben als Feuer... Feuer als nächstes. Die Revolution, oder die zweite Wiederkehr... Eine feurige Erfüllung... Lernt das Feuer lieben. Das alchimistische Feuer der Verwandlung: «Wolle die Wandlung. O sei für die

Flamme begeistert.» Zufrieden sein in den Feuern der Hölle... Das apokalyptische Feuer... diese Welt war, ist und wird immer sein ein ewiges Feuer.

Die Auflösung der Antinomie von Befreiung und Unterdrückung: Feuer... Entflammt zu sein an jeder Stelle. Leben heißt brennen.

Feuer ist Freiheit. Spontane Verbrennung. Spontaneität ist leidenschaftliches Verlangen... Liebe ist Gewalt. Gebären heißt bersten, die Schale platzt... Frieden heißt, den wahren Krieg finden. Die Versöhnung der Gegensätze, die Entdeckung der Freundschaft findet auf dem Schlachtfeld statt.

Findet das wahre Feuer... Bekämpft Feuer mit Feuer... Rettet uns vor dem wörtlichen... Das letzte Gericht, das ewige Freudenfeuer findet jetzt statt. Wahrheit: Wenn Irrtum in Flammen aufgeht...

Freiheit ist Feuer und überwältigt alles auf dieser Welt, indem es alles zu einem fluktuierenden Chaos reduziert, wie bei der Schizophrenie; das Chaos, das stets und immerdar der Boden für die Schöpfung ist... Danket Gott, daß die Welt niemals sicher gemacht werden kann, weder für die Demokratie noch für sonst etwas.[41]

Die apokalyptische Vision ist hier zu einer Pointe zusammengeschrumpft und Prometheus zur Platitüde geronnen. Die alten Mimen werden auf die Bühne geschleift und müssen noch ein weiteres Mal eine Schmierenkomödie, ein altes Possenstück mit viel Schall und Rauch abspielen.

Solches Träumen ist Zerstören, und mögen die Jünger des Prometheus noch so gute Absichten haben, es gibt kein Feuer ohne Asche. In den verkohlten Resten, den ausgeglühten Trümmern hat der Mensch immer wieder einen nützlichen Scheit zu finden geglaubt, der wärmen könnte, einen Funken, der wiederbeleben, eine Idee, die von neuem erstrahlen würde; und dann beginnt wieder das kosmische Drama. Gibt es einen Ausweg auf diesem feurigen Labyrinth, das zu durchwandern der menschliche Geist verdammt scheint?

Der Weg, den die Geschichte der Brandstiftung geht, verläuft in paradoxen Windungen; wie Dantes brennende Fackel im Mund, ist er befreiend und verzehrend. Eine Analogie bietet die folgende kleine Geschichte, erzählt von einem Philosophen unserer Tage, der ähnlich besorgt nach den Handlungsmotiven fragt, die den Menschen angesichts veränderter innerer Sanktionen treiben. Diese Geschichte stammt von Marie Jean Guyau (*Esquisse d'une morale sans obligation ni sanction*, 1884):

> Bruder Yves sah eines Tages in Damaskus eine alte Frau, die in der rechten Hand eine brennende Schale und in der linken einen Krug voll Wasser trug. Yves wandte sich an sie: «Was willst du damit tun?» «Ich will mit der Flamme das Paradies verbrennen und mit dem Wasser die Hölle löschen», gab sie zur Antwort. Er fragte weiter: «Warum willst du solches tun?» «Weil ich nicht will, daß ein Mensch jemals das Gute tue, um in das Paradies zu kommen, oder aus Furcht vor Höllenstrafen, sondern damit er das Gute tue einzig aus Liebe zu Gott!» [42]

Wieder sehen wir uns mit dem Zusammenspiel von absoluten Zielen und terroristischen Mitteln konfrontiert, und wieder wird uns ein ergreifendes Beispiel für den endlosen feurigen Zirkelschluß gegeben, in dem sich der Mensch der kosmischen Hoffnung bewegt. Wie gesagt, gibt es auch Träumer innerhalb der Träume; die Geschichte bleibt nicht stehen. Es leben noch in Utopia Utopisten, und auch nachdem sich jede Pyromanie erschöpft hat, finden sich noch Zundelfrieder. Weder die Zeit noch der menschliche Gestaltungswille kennt ein Ende, und sogar im Paradies gibt es Brandstifter. Sogar das Paradies – um dessen Verwirklichung willen Menschen jahrtausendelang bereit waren, den Weltbrand zu durchstehen (oder gelegentlich anzustiften) –, sogar das Paradies war vor den Flammen nicht sicher.

Zwei Hinweise möchte ich noch geben, denn natürlich kann ich hier keine systematische Darstellung der umfangreichen, unmittelbar relevanten Literatur versuchen, die Anthropologie und Psychoanalyse umgreift und mit Frazer und Freud beginnt. In James Frazers klassischer Studie *The Golden Bough* (1890) findet man erwartungsgemäß eine Vielzahl von Einstiegsmöglichkeiten: Feuerzauber, der die Sonne wieder scheinen lassen soll, heilige Feuer, Feuerfeste in Europa, Feuer als Schutz gegen Zaubersprüche, Feuer und die Verbrennung von Menschenpuppen und vieles mehr. Wie bei der Metapher vom revolutionären Feuer, das zerstören und erneuern soll, weist auch Frazers Zusammenfassung der beiden Erklärungsversuche für die Feuerfeste auf einen bemerkenswerten Dualismus hin:

Manche [die «Sonnentheoretiker»] sehen darin einen Sonnenzauber oder magische Zeremonien, die nach dem Prinzip der sympathetischen Magie den Menschen, Tieren und Pflanzen ausreichende Mengen von Sonnenschein sichern sollen; man entzündet ein Feuer, das auf der Erde die große Licht- und Wärmequelle des Universums nachbildet...

Andere [die «Reinigungstheoretiker»] vertreten die Auffassung, die Feuerrituale bezögen sich nicht unbedingt auf die Sonne, sondern sollen schlicht reinigenden Charakter haben. Mit ihnen sollen alle schädlichen Einflüsse verbrannt und vernichtet werden, ob sie nun wie im Fall von Hexen, Dämonen und Monstern von Lebewesen ausgehen oder von nichtgegenständlichen Quellen, etwa von einer allgemeinen Unreinheit der Luft...

So sehen die einen im Feuer, wie beim Sonnenlicht in unseren Breiten, eine wohlgesonnene, kreative Kraft, die das Wachstum der Pflanzen und die Entwicklung all dessen fördert, was zu Gesundheit und Glück beiträgt; die anderen sehen im Feuer eine starke, zerstörerische Kraft, die alle bösartigen seelischen und materiellen Elemente, die Mensch, Tier und Pflanze schaden, angreift und vernichtet. Die einen sehen im Feuer eine belebende, die anderen eine abtötende Kraft; sein Wesen wird einmal positiv und einmal negativ aufgefaßt.

Die zwei Erklärungsmodelle sind nach Frazer «vielleicht nicht völlig unvereinbar».[43]

Tatsächlich sind sonnengleiche Feuer wie auch alle fließenden Wasser die wesentlichen Agenten bei der irdischen Reinigung: was sich nicht reinwaschen läßt, wird verbrannt.[44] Der hygienische Aspekt mag banal sein, aber konsequent weitergedacht, stößt man zuletzt auf die Sintflut und den Weltbrand, jene großen, unvermeidlichen Metaphern für die kosmische Revolution, die die Erde – nach der Großen Flut oder aus dem Aschenhaufen – auf eine neue Bahn, zu neuem Leben bringen wird.[45]

Auch Freud – nicht unbeeinflußt von der Lektüre (1911) von Frazers *Golden Bough* – stellte Überlegungen zur Bedeutung des

Feuers in der Menschheitsgeschichte an.[46] In seinem Essay *Zur Gewinnung des Feuers* (1932) berücksichtigt er bei einer psychoanalytischen Interpretation der Feuermythen ebenso Prometheus wie den Phönix.[47] Ausgangspunkt war dabei eine Anmerkung in seinem Aufsatz *Das Unbehagen in der Kultur*:

> Psychoanalytisches Material, unvollständig, nicht sicher deutbar, läßt doch wenigstens eine – phantastisch klingende – Vermutung über den Ursprung dieser menschlichen Großtat [die Zähmung des Feuers] zu. Als wäre der Urmensch gewohnt gewesen, wenn er dem Feuer begegnete, eine infantile Lust an ihm zu befriedigen, indem er es durch seinen Harnstrahl auslöschte. An der ursprünglichen phallischen Auffassung der züngelnden, sich in die Höhe reckenden Flamme kann nach vorhandenen Sagen kein Zweifel sein. Das Feuerlöschen durch Urinieren – auf das noch die späten Riesenkinder Gulliver in Liliput und Rabelais' Gargantua zurückgreifen – war also wie ein sexueller Akt mit einem Manne, ein Genuß der männlichen Potenz im homosexuellen Wettkampf. Wer zuerst auf diese Lust verzichtete, das Feuer verschonte, konnte es mit sich forttragen und in seinen Dienst zwingen. Dadurch, daß er das Feuer seiner eigenen sexuellen Erregung dämpfte, hatte er die Naturkraft des Feuers gezähmt. Diese große kulturelle Eroberung wäre also der Lohn für einen Triebverzicht. Und weiter, als hätte man das Weib zur Hüterin des auf dem häuslichen Herd gefangengehaltenen Feuers bestellt, weil ihr anatomischer Bau es ihr verbietet, einer solchen Lusterfahrung nachzugeben. Es ist auch bemerkenswert, wie regelmäßig die analytischen Erfahrungen den Zusammenhang von Ehrgeiz, Feuer und Harnerotik bezeugen.[48]

Falls es überhaupt einen Punkt gibt, wo Frazer und Freud sich treffen könnten, dann vielleicht auf jener Insel östlich von Neuguinea, wo eine von Anthropologen mitgeteilte melanesische Mythe den Ursprung des Feuers in «die Vagina einer alten Frau» verlegt. Mircea Eliade bemerkt dazu, daß dies «darauf zu deuten scheint, daß weibliche Magie älter ist als männliche Zauberei...».[49] Falls das richtig ist, würde es die Freudianer noch mehr ärgern, denen die gesamte Umkehrung der Beziehung zwischen Adam und Eva, wie sie jüngst aufgrund endokrinologischer Untersuchungen vorgeschlagen wurde, ein Dorn im Auge ist.[50] Soll die lange Geschichte der Zivilisation und Kultur sich als die verschwörerische Ausbeutung grundlegender weiblicher Wesenseigenschaften durch den Mann erklären? Man hört beinahe schon das Krachen von Blitz und Donner. Daß Eva ihre ursprüngliche Vormachtstellung über Adam zurückgewinnt, könnte die revolutionärste Restauration aller Zeiten werden.

Denn in gewissem Sinn unterliegt der ganzen Geschichte der Frauenbewegung in dieser oder jener Form die Vorstellung von einem weiblichen Prometheus. Von Mary Shelley bis Kate Millett hat man immer wieder direkt oder indirekt darauf bestanden, daß der Protagonist des irdischen Dramas nicht Adam, sondern Eva ist, der Held – vielmehr die Heldin – der Geschichte. Männliche Führung, ja überhaupt jede männliche Initiative, erregt Mißtrauen. In Mary Shelleys *Frankenstein* – dessen Untertitel «Der moderne Prometheus» lautet – klingt die dunkle, tragische Note des männlichen Prometheus-Ideals an: seine Pseudokreativität und der verquere, ungeheuerliche Galvanismus. Doktor Frankensteins Versagen ist nur das wörtlich gemeinte Symbol für die Menschheit, die vergeblich neues Leben, einen neuen Menschen zu erschaffen versucht.[51]

Vielleicht liegt es daran, daß nur die Frau allein in guter Hoffnung neues Leben gibt, und daß es immer der Mann war, der bei seinen nach außen gerichteten, kollektiven Hoffnungen («schwanger», wie Philip Sidney sich ausdrückt, «mit Bildern des Lebens») von einem gesellschaftlichen Geburtsakt geträumt hat. Das wäre wirklich ein einmaliges Ereignis in der Geschichte, eine echte «*re-birth of Man* (Wiedergeburt des Menschen)». Da wundert es nicht, wenn alle Natur, ja das ganze Universum dafür in gewaltigen Aufruhr versetzt werden müßte. Es handelte sich um den Glauben an ein Empfängnis-Wunder. Eine völlig neue und grundverschiedene Kreatur sollte – um eine Lieblingsmetapher von Marx zu benutzen – aus einem anderen Schoß und nach anderen Geburtswehen das Licht der Welt erblicken.

Der Sinn des Philosophen begnügt sich mit einer geringen Anzahl von Gegenständen; aber das Spektakel der Dummheit, der Hörigkeit, der Extravaganz und Barbarei sucht ihn doch viel öfter heim; und ein Freund der Menschheit hat nur dann einen ungetrübten Genuß, wenn er sich den süßen Freuden der Zukunft hingibt *(aux douces espérances de l'avenir)*.

Condorcet (1795)

... aus so krummem Holze, als woraus der Mensch gemacht ist, kann nichts Gerades gezimmert werden.

Kant (1798)

11. Der süße Traum

Condorcets Doppelsinn - Das Kantsche Dilemma - Von Leidenschaft und Besonnenheit - Von More zu Marx - Von Wahrheit und Aufrichtigkeit - Der Krieg der Temperamente

1. Condorcets Doppelsinn

Ein dramatisches, für das 19. Jahrhundert bezeichnendes Gefühl von den historischen Unterschieden zwischen England und Frankreich führte Walter Bagehot zu einer allgemeineren Betrachtung über die Natur des Nationalcharakters. «Alle Nationen haben einen Charakter», so stand für ihn fest, «und nachdem er einmal geformt ist, ist dieser Charakter – ich will nicht sagen: unveränderlich, denn die Religion modifiziert ihn, eine Katastrophe macht ihn zunichte – doch die am wenigsten sich wandelnde Sache auf dieser ewig veränderlichen und wandelbaren Welt.» Für Bagehot gab es keinen Zweifel über die französischen Nationaleigenschaften: «schlau... gewandt... intellektuell... dogmatisch... reizbar... flatterhaft... oberflächlich... überlogisch... unnachgiebig.» All das lief hinaus auf «eine noch verborgene oder vielleicht völlig fehlende Stärke im Nationalcharakter der Franzosen, wodurch sie nur unzureichend für die Staatsform und Freiheit und Verfassung sich eignen, die sie so oft so fanatisch und vergeblich zu bekommen versuchten». Bagehots witziger, etwas zu kurz zielender Aphorismus nennt sie «zu schlau, um praktisch zu sein, und nicht stur genug, um frei zu sein». Auch die Engländer gaben ihm keine Rätsel auf, obgleich er sich nicht dieser rhetorischen Frage enthalten konnte: «Warum sind wir frei und sie Sklaven; wir die Prätoren und sie die Barbiere? Warum siegen immer die Dummen?» Er verriet die Antwort: «Was wir Dummheit schimpfen, das ist – obschon keine belebende Qualität in der Gesellschaft – doch der Natur liebstes Mittel, um Beständigkeit im Verhalten und Festigkeit in den Ansichten zu gewährleisten.» Er tröstete sich damit, daß «die Engländer in echter, solider Dummheit konkurrenzlos sind»; sie lernten nur, was sie mußten, und auch das langsam, und erfüllten ihre Pflicht, weil sie nichts anderes zu tun wußten. Doch steckte hier nicht, bei aller Ironie, ein Körnchen Wahrheit? Sollten es lediglich Stumpfsinn und Schwerfälligkeit sein, die seine Landsleute vor jener «überschüssigen Energie» retteten, «welche in Philosophie überschäumt und zu großen Systemen ausgearbeitet hat, was man in der Form kleiner Vorschläge hätte belassen sollen»?

Das Alte muß nicht wahr drum sein,
Noch ist's das Neue, Menschenbrüder mein;
Bewahrt ein Weil', was Altes ihr gedacht,
Und zieht es wieder in Betracht.[1]

Es ist ein groteskes und niederschmetterndes Erlebnis, wenn sich plötzlich im Verlauf gewisser Ereignisse zu zeigen scheint, daß die Stereotypen des Nationalcharakters der Wahrheit entsprechen. Als einmal ein ernsthafter Zusammenstoß zwischen Londoner Arbeitern und der von der Tory-Regierung mobilisierten Polizei zu drohen schien, ging John Stuart Mill in den Hyde Park, um die militanten Arbeiter zu beraten (als echter Sohn eines radikalen Vaters, der lange über die «Kunst der Revolution» nachgesonnen hatte): «Ich sagte, daß ein Vorgehen, welches mit Gewißheit einen Zusammenstoß mit dem Militär herbeiführe, nur unter zwei Bedingungen gerechtfertigt sei; wenn die Zustände eine Revolution wünschenswert machten oder wenn sie selbst sich für fähig hielten, eine solche vollbringen zu können. Nach beträchtlicher Diskussion trugen sie schließlich diesem Argument Rechnung.»[2]

Welch ein Unterschied zu dem verzweifelten Rußland, dem gequälten Frankreich! Wie hätten die Arbeiter dort reagiert? Wären sie mit sich zu Rate gegangen, hätten die Umstände erwogen, ihre Chancen berechnet, Möglichkeiten für ein Überdenken offengelassen?

Was Wunder, daß Tocqueville in Paris die Geduld verlor, wenn seine Landsleute nur die «totale Zerstörung» forderten, nicht reformieren, sondern transformieren wollten; daß er dem Gedanken nachhing, was in Frankreich geschehen wäre, hätte dort ein Monarch vom Schlage eines Friedrich des Großen den Thron innegehabt. Ließ sich innerhalb des verfassungsmäßigen Rahmens Abhilfe schaffen oder gab es nur die Alternative, entweder «alles demütig zu akzeptieren oder das ganze System zu zerstören»?[3]

Tatsächlich wurde auch die Möglichkeit einer dritten Lösung von den Revolutionären erwogen, allerdings fast immer zu spät und gewöhnlich erst im Schatten der Guillotine. Ein scharfer europäischer Beobachter schrieb aus Paris an James Madison, «... wenn sie ihre Ziele nicht zu hoch stecken, könnten sie eine gute Verfassung zustande bringen». Er war es auch, der Condorcet warnte: «Es ist nicht möglich, alles auf einmal zu zerstören.» Condorcet antwortete mit einem der großen Klageworte in der Geschichte der Revolution: «Wer hat denn je davon gesprochen, alles auf einmal zu zerstören?»[4]

Condorcet war möglicherweise der erste in einer langen Reihe revolutionärer französischer Intellektueller, die in der Frage nach Art und Grad ihres politischen Engagements ambivalent blieben. Hatten sie ein absolutes Gelübde abgelegt, oder war die kompromittierende Alternative langsamer Reform und stückweiser Rekonstruktion unter gewissen historischen Umständen doch annehmbar? Condorcet war der einzige *philosophe* aus der Generation Voltaires und Diderots, der an der Französischen Revolution teilnahm. Er half, den König abzusetzen (obwohl er gegen dessen Hinrichtung stimmte) und war noch im Juni 1793 mit Robespierre Mitglied des Komitees für Öffentliche Sicherheit. 1793/94 entwarf er, versteckt vor seinen jakobinischen Verfolgern, seine Schrift *Esquisse d'un tableau historique des progrès de l'esprit humain*, diese meisterhafte Zusammenfassung des Liberalismus des 18. Jahrhunderts. In seiner «Neunten Epoche» können wir lesen:

> ... eine große Revolution war unausbleiblich, und sie konnte nur auf zwei Weisen zustande kommen: Entweder setzte das Volk selbst die vernünftigen und natürlichen Grundsätze durch, welche zu bewundern die Philosophie es gelehrt hatte, oder Regierungen eilten sich zuvorzukommen und auszuführen, was die öffentliche Meinung forderte. Käme es auf erstere Weise zu einer Revolution, so wäre sie rascher und gründlicher, aber gewaltsamer; auf die erstere Art würden Freiheit und Glück um den Preis vorübergehender Übel erkauft; auf letztere Weise würden zwar diese Übel vermieden, allerdings möglicherweise um den Preis, daß die Ernte der Früchte, welche die Revolution trotz allem tragen muß, lange aufgeschoben würde. Die Ignoranz und Korruption der damaligen Regierung sorgte dafür, daß es auf die erste Weise zur Revolution kam, und das Menschengeschlecht wurde durch den raschen Triumph der Freiheit und der Vernunft gerächt.[5]

Wenn aber trotz der unerwünschten Gewalt das Übel nur vorübergehender Art und das Ergebnis tatsächlich *«le triomphe rapide de la raison et de la liberté»* wäre, wer würde da nicht für Revolution statt Reform stimmen?

In seiner «Zehnten Epoche» verschiebt sich die Perspektive ein wenig in Richtung auf ein Überdenken (wie später bei Marx) der Revolution in zweifacher Sicht, einerseits als eines friedlichen, andererseits eines gewaltsamen Übergangs vom Alten zum Neuen.

> Lassen wir unseren Blick von Nation zu Nation wandern, so können wir an jeder einzelnen sehen, welche besonderen Hindernisse dieser Revolution im Weg stehen und welche Geisteshaltungen ihr günstig gesinnt sind. Wir sehen Nationen, bei denen die Revolution aller Erwartung nach vielleicht durch die späte Einsicht einer Regierung sanft *(doucement)* eingeführt wird, und dann andere Nationen, bei denen die durch den Widerstand einer Regierung verstärkte Gewalt der Revolution jedermann in gleicher Weise in eine schreckliche und rasche Bewegung versetzen wird.[6]

Aber Condorcets Formulierung des Problems einer «dritten Möglichkeit», dem sich dann Madame de Staël, Tocqueville, J. S. Mill, Herzen und andere stellen sollten, läßt beträchtlich zu wünschen übrig. Vielleicht war die allgemeine Erregung zu groß; dem «schneebedeckten Vulkan» (wie d'Alembert ihn genannt hatte) verblieb kaum noch Zeit zum Abkühlen. Die Ereignisse überschlugen sich. Nach dem Verlassen seines Unterschlupfs, des Hauses, in dem er seine letzten Zeilen niedergeschrieben hatte, schlug Condorcets Suche nach einem weiteren Asyl fehl; er wurde erkannt und verhaftet. Am nächsten Tag fand man ihn tot in seiner Zelle auf.[7]

Sollte in ihm nicht doch irgendwo ein leiser Zweifel an jenem «raschen Sieg der Freiheit und der Vernunft» aufgestiegen sein, der ihn und zahllose andere so grausam und unnötig vernichten sollte? 1793 schrieb Condorcet in seinem *Journal d'instruction sociale*, das er zusammen mit Sieyès gegründet hatte, diese vielsagende Passage:

> Eine Gesellschaft, die nicht durch Philosophen aufgeklärt ist *(éclairée par des philosophes)*, wird von Scharlatanen betrogen. Wir müssen nunmehr eine weitere Gattung dieser Art bekämpfen: die politischen Scharlatane. Nicht jeder von ihnen ist ein Caesar oder Cromwell; für Leute dieses Schlages reicht ein mittelmäßiges Talent und ein Minimum an Interesse, um großes Unheil zu stiften. Sie alle folgen derselben Wegspur, wollen Lieblinge des Volkes sein, bevor sie seine Tyrannen werden... Das Volk auf die Falle hinzuweisen, in welcher jene Männer es fangen wollen, ist eine der wichtigsten Obliegenheiten der Schriftsteller, denen die Wahrheit und ihr Land am Herzen liegt.

Nur zu gut kann man verstehen, daß ein liberaler französischer Historiker gern geglaubt hätte, hier lägen die Anfänge eines «Journals der Opposition», das politische Scharlatane, insbesondere Robespierre und seine Freunde, entlarven wollte. Er mußte jedoch ganz im Gegenteil zur eigenen Verwunderung zugeben, daß Condorcet die Aktionen des Konvents und des Komitees für Öffentliche Sicherheit vorbehaltlos begrüßte. Condorcet billigte die «zeitweilige Aufhebung gewisser Freiheiten» und die verschiedenen Gesetze, die sich auf Emigranten, die Ausstellung von Pässen und ähnliches bezogen. Erklärt er doch in seinem Aufsatz *Sur le sens du mot révolutionnaire* (ein feinfühliger Exkurs in die Semantik, wie er typisch ist für Schriftsteller in revolutionärer Zeit):

> Laßt uns revolutionäre Gesetze schaffen, aber nur, um die Ankunft des Augenblicks zu beschleunigen, in dem wir ihrer nicht länger bedürfen. Laßt uns revolutionäre Maßnahmen ergreifen, nicht um die Revolution zu verlängern oder mit Blut zu beflecken, sondern um sie zu vollenden und ihren Abschluß zu beschleunigen.[8]

In Wirklichkeit hat also Condorcet, wiewohl er den Geist beklagte, der alles auf einmal zerstören wollte (er weinte, als er vom Schicksal der Girondisten erfuhr), nie das Wesen zerstörender Gestalt verstanden, woher sie kam oder wie weit sie noch gehen sollte.

Und doch war sein alter Glaube elastisch genug, ketzerischen Zweifeln Platz zu machen; vielleicht, weil er aus der Abstraktion des Volkes keinen Fetisch gemacht hatte, sondern vielmehr seinen demokratischen Enthusiasmus durch die Unterscheidung von *peuple* und *populace* vermittelte und sich selbstkritisch der Extreme und Exzesse bewußt blieb, in welche ungezügelte Ideale abgleiten konnten. Es ist auch möglich, daß gerade die Hingabe an das utopische Fortschrittsideal seinem intellektuellen Temperament den Blick dafür schärfte, was an diesem Kampf um aufklärerische Werte in der Gesellschaft nicht echt fortschrittlich war. Er warnte vor *«l'ivresse du pouvoir»* und pries das «Maßhalten im Ausüben der Macht» als ein tiefgreifendes historisches Unterscheidungsmerkmal zwischen «europäischen» und «asiatischen» Prinzipien der Autorität.

Jedenfalls sah er sich in seinen letzten Jahren genötigt, revisionistische Gedankengänge zu verfolgen. Die Revolution war nicht aus einem Guß, sondern vielgestaltig, und er versuchte, ihre Einheit zu unterteilen in die mannigfaltigen Zuständigkeiten des verantwortungsbewußten Revolutionärs. *«Les choses vont mal»*, schrieb er, als er in einer zunehmend stürmischen

Folge von Ereignissen die nächsten Wellen zu fürchten begann. Waren sie nur *«les orages inséparables d'une révolution»*? Oder würden sie zur Vernichtung *«de l'espoir de notre révolution»* führen, einer Revolution, die er sich immerhin «entschieden gefestigt», wenn auch noch nicht «vollendet» dachte? Wie sollte man sie denn vollenden? Im September 1792 ruft Condorcet nach *«la cessation du mouvement révolutionnaire»*, denn nun schien ihm klarzuwerden, daß es sich um *«un principe de destructiony»* handelte. Eine grundlegende Reform des Staates war das Ziel gewesen, und diese hatte man erreicht. Nicht aufzuhören hieße, die Revolution ihres vernünftigen Inhalts zu berauben und zu den zunehmenden Ungesetzlichkeiten und Verwirrungen beizutragen. Der wahre Wille der Nation wohnte nicht im Chaos des anarchistischen Pöbels, sondern in den Repräsentanten des Volkes und in deren Mandat, solide und stabile Institutionen zu schaffen. Wenn sich jedoch herausstellte, daß ebenjene Repräsentanten in ihrer Begeisterung, ihrem Fanatismus oder ihrer Bestechlichkeit die permanente Gewalt anfachten, dann wäre er gezwungen, einen Weg zur Verteidigung jener anderen Theorie zu finden, die nunmehr die Tugenden des *peuple* den Lastern der *chefs* vorzöge. Weder eine Revolution «von oben» noch eine Revolution «von unten» schienen auf verläßliche Weise Schutz und Sicherheit zu bieten. Condorcet begann zu fühlen – das sind die Worte, die er Ende 1791 im Nationalkonvent gebrauchte –, daß die *révolution* in der Tat *«le moment dangereux de la réformation»* war.[9]

Sogar der Begriff selbst begann etwas fragwürdig zu werden, und in einigen seiner Handschriften, die erst kürzlich untersucht wurden, findet man *révolution* durchgestrichen und durch *changement* ersetzt. Hier scheint die neugewonnene politische Legitimität der großen Metapher ins Schwanken zu geraten. Es war gar nicht allzulange her, daß sie ihre ersten großen Triumphe im französischen Wortschatz gefeiert hatte. 1720 hatte Vertot den Titel seiner *Conjuration de Portugal* durch *Histoire des révolutions* ersetzt; und 1753 hatte Voltaire beim Umschreiben der Geschichte im Geist der Zeit bestritten, daß Karl der Große sich eine *révolte* oder *sédition* hatte zuschulden kommen lassen, vielmehr habe die *translatio imperii* in den Westen Europas *«une révolution excusable par la nécessité, et respectable par le succès»* dargestellt. Ein halbes Jahrhundert lang hatten die wortgewandten *philosophes* durch ständige Wiederholung eine schöne Wendung in Mode gebracht, *«une heureuse révolution»*. Kurz vor seinem Tod hegte der besorgte Condorcet größte Zweifel, ob die Revolution je glücklich, notwendig, respektabel, erfolgreich und entschuldbar zugleich war oder sein könnte.

Einige finden es ganz richtig, andere überaus befremdend, daß der Konvent im Jahr III sich dazu überreden ließ, einstimmig einen Vorschlag anzunehmen, wonach dreitausend Exemplare von Condorcets postumer Schrift *Esquisse* angeschafft werden sollten. So plädierte Daunou, der das Dekret einbrachte:

> Condorcet ließ beim Abfassen seines Werkes so sehr sich selbst und sein eigenes Unglück außer acht, daß uns nichts darin an die katastrophalen Bedingungen erinnert, unter denen er schrieb. Er spricht von der Revolution nur enthusiastisch. Wir sehen, daß er seine eigene Ächtung nur als einen jener persönlichen Unglücksfälle betrachtete, die inmitten einer großen Bewegung, die für die Allgemeinheit Glück hervorbringt, beinahe unvermeidlich sind.

Das kommt einem Ausspruch aus jüngster Zeit (von Adlai Stevenson, glaube ich) prophetisch nahe, nämlich, daß «man kein Omelett machen kann, ohne Eierköpfe aufzuschlagen». Jedenfalls enthielt das eindringliche *avertissement* für die *Esquisse*-Ausgabe von 1795 einen leichten ironischen Beiklang von Protest:

> Dieser Tod wird nicht wenig dazu beitragen, die Ära, in welcher er stattfand, in den Annalen der Geschichte zu charakterisieren. Möge uns dieser Tod zur festen und furchtlosen Hingabe an jene Rechte begeistern, die durch ihn verletzt wurden! Solcherart allein wird man dem Andenken des Weisen gerecht, der, als schon das Schwert über seinem Haupt hing, in Ruhe über Besserung und Glück seiner Mitgeschöpfe nachdenken konnte; solcherart allein erfährt Trost, wer Objekt seiner Zuneigung war und das volle Ausmaß seiner Tugend kannte.

Ist hier ein periodisch auftretendes Muster revolutionärer Psychologie am Werk? Nachdem man 1795 Condorcets Leichnam unter mysteriösen Umständen in einer Gefängniszelle aufgefunden hat, sieht sich ein Jakobiner im Konvent veranlaßt, Tausende von Exemplaren einer Auflage der letzten Arbeit Condorcets zu kaufen, denn der *philosophe* hatte vermutlich der Revolution die Treue gehalten und seine Ächtung nur für einen «persönlichen Unglücksfall» gehalten. Beim Druck der postumen Ausgabe aber ist man dann schon so weit, im Vorwort der Hoffnung Ausdruck zu geben, der Tod des Verfassers möge «zur festen und furchtlosen Hingabe an jene Rechte begeistern, die durch ihn verletzt wurden»! In jeder Revolution versuchen die Freunde des Henkers den Mord als notwendig zu rechtfertigen, und die Freunde des Opfers sammeln sich, um das tragische Andenken an den Märtyrer hochzuhalten. Wenn die Revolution schon ihre Kinder frißt, so ist es sehr wünschenswert, daß zumindest ein braves Kind für diesen Hunger Verständnis aufbringt. Die Mehrzahl der Aufgefressenen stellt sich als weniger brav heraus. Doch sobald der Körper im Grab liegt, kann der von den Streitkräften beider Lager beschworene Geist weitermarschieren.

Spürte Condorcet denn, wer in dieser Revolution sein Freund, wer sein Feind war? Ich habe schon auf die (möglicherweise, aber nicht unbedingt beabsichtigte) doppelsinnige Unklarheit seiner angekündigten Kampagne gegen «politische Scharlatane» hingewiesen. Wer war damit gemeint? Waren es noch die Männer des *Ancien régime*, deren Religion und Politik und Gier er wiederholt im Geist Voltaires und Diderots demaskiert hatte? Oder konnten die «Scharlatane» nun unter den fanatischen Bürgern des neuen Regimes gefunden werden, deren süßes Zukunftshoffen er immer geteilt hatte? Hätte er im April 1792 die Debatte zwischen Brissot und Robespierre im Jakobinerklub gehört, so hätte er sicherlich den Blick nach links wenden müssen: zu jenen hin, die ein rückhaltloses Engagement für totale Politisierung verlangten und totale Ergebenheit in die Revolution, und somit für die Rechte (oder das Gefühl für deren

Verletzung) keinen Raum ließen, nicht einmal in ihrem eigenen Interesse.

Gerade jetzt [sagte Brissot damals], wo der würdige Patriot noch auf dem Krankenlager unverdrossen die Pläne für die Öffentliche Unterweisung fertigzustellen sucht, gerade da er die fremden Mächte lehrt, ein freies Volk zu achten, gerade in diesem Augenblick müssen Sie diesen großen Mann verleumden!

Meinen Sie etwa, Sie würden heute von dieser Tribüne Reden erschallen lassen über die Freiheit, hätte nicht der Feuergeist jener großen Männer – Condorcet, Voltaire, d'Alembert – langsam aber sicher unsere Seelen entflammt? Immerfort hacken Sie auf Condorcet herum, obgleich sein Leben als Revolutionär ein einziges Opfer für das Volk war. Ein *académien* wurde zum Journalisten, ein Edelmann zum Jakobiner... Er wird der Lauheit beschuldigt, weil er in aller Stille arbeitet, er wird angeklagt, ein Volksfeind zu sein, weil er nicht ständig um die Tribüne des Volkes herumstreicht...

Robespierres scharfe Entgegnung stellte die intellektuelle Vergangenheit klar und machte Andeutungen über die politische Zukunft. Es war wieder einmal «eine Wahl zwischen Genossen» – Condorcet oder Rousseau.

Darauf, ob unsere intellektuellen Meister *(nos maitres à penser)* die akademischen Freunde d'Alemberts sein müssen, kann ich nur die eine Antwort geben: das Ansehen des neuen *régime* kann sich nicht auf alte Reputationen gründen. Haben sich d'Alembert und seine Freunde auch über die Priester lustig gemacht, so haben sie doch manches Mal den Großen und Mächtigen *(les grands et les rois)* geschmeichelt. Ich habe ihnen nur eines vorzuwerfen: daß alle diese großen Philosophen so unerhört hartnäckig die Tugend, das Genie und die Freiheit eines Jean-Jacques Rousseau gegeißelt haben, dieses tugendsamen und sensiblen Philosophen, der meiner Ansicht nach als einziger *les honneurs de l'apothéose* verdient, welche ja sonst in Intrigen zugunsten politischer Scharlatane und verachtenswürdiger Schmeichler vergeudet werden.[10]

Bekanntlich war es Bertrand Barère, der durch seine Rede einen Kollegen aus der Nationalversammlung fast zur Guillotine brachte; nur einem Zufall ist es zu danken, daß Thomas Paine am Leben blieb. Und Robespierre, der einst ganz freimütig bemerkte, daß ein schwacher, vorurteilsbeladener Dogmatiker wie Montesquieu längst «einen Kopf kürzer» gewesen wäre, befand sich ganz offenbar in den Klauen einer ideologisierten Wut, der auch Condorcet bestimmt noch zum Opfer gefallen wäre, dieser letzte aus der berühmten vorrevolutionären Generation von *philosophes*.

«Citoyens!» hatte Robespierre gedonnert, *«vouliez-vous une révolution sans révolution?»*[11] Wie war etwas Derartiges möglich? Das war ein Widerspruch in sich. Es gab nur einen kategorischen Imperativ, und sein Name war Revolution. Märtyrerblut speist den Nährboden der Ideologie.

2. Das Kantsche Dilemma

Von diesem Augenblick an lautete die Streitfrage, die den menschlichen Geist auf die Probe stellen sollte, unausweichlich, ob (und wenn ja, wie; und wenn nein, warum nicht) der neue Menschentyp des engagierten revolutionären Intellektuellen im Namen einer vollständigen und permanenten Erneuerung zur sofortigen totalen Zerstörung schreiten solle. Kant, der sich äußerst günstig zur Französischen Revolution geäußert hatte (und zur amerikanischen Rebellion ebenfalls), und der davon überzeugt war, daß ohne «Phantasie» und «Enthusiasmus» nie Großes auf der Welt erreicht worden war, dachte unablässig über dieses Problem nach. Endlich sprach er eine historische Warnung zur Wechselbeziehung zwischen moralischen und politischen Idealen und sozialen Realitäten aus. Er, der wußte, was es hieß, sich «dem süßen Gefühl des Wohltuns» hinzugeben und der «jenen süßen Traum geträumt» hatte, schloß, daß die Idee vom höchsten politischen Gut (das heißt, vom ewigen Frieden) «nicht revolutionsmäßig, durch einen Sprung, d. i. durch gewaltsame Umstürzung eines bisher bestandenen fehlerhaften Zustands» durchgesetzt werden dürfe. Sie müsse vielmehr «durch allmähliche Reform nach festen Grundsätzen versucht und durchgeführt» werden. Die Schwierigkeiten dabei waren nicht unbeträchtlich. Wie wollte er Festigkeit mit Gradualismus vereinen, wie Prinzipien mit dem langwierigen Prozeß «einer ins Unendliche fortschreitenden Annäherung»?[12]

In Kant rang der Revolutionär mit dem Reformer. Als er die radikale Forderung erhob, daß «das Recht dem Menschen heilig gehalten werden» muß, konnte er nicht umhin fortzufahren, «man kann hier nicht halbieren, und das Mittelding eines pragmatisch-bedingten Rechts (zwischen Recht und Nutzen) aussinnen, sondern alle Politik muß ihre Knie vor dem erstern beugen». *Fiat iustitia, pereat mundus* – ein «wahrer Satz», den er mit «Es herrsche Gerechtigkeit, die Schelme in der Welt mögen auch insgesamt darüber zu Grunde gehen» verdeutscht, und «ein wackerer Rechtsgrundsatz». Bei der Überlegung jedoch, ob Abstraktionen die treibende Kraft des menschlichen Handelns sein könnten, kamen ihm Zweifel; nur die wenigsten Menschen handelten nach Prinzipien, und das sei gut so. Je allgemeiner die Prinzipien und je hartnäckiger die Person, desto größer sei der Schaden. Darüber hinaus läßt sich gelegentlich eine entschiedene Aversion in Kants Haltung gegenüber der «allgemeinen Menschenliebe» heraushören. «Das Wohlwollen in der allgemeinen Menschenliebe ist nun zwar dem Umfange nach das größte, dem Grade nach aber das kleinste, und wenn ich sage, ich nehme an dem Wohl dieses Menschen nur nach der allgemeinen Menschenliebe Anteil, so ist das Interesse, was ich hier nehme, das kleinste, was nur sein kann...» Wie waren bei einem derart kleinen Interesse die Aussichten für eine Erfüllung der Pflicht, den Nächsten zu achten und ihn nicht «bloß als Mittel zu meinen Zwecken herabzuwürdigen»? Dafür blieb sicher nur ein schwacher Hoffnungsschimmer.[13]

Waren es doch, so fürchtete Kant, nicht nur einige Schelme, die unter einer kompromißlosen, unpragmatischen Herrschaft der Gerechtigkeit zugrunde gingen. Da der revolutionäre Aufstand «stürmisch und gewaltsam seine Wirkung tut», läßt er sich nicht «planmäßig, der Freiheit unbeschadet, einleiten». Wie denn konnten seine Fehler getilgt werden, außer wiederum durch eine «neue (jederzeit gefährliche) Revolution»? Und falls nun durch eine Revolution tatsächlich «ein Abfall von persönlichem Despotism und gewinnsüchtiger oder herrschsüchtiger Bedrückung» zustande käme, würde dies einen wirklichen Sieg für Aufklärung und «eine wahre Reform der Denkungsart» bedeuten? Würden nicht «neue Vorurteile, eben sowohl als die alten, zum Leitbande des gedankenlosen großen Haufens dienen»? Nein, der Übergang zu einer neuen, fortschrittlichen Ordnung konnte nur durch eine «allmähliche Reform» vollzogen werden.

Aber war der Preis für den Kantschen Fortschritt nicht oftmals eben jene rohe und schmerzliche Überspitzung seiner eigenen wackeren Prinzipien?

Ich gestehe, daß ich mich in den Ausdruck dessen sich auch wohl kluge Männer bedienen, nicht wohl finden kann: Ein gewisses Volk (was in der Bearbeitung einer gesetzlichen Freiheit begriffen ist) ist zur Freiheit nicht reif; und so auch, die Menschen überhaupt sind zur Glaubensfreiheit noch nicht reif. Nach einer solchen Voraussetzung aber wird die Freiheit nie eintreten; denn man kann zu dieser nicht reifen, wenn man nicht zuvor in Freiheit gesetzt worden ist (man muß frei sein, um sich seiner Kräfte in der Freiheit zweckmäßig bedienen zu können). Die ersten Versuche werden freilich roh, gemeiniglich auch mit einem beschwerlicheren und gefährlicheren Zustande verbunden sein, als da man noch unter den Befehlen, aber auch der Vorsorge anderer stand; allein man reift für die Vernunft nie anders, als durch eigene Versuche (welche machen zu dürfen man frei sein muß)...

Kants Dilemma verschlimmerte sich. Er hatte schon immer eine Spur Jakobinertum an sich gehabt, und es wäre interessant zu wissen, ob ihm jemals das Gerücht zu Ohren gekommen ist, er habe eine Einladung des Abbé Sieyès angenommen, sich als dessen Berater nach Paris zu begeben. Wäre es ihm gelungen zu überleben? (Sogar der Marquis de Sade, der kurz vor seiner Befreiung aus der Bastille die revolutionäre Menge vom Zellenfenster aus angestachelt hatte und als Opfer des *Ancien régime* freigesetzt wurde, befand sich bald wieder in Haft. Die Revolution hatte ihn wegen des politischen Verbrechens des *«modérantisme»* verurteilt.)[14]

3. Von Leidenschaft und Besonnenheit

Die Ursache des Dilemmas lag in einem unbefriedigenden Nebeneinander des revolutionären Anspruchs auf Vollkommenheit und des politischen Imperativs der Vernunft. Kant verachtete alles, was in seinen Augen nach geistloser Empirie und Utilitarismus aussah. «Der Moderatism» oder «moralische Mitteldinge» ließen ihn kalt – «mit diesem Arzneimittel ist es wie mit Pesttropfen oder dem Venedigschen Theriak bewandt: daß sie, wegen des gar zu vielen Guten, was in ihnen rechts und links aufgegriffen wird, zu nichts gut sind...» Konfrontiert mit den Gebrechen und Nöten einer defekten Sozialordnung, stellte er die dringende Frage, «wie sie, sobald wie möglich, gebessert... werden können». Versöhnlichkeit mochte eine Menschenpflicht sein, aber Kant beeilte sich, darauf zu bestehen, daß man sie nicht mit «der sanften Duldsamkeit der Beleidigungen... als Entsagung auf harte Mittel» verwechseln dürfe.[15]

Doch auch hier zeigt er sich zwischen Leidenschaft und Besonnenheit hin- und hergerissen, zwischen Prinzip und Praxis (als wäre in ihm von beiden, von Burke als auch von Bakunin, eine Spur).

> So wäre es zwar ungereimt, zu fordern, jenes Gebrechen müsse sofort und mit Ungestüm abgeändert werden; aber daß wenigstens die Maxime der Notwendigkeit einer solchen Abänderung dem Machthabenden innigst beiwohne, um in beständiger Annäherung zu dem Zwecke (der nach Rechtsgesetzen besten Verfassung) zu bleiben, das kann doch von ihm gefordert werden.

Gab es denn nicht Situationen (und er mußte zugeben, daß es sie gab), die «zur völligen Umwälzung reif» waren? Und was hielt er endlich davon, wenn «durch ein Ungestüm einer von der schlechten Verfassung erzeugten Revolution unrechtmäßig eine gesetzmäßigere errungen wäre»? Beunruhigt war er von solchen Problemen, aber letzten Endes neigte er zu der Art von Besonnenheit, wie der Satz «Allzu straff gespannt, zerspringt der Bogen» sie illustriert. Er optierte für «friedliche Mittel», da er befürchtete, daß «das Schicksal (der Anarchie) eine übereilte Reform treffen würde». Vor allen Dingen (und das in der Zeit jakobinischen Terrors)

> wo sie [die Revolutionen] die Natur selbst herbeiführt, nicht zur Beschönigung einer noch größeren Unterdrückung, sondern als Ruf der Natur benutzen, eine auf Freiheitsprinzipien gegründete gesetzliche Verfassung, als die einzig dauerhafte, durch gründliche Reform zustande zu bringen.

So ordnete Kant sich selbst in eine große kritische Tradition ein, indem er von den «despotisierenden Moralisten» wie von den «moralisierenden Politikern» gleichermaßen entfremdet war. Die einen beunruhigten ihn durch ihre törichte Übereiltheit, die anderen verachtete er ihrer grundsatzlosen Pfuscherei wegen.

Eine berühmte Schrift von 1793 verrät noch sein Schwanken zwischen einem vorsichtigen Kurs, der beinahe schon den ungeliebten Mittelweg der Mäßigung steuerte, und dem vollkommenen Pfad menschlicher Wandlung, der auf eine revolutionäre Apokalypse hinauslief. Wie kann der Mensch jemals zu einem wahrhaft menschlichen, moralisch guten und tugendhaften Geschöpf werden? Ein solch heroischer Zustand auf Erden, so behauptete er, «kann nicht durch allmähliche Reform... sondern muß durch eine Revolution in der Gesinnung im Menschen bewirkt werden, und er kann ein neuer Mensch, nur durch eine Art von Wiedergeburt, gleich als durch eine neue Schöpfung... werden». An anderer Stelle sieht er sich jedoch gezwungen, jene einfältigen Meinungen von Seneca bis Rousseau abzulehnen, «gegen die die Geschichte aller Zeiten gar mächtig spricht». Dabei macht er sich von den scharfen Trennungen der «Rigoristen» und «Latitudianer» frei und geht sogar so weit, sich mit der wenig aufregenden Beobachtung zufriedenzugeben, daß «die Erfahrung sogar dieses Mittlere zwischen Extremen zu bestätigen scheint».

Ganz offen gesteht Kant hier ein, wie ihm solche liberalistische Unklarheit mißfällt. «Mitteldinge» müssen rigoros vermieden werden, denn schließlich «liegt... der Sittenlehre überhaupt viel daran, keine moralischen Mitteldinge... einzuräumen: weil bei einer solchen Doppelsinnigkeit alle Maximen Gefahr laufen, ihre Bestimmtheit und Festigkeit einzubüßen». Daß er aufgefordert werden könnte, gerade dieses unbequeme Prinzip der Unklarheit und Doppelsinnigkeit durch eine feste Aussage zu präzisieren, war für ihn in diesem Augenblick belanglos. Genug, daß er intellektuelle Revisionen vornehmen mußte; und als Visionen der Vollkommenheit immer deutlicher mit realen Konsequenzen in Konflikt gerieten, traten die Ängste vor diesen neuen Gefahren teilweise an die Stelle seiner älteren Ängste vor den Mitteldingen.[16]

Es ist nicht ganz klar, wie Kant zu diesen «mittleren Höhen» gelangen wollte, wo er frei sein würde von den Spannungen der Extreme. In seiner Studie *Über Pädagogik* spricht er von einem «herrlichen Ideal»:

> ... und es schadet nichts, wenn wir auch nicht gleich im Stande sind, es zu realisieren. Man muß nur nicht gleich die Idee für schimärisch halten, und sie als einen schönen Traum verrufen, wenn auch Hindernisse bei ihrer Ausführung eintreten. Eine Idee ist nichts anderes, als der Begriff von einer Vollkommenheit, die sich in der Erfahrung noch nicht vorfindet. Z. E. die Idee einer vollkommenen, nach Regeln der Gerechtigkeit regierten Republik! Ist sie deswegen unmöglich?[17]

Daß eine solche Idee «gefährlich» und die drastischen Aktionen, die sie begünstigte, «strafbar» werden könnten, dieser Verdacht überkam Kant in den neunziger Jahren des 18. Jahrhunderts, als er über den Verlauf der Französischen Revolution nachdachte.

> Die Revolution eines geistreichen Volks, die wir in unseren Tagen haben vor sich gehen sehen, mag gelingen oder scheitern; sie mag mit Elend und Greueltaten dermaßen angefüllt sein, daß ein wohldenkender Mensch sie, wenn er sie, zum zweiten Male unternehmend, glücklich auszuführen hoffen könnte, doch das Experiment auf solche Kosten zu machen nie beschließen würde – diese Revolution, sage ich, findet doch in den Gemütern aller Zuschauer (die nicht selbst in diesem Spiele mit verwickelt sind) eine

Teilnehmung dem Wunsche nach, die nahe an Enthusiasm grenzt, und deren Äußerung selbst mit Gefahr verbunden war.[18]

Auch hier spürt man noch Kants geteilte Meinung in dieser Frage. Wenn es, wie ein Kritiker es vor einiger Zeit ausdrückte, «eine fundamentale Doppeldeutigkeit» in Kants Denken gibt, so ist dies eine Doppeldeutigkeit, die mehr Bedeutsames erhellt als die meisten grundsätzlichen Eindeutigkeiten.

Trotz seiner Zurückgezogenheit in Königsberg nahm Kant sehr lebhaften Anteil am geistigen Leben seiner Zeit, und sein politisches Temperament ließ ihn unablässig sich mit den stürmischen Ereignissen im übrigen Europa beschäftigen. Unter dem Eindruck des revolutionären Geschehens in Frankreich (offenbar *das* Gesprächsthema in Berlin) wies ein Berliner Briefpartner ihn darauf hin, wie relevant Kants eigene Ansichten über die vieldiskutierten neuen Probleme wären, und gab dem Meister verhalten die Anregung dazu, «... daß sich über die ersten Grundsätze der französischen Republik und über die Vernunftsmäßigkeit derselben sehr viel Interessantes sagen ließe, wenn es ratsam wäre, darüber zu schreiben». Einer der Freunde Kants hat aufgezeichnet, daß man in dessen Studierzimmer politische Dinge nicht erwähnen durfte, nur bei Tisch konnte man darüber sprechen; der Kosmopolit und Freidenker Kant habe – so berichtet ein anderer Freund – von seinem Mittagstisch aus mit Wohlgefallen verfolgt, wie die Idee einer von der Vernunft geforderten vollkommenen Verfassung realisiert würde – wie ein Naturwissenschaftler, der sich an einem Experiment freut, das eine wichtige Hypothese erhärten soll.[20]

Mit aller Weisheit, die er den Lektionen der Erfahrung extrahierte, bemühte er sich, gesellschaftliche Ideale von utopischen Schimären freizumachen, einen Glauben an das Vollkommene aus den trostlosen Fehlschlägen tapferen menschlichen Strebens zu bergen und seinen Fortschrittsoptimismus angesichts des Schneckentempos der Geschichte zu bewahren.

Kants metaphysische Erfindungsgabe war seine Rettung, aber sein Humor half dabei. Seine intellektuelle Strenge war über einen alten Witz keineswegs erhaben. Kant erzählt ihn – vielleicht war er damals gerade neu – in der Zusammenfassung seiner Schrift *Streit der Facultäten* (1798). Es geht dabei um einen Arzt, der ständig eine Besserung von Puls, Atmung und Stuhlgang feststellt, und den leidenden Patienten, der auf die Frage: «Wie geht's, Freund, mit Eurer Krankheit?», antwortet: «Wie wird's gehen? Ich sterbe für lauter Besserung!» Kant, der Philosoph der Aufklärung, konnte es nicht über sich bringen, die Schuld bei denen zu suchen, die an den Idealen der Aufklärung zu verzweifeln begannen. Die Utopier liebten die Menschheit zu sehr, und die Revolutionäre liebten die Menschen zu wenig.

Kant versuchte seine Schwierigkeiten zu lösen, indem er seine utopische Sehnsucht revidierte und sein revolutionäres Engagement verringerte. Er unterschied zwischen einem tausendjährigen Reich und einem Utopia. Er verteidigte die vernünftigen Träume eines More, Plato und Harrington, distanzierte sich jedoch von der frommen Schwärmerei für «eine erneuerte Welt, nachdem diese im Feuer untergegangen ist». Er verteidigte die Hingabe an «entfernte Zwecke» und besonders «die überlegte Erwartung des Künftigen» als entschiedenstes Kennzeichen des Menschen, aber er verachtete eine Vermengung echter menschlicher Hoffnung mit einem unkultivierten, instinktbeherrschten Wunsch nach einem Paradies. Thomas More hätte dies verstanden. Kant wies nachdrücklich darauf hin, daß beim Erreichen einer weltbürgerlichen Ordnung eine Gesellschaft entsteht, deren Glieder bei der «größten Freiheit» einen «durchgängigen Antagonism» haben. Mehr als das, eine «vollkommene Auflösung» des Problems sei unmöglich, denn «aus so krummem Holze, als woraus der Mensch gemacht ist, kann nichts Gerades gezimmert werden».[21]

Es handelte sich um sensible und subtile Revisionen. Aber wie schon Spinoza vor ihm – dieser war zu dem Schluß gekommen, Doktrinen könnten nur *«chimaera»* und *«utopia»* sein, sofern Philosophen nicht «eine Theorie der Politik» ersinnen würden, «die nutzbar sei» –, kam auch Kant einem praktikablen Entwurf zur politischen Aktion nicht näher. Der Fortschritt würde kommen, aber langsam und auf Umwegen; glorreiche Ideale müßten erträumt werden, aber sie könnten schädliche Leidenschaften hervorrufen. Er konnte sein Vertrauen nicht in einen aufgeklärten König Utopos setzen, denn er fühlte, daß jeder Philosoph auf dem Königsthron an der Korruption der Vernunft scheitern müsse, welche die Macht unausweichlich mit sich bringt. Was ihm von seinen Vorstellungen von Utopie und Revolution blieb, war allein die vorsichtige Hoffnung, daß eine gesellschaftliche Reform irgendwie fortschreite, «von oben», also «nicht durch den Gang der Dinge von unten hinauf, sondern den von oben herab». Das war natürlich nicht Grund genug, die Hoffnung fahrenzulassen. Im Gegenteil, die evolutionäre Perspektive bestätigte seinen Optimismus gegenüber der Zukunft: «statt Revolution, Evolution versuchend». Aber dies war weniger politische Philosophie als eine Metaphysik der Geschichte.

4. Von More zu Marx

In dieser grundsätzlichen Lebenseinstellung treten die scharfen Kontraste in der vermächtnishaften Botschaft der drei europäischen Meister politischer Metaphysik am stärksten zutage. More zog die Utopie einer Revolution (die er *«hurly-burly»*, Wirrwarr, nannte), Marx zog die Revolution einer Utopie vor. Und Kant, zunehmend argwöhnisch gegen die zerstörerische Wirkung eines totalen Umsturzes wie auch gegen den perfekten Absolutismus des chiliastischen Zugangs, versuchte, die ihm eigene Neigung zu beiden zu überwinden.

Dies ist vielleicht oder vielleicht auch nicht der tragische Widerspruch jener utopischen Denkweise, die (wenn man Autoren wie Friedrich Hayek und J. L. Talmon glauben will) «immer» mit Tagträumen beginnt und in der Tyrannis endet.[22] Ich möchte nicht gegen die eine oder die andere Seite polemisieren, insbesondere da sich der geistige Vater Utopias möglicherweise selbst unsicher war. Ich denke dabei an eine besorgte Äußerung in Mores *Confutation of Tyndale's Answer* (1532). Dieses im Ton bittere und intolerante Werk ist gegen «Luthers pestartige Häresien» geschrieben, die ihn zur Rechtfertigung des Verbots einer englischen Bibel veranlaßten. Dies seien die Tage, so schreibt er, «in denen Tyndale (Gott bessere ihn!) durch die Infektion seiner ansteckenden Ketzereien die heimtückischen und neuerungssüchtigen Leute so sehr vergiftet»; daher der Entschluß, «für eine Weile die Duldung der Schrift Gottes englischer Zunge in des Volkes Hand zu verbieten, aus Sorge, daß arge Leute jedes gut Ding, das sie lesen, dadurch daß sie es fälschlich in die Färbung und Gestalt ihrer eigenen, ihnen liebgewordenen Phantastereien hineinziehen und Honig in Gift verwandeln, nicht nur sich selbst tödlich verwunden, sondern auch jene Infektion noch weiter verbreiten».

An dieser Stelle wird sich More seiner privaten Befürchtungen bewußt: Wie würde es dem eigenen Werk ergehen? So tritt er seinen historisch bedeutenden Rückzug an, den intellektuellen Widerruf, der ein störendes Fragezeichen hinter die ganze Idee von der schlichten utopischen Unschuld setzt.

> Darum sage ich, sollte dieser Tage, wann die Menschen durch ihren eigenen Mangel die Schrift Gottes selbst falsch auslegen und daran Schaden nehmen (ach, daß sie sich nur besserten), sollte da nun also irgendwer die *Moria* [des Erasmus] ins Englische übertragen, oder auch einige Werke, die ich selbst vordem schrieb, wiewohl kein Übel darin läge, so würde ich, da die Leute doch (so wie sie sind) dazu neigen, Schaden an etwas Gutem zu nehmen, eigenhändig mithelfen, nicht nur meines Lieblingsschriftstellers Bücher, sondern auch meine eigenen, alle beide zu verbrennen, bevor die Leute (wenngleich durch ihre eigene Schuld) irgendeinen Schaden an ihnen nähmen, wo ich es für wahrscheinlich ansehe, daß sie dieser Tage ein solches tun.

Wenn More selbst sich dazu bereit zeigt, sein eigenes Buch zu verbrennen, um die gefährlichen Auswirkungen utopischen Phantasierens zu verhindern, fällt es schwer, ihn gegen den kritischen Einwurf zu verteidigen, der hier literarische Tugend und politische Untugend am Werk sieht. More wäre sich vielleicht mit Tocqueville darin eins gewesen, daß, «was beim Schriftsteller ein Verdienst ist, wohl eine Untugend beim Staatsmann sein kann; und gerade die Eigenschaften, welche dazu geeignet sind, große Literatur hervorzubringen, können zu katastrophalen Revolutionen führen...». Er hätte sicherlich auch nichts gegen die Sätze eingewandt, die ihm Robert Southey (in einem imaginären Gespräch in seinem More-Buch) in der Diktion des 19. Jahrhunderts in den Mund legte:

> Wenn ich in den späteren Jahren meiner sterblichen Existenz hinsichtlich irgendeiner meiner Schriften Bedenken hatte, so wegen der einen, welche noch lebendig ist und es auch bleiben wird. Ich befürchtete, daß Überlegungen, die auf ein mögliches, doch fernes Glück der Menschheit abzielten, unter ungünstigen Umständen großen, unmittelbaren Schaden hervorrufen könnten.[24]

Doch will ich mich hier mit der langen (und überraschenden) Tradition der selbstkritischen Utopier, die den Utopismus fürchten, nicht näher befassen.

Ich versuchte darzustellen, daß unter den staatsphilosophischen Entwürfen die Utopie eine kritische Abwägung von Wirklichkeit und Ideal ermöglicht. Aus Träumen schälen sich Verantwortungen. Wenn man als höchstes Streben in der Geschichte die Errichtung einer wahren Gemeinschaft der Menschen annimmt, dann kann die utopische Prophezeiung ein praktischer Gradmesser aller Dinge sein. Es ist genau diese prophetische Tradition, gegen die Marx als antiutopischer Revolutionär sich stellte. Der Revolutionär tritt meist als Fachmann für Apokalypsen auf oder als Visionär eines Paradieses auf Erden. Prophetische Utopisten wie Saint-Simon, Fourier und Robert Owen wurden kurz abgewiesen: «Diese neuen sozialen Systeme waren von vornherein zur Utopie verdammt; je weiter sie in ihren Einzelheiten ausgearbeitet wurden, desto mehr mußten sie in reiner Phantasterei verlaufen.»

Man muß fairerweise wiederholen, daß diese Abfuhr nicht ganz ohne gemischte Gefühle erteilt wurde, denn Marx und Engels hatten andererseits die «Träumer» gegen die «Philister» verteidigt: «Wir freuen uns lieber der genialen Gedankenkeime und Gedanken, die unter der phantastischen Hülle überall hervorbrechen.» Aber dann wiederum sind diese Lösungen doch nur «aus dem Kopfe erzeugt». Mögen die prophetischen Utopisten auch genial zahllose Wahrheiten vorweggenommen haben, so konnte doch erst mit dem Marxismus die Gültigkeit dieser Wahrheiten «wissenschaftlich» nachgewiesen werden. Marx war verblendet und Engels vergiftet vom wissenschaftlichen Aspekt ihrer soziologischen Untersuchungen; und sie haben sich schnell von ihrer frühen, ambivalenten Haltung den Propheten gegenüber erholt. Bevor die Utopie verwirklicht werden konnte, mußte allem romantischen Sehnen und politischen Hoffen entsagt werden; und diese Entsagung war nur möglich, wenn man die Revolution als historisch unumgänglich erkannte. Utopia kommt nicht, weil man es sich herbeiwünscht; es kommt, weil es notwendig und unvermeidlich ist. Andere mögen es wohl geschaut haben, aber nur diesen beiden war beschieden, den Donnerhall zu hören. Und auf einmal galt es «nicht mehr, ein möglichst vollkommenes System der Gesellschaft zu verfertigen, sondern den geschichtlichen ökonomischen Verlauf zu untersuchen, dem diese Klassen und ihr Widerstreit mit Notwendigkeit entsprungen, und in der dadurch geschafften Lage die Mittel zur Lösung des Konflikts zu entdecken...». Die anderen, nur im Besitz ihrer Vision, waren bloße Träumer; sie aber, denen die Logik der Geschichte zur Verfügung stand, hatten den Preis der Gewißheit gewonnen. Wenn wir heute die dazwischenliegenden hundert Jahre überblicken, läßt sich wohl nur sagen, daß des einen Logik des andern Phantasterei ist.

«Ich arbeite wie toll die Nächte durch», schrieb Marx an Engels im Dezember 1857, «damit ich wenigstens die Grundrisse im Klaren habe bevor dem *déluge*.»[25] Sie erwarteten ungeduldig die Apokalypse, ohne sich zu fragen, ob wirklich ein Widerspruch zwischen der ethischen Projektion des Ideals und der kritischen Analyse der Wirklichkeit bestand. Müssen diese beiden moralischen und intellektuellen Betrachtungsweisen einander ausschließen? An Thomas Mores politischer Karriere wird deutlich, daß eine utopische Vision ohne gesellschaftliche Basis politisch hilflos ist; eine politische Bewegung ohne utopische Vision jedoch ist moralisch blind.

Das war der Sinn der letzten Worte, die Kant dem widmete, was er den «süßen Traum» nannte. «Platos *Republica*, Morus' *Utopia*, Harringtons *Oceana*... sind... (Cromwells verunglückte Mißgeburt einer despotischen Republik ausgenommen) nie auch nur versucht worden.» Es stimmt, daß Kant in seiner Bitterkeit, die er zunehmend dem kostspieligen revolutionären Experiment seiner Zeit gegenüber empfand, mehr und mehr davon überzeugt war, es sei «vermessen», Träume vorzuschlagen und «strafbar, das Volk zur Abschaffung der jetzt bestehenden [Staatsverfassung] aufzuwiegeln». Er, der zuversichtlich verkündet hatte, daß die Bestimmung des Menschengeschlechts in der größten moralischen Vollkommenheit liege, hatte nun das Gefühl, daß «wir uns von Menschen in ihren Fortschritten zum Besseren auch nicht zu viel versprechen müssen». Er wollte sich nicht dem Spott der Politiker aussetzen, die «die Hoffnung des ersteren [des Menschen] gerne für Träumerei eines überspannten Kopfes halten» möchten.

«Es ist doch süß», so schrieb Kant, «sich Staatsverfassungen auszudenken, die den Forderungen der Vernunft entsprechen.» Utopische Ideale seien keine «leeren Schimären»; und die immer wiederkehrenden Ansätze zu ihrer Erfüllung seien nicht nur denkbar, sondern obligatorisch. Was ihn persönlich sein Leben lang leiten sollte, war «der Kompaß der Vernunft». Die folgende Briefstelle zeigt das volle Ausmaß seiner geläuterten Auffassung von der riskanten Beziehung zwischen heroischen Idealen und historischen gesellschaftlichen Schwierigkeiten:

> Mit raschen Schritten auf Unternehmungen zu einem großen, aber weit entfernten Ziel ausgehen, ist der gründlichen Einsicht zu aller Zeit nachteilig gewesen. Der die Klippen zeigt, hat sie darum doch nicht hingestellt, und ob er gleich gar die Unmöglichkeit behauptet, zwischen denselben *mit vollen Segeln* (des Dogmatismus) durchzukommen, so hat er darum doch nicht *alle* Möglichkeit einer glücklichen Durchfahrt abgeleugnet. Ich finde nicht, daß Sie hierzu den Kompaß der Vernunft unnötig, oder gar irreleitend zu sein, urteilen.[26]

Wann ist dann aber ein utopischer Denker antiutopisch? Wenn er sich aus übermäßiger Sorge um die ideale Zukunft von neuem mit den wirklichen, aktuellen Gegebenheiten einläßt. Spätere Bedenken veranlaßten More zu einer selbstzerstörerischen Kritik an verantwortungslosen sozialen Phantastereien; wie sie auch Marx veranlaßten, zügellos gegen alle Träumer und ihren «faulen Geist» zu wüten, gegen das grassierende «Phantasiegespiel über den künftigen Gesellschaftsbau... albern, fad und von Grund aus reaktionär». Bei Kant entlud sich die Spannung des Antiutopismus eines utopischen Denkers als milde, vernünftige Revision «süßer Träume».

Daß der Zeitgeist davon nicht entzückt war, wird niemanden überraschen, der sich mit Ideologien beschäftigt. Der junge Schiller war entsetzt und fand nun Kants Ansichten «empörend»; Goethe, ähnlich aufgebracht über die Erweiterung von Kants Konzept eines «radikalen Bösen» auf menschliche Angelegenheiten, konnte (in einem Brief an Herder) sein Entsetzen über diesen «Schandfleck», mit dem der verehrte Philosoph «freveltlich seinen Mantel beschlabbert» habe, kaum unterdrücken. Man kann verstehen, daß viele seiner treuen Leser erschreckt waren von den unorthodoxen Wegen, die hier ein Philosoph einschlug, den Marx in Heines Nachfolge als deutschen Theoretiker der Französischen Revolution bezeichnete. Mit seinen Zweifeln und Abweichungen von der zeitgenössischen Revolutionsideologie wird Kant in gewisser Hinsicht zum ersten deutschen Revisionisten.[27]

Im *Streit der Facultäten* gibt es eine Stelle, die von Utopie und Zukunft, Astronomie und Revolution, Fortschritt, Reform und der Mischung von Gut und Böse handelt und dabei aufschlußreich viele unserer Hauptthemen berührt.

Einleitend stellt Kant die Frage, was von der Zukunft zu erwarten sei, stetes Fortschreiten oder ständiger Rückschritt. Er ist versucht, nur die lächerliche Seite aller Dinge «auf diesem Glob» zu sehen. Vom Stichwort Globalität geht er direkt zu einem astronomischen Blickwinkel über: denn die Planeten selbst, «von der Erde aus gesehen, sind bald rückgängig, bald stillstehend, bald fortgängig». Jedoch scheint es der kopernikanischen Hypothese zufolge (und das war sogar den verwirrenden Zyklen und Epizyklen Tycho Brahes zu entnehmen) so etwas wie einen «regelmäßigen Gang» zu geben. Von der Astronomie gelangt Kant zum Problem der Revolution, die er schon früher einmal mit der systematischen Struktur des Kosmos in Verbindung gebracht hatte, jedoch mit sehr geringer Hoffnung, ihren kurzen Lauf im Gesamtsystem der Daseinsbewältigung fixieren zu können. Aber wie standfest war die astronomische Analogie und wie lange konnte sie vor den Einwänden der Vernunft bestehen? Was wäre, wenn die Revolution, wie sie in der Gesellschaft wirklich vorkommt, weder nach dem kopernikanischen Modell von Kreisbahnen noch nach Condorcets Prinzip eines linearen Fortschritts verläuft? Konnte man bei historischen Ereignissen überhaupt je von einem «vollen Umlauf» oder einer echten, vollständigen Umkehr sprechen? War nicht das, was man so gern Revolution nannte, lediglich eine geistreiche Metapher, die durch betörende Echos himmlischer Gewißheit und durch himmlische Versprechungen aufzuwiegen versuchte, was ihr bei nüchterner Betrachtung an Bedeutung fehlte? Und selbst falls sie den Anstoß geben sollte zu Begeisterung, Sympathie, politischem Eifer und gar moralischen Großtaten, blieb Kant überzeugt, daß sowohl «nach den Aspekten und Vorzeichen unserer Tage» als auch «bei der Mischung des Bösen aber mit dem Guten in der Anlage» der Fortschritt der Menschheit im Lauf der Geschichte allmählich vonstatten ginge, und das heißt nicht durch Revolution, sondern durch Evolution.

Bei alldem mochte es sich darum gehandelt haben, was Kant selbst «bloß die Denkungsart der Zuschauer, welche sich bei diesem Spiele großer Umwandlungen öffentlich verrät», nannte.

Offenbar ist es ein Spiel mit einer begrenzten Zahl von Figuren und Zügen. Schaut man sich an, was an nachrevolutionären Bedenken geäußert wurde – sagen wir, von Kant bis Koestler –, so kann man nicht umhin, A. O. Lovejoys Verdacht (in der meisterhaften ideengeschichtlichen Studie *The Great Chain of*

Being) zu bestätigen, daß jedes Zeitalter neue Arten von Argumenten und Erwägungen vorzubringen scheint, während die Probleme stets die alten bleiben. «In Wirklichkeit ist die Anzahl eigenständiger philosophischer Ideen oder dialektischer Motive ausgesprochen begrenzt – was man auch von den Grundtypen des Witzes sagen kann...»

Kant selbst hat einmal die beiden wahnwitzigsten Elemente in der «Schwärmerei» genannt, die in einem Europa überhandnahmen, das durch «redselige Unwissenheit» und «luftige Möglichkeiten» schwer benebelt war, nämlich die geckenhafte Allwissenheit der Franzosen und der systematische Fanatismus der Deutschen. Er hatte das Gefühl, daß für den Augenblick «verachtendes Stillschweigen einer solchen Art von Wahnsinn besser angemessen» sei. Dergleichen Bewegungen und Ereignisse, so versicherte er einem seiner besorgten Schüler (in einem Brief, der sicherlich zu ironisch war, um wirklich trösten zu können), «dauern nur eine kurze Zeit, um andern Torheiten Platz zu machen».[28]

5. Von Wahrheit und Aufrichtigkeit

Eine Reihe wichtiger Überlegungen wartete auf eine Philosophie, die verspätet die neuen Imperative utopischer Ideale und revolutionärer Methoden auf diese eigentümliche Weise näher zu bestimmen suchte – zum Beispiel die Wechselwirkung der Mittel und Ziele, die Rolle des unabhängigen Intellektuellen und die Beziehung zwischen Idealen und Ideologie.

Im Oktober 1793 hatte Biester an Kant über die «immer ekelhafter werdende» Französische Revolution geschrieben, «worin doch die eigentliche Freiheit und Vernunft und die Moralität und alle weise Staatskunst und Gesetzgebung auf das Schändlichste mit den Füßen getreten werden». Er fuhr fort: «Freilich ist das Kopfabschneiden (vornehmlich wenn man es durch Andere tun läßt) leichter.» Und er gab seiner Erleichterung darüber Ausdruck, daß Kant in der Septembernummer der *Berlinischen Monatsschrift* offenbar seinen politischen Standpunkt klargemacht habe, und zwar in einem Aufsatz, welcher «leere Ideale und philosophische Träume» nochmaliger Überprüfung unterwerfe, «mit einem Wort, daß, was in der Theorie sich gut hören läßt, für die Praxis von keiner Gültigkeit sei». Der Gegenstand war allerdings komplexer, als der Briefpartner geahnt hatte, denn Kant hatte in Wirklichkeit abgelehnt, die Ideen eines Rousseau oder Abbé de Saint-Pierre aufzugeben oder generell die Beschäftigung mit einer allgemeinen Theorie, die in groben Zügen darstellte, was *sein sollte*, und die – indem sie den irdischen Mächten empfiehlt, so zu handeln, als sei es möglich – es «dadurch einleite». Er war sich dessen gewiß, daß «nach vielen mißlungenen Versuchen endlich Vernunft siegen werde»; er rechnete immer noch auf «die menschliche Natur», denn er konnte und wollte sie nicht «für so versunken im Bösen» halten, da «in ihr immer noch Achtung für Recht und Pflicht lebendig ist». Doch das Grauen vor einer gewaltsamen Säuberung blieb ihm, und etwas später schrieb er:

> ... denn alle diese vermeintlich guten Absichten können doch den Flekken der Ungerechtigkeit in den dazu gebrauchten Mitteln nicht abwaschen. – Wendet man hiegegen ein: daß, bei solcher Bedenklichkeit, mit der Gewalt den Anfang zur Gründung eines gesetzlichen Zustandes zu machen, vielleicht die ganze Erde noch in gesetzlosem Zustande sein würde: so kann das eben so wenig jene Rechtsbedingung aufheben, als der Vorwand der Staatsrevolutionisten, daß es auch, wenn Verfassungen verunartet sind, dem Volk zustehe, sie mit Gewalt umzuformen, und überhaupt einmal für allemal ungerecht zu sein, um nachher die Gerechtigkeit desto sicherer zu gründen und aufblühen zu machen.

Konnte ein Philosoph, sofern er die Welt überhaupt ändern wollte, unter den gegenwärtigen Umständen denn mehr tun, als die Welt zu interpretieren und kritisieren? Kant machte sich keine billigen Illusionen über den begrenzten Einflußbereich der Intellektuellen.

> Daß Könige philosophieren, oder Philosophen Könige würden, ist nicht zu erwarten, aber auch nicht zu wünschen; weil der Besitz der Gewalt das freie Urteil der Vernunft unvermeidlich verdirbt. Daß aber Könige

oder königliche (sich selbst nach Gleichheitsgesetzen beherrschende) Völker die Klasse der Philosophen nicht schwinden oder verstummen, sondern öffentlich sprechen lassen, ist beiden zu Beleuchtung ihres Geschäfts unentbehrlich.

Dies war nur ein bescheidener Vorschlag (More hatte weniger, Mill ein gut Teil mehr gefordert); und Kant empfahl als Versicherung, man dürfe Philosophen keineswegs mit Verschwörern, Propagandisten oder Parteigängern verwechseln.[29]

Aber die Mächtigen waren damals wie heute nicht so leicht von den Tugenden der Toleranz und der Nützlichkeit der Vernunft und Philosophie für das aufgeklärte Regierungsgeschäft zu überzeugen. Etwas «offen auszusprechen» bedeutete oft die Herausforderung einer persönlichen Katastrophe. Die Lehren aus Mores Vorsicht, Erasmus' Furchtsamkeit und Spinozas Schweigen verfehlten nicht ihre Wirkung auf Immanuel Kant. Seine philosophischen Versuche, «über die Grenzen zu streunen», verstießen in ähnlicher Weise gegen die königlich-preußischen Edikte über Orthodoxie und Zensur.

Der mutige Versuch, die konventionellen Interpretationen der bestehenden Staatsdoktrin im Licht des Verstandes zu überprüfen, erntete nur «großes Mißfallen» seitens Friedrich Wilhelms, der 1794 aus Berlin «dem würdigen und hochgelahrten Unserem Professor auch lieben getreuen Kant zu Königsberg in Preußen» ein strenges Schreiben zugehen ließ. Er «mißbrauche» seine Philosophie «zu Entstellung, Herabwürdigung und Entehrung mancher Haupt- und Grundlehren der heiligen Schrift und des Christentums». Der König war enttäuscht: «Wir haben uns zu Euch eines Bessern versehen... da Ihr selbst einsehen müsset, wie unverantwortlich Ihr dadurch gegen Eure Pflicht als Lehrer der Jugend und gegen unsere Euch sehr wohl bekannte Landesväterliche Absicht handelt.» Die königliche Zurechtweisung war eine direkte Drohung: «... widrigenfalls Ihr Euch bei fortgesetzter *Renitenz* unfehlbar unangenehmer Verfügungen zu gegenwärtigen habt». Der König drängte tatsächlich darauf, daß seine Beamten ein Verfahren gegen Kant einleiteten, und gab (in einem Brief an Wöllner) seine Unzufriedenheit über die Milde und Schwerfälligkeit der Zensur zu erkennen. «Zu Frankfurt ist Steinbart, der auch da wird fortmüssen; zu Königsberg Hasse, der ein Haupt-Neologe ist; desgleichen mit Kantens schädlichen Schriften muß es auch nicht länger fortgehen... Diesem Unwesen muß absolut gesteuert werden...»

Kant antwortete, wie er zugab, «in tiefster Untertänigkeit». Er gelobte «Gehorsam» und sich «nichts dergleichen künftighin... zu Schulden kommen zu lassen», wie es sich für einen «treuen Untertan» gehörte. Er war einundsiebzig Jahre alt, aber Überleben war alles. Er wollte sich «fernerhin aller öffentlichen Vorträge in Sachen der Religion, es sei der natürlichen oder der geoffenbarten, in Vorlesungen sowohl als in Schriften völlig enthalten». Wie er später erklärte, hatte er damals seine Ausdrücke «vorsichtig gewählt, damit ich nicht der Freiheit meines Urteils in diesem Religionsprozeß auf immer, sondern nur, solange Sr. Majestät am Leben wäre, entsagte» (tatsächlich überlebte der Philosoph den König um sieben Jahre).

Jahre vorher hatte Kant in einem Brief an Moses Mendelssohn im April 1766 angesichts so vieler Schwierigkeiten, seine Überzeugungen öffentlich darzulegen, ein persönliches Kompromißprinzip ausgearbeitet:

> ...daß also der Verlust der Selbstbilligung, die aus dem Bewußtsein einer unverstellten Gesinnung entspringt, das größte Übel sein würde, was mir nur immer begegnen könnte, aber ganz gewiß niemals begegnen wird. Zwar denke ich vieles mit der allerklarsten Überzeugung und zu meiner großen Zufriedenheit, was ich niemals den Mut haben werde zu sagen; niemals aber werde ich etwas sagen, was ich nicht denke.

Nirgends hat er dieses Prinzip klarer formuliert als an einer Stelle in den unveröffentlichten Schriften:

> Widerruf und Verleugnung seiner inneren Überzeugung ist niederträchtig, aber Schweigen in einem Falle, wie der gegenwärtige ist, ist Untertanenpflicht; und wenn alles was man sagt, wahr sein muß, so ist darum nicht auch Pflicht, alle Wahrheit öffentlich zu sagen.[30]

Diese Rechtfertigung eines opportunistischen Philosophen ist oft getadelt worden. Sogar zu seinen Lebzeiten (etwa bei dem Berliner Verleger Nicolai) erregte Kants Nachgiebigkeit offensichtlich Anstoß. Biester wies ihn so zartfühlend er konnte darauf hin. Er schrieb ihm, daß «jeder» das freiwillige Versprechen bedaure, denn Kant bereite nur «den Feinden der Aufklärung einen großen Triumph und der guten Sache einen empfindlichen Verlust». Es wollte ihm scheinen, «Sie hätten dies nicht nötig gehabt». Kant hätte fortfahren sollen, über die betreffenden gefährlichen Themen zu schreiben, «wobei Sie freilich vielleicht wieder über einzelne Fälle sich zu verteidigen würden gehabt haben. Oder Sie konnten auch künftig bei Ihren Lebzeiten schweigen; ohne jedoch den Menschen die Freude zu machen, sie von der Furcht vor Ihren Reden zu entbinden.»

Welche Haltung man einnimmt, hängt von der Entscheidung ab, wieweit man die subtile Unterscheidung zwischen Aufrichtigkeit und Offenherzigkeit gelten läßt. «Ich kann es einräumen, wiewohl es sehr zu bedauern ist», erklärt Kant in einem seiner zensierten Bücher, «daß Offenherzigkeit (die *ganze* Wahrheit, die man weiß zu sagen) in der menschlichen Natur nicht angetroffen wird. Aber Aufrichtigkeit (daß *alles, was man sagt*, mit Wahrhaftigkeit gesagt sei) muß man von jedem Menschen fordern können, und, wenn auch selbst dazu keine Anlage in unserer Natur wäre, deren Kultur nur vernachlässigt wird, so würde die Menschenrasse in ihren eigenen Augen ein Gegenstand der tiefsten Verachtung sein müssen.» [31]

In jüngster Zeit hat sich mancher Kritiker verächtlich über ihn geäußert, so auch dieser amerikanische Kommentator:

> Ich teile Nietzsches Ansicht, daß Kant ein alter Tartuffe ist. Dort, wo andere Kants Charakterschönheit und edle Entschlußkraft hervorheben, sehe ich außerdem einen mürrischen Dogmatiker durchscheinen, den die öffentliche Gleichgültigkeit seinem großen Werk gegenüber verdrießt; einen spröden Klausner, dessen Kenntnis der menschlichen Natur es an Tiefe und Feinheit des Verständnisses gebricht. Andere unterstreichen Kants aufgeklärte politische Ansichten; ich sehe darin auch den vorsichti-

gen alten Mann, der halbherzig Zivilcourage zeigt und sich den Mächtigen fügt.[32]

Da war die ältere traditionelle Kritik an Kant großmütiger. Einer seiner Biographen im 19. Jahrhundert sah es so:

Daß in dieser feierlich übernommenen Schweigepflicht mehr Vorsicht als Mut zur Erscheinung kommt, wird nicht zu leugnen sein. Am Ende hätte der Siebzigjährige die in Aussicht gestellten «unangenehmen Verfügungen» ruhig abwarten können; über das Verbot der Schriften und etwa noch die Entziehung seiner Gehaltszulage wäre man in Berlin doch kaum hinausgegangen. Indessen Kant war nicht von dem Stoff, aus dem Märtyrer gemacht werden; und er mochte sich trösten: alles Hauptsächliche habe er ja gesagt. So wählte er, was seiner Natur gemäß war, das Schweigen und den Frieden. Freilich hätte er wie der siebzigjährige Sokrates in ähnlicher Lage tat, erklärt: er habe noch einen höheren Ruf in der Welt als die ihm durch königlich preußische Bestallungsurkunde verliehene Professur, und diesem Beruf, die Wahrheit zu lehren und den Irrtum und die Lüge zu bekämpfen, wolle und könne er nicht untreu werden, so würde ein Blatt seiner Lebensgeschichte der deutschen Philosophie sich stattlicher ausnehmen, als nun der Fall ist.[33]

Wieweit hätte sich Kant dagegen verteidigt? Ich möchte gern glauben, daß er sich nicht nur persönlich verletzt gefühlt, sondern auch die moralische Stärke des Arguments eingesehen hätte. In einem Fragment, das sich unter Kants «losen Blättern» findet, steht eine indirekte politische Notiz zu diesem moralischen Dilemma, dieser Abwägung von persönlicher Sicherheit und Bürgerpflicht: *«Die beste Regierungsform ist nicht die worin es am bequemsten ist zu leben, sondern worin dem Bürger sein Recht am meisten gesichert ist.»*[34]

Hier steht also ein Revolutionär und Reformer vor uns, ein Utopist und Gradualist, ein Militanter und doch Gemäßigter, ein unablässig kritischer Philosoph, der die Versuchungen der Ideologie gekannt hat und sogar noch, als sie ihn bitter getäuscht hatte, eine Verbundenheit mit jenen empfand, die Phantasie und Macht verknüpfen wollten, die «den süßen Traum träumten».

> Übrigens kann ein politischer Künstler... durch Einbildung... z. B. von Freiheit des Volks (wie im Englischen Parlament) oder des Ranges und der Gleichheit (wie im französischen Konvent) die Welt leiten und regieren... aber es ist doch besser, auch nur den Schein von dem Besitz dieses die Menschheit veredelnden Guts für sich zu haben als sich desselben handgreiflich beraubt zu fühlen.[35]

6. Der Krieg der Temperamente

Diese hochherzige Botschaft aus Königsberg wäre wohl in Paris unter dem Schatten der Guillotine nicht so recht relevant gewesen. «...nur den Schein von dem Besitz dieses Guts»? Wie konnte eine solche unerhörte «Als-ob»-Entschädigung für die augenfälligen Verluste genügen, die eine große, aber außer Kontrolle geratene Revolution zufügte? Sollte es keinen besseren Rat für eine edle Generation geben, die nun im gemeinen Gemenge der Ereignisse gefangensaß?

In ihrer philosophischen Studie *On Revolution* erwähnt Hannah Arendt die «Idee, daß die beiden Aktivitäten des Gründens und Erhaltens etwas gemeinsam haben, nämlich das Prinzip des Vermehrens und Erweiterns». Sie meint damit jedoch nur, daß ein Zusammenhang besteht zwischen dem revolutionären Akt, «etwas ganz Neues» zu beginnen, und der «erhaltenden Fürsorge», die diesen Neubeginn schützt.[36]

Diese «Fürsorge» wurde von Madame de Staël ein wenig altmodischer als «Mäßigung» bezeichnet; und sie, die vor dem Terror floh, unterschätzte keineswegs die Schwierigkeit, an dieser Tugend festzuhalten.

> Je verhaßter die alte Regierung ist, desto größer die Zustimmung zum Umsturz, und um so schwieriger die Unterscheidung zwischen den verschiedenen Meinungen, welche jene trennen, die vereint in der Zerstörung, doch im Wiederaufbau getrennt sind...
>
> Während einer Revolution braucht die Partei, die einer gemäßigten Meinung ist, viel mehr Mut der Seele als die andere und einen weiten Sinn. Sie muß ständig an zwei Fronten kämpfen, zweierlei Argumenten entgegenwirken, zwei Gefahren umgehen...

Manche Leute verfolgen mit Hohn und Spott Meinungen, die von den beiden gegensätzlichen Extremen gleich weit entfernt sind. Man kann verstehen, wenn die beiden extremen Parteien einig sind im Kampf gegen den gemeinsamen Feind. Man kann aber gar nicht verstehen, daß jemand so weit geht, diese Denkungsart schwach und unentschieden zu nennen. Manche Leute haben ausgesprochenes Geschick, alles auf Extreme zu reduzieren, im festen Glauben, diese seien populärer. Es gibt wirklich Meinungen, die wir vorbehaltlos übernehmen müssen. Aber sollen wir jedem Narren, der einen neuen Wahnsinn entdeckt, erlauben, neue Hindernisse der Wahrheit in den Weg zu legen?

Offensichtlich war sie zu sehr mit den drängenden moralischen und strategischen Problemen der Auseinandersetzung beschäftigt, um die tieferen Psycho-Mechanismen, die am Werk waren, realistisch zu analysieren.

Es war Hobbes, der mit charakteristischer Unsentimentalität eine Art von permanentem Klassenkampf der Extreme gegen die Gemäßigten vorschlug. Ebenso nüchtern schaute er dem heißen Bemühen seiner Generation zu, sich gegen die verhaßte «Streitkraft der anderen» zu behaupten – nicht ausgenommen die verspäteten Rufe eines Lilburne und Milton nach Besonnenheit und Mäßigung.

Wenn man den großen Unterschied bedenkt [schreibt Hobbes], der durch die Ungleichheit der Leidenschaften in den Menschen liegt, wie einige eitel nach Ruhm streben und sich Vorrang und Vorherrschaft über ihre Mitmenschen erhoffen, nicht allein, wenn sie gleich mächtig, sondern auch, wenn sie geringer sind; so müssen wir schlechterdings eingestehen, daß daraus notwendig folgt, daß jene Männer, die gemäßigt sind und nichts weiter erstreben als Gleichheit der Natur, der Streitkraft der anderen verhaßt sein werden und in Gefahr sind, von ihr unterworfen zu werden. Und daraus folgt dann eine allgemeine Uneinigkeit in der Menschheit und gegenseitige Furcht der Menschen untereinander.[37]

Das war keine spezifisch englische Einsicht. Pierre Bayle kam zu einem ähnlichen Ergebnis, sogar in noch schärferem Ton. Seine magistrale Argumentation gegen apokalyptische Hellseher und deren extremistische Leidenschaften formulierte er im kongenialeren intellektuellen Klima seines Rotterdamer Exils.

In dem Eintrag über Hobbes (im *Dictionnaire*) hat Bayle am deutlichsten – entgegen allen späteren Mißdeutungen der *philosophes* und ihrer jakobinischen Anhänger – sich von den Anhängern der utopischen Revolution und den Feuerköpfen mit ihrem *fumo chiliastico* abgesetzt.

Hier sind wir am Ende unserer Chronik der Utopisten und Revolutionäre und ihrer ideologischen Entwicklungsgänge angelangt, in der uns auf Schritt und Tritt das Schauspiel vom langen Krieg der Temperamente und von der Torheit der Vergeßlichkeit geboten wurde. Es mag sich hier um die eine Konstante in der Geschichte handeln, um – wie ein politischer Philosoph, der für viele spricht, es einmal tiefgründig genannt hat – «einen konstanten Prozeß, der durch Zeit und Raum eine Spur äquivalenter Symbole hinter sich läßt».[38]

Ich kehre an den Ausgang zurück, zu Madame de Staël, nicht etwa, weil sie eine unvergeßliche Lösung zu bieten hätte, sondern weil sie, was ihr Gedächtnis anbelangt, so sehr Teil des Problems ist: einer Symptomatologie wiederholter Anfälle historischer Amnesie. Man lese einmal ihr mitten in der Revolution verfaßtes verzweifeltes Plädoyer für die Gemäßigten, die Männer der edlen Mitte:

> Weit entfernt davon, schwache und zaghafte Seelen um sich zu scharen, braucht diese Partei mehr als jede andere den Mut, der Mißtrauen und Gefahren aller Art trotzt. Sie muß durch die Kühnheit ihres Charakters diejenigen beeindrucken, welche sie durch die Weisheit ihrer Ansichten anfeuert. Sie muß sie selbst sein, nicht eine absurde Mischung oder eine irrelevante Alternative zu den gegnerischen Extremen. Sie muß, kurz gesagt, allen darlegen, daß Vernunft keine Bedeutungsnuance zwischen den Extremen ist, sondern eine Grundfarbe.[39]

In Sprache und Einstellung äußert sich hier die echte und leider auch hoffnungslose französische Sehnsucht. Ein Jahrhundert zuvor hatte Pierre Bayle die tragische Situation des Mannes in der Mitte beklagt, der, benachteiligt durch die offenkundige Selbstgefälligkeit der Streiter für Vernunft und Mitteldinge, sich tapfer gegen Fanatismus und Parteigeist *à droite et à gauche* zu behaupten versucht. Anderthalb Jahrhunderte später hat Albert Camus unter dem Druck seines großen radikalen Gegenspielers Jean-Paul Sartre immer noch von einer dritten Lösung, einer Partei der Gemäßigten, geträumt. Er nahm Zuflucht bei Heraklit, «der den ständigen Wandel der Dinge erfand, seinem endlosen Ablauf jedoch eine Grenze setzte», und noch weiter weg bei Nemesis, «der Göttin des Maßes und unermüdlichen Kämpferin gegen das Maßlose». Denn gegen Sartre, den ungenannten und überwältigenden, hatte Camus sein Manifest für *l'homme révolté* gerichtet; ein seltsamer Titel, nur verständlich in der engen Welt der französischen intellektuellen Polemiken. Die Stelle, bei der Camus zuerst (wie ich immer vermutet hatte und er mir dann bestätigte) sich des tiefen Unterschieds zwischen sich und Sartre, zwischen Rebell und Revolutionär, ganz bewußt wurde, war eine Nebenbemerkung in Sartres kleinem Buch *Baudelaire*. Ich will unserem letzten großen engagierten revolutionären Intellektuellen durch die Wiedergabe dieses Zitats das Seine lassen.

> Der Revolutionär [schreibt Sartre und meint damit sich selbst und zweifellos auch Mme. de Beauvoir] will die Welt verändern; er überschreitet sie in Richtung auf die Zukunft, in Richtung auf eine Wertordnung, die er selbst erfindet. Der Aufrührer aber sorgt dafür, daß die Mißstände, unter denen er zu leiden hat, bestehen bleiben, damit er sich gegen sie auflehnen kann. Immer trägt er Elemente des schlechten Gewissens und eine Art Schuldgefühl mit sich herum. Er will weder zerstören noch überwinden, sondern allein sich auflehnen gegen die Ordnung. Je mehr er sie angreift, desto mehr achtet er sie insgeheim; die Gesetze, die er öffentlich angreift, bewahrt er tief in seinem Herzen; würden sie verschwinden, so verschwände mit ihnen auch seine Daseinsberechtigung. Er würde plötzlich überflüssig sein, und davor fürchtet er sich.[40]

Deutlicher kann man wohl nicht werden; oder vielleicht doch, wie Simone de Beauvoir mit einer charakteristischen, aufschlußreichen Bemerkung im zweiten Band ihrer Autobiographie. Dort nennt sie in ihrem und wohl auch in Sartres Namen den gemeinsamen Freund Raymond Aron einen «verachteten» Gemäßigten und erklärt: «Der Reformismus lief unserer ganzen

Veranlagung zuwider; wir glaubten, die Gesellschaft lasse sich nur global ändern, auf einen Schlag, durch eine plötzliche Katastrophe.»[41]

Damit schließt sich für die Intellektuellen der Utopie und Revolution – gescheit, vielseitig, erregbar, leichtfertig, nie reformierend, stets transformierend – einmal mehr der Kreis. In ihrem Ende liegt ihr Anfang. Der König ist unterwegs zum Schafott. Die Katastrophe bricht herein, die Welt ist in Aufruhr. Alles Bestehende wird auf einen Schlag vernichtet. Schuld- und gewissenlos bejubeln sie eine anonyme Zukunft im Namen erfundener, aber geheimgehaltener Werte. Der süße Traum ist heiliges Dogma geworden. Ihr Utopia bleibt die Revolution.

Anmerkungen

Vorwort

1 Im *Tractatus Politicus* von 1677 (*Sämmtliche Werke*, übers. von B. Auerbach, 1871, Bd. I, S. 423) schreibt Spinoza:

> Ich betrachte daher die menschlichen Affecte, wie Liebe, Haß, Zorn, Neid, Ruhmliebe, Mitleid und die übrigen Seelenbewegungen nicht als Fehler der menschlichen Natur, sondern als Eigenschaften, die ihr so angehören, wie Hitze, Kälte, Sturm, Donner u. a. dgl. zur Natur der Luft, die, mögen sie auch unangenehm seyn, doch nothwendig sind und bestimmte Ursachen haben, aus welchen wir ihre Natur zu erkennen suchen, und an deren wahrer Betrachtung sich der Geist ebenso ergötzt, wie an der Erkenntnis dessen, was den Sinnen angenehm ist.

2 Ich danke Dr. Harry Gideonse, Kanzler der New School for Social Research, daß ich im Mai 1968 einiges von diesem neuen Material im Rahmen einer Vortragsreihe in New York vorstellen durfte. Besonders dankbar bin ich Herrn McGeorge Bundy, dem Präsidenten der Ford Foundation, für ein Forschungsstipendium, das mir ungezählte Beutezüge in die London Library am St. James's Square und den Lesesaal des British Museum ermöglichte.

3 «Den Revolutionshysterikern unserer Tage ist die Revolution zum Zauberwort geworden. Revolution ist Mode. Wer auf der Höhe der Zeit sein und nicht als rückständig gelten will, dem muß das Wort Revolution leicht über die Lippen kommen.» (*Frankfurter Allgemeine Zeitung* vom 6. November 1968, S. 1)

Sechs Jahre später, als sechs führende Mitglieder der sogenannten «Symbionese Liberation Army» (in der Mehrzahl weiß, aus dem Mittelstand und unter dreißig) in Los Angeles bei einem Kugelwechsel mit der Polizei ums Leben kamen, hallte das bombastische Wort immer noch in den Straßen. Die *New York Times* vom 19. Mai 1974 berichtete:

> Ehe noch der Kugelwechsel beendet war, sangen schwarze Jugendliche bereits ein Hohelied auf die Verteidiger des gelben Stuckhauses. «Unsere Brüder könnt ihr töten», rief ein schwarzer Teenager, «aber die Revolution nicht. Die könnt ihr mit all euren Kanonen nicht umbringen.»

4 A. O. Lovejoy empfahl dem ideengeschichtlich interessierten Historiker – «sofern er die wirklich entscheidenden Faktoren für die großen Denkströmungen kennenlernen will» – etwas zu betreiben, das er «philosophische Semantik» nannte und folgendermaßen charakterisierte:

> Überprüfung der Wörter und Sätze, die innerhalb einer Epoche oder Richtung besonders heilig sind, um ihre Mehrdeutigkeit deutlich herauszuarbeiten, ihre Bedeutungsnuancen festzuhalten und nachzuforschen, wie aufgrund dieser Mehrdeutigkeit entstandene diffuse Ideenverbindungen zur Entstehung und Entwicklung bestimmter Doktrinen beigetragen oder den unbemerkten Übergang von einer Denkungsart zu einer anderen, die ihr möglicherweise diametral entgegengesetzt ist, beschleunigt haben. Wenn Wörter eine eigene geschichtsbildende Kraft bekommen, ist das vor allem ihrer Vieldeutigkeit zuzuschreiben. (Arthur O. Lovejoy, *The Great Chain of Being: A Study in the History of An Idea*, 1936, S. 14)

In dem Vorwort zu den *Essays in the History of Ideas* (1948, S. XIV–XVI) nennt Professor Lovejoy eine Reihe von Prämissen und Prozeduren, von denen eine philosophische Semantik ausgehen muß und die ich mir, wie bald deutlich werden wird, in aller Bescheidenheit zu eigen gemacht habe:

> 1. Existenz und Einflußnahme derselben Grundannahmen oder anderer maßgeblicher «Ideen» in ganz unterschiedlichen Denkbereichen und zu verschiedenen Zeiten …
>
> 2. Die Rolle semantischer Verschiebungen und Verwirrungen, Veränderungen und Vieldeutigkeiten von Wörtern in der Geschichte des Denkens und des Geschmacks …
>
> 3. Die inneren Spannungen oder Schwankungen in der Vorstellungswelt fast eines jeden Schriftstellers – manchmal in einer einzigen Schrift, ja auf einer Seite festzustellen –, die daher kommen, daß er gewissermaßen «anfällig» ist

für widerstreitende Ideen oder unvereinbare Gefühls- und Geschmackstendenzen...

Aber Lovejoy zögerte, einen grundsätzlichen Gedanken weiterzuverfolgen, der von entscheidender Bedeutung ist für unsere Frage nach dem Verhältnis von politischem Temperament und geistigem Klima: «Es ließe sich in der Tat mit einiger Berechtigung behaupten, daß diese Ideen nur Ausdruck bestimmter, konstanter Tendenzen in der menschlichen Natur sind, die aus mancherlei Gründen heutzutage besonders stark in Erscheinung treten.» Eine derartige Behauptung wirft die grundsätzliche Frage auf,

wie weitgehend philosophische Richtungen letzten Endes nicht von logischen oder vermeintlich logischen Prämissen ausgehen, sondern von emotionalen Bedürfnissen, Eigenheiten des individuellen Gefühlslebens oder von sozialen und anderen praktischen Problemen in einer bestimmten historischen Konstellation. (*The Great Chain of Being*, S. 298)

Dieser Frage ist er nicht nachgegangen, und er hat sie, soweit ich weiß, nie beantwortet.

5 «Wer mit Falken die Lerchen und Sperlinge jagt, hat dasselbe Vergnügen, aber weniger Mühe, als Der, welcher die Fallen zu edlerer Jagd verwendet... Seine Forschungen nach Wahrheit sind eine Art Jagd, wo schon die Verfolgung allein einen großen Theil des Vergnügens ausmacht.» (John Locke, *Versuch über den menschlichen Verstand*, übers. von J. H. von Kirchmann, 1872, S. 18)

6 Stephen Vincent Benét, *John Brown's Body* (1928), S. 192; übers. von Monika Plessner.

7 William Butler Yeats, «Vacillation», in: *Collected Poems* (1950), S. 282; übers. von Monika Plessner.

1. Kapitel

1 Aylmer Maude, *The Life of Tolstoy: First Fifty Years* (1908), S. 18f.

2 *Phaidon*, 81c–82b, in: Platon, *Sämtliche Werke* (Hg. Schneider), Bd. 1, S. 764f.

3 John Milton, *The Ready and Easy Way to Establish a Free Commonwealth* (1660; Hg. Clark, 1915), S. 18, 94f. Thomas Hobbes, *Leviathan, or the*

Matter, Forme and Power of a Commonwealth Ecclesiastical and Civil (1651; Hg. Oakeshott, 1946), S. 111.

4 Bismarcks wenig bekannte Äußerung findet sich bei Sidney Whitman, *German Memories* (1913), S. 153f, und Nkrumahs in: *Ghana, the Autobiography of Kwame Nkrumah* (1959), S. 185.

5 B. F. Skinner, *Walden Two* (1962), S. 253. In den desillusionierten, antiautoritär gestimmten fünfziger Jahren schrieb Albert Camus in *L'Homme révolté* (1951), S. 294: «La cité qui se voulait fraternelle devient une fourmilière d'hommes seuls (Die Stadt, die brüderlich sein will, wird zum Ameisenhaufen einsamer Menschen)...»

In den sechziger Jahren war diese Einstellung Teil der allgemeinen liberalen Geisteshaltung, wie man auch an der unkontroversen Bemerkung in Lyndon B. Johnsons Antrittsrede als Präsident sehen kann (*New York Times*, 21. Januar 1965): «Ich sehe die ‹Great Society› nicht als ein durchorganisiertes, uniformes und gedankenarmes Heer von Ameisen. Sie verkörpert vielmehr das Abenteuer, das im Werden, Versuchen, Erproben, Scheitern, Besinnen und Neu-Beginnen besteht.»

6 Fedor M. Dostojewski, *Winterliche Aufzeichnungen über sommerliche Eindrücke* (Übers. Geyer, 1962), S. 47f.

7 Natürlich gibt es fast endlos Beispiele und Variationen für die Verwendung der Ameise in der politischen und gesellschaftlichen Metaphorik.

Der deutsche Dominikanermönch Johannes Nider verfaßte die erste populäre Schrift über die Abscheulichkeit der Hexen und ihrer Zauberkünste und hat sie 1437 gewissermaßen als krönenden Abschluß seines fünfbändigen Werkes *Formicarius* («Ameisenhügel») publiziert. Im 16. Jahrhundert warnte der französische Protestant Pierre Viret – in der Absicht, die Bestrafung des Tyrannen durch Volksaufstände zu rechtfertigen – weltliche Herrscher vor den Folgen, wenn sie weiterhin das Volk unterdrückten, und zitierte dazu den alten Sinnspruch: «Selbst Ameisen sind nicht frei von Zorn und Wut.» Siehe Roland Bainton, *G. L. Burr, His Life and Writings* (1943), S. 177. Robert D. Linder, «Pierre Viret and the Sixteenth-Century French Protestant Revolutionary Tradition», in: *Journal of Modern History* (Juni 1966), S. 131.

Der Literaturhistoriker Fussell spricht von Alexander Popes «raffiniertem Gebrauch der Insektenmetapher als symbolischen Ausdruck humanistischer Verachtung für alles, was niedriger ist als der Mensch und wozu dessen fehlerhafte Natur ihn leider ständig hintreibt». In den *Verses on Gulliver's Travels* (1727) äußert sich Pope geringschätzig über «Beetles, Britons, Bugs and Butterflies (Käfer, Briten, Wanzen und Schmetterlinge)» und schreibt (nach «Verliebt in seines Eilands kümmerliche Hügel, meint er kurzsichtig, nur dieser Erdenplatz allein habe Wert, Geist und Gelehrsamkeit»):

So glaubt die Ameise, die nach des einen Körnchens Wohl und Nutzen trachtet, der ganzen Welt Belang, er sei der ihre; so halten Bienen Honigwaben für Paläste, und für die Maden ist der Käse eine ganze Welt...

In unserer kleinen Galerie sind also schon versammelt: die Ameise als Vorbild der Lebensweisheit (Sprüche Salomos), als guter Staatsbürger (Plato), als Hexe (Nider), als Aufrührer (Viret), als Republikaner (Milton), als engstirniger Patriot (Pope), als Bruder (Tolstoi), als Preuße (Bismarck), als Spartaner (Toynbee), als Utopist (Belt), als Kollektivist (McCook), als Parteiaktivist (Nkrumah), als naturwissenschaftlicher Ingenieur (Skinner) und als Feind der «Großen Gesellschaft» (Lyndon B. Johnson).

Ähnliche Betrachtungen über den Bedeutungswandel von Symbolen enthält J. B. Johnsons kurzer Artikel «That Neo-Classical Bee», in: *Journal of the History of Ideas* (April–Juni 1961), S. 262–266; über die Insektenmetapher als «Indikator oder Maßstab humanistischer Gesinnung im 18. Jahrhundert» schreibt Paul Fussell, *The Rhetorical World of Augustan Humanism: Ethics and Imagery from Swift to Burke* (1965), S. 233–261.

Eine sachlich gehaltene naturwissenschaftliche Beschreibung bieten T. C. Schneirla und Gerald Piel, «The Army Ant», in: *Scientific American* (Juni 1948), S. 17–22. Die Autoren erkennen belustigt die groben Fehler des älteren Anthropomorphismus, können selbst aber der Verlockung zu Analogie und Metapher nicht ganz widerstehen. Bei der Schilderung einer «selbstmörderischen Zwangshandlung», wo in bestimmten Situationen Wanderameisen «buchstäblich dazu verdammt sind, sich ringförmig zu formieren und einen Todesmarsch anzutreten», können Schneirla und Piel nicht umhin, ein solches Unglück als «tragisch im klassischen Sinn der griechischen Tragödie» zu bezeichnen: «Es ergibt sich, der Nemesis gleich, aus denselben Anlagen, die das sonstige Verhalten der Ameisen so erfolgreich regulieren.» Ergänzen wir also unsere Liste: die Ameise als griechische Tragödienfigur.

8 Maurice Maeterlinck, *The Life of the Ant* (Übers. Miall, 1930), S. 17, 34f, 104, 171, 175.

9 Henry C. McCook, *Ant Communities and How They Are Governed: A Study in Natural Civics* (1909), S. 304. Auguste Forel, *The Social World of the Ants* (Übers. Ogden, 1928), Bd. 2, S. 350. Thomas Belt, *The Naturalist in Nicaragua* (1874), S. 28f.

10 A. Pope, *An Essay on Man* (1734), in: *The Poems of Alexander Pope* (Hg. Butt, 1963), S. 531.

11 «Insect Societies and Human Utopias», in: Arnold J. Toynbee, *A Study of History* (1934), Bd. 3, S. 88–90. Genau umgekehrt, nämlich als Ansporn zu sozialem'Fortschritt, sieht Fred L. Polak die Utopien in seinem dreibändigen Werk *The Image of the Future* (1961); im 1. Band (S. 391–401) übt er heftig Kritik an Toynbee («eine einzige Häufung von Irrtümern»).

12 Walter Bagehot, *Physics and Politics* (1872), Kap. 2. Lewis Mumford, «Utopia, the City and the Machine», in: *Daedalus* (Frühjahr 1965), S. 278; Nachdr. in: *Utopias and Utopian Thought* (Hg. Manuel, 1966).

13 Friedrich Schiller, *Sämtliche Gedichte* (1965), Bd. 1, S. 175.

14 Eine deutsche Übersetzung von Tommaso Campanellas *Civitas solis* in: *Der utopische Staat* (Übers. u. Hg. Heinisch, 1960), S. 111–169.

15 *Joannis Valentini Andreae Vita ab ipso conscripto* (1642); *Selbstbiographie* (Übers. u. Hg. Seyboldt, 1799), S. 37.

16 Thomas More, *Selected Letters* (Hg. Rogers, 1961), S. 85. J. H. Hexter, *More's Utopia: The Biography of an Idea* (1952), S. 109. Marie-Louise Berneri, *Journey through Utopia* (1950), S. 4.

17 Johann Valentin Andreae, *Christianopolis* (1619; Hg. van Dülmen, 1972), S. 33.

18 Andreae gab zu, daß sein Werk «weniger ernsthaft und sinnreich» als Mores sei, aber er bringt interessantere Farbdifferenzierungen. Bei der Beschreibung der Kleidung seiner Utopier heißt es: «...die weiße Kleidung ist der Religion, die rote der Obrigkeit, die blaue der Gelehrten und die grüne dem Nährstand gewidmet» (*Christianopolis*, S. 35, 189).

19 In seiner Einführung zu *Utopia* in der Yale-Ausgabe von More, *Selected Works*, betont Pater Edward Surtz, SJ, besonders den offenen Ausgang dieser Schrift (S. XXVI, XXIX):

> Beruht der Erfolg von *Utopia* auf der Dialogform? Schließlich ist diese Form an sich schon ein Indiz für Aufgeschlossenheit, Bescheidenheit und Infragestellen... Nicht zufällig endet der Dialog mit herausfordernden Fragen... Deshalb ist *Utopia* ein Werk, das alles offen läßt – oder besser: ein Dialog, der unentschieden ausgeht.

Und noch einmal:

Beim großen Gemeinschaftsgebet... bittet jeder Utopier Gott, er möge ihn wissen lassen, ob es einen besseren, glücklicheren, Ihm wohlgefälligeren gesellschaftlichen Zustand gibt: Er sei bereit, ihn anzuerkennen und zu übernehmen. Auf diese Weise ist jeder Utopier dazu angehalten, geistig offen zu bleiben – wodurch ein geschlossenes System vermieden wird.

20 Die «mythologisierte» Version utopischen Denkens findet sich bei Ralf Dahrendorf (er selbst würde «Modell» oder «Idealtypus» sagen) in einem streitbaren Essay, «Out of Utopia: Toward a Reorientation of Sociological Analysis», in: *American Journal of Sociology* (September 1958); wieder in: *Pfade aus Utopia* (1967), S. 242–263. Dahrendorfs Einwände, die gewiß auf einige, aber nicht auf alle Staats- und Gesellschaftsutopien zutreffen, sind nicht neu. Er weiß selbst, daß Sokrates sie schon vor langer Zeit erhoben hat, und nennt auch die betreffende Stelle im *Timaios*:

Hört nun ferner, wie es mir in bezug auf diesen Staat, wie wir ihn entwickelt haben, geht: Ich habe nämlich ungefähr dieselbe Empfindung dabei, wie wenn einer schöne Tiere sieht, sei es bloß gemalte, sei es auch wirklich lebende, die sich aber in Ruhe verhalten, und ihn das Verlangen ankommt, sie auch in Bewegung zu erblicken und etwas von den Eigenschaften, welche belebten Körpern zukommen, im Kampfe erproben zu sehen. Ebenso also geht es mir mit dem von uns entwickelten Staate... (Platon, *Sämtliche Werke*, Bd. 3, S. 96)

21 Thomas More, *Responsio ad Lutherum* (1523), in: *Complete Works* (Hg. Headley, Übers. Mandeville, 1969), Bd. 5, Tl. 1, S. 119, 277, 383; Tl. 2, S. 751, 938, 959, 981.
22 Thomas More, *Utopia* (1516; Hg. Ritter, 1922), S. 20.
23 J. H. Hexter, *More's Utopia*, sowie «The Loom of Language and the Fabric of Imperatives: the Case of *Il Principe* and *Utopia*», in: *American Historical Review* (Juli 1964), S. 945–968; ferner die Einführung (Teil 1) zu: *The Complete Works of St. Thomas More* (Hg. Surtz und Hexter), Bd. 4 (1965): *Utopia*, besonders S. CV–CXXIV.
24 Zu More und Erasmus schreibt Hexter (*Utopia*, S. 125):

Männer wie sie müssen sich damit abfinden, daß unabhängige Intellektuelle zwar oft die Freiheit haben, Neuerungen vorschlagen zu können, doch selten Gehör bei denjenigen finden, die ihre Empfehlungen in die Tat umsetzen könnten. Angesichts dieser traurigen Tatsache hat der unabhängige Intellektuelle, will er trotzdem Erneuerer bleiben, nur die Alternative, seine Position zu verändern und entweder Revolutionär oder Bürokrat zu werden... Für More und

Erasmus war die einzige praktische Alternative, entweder Distanz zu wahren oder ein öffentliches Amt zu übernehmen und ihren Vorstellungen vielleicht auf diese Weise Gehör zu verschaffen... Wo immer Gedanken zu friedlichen Veränderungen der Gesellschaft ursprünglich formuliert werden mögen, zu ihrer Verwirklichung muß man sich normalerweise in den meisten Fällen des etablierten Staatsapparates bedienen.

25 Wie vor ihm Plato im Syrakus des Dionysius, stand auch Plotin dicht davor, einen utopischen Entwurf zur Veränderung der Gesellschaft in die Wirklichkeit umzusetzen und so Theorie und Praxis zu versöhnen; die Gründe seines Scheiterns haben historisches Gewicht. Sein utopisches Ziel war die Errichtung einer «Platonopolis» auf den Trümmern einer älteren Anlage; als Instrument rechnete er mit dem aufgeklärten Wohlwollen des Kaisers Gallienus (reg. 253–268), der – möglicherweise unter Plotins Einfluß – das erste Toleranzedikt für die Christen erlassen hatte. So berichtet Porphyrius in «Über Plotins Leben»:

> Insbesondere aber zeichneten der Kaiser Gallienus und seine Gemahlin Salonina den Plotinos aus und hingen ihm an. Er bediente sich dieser ihrer Zuneigung und bat darum, eine Stadt, die in Kampanien gelegen haben sollte, aber längst zerstört war, wieder zum Leben zu erwecken und der neugegründeten Stadt das umliegende Land zu schenken; es sollten aber die künftigen Bewohner nach der Verfassung Platons leben und sie sollte den Namen Platonopolis erhalten; er versprach selber mit seinen Schülern sich dorthin zurückzuziehen. Und wirklich wäre dieser Wunsch dem Philosophen mit Leichtigkeit erfüllt worden, wenn nicht Leute aus der Umgebung des Kaisers es aus Mißgunst oder Argwohn oder sonst einem schlechten Motiv hintertrieben hätten...

Plotins Schriften (Hg. Harder, 1958), Bd. Vc, S. 12; siehe auch Ernest Barker, *From Alexander to Constantine* (1956), S. 334. Es gibt jedoch auch andere Erklärungen. W. R. Inge (in: *The Philosophy of Plotinus* [1929], Bd. 1, S. 116f) vermutet, daß «die Gegend malariaverseucht war und das Projekt ein Fiasko geworden wäre, wenn der Kaiser – vielleicht um seinen Freund vor einem so groben Schnitzer zu schützen – seine Zustimmung nicht zurückgenommen hätte». Das Wichtigste an der Geschichte ist für Inge, daß sie Aufschluß über den Charakter Plotins gibt: «Man hat ihm oft vorgeworfen, ein philosophisches Wolkenkuckucksheim errichtet und das Kaiserreich seinem Schicksal überlassen zu haben. Doch offensichtlich hatte er sowohl Vorstellungen für eine gesellschaftliche Erneuerung als auch den Mut, sie in die Tat umzusetzen. Sein Programm war schließlich nicht abenteuerlicher als einige moderne Versuche, sozialistische Gemeinwesen zu gründen.»

26 Barker, *From Alexander to Constantine*, S. 61 f.

27 Michel de Montaigne, *Essais* (Hg. u. Übers. Lüthy, 1953), S. 242 f.

28 Eigenartigerweise taucht diese Formulierung mehr oder weniger gleichlautend in vier berühmten Texten auf: in Mores *Utopia* (Surtz-Hexter-Ausg.), S. 89; Edmund Burke, *Thoughts on the French Revolution* (1791; Everyman-Ausg., 1910), S. 330; Robert Owen, *The Revolution in the Mind and Practice of the Human Race* (1894), S. 151; und in Lenins Schrift *Was tun?* (1902), deren Titel er dem gleichnamigen Roman von N. G. Tschernyschewski (1866) entlehnt hat.

29 «Aristoteles wurde von Philipp von Makedonien nach der Hauptstadt Pella gerufen, wo er sechs Jahre (342–336) als Erzieher von Philipps Sohn beschäftigt war» (Ernest Barker, *The Politics of Aristotle* [1946], S. XVII).

Wie groß war Aristoteles' Einfluß auf Alexander den Großen (der bei seinen Expeditionen im Osten immer dafür sorgte, daß seinem alten Lehrer interessantes Material für seine biologischen Studien zugeschickt wurde)? In der Denkschrift «Über Kolonien» empfiehlt Aristoteles dem Alexander, Unterschiede zwischen Griechen und Barbaren zu machen und den ersteren Führer *(hegemon)*, den letzteren Zuchtmeister *(despotes)* zu sein. Offenbar hat Alexander das Gegenteil getan; andere hatten ihm geraten, «nicht mit jenen übereinzustimmen, die die ganze Menschheit in Griechen und Barbaren einteilen», sondern besser «die Menschen einfach nach gut und böse zu unterscheiden».

In einer zweiten Denkschrift «Über das Königtum» kehrte Aristoteles Platos berühmtes Diktum um, daß Staaten nur gedeihen, wenn Könige Philosophen oder Philosophen Könige sind, und behauptete, es sei nicht nur unnötig, philosophische Könige zu haben, sondern geradezu ein Nachteil; erstrebenswert sei vielmehr, daß sie dem Ratschlag echter Philosophen Gehör schenkten und bereit seien, ihn zu befolgen. Siehe Barker, *Politics of Aristotle*, S. IIX, 386, 388.

W. W. Tarn (*Cambridge Ancient History*, Bd. 6, S. 353) charakterisiert Aristoteles' Einfluß auf Alexander als den «eines Philosophen, der lehrte, daß nur Mäßigung einem Staat Bestand zu geben vermochte».

30 Max Webers Essay «Politik als Beruf» schließt mit folgenden Worten:

> Nur wer sicher ist, daß er daran nicht zerbricht, wenn die Welt, von seinem Standpunkt aus gesehen, zu dumm oder zu gemein ist für das, was er ihr bieten will, daß er all dem gegenüber: «dennoch!» zu sagen vermag, nur der hat den «Beruf» zur Politik. (*Gesammelte politische Schriften* [Hg. Winckelmann, ²1958], S. 548)

31 Brief an John Fisher, Kanzler der Universität Cambridge, um 1517/18, in: *Selected Letters*, S. 94.

32 Thomas Morus, *Utopia* (Übers. Ritter, 1977), S. 51–54.

33 Mendieta ist eine hochinteressante, bedeutende und von der Forschung sträflich vernachlässigte Figur. Gewiß sollten erst das 17. und 18. Jahrhundert (mit Cromwell und Winstanley, Robespierre und Babeuf) das moderne Zeitalter der Utopien und Revolutionen eigentlich eröffnen; aber das 16. Jahrhundert mit seinen ideologischen Höhepunkten (bei More und Montaigne, Giordano Bruno und Campanella, Thomas Münzer und Savanarola, aber auch Las Cases, Quiroga und Mendieta) stand schon dicht vor der Schwelle. Wo außerreligiöse Motive hineinspielten, wurden diese noch kaum militant vorgebracht, Radikalismus trat nur im religiösen Bereich auf. Die Verlagerung war aber schon im Gange. John Leddy Phelan stellt in seiner geistvollen Studie über die Schriften des Geronimo de Mendieta fest:

> In Mendietas irdischem Paradies ist die utopische Idee schon im Keim vorhanden. Im Grunde war Mendieta ein größerer Utopist... als More selbst, dessen «Utopia», was Zeit und Ort anbelangt, nur in seiner Phantasie existiert hat. Im Unterschied zu Mendieta und Münzer war More hinsichtlich der Verwirklichung äußerst skeptisch. Dagegen gaben Münzer und Mendieta für ihr Utopia genaue räumliche und zeitliche Koordinaten an; bei Münzer war es Deutschland, bei Mendieta Neu-Spanien. Mendieta hoffte, mit seinem irdischen Paradies das spanische Kolonialsystem zu transzendieren. Ihm schwebte vor, die messianisch-apokalyptische Vision eines millenaristischen Gottesstaates zu verbinden mit den lautstarken Forderungen der unterdrückten Volksschichten. Den letzten Schritt, die Forderung nach einer gesellschaftlichen Revolution, hat er allerdings nicht getan. Münzer hingegen rief die Ausgebeuteten dazu auf, sich ihre Rechte selbst zu erkämpfen. Mendieta wollte Führung von oben, von einem Messias und Weltenherrscher; die Indianer sollten nicht selbst für ihre Befreiung kämpfen. Mit seiner Hoffnung auf die Personalunion eines Kaisers und Messias steht Mendieta in der Nachfolge Joachims von Fiore. Aber mit der Idee, der Messias werde kommen, um der wirtschaftlichen Ausbeutung einer bestimmten Klasse ein Ende zu setzen, damit die Indianer «die vollkommenste und gesündeste Christlichkeit erlangen, die die Welt je gesehen hat», bewegte er sich vom Joachimismus fort in die Nähe Thomas Münzers. (*The Millenial Kingdom of the Franciscans in the New World* [1956], S. 71)

34 Ernst Kantorowicz, *Kaiser Friedrich der Zweite* (1927, [4]1964), S. 323 ff. Zu diesem Thema allgemein Lynn Thorndike, *Michael Scot* (1965). John Armstrong, *The Paradise Myth* (1969), S. 3.

35 «Letter to the Nurse of the Prince Don John» (1500), in: *Memorials of Columbus* (1823), S. 224. «Journal of the First Voyage» (1492) und «Letter of Columbus Describing His Fourth Voyage», in: *The Voyages of Christopher Columbus* (Hg. Jane, 1930), S. 110, 142, 157, 304–307. Siehe auch Samuel Eliot Morison, *Christopher Columbus, Mariner* (1955), S. 43, 115, 121; S. de Madariaga, *Christopher Columbus* (1933), S. 325, 352, 362, 380; Henri Baudet, *Paradise on Earth: Some Thoughts on European Images of Non-European Man* (1965), Kap. 2; Charles L. Sanford, *The Quest for Paradise* (1961), S. 40f, 60f.

36 In einem Brief von der vierten Reise schreibt Kolumbus am 7. Juli 1503 aus Jamaika: «Gold geht über alles. Gold ist Reichtum, und wer es hat, kann in der Welt ausrichten, was er will, und vermag deshalb sogar Seelen ins Paradies zu führen (*el oro es excelentissimo; del oro se hace tesoro, i con él, quien lo tiene, hace quanto quiere en el mundo, i ilega á que echa las ánimas al Paraíso*).» (*Voyages of Christopher Columbus*, S. 304)

Die Historiker haben natürlich den jeweiligen Anteil heilbringender bzw. handelspolitischer Motive bei Kolumbus unterschiedlich gewichtet. Für Ramón Iglesia beispielsweise steht der kaufmännisch denkende Abenteurer mit sicherem Blick für Gewinn im Vordergrund. Das andere Extrem vertritt Madariaga mit seiner verblüffenden These von der jüdischen Abstammung des Kolumbus, dank derer er als Konvertit jüdische und christliche Empfindungsweisen in sich vereinte.

Phelan dagegen ist es in seinem ausgezeichneten *The Millennial Kingdom*, S. 21f, 120–123, darum zu tun, einen komplexen Ausgleich beider Motivationen nachzuweisen, betont allerdings interessanterweise den Einfluß der franziskanischen Mystik und des apokalyptischen Joachimismus. Er bezweifelt zwar, daß Kolumbus – wie gelegentlich behauptet wird – selbst Franziskaner war, obwohl er in Sevilla das Gewand des Bettelordens und auf dem Totenbett ein härenes Hemd trug. Aber er meint, daß Kolumbus viel mit dem mystischen Temperament der Franziskaner verband, die wie er selbst stark beeinflußt waren von den Kommentaren des Joachim zu ihren Lieblingspropheten Jesaja und Jeremias. Diese psychologische Verbundenheit zeigt sich deutlich in Kolumbus' unvollendetem *Buch der Prophezeiungen* und in der Zusammenstellung von Bibelstellen über die Eroberung des Berges Zion, die er von einem alten Freund in Italien erbat, von Bruder Gaspar Gorritio; dort wird häufig auf Joachim von Fiore verwiesen. Phelan schreibt:

Kolumbus betrachtete seine Reisen als «Öffnung der westlichen Meere», die den Missionaren Gelegenheit gab, auch noch die letzten Heiden dieser Welt zu erreichen. Der globale Anspruch seines apokalyptischen Universalismus sollte ernstgenommen werden. Seiner Meinung nach hatte er Asien erreicht, den Erdteil mit den meisten Heiden. In den von Gorritio zusammengestellten Bibelstellen wird sehr häufig betont, daß die Erlösung für alle Menschen und Völker gilt. Der «Admiral der Ozeane» begeisterte sich an der Vision, daß das Christentum, das sich vom Dogma her schon immer als universell gültig verstanden hatte, nun tatsächlich auch im geographischen Sinn weltumspannend sein würde. Kein Wunder, daß der Gedanke, Werkzeug der Vorsehung zu sein, bei ihm zur fixen Idee wurde... In Indien, das Kolumbus als das reichste Land der Erde beschrieb, würde Gott durch die Wiedererrichtung des Zion-Tempels heilig und verehrungswürdig werden. Kolumbus glaubte, im Distrikt Veragua (in Panama) jene Gegend wiederentdeckt zu haben, woher David und Salomon die kostbaren Bausteine für ihren Tempel hatten herbeischaffen lassen, wie im Alten Testament beschrieben wird. Sein Traum war es, in Jerusalem den neuen Tempel zu erbauen mit Material aus jenem Steinbruch, den er irrtümlich als König Salomons Bergwerk identifiziert hatte. Die volkstümliche Vorstellung von den ungeheuren Schätzen Indiens war nie mystischer verklärt worden... Man kann die Entdeckung und Eroberung Amerikas demnach auch als den letzten Kreuzzug bezeichnen. Wäre es nach Kolumbus gegangen, hätte auch ein regelrechter Kreuzzug stattgefunden.

37 Ich möchte den Leser noch einmal darauf aufmerksam machen, daß es sich bei dieser Betrachtung über die Entwicklung von Dantes Paradies zu Mores Utopia – mit Zwischenstationen bei Joachim von Fiore, Kolumbus und Amerigo Vespucci – um nicht mehr als eine sehr knappe Skizzierung äußerst komplizierter Zusammenhänge ideengeschichtlicher Natur handelt. Das zugrundeliegende Muster aber erscheint mir ebenso interessant wie relevant und wahr.

In seiner Studie «The American Utopia of the 16th Century» (*Huntington Library Quarterly* [1947], Bd. 10, S. 338f) kommt Silvio Zavala zu einem ähnlichen Schluß:

Dieser riesige Kontinent voller unbekannter Naturschätze und von Menschen bewohnt, deren Zivilisation den Europäern fremd war, mußte zwangsläufig die Phantasie der Utopisten anregen. Ein geographischer Zufall hatte ihnen die konkrete Möglichkeit eröffnet, ihre Sehnsüchte auszuprobieren und zu befriedigen, Sehnsüchte, die sich nicht völlig stillen ließen mit den schattenhaften Bildern eines weit zurückliegenden Goldenen Zeitalters oder mit der Aussicht, den Geist des Humanismus an die abgestandenen, verkünstelten Denkformen Europas anzupassen.

In einer Arbeit über «die Gefühle und Erwartungen, die die Eroberer der Neuen Welt bewegten», verfolgt Leonardo Olschki den Weg des alten, verschlungenen Mythen- und Wunderdenkens westwärts («Ponce de Leon's Fountain of Youth: History of a Geographical Myth», in: *Hispanic American Historical Review* [August 1941], S. 361–385). Er betont, welchen Einfluß Kolumbus auf Ponce (der ihn auf der zweiten Reise begleitet hatte) und andere, auf ihre Stimmungen und Überzeugungen hatte,

> und ihnen ein Maß an Unternehmungslust und Phantasie eingab, das weit über ihre normalen Interessen an Profit, Eroberung und Macht hinausging. Im Zeitalter des Kolumbus spukte noch die Neugier auf die *«extra Gangem»* vermutete Welt in den Köpfen selbst der klügsten und gebildetsten Eroberer, und die Entdeckung von Wunderdingen, die man nur aus Legenden oder vom Hörensagen kannte, hielt man als Beitrag zur Welterschließung für nicht weniger wichtig als astronomische Berechnungen oder nautische Beobachtungen auf Fahrten durch Gewässer, die noch auf keiner Seekarte verzeichnet waren.

So hat denn

> mit den Gefährten des Kolumbus auch ein Sagenschatz den Ozean überquert: Mythen vom Paradies auf Erden, von den Amazonen, die Legende vom wundertätigen Grab des hl. Thomas, die Geschichte von den zehn Stämmen Israels, von Gog und Magog und von den Monstern, die Kolumbus nach seiner Landung auf Haiti suchte. Auch der Jungbrunnen ist ein unerläßlicher Bestandteil der alten Phantasien über die Wunder Asiens.

38 Herbert Grundmann hat diesen ganzen Fragenkomplex in einer meisterhaften Studie behandelt: «Dante und Joachim von Fiore: *Paradiso* X–XII», in: *Deutsches Dante-Jahrbuch* (1932), Bd. 14, S. 210–256.

39 Amerigo Vespucci, *El Nuevo Mundo* (Hg. Levillier, 1951), «Letter of 18th July 1504 to Lorenzo di Medici», S. 102, 274. Germán Arciniegas, *Amerigo and the New World* (1955), S. 161f, 183–186. R. W. Chambers, *Thomas More* (1935), S. 123, 138, 143.

40 *Paradiso* XII, 139–141.

41 Die gründlichste wissenschaftliche Darstellung des ganzen Problems in englischer Sprache stammt von Marjorie Reeves, *The Influence of Prophecy in the Later Middle Ages: A Study in Joachimism* (1969).

42 Henry Bett, *Joachim of Flora* (1931), S. 9.

43 Da ich noch mehrfach auf die historische Sonderstellung «angelsachsischer Attitüden» kommen werde, weise ich schon hier darauf hin, daß ein englischer Historiker in seiner Untersuchung «Joachism and the

English Apocalypse» von der (englischen) Reserve spricht, «die den Zugang zu Joachimistischem Gedankengut versperrte». Englische Künstler und Theologen waren das schwächste Glied in der Kette des spätmittelalterlichen Fanatismus. «Roger Bacon formulierte die einzigartige Idee, die Wissenschaften und das Hochschulstudium im Hinblick darauf zu organisieren, daß sie den kommenden Antichrist besiegen könnten. Dieser echt englische Rekurs auf praktische Maßnahmen in einer verzweifelten Situation findet eine Parallele in der gemäßigten Reaktion der ‹englischen Apokalyse› auf den revolutionären Stachel des Joachim von Fiore» (R. Freyhan, «Joachism and the English Apocalypse», in: *Journal of the Warburg and Courtauld Institutes* [1955], Bd. 18, S. 228f).

Die Reaktion war in der Tat gemäßigt, praktisch und prosaisch. Schon sehr früh begann sich das englische Geistesleben jener gedanklichen Wendig- bzw. Windigkeit gegenüber abzusichern, mit der sich die Propheten dann aus der Affäre ziehen, wenn ihre Weissagungen nicht eintreffen. Joachims Termini für welterschütternde Begebenheiten waren ereignislos vorübergegangen; was konnte schlimmer sein als ein Irrtum in den Berechnungen? Ein englischer Chronist des 15. Jahrhunderts drückt seine Verachtung für den falschen Propheten so aus: «Er irrte sich in vielerlei Dingen... gründlich hat er versagt und das Zählen nicht beherrscht» (Marjorie Reeves, *The Influence of Prophecy*, S. 70).

44 Der Ausdruck wird auch «dritte Sphäre», «drittes Zeitalter» oder «drittes Stadium» übersetzt; aber «drittes Reich» ist zweifellos die beste Übersetzung für *tertius status*. Ruth Kestenberg-Gladstein, «The ‹Third Reich›: A 15th-Century Polemic against Joachism», in: *Journal of the Warburg and Courtauld Institutes* (1955), Bd. 18, S. 283.

45 *Psalterium decem cordarum* (1527), zit. nach Frank Manuel, «Augustine and Joachim», in: *Shapes of Philosophical History* (1965), S. 40.

46 *Expositio in Apocalypsim* (1527), in: Gordon Leff, *Heresy in the Later Middle Ages* (1967), Bd. 1, S. 72.

47 *Expositio*, in: Reeves, *Influence of Prophecy*, S. 265.

48 Reeves, *Influence of Prophecy*, S. 62.

49 Freyhan, «Joachism and the English Apocalypse», S. 226. Reeves, *Influence of Prophecy*, S. 175.

50 *Liber concordie novi et veteris Testamenti* (1519), in: Manuel, *Shapes of Philosophical History*, S. 40. Kestenberg-Gladstein, «The ‹Third Reich›», S. 246, 283.

51 *Liber concordie*, in: Reeves, *Influence of Prophecy*, S. 292. Siehe allgemein die Arbeiten des großen deutschen Gelehrten Herbert Grundmann, von dessen Forschungsergebnissen ich viel profitiert habe: *Studien über Joachim von Floris* (1927; Neuaufl. 1966) und *Neue Forschungen über Joachim von Floris* (1950). Zu den interessantesten modernen Darstellungen der Bedeutung des Joachimismus für das abendländische Denken zählen Karl Löwith, *Weltgeschichte und Heilsgeschehen* (1953), Kap. 8, und Eric Voegelin, *The New Science of Politics* (1952) sowie *Science, Politics, and Gnosticism* (1968).

52 *Dantis Alagherii Epistolae* (Hg. Toynbee, 1920), S. 177, 201: «... a principio horribilis et foetida est, quia Infernus; in fine prospera, desiderabilis et grata, quia Paradisus...». *A Translation of the Latin Works of Dante Alighieri* (Übers. Howell u. Wicksteed, 1904), S. 349f. More, *Utopia* (Surtz-Hexter-Ausg.), S. CXXXVIII.

53 Die Zitate aus *De monarchia* (ca. 1309–1313) folgen den Übersetzungen von C. Sauter (1930) bzw. W. v. d. Steinen (1923).

54 Etienne Gilson, *Dante the Philosopher* (1948), S. 179; und A. P. d'Entrèves, *Dante as a Political Thinker* (1952), S. 46–48.

55 Zitate aus den *Epistolae* von Monika Plessner, aus *De monarchia* von C. Sauter übersetzt.

56 *Dantis Alagherii Epistolae*, S. 61, 76. Der Satz aus dem 5. Brief beginnt im Original: «Evigilate igitur omnes, et assurgite regi vestro...»

57 Dante, *Monarchy, and Three Political Letters* (Übers. Nicholl u. Hardie, 1954), S. 92; Dante, *De monarchia* (Hg. Moore u. Reade, 1916), S. 375.

58 Dante, *Monarchy and Letters*, S. 93; *De monarchia*, S. 376.

59 *De vulgari eloquentia* (ca. 1304–1306), in: Dante, *Selected Works* (Hg. Milano, 1972), S. 633; d'Entrèves, *Dante*, S. 11.

60 F. Scott Fitzgerald, *The Great Gatsby* (1925), S. 317.

61 Einige wichtige Arbeiten, die ich noch nicht berücksichtigen konnte, sind Silvio A. Zavala, *La Utopia de Tomás Moro en la Nueva España, y otros estudios* (1937), und sein *Ideario de Vasco de Quiroga* (1941); sowie Jose Antonio Maravall, «La Utopiá Politico-religiosa de los Franciscanos en Nueva España», in: *Estudios Americanos* (Januar 1949), Bd. 1, S. 197–227.

In der schon zitierten Arbeit über das amerikanische Utopia des 16. Jahrhunderts geht Zavala auf Quirogas «humanistisches Programm» ein, «das auf Mores *Utopia* fußte und seiner Meinung nach die Magna Charta der europäischen Zivilisation für die Neue Welt werden konnte». Anscheinend war Quiroga auch von Lukians Beschreibung der Saturnalien beeinflußt, die er in der Übersetzung von Erasmus und More zitiert. Bei ihm verband sich die Idee von einem gleichzeitig alten und neuen Goldenen Zeitalter mit der Hoffnung auf eine «Wiedergeburt der Kirche», denn anders als More ging es ihm um ein christliches Utopia, in der er «Christen wie jene der Urkirche an ihren rechtmäßigen Ort und Platz setzen» wollte.

Mit einem Hauch jener rührenden Sentimentalität, von der auch der strengste Historiker zuweilen befallen wird, schreibt Zavala:

> Die auf Don Vascos Befehl bei verschiedenen Gelegenheiten erlassenen Anordnungen entsprachen getreulich Mores Theorie, übertrugen sie jedoch aus der Sphäre der Spekulation in jene der unmittelbaren Verwirklichung. Den Lordkanzler von England hätte es gewiß interessiert zu sehen, wie es den Indianern von Mexiko und Michoacan unter einem Regime erging, das nach seinem *Utopia* gestaltet war. Aber am 5. Juli 1535, einen Tag, nachdem Quiroga seine Gedanken zu Papier gebracht hatte, wurde Thomas More vom Scharfrichter des Königs Heinrich VIII. enthauptet.

62 Zavala, «The American Utopia of the 16th Century», S. 337–347. Howard Mumford Jones, *O Strange New World* (1964), S. 36. Lewis Hanke, *The Spanish Struggle for Justice in the Conquest of America* (1949), S. 56.

63 In den Bänden seiner *Historia ecclesiastice indiana* (jahrhundertelang vergessen und 1870 zum erstenmal veröffentlicht) durchlebte Mendieta sämtliche Phasen des Optimismus und Pessimismus, der kollektiven Hoffnung und privaten Sorge, fanatischer Begeisterung und endgültiger Enttäuschung, die so oft die zyklischen Veränderungen der Ideologien begleiten. Politisches Temperament und geistiges Klima mögen noch so verschieden sein, ihr Verhältnis zueinander bleibt jedoch (wie wir immer wieder feststellen werden) im Grunde das gleiche. Einige Stellen aus Mendietas *Historia* und seinen Briefen (zitiert bei Phelan, *The Millennial Kingdom*) sind besonders bemerkenswert.

> 1. *Totale Vernichtung und schließliche Bekehrung*
> Ich bin fest überzeugt, daß so, wie jene katholischen Herrscher (Ferdinand und Isabella) mit der Aufgabe betraut wurden, diese drei Heere des Teufels auszumerzen, nämlich den «perfiden» Judaismus, das «falsche» Mohammedanertum und den «blinden» Götzenkult, sowie das vierte Häretiker-Heer, das als Heilmittel und Medizin sich der Heiligen Inquisition bedient; daß so die Beendigung dieser Aufgabe ihren königlichen Nachfolgern vorbehalten ist; wie Ferdinand und Isabella Spanien von diesen gottlosen Sekten befreiten, so werden ihre königlichen Nachfolger die totale Vernichtung

dieser Sekten überall auf der Welt herbeiführen und die schließliche Bekehrung aller Völker dieser Erde zur rechtmäßigen Kirche... [S. 13]

2. *Das größte irdische Glück*

[Die Indianer] sind die besten Menschen der Welt. Sie sind von solch vortrefflicher Natur... daß ich selbst, ein armer Taugenichts, mit geringer Mithilfe einiger Begleiter ein Gebiet mit 50000 Indianern in solch wahrhaft christlicher Verfassung errichten und erhalten könnte, daß man meinen könnte, die ganze Provinz sei ein einziges Kloster. So war es auf der Insel Antillia, von der die Alten sagen und die manche für verzaubert halten und die nicht weit von Madeira liegt. In unserer Zeit hat man sie von ferne gesichtet, aber sobald man sich ihr nähert, verschwindet sie. Auf Antillia gibt es alle irdischen Güter in Überfluß, und die Bewohner verbringen ihre Zeit mit Prozessionen und mit Hymnen und Lobgesängen, mit denen sie Gott preisen. Die Indianer [sollten] zu Inselreichen wie Antillia zusammengefaßt und organisiert werden; denn dann würden sie tugendhaft leben und friedlich Gott dienen wie in einem Paradies auf Erden. Am Ende ihres Lebens würden sie in den Himmel kommen und also all den Versuchungen entgehen, für die viele von uns in die Hölle kommen... Sie [wären] der größten Glückseligkeit teilhaftig, die man auf Erden begehren kann. [S. 66]

3. *Das Ende der Schlechtigkeit*

[Die Indianer] sind ein wehrloses, hilfloses Volk, deren einzige Verteidigungsmöglichkeit gegen die zahllosen Grausamkeiten und Mißhandlungen, die ihnen anmaßende, bösartige Christen zugefügt haben, der Schutz ist, den ein ferner König ihnen gewährt... O untreue Diener und falsche Schmeichler, die ihr Könige täuscht, während ihr ihnen zu dienen vorgebt, die ihr auf teuflischen Wegen die königlichen Einnahmen zu vermehren trachtet, ihr seid doch nur an eurem eigenen Nutzen und Vorteil interessiert, und mögen Königreiche und Verbündete darüber auch zugrunde gehen! Möge Gott eure Ränke zunichte machen! ... In unserer Zeit hat Gott Spanien bestellt über alle Reiche der Erde. Seid nicht der Grund für seinen Niedergang und Fall, nur weil ihr eure privaten Interessen und allein die vergänglichen Interessen des Königs verfolget... Unser Herr hat diese Welt der Indianer nicht entdecken lassen und unseren Königen in die Hände gelegt, nur damit Gold und Silber von hier nach Spanien geschafft werde. Gott hat Spanien die indischen Gebiete gegeben, damit es den reichen Schatz an indianischen Seelen fördere und nutze... In keinem Winkel der Erde herrschen Gier und Lüge gebieterischer als bei Laien und weltlichen Priestern in Indien. [S. 78–81]

4. *Gewissen gegen Chaos*

Das Chaos ist so groß, und der Übel, die es mit sich gebracht hat, sind so viele... daß ich glaube, es wäre dem Gewissen Seiner Majestät zuträglicher gewesen, die Eingeborenen... ohne Recht und Rechtsprecher zu belassen, als ihnen das Rechtssystem zu geben, das sie nun haben. Jedem, der die beiden Systeme vergleicht, ist offenbar, daß ihre eigenen Verhältnisse, ihre Gesellschaft und ursprüngliche Lebensweise im Verein mit der Religion und den Gnadenmitteln, die sie besaßen, den heute herrschenden Zuständen vorzuziehen wären... Wenn die Indianer erst einmal ausgerottet sind, weiß ich nicht, was sonst mit diesem Land geschehen wird außer daß sich die Spanier gegenseitig berauben und ermorden werden... Ihnen geht es in Wirklichkeit um die Beibehaltung dieser Situation, die es ihnen erlaubt, sich zu mästen und zu bereichern, damit sie noch mehr Tand und eitlen Kram anhäufen können, was die Indianer Schweiß und Blut kostet. Sie möchten die Eingeborenen ewig in Knechtschaft halten, denn sie denken nicht an die Zukunft. Ihnen geht es einzig darum, jetzt den größtmöglichen Profit zu machen... [S. 85–96]

5. *Die Wahl zwischen dem Ungeheuer der Apokalypse und der Hoffnung auf Glück*
Nicht nur, daß ich an das Ende meiner Geschichte keinen Lobgesang setzen kann, vielmehr im Gegenteil... es nun an der Zeit ist, daß ich mich mit Jeremias niedersetze und den elenden Niedergang und das Verhängnis unserer indianischen Kirche mit Tränen, Seufzern und Lamentationen beschreibe und beklage, die den Himmel erreichen mögen (wie einst Jeremias die Zerstörung Jerusalems beklagte)... Große Übel, Übel der Übel, ohne Zahl und unbeschreiblich. Und all das, weil man zugelassen hat, daß das wilde Untier der Habsucht, welches ähnlich dem Ungeheuer der Apokalypse sich als Herrscher des Weltkreises anbeten ließ, den Weinberg plünderte und zerstörte. Das Untier hat alle Menschen geblendet, indem es sie all ihr Hoffen auf schwarzes Geld setzen ließ, als gäbe es keinen anderen Gott, auf den die Menschen hoffen und bauen könnten... [S. 99–101]

Die Themen wechseln, der Kontrapunkt bleibt derselbe.

64 Phelans Buch *The Millennial Kingdom* enthält eine eingehende Untersuchung von Mendietas Schriften.

65 More, *Utopia* (Surtz-Hexter-Ausg.), S. 301.

66 *Timon von Athen* (Übers. Schlegel u. Tieck).

67 Hans Baron, *The Crisis of the Early Italian Renaissance: Civic Humanism and Republican Liberty in an Age of Classicism and Tyranny* (rev. Ausg., 1966).

68 So schreibt auch Karl Popper in dem Aufsatz «Utopia and Violence» in seinem *Conjectures and Refutations* (1962) in denkwürdiger Formulierung:

Wo liegt also der Unterschied zwischen jenen wohlmeinenden utopischen Entwürfen, die ich wegen ihrer Tendenz zu Gewaltmaßnahmen ablehne, und jenen anderen wichtigen, weitreichenden politischen Reformen, die ich zu empfehlen geneigt bin? Wenn ich eine einfache Formel oder Faustregel für die Unterscheidung geben sollte, die ich zwischen zulässigen Plänen für Sozialreformen und unzulässigen utopischen Modellen mache, würde ich etwa folgendes sagen: Es ist besser, sich um die Beseitigung konkreter Mißstände zu bemühen als um die Verwirklichung abstrakter Güter. Man sollte nicht versuchen, mit politischen Mitteln Glück zu stiften, sondern lieber konkrete Not zu beseitigen versuchen. Oder praktischer gesagt: Man muß für die Abschaffung der Armut mit direkten Methoden kämpfen – etwa indem man dafür sorgt, daß jeder ein Mindesteinkommen hat. Seuchen und Krankheiten bekämpft man, indem man Krankenhäuser und medizinische Ausbildungsstätten baut. Das Analphabetentum sollte man bekämpfen, wie man Verbrechen bekämpft. Immer aber gilt es, direkte Methoden anzuwenden. Man sollte sich überlegen, was man für das größte Übel hält in der Gesellschaft, in der man lebt, und dann andere mit viel Geduld davon überzeugen, daß wir es beseitigen können. Aber man sollte diese Ziele nicht indirekt anzugehen versuchen, indem man ein fernes Ideal von einer Gesellschaft, die perfekt ist, entwirft und darauf hinarbeitet. Man mag ihre Verwirklichung noch so tief als persönliche Aufgabe empfinden oder sich bestimmt fühlen, anderen ihre Schönheit sichtbar zu machen – man darf es nicht so weit kommen lassen, daß der eigene Traum von einer besseren Welt einen ablenkt von den Nöten der Menschen hier und jetzt. Unsere Mitmenschen haben ein Anrecht auf unseren Beistand; keine Generation darf für das Wohl künftiger Generationen geopfert werden im Namen eines idealen Glücks, das vielleicht nie verwirklicht wird. Kurz gesagt, meine These lautet, daß für eine rationale gesellschaftsbezogene Politik das menschliche Elend das dringendste Problem, das Glück aber kein solches Problem ist. Die Erlangung des Glücks sollte unseren privaten Bemühungen überlassen bleiben.

Das ist eindrucksvoll formuliert und fast völlig überzeugend. Ganz glücklich bin ich damit aber nicht: *1)* die Verknüpfung von Utopie und Gewalt, von *sämtlichen* «wohlmeinenden utopischen Entwürfen» mit totalitaristischer Gleichschaltung, scheint mir mehr auf Furcht denn auf Fakten gegründet; *2)* auch die zulässigen Verbesserungsmaßnahmen bedürfen, sollten sie mehr sein als technokratische Flickschusterei, einer übergreifenden Vorstellung des idealen Guten, einer deutlicheren Idee des allgemeinen sittlichen Handlungsrahmens; *3)* die Bemühungen um ein «allgemeines, öffentliches Glück» haben sicher eine gewisse Berechtigung: man denke etwa daran, wie glücklich sich viele Bürger ob der Existenz gerechter, durchschaubarer Institutionen schätzen, welche Freude «ein Teilnehmer an öffentlichen Angelegenheiten» (wie Jefferson es sich vorstellte) empfindet.

In seinem Buch *Utopian Essays and Practical Proposals* (1962), S. 17–19, erklärt Paul Goodman:

Wir sind bei der eigentlichen Antithese des Pragmatismus angelangt. Im neuen Klima, in dem Experten unter der Annahme einer unwandelbaren Struktur planen, wird eine pragmatische Zweckgerichtetheit, die noch immer von einer vermeintlich formbaren und veränderlichen Gesellschaftsstruktur ausgeht, allmählich als «utopisch» empfunden. Inzwischen verändert sich die Struktur natürlich doch mit furchtbarer Geschwindigkeit – und völlig unpraktisch... Innerhalb einer pragmatischen Sozialwissenschaft vermag utopisches Denken praktische Hypothesen zu entwerfen, das heißt, Anregungen und Hilfestellungen für Pilotprojekte zu geben.

Aufschlußreich ist auch die folgende Bemerkung aus *Cacotopias and Utopias* (Hg. Center for the Study of Democratic Institutions, 1965), S. 14f:

Maschinen bewegen sich so viel schneller, als wir begreifen können, und stellen damit eine große, ungenutzte Energiequelle dar, weil wir nicht wissen, wie wir sie füttern sollen; wir können sie nicht programmieren, weil wir nicht schnell genug denken. Ich glaube, wir sollten unser Nachdenken über diese neuen Probleme beschleunigen... Wir brauchen neue Mythen über die Möglichkeiten in einer auf Freizeit und Überfluß ausgerichteten Gesellschaft... Es ist keineswegs ein Hobby für müßige Zuschauer, sich neue Utopien auszudenken, sondern vielmehr eine zwingende Notwendigkeit, die Mythen, die heute von der Technologie und den internationalen Verhältnissen überholt sind, durch praktikable Ideen zu ersetzen.

69 «Utopia and Violence», in: Popper, *Conjectures and Refutations*, S. 355–363. Allgemein dazu sein *The Open Society and Its Enemies* (4., rev. Ausg., 1962).

70 Wenn More von der Toleranz in Utopia spricht, muß man unwillkürlich an John Stuart Mill denken. Im 2. Buch der *Utopia* (Übers. Ritter), S. 136, heißt es zu dieser zentralen Frage, König Utopos

hatte nicht die Vermessenheit, über die Religion irgend etwas endgültig zu bestimmen... Wenn aber wirklich *ein* Glaube die meiste Wahrheit besitzt und alle anderen nichtig sind, so meinte doch Utopos, es sei leicht vorauszusehen, daß die Macht der Wahrheit sich von selber dereinst einmal durchsetzen und offenbar werden müßte, wenn ihre Sache nur mit Vernunft und Mäßigung betrieben würde. Wenn man sich aber mit Waffen und Aufruhr darum stritte, so wären immer die minderwertigsten Menschen am hartnäckigsten, und so würde wegen ihres Streites der kostbare Schatz der heiligen Religion von dem nichtigsten abergläubischen Wahn verschüttet, wie die Saat von Dornen und Unkraut erstickt wird. Daher hat er diese ganze Frage unentschieden gelassen und jedem einzelnen überlassen, welchen Glauben er für richtig halten will.

Vergleiche dazu J. S. Mill, *Über die Freiheit* (1859), in: *Gesammelte Werke* (Hg. Gomperz, 1869), Bd. 1, S. 16:

> Wenn die gesamte Menschheit einer Meinung wäre und nur ein Einziger wäre einer anderen, so hätte die Menschheit kein besseres Recht, diesem Einen Schweigen aufzuerlegen, als er, wenn er die erforderliche Macht besäße, der ganzen Menschheit... Ist die Meinung richtig, so benimmt man ihnen die Gelegenheit, Irrtum gegen Wahrheit auszutauschen; ist sie unrichtig, so verlieren sie, was fast ebenso wertvoll ist, das tiefere Verständnis und die lebendigere Erfassung der Wahrheit, die aus ihrem Zusammenstoß mit dem Irrtum entspringt... Wir können niemals sicher sein, daß die Meinung, die wir zu erstikken suchen, falsch ist, und wären wir dessen sicher, so wäre ihre Erstickung noch immer ein Übel.

71 David Hume, «Ideal eines vollkommenen Gemeinwesens», in: *David Humes politische Versuche* (Übers. Kraus, 1813), S. 312f.

72 Ropers *Life of More* (1626; 1950), S. 19f, gewährt uns einen ergreifenden Blick auf den simulierenden, desillusionierten Intellektuellen am Hof Heinrichs VIII., der sogar seinem lebhaften, übermütigen Wesen ständig Zügel anlegen mußte:

> Und wegen seiner angenehmen Art gefiel es dem König und der Königin, zur Zeit ihres Abendessens, wenn der königliche Rat schon gespeist hatte, nach ihm zu schicken, um gesellig zusammenzusein. Als er bemerkte, wie selbige solches Gefallen an seiner Rede fanden, daß er nicht ein einziges Mal im Monat nach Hause zu Weib und Kind entlassen wurde, deren Gesellschaft er doch am meisten begehrte, und nicht zwei Tage bei Hof abwesend sein konnte, ohne daß man nach ihm rief, begann er, weil er diese Einschränkung seiner Freiheit gar nicht liebte, sich zu verstellen und nach und nach seinen ehedem gewohnten Frohsinn derart einzuschränken, daß man ihn seither nicht mehr so selbstverständlich zu solchem Anlaß rief...

73 More, *Selected Letters*, S. 145.

74 Die prägnanteste Bemerkung über diese Beziehung zwischen Abstraktionen und politischen Ideen stammt von F. W. Maitland, der von Coleridge darauf gebracht wurde (zit. nach: Crane Brinton, *The Anatomy of Revolution* [1952], S. 176).

> Coleridge erwähnt einmal, daß in Zeiten großer politischer Erregung die Begriffe, mit denen politische Theorien ausgedrückt werden, nicht etwa immer praxisbezogener werden, sondern vielmehr immer abstrakter und unpraktischer. In solchen Zeiten kleiden die Menschen ihre Gedanken in ganz allgemeine Worte... Der absolute Geist weht überall. Relative oder partielle Güter scheinen kümmerliche Ideale. Wir reden dann nicht mehr von diesem

oder jenem Menschen, einer bestimmten Nation, einem speziellen Volk, sondern vom Menschen an sich.

Einen anderen Aspekt dieses Vorgangs – das eherne Gesetz des Meinungsstreits – erahnte Erasmus, als er die aufgeregten Polemiker seiner Zeit mahnte (Roland Bainton, *Hunted Heretic: The Life and Death of Michael Servetus 1511–1553* [1960], S. 34):

> ... legt sowenig wie möglich fest und stellt es bei vielen Fragen jedem frei, seinem eigenen Urteil zu folgen, weil nämlich vieles in tiefem Dunkel liegt und weil der Mensch an jener fast angeborenen Krankheit leidet, daß er nicht nachgibt, wenn es erst mal zum Streit gekommen ist; und ist er dann in Hitze geraten, so sieht er als absolut wahr an, was er zunächst nur ganz beiläufig befürwortet hatte.

75 John Milton, *Reformation in England* (1641) und *Animadversions upon the Remonstrants Defense* (1641), in: *Works* (Hg. Patterson, 1931), Bd. 3, S. 78, 112, 148.

76 *Common Sense*, in: *The Complete Writings of Thomas Paine* (Hg. Foner, 1945), Bd. 1, S. 45.

77 Albert Camus, *L'Homme révolté*, S. 149: *«Nous avons atteint le milieu des temps. Les tyrans sont murs»* (Fauchet).

78 Der Gedanke, die Revolution selbst sei eine Utopie, klingt bei dem russischen Sozialisten Peter Struve in einem etwas anderen Kontext an. In dem Aufsatz «Die Marxsche Theorie der sozialen Entwicklung» (in: *Archiv für soziale Gesetzgebung und Statistik* [1899], Bd. 14) spricht er sich gegen die Idee einer Revolution und für einen kontinuierlichen Prozeß aus, einen evolutionären Sozialismus. Er verwarf die Vorstellung von einem «absoluten Widerstreit» und empfahl statt dessen «fortwährende partielle Kollisionen und Anpassungen». Besonders hellhörig war er für die Unklarheiten in Marx' bildlicher Ausdrucksweise. In allen diesen Punkten – eine Diskussion dieses Artikels findet sich bei Richard Kindersley, *The First Russian Revisionists* (1962), S. 131–140 – traf Struve den orthodoxen Marxismus ins Mark, und selbstverständlich wollte er den bekannten Vorwurf des «Utopismus» umkehren. Um die Unvermeidlichkeit des Sozialismus zu «beweisen», bedienten die orthodoxen Marxisten sich (Struve zufolge) eines «heißersehnten, aber unmöglichen gesellschaftlichen Wunders»; das soll heißen, daß die Vorkämpfer der sozialen Revolution in Wirklichkeit Utopisten waren.

Mir geht es hier natürlich weniger um die Chancen dieser leidenschaftlichen Sehnsüchte als um ihren Inhalt. Ich versuche hier nachzuzeichnen, wie bei der Entwicklung von utopischer Sehnsucht zu revolutionärem Engagement die Wundertätigkeit der Ziele sich zur Wundertätigkeit der Mittel verschiebt.

Eduard Bernstein hat bereits 1896 in einem brillanten, zu Unrecht vergessenen Beitrag «Utopismus und Eklektizismus» (in: *Zur Theorie und Geschichte des Sozialismus. Gesammelte Abhandlungen* [⁴1904], S. 38 f) den neuen revolutionären Glauben an soziale Wunder konstatiert. Er führt ihn in ähnlicher Weise auf das eigenartige Wiederauftreten einer Spätform des Utopismus zurück. Er macht aus dem eigenen marxistischen Stolz auf die klassische Überwindung altmodischer »Zukunftsmodelei» keinen Hehl, gesteht aber die Nützlichkeit futuristischer Entwürfe ein, die Wichtigkeit von Voraussagen und sogar den Wert der Phantasien; doch «Rezepte für die Garküchen der Zukunft» sind passé.

Doch gab es noch immer, wie Bernstein beunruhigt feststellt, eine Form von Utopismus in einem anderen Bereich. «Man vermeidet ängstlich jedwedes Eingehen auf die gesellschaftliche Organisation der Zukunft, unterstellt aber statt dessen einen jähen Sprung von der capitalistischen in die sozialistische Gesellschaft.» Konnte überhaupt eine so scharfe Trennungslinie zwischen den beiden Gesellschaftssystemen gezogen werden? «Noch die wissenschaftlichste Theorie kann zu Utopie führen, wenn ihre Resultate dogmatisch verstanden werden.» Was war denn das Katastrophenbild der Revolution, bei dem man mit einem jähen Sprung in der neuen Gesellschaft landet, anderes als eine Utopie? «Ohne an Wunder zu glauben, unterstellt man Wunder.»

79 Friedrich Schiller, *Über die ästhetische Erziehung des Menschen* (1793–1795), in: *Werke* (1966), Bd. 19, S. 28:

> Dringend spricht das Unglück seiner Gattung zu dem fühlenden Menschen, dringender ihre Entwürdigung, der Enthusiasmus entflammt sich, und das glühende Verlangen strebt in kraftvollen Seelen ungeduldig zur Tat... Der reine moralische Trieb ist aufs Unbedingte gerichtet, für ihn gibt es keine Zeit, und die Zukunft wird ihm zur Gegenwart... Vor einer Vernunft ohne Schranken ist die Richtung zugleich die Vollendung, und der Weg ist zurückgelegt, sobald er eingeschlagen ist.

80 J. M. Thompson, *Leaders of the French Revolution* (1929), S. 196, 231. Martin Buber, *Der utopische Sozialismus* (1961), S. 150. Robert

Tucker, *Philosophy and Myth in Karl Marx* (1961), S. 78. *Marx Engels Werke*, Ergänzungsband (Berlin-Ost, 1968), Tl. 1, S. 329.

81 Siehe die Ausgaben der Loeb Classical Library, *Diodorus of Sicily* (Hg. Oldfather, 1935), Bd. 2, S. 69–71, und *Philo* (Hg. Colson, 1935), Bd. 6, S. 201–211. Ich habe mit geringfügigen Ergänzungen die Übersetzungen in Barkers Anthologie *From Alexander to Constantine*, S. 62, 161–163, benutzt.

2. Kapitel

1 Am 8. Juli 1965 gab das US-Verteidigungsministerium bekannt, daß das mit vier Millionen Dollar angesetzte «Projekt Camelot» eingestellt werde. Ohne daß bis dahin Arbeiten im Ausland begonnen hatten, waren bereits ungefähr 300000 Dollar für die «Vorforschung» ausgegeben. Am 9. Juli 1965 hieß es in *The New York Times*:

> Während die amerikanischen Geldgeber das Projekt offensichtlich als ein Routineunternehmen im verhaltenswissenschaftlichen Bereich betrachteten, wurde es von der linken Presse (insbesondere in Lateinamerika) unverzüglich als eine «Verschwörung des Pentagon» gegen verfassungsmäßige Regierungen interpretiert.

In dem Beitrag «Project Camelot: An Autopsy», in: *The Public Interest* (Herbst 1966), S. 45–69, schrieb Robert A. Nisbet:

> Projekt Camelot war möglicherweise das erbärmlichste wissenschaftliche Einzelunternehmen, seit König Canute den Kampf mit den Gezeiten aufnahm: miserabel ausgedacht, miserabel beraten, miserabel geplant und miserabel ausgeführt. Erfreulich daran war nur dies: Nie zuvor haben sich so viele Leute verschiedenster Richtung und sogar aus höchsten Regierungskreisen derart für ein sozialwissenschaftliches Projekt interessiert. Wichtiger ist, daß kein Projekt Erkenntnisse erbracht oder zumindest angeregt hat, die sich langfristig gesehen ähnlich tiefgreifend (und möglicherweise positiv) auf die Beurteilung der Sozialwissenschaften durch die Regierung auswirken werden...

2 Norman Cohn, *The Pursuit of the Millennium* (1957; rev. Ausg. 1970), S. 209. H. G. Koenigsberger, «The Organization of Revolutionary Parties in France and the Netherlands during the Sixteenth Century», in: *Journal of Modern History* (Dezember 1955), S. 335–351.

3 Alexis de Tocqueville, *The Old Regime and the French Revolution* (1856;

Übers. Gilbert, 1955), S. 141, 157. Antoine Nicolas de Condorcet, *Esquisse d'un tableau historique des progrès de l'esprit humain* (1795; Übers. Barraclough, 1955), S. 366, 384; *Œuvres* (1847), Bd. 12, S. 516.

4 *Marx Engels Werke* (Berlin-Ost, 1964ff), Bd. 17, S. 557, 343.

5 Marx an Ferdinand Domela Nieuwenhuis, 22. Februar 1881, in: *Marx Engels Werke*, Bd. 35, S. 161.

6 Philippe Buonarroti, *Conspiration pour l'égalité dite de Babeuf* (1828; Ausg. 1957), Bd. 1, S. 78f; *History of Babeuf's Conspiracy for Equality* (1836; Übers. Bronterre, 1965), S. 66. Siehe allgemein Alfred Plummer, *Bronterre: A Political Biography of Bronterre O'Brien* (1971).

7 Man lese hierzu natürlich den klassischen soziologischen (und politischen) Theorieentwurf von Karl Mannheim, *Ideologie und Utopie* (1929; 3., rev. Ausg., 1952). Dort schreibt er (S. 169): «Utopisch ist ein Bewußtsein, das sich mit dem umgebenden ‹Sein› *nicht* in Deckung befindet.» Aber er beschränkt es auf «jene ‹wirklichkeitstranszendente› Orientierung, die... die jeweils bestehende Seinsordnung zugleich teilweise oder ganz sprengt». Hingegen ist Ideologie nichtrevolutionär: «Man kann sich an wirklichkeitsfremden, seinstranszendenten Faktoren orientieren und dennoch in der Richtung der Verwirklichung bzw. der steten Reproduktion der bestehenden Lebensordnung wirken.»

Der formale Unterschied ist einfach und deutlich. Wenn aber eine «inkongruente Orientierung» erst in dem Augenblick utopisch wird, da sie «die bestehende Seinsordnung sprengt», muß man als Historiker fragen: Wann geschieht das? Geschieht es bald, und wo? Was in Frankreich eine Ideologie ist, mag in Rußland eine Utopie sein, und versponnene Tagträumereien in Deutschland mögen sich in Italien als fesselsprengender Radikalismus auswirken. Mannheim gibt zu (S. 172): «... so ist die Bestimmung dessen, was in concreto, im gegebenen Falle als Ideologie und Utopie anzusprechen sei, unglaublich schwierig.»

8 Friedrich Nietzsche, *Die Morgenröte* (1881), in: *Werke* (Hg. Schlechta, 1954), Bd. 1, S. 1116, 1271 (Aphorismen 147 und 551).

9 *The Mind of Napoleon* (Hg. Herold, 1955), S. 68, 251–266.

10 Marx an Engels, 8. Dezember 1857, in: *Briefwechsel* (Ausg. 1949), Bd. 2, S. 314. *Briefe von Karl Marx an F. A. Sorge* (1906), 19. Oktober 1877, S. 159. *Marx-Engels-Gesamtausgabe* (Hg. Rjazanov), Bd. 1, Tl. 3, S. 114; Marx, *Texte II* (Hg. Hillmann, 1966), S. 75f.

Dieser Kommunismus ist als vollendeter Naturalismus = Humanismus, als vollendeter Humanismus = Naturalismus, er ist die *wahrhafte* Auflösung des Widerstreites zwischen dem Menschen mit der Natur und mit dem Menschen, die wahre Auflösung des Streits zwischen Existenz und Wesen, zwischen Vergegenständlichung und Selbstbestätigung, zwischen Freiheit und Notwendigkeit, zwischen Individuum und Gattung. Er ist das aufgelöste Rätsel der Geschichte und weiß sich als diese Lösung.

11 Proudhon an Marx, 17. Mai 1846, in: Proudhon, *Les Confessions d'un révolutionnaire* (1849; Hg. Rivière, 1929), S. 435f.
12 *Marx Engels Werke* (Berlin-Ost, 1968), Ergänzungsband 1, S. 608.
13 Martin Buber, *Pfade in Utopia* (1950), S. 115; Kap. 7 und 9 enthalten eine detaillierte Auseinandersetzung mit Marx und Lenin. Robert Tucker, *Philosophy and Myth in Karl Marx* (1961), S. 75. James Joll, *The Anarchists* (1964), Kap. 3. George Woodcock, *Pierre-Joseph Proudhon* (1956), S. 92f.
14 Ronald A. Knox, *Enthusiasm: A Chapter in the History of Religion* (1950), S. 265.
15 Buber, *Der Glaube der Propheten* (1950), S. 252.
16 H. H. Rowley, *The Relevance of Apocalyptic* (1944), S. 14.
17 Buber, *Pfade in Utopia*, S. 78f.
18 Über diese Summe vager Andeutungen, die Marx' eigenes Utopia darstellt, schreibt Tucker (*Philosophy and Myth*, S. 201):

Ein einziges Mal nur hat er versucht, in concreto über die künftige Gesellschaftsordnung sich zu äußern. Das geschah in dem 1871 verfaßten *Bürgerkrieg in Frankreich*... Dort ging er immerhin soweit, den Kommunismus als ein System zu beschreiben, wo «die Gesamtheit der Genossenschaften die nationale Produktion nach einem gemeinsamen Plan regeln». Unmittelbar danach aber äußert sich wieder die gewohnte Abneigung, über das Gesellschaftssystem des Kommunismus zu sprechen. In bezug auf die Arbeiterklasse schreibt er: «Sie hat keine Ideale zu verwirklichen; sie hat nur die Elemente der neuen Gesellschaft in Freiheit zu setzen, die sich bereits im Schoß der zusammenbrechenden Bourgeoisgesellschaft entwickelt haben...»

19 Marx/Engels, *Die deutsche Ideologie* (1846; Ausg. Berlin-Ost, 1969), Bd. 3, S. 33. Merkwürdigerweise hat Marx an den Rand des Manuskripts zu diesem Abschnitt die Figur eines jungen Draufgängers gezeichnet, bei dem es sich weder um einen Jäger (oder Fischer) noch einen Schäfer (oder Kritiker) handelt, sondern anscheinend um den Verfasser selber, der hier das Schwert schwingt!

20 Plato, *Der Staat*, 8, 561, in: *Sämtliche Werke* (Hg. Wiegand), Bd. 2, S. 309f.

21 Roderick MacFarquhar, «Mao's Last Revolution», in: *Foreign Affairs* (Oktober 1966), S. 121.

22 V. I. Lenin, *Selected Works* (1937), Bd. 9, S. 397, 474.

23 Proudhon, der (in einer Tagebuchnotiz) Marx als den «Bandwurm des Sozialismus» bezeichnete, galt bei seinen Kritikern als dessen saurer Apfel, als Spielverderber. In seinem *Liberalism and the Challenge of Fascism* (1949) nennt J. Salwyn Schapiro ihn (S. 365) einen «Vorboten faschistischer Ideen» (diese «Neubewertung» erklärt sich daraus, daß das Buch wahrend des 2. Weltkriegs geschrieben wurde). Joll beurteilt ihn großzügiger und konventioneller; er nennt ihn «den ersten und bedeutendsten anarchistischen Philosophen», wie es dem Propheten dieser utopischen Vision zukommt (*The Anarchists*, S. 79):

> Die Menschheit wird ein Leben führen, wie es die Schöpfungsgeschichte beschreibt, und wird sich um die Pflege und Bestellung des Ackers kümmern, der ihr ein Leben voller Freuden beschert – wie der Philosoph Martin in *Candide* empfiehlt, wird der Mensch seinen Garten kultivieren. Die Feldarbeit, einst Los der Sklaven, wird unter die vornehmsten der schönen Künste gerechnet, und die Menschen werden ein Leben in Unschuld führen, frei aller Verführungen durch Ideale...

Kurz vor ihrem Bruch (17. Mai 1846) schrieb Proudhon an Marx (*La révolution sociale*, in: *Œuvres complètes* [1938], S. 292):

> Wir dürfen nicht glauben, daß *revolutionäres* Tun ein taugliches Mittel für Sozialreformen ist, denn dieses sogenannte Mittel würde lediglich auf Gewalt, Willkür und also auf das Gegenteil hinauslaufen.

Nach der Revolution von 1848 schrieb er (*Œuvres complètes*, Bd. 18, S. 6):

> Und dann brachen die Revolution, die Republik und der Sozialismus über uns herein, wobei eines das andere stützte. Ich sah sie kommen; ich fühlte sie; und ich floh vor diesem demokratischen und sozialen Ungeheuer... Ein unbeschreibliches Grauen packte meine Seele und löschte jeden Gedanken. Ich verstärkte meine Angriffe auf die Revolutionisten, die ich die Grundlagen der Gesellschaft mit unglaublicher Raserei zerstören sah... Niemand verstand mich.

24 Michael Hamburger, *Reason and Energy* (1957), S. 6. *Byrons Werke* (Hg. Meyer, 1911), Bd. 1, S. 203.

25 Es ist selbst Soziologen ziemlich klar, daß das große Problem der «Ge-

nerationen» nicht abstrakt theoretisch untersucht werden muß, sondern in seiner konkreten historischen Erscheinungsform. Dazu bemerkt Hugh Trevor-Roper in einem Aufsatz im *Encounter* (Februar 1960), S. 6:

Wenn wir Veränderungen in der Geschichte und Philosophie verstehen wollen, sollten wir stets berücksichtigen, wie wichtig die einzelne Generation ist. Oft wird eine Generation durch gemeinsame Erlebnisse geprägt, die sowohl den Vätern wie den Söhnen fehlten; und wenn das außergewöhnliche, schreckliche oder begeisternde Erlebnisse waren, dann geben sie der Generation einen speziellen Charakter, der sich anderen nicht vermitteln läßt. Wir, die wir die dreißiger Jahre erlebt haben und von den schrecklichen Ereignissen jener Jahre in unserem Denken und unseren Anschauungen geformt wurden – wie können wir von Leuten verstanden werden (oder sie verstehen), für die jene Ereignisse bloße Geschichte sind, farblose Lesestücke in Schulbüchern? Selbstverständlich hat nicht jede Generation Dinge erlebt, die genügen würden, um sie derart zu prägen; dazu müssen die Erfahrungen gewaltig, überwältigend und inspirierend sein. Sind sie aber aufwühlend genug, dann gibt es solche Generationen. So empfinden die Spanier in ihrer Geschichte den «Jahrgang 98» als gewaltigen, besonderen Einschnitt, der allein eine ganze Epoche verständlich zu machen vermag. Für die Generation der dreißiger Jahre mag in Europa der Fall ähnlich liegen. Dasselbe gilt im Europa des 17. Jahrhunderts, besonders für den protestantischen Teil, in bezug auf die Generation der zwanziger Jahre. («Three Foreigners and the Philosophy of the English Revolution»; jetzt auch in: *Religion, the Reformation, and Social Change* [1967], S. 245 f)

26 Albert Camus, *L'Homme révolté* (1951), S. 19: «*... et dans la solitude cependant, les armes à la main et la gorge serrée.*»

27 Ohne Übertreibung konnte man hier von «Ironie des Schicksals» sprechen. Als Pobedonostsew, Prokurator der Heiligen Synode und «das Auge des Zaren» in eigener Person, bei der vergeblichen Suche nach einem Exemplar von Carlyles *French Revolution* mehrere Exemplare von Marx' *Kapital* entdeckte, hielt er dem Leiter des Pressewesens vor:

Alles, was Carlyle geschrieben hat, sollte erlaubt sein – seine Schriften sind höchst moralisch, daß es einem fast angst und bange wird! Und stellt Euch vor: Marx' *Kapital*, eines der aufrührerischsten Bücher, die es gibt, ist in einer russischen Übersetzung herausgekommen. (Richard Kindersley, *The First Russian Revisionists* [1962], S. 73–78)

Schlief der Zensor? Manchmal gewiß; und die Marxisten waren über seine persönlichen Gewohnheiten genau informiert. Eine Schrift von Plechanow wurde mit raffiniert unverfänglichem Titel am 20. Dezember 1894 vorgelegt und etwa eine Woche später zum öffentlichen Verkauf freigegeben. «Die Rechnung», schreibt Kindersley, «mit den Weihnachtsferien des Zensors ging auf.»

Dabei untersagte Artikel 94 der Zensurrichtlinien (1828) «mutwillige oder beleidigende Anspielungen, die gegen Glauben und wahre Weisheit verstoßen». Laut Artikel 95 waren Veröffentlichungen verboten, die «die gefährlichen Lehren des Sozialismus und Kommunismus verbreiten, dazu beitragen, die bestehende Ordnung zu erschüttern, den Klassenhaß schüren und zur Anarchie führen». Galt Marx also als gefährlich? In der Tat. Sein Name erscheint in einer Liste verbotener Autoren, die das Innenministerium 1884 aufstellte (auch Bagehot, Huxley, Lassalle, Lecky, Louis Blanc, Mill, Réclus, Adam Smith und Herbert Spencer werden dort genannt). Trotzdem hatte man den ersten Band des *Kapitals* freigegeben, «weil man es für eine obskure und abstrakte Schrift hielt, die keinerlei Relevanz für die Lage in Rußland hatte...». Im Dezember 1885 genehmigte die Zensurbehörde von St. Petersburg auch den zweiten Band mit dem Hinweis, es handele sich um «eine ernsthafte Forschungsarbeit über wirtschaftliche Fragen... die nur Fachleuten verständlich ist».

Erst zehn Jahre später äußerte der Zensor Bedenken über diese Bücher, die «zu einer Art Marx-Kult» geführt hatten. Seit 1894 durften die beiden Bände des *Kapitals* nicht mehr in öffentlichen Bibliotheken geführt und nicht weiter gedruckt werden. Die dreibändige deutsche Ausgabe allerdings war zwar ebenfalls nicht «zur Weitergabe» freigegeben, durfte aber an Personen abgegeben werden, «die einen schriftlichen Antrag stellen, daß sie sie für wissenschaftliche Arbeiten benötigen, oder die aufgrund ihrer gesellschaftlichen und beruflichen Situation unverdächtig erscheinen». Marx hätte sich über die Ironie amüsiert, die darin bestand, daß der russische Zensor die geistige Breitenwirkung mittels kaufmännischer Methoden zu beschränken versuchte. Als gefährlich galten nicht die Ideen, sondern ihre potentielle Attraktion für breitere Schichten. Es war erlaubt, Mißstände in Rußland in «speziellen fachwissenschaftlichen Beiträgen» zu kritisieren, in Büchern von mehr als zehn Druckbögen Umfang und in Zeitschriften, die im Jahresabonnement mehr als sieben Rubel kosteten! Das war die Achillesferse der traditionellen, vormodernen Zensur. Sobald es billige Flugblätter, Broschüren und Taschenbücher gab, waren revolutionäre Ideen für jedermann erschwinglich.

Während man in Rußland diese Situation erst deutlich erkannte, als es zu spät war, hatte man sich in England und Frankreich schon recht früh darüber Gedanken gemacht (Joll, *The Anarchists*, S. 38; Peter Gay, *The Party of Humanity: Studies in the French Enlightenment* [1959], S. 36). William Pitt zeigte sich unbesorgt von dem Erscheinen von Godwins *Enquiry Concerning Political Justice* (1793) und meinte: «Ein Buch, das drei Guineen kostet, kann nicht viel Schaden bei denen anrichten, die kaum drei Schillinge übrig haben.» Und 1766 hatte Voltaire an d'Alembert geschrieben: «Zwanzig Folio-Bände werden nie zu einer Revolution führen; gefährlich sind die kleinen handlichen Bücher für dreißig *sous*. Wenn man für ein Evangelium 1200 Sesterzen hätte zahlen müssen, wäre es mit der christlichen Religion nicht weit gekommen...»

28 Karl Marx, *Briefe an Kugelmann* (Ausg. 1952), S. 71 f.

29 Robert C. Tucker, *Philosophy and Myth in Karl Marx* (1961).

30 Marx an Engels, 7. Dezember 1867, in: *Briefwechsel* (Berlin-Ost, 1950), Bd. 3, S. 547.

31 Franz Borkenau, *World Communism* (1962), S. 172f. *Thomas Manns Briefe: 1937–1947* (Hg. Mann, 1963), S. 579. Thomas Mann, *Der Zauberberg* (1924, [14]1978), S. 424, 426. M. J. Lasky, «Georg Lukács», in: *New York Times Book Review* (10. Mai 1964). Karl Kerényi, «Zauberberg-Figuren», in: *Tessiner Schreibtisch* (1963), S. 125–141.

Siehe auch Isaac Deutscher, «Georg Lukács and ‹Critical Realism›», in: *The Listener* (3. November 1966), S. 659–662; George Steiner, «Georg Lukács and His Devil's Pact», in: *Kenyon Review* (Winter 1960), S. 1–18; Th. W. Adorno, «Erpreßte Versöhnung», in: *Der Monat* (November 1958), S. 37–49; George Lichtheim, «An Intellectual Disaster», in: *Encounter* (Mai 1963), S. 74–80, sowie George Lichtheim, *Lukács* (Reihe «Modern Masters», 1970).

32 Wenn ich hier von einem Mangel an philosophischer Kühnheit spreche, so bezieht sich das auf die marxistische Bewegung weltweit. Zugegeben, in häretischen und unabhängigen Kreisen wurden einige mutige Versuche unternommen, die Idee der Revolution wieder mit einem tragischen Begriff des Lebens zu verknüpfen. Aber auch hier kann man sich selten des Verdachts erwehren, daß das Motiv weniger die Erweiterung des philosophischen Bezugsrahmens als vielmehr eine politische Apologie ist. Zu dem Versuch eines marxistischen Kritikers in der DDR, einen «asketischen Sozialismus» zu entwerfen, siehe Wolfgang Harich, *Kommunismus ohne Wachstum? Babeuf und der «Club of Rome»* (1975).

In *Culture and Society* (1958) und *The Long Revolution* (1961) ist deutlich zu spüren, wie problematisch für Raymond Williams sein revolutionäres Engagement ist. «Ich weiß», bekennt er in seinem Buch *Modern Tragedy* (1966), S. 61–83, «daß die revolutionären Gesellschaften stets tragische Gesellschaften gewesen sind, und das so tief und weitgehend, daß es jedes normale Maß an Mitleid und Furcht überschreitet.» Er hat sich zu der Einsicht durchgerungen, daß revolutionäre Regime «häufig und brutal gegen jede Art menschlicher Freiheit und Würde» vorgegangen sind. Er betrachtet das als «echte Schwierigkeiten». Das ist noch nicht alles. «Wir sehen, wie der Kampf gegen die Entfremdung zu einer neuen Form der Entfremdung führt.» Und er gibt sogar zu, daß «das revolutionäre Engagement zweifellos zu einer Art Verhärtung führen kann, die zuletzt sogar den revolutionären Auftrag negiert».

Trotz aller Zweifel bleibt seine Treue unerschütterlich. «Die Revolution in diesem tragischen Licht zu sehen», meint er, «ist die einzige Möglichkeit, sie am Leben zu erhalten.» Ihr zu entsagen, würde bedeuten, sich «in ein vertrautes, atlantisch ausgerichtetes Denken» zu flüchten oder auch «in die herkömmliche Ideologie des Tragischen». Ein solch erbärmliches Manöver bejaht dann *1.* «die alte tragische Lehre, daß der Mensch sein Schicksal nicht zu ändern vermag, sondern bei dem vergeblichen Bemühen nur die Welt in Blut ertränken kann»; und *2.* «den modernen Denkreflex, demzufolge jeder Versuch, unser soziales Geschick rational zu bestimmen, zum Scheitern verurteilt ist oder bestenfalls durch unsere eigene unvermeidliche Irrationalität kompromittiert wird wie auch durch den Terror und die Grausamkeiten, die so rasch um sich greifen, sobald die gewohnten Bahnen verlassen werden». Damit will er nichts zu tun haben, ebensowenig wie mit dem Utopismus, dem Reformismus, dem Evolutionismus oder überhaupt jeder Art des Überdenkens, das von der Prämisse ausgeht, «jede absolute Zielsetzung sei Selbsttäuschung und Torheit». Da überrascht die Einsicht auch nicht, daß «die Erfahrungen, die wir aus dem Leben gewinnen, ebenfalls eine Revolution darstellen». Es ist «das authentische Tun, das wiedererwacht und neu gelebt wird». Doch es bleibt eine «absolute Reform», und (mit Marx) «sein absolutes Ziel ist die ‹vollkommene Erlösung der Menschheit›». Damit hat sich der wahre Gläubige einmal um sich selbst gedreht: Ganz so konkret scheinen die «echten Schwierigkeiten» nicht gewesen zu sein.

So schrieb Frank Kermode einmal im *Encounter* (August 1966), S. 85:

> Wer die Tragik unserer Zeit verstehen will, muß auch die Revolution dieser Zeit verstehen. Man sollte denken, da wäre Pasternaks Entwurf besser als Stalins, doch wird der Eindruck erweckt, als sei der Stalins besser gewesen als alles, wozu wir selbst fähig wären...

Lucien Goldmanns philosophische Kühnheit ist von ganz anderer Größenordnung, was Komplexität und radikale Kampfbereitschaft betrifft. In seiner wichtigen Studie *The Hidden God* (1964) bricht er mit den vorschriftsmäßigen, traditionellen optimistischen Banalitäten und versucht, auf vielen Umwegen wieder zum Marx der «tragischen Vision» zu gelangen, wobei sein Weg über Pascal, Racine, Kant, Goethe und Hegel führt:

> Die tragische Vision stellt eine Übergangsphase zwischen Rationalismus und der Dialektik dar... Mit dem Erscheinen der tragischen Vision verbindet sich das Wiederauftauchen von Gut und Böse als echten Wirklichkeiten, welche die Existenz des einzelnen bestimmen... Das Böse bleibt dem Guten diametral entgegengesetzt, doch sind beide nun unauflöslich verknüpft... Das Thema taucht mit der dialektischen Vision wieder auf, mit Goethe, Hegel und Marx. Anfangs formulieren sie das Problem mit denselben Begriffen wie die tragischen Denker und erkennen, daß für den einzelnen Gut und Böse gleichzeitig real, konfligierend und voneinander untrennbar sind. Jedoch geben sie alle zu, daß die «List der Vernunft», der Gang der Geschichte aus dem individuellen Bösen ein Werkzeug im Dienst jenes Fortschritts machen wird, der das Gute im ganzen zur Entfaltung bringen wird.
>
> Denn während für Pascal und Kant das Gute Gegenteil des Bösen bleibt (und doch gleichzeitig – das ist der Kern der Tragik – untrennbar mit ihm verbunden), wird bei Goethe wie bei Hegel und Marx das Böse zur einzigen Möglichkeit, das Gute zu etablieren... Mit Hegel und Marx erhalten die endlichen Güter und sogar das Böse des irdischen Daseins – Goethes Teufel – eine Sinngebung in einem Gesamtzusammenhang, der von dem Glauben an und der Hoffnung auf die Zukunft bestimmt ist. (*The Hidden God*, S. 175f Anm., 301f)

Verständlicherweise interessiert sich Lucien Goldmann vor allem für den frühen Lukács; und wie Naphta (für den Lukács bei Thomas Mann Pate stand) gleichzeitig Jesuit und Jude ist, so vereint Goldmanns Marx zugleich Faust und Mephisto in sich. Noch mal: Was bei dieser philosophischen Neubewertung zur Metaphysik und was zur Ideologie und Apologie zu rechnen ist, bleibt einstweilen unklar. Hat doch Pascal schon gesagt, daß zuviel Klarheit verdunkelt.

Wenn man den Begriffen dieselbe Interpretation unterlegt wie George Steiner in *Death of Tragedy* (1961), muß einem der ganze Versuch aussichtslos erscheinen. «Marx hat das Konzept des Tragischen summarisch abgelehnt», behauptet er (S. 4). «Die marxistische Weltanschauung läßt noch expliziter als die christliche Fehler, Leid und zeitweilige Rückschläge zu, aber keine seinsimmanente Tragik.» Verzweiflung ist eine Todsünde; und eine kommunistische Gesellschaft (wie Lunatscharski, der erste Volkskommissar für Erziehungswesen, sagte) bietet der Tragik keinen Ansatz. «Der marxistische Glaube ist ungeheuer, vielleicht naiv optimistisch... selbst der bitterste Rückschlag gibt nicht Anlaß zu tragischer Verzweiflung. Es wird ständig vorwärts marschiert, denn man hat die unerbittlichen Gesetze der Geschichte im Rücken; der endgültige Sieg ist so gewiß wie der nächste Tag» (S. 342f). Seltsamerweise macht Steiner bei Bert Brecht eine Ausnahme und sieht ihn «halbwegs zwischen der Welt des Ödipus und der Welt des Karl Marx»; auch scheint er Andeutungen für ein Wiederauftauchen authentischer Tragik in gewissen «rituellen Herausforderungen», wie sie im kommunistischen China praktiziert werden, wahrnehmen zu können.

33 Martin Esslin stellt in *Brecht: A Choice of Evils* (1959), S. 232f, scharfsinnig eine Verbindung her zwischen dem Antiutopismus bei Marx und bei Brecht, und ich möchte seine Analyse nur insoweit modifizieren, daß ich Marx' Schwäche im Bereich der Theorie und Vorstellungskraft und Brechts Schwäche im charakterlichen und ethischen Bereich sehe.

Aber wie Marx und Engels hatte er nichts Konkretes zu bieten, wenn es darum ging zu zeigen, wie ein ideales System funktionieren müsse. Die Heftigkeit seiner ständigen Klage, daß die Welt nicht so bleiben könne wie sie ist, entspringt geradezu dem Fehlen einer konkreten Alternative. Wenn wir uns auf die in Brechts Stücken enthaltene Realität beschränken, widerlegt das sich uns darbietende konkrete Bild den billigen Optimismus der von Brecht so oft proklamierten Hoffnung auf ein irdisches, marxistisches Paradies als Endpunkt der geschichtlichen Entwicklung. Was Brecht wirklich zeigt, ist immer wieder die Schwäche des Menschen, seine Unfähigkeit, seine Probleme rational zu lösen, seine Passivität gegenüber blinden Trieben und Leidenschaften... Deshalb muß das System geändert werden. Aber, so beweist uns Brecht, es kann nicht allmählich und langsam geändert werden. Die Behauptung, das sei möglich, ist eine Lüge, eine Maske für geistige Trägheit und reaktionäre Selbstgefälligkeit. Nur eine gewaltsame Umwälzung ist radikal und plötzlich genug, um ein neues Beginnen zu ermöglichen. Aber Gewalt ist an sich verwerflich und böse. Und verwerfliche Methoden, das zeigt uns Brecht auch immer wieder, erzeugen verwerfliche Menschen ... Er war außerstande, konkret darzustellen, wie man diesen circulus vitiosus brechen könnte:

«Wollen Sie leugnen, daß die Anwendung von Gewalt auch den, der sie anwendet, erniedrigt?»

«Nein, ich leugne es nicht.» *(Die Tage der Commune)*

Es gelingt Brecht nicht – und die Kommunisten haben das richtig erkannt –, in seinen Werken die hoffnungsvolle Botschaft zu übermitteln, daß der Mensch durch eine radikale Veränderung der Gesellschaftsordnung erlöst werden kann, obwohl er sich darum unablässig angestrengt bemühte. (M. Esslin, *Das Paradox des politischen Dichters* [²1970], S. 360f)

34 Esslin, *Brecht*, S. 133, 151 Anm., 206. Herbert Lüthy, «Of Poor Bert Brecht», in: *Encounter* (Juli 1956); *Nach dem Untergang des Abendlandes* (1964), S. 155; *Der Monat* (Mai 1952). Bertolt Brecht, *Die Maßnahme*, in: *Versuche* (1930), und *Gesammelte Werke* (1967), Bd. 1.

35 Das war in Berlin im April 1955. «Vespers», in: *W. H. Auden* (Penguin-Ausg., 1958), S. 189–191.

An den Anfang ihres langen, eindringlichen Brecht-Porträts in: *The New Yorker* (5. November 1966; jetzt auch in: *Men in Dark Times* [1973] setzt Hannah Arendt die folgenden Zeilen von Auden:

Du hoffst wirklich,
deine Bücher werden dich entschuldigen,
dich vor der Hölle retten:
dennoch,
ohne Zeichen des Bedauerns,
ohne irgendwie
Schuld zuzusprechen ...
mag Gott dich
am Jüngsten Tag
vor Scham weinen lassen,
während du auswendig
die Gedichte sprichst,
die du geschrieben hättest,
wenn dein Leben gut gewesen wäre.

Es mag seine journalistische Berechtigung haben, daß Arendt diese Zeilen auf Brecht münzte; sie sind jedoch den autobiographischen Gedichten in *About the House* (1966), S. 23, entnommen und beziehen sich nicht auf Brecht, sondern vielmehr auf Auden selbst.

36 *The Mind of Napoleon*, S. 86.

37 *A Kierkegaard Anthology* (Hg. Bretall, 1946), S. 434.

38 J. W. Goethe, *Maximen und Reflexionen* (dtv-Ausg., 1963), Bd. 21, S. 15: «Eine falsche Lehre läßt sich nicht widerlegen, denn sie ruht ja auf der Überzeugung, daß das Falsche wahr sei.»

39 Sören Kierkegaard, *Journals: 1834–1854* (Hg. Dru, 1958), S. 29.

40 P. J. Proudhon, *La Justice poursuivie par l'église* (1858), in: *Œuvres complètes* (1946), Bd. 5, S. 249. Henri de Lubac, *Proudhon: The Un-Marxian Socialist* (1948), S. 231.

41 Mircea Eliade, *The Sacred and the Profane* (1961), S. 205–207. Siehe auch Alastair MacIntyre, *Marxism: An Interpretation* (1953), Kap. 7, und *Marxism and Christianity* (1968), S. 103–116; sowie Rudolf Bultmann, *History and Eschatology* (1962), S. 68–70.

42 Reinhold Niebuhr, *Faith and History* (1949), S. 210f.

43 Karl Löwith, *Weltgeschichte und Heilsgeschehen* ([5]1953), S. 49f.

44 Siehe die Schrift des polnischen marxistischen Philosophen Adam Schaff, *Marxismus und das menschliche Individuum* (1965); Raymond Williams, «Tragedy and Revolution», in: *Modern Tragedy* (1966), S. 61–83, sowie von Leszek Kolakowski vor allem *Can the Devil Be Saved? – A Marxist Answer* (1974).

45 Rowley, *The Relevance of Apocalyptic* (1944; rev. Ausg., 1963), S. 13–105. Marx, *Das Kapital* (1966), Bd. 1, S. 382. Buber, *Der Glaube der Propheten*, S. 252.

46 J. M. Thompson, *Robespierre* (1936), Bd. 2, S. 211, 224.

47 *The Mind of Napoleon*, S. 66f. *Journal of the Private Life and Conversation of the Emperor Napoleon at Saint Helena by the Count de las Cases* (1823), Bd. 2, Tl. 3, S. 29; *Le Mémorial de Sainte-Hélène* (Pléiade-Ausg., 1935), Bd. 1, S. 470f:

> ... les grandes principes de notre Révolution... elles seront la foi, la religion, la morale de tous les peuples... j'ai fait briller le flambeau, consacre les principes, et aujourd'hui la persécution achève de m'en rendre le Messie. (9.–10. April 1816)

48 Henry More, *Enthusiasmus Triumphatus; or a Brief Discourse of the Nature, Causes, Kinds, and Cure of Enthusiasme* (1656), in: *A Collection of Several Philosophical Writings of Dr. Henry More* (1712), S. 22.

49 Friedrich Meinecke, «Campanella», in: *Die Idee der Staatsraison* (1924), S. 113–146.

50 Wilhelm Weitling, *Garantien der Harmonie und Freiheit* (1842; Hg. Kaufhold, 1955), S. 281, 366. Karl Kautsky, *Die Diktatur des Proletariats* (1918), Kap. 4.

51 Bertram D. Wolfe, *Marxism* (1965), S. 163, 243 f; Edmund Wilson, *To the Finland Station* (1940), S. 167. J. L. H. Keep, *The Rise of Social Democracy in Russia* (1963), S. 20.

52 Michael Gold, *Jews without Money* (1930), S. 309; der Verfasser dieses Romans war früher ein bekannter amerikanischer Kommunist.

53 *Ferdinand Lassalles Tagebuch* (Hg. Lindau, 1891), S. 189f, 258, 85f, 161, 227, 257. *Marx Engels Werke*, Bd. 32, S. 569.

54 F. Lassalle, *Nachgelassene Briefe und Schriften* (Hg. Mayer, 1921), Bd. 1, S. 101 f, Bd. 3, S. 252.

Dieses «Kriegsmanifest gegen die Welt», von Lassalle im September 1845 geschrieben und an drei Jugendfreunde gerichtet («Triumviri!»), ist ein außergewöhnliches Dokument und verdient mehr Beachtung, als es bisher in Darstellungen der geistigen Hauptströmungen des 19. Jahrhunderts gefunden hat. Schirokauer bemerkt dazu: «Hier liegt vor uns das Manifest eines Jesaja, der die Gestik von Robespierre übernommen hat [die Krücke von Lassalles berühmtem Spazierstock war mit einem in Gold gearbeiteten Modell der Bastille verziert und soll einst dem Jakobiner gehört haben] und die Worte von Hegel.» Bemerkenswert auch, wie es einen «Nietzsche vor Nietzsche» zeigt. Einen Abschnitt möchte ich ausführlicher zitieren:

> Ich bin Diener und Herr des Begriffs, Priester des Gotts, der ich selber bin... Was ich tue, weiß ich als sittliche Forderung des Begriffs... ich schwinge die Waffe des Zeus, den Blitz des Wissens... Und ich brach den Trotz meines Körpers. Ich hob auf den Unterschied zwischen ihm und meinem Willen, raubte ihm jede Eigenheit und selbständige Physiognomie, alles Feste in ihm mußte flüssig werden und widerstandslos sich gewöhnen, zu empfangen den Stempel des Gedankens... Ich... zwang ihn, der Widerschein nur zu sein meines gewollten Innern. Ich – wurde Schauspieler, plastischer Künstler... Der zitternde Ton meiner Stimme und der leuchtende Glanz meines Auges, jedes Zucken der Miene hat knechtisch und in ununterbrochener Flüssigkeit wiederzugeben das Gepräge, das ich ihm aufdrücke, die Leidenschaft, von der ich will, daß sie grade jetzt mich belebe, durchleuchte die Seele, von der ich will, daß sie jetzt aus mir spreche. Ich hab' es an mir wahr gemacht, daß das Sein nur das Sein des Gedankens sei... Von Kopf bis Zeh' bin ich nichts als Wille... Ich habe den Willen zur Vernichtung und die Mittel dazu, Weh zu verbreiten und Unheil über die Menschen, die mein Atem berührt.

Zwei weitere Bemerkungen, die sich auf den stürmischen Verlauf von Lassalles angekündigtem «Religions-Krieg» beziehen, sind in diesem Zusammenhang besonders interessant:

> Macht hat es [d. i. das Denken] nur in mir, der ich seine lebendige Spitze bin. In mir erhält es die negative Gewalt. Wohlan, zum Kampf! Indem ich mich zum Kampf entschließe, erzittert die Erde in ihrer Grundfeste und es erdröhnt der Bau der geistigen Welt in seinen Tiefen. Das ist der Hauptpunkt, weswegen mir der Sieg gewiß ist. Es schlingt sich um diesen verwirrten Räuberzustand der Welt ein Schein sittlicher Bestimmungen, sittlichen Zusammenlebens... der Schein der sittlich geordneten Welt. Wo sie also in ihrem Kampf auf eine der Bestimmungen dieses sittlichen Systems stoßen, da – weil die Substanz nur an sich ihnen nichts mehr gilt, wohl aber noch für sie den Schein hat zu gelten – scheuen sie sich und haben Respekt und wagen es nicht, sie bewußt und systematisch zu verletzen. So kämpfen sie – mit gebundenen Händen. Denn wenn ich für das Fürsichsein kämpfe, so ist das ein Kampf auf Leben und Tod und muß aus allen Kräften geführt werden. Ja, der Widerspruch ist sogar der totale... Darum bin ich übermächtig... Gleich vor mir sind alle Mittel, nichts ist so heilig, daß ich es schonte, und ich habe errungen das Recht des Tigers, das Recht zu zerreißen. (Lassalle, *Nachgelassene Briefe*, Bd. 1, S. 213–234)

Wie Hermann Oncken treffend kommentiert, ist hier ein robuster Zwanzigjähriger dabei, mit kaltblütigem Intellekt seine selbsternannte Position eines «Übermenschen» zu rechtfertigen, etwas, das Nietzsche in den späten, von Krankheit gezeichneten Jahren bei aller morbiden Intensität «nicht gelang». Siehe Hermann Oncken, *Lassalle zwischen Marx und Bismarck* (rev. Ausg., Hg. Hirsch, 1966), S. 57.

55 *Heinrich Heines Briefwechsel* (Hg. Hirth, 1917), Bd. 2, S. 567. Lassalle, *Nachgelassene Briefe*, Bd. 6, S. 410. Georg Brandes, *Lassalle* (1911), S. 193.

Was Lassalle als «Messias» betrifft, so mögen zwei zeitgenössische Reaktionen auf Lassalles frühen Tod beim Duell im Alter von 39 Jahren zeigen, wie unsicher man sich in jenem Jahrhundert darüber war, ob die Erlöserrolle einem Mann des Friedens oder des Schwertes zufallen würde. Sein einstiger revolutionärer Gefährte Karl Vogt meinte: «Seit achtzehn Jahrhunderten haben wir einen gekreuzigten Juden verehrt. Jetzt werden wir aus einem Juden, der erschossen wurde, einen zweiten Erlöser machen!» Etwas bescheidener sangen seine treuen Anhänger bei dem Begräbnis in Breslau: «Dort schlummert der Eine, der Schwerter uns gab.»

Eduard Bernstein betont diesen Unterschied und ist wie eh und je bemüht, das totale seelische Engagement im Namen der großen rationalen Sache zu verfeinern und zu verkleinern:

Die Sozialdemokratie hat keine Legenden und braucht keine Legenden; sie betrachtet ihre Vorkämpfer nicht als Heilige, sondern als Menschen... Noch war die Zeit der Siege nicht da, aber um siegen zu können, mußte die Arbeiterschaft zu kämpfen lernen; und sie zum Kampf einexerziert, ihr, wie es im Liede heißt, Schwerter gegeben zu haben, bleibt das große, das unvergängliche Verdienst Ferdinand Lassalles.

Siehe Arno Schirokauer, *Lassalle: The Power of Illusion and the Illusion of Power* (Übers. Paul, 1931), S. 301; Oncken, *Lassalle zwischen Marx und Bismarck*, S. 390; Eduard Bernstein, «Lassalle und seine Bedeutung für die Sozialdemokratie», in: *Ferdinand Lassalle's Reden und Schriften* (Hg. Bernstein, 1892), Bd. 1, S. 184f.

56 Lassalle, *Nachgelassene Briefe*, Bd. 1, S. 228; *Arbeiterprogramm* (1862), in: *Gesammelte Reden und Schriften* (Hg. Bernstein, 1919), Bd. 2, S. 200. Siehe allgemein Bernstein, «Lassalle und seine Bedeutung für die Sozialdemokratie», sowie Oncken, *Lassalle zwischen Marx und Bismarck*.

57 Cesare Pavese, *Das Handwerk des Lebens. Tagebuch 1935–1950* (Übers. Birnbaum, 1963), S. 254; *Il Mestiere de Vivere* (1960), S. 316: «Un discorso di comizio ha la natura del rito religioso. Si ascolta per sentire cio che gia si pensara, per esaltarsi nelle commune fede e confessione.»

58 E. A. Olssen, «Marx and the Resurrection», in: *Journal of the History of Ideas* (Januar–März 1968), S. 131–140.

59 Erich Fromm, *Marx's Concept of Man* (1961), S. 64, 68.

60 Friedrich Engels, «Zur Geschichte des Urchristentums», in: *Die Neue Zeit* (1894–1895); wieder in: *Marx Engels Werke*, Bd. 22, S. 449. In einem merkwürdigen Kommentar («Das Buch der Offenbarung», 1883) zitiert Engels Ernest Renan:

Wenn Sie einen genauen Begriff davon haben wollen, was die ersten christlichen Gemeinden waren, dann vergleichen Sie sie nicht mit den Kirchengemeinden unserer Tage; sie glichen eher lokalen Sektionen der Internationalen Arbeiterassoziation...

Engels fügt hinzu: «Und das stimmt. Das Christentum ergriff die Massen genauso, wie es der moderne Sozialismus tut...» *Marx Engels Werke*, Bd. 21, S. 9.

61 *Der Spiegel* (29. Juli 1968), S. 62.

62 *Marx Engels Werke*, Bd. 21, S. 9, Bd. 1, S. 40.

63 Engels an Vera Sassulitsch (23. April 1885), in: *Marx Engels Werke*,

Bd. 36, S. 303f. Herman Melville, *Billy Budd* (1961), S. 7. William Butler Yeats, *Collected Poems* (1950), S. 358. Pascal, *Pensées* (Hg. Faugère, 1897), Bd. 1, S. 204.

64 Joseph Conrad, *Under Western Eyes* (1911), S. 134f.

65 Auch Revolutionäre unserer Tage, die auf den Marxismus eingeschworen sind, haben eine napoleonische Ader. So schreibt Stuart Schram in seiner Biographie *Mao Tse-tung* (1966), S. 25 Anm.:

> Seine jugendliche Bewunderung für Napoleon hat er bis heute bewahrt; 1964 sagte Mao einer Delegation französischer Parlamentarier, zwar sei Robespierre ein großer Revolutionär gewesen, ihn persönlich habe aber Napoleon stärker beeindruckt.

66 *The Revolt of Islam* (1818), das in einem frühen Entwurf den Untertitel trug «The Revolution of the Golden City: A Vision of the Nineteenth Century», in: Shelley, *Poetical Works* (Hg. Hutchinson, 1967), S. 122f.

67 Die Zitate sind folgenden Werken entnommen: R. R. Palmer, *Twelve Who Ruled* (1941), S. 129; *The Mind of Napoleon*, S. 64; Carl Wittkes Weitling-Biographie *The Utopian Communist* (1950), S. 54, 102; Marx, *Der Achtzehnte Brumaire* (Reclam-Ausg., 1967), S. 80: «die glühende Lava der Revolution»; *Der Spiegel* (29. Juli 1968), S. 62; und E. H. Carr, *Michael Bakunin* (1937; 1961), S. 452.

68 Was das Phänomen vermischter politischer Metaphern angeht, so kann die Angst vor der Gegenrevolution bezeichnenderweise zu ähnlichen stilistischen Verwirrungen führen wie die Hoffnung auf die bevorstehende Revolution. Das folgende Durcheinander verbrach John Milton, als er 1660 in aller Eile gegen den Umschwung der öffentlichen Meinung anschrieb, die sich von den Commonwealth-Leuten und Cromwell-Anhängern ab- und den Royalisten des Hauses Stuart zuwandte; da rief er die Engländer auf,

> ... daß sie ein wenig nachdenken und überlegen, wohin sie strömen, und diesen Sturzbach, der aus Menschen besteht, ermahnen, sich nicht so wild zu gebärden und besser in seinem alten Flußbett zu bleiben; und schließlich sich an ihre besseren Vorsätze erinnern und vereinen, da sie nun sehen, wie offen und grenzenlos die Überheblichkeit und Wut unserer gemeinsamen Feinde bereits ist, und diesen verderblichen Entwicklungen einen Riegel vorschieben, da sie zu Recht und noch zu rechter Zeit fürchten, an welchen Abgrund des Verhängnisses die Flutwelle dieses seuchenhaften Wahnsinns uns alle treiben wird, weil die fehlgeleitete und mißbrauchte Masse zuhauf desertiert ist... (John Milton, *The Ready and Easy Way to Establish a Free Commonwealth* [1660; Hg. Clark, 1915], S. 41)

Dazu bemerkt der große Milton-Biograph David Masson ganz treffend (*The Life of John Milton* [1877], Bd. 5, S. 688):

Einen Sturzbach ermahnen! Wie sich hier Miltons Gedanken überschlagen, die Metaphern mischen und jagen, das spiegelt akkurat die Situation um ihn herum wider. Fluten, Strom, Sturzbach, Flutwelle, die alle dem Abgrund zustürzen: Man kann die Bilder und Vergleiche gar nicht turbulent genug mischen, um einen anschaulichen Eindruck von dem wilden Eifer in London und ganz England zu vermitteln, als Ende April 1660 König Charles vom Kontinent herübergebracht wurde.

69 S. H. Baron, *Plekhanov: The Father of Russian Marxism* (1963), S. 93.
70 Alexander Block, «Intelligenz und Revolution», in: *Ausgewählte Werke* (Hg. Mieran, 1978), Bd. 2, S. 167–180.
71 Samuel Taylor Coleridge, *Zapolya* (1817), in: *Complete Poetical Works* (Hg. Coleridge, 1912), Bd. 2, S. 895.
72 *The Memoirs of Chateaubriand* (1848; Übers. Baldick, 1961), S. 98.
73 «Letters on the French Coup d'Etat of 1851», in: *Bagehot's Historical Essays* (Hg. St. John-Stevas, 1965), S. 386.
74 J. S. Mill, *On Liberty* (1859), in: *Utilitarianism, Liberty and Representative Government* (Hg. Lindsay, 1910; 1962), S. 117. Boris Pasternak, *Doktor Schiwago* (Übers. Walter, 1966), S. 539, 548. Ernest Renan, *History of the People of Israel* (1896), Bd. 3, S. 416. Miriam Beard, *A History of the Businessman* (1938), S. 465. Eric Hoffer, *The True Believer* (1950), S. 131. *The Political Philosophy of Bakunin* (Hg. Maximoff, 1953), S. 380.
75 Nathaniel Hawthorne, *The Blithedale Romance* (1852; Sears-Ausg.), Kap. 9, S. 67f.
76 Carr, *Michael Bakunin*, S. 395, 457. Siehe auch Bakunins langen Brief an Netschajew (2. Juni 1870), in: *Encounter* (Juli–August 1972) und in: *Daughter of a Revolutionary: Natalie Herzen and the Bakunin/Nechayev Circle* (Hg. Confino, 1974), S. 238–280.
77 Friedrich Nietzsche, *Der Fall Wagner* (1888), in: *Werke*, Bd. 2, S. 910f.
78 Richard Wagner, «Die Revolution», in: *Gesammelte Schriften* (Hg. Kapp, 1914), Bd. 12, S. 29, 34f.
79 Wilson, *To the Finland Station*, S. 274, 386. *Letters of Richard Wagner* (Hg. Burke, 1951), S. 233. David Thomson, *The Babeuf Plot* (1947), S. 30. Carr, *Bakunin*, S. 196–202.
80 Welche Einstellung Gustav Landauer vertrat, kann man bei Martin Buber nachlesen, der ihm in *Pfade in Utopia* ein Kapitel gewidmet hat.

Gelegentliche akute Anfälle von Wirklichkeitssinn bringen Landauers romantischen Revolutionismus nur desto stärker zur Geltung. Tatsächlich entdeckte er eine «fieberhafte» Unbeherrschtheit bei revolutionären Naturen und warnte deshalb vor den «Kräften der Negation und Destruktion»: «... der Fanatismus und die Leidenschaft wird zum Mißtrauen und bald zur Blutgier oder wenigstens zur Gleichgültigkeit gegen die zugefügten Schrecken des Tötens; und bald wird der Schrecken durchs Töten die einzige Möglichkeit der Machthaber des Tages, ihr Provisorium zu halten.» Ungeachtet seiner humanen Vorbehalte und Einwände aber blieb er (wie in seinem Buch *Die Revolution* von 1907) ein treuer Gefolgsmann der Revolution, der sich an «dem Feuer, der Hingerissenheit, der Brüderlichkeit», ja sogar «der Liebe» in den militanten Bewegungen erwärmte. In einem Brief (1911) gelang es ihm beinahe, den Wesenskern des utopischen Revolutionismus in wenigen Sätzen wiederzugeben, die weitverbreitete, populistische Sehnsucht nämlich nach einer Ganzheit, die den Rahmen des Möglichen vollständig sprengt. «Wollen wir uns denn ins Glück zurückziehen? Wollen wir denn unser Leben für uns? Wollen wir nicht vielmehr um der Völker willen das Mögliche tun und das Unmögliche begehren? Wollen wir nicht das Ganze, die Revolution?» (Martin Buber, *Pfade in Utopia*, S. 88f)

Karl Mannheim, *Ideologie und Utopie*, S. 210. H. W. Thoreau, *Walden* (Modern Library-Ausg.), S. 69. J. M. Thompson, *Leaders of the French Revolution* (1929), S. 180. Thomson, *The Babeuf Plot*, S. 20.

81 Carr, *Bakunin*, S. 1, 24f.

82 Frank Manuel, *The New World of Henri Saint-Simon* (1956), S. 54, 90f, 117. G. D. H. Cole, *The Life of Robert Owen* (1925), sowie Coles Einführung zu Owens *A New View of Society* (1927), S. XVIII: «Die einfachste Erklärung für diesen rätselhaften Menschen ist vielleicht, daß er ein wenig verrückt war.» Siehe auch P. J. Proudhon, *De la justice dans la révolution et dans l'église* (1870), Bd. 6, S. 164.

Siehe allgemein die Bücher von Erik H. Erikson, insbesondere *Childhood and Society* (1963), *Young Man Luther* (1958) und den aufschlußreichen Essay «Autobiographic Notes on the Identity Crisis», in: *Daedalus* (Herbst 1970), S. 730–759.

Siehe auch Frank Manuel, «The Use and Abuse of Psychology in History», in: *Freedom from History* (1971), S. 23–52; E. Victor Wolfensteins «psycho-sexuelle» Studie über Lenin, Trotzki und Gandhi mit dem Titel *The Revolutionary Personality* (1967); *Psychoanalysis and His-*

tory (Hg. Mazlish, 1963); *Psychoanalysis and Sociel Science* (Hg. Ruitenbeek, 1962); und Harold D. Lasswell, *World Politics and Personal Insecurity* (1934).

83 Michael Walzer, *The Revolution of the Saints* (1965), S. 315–320. J.-P. Nettl, *Rosa Luxemburg* (1966), Bd. 2, S. 477. J. L. H. Keep, *The Rise of Social Democracy in Russia*, S. 65.

84 Bert Brecht, *Me-Ti: Buch der Wendungen* (1965), S. 58:

> Damit das Große erreicht wird, bedarf es großer Änderungen. Die kleinen Änderungen sind die Feinde der großen Änderungen.

85 Plummer, *Bronterre*, S. 35.

86 «Reformatio Sigismundi» (um 1438), in: *Manifestations of Discontent in Germany on the Eve of the Reformation* (Hg. u. Übers. Strauss, 1971), S. 3–31. Der Originaltext ist abgedruckt in der *Reformation Kaiser Siegmunds*, Bd. 6 der *Monumenta Germaniae Historica: Staatsschriften des späteren Mittelalters* (Hg. Koller, 1964) = Version N. Siehe allgemein Lothar Graf zu Dohna, *Reformatio Sigismundi: Beiträge zum Verständnis einer Reformschrift des fünfzehnten Jahrhunderts* (1960).

87 Ich stütze mich hier vor allem auf die Darstellung von Hellmut Haupt, der das Dokument entdeckt hat: «Ein oberrheinischer Revolutionär aus dem Zeitalter Maximilians I.», in: *Westdeutsche Zeitschrift für Geschichte und Kunst* (1893), Ergänzungsheft 8, S. 79–228. Eine vollständige Ausgabe erschien unter dem Titel *Das Buch der Hundert Kapitel und der Vierzig Statuten des sogenannten Oberrheinischen Revolutionärs* (Hg. Franke u. Zschäbitz, 1967). Siehe auch Haupt, «Ein oberrheinischer Revolutionär», S. 236, 246.

88 Haupt, «Ein oberrheinischer Revolutionär», S. 159, 169, 195–198, 201–212. *Oberrheinischer Revolutionär* (Hg. Franke u. Zschäbitz), S. 107, 226. *Manifestations* (Hg. Strauss), S. 244: «Große Veränderungen geschehen stets in Zeiten großer Konjunktionen...» Zschäbitz vermutet (*Oberrheinischer Revolutionär*, S. 39), daß es sich bei dem «Astronomen» wahrscheinlich um einen Kalendermacher handelt.

89 *Manifestations*, S. 153–166.

90 Franz von Sickingen, der edle, stets kampfbereite Ritter, konnte sich kaum vorstellen, daß sein Ruf nach «ehrlichen Gesetzen, um dem Volk sein schweres Los zu erleichtern», in diesem irdischen Jammertal je mit einem ernsthaften Echo beantwortet werden würde. Hatte Sebastian Franck nicht offensichtlich im ausgehenden Mittelalter mit dem Argument das Feld behauptet, es sei besser, dem Bösen keinen

Widerstand entgegenzusetzen, «schweigend und geduldig» zu verharren und auf eine Schicksalsfügung zu warten, die durch Gottes Hand zur rechten Zeit Abhilfe schaffen werde? Siehe «Dialogus, so Franciscus von Sickingen vor des Himmels Pforten mit Sant Peter und dem Ritter Sant Jörgen gehalten» (1523) und «Sebastian Franck's Chronik, Geschichte und Zeitbuch aller... Sachen und Handlungen» (1531), in: *Manifestations*, S. 166–169, 170–179.

91 Der oberrheinische Revolutionär jedenfalls revidierte und aktualisierte seinen eschatologischen Plan periodisch. Während der Jahre 1503 bis 1507 kündigte er das Jüngste Gericht für das Jahr 1509 an; später verlegte er es auf das Jahr 1511 (doch sollte ein Freund später erklären, er habe 1521 gemeint); in seinen letzten Schriften hofft er auf 1515. *Oberrheinischer Revolutionär*, S. 93.

Siehe allgemein G. H. Williams, *The Radical Reformation* (1962); Howard Kaminsky, *A History of the Hussite Revolution* (1967), sowie «Wyclifism as Ideology of Revolution», in: *Church History* (1963), Bd. 32, S. 57–74; Claus-Peter Clasen, *Anabaptism: A Social History, 1525–1618* (1972); und Wilhelm E. Mühlmann, *Chiliasmus und Nativismus* (1964). Sehr zu empfehlen ist auch das gewaltige, tiefgründige Werk von Leszek Kolakowski, *Chrétiens sans Eglise: La Conscience religieuse et le lien confessionel au XVIIe siècle* (Übers. Posner, 1969).

92 Nietzsche, *Aus dem Nachlaß*, in: *Werke*, Bd. 3, S. 637.

93 Tocqueville, *The Old Regime*, S. 176f. Ich muß mich dafür entschuldigen, daß ich diese altbekannte Stelle noch einmal zitiere, aber sie ist der *locus classicus* und scheint aus irgendeinem Grund generell akzeptiert zu werden, wohl weil genug dafür spricht, sie für überzeugend und wahr zu halten. Und doch hat sie sich stets mit der Gegenthese abgewechselt, die besagt, daß der revolutionäre Extremismus seine Wurzeln in Armut und Verzweiflung habe; und niemand hat bisher eine empirische Untersuchung darüber für nötig gehalten, auf wie viele der ergründbaren Explosionen in vollgeschichtlicher Zeit die eine bzw. die andere dieser beiden ewig überzeugenden Erklärungen zutrifft. Hier zeigt sich erneut: Solange nicht massenhaft Material vorliegt (und selbst dann noch), prädisponiert das ideologische Kraftfeld den Menschen, soziale Kausalbeziehungen gemäß den eigenen Interessen zu verstehen.

94 In seiner einfühlsamen Betrachtung über Taine – «France in the Eighteenth Century», in: *Critical Miscellanies* (1888), Bd. 3, S. 261–289 – räumt John Morley ein, daß «Rousseau wie auch Diderot sich bewußt als schreibende Revolutionäre sahen und erst später zu ahnungsvollen

Sozialrevolutionären umgedeutet wurden». Er meint jedoch, daß «es nicht die literarischen Fähigkeiten der Nation zur *raison raisonnante* waren, was den politischen Theorien von Rousseau zur Geltung verhalf, den moralischen und psychologischen Theorien von Diderot, den antikirchlichen Theorien von Voltaire und Holbach. Es war die tiefgehende Zerrüttung der Institutionen, die eine spekulative Agitation nahelegte und förderte.» Und dieselben zerrütteten Institutionen mitsamt den Menschen und Klassen, die ihnen dienten, bildeten die träge Masse, die die Auswahl an historischen Lösungsmöglichkeiten beschränkte:

> *«Si on avait été sage!»* rufen jene, für die die Revolution eine zwecklose Meuterei ist. Wenn die Leute klug gewesen wären, hätte sich alles erreichen lassen, was inzwischen erreicht wurde, aber ohne die blutigen Erinnerungen, die eingeschobenen Despotismen, den Verlust kostbarer Leben und edler Ziele. Und damit haben sie recht. Nur war Klugheit eben nicht möglich. Die Beibehaltung langjähriger Traditionen hatte das Rechtsgefühl bei Hof und Höflingen verkümmern lassen. Wenn Louis XVI. ein Friedrich der Große oder Marie Antoinette eine Katharina von Rußland gewesen wäre oder auch nur der Adel von solcher inneren Festigkeit wie unsere Royalisten, hätte sich die große Umgestaltung möglicherweise Schritt für Schritt und ohne Störungen bewerkstelligen lassen. Doch so waren sie nicht, und ihr Charakter entschied und besiegelte das Schicksal des Landes... Bei der Abwägung der verschiedenen Entwicklungen, die der Revolution vorausgingen, hat [M. Taine] auf der Skala der zersetzenden Elemente den Büchern und philosophischen Ideen einen Rang zugesprochen, den viel eher die baufälligen Institutionen einnehmen sollten, die unfähigen und unverbesserlichen Kasten und die ökonomischen Mißverhältnisse, denen nur mit entschlossenem Vorgehen beizukommen war...

95 John Morley, *Critical Miscellanies*, Bd. 3, S. 381f.

96 Diese bemerkenswerte und kaum bekannte Episode verdient es, ganz zitiert zu werden. In der 14bändigen Ausgabe der *Notes from a Diary* (1898) von Sir Mountstuart E. Grant Duff beginnt der Eintrag (S. 103–106) für den 31. Januar 1879 folgendermaßen:

> Zu Mittag im Devonshire Club mit Leonard Montefiore, um Karl Marx kennenzulernen. Ich schrieb meinen Eindruck von ihm in einem Brief an einen Freund auf dem Kontinent nieder und werde, was ich dort sagte, mit gewissen Auslassungen weiter unten wiederholen...
>
> Er sprach wie ein gut unterrichteter, nein, ein gelehrter Mensch, zeigte großes Interesse an vergleichender Grammatik, das ihn zum Altslawischen und in andere abgelegene Bereiche geführt hatte, benutzte merkwürdige Ausdrücke

und zeigte manchmal einen trockenen Humor; so nannte er Hezechiels *Life of Prince Bismarck*, um es von Dr. Buschs Buch zu unterscheiden, stets das Alte Testament. Alles war sehr *positiv*, etwas zynisch, ohne irgendwelche Anzeichen von Enthusiasmus, interessant und oft, so schien mir, von ganz richtigen Ideen bestimmt, solange er über die Vergangenheit und Gegenwart redete, aber undeutlich und unbefriedigend, sobald er auf die Zukunft zu sprechen kam.

Er meint durchaus vernünftig, daß es in Rußland in nicht allzu ferner Zeit zu einem großen Krach kommen wird: Es werde mit Reformen von oben anfangen, für die der alte, schlechte Bau zu schwach sei und die das ganze Gerüst zum Einsturz bringen würden. Was es ersetzen könnte, darüber hatte er offensichtlich keine klaren Vorstellungen und meinte nur, daß Rußland auf lange Zeit dann keinen Einfluß auf Europa haben werde.

Er glaubt, daß die Bewegung als nächstes auf Deutschland übergreifen wird, und zwar in Gestalt eines Aufstands gegen das bestehende militärische System. Auf meine Frage: «Wollen Sie damit sagen, daß sich die Armee gegen ihre Befehlshaber richten wird?» antwortete er: «Sie vergessen, daß heute in Deutschland Armee und Nation nahezu identisch sind. Diese Sozialisten, von denen Sie gehört haben, sind ausgebildete Soldaten, genau wie alle anderen. Sie dürfen nicht nur an das stehende Heer denken. Sie müssen an die Landwehr denken. Und selbst im stehenden Heer herrscht viel Unzufriedenheit. In keiner Armee hat die strenge Disziplin zu so vielen Selbstmorden geführt. Sich selbst zu erschießen oder seinen Vorgesetzten zu erschießen – da liegt nicht viel dazwischen; und wenn einer den Anfang macht, werden es ihm bald viele nachtun.»

«Nehmen wir aber einmal an», sagte ich, «daß die Herrscher Europas untereinander übereinkommen, ihre Heere zu verkleinern, wodurch sich die Belastungen des Volkes verringern mögen, was geschieht dann mit der Revolution, zu der es Ihrer Ansicht nach aufgrund dieser Belastungen eines Tages kommen wird?»

«Ach», war seine Antwort, «das können sie doch nicht tun. Alle möglichen Befürchtungen und Eifersüchteleien werden das unmöglich machen. Die Belastungen werden im Gefolge des wissenschaftlichen Fortschritts immer schlimmer, denn die Kriegskünste werden gleichzeitig mit diesem Fortschritt ständig verbessert, und jedes Jahr wird man mehr und mehr für die teure Kriegsmaschinerie ausgeben müssen. Es ist ein Teufelskreis. Man kann ihm nicht entkommen.»

«Aber», sagte ich, «es hat bei Ihnen nie größere Volksaufstände gegeben, solange das Elend nicht wirklich sehr schlimm war.»

«Sie können sich nicht vorstellen», entgegnete er, «wie schrecklich die Krise ist, die Deutschland in den letzten fünf Jahren durchgemacht hat.»

«Nun», sagte ich, «angenommen, Ihre Revolution findet statt und Sie haben eine republikanische Regierungsform – dann wird es noch lange, lange dauern, bis die speziellen Ideen, die Sie und Ihre Freunde haben, verwirklicht werden können.»

«Sicherlich», antwortete er, «aber alle großen Bewegungen gehen langsam voran. Es wäre nur ein Schritt in der richtigen Richtung, so wie Ihre Revolution von 1688 nur eine Etappe auf dem Weg war.»

Der «Freund auf dem Kontinent», für den Sir Mountstuart dieses Marx-Porträt niederschrieb, war melodramatischerweise Kaiserin Viktoria, die älteste Tochter Königin Viktorias und Mutter Kaiser Wilhelms II., des letzten Hohenzollern-Herrschers. In dem Brief fuhr er fort:

Das wird Eurer Kaiserlichen Hoheit einen guten Eindruck von den Ideen vermittelt haben, die ihm zur nahen Zukunft Europas durch den Kopf gehen. Sie sind zu verträumt, um gefährlich zu sein, außer insoweit die Situation wegen der wahnwitzigen Ausgaben für die Rüstung offensichtlich und unzweifelhaft gefährlich ist. Sollten jedoch innerhalb der nächsten zehn Jahre die Herrscher Europas kein Mittel gefunden haben, um mit diesem Übel fertig zu werden, ohne daß revolutionäre Bestrebungen ein Warnzeichen geben, werde ich jedenfalls an der Zukunft der Menschheit verzweifeln, zumindest was diesen Kontinent betrifft.

Die Ironien der Geschichte sind so offensichtlich, daß man sie nicht zu unterstreichen braucht:

Im Lauf der Unterhaltung sprach Karl Marx verschiedentlich von Eurer Kaiserlichen Hoheit und dem Kronprinzen stets mit dem nötigen Respekt und Anstand. Sogar hochgestellten Persönlichkeiten gegenüber, über die er durchaus nicht mit Respekt sprach, fehlte jeder Anflug von Bitterkeit oder Roheit – durchaus scharfe, zersetzende Kritik, aber nie in Marats Manier... Insgesamt hat Marx, wenn man bedenkt, daß er ganz entgegengesetzte Auffassungen hat als man selbst, auf mich durchaus keinen ungünstigen Eindruck gemacht, und ich würde ihn gerne wiedersehen. Er wird es nicht sein, ob er es will oder nicht, der die Welt auf den Kopf stellen wird.

Dieser kostbare Brief, den der Bibliothekar von Windsor Castle 1945 aus Deutschland den British Royal Archives zurückbrachte, wurde in *The Times Literary Supplement* (15. Juli 1949), S. 464, veröffentlicht.

97 Eintrag vom 31. Januar 1879 in: Duff, *Notes from a Diary: 1873–1881*, S. 104.

98 Der preußische Historiker Friedrich von Raumer schrieb 1830 aus Paris:

Die Liberalen verbinden mit dem Wort «Revolution» die Abschaffung einer verkalkten, veralteten sozialen Ordnung, bösartig und beschämend zugleich, während die «Konterrevolution» in ihren Augen unweigerlich zu Ungerechtigkeit und einer rückständigen Ordnung führt. Bei ihren Gegnern hingegen, den Konservativen, steht «Revolution» für sämtliche Phantastereien und Gewaltakte, während sie «Konterrevolution» mit Ordnung, Autorität und Religion gleichsetzen.

In *First Lectures in Political Sociology* (1927; rev. Ausg., 1965), S. 151, zitiert Roberto Michels diese Stelle und findet sie «verständlich», denn schließlich seien «rein logisch betrachtet» die Begriffe *Revolution* und *Konterrevolution* gleichwertig, da beide lediglich eine grundlegende Änderung der Rechtsordnung meinen. «Es ist also eine Frage von Wörtern, die lediglich Empfindungen und Wertungen ausdrücken, vielleicht recht nachdrücklich, aber völlig persönlich und willkürlich. Die politische Wissenschaft sollte derartige Terminologie nicht dulden.»

99 Samuel Taylor Coleridge, *Essays on His Own Time* (1850), Bd. 1, S. 118f; John Colmer, *Coleridge: Critic of Society* (1959), S. 48.

100 Thomas Hobbes, *Behemoth: or an Epitome of the Civil Wars of England, from 1640 to 1660* (1679), S. 172; *The Life Records of John Milton* (Hg. French, 1956), Bd. 4, S. 441f.

101 Friedrich Gentz, «The French and American Revolutions Compared» (1800), in: *Three Revolutions* (Hg. Possony, 1959), S. 69f.

102 Walter Bagehot, *Physics and Politics* (1867), Kap. 5.

103 «Zupackend, doch moderat» und «konservativ erneuernd»: diese und ähnliche typische Leitbegriffe des liberalen englischen Reformismus scheinen sogar heute noch zutreffend und allgemein akzeptiert; sie werden aber dort eingesetzt, wo England sie am wenigsten gebrauchen kann – im abstrakten Bereich. Sie klingen wie pragmatische Richtlinien, aber sind sie das wirklich? Auch die Pragmatik hat eine unpraktische Ideologie. Schon 1844 ließ Disraeli in *Coningsby* (Ausg. 1962, S. 122), Mr. Tadpole zu Mr. Taper sagen:

> «Altehrwürdige Institutionen und moderne Verbesserungen, nicht wahr, Mr. Tadpole?»
>
> «Meliorationen ist ein besserer Ausdruck; Meliorationen. Kein Mensch weiß genau, was das bedeutet.»

104 Hannah Arendt, *On Revolution* (1963), S. 203.

105 *The Philosophy of Edmund Burke* (Hg. Bredvold u. Ross, 1960), S. 157, 166, 216. Arendt, *On Revolution*, S. 113, 203.

106 B. H. G. Wormald, *Clarendon* (1964), S. 218f.

107 Siehe allgemein Joseph Hamburger, *Intellectuals in Politics: John Stuart Mill and the Philosophic Radicals* (1965), sowie sein *James Mill and the Art of Revolution* (1963).

108 Jeremy Bentham, *The Handbook of Political Fallacies* (1824; Ausg. 1962), S. 198.

109 Hamburger, *Intellectuals in Politics.*

110 Sydney Smith, *Selected Writings* (Hg. Auden, 1957), S. 325–334.

111 Smith, *Writings*, S. 341.

112 Es ist merkwürdig, daß der junge Trotzki, der damals noch Lew Bronstein hieß, sich für die Schriften von Bentham und John Stuart Mill interessiert haben soll. Er bezeichnete sich selber als «strammen Benthamisten» und ist in dieser Zeit einmal bei Tisch aufgestanden, hat das Glas erhoben und gerufen (Dezember 1896): «Die Pest allen Marxisten und denen, die alle Beziehungen des Lebens trocken und hart sehen wollen!» (Leo Trotsky, *My Life* [1931], S. 99; Isaac Deutscher, *Trotsky: The Prophet Armed (1879–1921)* [1965], Bd. 1, S. 25–28.

Er hat auch einmal gebeichtet, daß er beim Essen, beim Tee und bei Spaziergängen sich ständig diesen Satz vorsagte: «Genaue Angaben über die geographische Lage des Paradieses sind nicht bekannt.» Das hatte bereits mit fast denselben Worten dreihundert Jahre früher Thomas More in seiner *Utopia* festgestellt. Tatsächlich spürt man in den Schriften des jungen Trotzki mehr als einen Hauch von More, vor allem in der utopischen Auffassung der Zukunft (*The Prophet Armed*, S. 54f):

> Solange ich lebe, werde ich für die Zukunft kämpfen, für jene leuchtende Zukunft, da der Mensch, stark und schön, sich zum Herrn über den Fluß seiner Geschichte macht und ihn dem grenzenlosen Horizont der Schönheit, Freude und des Glückes entgegenlenkt!...
>
> Tod der Utopie! Tod dem Glauben! Tod der Liebe! Tod der Hoffnung! donnert das 20. Jahrhundert mit Kanonensalven und Gewehrschüssen.
>
> Ergib dich, du lächerlicher Träumer. Hier bin ich, dein lang ersehntes 20. Jahrhundert, deine «Zukunft». Nein, entgegnet der ungebrochene Optimist: Du – du bist nur die *Gegenwart*.

Als Trotzki nach links zum Menschewismus und Bolschewismus rückte, trat natürlich die Wissenschaft an die Stelle der Utopie als Grundlage seines ungebrochenen Optimismus (S. 92):

> Sie waren Utopisten; wir streben danach, den objektiven Verlauf zu erfassen. Sie waren Idealisten... wir sind Materialisten... sie waren Rationalisten, wir sind Dialektiker...

113 Friedrich Engels, *Die Lage der arbeitenden Klasse in England* (1845), in: *Marx Engels Werke*, Bd. 2, S. 235, 505f.

114 Engels' Vorwort zur englischen Ausgabe von 1892, in: *Marx Engels Werke*, Bd. 2, S. 642.

115 Alexis de Tocqueville, *Journeys to England and Ireland* (1958), S. 68f, 75.

116 William Hazlitt, *Table Talk* (1821–1822; Hg. Maclean, 1960), S. 309.

117 William Fraser, *Words on Wellington* (1889), S. 37.

118 *Speeches of Oliver Cromwell* (Hg. Stainer, 1901), S. 254.

119 J. M. Thompson, *Robespierre* (1936), Bd. 2, S. 134–136.

120 Der Chauvinismus hat sicher eine wichtige Rolle bei der Wahl der Vorbilder gespielt: Napoleon entschied sich für Frankreich, Burke und Bagehot wählten England. Aber die gewaltige Kraft der Ideen und Ideale ließ die Ideologie oft den Sieg über schlichten Patriotismus und enge nationale Vorurteile davontragen. So konnte sich ein englischer Philosoph dafür aussprechen, daß man als Gegengewicht zur angelsächsischen Insel-Mentalität französische Traditionen «universalieren» sollte; und ein amerikanischer Präsident mit philosophischen Neigungen, der sich an Burke und Bagehot orientierte, rügte gar einen Gründungsvater der Nation, weil er «zu französisch» war.

Woodrow Wilsons phantasievoller Vorstellung von der politischen Geschichte der Vereinigten Staaten zufolge war bei dem «wahrhaft organischen Entstehen» amerikanischer Institutionen «nichts Revolutionäres» im Spiel. Ihm war jedoch schmerzlich bewußt, daß die amerikanischen Revolutionäre kaum seine Meinung geteilt hätten. Also wurde Thomas Jefferson schriftlich aus dem Pantheon entfernt: «Wir können ihn zwar einen großen Mann, aber keinen großen Amerikaner nennen.» Woodrow Wilson glaubte sich völlig mit Burke und Darwin in Übereinstimmung, als er schrieb:

> In der Politik darf man nie radikale Lösungen versuchen. Nichts von Wert wird je erreicht werden... außer durch langsame, allmähliche Entwicklung, durch umsichtige Anpassungen und wohlbedachte Modifikationen des Wachstums.

Weder Burke noch Darwin hätten ihm zugestimmt. Alle seine «Vaterfiguren», meint Sigmund Freud in der mit Botschafter Bullitt verfaßten psychologischen Studie des Präsidenten, waren bemerkenswerte Fälle von Verdrehungen und Verfälschungen. Siehe Sigmund Freud und William C. Bullitt, *Thomas Woodrow Wilson: A Psychological Study* (1967); und Richard Hofstadter, *The American Political Tradition* (1948), S. 238f.

In seiner Diskussion über das Zeitalter der Vernunft und der Menschenrechte behauptete A. N. Whitehead – in *Adventures of Ideas* (1933), Kap. 2 –, daß «dieses große französische Zeitalter des Geistes die Grundannahmen der zivilisierten Welt neu gestaltet hat, im Bereich des Denkens, der Wissenschaft und der soziologischen Prämissen... die englische Denkungsart behielt stets eine insulare Note. Die Franzosen erweiterten, verdeutlichten und universalisierten die Horizonte. So öffneten sie den Blick für die weite Welt mit Ideen, die jemand wie Edmund Burke nur auf eine Rasse und manchmal sogar nur auf eine Insel anzuwenden vermochte.»

Hier irrte Whitehead. Eine Wahrheit, die aus einer räumlich und zeitlich begrenzten Situation heraus entsteht, mag unter Umständen in einem weltweiten Kontext größere Relevanz besitzen als alle abstrakten Universalismen, die völlig willkürlich einem beliebigen Teil der Wirklichkeit aufgepfropft werden.

121 *The Mind of Napoleon*, S. 78, 84, 251, 268.

122 Brief an M. Dupont, Oktober 1789, in: Burke, *Correspondence*, Bd. 3, S. 118–120.

3. Kapitel

1 C. S. Lewis, *Studies in Words* (1960), S. 135–141.

2 Richard Kindersley, *The First Russian Revisionists* (1962), S. 110f Anm. Peter Gay, *The Dilemma of Democratic Socialism* (1952), S. 127 Anm.

3 Montaigne, *Essays* (Übers. Cohen, 1958), S. 56. Peter Medawar, «Science and the Sanctity of Life», in: *The Hope of Progress* (1972), S. 199.

4 *Communist Journal* (London), September 1847; abgedruckt im Anhang der Ryazanov-Ausgabe des *Communist Manifesto* (1930), S. 292.

5 Kindersley, *The First Russian Revisionists*, S. 188 Anm.

6 Was Witz, ziviles Benehmen und Verbissenheit angeht, sollte ich vielleicht anmerken, daß der Witz in der Zeit nach den Jakobinern und vor den Bolschewisten oft mehr an Galgenhumor gemahnt als an leicht-

herzige Geistreicheleien. Auf einer Konferenz deutscher Sozialisten im Jahr 1905 sprach Rosa Luxemburg mit charakteristischer Leidenschaft:

> ... wir sehen doch an der Geschichte, daß alle Revolutionen mit dem Blut des Volkes erkauft sind. Der ganze Unterschied ist, daß bis jetzt das Blut des Volkes für die herrschende Klasse verspritzt wurde, und jetzt, wo von der Möglichkeit gesprochen wird, ihr Blut für die eigene Klasse zu lassen, da kommen vorsichtige sogenannte Sozialdemokraten und sagen, nein, dieses Blut ist uns zu teuer... Lernen Sie einmal aus der russischen Revolution!

J. P. Nettl, *Rosa Luxemburg* (1967), S. 302 f., sieht darin «vielleicht ein Übermaß an revolutionärer Erregung»; war es nicht mehr als das? August Bebel antwortete «halb scherzhaft»:

> Nun hat die Debatte nach einer Richtung einen etwas seltsamen Charakter angenommen. Ich habe mit Ausnahme der Jahre, in denen ich mich in Staatspension befand, allen Parteikongressen beigewohnt. Aber eine Debatte, in der soviel von Blut und Revolution die Rede gewesen wäre, wie in der heutigen, habe ich noch nicht gehört. (Heiterkeit). Als ich das alles hörte, habe ich ein paarmal unwillkürlich auf meine Stiefelspitzen gesehen, ob diese nicht bereits im Blut wateten. (Große Heiterkeit)... Ich in meinem harmlosen Gemüt habe an all das gar nicht gedacht... Doch muß ich zugeben, daß die Genossin Luxemburg eine gute und echt revolutionäre Rede gehalten hat.

Dazu meinte die Genossin Luxemburg in einem Brief:

> August warf mir (allerdings in freundlichstem Ton) Ultraradikalismus vor und rief: «Wenn die Revolution in Deutschland kommt, wird Rosa bestimmt auf der Linken stehen und ich bestimmt auf der Rechten», und dann fügte er scherzhaft hinzu: «Aber wir werden sie aufhängen, wir lassen uns nicht von ihr in die Suppe spucken.» Worauf ich ruhig erwiderte: «Es ist noch nicht heraus, wer wen aufhängen wird.»

Der Humor der Bolschewisten konnte es gar nicht früh genug sagen. Im Jahr 1907 war Lenin gefragt worden, was beim Ausbruch der Revolution geschehen würde (siehe Adam Ulam, *The Bolsheviks*, [1966], S. 201). Lenin «antwortete scherzhaft, man würde jeden fragen, ob er für oder gegen die Revolution sei, und wer dagegen sei, würde an die Wand gestellt und erschossen». (Lenins Ehefrau soll Einspruch erhoben haben: Sie fand das nicht komisch.)

Galgenhumor ist aber eine vertrackte Sache, und niemand sollte glauben, daß zwischen Gag und Galgen ein himmelweiter Unterschied besteht. Herzen erinnerte sich, wie 1848 Caussidière beim Aufbau der Pariser Barrikaden sich besorgt gefragt hatte, wie man den unermüdlich redenden Bakunin fortschaffen könnte. «*Quel homme! Quel homme!* Am ersten Tag der Revolution ist er unbezahlbar, aber am zweiten sollte er erschossen werden!» Herzen konnte sich nicht verkneifen, es ihm in gleicher Münze zurückzuzahlen. «‹Sagt Caussidière›, erklärte ich im Spaß meinen Freunden, ‹der Unterschied zwischen Bakunin und ihm ist der, daß Caussidière ebenfalls ein prächtiger Kerl ist, aber daß man ihn am besten einen Tag vor der Revolution erschießen sollte›...» (Alexander Herzen, *Memoirs* [Übers. Garnett, 1926], S. 134)

In England war der Humor reiner, weniger getrübt. In der Jubiläumsausgabe der *Fabian Essays* von 1948 beschreibt Bernard Shaw die Episode, als

> H. H. Champion eine tadellos argumentierte und dokumentierte Rede vor dichtgedrängten Zuhörerreihen hielt. Plötzlich erklärte er, wenn die gesamte Kapitalistenklasse nur eine einzige Kehle hätte, würde er sie ohne zu zögern durchschneiden. Während wir noch verblüfft dasaßen... stürzte er an den Rand des Podiums, zeigte auf den Tisch, wo die Vertreter der Presse saßen, und rief: «Schaut her! Da kritzeln sie unentwegt weiter... Und als Cunninghame-Graham nach der Zwangsarbeit im Pentonville-Gefängnis zurückkehrte, fragte ihn Lord Salisbury: «Nun, Mr. Graham, haben Sie schon überlegt, wo Sie die Guillotine aufstellen werden?» (Ann Fremantle, *This Little Band of Prophets: the British Fabians* [1959], S. 78)

7 Gustave Le Bon, *The Psychology of Peoples* (1898); *The Crowd* (1896; Übers. Merton, 1960); *The Psychology of Revolution* (1913). Fremantle, *This Little Band of Prophets*, Kap. 3.

8 Albert Camus, *L'Homme révolté* (1951), S. 92.

9 Siehe allgemein *Revisionism: Essays on the History of Marxist Ideas* (Hg. Labedz, 1962). Edward Crankshaw, *The New Cold War: Moscow v. Pekin* (1963), S. 107. Klaus Mehnert, *Peking und Moskau* (1962); *Peking Rundschau* (15. März 1963); *New Statesman* (11. Januar 1963); *Süddeutsche Zeitung* (9. August 1974). Siehe auch Donald S. Zagoria, *Sino-Soviet Conflict, 1956–61* (1962), und William Griffith, *Sino-Soviet Relations, 1964–65* (1967).

10 Marx' Kritik an «jenen Kommunisten, denen es um die Zerstörung der persönlichen Freiheit ging und die beabsichtigten, aus der Welt eine einzige Baracke, ein riesiges Arbeitshaus zu machen», steht in krassem Gegensatz zu Lenins Bemerkung in *Staat und Revolution*:

«Die ganze Gesellschaft wird zu einem Büro und einer Fabrik geworden sein, mit gleicher Arbeit und gleichem Lohn.» Siehe Sidney Hook, *Marx and the Marxists* (1952), S. 32.

Der volle Wortlaut des Zitats aus dem *Communist Journal* (London), September 1847, ist in den nützlichen Anhängen in Ryazanovs Ausgabe des *Communist Manifesto* abgedruckt, S. 292:

> Wir gehören nicht zu jenen Kommunisten, denen es um die Zerstörung der persönlichen Freiheit geht und die beabsichtigen, aus der Welt eine einzige Baracke, ein riesiges Arbeitshaus zu machen. Sicher gibt es einige Kommunisten, die leichten Gewissens der persönlichen Freiheit jede Unterstützung verweigern und sie am liebsten aus der Welt schaffen würden, weil sie in ihr ein Hindernis vollständiger Harmonie sehen. Wir haben aber nicht die Absicht, Freiheit gegen Gleichheit zu tauschen. Wir sind überzeugt – und werden in späteren Beiträgen darauf zurückkommen –, daß in keiner Sozialordnung die persönliche Freiheit besser gesichert wird als in einer Gesellschaft, die auf kommunalem Besitz ruht.

11 Eduard Bernstein, *Aus den Jahren meines Exils* (1917); *Entwicklungsgang eines Sozialisten* (1930); *Die Voraussetzungen des Sozialismus und die Aufgaben der Sozialdemokratie* (1899), und *Die kommunistischen und demokratisch-sozialistischen Strömungen in England während des 17. Jahrhunderts* (1895). Siehe auch die hervorragenden Untersuchungen von Peter Gay, *The Dilemma of Democratic Socialism: Eduard Bernstein's Challenge to Marx* (1952), und Carl Schorske, *German Social Democracy: 1905–1917* (1955).

12 Eduard Bernstein, «Utopismus und Eklektizismus» (1896) und «Das realistische und das ideologische Moment im Sozialismus» (1898), in: *Zur Geschichte und Theorie des Sozialismus* (1901), S. 171–179, 262–286.

13 R. H. S. Crossman, *Planning for Freedom* (1965), S. 113–122; C. A. R. Crosland, *The Conservative Enemy* (1962), S. 132–142.

14 Bei diesem Spiel kann jeder mitmachen, und wenn die Engländer jetzt «zu deutsch» und die Deutschen «zu englisch» geworden sind, was ist mit den Franzosen? Nun, zwar sind Frankreich und Deutschland Partner in der EWG, aber weder Kant noch Descartes haben gesiegt. So charakterisierte ein führender Pariser Technokrat den neuen französischen Geist: «On n'est plus dans le pays de Descartes, on est plus près du pragmatisme des Anglais» (PEP-Pamphlet vom 14. August 1961, «Wirtschaftsplanung in Frankreich», S. 228). Sechs Jahre später bestätigte ein englischer Premierminister (Harold Wilson, in der *Times*

vom 25. Januar 1967) die überraschende Übernahme angelsächsischer Attitüden durch die Franzosen: «Wir konnten uns von dem Pragmatismus überzeugen, mit dem Frankreich Europa eine neue Gestalt gibt.» Etwas lahm fügte er hinzu: «Wir sind ebenfalls Pragmatiker.»

15 Gay, *Dilemma of Democratic Socialism*, S. 73. Sidney Hook, *Towards the Understanding of Karl Marx* (1933), S. 43 Anm.

16 Nettl, *Rosa Luxemburg* (1962), Bd. 1, S. 150.

17 Wilhelm Weitling, *Garantien der Harmonie und Freiheit* (1842; Hg. Kaufhold, 1955); *Evangelium eines armen Sünders* (1843), in: *Der Frühsozialismus* (Hg. Ramm, 1956). Eine neue Ausgabe des *Evangeliums* zusammen mit *Die Menschheit, wie sie ist und wie sie sein sollte* (Hg. Schäfer) erschien 1971. Carl Wittke, *The Utopian Communist* (1950); A. Barnikol, *Wilhelm Weitling* (1929). Folgende Darstellungen sind in unterschiedlichen Maßen von Sympathie oder Abneigung gefärbt: Franz Mehring, *Karl Marx* (1935); G. D. H. Cole, *A History of Socialist Thought: The Forerunners*, Bd. 1 (1953); Leopold Schwarzschild, *The Red Prussian* (1948); Bertram D. Wolfe, *Marxism* (1965); Edmund Wilson, *To the Finland Station* (1940).

18 Isaiah Berlin, *Karl Marx* (1939), S. 109.

19 E. H. Carr, *Michael Bakunin* (1937; 1961), S. 128.

20 P. V. Annenkov, *The Extraordinary Decade: Literary Memoirs* (1880; Hg. Mendel, 1968), S. 168–170. Siehe auch die Darstellungen in Edmund Wilson, *To the Finland Station* (1940; 1971), S. 193–196; David McLellan, *Karl Marx: His Life & Thought* (1973), S. 155–157, sowie (mit einer Übersetzung von Annenkows ursprünglichem Bericht) *Gespräche mit Marx und Engels* (Hg. Enzensberger, 1973), S. 58–63.

21 Marx / Engels, *Briefwechsel* (1949), Bd. 1, S. 56, 62, 108.

22 Weitling, *Garantien der Harmonie und Freiheit*, in der nützlichen DDR-Ausgabe von Kaufhold, die sämtliche Emendationen angibt.

23 Etwas später jedoch (S. 361) legt Weitling genaue Anordnungen für die Erschießungskommandos nieder; gewisse Feinde mußten eben im Namen der neuen Ordnung beseitigt werden. Er ging in seiner Menschenliebe nicht soweit, daß er die Todesstrafe für politische Vergehen abgeschafft hätte.

24 Weitling, *Garantien*, S. XLIV, 259–60, 355.

25 Siehe Carl Wittkes vorzügliche Biographie *The Utopian Communist*, S. 310 und passim. Karl Kautskys Einwände gegen den «Messianismus» und «die Diktatur des Einzelnen» finden sich zusammen mit seiner Kritik an Weitling, Blanqui und den Bolschewisten in *Die Dik-*

tatur des Proletariats (1918). Kritische Äußerungen über Weitlings Jahre in den Vereinigten Staaten (anscheinend beleidigte er die radikalen amerikanischen Abolitionisten zutiefst, weil er sich ihrer brennenden moralischen Frage, der Abschaffung der Sklaverei, nicht genügend widmete) finden sich bei Philip S. Foner, *History of the Labor Movement in the United States* (1947), S. 228–230, und speziell dazu Herman Schlüter, *Lincoln, Labor and Slavery* (1913), S. 73 f.

26 George Plekhanov, *In Defense of Materialism* (1948); *The Role of the Industrial History* (1946); *Essays in the History of Materialism* (1934). Samuel Baron, «Between Marx and Lenin: George Plekhanov», in: *Revisionism* (Hg. Labedz), S. 42–54; «Plekhanov», in: *The Russian Review* (Januar 1954); «Plekhanov on Russian Capitalism», in: *American Slavic and East European Review* (Dezember 1953); «Plekhanov's Russia», in: *Journal of the History of Ideas* (Juni 1958).

27 Isaiah Berlin, «Political Ideas in the Twentieth Century», in: *Foreign Affairs* (April 1950); «The Father of Russian Marxism», in: *The Listener* (27. Dezember 1956); Daniel Bell, «On the Trail of Posadovsky», in: *The New Leader* (27. November 1950).

28 E. H. Carr, *Studies in Revolution* (1950), beschreibt die Episode:

> Als übereifrige Rotgardisten das Haus in Tsarkoe Selo plünderten, wo der kranke Plechanow untergebracht war, protestierten seine Freunde bei Lenin; und es wurde der Befehl erlassen... «Person und Eigentum des Bürgers Plechanow nicht anzutasten». Die handfeste Garantie kam also mit einer Verbalinjurie. Plechanow war nicht mehr ein sozialistischer «Genosse», sondern ein bourgeoiser «Bürger».

Weiter unten (S. 119) schreibt Carr: «Er ist vielleicht der einzige, der mit Lenin eine bittere Auseinandersetzung hatte und dessen Name heute in der Sowjetunion doch mit Respekt genannt wird.»

29 Siehe allgemein Richard Hare, *Maxim Gorky: Romantic Realist and Conservative Revolutionary* (1962), sowie *Letters of Gorky and L. Andreyev* (1958). Der Hinweis darauf, daß Gorki möglicherweise vergiftet wurde, findet sich im Vorwort zu Hares Biographie; siehe auch A. Orlov, *Secret History of Stalin's Crimes* (1953), und die romanhafte Beschreibung von Gorkis letzten Lebensjahren von Igor Gouzenko, *The Fall of a Titan* (1954).

30 Tibor Szamuely, in: *The Spectator* (14. August 1971).

31 Bertram D. Wolfe, «Krupskaya Purges the People's Libraries», in: *Survey*, Nr. 72 (Sommer 1969), S. 141–155.

32 Meine Zitate aus Gorkis *Nowaja Shisnj* sind übernommen aus Herman Ermolaevs Ausgabe von Maxim Gorki, *Untimely Thoughts: Essays on Revolution, Culture, and the Bolsheviks* (1971).

33 Rosa Luxemburg, *Die russische Revolution* (Hg. Levi, 1922); *Briefe aus dem Gefängnis* (1922); *Die Akkumulation des Kapitals* (1913); *Sozialreform oder Revolution* (1899); *Briefe an Karl und Luise Kautsky* (1923). Paul Fröhlich, *Rosa Luxemburg. – Gedanke und Tat* (³1967). J. P. Nettl, *Rosa Luxemburg* (1962); George Lichtheim, «Rosa Luxemburg», in: *Encounter* (Juni 1966), S. 55–60; F. L. Carsten, «Freedom and Revolution: Rosa Luxemburg», in: *Revisionism* (Hg. Labedz), S. 55–66.

34 Nettl, *Luxemburg*, Bd. 1, S. 433; Fremantle, *This Little Band of Prophets*, S. 40.

35 Nettl, *Luxemburg*, Bd. 1, S. 235, 364.

36 Eugenio Garin, *Italian Humanism: Philosophy and Civic Life in the Renaissance* (1966), S. 215. Thomas More, *Selected Letters* (Hg. Rogers, 1961), S. 90. Friedrich Meinecke, *Die Idee der Staatsraison in der neueren Geschichte* (1924), S. 119f.

37 J. Huizinga, *Erasmus of Rotterdam* (1952), S. 128, 159, 162, 200, 230f, 252.

38 Fritz Saxl, «Dürer and the Reformation» und «Holbein and the Reformation», in: *A Heritage of Images* (Hg. Gombrich, Honour u. Fleming, 1970), S. 113, 114f, 126f.

39 Francois Wendel, *Calvin* (1963), S. 93–97; Erwin Panofsky, *Meaning in the Visual Arts* (1955), S. 346; Roland H. Bainton, *Hunted Heretic: The Life and Death of Michael Servetus, 1511–1553* (1960), S. 169, 207.

40 Spinoza, *Ethik* (Übers. Jakob Stern, 1888); *Tractatus theologico-politicus* (1919), S. 287–289; und allgemein Lewis S. Feuer, *Spinoza and the Rise of Liberalism* (1958).

41 Voltaire an Diderot (26. Juni 1758), in: *Correspondence* (Hg. Besterman, 1953ff), Bd. 33, S. 278; an Bertrand (21. März 1759), Bd. 35, S. 212f, 20. Arthur M. Wilson, *Diderot: The Testing Years* (1957), S. 108, 337. Peter Gay, *The Party of Humanity: Studies in the French Enlightenment* (1964), S. 47.

42 Maurice Merleau-Ponty, *Mes Aventures de l'anti-Marxisme* (1956), S. 158f.

43 Georg Lukács, *Geschichte und Klassenbewußtsein* (1923), S. 13; Morris Watnick, «Georg Lukács: An Intellectual Biography», in: *Soviet Survey* (London), 1958–1959, Nr. 23–25 und 27.

44 Ernst Bloch, *Das Prinzip Hoffnung* (1959); Jürgen Rühle, «Ernst

Bloch», in: *Der Monat* (September 1958); George Steiner, «The Principle of Hope», in: *Times Literary Supplement* (31. März 1961).

45 Frank E. Manuel, *The Prophets of Paris* (1962), S. 300.

46 More, *Selected Letters*, S. 112f.

47 Eine scharfsinnige Auseinandersetzung mit den verschiedenen orthodoxen und heterodoxen Elementen des marxistischen Denkens findet der Leser in George Lichtheims ausgezeichneter Studie *Marxism: An Historical and Critical Study* (1961), vor allem in den Kapiteln «Kautsky», «The Revisionists», «The Radicals» und «Lenin». Zur Kontroverse zwischen Kautsky und Bernstein schreibt Lichtheim:

> Während Kautsky 1891 eine düstere Zukunft prophezeite und zunehmende Klassenspannungen, steigende Zentralisierung und für «das Proletariat und die absinkenden Mittelschichten» die sichere Aussicht auf «wachsende Unsicherheit, Elend, Unterdrückung, Versklavung, Erniedrigung, Ausbeutung», entdeckte Bernstein 1899 Anzeichen für zunehmende Ordnung, Sicherheit, Frieden und Wohlstand und gleichmäßigere Verteilung des Wohlstands... [Beide] betrachteten dasselbe Tatsachenmaterial, aber durch anders getönte Brillen.

Im allgemeinen tendierte Lichtheim aber dazu, den «intellektuellen Mut und Einfallsreichtum» des radikalen Pessimismus zu bewundern:

> Die Ereignisse nahmen zwar schließlich nicht den Verlauf, den man vorausgesagt hatte, aber nach zwei Weltkriegen ähnelt die Lage zweifellos schon eher den revolutionären Prognosen... als den recht biederen Erwartungen der Gemäßigten.

Er ist sich jedoch klar, daß «Kautskys fatalistische Doktrinen die Parteiführung in ihrer Politik der Untätigkeit bestätigten». Die Anforderungen der praktischen Politik, deren Erfüllung die Fortschrittsgläubigkeit der gemäßigten Sozialisten so stark förderte, waren für radikale Gemüter eher lästig und verwirrend; Entwürfe für eine Sozialgesetzgebung und Erweiterung des Wahlrechts waren fast nachträgliche Einfälle. Nach der Abfassung des Erfurter Programms schrieb Engels an Kautsky:

> Zumindest steht der theoretische Teil des Programms auf eigenen Füßen; Hauptsache ist, daß nichts darin steht, was den theoretischen Überlegungen zuwiderläuft, und das wurde im wesentlichen auch erreicht.

Somit waren alle die extremen Positionen miteinander verknüpft: Optimismus gegen Pessimismus, Fatalismus gegen Aktivismus, theoretischer Purismus gegen praktische Kompromißbereitschaft. Läßt sich dann überhaupt eindeutig feststellen, worum es bei der großen Debatte des Revisionismus wirklich ging? Lichtheim meint (S. 283 f):

... es ging um die Anpassung des Marxismus an die moderne Welt der Industrialisierung und Demokratie, wie sie sich um 1900 in Westeuropa und Nordamerika darstellte... Wenn es überhaupt eine Erklärung gibt, dann liegt sie in der Spannung, die der Marxismus in den Köpfen jener erzeugte, die sich auf eine neue Situation einstellen mußten, doch nicht bereit waren, gewisse einstmals akzeptierte Grundsätze aufzugeben.

Bei Lichtheim selbst ließ sich manchmal eine unerträgliche Spannung zwischen Fundamentalismus und Anpassung feststellen. War die düstere Stimmung der Pessimisten denn weniger «bieder» als die Hoffnungsfreude der Gemäßigten? In seinem späteren Werk *Marxism in Modern France* (1966) spürt man deutlichere Sympathien für einen «verwässerten Marxismus», ein «Aufblühen einer undogmatischen oder, wenn man so will, eklektischen sozialistischen Lehre und Praxis». Er bemerkt, daß

mit dem Zusammenbruch von 1940 und der Résistance uralte Barrieren aus dem Weg geräumt wurden, die gegen dieselben ausländischen und insbesondere deutschen Einflüsse errichtet worden waren, die nun ins Land strömten: Hegel, Kierkegaard, Marx, Freud, Weber, Husserl, Heidegger...

und meint abschließend (S. 50):

Die landesweiten Debatten der sechziger Jahre machten deutlich, daß die Auseinandersetzungen aus den Vorkriegsjahren über den Reformismus endlich von dem Bemühen abgelöst wurden, *Strukturänderungen unter demokratisch kontrollierten Bedingungen* durchzuführen: eine geistige Neuerung von großer Tragweite, denn sie beendete den unfruchtbaren Streit über die Frage der Mitarbeit im Parlament. Die Frage, um die es von 1900 bis 1940 gegangen war, also von Jaurès und Millerand bis zu Léon Blum, war nun nicht mehr, ob und unter welchen Bedingungen Sozialisten mit einer bürgerlichen Regierung zusammenarbeiten durften, sondern wie sie die sozialen Veränderungen fördern könnten, die sich in jedem Fall vom Liberalismus wegbewegten, aber möglicherweise, wenn man nicht achtgab, in eine Art unkontrollierter Technokratie oder Management-Herrschaft münden könnten. Aus dieser Sicht war der Sozialismus nicht länger ein fernes Utopia, aber deswegen doch noch nicht zu einem «Politikum» im abträglichen Sinn geworden. Er galt nunmehr als mögliche Antwort auf die Probleme einer hochentwickelten, liberalen Demokratie und war durchaus verschieden von jener zwangsverordneten Modernisierung rückständiger Länder, als der er in Osteuropa und der Dritten Welt verstanden wurde.

Über solche und ähnliche Probleme haben George Lichtheim und ich fast über zwanzig Jahre hinweg diskutiert, in London, Berlin und New York, bis zum erschütternden Selbstmord (im Januar 1972) dieses seit Karl Marx anregendsten marxistischen Denkers.

48 In seinem Vorwort zu *Revisionism* (1962) vertritt Leopold Labedz die Ansicht, daß die unterschiedliche Entwicklung der einzelnen kommunistischen Länder zu einer Verlagerung der Machtpositionen führt, aber daß dieser «Polyzentrismus» nicht eine Umverteilung der politischen Macht *innerhalb* der einzelnen Staaten bedeutet:

> Einzig und allein dadurch könnte eine pluralistischere Gesellschaft sich entwickeln, die auf ein großeres Maß an Freiheit drängt. Die Verteilung politischer Macht bleibt das entscheidende Kriterium jeder Demokratisierung und ihre unerläßliche Voraussetzung. Ohne sie kann offener Revisionismus nicht wiederauftauchen, können die Fesseln der Orthodoxie nicht abgestreift und ganz generell das Problem der Gedankenfreiheit nicht aufgeworfen werden.

49 Zbigniew Herbert, in: *Polish and Hungarian Poetry: 1945–1956* (Hg. Gömöri, 1966), S. 244.

50 «Die politische Plattform Harich», in: *SBZ Archiv* (1957); engl. Fassung (Übers. Haffner) in: *Observer* (17. März 1957). Wolfgang Harich, *Kommunismus ohne Wachstum? Babeuf und der «Club of Rome»* (1975).

51 Michael St. John Packe, *The Life of John Stuart Mill* (1954), S. 313f.

52 Paul E. Zinner, *Revolution in Hungary* (1962). Paul Kecskemeti, *The Unexpected Revolution* (1961). Terence A. Váli, *Rift und Revolt in Hungary* (1961). Tibor Meray, *Thirteen Days That Shook the Kremlin* (1959). Hannah Arendt, «Totalitarian Imperialism: Reflections on the Hungarian Revolution», in: *Journal of Politics* (Februar 1958). *Die ungarische Revolution* (Hg. Lasky, 1957).

53 Jean Duvignaud, «France: The Neo-Marxists», in: *Revisionism*, S. 323.

54 Siehe allgemein Peter Gay, *Voltaire's Politics: The Poet as Realist* (1959); *The Party of Humanity* (1964) sowie *The Enlightenment: An Interpretation* (1966).

55 *Selected Letters of Voltaire* (Übers. Besterman, 1963), S. 37–39, 103; *Correspondence* (Hg. Besterman, 1953ff):

> Je passe tout aux hommes, pourvu qu'ils ne soient pas persécuteurs; j'aimerais Calvin, s'il n'avait pas fait brûler Servet; je serais serviteur du concile de Constance, sans les fagots de Jean Huss... [Bd. 3, S. 138]
>
> Mais quelle vie affreuse! être éternellement bourrelé par la crainte de perdre,

sans forme de procès, sa liberté sur le moindre rapport! J'aimerais mieux la mort... [Bd. 5, S. 351]

Je méprise les barbares stupides qui condamnent ce qu'ils n'entendent point, et les méchants qui se joignent aux imbéciles pour proscrire ce qui les éclaire... [Bd. 17, S. 86f]

56 Voltaire, *Idées républicaines* (1762), in: *Œuvres complètes* (Hg. Moland, 1879), Bd. 24, S. 424. J.-J. Rousseau, *Œuvres complètes* (Pléiade-Ausg., 1964), Bd. 3, S. 687, 1578. Die Bemerkung taucht zweimal auf, in *Lettres écrites de la montagne* (1764) und in einem Brief vom September 1763: «On n'avait rien dit quand il fallait parler: on parla quand il ne restait qu'à se taire» (Voltaire, *Correspondence*, Bd. 19, S. 127; *Œuvres*, Bd. 19, S. 576f).

57 *Œuvres*, Bd. 19, S. 583–586, Bd. 20, S. 199.

58 «Mémoires» seiner Tochter Mme. de Vandeul, in: Denis Diderot, *Œuvres complètes* (Hg. Assézat, 1875), Bd. 1, S. XLV. Wilson, *Diderot: The Testing Years*, S. 162–164, 337–340. Diese großartige Episode wird dadurch kompliziert, daß auch Historiker weiterhin die verschiedenen Mitglieder der Familie Malesherbes, die im 18. Jahrhundert mit der Überwachung der Literatur tätig waren, durcheinanderbringen. Siehe L. G. Krakeur, «The Problem of Malesherbes' Intervention», in: *Modern Language Quarterly* (1941), Bd. 2, S. 551–558; «Pierre Grosclaude, «Malesherbes et l'*Encyclopédie*», in: *Revue des Sciences Humaines* (1958), S. 351–380; E. P. Shaw, *Problems and Policies of Malesherbes as Directeur de la Librairie* (1966); sowie Jacques Proust, *Diderot et l'Encyclopédie* (1962).

59 *Malcolm X Speaks* (Hg. Breitman, 1966), S. 9, 50.

60 Viele relevante und aufschlußreiche Passagen enthält Emile Durkheims *Elementary Forms of the Religious Life* (Übers. Swain, 1954), S. 228f.

Kollektive Repräsentationen sprechen sehr oft den Dingen, auf die sie sich beziehen, Eigenschaften zu, die diese in keiner Form und keinem Maß besitzen... Und doch äußern sich die zugesprochenen Kräfte, die nur gedacht sind, als seien sie wirklich; sie bestimmen das menschliche Tun mit derselben zwingenden Notwendigkeit wie physische Gewalten... Der Grund für alles das liegt darin, daß das soziale Denken wegen seiner inhärenten Befehlsautorität eine Wirksamkeit besitzt, die individuelles Denken nie erlangen kann; es hat derartige Macht über unseren Geist, daß es uns die Dinge in jedem Licht erscheinen lassen kann, das ihm gefällt; es erweitert oder beschränkt die Wirklichkeit je nach den Umständen... Die Idee selbst ist die Wirklichkeit... Das

Objekt, das die Idee stützt, wiegt nicht viel im Vergleich zu dem idealen Überbau, unter dem es verschwindet, und zählt außerdem nichts im Überbau. Das steckt hinter dem Pseudo-Delirium, das wir als die Grundlage so vieler kollektiver Repräsentationen erkennen können.

61 *«A Year of Living Dangerously», Independence Day Message by President Sukarno, Supreme Commander of the Armed Forces, Great Leader of the Revolution* (Jakarta, 17. August 1964), S. 1–20. Siehe allgemein Robert Shaplen, *Time out of Hand: Revolution and Reaction in Southeast Asia* (1969). Im Zusammenhang mit Sukarnos Sturz und dem Blutbad nach einem Putschversuch schreibt Shaplen (S. 189), daß unter der vorsichtigen «Neuen Ordnung» von Sukarnos Nachfolger General Suharto das Wort «Revolution» verboten wurde – wegen seiner «marxistischen Konnotation» sei es nicht länger anwendbar.
62 F. R. Leavis, *Revaluation: Tradition and Development in English Poetry* (1949), S. 203–232.
63 B. Malinowski, «The Problem of Meaning in Primitive Languages», in: C. K. Ogden und I. A. Richards, *The Meaning of Meaning* (1923; 1949), S. 312.
64 P. J. Proudhon, *Idée générale de la Révolution au XIXe siècle* (1851); *General Idea of the Revolution in the Nineteenth Century* (Übers. Robinson, 1923), S. 8f, 13, 15f, 31f, 39, 187, 194, 224, 239, 285.
65 Marx an Engels, 6. April 1866, in: *Briefwechsel* (1949), Bd. 3, S. 387; *New York Times* (3. November 1965), S. 1.
66 Frantz Fanon, *The Damned* (Hg. Présence Africaine, 1963), Vorwort von J.-P. Sartre. Gamal Abdel Nasser, *The Philosophy of the Revolution* (1959), Fidel Castro, *Discours de la Révolution* (Hg. Glucksmann, 1966); C. Wright Mills, *Listen Yankee!* (1960) und *The Marxists* (1965) sowie «Illusions and Realities», in: *Non-Alignment* (1966), S. 134f.
67 Ogden und Richards, *The Meaning of Meaning*, S. 31.
68 Karl Vossler, *Geist und Kultur in der Sprache* (1925), S. 211f.
69 Régis Debray, *Révolution dans la révolution?* (1967); *Revolution in the Revolution* (Übers. Ortiz, 1967). Siehe auch *Che's Guerilla War* (Übers. Sheed, 1975).
70 Shelley, *The Assassins* (1814), in: *Prose Works* (Hg. Shepherd, 1888), Bd. 2, S. 153; *Mont Blanc* (1816), in: *Poetical Works* (Hg. Hutchinson, 1967), S. 553.
71 Ich habe mich vor allem des *Oxford Book of Quotations* (1953) bedient, vielleicht eine unschuldigere Form der Abhängigkeit vom Plagiieren,

als es die geheimen Querbezüge der apokalyptischen und romantischen Mentalitäten erfordern.

72 Den Begriff der «Berggipfelmentalität» prägte Mao Zedongs Ehefrau Jiang Qing bei einer Rede am 5. September 1967 in der Provinz Anhui. Dieser Ausdruck (eine wörtliche Übersetzung des chinesischen *shantou zhuyi*) wird auch mit «Bergfestungsmentalität» übersetzt.

73 Victor Hugo, *Quatrevingt-treize* (1874; 1965), S. 193; *Ninety-Three* (Übers. Blair, 1962), S. 163.

74 Friedrich Schiller, *Gesamtausgabe* (dtv-Ausg., 1966): *Die Braut von Messina*, 4.7e.2585, Bd. 8, S. 85; *Wilhelm Tell*, 2.2e.1274, Bd. 8, S. 133.

75 Siehe allgemein Stuart R. Schram, *The Political Thought of Mao Tse-tung* (1964); *Mao Tse-tung: An Anthology of His Writings* (Hg. Fremantle, 1962). Jerome Ch'en, *Mao and the Chinese Revolution* (1965). Der Artikel «Thoughts on Mao Tse-tung» in der *Times* (31. Oktober 1966) enthält Zitate aus den Büchlein, die die Roten Garden bei den Krawallen und Demonstrationen jenes Jahres mit sich führten; sie endeten (einem Bericht in *Newsweek* vom 9. Oktober 1967 zufolge) nach der Entscheidung von Jiang Qing: «Letztes Jahr war die rechte Zeit, um die Flammen der Revolution zu entfachen. Jetzt auf die Straßen zu gehen, wäre genau verkehrt.»

76 Mit der Formulierung «die große Kette der menschlichen Hoffnung» spiele ich bewußt auf den berühmtesten und faszinierendsten Begriff in der europäischen Philosophiegeschichte an, den Arthur O. Lovejoy in *The Great Chain of Being: A Study in the History of an Idea* (1936) einer meisterhaften Analyse unterzogen hat. Dieser «durchgängige dynamische Faktor in der Geschichte des Denkens» ist meines Wissens noch nicht (auch nicht mittels Lovejoys zahlreichen Belegstellen) auf einen engeren politischen Kontext bezogen untersucht worden.

Wo er über «die Einbindung der Kette des Existenten in die Geschichte» schreibt (Kap. 4), verfolgt Lovejoy die Verwandlungen einer antiken Vorstellung bis zu den fortschrittlichsten sozialphilosophischen Spekulationen des 18. Jahrhunderts. Hier ergab sich deutlich genug eine dramatische Verquickung abstrakter Überlegungen zu Fortschritt, Wandel, Revolution, Vollkommenheit und sogar (im Vorgriff auf Goethes faustisches Verlangen) zum ewigen Streben nach unerreichbaren Zielen. Bei Leibniz heißt es (in den *Principes de la nature et de la grâce*, 1714):

So wird unser Glück niemals in einem vollen Genuß bestehen, (und darf nicht darin bestehen), bei dem es nichts mehr zu wünschen gäbe und der unseren Geist abstumpfen würde, sondern in einem dauernden Fortschritt zu neuen Vergnügungen und neuen Vollkommenheiten... (*Kleinere Schriften zur Metaphysik* [Hg. Holz, 1965], S. 439).

Zu seinem Gedicht über das Erdbeben von Lissabon bemerkte Voltaire 1755:

Die Kette füllt den Raum nicht vollständig aus. Man hat nachgewiesen, daß die Himmelskörper ihre Revolutionen in einem Raum durchführen, der keinen Widerstand bietet. Nicht aller Raum ist gefüllt. Also gibt es nicht eine Folge *(suite)* von Körpern vom Atom bis zu den fernsten Sternen; demnach ist es möglich, daß ungeheure Abstände sowohl zwischen gefühlsbegabten wie zwischen gefühllosen Existenzen bestehen. Deshalb können wir uns nicht sicher sein, daß der Mensch notwendigerweise einem der Kettenglieder zuzuordnen ist, die in lückenloser Folge aneinanderhängen.

Und bei Edward Young heißt es in den *Night Thoughts* (1742–1744):

Vom Dunkel zum Licht
In rechter Folge, so will es das heilige Gesetz der Natur...
Die Natur erfreut sich am Fortschritt; am Gang
Vom Bösen zum Besseren...
O sei ein Mensch! so sollst ein Gott du sein!
Und halb von selbst erschaffen! Welch göttlich Streben!

Doch sind solche Verwendungen des Bildes nicht in dem Sinn politisch, wie man es von der Idee einer «großen Kette der menschlichen Hoffnungen» erwarten könnte. Ich würde gern wissen, ob Arthur Lovejoy in seinem Condorcet (den er in *The Great Chain of Being* nicht zitiert) diese zwei relevanten, anregenden Passagen aus *Esquisse d'un tableau historique des progrès de l'esprit humain* (1795) bemerkt hat, S. 366, 384; engl. Übers. (1955), S. 193, 201:

Kurz gesagt, wird nicht die allgemeine Wohlfahrt, die sich aus Fortschritten bei den nützlichen Künsten ergibt, sobald diese einmal auf solidem theoretischen Fundament ruhen, und bei der Gesetzgebung, sobald diese sich einmal auf Wahrheiten der politischen Wissenschaft gründet, die Menschheit zur Menschlichkeit, Güte und Gerechtigkeit bewegen? Mit anderen Worten, beweisen nicht die Beobachtungen, die ich in diesem Buch anführen werde, allesamt, daß die moralische Güte des Menschen, eine notwendige Folge seiner Konstitution, zu unendlicher Vervollkommnung genauso fähig ist wie alle seine anderen Fakultäten, und daß die Natur mit einer unauflöslichen Bande Wahrheit, Glück und Tugend miteinander verknüpft hat *(la nature lie, par une chaîne indissoluble, la vérité, le bonheur et la vertu)*... Welchen Trost muß der Philosoph empfinden, der die Fehler, Verbrechen und Ungerechtigkeiten beklagt, welche immer noch die Welt vergiften und denen er selbst oft zum Opfer fällt, wenn er so das Menschengeschlecht betrachtet, wie es von seinen Ketten befreit und der Diktatur des Schicksals und der Fortschrittsfeinde entledigt ist und mit festem, sicherem Gang den Weg der Wahrheit und Tugend und des Glücks beschreitet! Dieses Bild in Muße zu betrachten ist sein Lohn für alle Mühen, dem Vormarsch der Vernunft und dem Schutz der Freiheit zu dienen. Er ist so kühn, diese Anstrengungen als Beitrag zum ewigen Kettenband der menschlichen Schicksale zu betrachten *(Il ose alors les lier à la chaîne éternelle des destinées humaines)*...

Ich vermute, Lovejoy hätte sich auch für eine «Ketten»-Passage bei Lenin interessiert, dem es hier (wie stets) mehr um Taktik als um Prinzipien geht (oder, vielleicht besser gesagt, um Prinzipien der Taktik):

Es genügt nicht, ganz allgemein ein Revolutionär und ein Anhänger des Sozialismus oder Kommunist zu sein. Man muß jeden Augenblick in der Lage sein, jenes Glied in der Kette zu finden, das es mit aller Kraft festzuhalten gilt, um die ganze Kette im Griff zu haben und um gründliche Vorbereitungen für den Übergang zum nächsten Glied machen zu können. Die Abfolge der Kettenglieder, ihre Gestalt, die Art ihrer Verbindung, ihre jeweiligen Unterschiede im geschichtlichen Fortgang der Ereignisse – alles das ist nicht so einfach und unempfindlich wie die gewöhnlichen Kettenteile, die ein Schmied macht. (V. I. Lenin, *Selected Works* [1937], Bd. 7, S. 347)

77 Jason Epstein, in: *New York Review of Books* (20. April 1967), S. 19–21.

78 Siehe auch die ausführlichen Berichte über die Ansichten von Herbert Marcuse und Rudi Dutschke in: *Der Spiegel* (10. Juli 1967), S. 112–118.

79 *Black Power in Britain: A Special Statement* (Hg. Universal Coloured People's Association, London), September 1967, S. 1–14. Siehe auch Colin MacInnes, «Michael and the Cloak of Colour», in: *Encounter* (Dezember 1965), S. 8–15. Es konnte wohl nicht ausbleiben, daß im *Observer* (10. September 1967), S. 17, ein Kommentator ein sehr weißes, sehr liberales und sehr englisches Fazit versuchte:

Ein gutes Dutzend Leute hat den Slogan der Black Power-Bewegung *«Burn, baby, burn!»* bereits zu ihrem Schlachtruf gemacht. In England hat es aber selten, wenn überhaupt, etwas mit Gewalt zu tun: Es ist eine emotionale Art zu sagen, daß sich die Dinge ändern müssen, und zwar bald...

Soweit es Michael X betraf, war das sehr verniedlichend; eine grimmige Beschreibung der folgenden Jahre findet man bei V. S. Naipaul, «The Killings in Trinidad», in: *Sunday Times Magazine* (12. und 19. Mai 1974), und in romanhafter Form in seinem Buch *Guerillas* (1975).

80 Louis Aragon, «The Red Front» (Übers. Cummings), in: David Caute, *Communism and the French Intellectuals* (1964), S. 110.

81 Neal Wood, *Communism and British Intellectuals* (1959), S. 108–119. Siehe insbesondere die Neubewertung durch George Watson, «Were the Intellectuals Duped?», in: *Encounter* (Dezember 1973), S. 20–30; und bei David Caute, *The Fellow-Travellers* (1973).

82 Christopher Lasch, *The New Radicalism in America: 1889–1963* (1966), S. 242–250.

83 Siehe allgemein Daniel Aarons dokumentarische Darstellung *Writers on the Left* (1961).

84 John Chamberlain, *Farewell to Reform* (1932), S. 191, 309, 323.

85 Alfred Kazin, *Starting Out in the Thirties* (1965), S. 70, 157–159.

86 André Gide, *Return from the U.S.S.R.* (1937), S. VII. Siehe auch seinen Beitrag (neben weiteren von Arthur Koestler, Ignazio Silone, Stephen Spender und Louis Fischer) zu *The God that Failed* (Hg. Crossman, 1948).

87 A. O. Lovejoy, «On the Discrimination of Romanticisms», in: *Essays in the History of Ideas* (1948), S. 228–253:

> Nicht irgendwelche großen Ideengebäude ... sondern vielmehr gewisse einfachere, vielfältig kombinierbare intellektuelle und emotionale Bausteine solcher Gebäude sind die wirklichen, elementaren und dynamischen Faktoren in der Geschichte des Denkens und der Kunst; und wer die schriftlichen Quellen zur Ideengeschichte verstehen will, muß sich mit der Entstehungsgeschichte, dem Schicksal und den weitverzweigten und oftmals dramatischen Interaktionen dieser Einzelteile vertraut machen.

88 C. S. Lewis, *Rehabilitations and Other Essays* (1959), S. 17.

89 Joseph Freeman, *Never Call Retreat* (1943), S. 515, 552f.

90 John Donne, *An Anatomy of the World* (1611), in: *Poems* (Hg. Fausset, 1931), S. 182.

91 Charles Péguy, *Basic Verities* (1943), S. 50f; Aaron, *Writers on the Left*, S. 387.

92 Möglicherweise ist bei diesem «Entzauberungsprozeß» noch ein dritter Faktor von entscheidender Bedeutung; ich habe Paul Tillich mit großer Überzeugungskraft darüber sprechen gehört. Wenn ich das hier so spät erwähne, dann nur deshalb, weil es sich, wie er selbst

zugegeben hätte, um einen metahistorischen Aspekt handelt. Seine unvergeßlichen Vorträge, die ich 1951 in Berlin hörte – «Die politische Bedeutung der Utopie im Leben der Völker» –, begannen mit der These «Menschsein heißt: Utopie haben», mit der Bekräftigung der menschlichen Wahrheit, Notwendigkeit und Fruchtbarkeit einer utopischen Perspektive der Zukunft. Aber im weiteren Verlauf legte er ihre Unwahrheit dar (weil sie «die Endlichkeit und die Entfremdung des Menschen vergißt»), ihre Unfruchtbarkeit («weil sie die Unmöglichkeiten als Möglichkeiten beschreibt») und ihre Ohnmacht (weil sie unvermeidlich «aus ihrer Unwahrheit und Unfruchtbarkeit zur Enttäuschung führt»). Letzteres bezeichnete er als eine «metaphysische Enttäuschung» und erklärte dazu:

> Diese Enttäuschung muß aus dem Psychologischen ins Metaphysische erhoben werden. Es ist eine metaphysische Enttäuschung, die wir selbst wieder und wieder erlebt haben, und deshalb so tiefgehend, weil sie die Menschen im Innersten zerrüttet hat. Die Enttäuschung ist eine notwendige Folge der Verwechslung des zweideutigen Vorläufigen mit dem eindeutigen Endgültigen... Wenn wir es [d. i., uns einer Sache oder Person hingeben] götzendienerisch tun, dann kommt die metaphysische Enttäuschung...

Dabei ist anzumerken, daß Paul Tillich nach viel brillanter theologischer Dialektik eine transzendentale Lösung für die «Spannungen» bereithielt, die er aufgebaut hatte: Jenseits der Sterilität gedankenloser Passivität und dem Fanatismus terrorisierender Absolutheiten finden sich in «der Idee» echte, radikale menschliche Zielsetzungen angelegt. Sein Fazit: «Es ist der Geist der Utopie, der die Utopie überwindet.» *Die politische Bedeutung der Utopie im Leben der Völker. Vier Vorträge* (1953), jetzt in: *Gesammelte Werke* (Hg. Albrecht, 1963), Bd. 6, S. 157–210.

93 Malinowski, in: *The Meaning of Meaning*, S. 322f.

94 Thomas Sprat, *History of the Royal-Society of London* (1667), S. 112.

95 Hobbes, *Leviathan, or the Matter, Forme and Power of a Commonwealth Ecclesiastical and Civil* (1651; Hg. Oakeshott, 1946), S. 29f.

96 Samuel Parker, *A Free and Impartial Censure of the Platonick Philosophie* (1666), S. 72f. Sprat, *History of the Royal-Society*, S. 111–113.

97 Ogden und Richards, *The Meaning of Meaning*, S. 45, 235f. *Theories of Society* (Hg. Parsons u. Shils, 1961), Bd. 2, S. 1014; Ernst Cassirer, *Philosophie der symbolischen Formen* (1923–1931), Bd. 1, S. 49. Siehe auch allgemein Kenneth Burkes Essays in *The Philosophy of Literary Form* (1941) und *Language as Symbolic Action* (1966).

98 Friedrich Nietzsche, *Der Fall Wagner* (1888), in: *Werke* (Hg. Schlechta, 1954–1956), Bd. 2, S. 917; Walter Kaufmann, *Nietzsche* (1956), S. 61 (und S. 372, wo er auf diese Paraphrasierung einer Formulierung von Paul Bourget hinweist).

99 *Die Morgenröte* (1881), in: *Werke*, Bd. 1, S. 1045.

100 *Der Wille zur Macht*, in: *Werke* (Ausg. Leipzig, 1922), Bd. 15, S. 200; in Karl Schlechtas Ausgabe (*Werke*, Bd. 3, S. 668) sind die Aphorismen dieses postum erschienenen Werkes unnumeriert und ohne Überschriften.

101 Siehe George Steiner, *Death of Tragedy* (1961), S. 56–58.

102 Rabelais, *Œuvres complètes* (Pléiade-Ausg., 1955), S. 693; *Gargantua und Pantagruel* (Übers. Regis, 1832; Hg. Schrader, 1964), Bd. 2, S. 161.

103 *Dialogues of Alfred North Whitehead* (Hg. Price, 1956), S. 264f; Ogden und Richards, *The Meaning of Meaning*, S. 206.

104 *The Censure of the Rota upon Mr. Milton's Book Entitled The Ready and Easy Way to Establish a Free Commonwealth* (1660), Nachdr. in: *Harleian Miscellany* (Hg. Park, 1809), Bd. 4, S. 179–186.

105 John Locke, *Two Tracts on Government* (Hg. Abrams, 1967), S. 235; Maurice Cranston, *John Locke: A Biography* (1957), S. 270–274; *An Essay Concerning Human Understanding* (1690–1706; Hg. Yolton, 1964), Bd. 2, S. 94.

106 Ogden und Richards, *The Meaning of Meaning*, S. 216f.

107 P. J. Proudhon, *Correspondence* (1874), Bd. 5, S. 376, Bd. 11, S. 209; Lubac, *Proudhon*, S. 29f.

108 Jean-Paul Sartre, *Qu'est-ce que la littérature?* (1948), S. 338–342; *What Is Literature?* (Übers. Frechtman, 1950), S. 208–210.

109 Raoul Vaneigem, *Traité de savoir-vivre à l'usage des jeunes générations* (1968), nach: *Sunday Times* (21. Juli 1968).

110 Locke, *An Essay Concerning Human Understanding*, Bd. 2, S. 106.

111 Diese und die folgenden Zitate von Robert South sind entnommen: Robert South, *Sermons Preached upon Several Occasions* (1727; Ausg. 1823), Bd. 4, S. 203–287.

112 Ogden und Richards, *The Meaning of Meaning*, S. 294f. Ähnlich beunruhigt von dem tragischen Einfluß der Sprache auf Denken und Handeln, haben die Vertreter der neuen Wissenschaft der «Psycholinguistik» eine klinische und vermutlich unparteiische Note dem historischen Plädoyer hinzugefügt, das zu irgendeiner Form von semantischer Revolution gegen die Tyrannei der Wörter aufruft. Unlängst hat sich ein Psycholinguist gegen die «ansteckende Magie» und die «Be-

schwörungsformeln» jener «Geräusche und Kritzel» ausgesprochen, die Folge (wie er meint) jener «äußerst bemerkenswerten Beziehung zwischen diesen physischen Äußerungen, die man Zeichen nennt, und gewissen inneren Vorgängen des Sprechers, Bedeutungen genannt». Er zitiert dann Einstein in dem Sinn, daß «ein neues Verständnis der Welt zunächst eine Revolution in der Art und Weise erfordert, wie wir von ihr reden». Das würde beim augenblicklichen Stand unserer Diskussion auf eine «Revolution gegen ‹Revolution›» hinauslaufen, ein wahrhaft utopischer Einfall. Siehe die Beiträge von Charles Osgood, Professor für Psycholinguistik und Kommunikationsforschung an der Universität von Illinois, in *The Listener*: «The Words of Power» (5. Oktober 1967) und «Radical Sentences» (19. Oktober 1967).

113 V. I. Lenin, *Selected Works* (1937), Bd. 9, S. 295–302.
114 Nietzsche, *Werke* (Hg. Schlechta), Bd. 1, S. 1257f.
115 Aristoteles, *Politik*, 4.5.1292b (Übers. Gigon, 1973), S. 145.
116 Maurice Merleau-Ponty, *In Praise of Philosophy* (1963), S. 4.
117 James Harrington, *Oceana* (1656; Hg. Liljegren, 1924), S. 21, 244f.
118 Aphorismus 46, in: *The English Philosophers: From Bacon to Mill* (Hg. Burtt, 1939), S. 36.
119 George Santayana, *Winds of Doctrine* (1913), S. 23.
120 Günter Grass, *Über das Selbstverständliche* (1968), S. 94f, 103.
121 Jewgeny Jewtuschenko, *A Precocious Autobiography* (1963), S. 11.
122 Alexander Herzen, *From the Other Shore* (1855; Übers., 1956), S. 157.
123 Predigt VII, St. Paul's, am Weihnachtstag 1629, in: John Donne, *Complete Poetry and Selected Prose* (Nonesuch-Ausg.), S. 593.
124 *Herakleitos von Ephesos* (Übers. Diels, 1902), Fragment 51, S. 29.

4. Kapitel

1 Robert Heath, *Clarastella* (1650), in: John Booker, *Telescopium Arcanicum* (1661), zit. nach Marjorie Nicolson, «English Almanacs and the ‹New Astronomy›», in: *Annals of Science* (1939), Bd. 4, S. 20f. Siehe auch «Kepler, the *Somnium*, and John Donne», in: Marjorie Nicolson, *Science and Imagination* (1956), Kap. 3 u. 4; sowie Christopher Hill, *Intellectual Origins of the English Revolution* (1965), S. 110.
2 John Milton, *Paradise Lost* (1667), in: *Works* (Hg. Patterson, 1931),

Bd. 2, S. 173–176, 188f, 562–565, XXX, 242. *Considerations Touching the Likeliest Means to remove Hirelings out of the Church* (1659), in: *Works*, Bd. 2, S. 44f. *An Apology against a Pamphlet call'd a Modest Confutation* (1642), in: *Works*, Bd. 3, Teil 1, S. 294.

3 *Areopagitica* (1644), in: *Works*, Bd. 4, S. 318, 329f, 345.

4 *The Works of Joseph Hall* (Ausg. 1837), Bd. 5, S. 237f. Joseph Hall, *The Shaking of the Olive-Tree: The Remaining Works of Joseph Hall* (1660), S. 19f. Dazu allgemein T. F. Kinloch, *The Life and Works of Joseph Hall, 1574–1656* (1951).

5 John Rushworth, *Historical Collections* (1692), Bd. 1, S. III, 725–735.

6 *Mercurius Anti-Pragmaticus, communicating Intelligence from all parts Touching Affairs, Designes, Humours, and Conditions, throughout the Kingdome* (November 1647), Nr. 6, 18–25, S. 1–8.

7 «A Discourse By Way of Vision, Concerning the Government of Oliver Cromwell» (1661), in: Abraham Cowley, *Essays, Plays and Sundry Verses* (Hg. Waller, 1906), S. 342–376.

8 Siehe in der englischen Ausgabe von *Utopia and Revolution* (1976) Kapitel IV über Bruno und Sidney: «Martyrs of Reason and Passion», S. 177–217.

9 Der Brief des Bischofs von Ross in: J. A. Froude, *History of England from the Fall of Wolsey to the Defeat of the Spanish Armada* (1870), Bd. 10, S. 151. Über den Bischof von Ross siehe «John Leslie (1527–1591)», in: *Dictionary of National Biography* (Hg. Lee, 1909), Bd. 11, S. 972–978; sowie D. M. Lockie, «The Political Career of the Bishop of Ross», in: *University of Birmingham Historical Journal* (1954), S. 98–137.

10 So finde ich nun in der originalen Abschrift des Briefes des Bischofs von Ross, in dessen Wiedergabe durch Froude zweimal das Wort «Revolution» auftaucht, keinerlei Hinweis auf den Begriff. Wir haben es also wieder einmal mit einer irreführenden Übersetzung zu tun. Froude benutzte gern «revolutionäre» Formulierungen; man siehe seine handschriftliche Abschrift in: James Anthony Froude, *Transcripts from the Archives at Simancas Relating to English Affairs, A. D. 1567–1575* (British Museum Add. MS. 26,056 B, fol. 166).

11 Shakespeare, *King Lear* (Arden-Ausg., 1963), S. XXI, 30, 252f. Kommentatoren haben vorgeschlagen, daß Shakespeare hier Vorstellungen aufgreift, die aus Florios Montaigne-Übersetzung stammen und wo von «der Kraft und Herrschaft» der Sterne die Rede ist. (Sie haben Einfluß «nicht allein auf unser Leben und den Verlauf unseres

Schicksals ... sondern auch auf unsere Anlagen und Neigungen, unseren Verstand und Willen, den sie beherrschen».)

12 Gleichzeitig mit Keplers berühmter Studie über den neuen Stern des Jahres 1604, *De stella nova* (1606), erschien ein Werk, dessen Titel ich zitiere als Beispiel für die enge Beziehung zwischen «Revolution» und den zeitgenössischen astronomischen (und astrologischen) Vorstellungen: Elias Molerius, *De sydere novo seu de nova stella quae ab 8 die Octobris anni domini 1604 inter astra Sagittarii videri coepit ac annuae revolutionis 1605 periodo proxima extincta avenuit enarratio apodeictica* (1606). Copernicus, *De revolutionibus orbium caelestium* (1543; Übers. Dobson u. Brodetsky, 1947), S. XX.

13 James Howell, *Twelve / Several Treatises of the Late Revolutions in these Three Kingdomes: Deducting the Causes thereof from Their Originals* (1661), S. 4–7, 320, 409. James Howell, *Epistolae Ho-Elianae: The Familiar Letters* (Hg. Jacobs, 1892), Bd. 2, S. 687.

14 *Poems and Dramas of Fulke Greville, First Lord Brook* (Hg. Bullogh, 1939), Bd. 2, S. 105. *Caelica* (Hg. Ellis-Fermor, 1936), S. 80.

15 William Bagwell, *The Mystery of Astronomy, Made plain to the meanest Capacity, by an Arithmetical Description of the Terrestial and Celestial Globes. Briefly shewing (by way of Question and Answer) the wonderful works of God, from the earth his footstool, to his Throne of heaven* (1655).

16 Robert Cawdrey, *A Table Alphabetical, contayning and teaching the true writing and understanding of hard usuall English words* (1613); John Bulloker, *An English Expositor* (1616); Henry Cockeram, *The English Dictionarie* (1623); Thomas Blount, *Glossographia, or a Dictionary Interpreting the Hard Words of Whatsoever Language, now used in our refined English Tongue* (1674); Elisha Coles, *An English Dictionarie* (1676); E. Phillips, *The New World of Words* (1696); N. Bailey, *Dictionarium Britannicum* (1730); Samuel Johnson, *A Dictionary of the English Language* (1755).

In Nathan Baileys *New Universal Etymological English Dictionary* (rev. Ausg., 1772) findet sich der Eintrag:

> *Révolution*, franz. (ital. *revoluzione*, span. *revolucion*, von latein. *revolutio*).
>
> 1. Die Handlung des Rollens oder Umdrehens, jede Art von Drehung oder Rotation, eine Umkehrbewegung.
>
> 2. (In der Politik) eine große Umdrehung oder Veränderung der Regierung eines Landes oder einer Nation.
>
> 3. (In der Geometrie) die Drehung einer Figur um eine Gerade als Achse.
>
> 4. (In der Astronomie) die Laufbahn eines Sterns, Planeten, Kometen oder

anderen Phänomens; oder der Lauf von einem Tierkreiszeichen bis zu seiner Rückkehr.

17 Edward, Earl of Clarendon, *The History of the Rebellion and Civil Wars in England* (1702–1704; Hg. Macray, 1888), Bd. 1, S. XLVII. Diese Ausgabe enthält die ursprünglichen Vorworte von Laurence Hyde, Earl of Rochester, zur Erstveröffentlichung der Clarendon-Manuskripte. James, der Bruder König Karls II., hatte die Tochter des Lordkanzlers Clarendon geheiratet; Königin Anne und die verstorbene Königin Mary waren Hydes und somit Nichten des Herausgebers. Das war also wirklich eine «Revolution von oben»!

18 *Clavis Apocalyptica* (1651) sowie *Now or Never... A Bloody Almanack* (1659) befinden sich beide in der Sammlung von Schriften des 17. Jahrhunderts im British Museum (Signatur E. 1260 bzw. E. 999).

19 Jean Calvin, *Institution de la religion Chrétienne* (1541; Hg. Lefranc, 1911), S. 6, 753; *Institutio Christiane religionis* (Ausg. 1846), S. 476; Johannes Calvin, *Unterricht in der christlichen Religion* (Übers. u. bearb. Weber, 1936–1938), S. 627f, 659, 665f.

20 *Works of Gerrard Winstanley* (Hg. Sabine, 1941), S. 409, 447–480. *Complete Prose Works of John Milton* (Hg. Wolfe, 1966), Bd. 4, Teil 1, S. 25f.

21 Michael Walzer, *The Revolution of the Saints* (1965), S. 110.

22 L. Savet, *Nova seu verius nova-antiqua de causis colorum sententia* (1609), zit. nach Lynn Thorndike, «Newness and Craving for Novelty in 17th-century Science and Medicine», in: *Journal of the History of Ideas* (Oktober 1951), Bd. 12, S. 598.

23 John Spencer, *Things, New and Old* (1658), S. 313, 382, 453, 591, 611. Man muß annehmen, daß dieses Werk noch zweihundert Jahre später eine gewisse intellektuelle Relevanz besaß, erschien es doch 1867 in einem modernen zweibändigen Nachdruck.

24 Eine Darstellung des allgemeinen geistesgeschichtlichen Hintergrunds findet man in Lynn Thorndikes unschätzbarer *History of Magic and Experimental Science* (6 Bde., 1923–1941). In seinem Artikel (s. Anm. 22), S. 584–598, weist Professor Thorndike auf eine «bemerkenswerte Eigenheit» in der wissenschaftlichen und pseudowissenschaftlichen Literatur des 17. Jahrhunderts hin: wie häufig nämlich in den Buchtiteln die Worte «neu» oder «noch nie dagewesen» auftauchen. Zwar räumt er ein, daß solche Zusätze auch in früheren Zeiten nicht völlig unbekannt waren; so kennen wir allein aus dem 13. Jahr-

hundert eine *Poetica nova*, eine *Rhetorica novissima*, von Dantes *Vita nuova* und dem *Dolce stil nuovo* ganz zu schweigen. Aber der generelle Vorzug des Antiken zuungunsten des Neuen, der die italienische Renaissance kennzeichnet, beginnt zu schwinden, meint er, als im Anschluß an die Reisen des Kolumbus und Vespucci die Vorstellung eines *novus orbis* stärker ins Bewußtsein rückt.

Mir scheint jedoch die Analyse in diesem Zusammenhang zu eng und einfach. Solange man nicht auf den Inhalt dieser «neuen» Texte eingeht, bleibt einem die weltanschauliche Dimension verborgen; meist handelt es sich um religionsphilosophische Auseinandersetzungen, gelegentlich wird aber auch politische Metaphysik berührt. So interessant seine hervorragende Forschungsarbeit ist – bei seiner Zusammenstellung des «Neuen» übergeht Thorndike den Unterschied, den ich zwischen dem *alten* Neuen und dem *neuen* Neuen herauszuarbeiten versucht habe; sich nur auf Buchtitel zu verlassen, ist leider zuwenig.

> Seit 1572 neue Sterne aufzutauchen beginnen, gewinnt auch die Vorstellung eines neuen Himmels und einer neuen Erde immer mehr an Boden. Aber die Idee des Neuen hatte es bereits in anderen Wissensgebieten außerhalb der Geographie und Astronomie gegeben... Im folgenden Jahrhundert werden Buchtitel dieser Art immer zahlreicher, auch in anderen Gebieten, wiederholen sich, werden zur Gewohnheit und zum Stereotyp... Abhandlungen über den neuen Stern des Jahres 1604 führen fast durchweg das Beiwort «neu» im Titel... Bücher über mechanische Geräte erheben vom Titel her fast stets den Anspruch, etwas Neues zu sagen, lösen dieses Versprechen aber nur in seltenen Fällen ein... Die Fortschritte des anatomischen Wissens seit dem 16. und bis in das 17. Jahrhundert machen es fast selbstverständlich, daß hier von «Neuem» geredet wird... Am häufigsten im 17. Jahrhundert sind es medizinische Werke, die neue Methoden und Entdeckungen, neue Erkenntnisse und Errungenschaften verkünden... Es gibt auch Buchtitel, in denen das Neue nicht verheißen, sondern verdammt wird... Andere Titel lassen die Neigung erkennen, Altes und Neues miteinander zu versöhnen... Jedenfalls war das Neue ein Aspekt, der die Menschen des 17. Jahrhunderts stark beschäftigte und beeindruckte.

Seine Belege sind zweifellos faszinierend: von Keplers Schwiegersohn ein Werk über ein Planetarium mit dem Titel *Aspects Old and New*; Bacons *Novum organum*; Galileis *Discorsi... a due nuove scienze*; Pascals *Expériences nouvelles*; Boyles *New Experiments Touching the Spring of the Air*; Wilkins' *Discovery of a New World in the Moon*; ganz abgesehen von einer Arbeit über *A New ans Useful Method of Curing Apoplexy* (1685).

Nun ist es aber leider so, daß die schlichte Bezeichnung «neu» oder ihre Häufigkeit weniger aufschlußreich ist als der Kontext, in welchem das Wort erscheint und der ihm einen solideren Sinn gibt. Dieser mag theologischer oder ideologischer Natur sein oder einfach (aber durchaus nicht immer banal) auf den umgangssprachlichen Gebrauch rekurrieren als Hinweis auf etwas Besonderes, Originelles oder Erstaunliches. Die moderne Gelehrsamkeit zeigt manchmal eine überraschende Überempfindlichkeit Wörtern und Metaphern gegenüber. Es muß nicht unbedingt hinter jedem Sprachbild oder jeder Formulierung tiefschürfender Sinn stecken. Diesen Fehler begeht Stanley Edgar Hyman in seiner äußerst stimulierenden Untersuchung *The Tangled Bank* (1959), wo er unverdrossen auch der unbedeutendsten sprachlichen und gedanklichen Spielerei bei Darwin, Marx, Frazer und Freud noch einen «schöpferischen» Stellenwert zuordnet.

Wenn Hyman überall «dichterische Kraft» am Werk sieht, so liest Thorndike durchgängig eine dramatische historische Aussage in das Wort «neu» hinein, wo auch immer es auftaucht, sei es bei der Überarbeitung eines veralteten medizinischen Textes oder bei sachbezogenen Ergänzungen zu Werken über Gravitation, Algebra oder botanische Gärten. Das ist, wie gesagt, in beschränktem Sinn tatsächlich interessant, aber die interpretative Auswertung schießt doch beträchtlich am Ziel vorbei. Jeder Text und Kontext muß mit sorgfältiger Berücksichtigung dessen untersucht werden, was ich als das «metaphorische Milieu» bezeichnen möchte. Bezieht sich die Begeisterung des Physikers auf ein neues Prinzip, das sämtliche älteren Kosmologien über den Haufen werfen könnte? Ist der Mathematiker so enthusiastisch, weil er eine neue Formel entdeckt zu haben glaubt, mit der sich das traditionelle Vertrauen des Christen in ein höheres Schicksal beweisen läßt? Und vielleicht erklärt sich die Freude des Botanikers lediglich daher, daß er auf einmal überraschende Unterschiede zwischen den Pflanzen feststellen kann, weil sie zum erstenmal detailliert untersucht und gezeichnet worden sind? Für den Historiker haben diese drei Beispiele ganz unterschiedliches Gewicht; und es ist zu bedauern, daß diese Unterschiede so oft übersehen werden, wenn Wissenschaftler übereifrig mit literaturkritischen Methoden an historische Texte gehen. So vergeudet Hyman in *The Tangled Bank* viel scharfsinnige Gedankenarbeit damit, den zahllosen klassischen Anspielungen bei Marx eine tiefere poetische Bedeutung anzuhängen; in den meisten Fällen besagen sie nichts weiter, als daß Marx in Trier und auf den Universitäten in Bonn und Berlin eine sehr gute Ausbildung in Latein und Griechisch erhielt.

25 Copernicus, *On the Revolution of the Heavenly Spheres* (Übers. Wallis, 1952), S. 519; *Des Révolutions des orbes celestes* (Übers. Koyre, 1934), S. 92. Dazu allgemein Thomas S. Kuhn, *The Copernican Revolution* (1957).

5. Kapitel

1 Thomas Case, *Two Sermons Lately Preached at Westminster before Sundry of Honourable House of Commons* (1641), S. 4–22. John Milton, *Areopagitica* (1644), in: *Works* (Hg. Patterson, 1931), Bd. 4, S. 340.

2 Edward, Earl of Clarendon, *The History of the Rebellion and Civil Wars in England* (1702–1704; Hg. Macray, mit den ursprünglichen Vorworten von Laurence Hyde, Earl of Rochester, 1888), Bd. 1, S. XXVI.

3 Alessandro Giraffi, *Le Rivolutioni di Napoli* (1647). Im Gegensatz zu James Howells unschätzbarer Übersetzung (1650–1652) ist der darauf basierende Fünfakter, der von einem englischen «Gentleman, welcher als Augenzeuge der Aufführung dieses blutigen Stückes auf den Straßen von Neapel beiwohnte», noch in demselben Jahr geschrieben und veröffentlicht wurde, von geringem historischen oder literarischen Wert: *The Rebellion of Naples, or the Tragedy of Massaniello (commonly so called: But Rightly Tomaso Aniello di Malfa, Generall of the Neopolitans)* (1647; in der Thomason Collection, British Museum, Signatur E. 1358). Gelegentlich vermag der Anonymus sich jedoch über die konventionelle Feindseligkeit des Ordnungsliebenden zu erheben und seinem Protagonisten mehr zuzugestehen als die niederen Laster eines «Brandstifters». Mag es auch «Wahnsinn» gewesen sein, so war der Rebellenführer doch bemüht, einer «tapferen neuen Welt» (S. 45) zum Durchbruch zu verhelfen; er wollte es «diesen donnernden Göttern gleichtun» und «eine neue Welt errichten» (S. 68); ihn verlangte nach «dem Goldenen Zeitalter, von dem die Dichter sprachen» (S. 73). Von «Revolution» ist hier, nebenbei gesagt, nirgends die Rede, nur von «Tumulten... Unruhe... Unzufriedenheit... Aufläufen... Aufständen».

4 Vernon F. Snow, «The Concept of Revolution in Seventeenth-Cen-

tury England», in: *Historical Journal* (1962, Nr. 2), S. 167–174. Arthur Hatto, «‹Revolution›: An Enquiry into the Usefulness of an Historical Term», in: *Mind* (1949), S. 495–517.

5 Roberto Ridolfi, *Vita di Girolano Savonarola* (1952), S. 129; (engl. Übers., 1959:, S. 86).

6 John Florio, *A Worlde of Wordes, or Most copious and exact Dictionary in Italian and English* (1598); *New World of Words* (rev. Ausg., 1611).

Im Zusammenhang mit Florios frühem englischen Gebrauch von «Revolution ... Revolte ... Rebellion» und auch mit den zeitgenössischen Formulierungen von Bruno, Sir Philip Sidney und Fulke Greville mag die folgende Kuriosität mehr als nur amüsanten Charakter haben. Bei jenem berühmten Diner, das 1584 bei Fulke Greville in London stattgefunden haben soll, jenem von Giordano Bruno in *Cena della Ceneri* beschriebenen Aschermittwochsmahl, saß Sir Philip Sidney «am Kopfende des Tisches und auf der anderen Seite saß John Florio mit Greville zur Rechten und Bruno zur Linken». Eine kleine Welt! ... Siehe F. E. Halliday, *A Shakespeare Companion* (1964), S. 168, 321; Howell, *Sidney*, S. 111.

Richard David weist in seinem Kommentar zu *Love's Labour's Lost* (Arden-Ausg., 1951), S. 83 Anm., daraufhin, daß die Gestalt des Holofernes oft mit John Florio identifiziert worden ist; es ist möglich, daß über ihren gemeinsamen Mäzen Lord Southampton Florio und Shakespeare sich gekannt haben. Jedenfalls ist erwiesen, daß Shakespeare Florios Montaigne-Übersetzung kannte (von der Gonzalo im *Sturm* lebhaften Gebrauch macht); das British Museum besitzt ein Exemplar mit der (möglicherweise authentischen) Unterschrift «Wllm Shakspere».

Florio wirkte nicht nur durch die Montaigne-Übersetzung, sondern direkter noch durch seine lexikographischen Arbeiten. Manche Shakespeare-Forscher sind überzeugt, daß «Montaigne die Ideenwelt in *King Lear* wesentlich beeinflußt hat»; sie verweisen auf zahllose Passagen mit Anklängen an Montaigne/Florio und haben Dutzende von Wörtern gefunden, die Florios Sinnprägung übernehmen oder in einigen Fällen überhaupt erst von ihm geprägt wurden. Siehe G. C. Taylor, *Shakespeare's Debt to Montaigne* (1925) sowie die Ausführungen von Kenneth Muir zu *King Lear* (Arden-Ausg., 1963), S. 249–251. Siehe auch Frances A. Yates, *John Florio: the Life of an Italian in Shakespeare's England* (1934).

7 R. G. Collingwood, *The New Leviathan* (1942), S. 199–201. Siehe

auch Perez Zagorins einführende Worte in: *The Court and the Country: The Beginning of the English Revolution* (1969).

8 James Howell, *Parthenopoeia, or the History of the Most Noble and Renowned Kingdom of Naples* (1654). Der erste Teil stammt von «dem berühmten Antiquar Scipio Mazzella», und den zweiten Teil, der «den Faden der Geschichte bis zum heutigen Tag verfolgt», hat Howell zusammengestellt.

9 *Animadversions upon the Remonstrants Defense* (1641), in: Milton, *Works*, Bd. 3, S. 110f.

10 Henry More, *Enthusiasmus Triumphatus, or a Brief Discourse of the Nature, Causes, Kinds, and Cure of Enthusiasme* (1656), in: *A Collection of Several Philosophical Writings of Dr. Henry More* (1712), S. 16, 57.

11 Thomas Sprat, *History of the Royal-Society of London* (1667), S. 42.

12 Thomas Blount, *Academie of Eloquence* (1653), S. 1f, 19.

13 C. D. Yonge, *An English-Greek Lexicon* (1869), S. 423, Einträge zu *revolution* und *to revolutionise*; sowie von demselben Kompilator *Phraseological English-Latin Dictionary* (1855), S. 383. L. Quicherat, *Dictionnaire Français – Latin* (1891), S. 1255. *Glossary of Later Latin* (Hg. Souter, 1949), S. 78, 335.

14 Man vergleiche die verschiedenen Übersetzungen von S. L. Wolff, George Burnett, Moses Hadas und anderen in der Columbia-Ausgabe *The Works of John Milton* (1931–1938), Bd. 7, S. 40f, 248f, 398f; Bd. 9, S. 172f; Bd. 13, S. 468f. Wo Milton *«conversione»* oder *«Anglos mutatione»* schreibt, heißt es in der Übersetzung «our revolution» bzw. «this revolution in England». Gelegentlich benutzen seine Übersetzer des 17. Jahrhunderts ebenfalls «revolution»; und natürlich verwendet er selbst das Wort verschiedentlich in einem allgemeinen Sinn, ähnlich wie Shakespeare, beispielsweise «die beklagenswerte, endlose Revolution der rasch und massenhaft uns befallenden Sorgen» (Bd. 3, S. 77), «eine neue, fatale Revolution des Elends in diesem Land» (Bd. 10, S. 187).

15 Polybius, *The Histories* (Übers. Paton, 1923), Bd. 3, S. 289. Randle Cotgrave, *A Dictionarie of the French and English Tongues* (1611). Das Wort «Rebellion» wird erklärt als «... eine öffentliche Revolte; Widerstand gegen eine gesetzliche Autorität; Starrsinn, Ungehorsam, Eigenwille».

16 Clarendon, *Rebellion*, S. 203–209.

17 Thomas Hobbes, *Behemoth: or an Epitome of the Civil Wars of England, from 1640 to 1660* (1679), S. 214.

18 Milton, *Works* (Hg. Patterson, 1937), Bd. 13, S. 516f.
19 Milton, *Works*, Bd. 10, S. 1, 316.
20 Marchamont Nedham, *The Excellencie of a Free-State: or, the Right Constitution of a Common-Wealth. Wherein All Objections are answered, and the best way to secure the Peoples Liberties, discovered: With Some Errors of Government, and Rules of Policie. Published by a Well-wisher to Posterity* (1656), S. 80, 154.

Der Angriff auf Nedham (auch «Needham» geschrieben) findet sich in: *A Rope for Pol.* [d. i. «Politicus»], *or, A Hue and Cry after Marchamont Nedham* (1660). Diese Kritik aus dem monarchistischen Lager ist eine seltsame Sammlung der «gräßlichen Blasphemien und Schmähungen… des frechen Nachrichtenschreibers»; und der Herausgeber entschuldigt sich für die erneute Veröffentlichung, denn «sie verdienen eher verbrannt als gelesen zu werden». Es ist eine akademische Frage, wer mehr schuld war, Nedham oder Gutenberg. Nedham war «der Goliath unter den Philistern», und «hätte der Teufel persönlich (der Vater der Lügen) bei diesem Mann in der Kammer gearbeitet, er hätte auch nicht mehr Lügen zustande bringen können».

Der Fehler schien aber nicht so sehr bei ihm zu liegen als vielmehr bei dem «Unfug, den die Erfindung der Typographie mit sich gebracht hat». Die Anklage lautete also auf Journalismus. Denn wenn «die Schriften eifriger Brandstifter… Fanatiker und Enthusiasten» das alte Regime «verleumdet und herabgewürdigt hatten», war das alles «der Ausfluß verräterischer, kranker Köpfe… hervorgebracht und verbreitet durch die Existenz der Druckpresse».

21 John Locke, *Two Tracts on Government* (Hg. Abrams, 1967), S. 235, 248. Lion Aitzema, *Notable Revolutions: Being a True Relation of what Hap'ned in the United Provinces of the Netherlands* (1653), einzusehen im Antiquariat Quaritch's, London. Dazu allgemein: *The Library of John Locke* (Hg. Harrison u. Laslett, 1965).
22 Locke, *An Essay Concerning Human Understanding* (1690–1706; Hg. Yolton, 1965), Bd. 1, S. 155–158; Bd. 2, S. 71–92.
23 Locke, *Two Tracts*, S. 160. Locke, *Two Treatises of Government* (1689, rev. Ausg., Hg. Laslett, 1965), S. 462–464.
24 Maurice Cranston, *Locke* (1961), S. 17, sowie allgemein sein *John Locke: a Biography* (1957). Locke, *Two Treatises* (Hg. Laslett, 1965), S. 289. Locke, *Two Tracts*, S. 53. Locke, «Oratio Censoria Funebris» (1664), in: *Essays on the Law of Nature* (Hg. von Leyden, 1954), S. 221. V. F. Snow, «Concept of Revolution», S. 174. *The Library of*

Locke, S. 142. Lockes Notizen befinden sich im British Museum (Add. MS. 15,642) sowie in der Bodleian Library, Oxford; ich danke den Professoren W. von Leyden und John Lough, die mir bei der Auffindung dieser noch unveröffentlichten Fragmente behilflich waren.

25 C. S. Lewis, *Studies in Words* (1960), S. 6: «Längeres Nachdenken über die Wörter, mit denen wir normalerweise denken, kann zu vorübergehender Aphasie führen. Ich halte das für begrüßenswert. Es ist gut, sich bewußt zu werden, was wir tun, wenn wir sprechen, und zu erkennen, welch ein altes, empfindliches und (richtig verwendet) ungeheuer wirkungsvolles Instrument die Wörter sind.»

26 Eduard Bernstein, *Die kommunistischen und demokratisch-sozialistischen Strömungen in England während des 17. Jahrhunderts*, in: E. Bernstein, K. Kautsky, *Die Geschichte des Sozialismus in Einzeldarstellungen* (1895). Karl Kautsky, *Thomas More und seine Utopie* ([5]1922).

27 Michael Walzer, *The Revolution of the Saints* (1966), S. 10–12, 21, 130, 175–177, 315. Christopher Hill, *Intellectual Origins of the English Revolution* (1965), S. 111, 202. *The Good Old Cause* (Hg. Hill u. Dell, 1949), S. 259.

28 F. R. Leavis, *Revaluation: Tradition and Development in English Poetry* (1936), S. 26.

29 James Harrington, *Oceana* (1656; Hg. Liljegren, 1924), S. 214f, 223f, 226, 322.

30 E. R. Curtius, *Europäische Literatur und lateinisches Mittelalter* (1948), Kap. 7.

31 Rudolf Bultmann, *History and Eschatology* (The Gifford Lectures, 1957), S. 26.

32 Mircea Eliade, *Le mythe de l'éternel retour: archétypes et répétition* (1949).

33 Claude Lévi-Strauss, *The Scope of Anthropology* (Übers. Paul, 1967), S. 27–37: «Es ist kein Widerspruch, wenn sich aus einer Geschichte der Zeichen und Symbole unvorhersehbare Entwicklungen ergeben, obwohl nur eine begrenzte Anzahl von strukturellen Kombinationen ins Spiel gebracht werden. In einem Kaleidoskop ergibt jede neue Kombination derselben Elemente neue Resultate.»

34 Kenelm Burridge, *New Heaven, New Earth: A Study of Millenarian Activities* (1969), S. 76–83. Robert H. Lowie, *Indians of the Plains* (1963), S. 199–204. Philip Drucker, *Indians of the Northwest Coast* (1963), S. 169.

35 James Mooney, *The Ghost-Dance Religion and the Sioux Outbreak of 1890* (1896; Hg. Wallace, 1965), S. 23–28, 181, 201 ff.

36 *Die Metamorphose der Pflanzen*, in: *Goethes Werke* (Hamburger Ausg., 1952), Bd. 1, S. 199. Theodore H. Gaster, *The Dead Sea Scriptures* (1956), S. 98. Zu linearen und zyklischen Geschichtstheorien siehe Frank E. Manuel, *Shapes of Philosophical History* (1965).

37 Victor Hugo, *Quatrevingt-treize* (1874; Flammarion-Ausg., 1965), S. 163; *Ninety-Three* (Übers. Blair, 1962), S. 121–139.

38 Mircea Eliade, *The Myth of the Eternal Return* (1954), S. IX f, 6 f, 27; *The Sacred and the Profane* (1961), S. 59 f, 121. Siehe auch *Myths, Dreams and Mysteries* (1960) und *Images and Symbols* (1961).

6. Kapitel

1 *Encounter* (Februar 1960); jetzt auch in: H. R. Trevor-Roper, *Religion, the Reformation, and Social Change* (1967), S. 237–293. H. Dircks, *A Biographical Memoir of Samuel Hartlieb* (1865), S. 17, 55 f. Christopher Hill, *Intellectual Origins of the English Revolution* (1965), S. 128 f Anm.

2 P. G. Rogers, *The Fifth Monarchy Men* (1966). C. H. Simpkinson, *Thomas Harrison, Regicide and Major-General* (1905). S. R. Gardiner, *History of the Commonwealth and Protectorate: 1649–1660* (1901), Bd. 3, S. 114 f. C. H. Firth, *The Last Years of the Protectorate* (1909), Bd. 1, S. 207–219. Dazu allgemein D. W. Petegorsky, *Left Wing Democracy in the English Civil War* (1940), sowie Perez Zagorin, *A History of Political Thought in the English Revolution* (1954, 1965). Besonders wertvoll ist die Arbeit (die auch die erwähnten Tabellen enthält) von B. S. Capp, *The Fifth Monarchy Men: A Study in 17th-Century English Millenarism* (1972).

3 H. H. Rowley, *Darius the Mede and the Four World Empires in the Book of Daniel* (1935). B. S. Capp, *Fifth Monarchy Men*, S. 36–38, 53.

4 B. S. Capp betont vor allem die psychologischen Motivationen bei der Konversion der Fifth Monarchy-Männer im Unterschied zu schlicht politischen Erklärungen. So stellt er auch die von Zagorin vertretene herkömmliche ideologische These in Frage, daß die Fifth Monarchists viel Zulauf erhielten, als eine allgemeine Enttäuschung über die militante Position der Levellers einsetzte (das heißt, daß der Aufstieg der Fifth Monarchists «die natürliche Folge aus dem Versa-

gen der links-demokratischen Revolution war»). Beide Bewegungen vertraten schon früh eine radikale Haltung und eine Reihe sozialer Forderungen, wenngleich die Levellers offenkundig mehr eine «egalitäre», die Fifth Monarchists hingegen eine «elitäre» Bewegung waren. Vielleicht kann man sagen, daß die eine Bewegung ihre Stärke aus den Köpfen und Herzen jener schöpfte, die nicht auf den Traum von einer endgültigen sozialen Lösung verzichten konnten, während die Anhänger der anderen Bewegung nach seelischer Erlösung strebten (die allerdings auch gewisse materielle Verbesserungen bringen sollte).

Die von den Predigern bewußt geschürte Angst vor Hölle und Verdammnis verstärkte die Sorge um die Erlösung und wurde von vielen Heiligen [der Fifth Monarchists] aufs anschaulichste beschrieben. John Rogers war im Alter von zehn Jahren von den «donnernden Reden» der Prediger über die Schmerzen der Verdammten derart beeindruckt, daß er allnächtlich vom Teufel geholt zu werden erwartete, «endlos, ruhelos und hilflos» sich die bevorstehenden Qualen ausmalte, verfluchte, «daß ich je geboren war», und glaubte, «die Verdammten brüllen und schreien zu hören und zu sehen, wie sie... mit immerwährenden Martern geröstet, gepiesackt und gebraten werden». Es dauerte nicht lange, da verlor er den Verstand. Edward Wayman träumte, von einem großen, schwarzen Hund (dem Teufel) gepackt und zerrissen zu werden. Als ihr Hund eines Nachts auf das Bett sprang, glaubte eine entsetzte Frau, der Teufel sei gekommen, um sie zu holen. Ein elfjähriges Mädchen träumte von einem «Feuer... mit kreischendem Lachen» und einem «brennenden See» und sah «den Teufel mit seinen Ketten», der auf sie wartete. Sarah Barnwell erzählte von einem Prediger, der den Ausbruch einer Seuche in Dublin zum Anlaß genommen hatte, «um die traurige Lage jener (sogar Professoren waren darunter) zu schildern, die in der Hölle heulen. Oh! dieses traurige Schicksal ging mir tief zu Herzen.» Neun Mitglieder dieser beiden Kirchen waren versucht oder versuchten, sich umzubringen, um zumindest von den Schrecken dieses Lebens erlöst zu sein. Rogers versuchte mehrmals, seinem Leben ein Ende zu setzen. Ein kleines Mädchen versuchte sich zu ersticken, indem es die Federn aus seinem Kopfkissen in den Mund steckte. [Vavasor] Powell machte einen Selbstmordversuch. (B. S. Capp, *Fifth Monarchy Men*, S. 95f)

5 Edward Rogers, *Some Account of the Life and Opinions of a Fifth-Monarchy-Man: chiefly extracted from the Writing of John Rogers, Preacher* (1867), S. 3–6, 268f. Zu Dante siehe in diesem Buch Kap. 10, «Die Jünger des Prometheus».

6 Eine Unterscheidung zwischen Männern der Vernunft und der Unvernunft läßt sich weder aufgrund des politischen Radikalismus noch des ruhelosen Temperaments treffen; wie sich an Philip Sidney und

John Rogers zeigt, war beides ihnen gemeinsam. Schließlich erlitt Sidney selbst den Märtyrertod im Namen einer gerechten Sache auf einem Schlachtfeld in der Fremde. Während des Aufstands der Niederländer gegen die Spanier schrieb er (am 15. April 1574) seinem Freund Languet, einem Hugenotten: «Was die Niederlande betrifft, kann ich mir nichts Besseres vorstellen: Zwar steht das ganze herrliche Land in Flammen, doch müßt Ihr bedenken, daß die Spanier durch nichts als eine solche Feuersbrunst vertrieben werden könnten.» Sidney ähnelte sehr seinen eigenen Arkadiern, bei denen «das glorreiche Wort Freiheit» das «Feuer in ihren Köpfen» schürte.

Doch bei aller Feurigkeit zeigte sich eine griechische, eine aristotelische Kühle in Philip Sidneys Wesen und Denken, das frei war von der Aufrührigkeit der jüdisch-christlichen Prophezeiung und noch unberührt von der schlichten Überzeugungskraft systematischer ideologischer Vereinfachungen. Rogers und die anderen Heiligen betrachteten die Vernunft als ungöttlich. Feake kleidet seine Hoffnung in folgende Worte: «eine glorreiche, evangelistische Inquisition». Spittlehouse wetterte gegen die Universitäten und das freie Gelehrtentum: «Was sind die Autoren mit ihren vollgestopften Büchereien anderes als Heiden und Antichristen?» Der radikalen Politik jener Zeit war eine gehörige Prise Magie, Alchimie und Astrologie beigemischt; siehe B. S. Capp, *Fifth Monarchy Men*, S. 187–189.

In scharfem Gegensatz dazu gehörte zu Sir Philip Sidneys feurigem Temperament ein ernsthaftes Interesse an sozialen Fragen (vgl. hierzu Kap. 4 der engl. Ausgabe von *Utopia and Revolution*, «Martyrs of Reason and Passion», S. 174–217). Auf Sidneys Bedeutung für die Geschichte der Utopier und Revolutionäre bin ich an anderer Stelle eingegangen; aber vielleicht sollte der Hinweis nicht fehlen, daß innerhalb der Geschichte der «gerechten Sache» Sidney möglicherweise eine große liberale Tradition begründet hat, dahingehend, daß das leidenschaftliche Engagement sich mit Vernunftgründen und objektiver Analyse rechtfertigen sollte, daß praktisches Tun eines größeren gedanklichen Rahmens bedarf und daß der Aktivist es dem Theoretiker gleichtun möchte.

7 Ich spreche hier mit Bedacht von «Szenarium», um das starke theatralische Element im politischen Leben jener Zeit hervorzuheben. So gab es auch im Leben von Reverend Hugh Peter zahlreiche dramatische Momente. Man hat ihn den «politisiertesten Prediger in der Armee» genannt, und über seine Rolle in den Jahren 1648 und 1649 schreibt ein

Historiker: «Peter war der einzige, der offen den Prozeß bejubelte, mit dem ein Monarch zum Schafott gebracht wurde. Während der Gerichtsverhandlung gegen den König redete er zu den vor Westminster Hall versammelten Truppen und intonierte mit ihnen, wie bei Sprechchören in einem Stadion, einen brausenden Ruf nach ‹Gerechtigkeit, Gerechtigkeit› und ‹Zum Schafott, zum Schafott›, um jeden Protest oder Einwand zu übertönen.» *In God's Name: Examples of Preaching in England, 1534–1662* (Hg. Chandos, 1971), S. 425, 442.

Worauf ich aber speziell hinausmöchte – und dafür gebe ich im Text zahlreiche Beispiele –, ist der Umstand, daß die historischen Akteure in einer Revolution im Verlauf des Geschehens offensichtlich sich des dramatischen, schauspielhaften Elements immer stärker bewußt werden. Ein zeitgenössischer Kritiker, der Hugh Peter als einen «Feuerkopf» haßte und seine «absurden und lächerlichen Ausdrücke» ablehnte, brachte es auf den Punkt: «Seine Predigten waren wie Theaterstücke...» (*Rebels No Saints* [1661], S. 84)

Das Stück nahm ein schlechtes Ende. Sechs Monate nach der Rückkehr Karls II. wurde er von royalistischen Truppen gefangengenommen und mit Gewalt (er behauptete die ganze Zeit, sein wirklicher Name sei Thompson) in den Tower gebracht. Man verurteilte ihn, gehängt, entleibt und gevierteilt zu werden; und am 13. Oktober 1660 «wurde das Urteil mit mehr als der üblichen Grausamkeit vollstreckt».

8 John Spittlehouse, *The First Addresses to the Lord General* (1653), S. 5; R. P. Stearns, *The Strenuous Puritan: Hugh Peter, 1598–1660* (1954), S. 330; John Rogers, *Ohel or Beth-she-mesh* (1653), S. 23; B. S. Capp, *Fifth Monarchy Men*, S. 53.

9 Der Radikalismus der Fifth Monarchy-Bewegung beruhte mehr auf dem fanatischen Messianismus einer kleinen, theokratischen Elite als auf einer kämpferischen Gesinnung, die für demokratische, politische Rechte oder soziale Gleichheit eintrat. Selbst zu ihrer Zeit empfand man die Fifth Monarchists als recht ungewöhnliche Verbündete im Kampf gegen «Tyrannei und Unterdrückung». In seinem scharfen Angriff auf den «politischen Enthusiasmus» ging der berühmte Platoniker der Universität Cambridge, Dr. Henry More, sogar so weit, eine melancholische «Schurkerei» bei den «falschen Messiasen» zu vermuten, die bei allen Tugenden ehrlicher Religiosität und menschlichen Mitgefühls doch sich und andere in die Irre führten, wenn sie mit gefährlicher Sprachbeflissenheit Versprechungen machten auf

eine Erlösung hin, zu der es nie kommen würde. Er hat uns eine Skizze vom undemokratischen Verhalten eines Radikalen hinterlassen, die anschaulich und durchaus fair klingt:

Außerdem traf ich einen [politischen Enthusiasten], dessen Rede nicht nur vernünftig, sondern auch fromm war, und der überaus verständig schien; jedenfalls vermochte ich keine Spur vom Gegenteil zu entdecken, nur hatte er diesen Fehler, daß er wähnte, Gott habe eben ihn zu diesem fünften Monarchen bestimmt, um den es damals viele Gerüchte gab; von dieser Einbildung war er so gefangengenommen, daß er gelegentlich seinen Diener hieß, ihn von Prunkservicen und mit Kniefall zu bedienen... (Henry More, *Enthusiasmus Triumphatus, or a Brief Discourse of the Nature, Causes, Kinds, and Cure of Enthusiasme* [1656], S. 22; zit. nach *A Collection of Several Philosophical Writings of Dr. Henry More* [1712])

Das läßt vermuten, daß es innerhalb der sogenannten links-demokratischen Revolutionen in der Geschichte einen wichtigen Unterschied gab zwischen jenen, die in Theorie oder Praxis nur «teilweise» Demokraten waren, nämlich nur in der Beziehung zur Führung und den Kameraden, und solchen selteneren Gestalten, zu deren Demokratieverständnis das «vollständige» Gleichheitsideal, das *alle* Menschen einschloß, gehörte.

Die Fifth Monarchists waren eine elitäre Bewegung, die ihre Heiligen als Gottes Aristokratie betrachtete und ihnen also das Recht zusprachen, über die von Gott Verworfenen zu herrschen. Vor der Gnade Gottes gab es keine sozialen Unterschiede, und die Heiligen glaubten, daß deshalb eine soziale Revolution nötig war. Unter den Heiligen selbst aber herrschte Gleichheit. Auch ein Handelsreisender, ein Lehrling oder Tagelöhner mochte in den Zustand der Gnade versetzt sein, und dann wurden Menschen dieser Schichten als gleichberechtigte Heilige akzeptiert und durften in der Gemeinde ein Amt bekleiden. (B. S. Capp, *Fifth Monarchy Men*, S. 230)

10 Über dieses Treffen zwischen John Rogers und Oliver Cromwell schreibt Wilbur C. Abbott, der Herausgeber der großen Ausgabe von *The Writings and Speeches of Oliver Cromwell* (1945), Bd. 3, S. 607:

... und dann fand eine der längsten, unterhaltsamsten und aufschlußreichsten Unterhaltungen statt, die uns aus dieser Zeit überliefert ist und die nur dadurch beeinträchtigt wird, daß der größte Teil des Gesprächs von dem redefreudigen und sprunghaften Rogers bestritten wurde, einen Mann, der wie kein anderer seiner Zeit wegen seines exzessiven Wortschwalls und unverantwortlichen Argumentierens berüchtigt war.

Der Vorwurf scheint mir ein wenig kleinlich. Wir wissen gut genug darüber Bescheid, wie Cromwell argumentiert hat; der Historiker sollte dankbar sein, daß uns soviel wortgewaltige Rede überliefert worden ist, die Aufschluß über utopisches Denken und revolutionäre Gesinnung vermittelt. Weil Abbott diesen Aspekt vernachlässigt, kommt er meiner Ansicht nach zu einem falschen Gesamturteil bei der Bewertung dieser Debatte, wo die Brillanz eines seraphinischen Dissidenten und die Ungerührtheit eines ungeduldigen Mächtigen einander gegenüberstehen. Es klingt nicht überzeugend, wenn er schreibt:

> ... wie es seine Art war, begegnete Cromwell seinen Gegnern ebenso gerne bei theologischen Streitgesprächen wie auf dem Schlachtfeld, weil er nicht ohne Grund seinem Geschick vertraute, das er seit seinen frühesten Tagen in puritanischen Konventikeln sich über die Jahre erworben hatte, ihnen aus ihren eigenen Worten einen Strick zu drehen mittels der Heiligen Schrift, in der er sich nicht schlechter auskannte als sie.

Abgesehen von der Parteinahme für seinen heroischen Protagonisten, verdienen Abbotts Schlußfolgerungen, zitiert zu werden (S. 616):

> 1. Es gab keine Ebene, auf der sich zwei Männer oder zwei Denkrichtungen so unterschiedlicher Art wie die Fifth Monarchists und die Cromwellianer hätten treffen können – in der Tat hätte es keine Richtung des Denkens oder Empfindens mit der wortreichen und inkonsequenten Hartnäckigkeit von Männern aufnehmen können, die mit all ihren Tugenden ein Ideal verfolgten, das sich in dieser unvollkommenen Welt nicht verwirklichen läßt, und die jede Macht zu stürzen bereit waren, die sich der Herrschaft der Heiligen in den Weg stellen sollte.
>
> 2. Es ist offensichtlich, daß Cromwell sich ihnen gegenüber in einer schwierigen Lage befand. Er hatte sich auf dem Weg an die Macht dieser enthusiastischen Gesinnung bis zur Neige bedient; er hatte geglaubt, sie durch Überredung kontrollieren zu können; aber er sah jetzt, daß nur das Schwert half; und es ist ganz deutlich, daß er die Unmöglichkeit einer Versöhnung erkannte und die Konsequenzen zu ziehen bereit war, selbst wenn er dadurch einige seiner eifrigsten Anhänger verlieren sollte. Nicht zum ersten- und nicht zum letztenmal sah sich ein revolutionärer Führer in einer Situation, in der er sich von den extremsten seiner Gefolgsleute lossagen mußte.

11 Weil sie mit der kurzen, parteiischen Darstellung in dem Regierungsblatt unzufrieden waren, veröffentlichten die Fifth Monarchists rasch eine eigene Version: *The Faithfull Narrative of The Late Testimony and Demand made to Oliver Cromwell, and his Powers, on the Behalf of the*

Lords Prisoners... to prevent mistakes, and misreports thereupon (1654). Beide Darstellungen sind abgedruckt worden in: Edward Rogers, *Some Account of the Life*, S. 172–214; eine Zusammenfassung findet man in: *The Writings and Speeches of Oliver Cromwell* (Hg. Abbott, 1945), Bd. 3, S. 607–616.

12 In Cromwells denkwürdiger Formulierung von 1655: «Ist der menschliche Geist nicht von einer seltsamen Lust befallen? Er gibt sich nicht eher zufrieden, bis er den Finger auf seines Nächsten Gewissen gelegt hat und ihn dort kneifen kann.» (Charles Firth, *Oliver Cromwell* [1900], S. 368)

13 Nicht wenige Historiker bestätigen Cromwells Anspruch. «Tatsächlich war Cromwells Herrschaft toleranter als alles, was es in England seit der Reformation gegeben hatte. In der Praxis war er milder als die Gesetze und sogar liberaler als die meisten seiner Berater.» (Firth, *Cromwell*, S. 367f)

14 4. September 1654 und 17. September 1656, in: *Speeches of Oliver Cromwell* (Hg. Stainer, 1901), S. 127–146, 211–255. Louise Fargo Brown, *The Political Activities of the Baptists and Fifth Monarchy Men in England during the Interregnum* (1912), S. 154f.

15 In seiner Untersuchung über *English Democratic Ideas in the Seventeenth Century* machte G. P. Gooch auf die engen Beziehungen während dieser Zeit zwischen den Baptisten und den Männern der Fünften Monarchie aufmerksam und auf die Tatsache, daß «viele Konversionen von einer Bewegung zur anderen» dokumentiert sind. Wie bereits erwähnt, bietet Perez Zagorin in seiner *History of Political Thought in the English Revolution* als Erklärung, daß der Millenarismus erst aufkam, nachdem die Bewegung «für politische und säkulare Lösungen» gescheitert war. Er mutmaßt, daß «dies wahrscheinlich ein Randphänomen geblieben wäre, wenn die Levellers ihre Ziele erreicht hätten». Zagorin unterscheidet zu säuberlich und simpel zwischen säkularen und millenaristischen Elementen in der auf das Diesseits gerichteten Politik und übersieht das gemeinsame ideologische Temperament; entsprechend interpretiert er den Aufstieg der Fifth Monarchists als Folge irgendeiner größeren Verlagerung. «Die Bewegung der Fifth Monarchists entspringt also dem Stöhnen der verzweifelten Kreatur, die die Grausamkeit und Herzlosigkeit der Welt beklagt. In einem noch stark religiös bestimmten Zeitalter war das die unvermeidliche Folge des Mißerfolgs bei der Durchführung der links-demokratischen Revolution.» B. S. Capp in *The Fifth Monarchy Men* hält diese Formel

für zu glatt, zu mechanistisch gedacht und zu wenig empirisch erarbeitet:

> Das Programm der Fifth Monarchists, das eine tyrannische Herrschaft der Auserwählten über die Gottlosen vorsah, stand den egalitären Tendenzen der Levellers diametral entgegen. Trotzdem mögen einige aus dem Fußvolk der Levellers zu den Fifth Monarchists gefunden haben, hatten doch die Heiligen in vieler Beziehung dieselben Ziele wie andere gleichzeitige radikale Bewegungen. Sie verlangten Rechtsreformen, niedrigere Pachtsätze und die Beendigung der restlichen Feudalverhältnisse. Sie griffen Monopole an, verdammten die Zehntelabgabe und suchten, das Los der Armen zu verbessern. Der Umstand, daß verschiedene radikale Gruppierungen teilweise dieselben Forderungen auf ihre Fahnen geschrieben hatten, mag Wechselbewegungen der an den Randzonen existierenden Mitglieder erleichtert haben; es gibt aber keine Beweise dafür, daß die Fifth Monarchists ihren Aufstieg der Niederlage der Levellers verdankten oder daß jene von diesen Ideen übernahmen.

Siehe dazu G. P. Gooch, *English Democratic Ideas in the Seventeenth Century* (1898; Hg. Laski, 1927), S. 227; P. Zagorin, *History of Political Thought*, S. 105; B. S. Capp, *Fifth Monarchy Men*, S. 89, 230.

16 B. S. Capp, *Fifth Monarchy Men*, S. 74f, 162; John Rogers, *Sagrir, or Doomes-day drawing nigh, with Thunder and Lightening to the Lawyers…* (1653).

17 *The Censure of the Rota upon Mr. Milton's Book* (1660), S. 15. Marchamont Nedham, *A True State of the Case of the Commonwealth* (1654), S. 34.

Ich sollte erwähnen, daß der Rota-Kritiker – wie viele moderne Milton-Forscher – Milton mit den radikalen Heiligen in Verbindung brachte, «den Männern der Fünften Monarchie, die glänzend zu Ihren Vorstellungen gepaßt hätten, wenn es ihnen um einen fünften Frei-Staat gegangen wäre». Aber Milton selbst, der ein recht loyaler Cromwellianer war, empfand wenig Sympathie für die fanatisch radikalen Sekten; möglicherweise sind seine zornigen Worte auf sie gemünzt, wenn er in Sonett XII gegen jene schreibt:

> That bawle for fredom in their senseless mood,
> And still revolt when truth would set them free.
> License they mean when they cry libertie.

> (Die stumpf gestimmt nach Freiheit schreien
> Und noch im Aufruhr taumeln, wenn Wahrheit sie befreien könnt.
> Freischweifend ist, was sie als Freiheit meinen.)

18 «*Seraphisch*... meint in Anspielungen den Eiferer... entrückt, ekstatisch fromm... Im 17. Jahrhundert häufig ironisch gebraucht für fanatisch religiöse Menschen oder leidenschaftliche Redner...» *Oxford English Dictionary* (1933), Bd. 9, S. 489f.

19 Als 1645 die «New Model Army» aufgestellt wurde, nannte man die entlassenen Soldaten (die zu einem politischen Problem wurden) «*Reformadoes*». Die gewählten Vertreter der einzelnen Regimenter hießen «*Agitators*» (was oft falsch geschrieben und als Variante von «*Adjutators*» angesehen wurde) oder offizielle Agenten des Militärs, abgeleitet von *to agitate*, «die eigentliche Arbeit verrichten, unmittelbar tätig sein». Daß das Wort einen subversiven Nebensinn hatte, wird aus Nedhams kleinem Schauspiel *The Levellers levelled* (1647) deutlich, wo die Hauptpersonen fünf «*Adjutators, or Levellers*», sind nämlich «Apostasie, Konspiration, Hinterlist, Demokratie und Gottlosigkeit». Seine moderne Bedeutung erhält das Wort im Englischen erst hundert Jahre später, zur Zeit Edmund Burkes. Siehe *Oxford English Dictionary* (1888–1928), Bd. 1, S. 184; S. R. Gardiner, *History of the Great Civil War* (1891), Bd. 3, S. 60; *Speeches of Oliver Cromwell* (Hg. Stainer, 1901), S. 6–9, 412f.

20 Die Propheten der Apokalypse verlangt es immer nach mathematischer Exaktheit, aber wenn die Prophezeiungen nicht eintreffen, muß man notgedrungen revidieren. Mag bei einigen die Zuversicht ins Wanken geraten oder alle Hoffnung in Enttäuschung enden, so gibt es andere, die zurück zu den Büchern gehen und neue Berechnungen aufstellen. Es hat sowieso nie allgemeine Übereinstimmung darüber gegeben, wann der Große Tag oder das Goldene Jahr exakt eintreffen wird oder wie man das Datum genau ausrechnet. In der zeitgenössischen Literatur werden verschiedene Jahre genannt: 1641, 1645, 1648, 1649, 1650, 1655–1657 und 1660. Als der geheime Favorit der Apokalyptiker – 1666 – näherrückte, hatte die kampfbereite Hoffnung inzwischen einer quietistischen Ergebenheit Platz gemacht; es tat sich wenig, und wenig wurde getan. Es war klar, daß sogar bei den Berechnungen, die von der Namenszahl des Antichrists (666, nach Offenbarung 13,18) ausgegangen waren, etwas falsch gelaufen war. Henry Danvers versuchte 1672 zu erklären, daß es eigentlich unmöglich sei, genaue Jahreszahlen anzugeben.

Aber als es 1688 zur «glorreichen Revolution» kam, studierten einige Millenaristen erneut die heiligen Texte und fanden passenderweise, daß die Prophezeiungen sich in Wirklichkeit auf die Jahre 1688 und 1689 bezogen. Einige wenige wollten gar in dem wiedereingesetzten König Karl II. den wahren Fünften Monarchen erkennen. Siehe B. S. Capp, *Fifth Monarchy Men*, S. 193f.

21 Leo F. Solt, *Saints in Arms: Puritanism and Democracy in Cromwell's Army* (1959); ders., «The Fifth Monarchy Men: Politics and the Millennium», in: *Church History* (September 1961), Bd. 30, S. 314–324.

22 *Jegar-Sahadutha* (1657), in: E. Rogers, *Some Account of the Life*, S. 225–304.

23 *The Diary of John Evelyn*, 6. August 1657 (Hg. de Beer, 1955), Bd. 3, S. 196. P. G. Rogers, *Fifth Monarchy Men*, S. 97. L. F. Brown, *Political Activities*, S. 27 Anm. L. F. Solt, «Politics and the Millennium», S. 321. *Bibliotheca fanatica* (1660), S. 7. B. S. Capp, *Fifth Monarchy Men*, S. 125.

24 E. Rogers, *Some Account*, S. 3, 37. William Aspinwall, *The Legislative Power* (1656), S. 36f. B. S. Capp, *Fifth Monarchy Men*, S. 111–118. 140–156.

25 M. Nedham, *A True State*, S. 3, 13f. Champlin, Burrage, «The Fifth Monarchy Insurrections», in: *English Historical Review* (Oktober 1910), S. 723.

26 Längere Auszüge aus dem entzifferten Tagebuch von Thomas Venner sind abgedruckt bei C. Burrage, «Insurrections», S. 722–747.

27 *A Door of Hope. Or, A Call and Declaration for the gathering together of the first ripe Fruits unto the Standard ...* (1661), S. 2f.

28 Samuel Pepys, *Diary* (Hg. Wheatley, 1907), Bd. 1, S. 298. E. Rogers, *Some Account*, S. 327f.

29 Zur Frage eines *back-lash* zitiert B. S. Capp die zuversichtliche politische Voraussage des Earl of Clarendon aus den Manuskripten Edward Hydes in einem Schreiben an König Karl II. vom 24. Mai/3. Juni 1657. In seiner sehr gewissenhaften Darstellung (*History of the Rebellion*, S. 126–130) scheint er zu derselben Formel zu tendieren, die inzwischen geläufig ist, daß nämlich der Extremismus der Ultra-Linken den Rechten Gelegenheit gab, wieder an die Macht zu kommen:

> Am 8. Mai [1660] wurde Karl II. zum König ausgerufen, am 29. Mai zog er in London ein. Selbstverständlich war die Restauration nicht allein den Heiligen zuzuschreiben. Aber ihre lautstarken Forderungen nach politischer, sozialer und religiöser Revolution brachten die republikanische Regierung in Mißkredit, die ihrer nicht Herr zu werden vermochte. 1653 waren sie mitverantwortlich für die konservative Reaktion gewesen, die zum Protektorat führte. Ihre Umtriebe sowie Gerüchte von bevorstehenden Metzeleien und

Plünderungen trugen 1660 zu der allgemeinen Überzeugung bei, daß ohne die Rückkehr des Königs Ruhe und Ordnung nicht wiederhergestellt werden könnten.

30 P. G. Rogers, *Fifth Monarchy Men*, S. 155f.

7. Kapitel

1 Ich habe an verschiedenen Stellen versucht, Material über die unterschiedlichen Typen des Revolutionärs unserer Tage zusammenzustellen, so auch in drei diesem Thema gewidmeten Beiträgen im *Encounter*: «Ulrike Meinhof & the Baader-Meinhof Gang» (Juni 1975), S. 9–23; «Revolution Diary» (August 1968), S. 81–92, sowie «Lady on the Barricades» (Juli 1972), S. 16–31; jetzt gesammelt in meinem Buch *On the Barricades, and off* (Transaction Press, Rutgers 1988). Ein Zitat aus dem letztgenannten Artikel mag dazu beitragen, den hier vorgetragenen persönlichen Ansichten eine tiefere historische Perspektive zu geben:

> Rebellion ist das bittere Werk der Armen; Revolution ist ein Privileg des Mittelstandes. Der Rebell kommt aus den Reihen der Armen, der Arbeiter und Bauern, des Lumpenproletariats, der Geschädigten und Unterdrückten. Wenn Not und Ungeduld unerträglich werden, unternehmen sie Revolten, Umstürze, Aufstände, erheben sich und führen Coups und Putsche durch. Gelegentlich treibt Rachsucht sie zur Gewalt, und ihre momentanen Hoffnungen sind übermäßig hochgesteckt; im Grunde aber ist ihr Kampf praktisch und authentisch und geht um zusätzliche Rechte, Freiheiten und menschenwürdige Verhältnisse.
>
> Der Revolutionär, der fast immer aus wohlhabenden Kreisen stammt, ist ein phantasieerfülltes Wesen. Er kann in Ruhe seinen utopischen Träumen nachhängen, und seine Bildung befähigt ihn, mit Geschick alle Fragen der Theorie und Praxis, Strategie und Taktik, Ideologie und Lehrmeinung durchzugehen. Er gelangt selten an die Macht, weil er niemals – außer in der fein ausgearbeiteten Selbstdarstellung – wirklich ein Mann (oder eine Frau) des Volkes ist, und das Volk hat noch stets diese Pose durchschaut. Bei dem gewaltigsten Klassenkampf der modernen politischen Geschichte – der etwa von Robespierre bis Lenin, Rákosi und Novotný reicht – standen auf der einen Seite der Revolutionär, der im Namen der anderen die Macht ergreift und sie mit engstirnigem, priesterlichem Dogmatismus ausübt und mit grausamer, eitler und eigennütziger bürokratischer Selbstgefälligkeit ... und auf der anderen Seite eben diese anderen, die sich betrogen, verraten und oft stärker unterdrückt fühlen als zuvor. Revolu-

tion ist die Verschwörung einer Elite und damit der Feind jeder echten volksfreundlichen Reform. Die revolutionäre Elite ist die einzige neue Klasse, die nach dem Blutvergießen frei und erfüllt entsteht. Denn was ist Revolution anderes als die apokalyptische Sehnsucht, mit einem Schlag das Paradies zu schaffen? Nährt sich solch ein Vorschlag je von realistischem, vernünftigem Geist? Wer würde behaupten, daß damit ein ernsthafter, wohlüberlegter Beitrag zur Verbesserung einer unzulänglichen Sozialordnung geliefert wird? Scheint es sich nicht eher um eine Trübung des modernen Geistes zu handeln, um einen Glauben an ideale Mittel für ideale Ziele, eine Phantasterei über die perfekte Art und Weise, eine perfekte Gesellschaftsordnung zu begründen, um einen Fiebertraum von Sturm und Beben, wie ihn die Welt noch nie erlebt hat?

2 Thomas Goodwin, *Works* (1683), Bd. 2, «An Exposition upon the Revelation», S. 190. *Samuel Hartlib and the Advancement of Learning* (Hg. Webster, 1970), S. 33 f, 92. Samuel Hartlib, *England's Thankfulnesse, or An Humble Remembrance presented to the Committee for Religion in the High Court of Parliament* (1642), S. 2; R. F. Young, *Comenius in England: The Visit of Jan Amos Komensky (Comenius) to London in 1641–1642* (1932), S. 38 f.

3 G. H. Turnbull, *Hartlib, Dury and Comenius: Gleanings from Hartlib's Papers* (1947), S. 187, 272, 314. John Dury, *Clavis Apocalyptica* (1651), Vorwort von Hartlib. Siehe auch H. R. Trevor-Roper, «Three Foreigners: The Philosophers of the Puritan Revolution», in: *Religion, the Reformation, and Social Change* (1967), S. 237–293, sowie H. Dircks, *A Biographical Memoir of Samuel Hartlib* (1865).

4 Comenius, *Opera Didactis Omnia* (1657), Kap. XXXI, 15. Abteilung; *The Great Didactic* (Übers. Keatinge, 1910), S. 285.

5 Briefe von Culpeper an Hartlib vom 13. Juli 1642 und 11. März 1645/6, zitiert nach den Hartlib Papers in der Sheffield University Library in Charles Websters verdienstvoller Ausgabe von *Samuel Hartlib and the Advancement of Learning*, S. 38–41.

6 John Milton, *Of Education: To Master Samuel Hartlib* (1644), in: *Works* (Hg. Patterson, 1951), Bd. 4, S. 275 f.

7 *Hartlib and the Advancement of Learning*, S. 193 f.

8 Turnbull, *Hartlib, Dury and Comenius*, S. 241 Anm. Friedrich Althaus, *Samuel Hartlib: Ein deutsch-englisches Charakterbild* (1884), S. 262.

9 Brief an Worthington vom 3. August 1660, in: Turnbull, *Hartlib, Dury and Comenius*, S. 110 f.

10 Brief von Dury an Hartlib vom November 1631, in: Turnbull, *Hartlib, Dury and Comenius*, S. 323–325.

11 Turnbull, *Hartlib, Dury and Comenius*, S. 136, 331f.

12 John Dury, *A Motion tending to the Publick Good of this Age* (1642), in: *Hartlib and the Advancement of Learning*, S. 107–109.

13 Eine abweichende Interpretation der Leistungen dieser «utopischen Internationalisten» gibt Frank Manuel in «Pansophia, a 17th-Century Dream of Science», in seinem *Freedom from History* (1971), S. 89–113. Aber er betont «die gemeinsamen Ideale bei Denkern verschiedener Richtungen» (darunter Bruno, Campanella, Bacon, Andreae, Leibniz sowie Comenius, Dury und Hartlib) und «gleichen Elementen in den Visionen der Männer aus Mähren, Tübingen, London, Paris, Elbing, Nola und Kalabrien ... Verkünder der Utopie des 17. Jahrhunderts».

14 Johann Valentin Andreae, *Reipublicae Christianopolitanae descriptio* (1619); *Christianopolis. Reise nach der Insel Caphar Salama und Beschreibung der darauf gelegenen Republik Christiansburg* (1741; Nachdr. 1981); *Christianopolis: An Ideal State of the Seventeenth Century* (Übers. Held, 1916). Es liegen eine Reihe nützlicher Biographien und Übersetzungen vor: J. P. Glökler, *Johann Valentin Andreä, Ein Lebensbild* (1886); Harald Scholtz, *Evangelischer Utopismus* (1957); *Selbstbiographie* (Übers. Seybold, 1799); *Dichtungen zur Beherzigung unseres Zeitalters* (Vorwort J. G. Herder, 1786); *Joh. Val. Andreä's entlarvter Apap–Papa- und Hahnenruf. Eine Stimme der Warnung an das deutsche Volk* (Hg. Pabst, 1827).

15 Was für eine bemerkenswerte Gestalt war Andreae, und wie bedauerlich ist es, daß so wenig von seinem Werk noch bekannt ist! Schon wenn man die wenigen zugänglichen Fragmente liest, kann man verstehen, warum Herder schwärmen konnte von dem «Mann, der in seinem Jahrhundert wie eine Rose unter Dornen blühte». Der Dialog aus vierzig lateinischen Versen über Machiavelli in seinem *Menippus* ist ein kleines Juwel dichten Witzes und politischen Durchblicks und doch nur eines aus einem Dutzend denkwürdiger Kabinettstücke, die für das Europa seiner Zeit recht ungewöhnlich sind.

In einer reizvollen, stark aphoristischen Parabel auf das Jüngste Gericht (und an anderen Stellen seiner *Mythologiae Christianae*) scheint Andreae in der neuen kritischen Freiheit zu schwelgen, die ihm sein radikaler Humanismus verschafft. Wie eine vollständige soziologische Prozession wirkt es, wenn er sämtliche Völker, Klassen und Mächte seines Zeitalters einer Heerschau unterzieht – von den Monarchen dieser Welt (die sich mit Hilfe ihres Anwalts Machiavelli zu verteidigen versuchen) bis zu den Dichtern (vom blinden Homer angeführt); von den Juden, Christen, Häretikern und Ungläubigen bis zu den verschiedenen Nationen Europas, Asiens, Afrikas und Amerikas («stöhnend unter der Grausamkeit der Eroberer»). Er ist versucht, aus der eigenen, bitteren Anklageschrift Einzelheiten vorzutragen; aber als er hört, daß der Tag der Befreiung naht *(sed quia imminere audio liberationii nostrae diem)*, ist er bereit, manches zu übersehen – die Tyrannei der Großen, den Stolz der Aristokratie, die Unbarmherzigkeit der Soldaten, die Heuchelei der Priester, die Mordlust der Ärzte, die Schwindeleien der Philosophen, die Unfähigkeit der Künstler, die Affektiertheit der Dichter, die Fabeln der Historiker, den Schund der Buchhändler, das Sykophantentum der Politiker und – als wäre das noch nicht genug, um einen Utopisten in traumreiche Gefilde zu jagen – die Umgestaltung Asiens, die Degeneration Europas, das Elend in Afrika, die Torheiten Amerikas *(& Asiae metamorphosin, & Europae libidinem, & Africae dolos, & Americae stuporem)*...

In einer weiteren politischen Parabel, die sich als ein Bericht aus dem Jahr 2040 präsentiert, erzählt Andreae folgende Geschichte: Man weiß, daß in unserer Zeit erforscht wurde, wonach frühere Jahrhunderte mit großem Aufwand an Menschen und Material vergeblich suchten. Die Länder des Nord- und Südpols sind entdeckt. Aus den Berichten unseres Kolumbus wissen wir, wie barbarisch es dort zuging. Religion, Moral, Politik – alles war dort anders als bei uns. Europa empfand größtes Mitgefühl für das traurige Schicksal so vieler Millionen Menschen. Rasch brachte man ihnen alle Werkzeuge und Techniken der Kultur und Zivilisation und lehrte sie ihre Benutzung. Bald konnte man bei den mächtigsten Angehörigen der Nation die erfreulichsten Anzeichen eines Fortschritts hin zur Aufklärung feststellen. Den besten Beweis dafür lieferte ihre Behandlung des Volkes, dem sie bislang als gewählte Führer gedient hatten; jetzt benahmen sie sich wie tyrannische Despoten. Alles war ihrer Laune unterworfen: zu glauben oder zu gehorchen, zu essen oder zu hungern, zu leben oder zu sterben. Widerstand wurde um so schwieriger, je später man seine Notwendigkeit erkannte. Das Volk war schon seit langem äußerst schwach. Aber mit Anstrengung und Klugheit gewann es neue Kräfte. Schließlich trat es zum Kampf gegen seine Unterdrücker an und siegte. Das Joch war abgeworfen, das Volk so frei wie früher schon einmal. Jetzt wollte es den Lehrmeistern seiner alten Herrscher Dank sagen. Und es schickte ein Gemälde nach Europa, auf dem folgende Szenen dargestellt waren: wie ein Wolf die Schafe auf die Wiese führt, ein Fuchs den Gänsen predigt, ein Storch Frösche anführt, eine Katze zwischen zwei Mäusen entscheidet, ein Hund den Hasen den Weg zeigt. Es trug den Titel: Zivilisation.

Siehe Johann Valentin Andreae, *Dichtungen zur Beherzigung unsers Zeitalters*, S. III, 97–99, 179f. *Mythologiae Christianae* (1619), S. 102f. *Menippus, sive dialogorum satyricorum centuria*... (1673), S. 13f.

16 Andreae, *Mythologiae Christianae*, S. 10; *Menippus*, S. 125f. Ich danke Dr. Jennifer Hall (Classics Dept., Westfield College, University of London) für ihre annotierten Übersetzungen dieser lateinischen Passagen. Man darf auch nicht übersehen, daß vieles bei Andreae von Campanellas *Civitas solis* inspiriert wurde, das zunächst in Manuskriptform im Umlauf war und dann von Andreaes Freund Tobias Adami 1623 gedruckt wurde. Webster, *Hartlib*, S. 30 Anm.

17 Andreae, *Christianopolis* (Ausg. 1741), S. 61f.

18 Andreae, *Christianopolis* (Ausg. 1741), «Vorbericht an den Leser».

19 Samuel Hartlib, *A Description of the Famous Kingdome of Macaria* (1641); mehrmals nachgedruckt im *Harleian Miscellany* (1744), Bd. 1, S. 564–569; (1808) Bd. 1, S. 580–585. John Milton, *Of Education: to Master Samuel Hartlib* (1644), in: *Works* (1931), Bd. 4, S. 275f.

20 «Macaria» von *makarios*, gesegnet oder glücklich. In Thomas Mores *Utopia* sind die Makarier die Nachbarn der Utopier.

Nach weiteren Nachforschungen in den umfangreichen Beständen der Universität Sheffield aus Hartlibs nachgelassenen Papieren hat Charles Webster unlängst die Frage nach der wahren Autorschaft von *Macaria* gestellt. Er glaubt nun, daß es im wesentlichen von einem Protegé Hartlibs entworfen wurde, von Gabriel Plattes, der einige Jahre später starb (1644). Obwohl seiner Ansicht nach «kein Grund besteht, seine Autorschaft an dem utopischen Traktat zu bezweifeln, das bisher Hartlib zugeschrieben wurde», schreibt er als Fazit: «Über die genaue Rolle, die Hartlib bei der Abfassung von *Macaria* gespielt hat, kann man nur Vermutungen anstellen, aber es ist so gut wie sicher, daß er irgendwann aktiv daran beteiligt war. Nach eigenem Eingeständnis war Plattes recht ungebildet. Dieser Eindruck wird durch seine Schriften bestätigt, die eine Unkenntnis klassischer Sprachen erkennen lassen. Es ist auch unwahrscheinlich, daß er mit der umfangreichen, auf dem Kontinent verfaßten Literatur vertraut war. Deshalb mag Hartlib mehr als gewöhnlich bei der Abfassung dieser Schrift mitgearbeitet haben.» Siehe «The Authorship and Significance of *Ma-*

caria», in: *Past & Present*, Nr. 56 (1972), S. 34–48; und einen weiteren Beitrag, den der Autor mir dankenswerterweise zukommen ließ, Charles Webster, «Macaria: Samuel Hartlib and the Great Reformation», in: *Acta Comeniana*, Bd. XXVI (Prag, 1970), S. 147–164.

21 *Correspondence of Hartlib... with Governor [John] Winthrop of Connecticut, 1661–1672* (Hg. Winthrop, 1878), S. 4, 12f.

22 John Norris, «A Discourse concerning Heavenly-Mindedness», in: *Practical Discourses* (1691), S. 176–178.

23 *The Works of Joseph Mede* (Hg. Worthington, 1672), S. 880.

24 Zum Fragenkomplex der millenaristischen Politik siehe *Millennial Dreams in Action: Essays in Comparative History* (Hg. Thrupp, 1962) sowie Wilhelm E. Mühlmann, *Chiliasmus und Nativismus: Studien zur Psychologie, Soziologie und historischen Kasuistik der Umsturzbewegungen* (1964).

25 G. H. Turnbull, «John Hall's Letters to Samuel Hartlib», in: *Review of English Studies*, Nr. 4 (Juli 1953), S. 232.

26 Samuel Hartlib, *Considerations tending to the Happy Accomplishment of Englands Reformation in Church and State, Humbly presented to the Piety and Wisdome of the High and Honourable Court of Parliament* (1647), Vorwort.

27 *Some Proposalls towards the Advancement of Learning* (MS., 1653), in: *Hartlib and the Advancement of Learning*, S. 188–190.

28 Samuel Hartlib, *A Discoverie... with a Philosophical Query concerning the Cause of Fruitfulness* (1653); *His Legacie* (1651–1653); *A Design for Plentie* (1652); *Cornu Copia* (1652).

29 John Dury, *The Reformed School* (1651), S. 1. *Hartlib and the Advancement of Learning*, S. 57.

30 Hartlib, *Considerations*, S. 41, 45, 59.

31 Die parlamentarische Unterscheidung ist belegt in Hartlibs Vorwort zu *Clavis Apocalyptica: or a Prophetical Key* (1651).

32 *Hartlib and the Advancement of Learning*, S. 105, 152, 160, 169.

33 Turnbull, *Hartlib, Dury and Comenius*, S. 68. Der Brief von Petty ist abgedruckt bei G. H. Turnbull, «Samuel Hartlib's Influence on the Early History of the Royal Society», in: *Notes and Records of the Royal Society of London* (1933), Bd. 10, S. 120f.

34 Thomas Sprat, *The History of the Royal-Society* (1667), S. 437f.

35 Robert Boyle, *Works* (Hg. Birch, 1772), Bd. 6, S. XXXIV.

36 Hartlib bemühte sich, nicht mit vollem Erfolg, eine englische Übersetzung sowohl Campanellas als auch Andreaes in die Wege zu leiten.

Der Dichter John Hall konnte Hartlib nur zwei kleinere verwandte Schriften von Andreae vorlegen, *Christianae Societatis Imago* und *Christiani Amoris Dextera Correcta* (1620). Diese wurden unter dem Titel *Model of Christian Society* (1647) bzw. *The Right Hand of Christian Love* in John Halls *Of the Advantageous Reading of History* (1657) gedruckt und «Mr. S. Hartlib gewidmet». Eine englische Übersetzung von Andreaes Utopie *Christianopolis* erschien erst Jahrhunderte später in der Ausgabe von F. E. Held (1916).

John Sadler hat unlängst Zweifel angemeldet, ob Comenius Bacons *New Atlantis* überhaupt gekannt hat; aber als Campanellas *Civitas Solis* 1623 erschien, schreibt er, habe Comenius das Buch mit «unglaublicher Freude» gelesen. Siehe John Edward Sadler, *J. A. Comenius and the Concept of Universal Education* (1966), S. 71.

In der Zusammenfassung von Comenius' Ansichten jedenfalls schreibt Sadler (wobei er sich vielleicht etwas zu sehr des Jargons der modernen Soziologie und der neuen tschechischen Kommentatoren bedient), daß Comenius sich mit Überlegungen und Plänen für eine utopische Gesellschaft befaßte, die für ihn mit der Aussicht auf «eine vollständige Änderung der Sozialstruktur» verbunden war. Als glühender Chiliast und mystischer Millenarist hoffte er, daß es «zu einer plötzlichen, dramatischen Veränderung der menschlichen Situation kommen würde, die sofort alle politischen, sozialen und ökonomischen Probleme lösen würde... In der Tat hat Comenius' Glaube an das Millennium oder zumindest an die diesbezüglichen Prophezeiungen ihn gelegentlich dazu gebracht, an politischen Intrigen teilzunehmen und bei seinen Freunden falsche Hoffnungen zu wecken.» Sadler vermutet, daß Johann Valentin Andreaes Allegorie einer Gottesstadt *(Christianopolis)* Comenius «als Vorlage für eine utopische Gesellschaft» diente; sie sollte die Brücke sein zwischen dem, was er «das Labyrinth der Welt und das Paradies des Herzens» nannte. An anderer Stelle schreibt Comenius (nüchtern, politisch und ohne Rückgriff auf mystische Metaphern) von der Suche nach einer Philosophie («Pansophie»), mit deren Hilfe «die Menschen, wenn sie in klarem Licht die Ziele aller Dinge sehen und die Mittel, um diese Ziele zu erreichen, und den richtigen Gebrauch dieser Mittel, vielleicht alles, was sie haben, in den Dienst der guten Ziele stellen werden» *(Via Lucis)*. Ihm eignete «ein unzerstörbarer Optimismus in allen menschlichen Belangen»: die Verderbtheit der Menschen war nur oberflächlich. So schrieb er zu einer Zeit, als die zunehmenden Schwierigkeiten manche veranlaßten, sich von der gerechten Sache abzuwenden: «Ganz falsch! Solange die Krankheit währt, müssen Mittel zur Heilung gefunden werden. Wir müssen unsere Anstrengungen verdoppeln und unsere Methoden variieren.» Wenn man die Gründe für eine allgemeine Reform nur deutlich genug darlegt, «kann niemand bei gesunder Vernunft etwas dagegen haben», bis es schließlich «nichts geben wird, das nicht reformiert ist» *(Panorthosia)*.

Es ist nicht verwunderlich, daß in der Tschechoslowakei Sozialisten und Kommunisten während der dramatischen und verzweifelten Reformperiode im Jahr 1968 sich auf Comenius besannen. Seine politischen Hauptkategorien gehörten zu dem, was ich als Grundformen der ideologischen Existenz bezeichnet habe, und diese haben die Eigenschaft (worauf ich fortwährend hinweise), immer wieder aufzutauchen und sich zu behaupten. So fand die tschechoslowakische Akademie 300 Jahre nach der Veröffentlichung von Comenius' *Via Lucis* («Der Weg des Lichtes») dort diese unglaublich treffende Passage und schickte sie mit einem Neujahrsgruß an Tausende in Ost und West, mitten in der Zeit nach dem Einmarsch sowjetischer Truppen.

> Die Mächtigeren verfielen danach auf eine andere Methode, den Streit der Menschen untereinander zu schlichten: Indem sie ganze Nationen angriffen, eroberten und sich untertan machten, versuchten sie im Bereich der Politik und Religion eine Ordnung oder Regel festzulegen, die für alle gelten sollte; aber jedesmal, wie die Erfahrung stets lehrt, mit dem Ergebnis, daß die Dinge schlimmer wurden statt besser. Denn der menschlichen Natur ist die Freiheitsliebe angeboren – glaubt doch der Mensch, er sei für die Freiheit geschaffen –, und nichts vermag diese Liebe zu vernichten; so daß sie, wo und wie auch immer sie sich bedrängt und gehindert sieht, nach einem Ausweg sucht und ihre Freiheit verkündet. Zwangsläufig kommt es zu Widerstand, Opposition und Rebellion, sobald man die Menschen mit Gewalt zu regieren versucht. (Zit. nach: *The Guardian*, London, 7. Januar 1969, S. 9.)

37 Boyle, *Works*, Bd. 6, S. XXXIX, XL.

38 Zwei leicht voneinander abweichende historische Darstellungen finden sich in Beiträgen der *Notes and Records of the Royal Society of London*: von R. H. Syfret, «The Origins of the Royal Society» (1948), Bd. 10, S. 75–137, und G. H. Turnbull, «Samuel Hartlib's Influence on the Early History of the Royal Society» (1943), Bd. 5, S. 101–130. Siehe auch *The Royal Society, Its Origins and Founders* (Hg. Hartley, 1960). Den allgemeinen Hintergrund (und insbesondere den französischen Einfluß auf englische Initiativen) behandeln Martha Ornstein,

The Role of Scientific Societies in the Seventeenth Century (1938), und Harcourt Brown, *Scientific Organizations in Seventeenth Century France* (1934).

39 *Hartlib and the Advancement of Learning*, S. 21, 58.

40 Boyle, *Works*, Bd. 6, S. LVI, LXXI, 77, 131f.

8. Kapitel

1 Thomas Sprat, *History of the Royal Society of London* (1667), S. 60–81, 397.

In *Scepsis Scientifica* (1665) bemerkt Joseph Glanville, daß Francis Bacons «Haus Salomons in *New Atlantis* ein prophetisches Projekt der Royal Society war», und in seinem *Plus Ultra* (1668): «... der große Mann wünschte und plante eine *Gesellschaft* von Experimentierern nach romantischem Entwurf; konnte mehr aber nicht tun: denn die Zeit war noch nicht reif...» Siehe den um nützliche Anmerkungen ergänzten Nachdruck der *History* von Sprat (Hg. Cope und Jones, 1959).

2 Sprat, *History of the Royal-Society*, S. 29, 124, 382–384.

3 Unerläßlich für «die Vermischung der Temperamente», der heftigen und gemäßigten Charaktere, sei es, sie «in Komitees zusammenzubringen». Das ist deshalb von gewissem Interesse, weil Sprat den Zusatz für nötig hält: «... wenn wir das Wort in einem philosophischen Sinn gebrauchen dürfen und ihm damit etwas von dem unangenehmen Beiklang nehmen, den es vordem hatte». Das war wahrscheinlich eine Anspielung an die jüngsten Herausforderungen des Parlaments an die Monarchie, in deren Verlauf das Wort eine subversive Konnotation erhalten hatte. Cromwell wurde «der oberste Komitee-Mann *(the chief Committee man)*» genannt, und eine zeitgenössische Quelle identifiziert das Wort sogar mit dem Erscheinungsbild der Rebellen: «Sie trugen das Haar zumeist kurz, was man damals gewöhnlich den Komitee-Schnitt nannte.» Sprat, *History of the Royal-Society*, S. 85; *Oxford English Dictionary* (1933), Bd. 2, S. 684f.

4 Sprat, *History of the Royal-Society* (Hg. Cope und Jones), S. XXXII.

5 Sprat, *History of the Royal-Society*, S. 331–334, 407.

6 Sprat, S. 364–371.

7 Sprat, S. 152.

8 Pierre Bayle, *Dictionnaire historique et critique* (1697; rev. Ausg. 1740), Bd. 3, S. 204.

9 Die psychologischen Komplexitäten der Geisteswelt dieses außergewöhnlichen Mannes bedürfen immer noch einer befriedigenden Analyse. Einem modernen Biographen fällt zu diesen Aspekten von Comenius' apokalyptischem, politischem Mystizismus nichts Besseres ein als die Feststellung, es handele sich um «eine Phase in seinem Leben, die als stichhaltiger Beleg für den wahren Satz herhalten kann, daß auch der weiseste Mann nicht völlig von Wirrheiten frei ist». Mit solch einem Satz, der nichts erklärt, darf man sich nicht begnügen, denn zum einen ist er banal, zum anderen haben Weisheit und Wirrheit oft denselben Ursprung. Liberale und humane moderne Historiker zeigen wie ihre rationalistischen Vorgänger der Aufklärung seltsame geistige Lähmungserscheinungen, wenn sie sich mit den Widersprüchen konfrontiert sehen, die zwischen hochgesteckten, edlen Zielen und leidenschaftlichem politischen Einsatz aufbrechen.

Aber man kann kleine Fortschritte feststellen. Ältere Kommentatoren wie Corrodi und Amelung reagierten völlig einseitig, wenn sie entsetzt bemerkten, wie Comenius sich von den einfachen Grundsätzen der Aufklärung entfernt hatte. In seiner *Geschichte der menschlichen Narrheit* gab J. C. Amelung Comenius einen hervorragenden Platz unter den Magiern, Alchimisten und Wahrsagern – «eine wahrhaft beschämende Position für den Vater der modernen Erziehungstheorie», wie ein moderner Erziehungswissenschaftler zu Recht schreibt. Corrodi fand es zumindest überraschend, daß ein Europäer, der in anderer Hinsicht so dienstbar und gradlinig war wie Comenius, sich von derartiger «Schwärmerey» soweit hinreißen ließ, daß er offenkundige Lügenmärchen zu verbreiten half und fürchterliche Gewalttätigkeiten und schreckliche Kriege vorhersagte. «Diese Verblendung», so sein strenges Urteil, «läßt sich beynahe mit gar nichts entschuldigen.» Andererseits behandelt Kvacsalas gelehrte Biographie aus dem späten 19. Jahrhundert diesen vieldiskutierten Punkt mit so viel wissenschaftlicher Zurückhaltung, daß nichts dabei herauskommt.

Man ist einigermaßen gespannt, wie dieser Problembereich heute angegangen werden wird (obgleich kaum mehr zu erwarten ist als eine Variation älterer Ansichten), nun, da die große neue Prager Ausgabe von Comenius' Schriften unterwegs ist. Tschechische Liberale der älteren Generation konnten bei allem frommen Patriotismus und Kulturstolz nicht darüber hinwegsehen, daß ein edler Humanist sich in ihren Augen so weit erniedrigt hatte, einem «mystischen Glauben an das Millennium» anzuhängen. Jakubec schreibt in seinem Essay über Comenius (dem der damalige Präsident der Republik Thomas G. Masaryk mit einem Vorwort sein Plazet gab): «Jenen Glauben darf man als die Geisteskrankheit seiner Zeit bezeichnen.» Die marxistischen Formalisten eines späteren Prager Regimes interpretierten Comenius' Verteidigung der apokalyptischen Propheten verständlicherweise anders und vermochten ohne größere dialektische Verdrehungen ihr sogar einen fortschrittlichen Aspekt abzugewinnen – denn «er wollte sie als Werkzeuge benutzen, um dem Weltenlauf eine bessere Richtung zu geben». Dies ist ein weiteres Beispiel für den vertrauten Streit der Metaphern: was der eine als Schwäche sieht, entdeckt der andere als Stärke.

Siehe Matthew Spinka, *John Amos Comenius: That Incomparable Moravian* (1944), S. 139. Comenius, *The Great Didactic* (Hg. Keatinge, 1910), S. 100. J. C. Amelung, *Geschichte der menschlichen Narrheit, oder Lebensbeschreibungen berühmter Schwarzkünstler, Goldmacher, Teufelsbanner, Zeichen- und Liniendeuter, Schwärmer, Wahrsager und anderer philosophischer Unholde* (1785). H. H. Corrodi, *Kritische Geschichte des Chiliasmus* (1781), Bd. 2, Tl. 3, S. 109f. Johann Kvacsala, *Johann Amos Comenius. Sein Leben und seine Schriften* (1892), S. 477. *Allgemeine deutsche Biographie* (1895–1900), Bd. 1, S. 441–447. Jan Jakubec, *Johanes Amos Comenius* (1928), S. 57. Frantisek Kozik, *The Sorrowful and Heroic Life of John Amos Comenius* (1958), S. 163.

Ich glaube, daß meine eigene Betonung der «dunklen» Seite bei Comenius nichts gemein hat mit den *idées fixes* dieser antiquierten intellektuellen Traditionen; wir fangen gerade erst an, besser zu verstehen, was es mit dem Phänomen des apokalyptischen Denkens in der Politik und den verschlungenen Pfaden auf sich hat, auf denen revolutionäre Vernunft und utopische Leidenschaft sich bewegen. Es mag daher sinnvoll sein, zumindest an dieser späten Stelle den Leser etwas vom «lichten» Comenius spüren zu lassen, von dem sanften, skrupelhaften Reformer und großartigen Humanisten. Die folgenden Zitate entnehme ich den von der Unesco veröffentlichten und von Jean Piaget mit einem Vorwort versehenen *Selections* (1957), S. 157, 167, 170.

Man denke einmal darüber nach, wie man in der gesamten menschlichen Gesellschaft Ruhe und Frieden einrichten kann, ohne soweit wie möglich gewaltsame Mittel anzuwenden; ohne Gefängnisse, Schwerter, Galgenstrick, Schafott, usf. Man lehre und zwinge alle Menschen, auf menschliche Manier zusammenzuleben, und zwar eher durch das Verhindern als Bestrafen von Vergehen, Unruhen und angerichtetem Schaden... Man lehre und ermahne die Menschen, sich ihrer menschlichen Würde nicht zu entblößen, indem sie um materielle Dinge streiten und Prozesse führen. Denn es ziemt den Menschen, sein Handeln nach der Vernunft einzurichten und in Zweifelsfällen nach Klarheit zu suchen, nicht aber, sich von Leidenschaft oder Zorn regieren zu lassen und zu Gewalt oder den Waffen zu greifen; denn das ist die Art der Tiere und kann nicht länger geduldet werden... Uns leuchtet der Satz des Cicero: «Es ist nicht mit der Würde eines weisen Menschen zu vereinbaren, daß er etwas Falsches glaubt oder ohne zu zögern etwas verteidigt, das nicht vorher gehörig geprüft wurde...»

Und zum Schluß diese Bemerkung (deren Aktualität Comenius nicht hätte ahnen können):

Die Verleger muß man bitten und anhalten, daß sie nicht Seiten vermehren, sondern Weisheit; daß ihr Ziel nicht das Funkeln des Goldes ist, sondern die Erleuchtung des Geistes; daß sie sich als wahre Diener des Lichtes zeigen und nicht als Sklaven des Pluto, als Erzeuger von Dunkelheit und Verwirrung.

10 H. H. Corrodi, *Kritische Geschichte des Chiliasmus* (1781), Bd. 2, Tl. 3, S. 79–118. Ein bekannter tschechischer Historiker des 19. Jahrhunderts, zwischen Nationalstolz und verletzten liberalen Gefühlen hin- und hergerissen, gestand, daß er nur «mit Scham und Mitleid» über Comenius' «fatale Leichtgläubigkeit» schreiben konnte, «die ihn zu einem Studium der ‹Prophezeiungen› von Kotterus, Poniatovia und Drabik veranlaßte» (jene «fatalen Einflüsse auf Komenskys [d. i. Comenius'] Denken, das stets zum Mystizismus neigte»). Graf von Lutzow, *Bohemia, an Historical Sketch* (1896), S. 396, sowie *A History of Bohemian Literature* (1899), S. 250–272; siehe auch die Anmerkung in seiner Ausgabe von Comenius, *The Labyrinth of the World and the Paradies of the Heart* (1623; Übers. Lutzow, 1901), S. 265–306.

11 Die Zitate stammen aus einer zeitgenössischen englischen Zusammenfassung von *Lux in tenebris*, deren vollständiger Titel lautet: *A Generall Table of Europe, Representing the Present and Future State thereof: viz. the Present Governments, Languages, Religions, Foundations, and Revolutions, both of Governments and Religions, the Future Mutations, Revolutions, Government, and Religion of Christendom and of the World, &c. From the Prophecies of three late German Prophets, Kotterus, Christian, and Drabicius, all Collected out of the Originals, for the Common Use and Information of the English* (1670).

12 *A Generall Table of Europe*, S. 184, 193, 204.
13 *A Generall Table of Europe*, S. 211f, 220.
14 R. F. Young, *Comenius in England: The Visit of Jan Amos Komensky (Comenius) to London in 1641–1642* (1932), S. 44.
15 *A Generall Table of Europe*, S. 224, 233.
16 *A Generall Table of Europe*, S. 220–238: «Glaubt mir... nichts diesem Buch Vergleichbares hat die Welt erlebt seit den Tagen der Apostel... Ich sage euch, hier ist die Offenbarung Johannis', die so viele Kommentatoren verwirrt und untereinander uneins gemacht hat... So ist dieses Buch ein neuer Kommentar zu den alten Offenbarungen Johannis'...»
17 *A Generall Table of Europe*, S. 108, 160 sowie Anhang, S. 1.
18 Für die an dem faszinierenden Nachspiel mißglückter Prophezeiungen interessierten Leser beschreibt Crossley verschiedene diesbezügliche Aspekte von Drabicius' Laufbahn (*Diary and Correspondence of Dr. John Worthington* [1847]):

1. Er machte von 1638 bis 1666 weitere Vorhersagen «und änderte von Jahr zu Jahr den Zeitpunkt ihrer Verwirklichung mit der gewohnten schamlosen Frechheit seiner Zunft».

2. «Das Schlimmste wurde bisher noch nicht erwähnt – nach all seinen Schmähungen und Vorhersagen gegen die katholische Kirche trat er ihr zuletzt bei!» (Dieser Schritt half ihm jedoch nicht.)

3. «Die Krönung des Ganzen war, daß der unglückselige Prophet selbst, der sich einen friedlichen, mit allen Segnungen bedachten Tod im Bett vorausgesagt hatte, den wütenden Kaiserlichen in die Hände fiel, die ihm den Prozeß machten und ihn zum Tode verurteilten, als Rebell und Störenfried der öffentlichen Ordnung, im Jahr 1671... Die Hinrichtung fand durch Enthauptung statt, nachdem zuvor seine Rechte vom Körper getrennt worden war, und nachher wurde ihm die Zunge herausgeschnitten.»

In den Flammen, die Drabicius' Leiche einäscherten, verbrannte auch ein Exemplar von Comenius' *Lux in tenebris*. Noch Jahrhunderte später war die Erinnerung an diese Ereignisse offenbar lebendig und konnte Haß nähren. Im Jahr 1892 untersagten die Österreicher den Schulen in Böhmen, den 300. Jahrestag der Geburt des Comenius zu feiern; der Erlaß stammte von Kaiser Franz Joseph, dem man eine Kopie von Comenius' Schrift vorgelegt hatte, in der die anstößigen Passagen unterstrichen waren.

Siehe *Diary and Correspondence of Worthington*, S. 357–360. Spinka,

Comenius, S. 139f. *Locke's Travels in France 1675–1679* (Hg. Lough, 1953), S. 190.

Offensichtlich interessierte sich John Locke für Drabicius; im April 1678, als er in Paris war, hielt er in seinem Journal den Titel von Comenius' Schrift und einige darin enthaltenen politischen Prophezeiungen fest. Anscheinend hatte er einen französisch geschriebenen Brief von vierzehn Seiten erhalten (eine Kopie befindet sich in der Lovelace Collection von Lockes Papieren), der an Ludwig XIV. gerichtet war und den König bat, seine Politik entsprechend den Prophezeiungen des Drabicius zu gestalten.

19 *The Prophecies of Christopher Kotterus, Christiana Poniatovia, Nicholas Drabicius, foretelling, many years ago, the present Invasion of the Turks into the Empire of Germany, and the events that will ensue; as, also, predictions concerning the Pope and the King of France, with the sudden destruction of the papal power, and the miraculous conversion of the Turks, &c.; presaging also, the uniting of all Religions into one visible Church...* (Übers. Codrington, 1664), S. 108.

20 Richard Ward, *The Life of the Learned and Pious Dr. Henry More* (1710; Hg. Howard, 1911), S. 111.

21 Paul Hazard, *La Crise de la conscience européenne* (1935), Bd. 1, S. 133; *The European Mind, 1680–1715* (Übers. May, 1953), S. 100. Bayle an Minutoli, 27. Februar 1673: «Je vois bien que mon insatiabilité de nouvelles est une de ces maladies opiniâtres contre lesquelles tous remèdes blanchissent; c'est une hydropsie toute pure; plus on lui fournit, plus elle demande.»

22 Hazard, *La Crise*, S. 144: «Le même principe qui sert quelquefois contre le mensonge rend quelquefois de mauvais offices à la verité... En un mot, le sort de l'homme est dans une si mauvaise situation que les lumières que le délivrent d'un mal le précipitent dans un autre.» Siehe «Takkidin», in: Bayle, *Dictionnaire*, Bd. 4, S. 2688.

23 Hazard, *La Crise*, S. 142; *European Mind*, S. 107. Bayle, *Dictionnaire*, Bd. 4, S. 398:

> Il n'y a point de mensonge, pour si absurde qu'il soit, qui ne passe de livre en livre et de siècle en siècle. *Mentez hardiment, imprimez toutes sortes d'extravagances*, peut-on dire au plus misérable lardoniste de l'Europe, *vous trouverez assez de gens qui copieront vos contes, et, si l'on vous rebute dans un certain temps, il naîtra des conjonctures où l'on aura intérêt de vous faire ressuciter.*

24 Ernst Cassirer, *Die Philosophie der Aufklärung* (1932), S. 278f; *General Dictionary*, Bd. 5, S. 531; *Dictionnaire*, Bd. 4, S. 486: «Si on lui démande, D'où êtes-vous? il faut qu'il répond, je ne suis ni Français, ni Allemand, ni Anglois, ni Espagnol, &c., je suis habitant du monde... seulement au service de la Verité; c'est ma seule Reine, je n'ai prêté qu'elle le serment d'obeïssance.»

25 Bayle, *Dictionnaire* (5. Aufl., 1740), Bd. 2, S. 202–205, 306–309, Bd. 3, S. 20–22; *A General Dictionary, Historical and Critical* (Übers. 1736), Bd. 4, S. 418–420, 644–648, Bd. 6, S. 567–572. Die weiteren Zitate aus den drei Beiträgen zu Kotterus, Drabicius und Comenius sind den eben genannten Seiten der französischen bzw. englischen Ausgabe entnommen. Allgemein dazu siehe Howard Robinson, *Bayle the Sceptic* (1931); L. P. Courtines, *Bayle's Relations with England* (1938), sowie seine «Notes on the Dissemination of Bayle's Thought in Europe», in: *Revue de littérature comparée* (1937), Bd. 68, S. 700–705; Daniel Mornet, *La Pensée française au dix-huitième siècle* (1926).

26 Das Zitat findet sich in Dorothy Waley Singers eindringlichem Beitrag zu der gegen Hitler gerichteten Comenius-Würdigung, die während des Zweiten Weltkrieges erschien: *The Teacher of Nations* (Hg. Needham, 1942), S. 73.

27 Die im 17. Jahrhundert geführte Diskussion über Propheten und Prophezeiungen war selbstverständlich eine Argumentation in religiösem Kontext; aber die Formen und Kategorien theologischer Disputationen haben mehr mit den späteren säkularen Phänomenen zu tun, als moderne Historiker (in Reaktion auf Carl Beckers brillante These in seinem 1932 erschienenen Buch *Heavenly City of the 18th-Century Philosophers*) gewöhnlich zuzugestehen bereit sind. Wie ich deutlich zu machen versucht habe, läßt sich das Auftreten des utopischen Revolutionismus in der – wie man vielleicht sagen könnte – säkularen Stadt der Theologen des 17. Jahrhunderts nicht verstehen, wenn man übersieht, daß bei der neuzeitlichen europäischen Debatte über die Natur und Stellung des Menschen in der Gesellschaft die frühen und die späteren Versionen dieselben Strukturelemente aufweisen.

So hat Hobbes mindestens so klarsichtig wie unsere heutigen *futuribles*-Forscher die Problematik etwa der *self-fulfilling prophecies* erkannt. Die Futurologen verweise ich auf diese Stelle im *Behemoth: or an Epitome of the Civil Wars of England from 1640 to 1660* (1679), S. 197:

B. Nun verstehe ich, weshalb die Träume und Vorhersagen der Verrückten (denn als solche erscheinen mir all jene, die zukünftige Ereignisse voraussagen) dem Commonwealth zu großem Schaden geraten können.

A. Ja, aber bedenkt: daß nichts die menschlichen Beratungen schwierig gestaltet als die Ungewißheit über die Zukunft und daß nichts den Entscheidungen so förderlich ist wie die Vorausschau auf die Wirkungen ihres Tuns. Oftmals ist eine Prophezeiung der wesentliche Grund für die prophezeiten Ereignisse.

28 Bayle, *General Dictionary*, Bd. 3, S. 469. Diese Stelle stammt aus dem Beitrag über Hobbes und ist zusammen mit den Einträgen zu Molière, Spinoza und anderen abgedruckt in einer kleinen Auswahlsammlung mit dem Titel *Selections from Bayle's Dictionary* (Hg. Beller und Lee, 1952). *Dictionnaire* (Ausg. 1820), Bd. 8, S. 164:

Qu'on fasse ce qu'on voudra, qu'on bâtisse des systèmes meilleurs que la République de Platon, que l'Utopie de Morus, que la République du soleil de Campanella etc.: toutes ces belles idées se trouveraient courtes et défecteuses, dès qu'on les voudroit réduire en pratique. Les passions des hommes, qui naissent les unes des autres dans une variété prodigeuse, réuineraient bientôt les éspérances qu'on aurait conçues de ces beaux systèmes...

29 Robinson, *Bayle the Sceptic*, S. 177f. *General Dictionary*, Bd. 5, S. 74; *Dictionnaire* (Ausg. 1820), Bd. 6, S. 214f.:

Mais ce fut en vain qu'il éspéra de se tenir sur le rivage, spectateur tranquil des émotions de cette mer. Il se trouva plus exposé à l'orage que s'il eût été sur l'une des flottes. C'est là le destin inévitable de ceux qui veulent garder la neutralité pendant les guerres civiles, soit d'état, soit de religion. Ils sont exposés à l'insulte des deux partis tout à la fois; ils se font des ennemis sans se faire des amis au lieu qu'en épousant avec chaleur l'une des deux causes, ils auraient eu des amis et des ennemis. Sort déplorable de l'homme, vanité manifeste de la raison philosophique! Elle nous fait regarder la tranquillité de l'âme et le calme des passions comme le but de tous nos travaux, et le fruit le plus précieux de nos plus pénibles méditations; et cependant l'expérience fait voir que, selon le monde il n'est point de condition plus disgraciée que celle des âmes qui ne veulent point s'abandonner aux flots des factions; ni de conditions moins incommode que celle des hommes qui hurlent avec les loups, et qui suivent le torrent des passions les plus agitées. Ils ont entre autres avantages celui de ne pas connaître qu'ils ont tort; car il n'y a point de gens plus incapable de connaître les défauts de leur faction, et le bien qui se peut trouver dans l'autre parti, que ceux qui sont transportés d'un zèle ardent et d'une vive colère, et sous les liens d'une forte préoccupation... ils sont misérable: ils ne veulent point être marteau, et cela fait que continuellement ils sont enclume à droite et à gauche.

Dieser Artikel über Eppendorf, eine Gestalt der deutschen Reformation, findet sich auch in einer weiteren Auswahl: Bayle, *Historical and Critical Dictionary* (Hg. Popkin, 1965), S. 75–77.

30 Ich folge hier dem englischen Text aus dem 18. Jahrhundert, *General Dictionary*, Bd. 5, S. 74; das von Bayle veränderte Latein habe ich wieder Ciceros Original angepaßt.

31 Robinson, *Bayle the Sceptic*, S. 179. *General Dictionary*, Bd. 1, S. 63, 623; *Dictionnaire*, Bd. 1, S. 22, 184: «Non... le monde est trop indisciplinable pour profiter des maladies des Siècles passés. Chaque Siècle se comporte comme s'il étoit le premier venu... Le pis est qu'on ne profite pas due passé: chaque génération fournit les mêmes symptômes.»

32 *Diary and Correspondence of Dr. John Worthington*, Bd. 1, S. 357–359.

33 Robert Boyle, *Works* (Hg. Birch, 1772), Bd. 5, S. 397.

34 John Hall, *A True Account and Character of the Times, Historically and Politically Drawn* (1647), S. 1–8.

35 Zu erwähnen ist ein weiterer Aspekt des Beziehungszusammenhangs von Naturwissenschaft, Religion und Ideologie. Frank Manuel hat in seiner Darstellung «Newton as Autocrat of Science» in *Freedom from History* (1971) diesen Punkt in deutlichen Worten so formuliert:

> Um sich abzusichern, bediente sich Isaac Newtons Wissenschaft gewisser Praktiken, wie sie neuen Eroberungsreligionen oder politischen Ideologien eigen sind. Sie schlug zu ihrer Zeit der Wahrheit erfolgreich eine Bresche, scheint sich aber derselben Techniken bedient zu haben wie alle anderen Bewegungen. Man versammelte die Anhänger und stellte eine starke Bande zwischen ihnen und dem vergöttlichten Führer her. Das innere institutionelle Gefüge wurde gefestigt. Die Botschaft wurde von auserwählten Jüngern verbreitet. Weil die Lehre aufs engste mit einer staatlich anerkannten wissenschaftlichen Gesellschaft verknüpft war, erhielt sie von der Regierung besondere Privilegien und Finanzhilfen. Sie entwickelte sich zur zweiten geistigen Bastion des Reiches und stellte zumindest anfangs keine Bedrohung für das übergeordnete religiöse Ordnungsgefüge dar, das sie später unterminieren und vielleicht sogar ersetzen sollte. Wie bei vielen militanten geistigen Bewegungen ließ man die Wahrheit nicht ihren eigenen Lauf nehmen, und man benutzte manchmal fromme Lügen und Täuschungen als Mittel zu einem edlen Zweck.

36 Sprat, *History of the Royal-Society*, S. 321 f, 328 f.

37 Boyle, *Works*, Bd. 6, S. XXXIX, XL.

38 Die Briefe von Hartlib an John Pell sind abgedruckt in: *The Protectorate of Oliver Cromwell* (Hg. Vaughan, 1838), Bd. 2, S. 442, 11. Februar 1658.

39 Boyle, *Works*, Bd. 6, S. 127f.
40 *Samuel Hartlib and the Advancement of Learning* (Hg. Webster, 1970), S. 61–64.
41 John Sadler, *Olbia, the new island lately discovered; with its religion and rites of worship; laws, customs and government; characters and language; with education of their children in their sciences, arts, and manufactures; with other things remarkable ... For Samuel Hartlib ...* (1660).
42 *Diary and Correspondence of Worthington*, Bd. 1, S. 251–253.
43 Man hat John Sadlers *Olbia* «eines der merkwürdigsten unter den merkwürdigen Büchern» genannt. Der Autor, ein Freund Hartlibs, hatte eine interessante Karriere; er war zeitweilig Stadtsyndikus von London, Rektor des Magdalene College in Cambridge und Parlamentsabgeordneter, der das Wohlwollen Cromwells genoß.
44 Meine Anspielung auf Goethes «Kennt du das Land, wo die Zitronen blühn?» hat einen Hintersinn. Während des englischen Bürgerkriegs suchte der Dichter Waller auf den Bermudas Zuflucht und besang ihre Schönheiten in dem Gedicht «Battell of the Summer Islands» (*Poems* [Hg. Dury, 1893]):

> Bermuda, felsumschlungen – wer kennt das frohe Eiland nicht,
> Dem es an fülligen Zitronen im Jahreslaufe nie gebricht? ...

Bermuda war bekanntlich auch der Ort, wohin der Philosoph Berkeley 1728 westwärts aufbrechen wollte, um dort seinen Traum von einer idealen Lehrstätte zu verwirklichen. G. J. Warnock, *Berkeley* (1969), S. 216–218.
45 *Diary and Correspondence of Worthington*, Bd. 1, S. 194f, 211–214. Ich habe eine Abschrift dieser Korrespondenz zwischen Hartlib und Worthington im British Museum eingesehen (Add. MS. 32,498).
46 Culpeper an Hartlib (1646), «To the Kings most Excellent Majesty. The Humble Petition of Samuel Hartlib Senior» (1660), in: *Hartlib and the Advancement of Learning*, S. 5f, 44.
47 *Diary and Correspondence of Worthington*, Bd. 1, S. 238–246, 372f.
48 *Correspondence of Hartlib ... with Governor [John] Winthrop of Connecticut, 1661–1672* (Hg. Winthrop, 1878), S. 10–12.
49 *Diary and Correspondence of Worthington*, Bd. 1, S. 342.
50 *The Diary of John Evelyn* (Hg. de Beer, 1955), Bd. 3, S. 162f. Zwischen Evelyn und Hartlib gewechselte Briefe befinden sich im British Museum, Add. MS. 15,948.
51 Auf ökonomische Kategorien fixierte Historiker haben sich gelegent-

lich bemüßigt gefühlt, solche Bemerkungen in Schriften aus der Mitte des 17. Jahrhunderts als eine Art semantischen Beleg für den engen «bourgeoisen» Charakter der sogenannten puritanischen Revolution zu betrachten. Stärkere Beachtung des sprachlichen Umfelds mag ihnen diese Gewohnheit austreiben. Als Thomas Sprat 1667 schrieb, «Was es als erstes in England zu verbessern gilt, ist der Fleiß *(industry)*...», dachte er nicht in erster Linie an das Wirtschaftsleben und vor allem nicht im entferntesten an etwas Ähnliches wie die heutigen Industrieunternehmen. Wie Hartlib war es auch Sprat darum zu tun, im einzelnen ein Wertgefühl für Fleiß, ernsthaftes Bemühen und Verbesserung der Lebensumstände zu wecken und zu stärken.

Wenn bei uns die Arbeiter so fleißig wären wie die Gesetzesgeber [schreibt Sprat in der *History of the Royal-Society* (S. 421–423)], stünden wir als die arbeitsamste Nation unter dem Himmel da. Aber die wahre Methode, den Fleiß *(industry)* zu fördern, entspricht dem Vorgehen der Royal Society in bezug auf die Philosophie, nämlich durch Arbeit und Anstrengung und nicht durch schriftliche Aufrufe und Papier-Ermahnungen.

Was diese Apostel des Fleißes und der Tüchtigkeit motivierte, war nicht die billige Sucht nach privater oder klassenweiter Bereicherung; ihnen ging es vielmehr um die Abschaffung der Untätigkeit, Kränklichkeit, des Vagantentums und der allgemeinen Armut und Arbeitslosigkeit. *Industry* war im Sinn von *industria* das Gegenteil, die Überwindung der Faulheit (wobei Holland ein leuchtendes Beispiel war). «Englands wahre Sorge», meinte Sprat, sollte es sein, «den Fleiß in den friedlichen Künsten zu fördern; die Bevölkerung zu vermehren; das Handwerk zu verbessern...» usw. Er empfahl «wahre Arbeit und geschäftige Tugend» und setzte seine Hoffnung in ein Volk, «das sich aus seiner Trägheit aufrafft... durch Taten, Bemühungen, Arbeiten». Dann wäre es gleichermaßen notwendig und befriedigend, fleißig zu sein. Das mag im Grunde die Idee der von Max Weber so genannten «protestantischen Ethik» gewesen sein, obgleich es viele tüchtige Gesellschaften gegeben hat, die nicht protestantisch, ja nicht einmal christlich waren. Es handelt sich um den in Max Webers Nachfolge von R. H. Tawney geprägten Begriff des «Geistes des Kapitalismus», jedoch im weitesten Sinn verstanden als der Arbeitsethos jeder Kapital erwirtschaftenden Gesellschaft, ob sie nun bürgerlich, bolschewistisch oder buddhistisch orientiert ist.

Über den erwähnten Einfluß Frankreichs siehe *The New World of*

Henri Saint-Simon (1956), wo Frank Manuel schreibt (S. 189): «Es gab Streit darüber, wer die Begriffe *industriel* und *industrialisme* geprägt hatte, Neologismen, deren Erfindung Saint-Simon für sich in Anspruch nahm; doch das sind Fragen der Sprachgeschichte, die sich nicht mit absoluter Sicherheit beantworten lassen und nicht viel weiterhelfen.»

Es hat jedenfalls wenig Zweck, in historische Begriffe etwas anderes hineinzulesen als was mit ihnen gemeint war. Als Humpty Dumpty auf seinen eigenen, seltsamen Wortbedeutungen bestand, versicherte er Alice zumindest: «Wenn ich ein Wort so schwer für mich arbeiten lasse, zahle ich immer extra.»

52 Samuel Hartlib, *The Reformed Common-Wealth of Bees* (1655). Charles Butler, *The Feminine Monarchy, or the History of the Bees* (1634).

53 Spinka, *Comenius*, S. 127.

54 James Harrington, *Oceana* (1656; Hg. Liljegren, 1924), S. 11, 234. Harrington schlug auch die «faule, entvölkerte» Insel Irland als Zufluchtsort und Heimstatt für die Exil-Juden vor, die seit Jahrhunderten, seit Edward I., aus England verbannt waren.

55 H. Dircks, *A Biographical Memoir of Samuel Hartlib* (1865), S. 14f.

56 Hartlib, der schon immer an Reformen des Bibliothekswesens interessiert war, fand das Angebot aus Oxford, die Leitung von Bodleys Bibliothek zu übernehmen, sehr reizvoll. Aber seine Freunde flehten ihn an, es abzulehnen und sich nicht «in Oxford ‹begraben› zu lassen»; aus London fortzugehen, würde bedeuten, «jenen Schauplatz zu verlassen, der sich am besten für jenes öffentliche Wechselspiel der Einfälle und Erfindungen eignet, das Ihr in Gang zu setzen wünscht» (Brief in den Hartlib-Papieren; *Hartlib and the Advancement of Learning*, S. 205).

57 Boyle, *Works*, Bd. 1, S. XI, XLVI.

9. Kapitel

1 A. S. P. Woodhouse, *Puritanism and Liberty* (1938), S. 27; Arthur E. Barker, *Milton and the Puritan Dilemma* (1942), S. 151. *The Clarke Papers* (Hg. Firth, 1891; Nachdr. 1965), Bd. 1, S. 264.

2 Barker, *Milton*, S. 142.

3 *The Censure of the Rota upon Mr. Milton's Book Entitled the Ready and*

Easy Way to Establish a Free Commonwealth (1660), Nachdr. in: *Harleian Miscellany* (Hg. Park, 1809), Bd. 4, S. 188–195.

4 *The Poems of John Milton* (Hg. Carey und Fowler, 1968), S. 312, 323 (die drei Zeilen am Ende des Zitats sind Miltons Übersetzung aus Seneca).

5 Milton, *Complete Prose Works* (Hg. Hughes, 1962), Bd. 2, S. 526, Bd. 1, S. 296.

6 Milton, «Digression» zu seiner *History of Britain* (1671), in: *Complete Prose Works* (Hg. Fogle, 1971), Bd. 5, Tl. 1, S. 444 f.

7 *Defensio Secunda* (1654), in: *Complete Prose Works* (Übers. North, Hg. Wolfe und Roberts, 1966), Bd. 4, S. 548 f. *Eikonoklastes* (1649), in: *Complete Prose Works* (Hg. Hughes, 1962), Bd. 3, S. 584. *First Defense* (1651), in: *Works* (Hg. Patterson, 1931), Bd. 7, S. 83, 199.

8 *Poems* (Hg. Carey und Fowler), S. 327.

9 «Digression», *History of Britain*, in: *Works*, Bd. 10, S. 324; *Complete Prose Works*, Bd. 5, Tl. 1, S. 448 f.

10 *Paradise Regained* (1671), 1. Buch, V. 434–437, in: *Poems*, S. 1094; *Miltons poetische Werke* (Hg. Ullrich, 1910), S. 625.

11 *Eikonoklastes* (1649–1650), in: *Complete Prose Works* (Hg. Hughes), Bd. 3, S. 558.

12 Crane Brinton, *The Anatomy of Revolution* (1938), S. 116. Siehe auch Merritt Y. Hughes, «Milton as a Revolutionary», in: *Ten Perspectives on Milton* (1965), S. 240–275.

13 *Eikonoklastes*, in: *Complete Prose Works*, S. 434.

14 Siehe T. F. Glasson, *Commentary on the Revelation of John* (1965), S. 94; R. H. Charles, *A Critical and Exegetical Commentary on the Revelation of St. John* (1920), Bd. 2, S. 50 f.

Es gibt offenbar keine befriedigende Erklärung für den Ursprung des Namens Armageddon (oder Harmageddon). Er wird üblicherweise mit Megiddo in Verbindung gebracht, wo viele entscheidende Schlachten stattfanden und Josia vom Pharao Necho besiegt wurde (2. Kön. 23,29). Manche vermuten darin eine Korruption von «glorreicher, heiliger Berg» (der Berg Zion?) oder gar «die begehrenswerte Stadt» (Jerusalem), wo das letzte große Gefecht stattfinden sollte; andere verstehen den rätselhaften Ausdruck als «Bestandteil eines uralten Mythos … der den Endkampf der Götter mit einem uralten Berg verknüpfte».

Es wird auch die Ansicht vertreten, daß «Harmageddon» (die griechische Umschrift eines hebräischen Wortes) «eine geheime Botschaft übermitteln sollte», nämlich den gefährlichen und verräterischen Hinweis darauf, daß die Stadt auf den sieben Hügeln im Herzen des Reiches der Finsternis, d. h. Rom, völlig zerstört werden und damit Johannes' eschatologisches Schema bestätigen würde. Siehe Martin Kiddle, *The Revelation of St. John* (1940), S. 329–331.

15 *Eikonoklastes*, S. 447, 412, 457, 389.

16 *Eikonoklastes*, S. 388f, 535f.

17 *Eikonoklastes*, S. 534, 599f, 503, 536.

18 *Eikonoklastes*, S. 464, 455, 561f.

19 *Eikonoklastes*, S. 438, 454.

20 *Eikonoklastes*, S. 536, 542, 404, 374, 547.

21 *Eikonoklastes*, S. 564f, 601, 579–581.

22 *Eikonoklastes*, S. 583, 498, 464; *Animadversions upon The Remonstrants Defence against Smectymnuus* (1641), in: *Works*, Bd. 3, S. 112, 148.

23 *Eikonoklastes*, S. 409, 501.

24 [John Milton], *The Readie and Easie Way to establish a free Commonwealth; and the Excellence thereof Compared with the Inconveniences and Dangers of Readmitting Kingship in this Nation* (1660; Hg. Clark [1915]).

25 William Riley Parker, *Milton: A Biography* (1968), Bd. 2, S. 549, 559. Parker zufolge (Bd. 2, S. 1074) befinden sich die einzigen nachgewiesenen Exemplare in der Bibliothèque Nationale in Paris, der Königlichen Bibliothek in Kopenhagen und in Harvard. *The Censure of the Rota upon Mr. Milton's Book* (1660) wird oft James Harrington zugeschrieben, der mit William Petty, John Wildman, Thomas Venner und anderen zu den wichtigsten Diskussionsteilnehmern im Rota-Klub gehörte.

26 David Masson, *The Life of John Milton* (1877), Bd. 5, S. 688.

27 William Colline, *The Spirit of the Phanatiques Dissected* (1660), S. 7f. Parker, *Milton*, Bd. 1, S. 549.

28 *Mercurius Politicus, comprising the sum of Foreign Intelligence, with the Affairs now on foot... For the Information of the People* (März–April 1657), Nr. 352–356.

29 Es ist bedauerlich, daß von Nedhams Werken so wenig in den letzten drei Jahrhunderten nachgedruckt wurde. Einige seiner Pamphlete stellen sehr bemerkenswerte Beiträge zur Geschichte demokratischer Denkweisen und Meinungen dar. Siehe vor allem *The Excellencie of a Free-State: or, the Right Constitution of a Common-Wealth. Wherein All Objections are answered, and the best way to secure the Peoples Liberties, discovered: With Some Errors of Government, and Rules of Policie. Publish-*

ed by a Well-wisher to Posterity (1656). «Notwendigkeit und eine verzweifelte Lage öffneten dem Volk die Augen, so daß es (als einziges Heilmittel) die Macht jenen entwandt und in die eigenen Hände nahm und sie in ständiger, ordentlicher Revolution an Personen übergab, die von der Gemeinschaft gewählt wurden» – mit diesem Satz (S. 154) aus dem zu Unrecht vernachlässigten Werk wird er wortwörtlich zum ersten «revolutionären» Ideologen.

30 Zu Nedham siehe Charles Firths Beitrag «Needham or Nedham, Marchamount (1620–1678)», in: *Dictionary of National Biography* (Hg. Lee, 1894), Bd. 40, S. 159–164. Anthony à Wood, *Athenae Oxonienses: The History of Oxford Writers* (1691), Bd. 1, S. 465–471. Perez Zagorin, *A History of English Political Thought in the English Revolution* (1954), S. 121–127. Siehe auch Philip A. Knachels nützliche Einleitung zu der Ausgabe der Folger Shakespeare Library (1969) von Nedhams *The Case of the Commonwealth of England, Stated* (1650). Joseph Frank vom Amherst College bereitet eine biographische Studie vor.

31 Aus John Adams' anfänglichem Widerwillen gegenüber dem radikalisierenden Einfluß der von Nedham verfaßten revolutionären Pamphlete während und nach der Amerikanischen Revolution wurde im Lauf der Jahre eine müde Resignation angesichts all solcher politischen Philosophie. Sie scheint aber nicht ganz so tief gewesen zu sein wie bei Thomas Jefferson. Als ihm Adams ein neues, in London veröffentlichtes Buch (1795) über die Revolution in Frankreich (und Genf) schickte, schrieb Jefferson:

> Ich halte alle Vernünfteleien über die französischen Ereignisse für belanglos. Darüber werden die Schicksalsmächte entscheiden, wie sie es bisher immer getan haben. Alle Vernunft ist verloren. Leidenschaft, Vorurteil, Eigennutz und Notwendigkeit haben regiert und werden regieren, und erst muß ein Jahrhundert vergehen, bevor sich ein dauerhaftes und ruhiges System etablieren wird. Ich hoffe und glaube, daß eine Verbesserung der menschlichen Lebensumstände das Resultat sein wird, aber wir werden uns über die Zinnen des Himmels beugen müssen, falls uns je der freudige Anblick gewährt werden sollte.

Er dankte Adams für das Buch, doch mit einer merkwürdigen Entschuldigung: «Aber es handelt von Politik, ein Thema, das mir nie lag und das ich jetzt hasse. Ich kann nicht versprechen, es gründlich zu lesen» (28. Februar 1796).

Sechzehn Jahre später schrieb Jefferson in einem Brief, in dem er sich mit gewissen öffentlichen Belangen zur Tagespolitik auseinandersetzte: «Doch wohin führt mich die senile Geschwätzigkeit? In die Politik, von der ich endgültig Abschied genommen habe. Sie beschäftigt mich wenig und ich sage noch weniger. Anstelle von Zeitungen lese ich Tacitus und Thukydides, Newton und Euklid; und ich fühle mich viel glücklicher» (3. Februar 1812).

In Adams' Antwort – es handelt sich hier um den Meinungsaustausch zweier führender Revolutionsfiguren, die außerdem auch noch zweiter und dritter Präsident der USA waren – taucht auch Nedhams Name wieder auf: «Was habt Ihr da getauscht? Zeitungen gegen Newton! Und steigt aus den unteren Bereichen der tiefsten Tiefen des Stumpfsinns und der Plattheit hinauf zur Meditation der Himmel und des himmlischsten der Himmel. O hätte ich mich doch Newton und seinen Mit-Gesellschaftern zugesellt, statt meine Zeit zu vergeuden mit Plato und Aristoteles, Bacon... Bolingbroke... Harrington, Sidney, Hobbes... Marchamont Nedham...» *The Adams-Jefferson Letters* (Hg. Cappon, 1959), Bd. 1, S. 259f, Bd. 2, S. 291–295.

32 *The Works of John Adams* (Hg. C. F. Adams, 1851), Bd. 6, S. 6. *The Adams-Jefferson Letters*, Bd. 1, S. 261 Anm., Bd. 2, S. 294f. *Diary and Autobiography of John Adams* (Hg. Butterfield, 1961), Bd. 3, S. 358f.

Adams schrieb am 6. April 1796 an Jefferson:

> Dies ist, wie Ihr sagt, tatsächlich das Zeitalter des Experimentierens mit Regierungsformen. In Amerika und Frankreich hat man Nedhams perfektem Commonwealth eine redliche Chance gegeben und das Experiment schließlich eingestellt. In Holland versucht man es noch einmal, und falls es in England zur Revolution kommt, wird man es auch dort versuchen. Hunderttausend guillotinierte und erstochene Holländer werden Holland ebenso sicher überzeugen, wie fünfhunderttausend französische Männer und Frauen Frankreich überzeugt haben. Wie viele Hekatomben Gemetzelter es bedarf, um John Bull zu überzeugen, kann ich mir nicht ausrechnen...

33 Marchamont Nedham, *De la souveraineté du peuple et de l'excellence d'un état libre* (Übers. Mandar, 1790), mit Bemerkungen von Rousseau, Mably, Bossuet, Condillac, Montesquieu, Raynal und anderen. Der französische Herausgeber hielt es für *«une étude profonde»* und stellte es neben *L'Esprit des lois* und den *Contrat social*. Nur Milton und vielleicht Algernon Sydney scheinen die revolutionären französischen Denker ähnlich stark beeindruckt zu haben. Der Anhang dieser Nedham-Übersetzung enthielt auch die «Erklärung der Menschenrechte».

34 Marchamont Nedham, *The Case of the Commonwealth of England, Stated* (1650). Meine Zitate sind zum größten Teil der Ausgabe von Kna-

chel entnommen, S. 35, 17, 101, 13, 91, sowie *A True State of the Case of the Commonwealth* (1654), S. 47, und *The Excellencie of a Free-State*, S. 80.

35 Nedham, *The Excellencie of o Free-State*, S. 13 f; *The Case of the Commonwealth*, S. 50, 100, 59.

36 Nedham, *The Case of the Commonwealth*, S. 27 f. *A True State*, S. 4. (Ich folge hier Michael Fixler, der dieses Traktat Nedham zuschreibt; siehe sein *Milton and the Kingdoms of God* [1964], S. 197, 280.)

37 *The Case of the Commonwealth*, S. 28 f, 43, 96; (Ausg. 1650), S. 69. J. Milton French, «Milton, Nedham, and *Mercurius Politicus*», in: *Studies in Philology* (1936), Bd. 33, S. 236–252, H. S. Anthony, «*Mercurius Politicus* under Milton», in: *Journal of the History of Ideas* (1966), Bd. 27, S. 593–609.

38 *The Case of the Commonwealth* (Ausg. 1650), S. 70; (Ausg. Knachel), S. 97.

39 *The Case of the Commonwealth* (Ausg. 1650), S. 79, 91; (Ausg. Knachel), S. 43, 125.

40 Einen Angriff auf Nedhams «Wankelmut» enthält *A Rope for Pol., or A Hue and Cry after Marchemont Nedham, the late Scurrulous News-writer* (1660), darin ein Royalist Nedham auch diesen widerwilligen Tribut zollt:

> ... es ist unglaublich, welchen Eindruck sie auf zahlreiche gedankenlose Menschen machten, die unter der seltsamen Illusion litten, daß alles Gedruckte wahr sein müsse. Dies war der Goliath unter den Philistern, der große Fürsprecher des verstorbenen Usurpators, dessen Feder im Vergleich zu anderen wie ein Weberbaum war... Hätte der Teufel selbst (der Vater der Lügen)... in seiner Stube gearbeitet, er hätte es nicht besser machen können.

Siehe auch *Mercurius Politicus: A Private Conference Between Scot and Nedham, Concerning the Present Affairs of the Nation* (1660).

41 Marchamont Nedham, *The True Character of a Rigid Presbyter: with a Narrative of the Dangerous Designes of the English and Scottish Covenanters* (1661), Vorworte und S. 11, 34.

42 Nedham, *A Short History of the English Rebellion, Compiled in Verse* (1680), S. 1–37.

43 Die beiden unbetitelten Texte von Locke (der eine in Englisch, der andere in Latein) befinden sich unter Lockes Manuskripten der Lovelace Collection in der Bodleian Library, Oxford. Dreihundert Jahre unveröffentlicht, erschienen sie zuerst 1967 in einer Ausgabe (und

Übersetzung) von Philip Abrams. Sämtliche Zitate dieser Manuskripte sind Abrams' hervorragender Ausgabe entnommen: John Locke, *Two Tracts on Government*. Parker, *Milton: A Biography*, Bd. 1, S. 562–569, Bd. 2, S. 1075. Maurice Cranston, *Locke: A Biography* (1957), S. 43, 61.

44 *Two Tracts*, S. 6. John Dunn, *The Political Thought of John Locke* (1969), S. 1.

45 Locke, *Oratio Censoria Funebris* (1664), in: *Essays on the Law of Nature* (Hg. von Leyden, 1954), S. 221.

46 *Two Tracts*, S. 53, 119, 125.

47 *Two Tracts*, S. 96, 196, 225.

48 Lord King, *The Life of John Locke with Extracts from his Correspondence, Journals and Commonplace Books* (1830), Bd. 1, S. 188.

49 *Two Tracts*, S. 162, 166f.

50 *Two Tracts*, S. 227; Richard Hooker, *Of the Laws of Ecclesiastical Polity* (1597; Hg. Morris, 1954), Bd. 2, S. 363.

51 *Two Tracts*, S. 119.

52 *Two Tracts*, S. 117f.

53 Locke, *An Essay Concerning Human Understanding* (1690–1706; Hg. Yolton, 1964), Bd. 2, S. 288–293.

10. Kapitel

1 Siehe allgemein die Biographie von David Magarshak, *Turgenev* (1954), sowie die Diskussion über «Turgenjew und die mißliche Lage der Liberalen», in: Isaiah Berlin, *Fathers and Children* (1972).

2 *The Philosophy of Edmund Burke* (Hg. Bredvold-Ross, 1960), S. 161. Allen McConnell, *A Russian Philosophe: Alexander Radischev, 1749–1802* (1964), S. 60. *The Memoirs of Chateaubriand* (1848; Übers. Baldick, 1961), S. 269f.

3 Douglas Johnson, *Guizot: Aspects of French History 1777–1874* (1963), S. 440.

Ausführlicher wird diese Episode an der Seine in Curtis Cates Biographie *George Sand* (1975), S. 367 beschrieben:

> «Zivilisation!» rief Michel de Bourges und schlug mit seinem Stöckchen gegen das steinerne Brückengeländer. «Natürlich, das große Wort der Künst-

ler! Zivilisation! Nun, ich will Ihnen sagen, wenn Ihre korrupte Gesellschaft modernisiert und erneuert werden soll, muß dieser schöne Fluß mit Blut rot fließen, muß dieser verfluchte Palast in Asche liegen und diese gewaltige Stadt in eine Wildnis verwandelt werden, wo die Familie eines armen Mannes den Pflug führt und sich eine Kate baut!» George Sand hörte diesem apokalyptischen Donnerwetter mit stiller Bewunderung zu, und als der atemlose Michel sie schließlich nach ihrer Meinung zu diesen Dingen fragte, bat sie ihn fortzufahren, weil diese Apologie des allgemeinen Sterbens und Zerstörens sie aufs angenehmste an Dante erinnerte, «wie er gerade aus der Hölle wieder auftaucht. Ich finde allmählich Gefallen an Eurer pastoralen Symphonie; warum wollt Ihr sie schon unterbrechen?» Das brachte Michel de Bourges nur noch mehr in Rage: «Euch interessiert nur mein Reden, meine Wendungen, die Wörter und Bilder! Als ob Ihr einem Gedicht oder einem Orchester zuhört!» Und damit stürzte er sich in einen weiteren, noch heftigeren Haßgesang auf die Gesellschaft und ihre Verderbtheit, bis er zum Schluß sein Stöckchen an den Steinmauern des Louvre zerbrach...

4 *In Memoriam* (CXXVII), in: *The Works of Alfred Lord Tennyson* (1926), S. 289. «1. September, 1939», in: *The Collected Poetry of W. H. Auden* (1945), S. 59. Jules Michelet, *Le Peuple* (1841; 1956), S. XXXV.

5 *The French Revolution* (1791), in: Blake, *Complete Writings* (1966), S. 136. *Collected Letters of Samuel Taylor Coleridge* (Hg. Griggs), Bd. 1: 1785–1800 (1966), S. 106, 164.

6 Alessandro Giraffi, *Le Rivolutioni di Napoli* (1647); *An Exact Historie of the Late Revolutions in Naples* (Übers. Howell, 1650), S. 21–51; *The Second Part of Masaniello... a Continuation of the Tumult* (1653), S. 30, 114, 181–183.

7 Siehe R. B. Merriman, *Six Contemporaneous Revolutions* (1938), mit Darstellungen der Aufstände in Italien, Spanien, Portugal, England, Frankreich und Holland; und Philip A. Knachel, *England and the Fronde: the Impact of the English Civil War and Revolution on France* (1967).

8 James Howell, «Epistle to the Reader», in: *Parthenopoeia, or the History of the Most Noble and Renowned Kingdom of Naples* (1654).

9 Die drei Jahrhunderte überspringende Verknüpfung der beiden jugendlichen Feuerköpfe Masaniello und Daniel Cohn-Bendit, des Sorbonne-Rebellen, ist nicht abwegig; höchstens erscheint sie so, weil es keine ordentliche historische Untersuchung über die Rolle gibt, die Studenten und Jugendliche allgemein bei den revolutionären Eruptionen in Europa gespielt haben. In *The Second Part of Massaniello* (1653) hat Alessandro Giraffi uns diese nicht ganz neue Szene überliefert (S. 24f):

Auch die Studenten von Neapel wollten sich an diesen Revolutionen beteiligen, und deshalb begaben sie sich gemeinsam zum Vizekönig und legten ihm eine Bittschrift vor, des Inhalts, daß sie für ihre akademischen Grade nicht mehr zahlen sollten, als in der Zeit Karls des Eroberers üblich war. Der Vizekönig gab ihnen nicht sofort eine positive Antwort, was sie dem hinterlistigen Betreiben des Fürsten von Avellino zuschrieben; deshalb versuchten sie auf dem Rückweg, dessen Haus in Brand zu stecken, was der Vizekönig irgendwie zu verhindern wußte; am nächsten Tag ließ er verschiedene Studenten festnehmen, die Anführer nämlich...

Zu etwa derselben Zeit gab Thomas Hobbes seiner noch tieferen Besorgnis Ausdruck, daß unzufriedene junge Menschen sich zu «rebellischen Handlungen» hinreißen lassen könnten.

Weil nämlich Meinungen, wenn sie durch die Erziehung und über längere Zeit hinweg erworben wurden, zur Gewohnheit werden, können sie nicht plötzlich und mit Gewalt beseitigt werden, sondern müssen wiederum durch Zeit und Erziehung zum Verschwinden gebracht werden. Und weil offensichtlich die bewußten Meinungen in privatem und öffentlichem Unterricht gelehrt wurden, und jene Lehrer sie den Grundsätzen und Prinzipien entnahmen, die ihnen auf den Universitäten beigebracht wurden gemäß der Lehre des Aristoteles und anderer, worin nichts Klares über Moral und Verhalten gesagt wird, vielmehr eine volkstümliche Herrschaft leidenschaftlich verfochten wird, konnten diese Auffassungen durch gewandte Sophisterei verbreitet werden. So besteht kein Zweifel: Wenn die wahre Lehre vom Naturrecht und der Gestalt des politischen Systems und die allgemeinen Rechtsgrundsätze klar verständlich niedergeschrieben und an den Universitäten gelehrt würden, könnten die jungen Männer, die anfangs ohne Vorurteile sind und deren Geist wie unbeschriebenes Papier für jede Belehrung empfänglich ist, leichter diese Dinge aufnehmen und sie später anderen lehren, in Büchern und auf andere Art, wie sie heute das Gegenteil davon tun. (Thomas Hobbes, *De corpore politico* [1650], S. 184f)

10 *Sunday Times* (26. Mai 1968), S. 13.

11 *Die Sibyllinischen Weissagungen* (Hg. Friedlieb, 1852), S. 45, 47.

12 R. B. Onians, *The Origins of European Thought* (1951), S. 147.

13 Mircea Eliade, *Shamanism* (Übers. Trask, 1964), S. 474–477.

14 Dante, *Paradiso*, Canto 12, V. 58–60, S. 146f.

15 *The Roman Breviary* (Übers. Bute, 1879), Bd. 2, S. 1194. In *Readings on the Paradiso of Dante* (1901), Bd. 1, S. 404, erwähnt W. W. Vernon, daß der Welpe schwarz und weiß gewesen sein soll, «daher das Habit dieses Ordens». A. J. Butler in seiner Ausgabe des *Paradise* (1885), S. 157 Anm., fügt hinzu, daß «das Wortspiel *Dominicani, Domini canes* allen

vertraut sein wird, die das Fresko des Simon Memmi in Santa Maria Novella in Florenz kennen» (wo die Wölfe, Sinnbild für Häretiker, von den schwarz-weißen «Hunden des Herrn» zerfetzt werden).

16 Bruno, *Opere italiane* (Hg. Gentile, 1908), Bd. 2, S. 370–388, 466; *The Heroic Enthusiasts* (Übers. Williams, 1887–1889), Bd. 1, S. 142–152, Bd. 2, S. 97.

17 Edward Rogers, *Some Account of the Life and Opinions of a Fifth-Monarchy Man: chiefly extracted from the Writings of John Rogers, Preacher* (1867), S. 268 f. Johann Valentin Andreae, *Reipublicae Christianopolitanae descriptio* (1619); *Christianopolis. Reise nach der Insel Caphar Salama und Beschreibung der darauf gelegenen Republik Christiansburg* (1741; Nachdr. 1981), S. 68.

18 *The Works of Joseph Mede* (Hg. Worthington, 1672), S. 618 f. *Comenius, Teacher of Nations* (Hg. Needham, 1942), S. 73.

19 P. J. Proudhon, *De la justice dans la révolution et dans l'église* (1870), Bd. 4, S. 169: «Il mit de feu aux poudres que depuis deux siècles avaient amassées les lettres françaises. C'est quelque chose d'avoir allumé dans les âmes un tel embrasement: en cela consiste la force et la virilité de Rousseau.»

20 William Blake, *America* (1793), in: *Complete Writings* (1966), S. 197. Über die politische Bildwelt dieses Gedichts und anderer Werke (*The French Revolution*, 1791, und *Europe*, 1794) siehe John Beer, *Blake's Humanism* (1968), insbesondere Kap. 5: «The Genius of Revolution», S. 95–138.

21 Sören Kierkegaard, *The Last Years: Journals 1853–1855* (Hg. Smith, 1965), S. 291 f, 294.

22 *The Mind of Napoleon* (Hg. Herold, 1955), S. 64, 192 f, 281.

23 Alexander Herzen, *My Past and Thoughts* (Übers. Garnett, 1924), Bd. 1, S. 201, 225; (rev. Ausg., Higgins, 1967), Bd. 1, S. 162, 181.

24 Herzen, *My Past and Thoughts* (Ausg. Garnett), Bd. 5, S. 134. E. H. Carr, *Bakunin* (1937; 1961), S. 187 f. Isaac Deutscher, *The Prophet Armed: Trotsky 1879–1921* (1954; 1965), S. 123.

25 Aaron Noland, «Proudhon and Rousseau», in: *Journal of the History of Ideas* (Januar–März 1967), S. 33–54. George Woodcock, *Pierre-Joseph Proudhon* (1956), S. 93. Proudhon an Marx (17. Mai 1846), in: *Les Confessions d'un révolutionnaire* (1849; Hg. Rivière, 1929), S. 435 f: «Je préfère donc faire brûler la Propriété à petit feu, plutôt que de lui donner une nouvelle force, en faisant une Saint-Barthélemy des propriétaires...»

26 Alexander Blok, «The Intelligentsia and the Revolution» (1918), in:

Russian Intellectual History, an Anthology (Hg. Raeff, 1966), S. 371. «The Scythians» (1918), in: *A Treasury of Russian Verse* (Hg. Yarmolinsky, 1949), S. 168.

27 William Wordsworth, *Concerning the Convention of Cintra* (1809), in: *Political Tracts of Wordsworth, Coleridge, and Shelley* (Hg. White, 1953), S. 165.

28 «Che Guevara: Erlöser aus dem Dschungel», Interview mit Jean Marcilly, in: *Der Spiegel* (29. Juli 1968), S. 62.

29 *The Works of Gerrard Winstanley* (Hg. Sabine, 1941), S. 451; James Baldwin, *The Fire Next Time* (1963).

30 Immanuel Kant, *Der Streit der Facultäten*, in: *Werke* (Hg. Weischedel, 1964), Bd. 6, S. 353.

31 *Herakleitos von Ephesos* (Übers. Diels, 1902), Fragment 66, S. 33. Ähnlich die Übersetzung von Bruno Snell (1940), S. 23: «Denn das Feuer wird kommen, alles zu richten und zu verdammen.» Auch Karl Popper übernimmt in *The Open Society and Its Enemies* (rev. Ausg., 1962), Bd. 1, S. 15, 206, sinngemäß die Übersetzung von Diels.

Aber wie für viele dieser antiken, kryptischen Maximen gibt es auch für dieses Heraklit-Fragment verschiedene Interpretationen. So macht Heinrich Quiring, *Heraklit* (1959), S. 106 Anm., die interessante Beobachtung, daß die eben zitierten Versionen «teleologisch» und «von seltsam christlicher Färbung» seien.

Sein Übersetzungsvorschlag lautet: «Denn alles wird das herangekommene Feuer sondern (zerlegen) und erfassen.» Das geht zurück auf die ältere Bywater-Ausgabe der Übersetzung von G. T. W. Patrick, *The Fragments of Heraclitus of Ephesus* (1889), S. 90: «Fire coming upon all things, will sift and seize them.» Philip Wheelwright, *Heraclitus* (1959), S. 68, schlägt vor: «Fire in its advance will judge and overtake all things.»

So hängt viel davon ab, ob man den antiken Philosophen als Dichter, Mystiker, Wissenschaftler oder Ideologen auffaßt. Auf griechisch heißt es: «Panta gar phēsi, to pyr epelthon chrinei kai katalēpsetai.»

32 C. I. Smith, «Heraclitus and Fire», in: *Journal of the History of Ideas* (Januar–März 1966), S. 125–127. Karl R. Popper, *The Open Society*, Bd. 1, S. 11–17, und insbesondere die Anmerkungen, S. 204–208.

33 Ferdinand Lassalle, *Die Philosophie Herakleitos des Dunklen von Ephesos* (1858), in: *Gesammelte Reden und Schriften* (Hg. Bernstein; 1920), Bd. 7, S. 114, Bd. 8, S. 656f. Georg Brandes, *Ferdinand Lassalle. Ein literarisches Charakterbild* (1877), S. 11.

34 Aischylos, *Der gefesselte Prometheus*, in: *Des Aischylos Werke* (Übers.

Droysen, 1842), S. 419, 429, 417. H. P. Parkes, *Gods and Men* (1960), S. 210f; und insbesondere Michael Grant, *Myths of the Greeks and Romans* (1964), S. 178–189, sowie Karl Kerényi, *Prometheus* (1946).

35 Friedrich Meinecke, «Campanella», in: *Die Idee der Staatsraison* (1924), S. 118. *Marx Engels Werke* (Berlin-Ost, 1963), Ergänzungsband 1. Teil, S. 263.

36 Marx/Engels, *Historisch-kritische Gesamtausgabe* (Hg. Rjazanov, 1927), Bd. 1, Tl. 1, S. 10, 64, 131. Das Titelbild dieser Ausgabe zeigt einen zeitgenössischen «allegorischen» Druck, zu dem das Verbot von Marx' *Rheinischer Zeitung* im Jahr 1843 inspirierte; es ist eine für ikonographisch interessierte Leser aufschlußreiche Version des «gefesselten Prometheus», die vermutlich den jungen Marx darstellen soll, der, an eine Druckerpresse gebunden, von einem (preußischen) Königsadler angegriffen wird. Die Abbildung ist auch enthalten in: *Marx Engels Werke*, Bd. 1, S. 200.

37 «The Prophecy of Dante» (1819), in: *Byron's Verse* (Hg. Dunn, 1974), S. 33f.

38 Shelley, *Prometheus Unbound*, in: *Poetical Works* (Hg. Hutchinson, 1967), S. 205.

39 Shelley, *Poems Published in 1820* (Hg. Hughes, 1963), S. 9, 146–156, 224; *Der entfesselte Prometheus* (Übers. Richter, 1887), S. 154, 83, 108, 139f, 142f, 180f.

40 Gaston Bachelard, *La Psychanalyse du feu* (1938), S. 19f, 35; *The Psychoanalysis of Fire* (Übers. Ross, 1964), S. 7, 16.

41 Norman O. Brown, *Love's Body* (1968), S. 177–183, 248.

42 Hans Barth, *Die Idee der Ordnung* (1958), S. 195.

43 J. G. Frazer, *The Golden Bough* (1940), S. 642.

44 Reinigung ist ein Bestandteil des revolutionären Komplexes. So erklärt John Tanner, G. B. Shaws revolutionärer Anarchist in *Man and Superman* (1903; 1946), S. 218: «...heißes Wasser ist das Element des Revolutionärs. Man reinigt Menschen, wie man Milchkannen reinigt, indem man sie abbrüht.»

45 Bei diesen Bemerkungen über die Flut und Feuersbrunst habe ich hier nur den Zusammenhang mit der idealistischen Hoffnung hervorgehoben, in dem diese paradoxerweise optimistischen Metaphern normalerweise auftreten. Zweifellos aber gewinnen sie ihre dunkle Kraft und Überzeugungskraft aus einer grundlegenden Ambivalenz: Sie sind auch Symbole – und Wirklichkeiten – einer tiefen Todesangst und Besorgnis.

Jonathan Swift hat das gespürt, als er Lemuel Gulliver in Lilliput dafür vor Gericht bringen ließ, daß er auf den Kaiserpalast uriniert hatte. Zwar hatte Gulliver nur das Feuer gelöscht und dadurch «jenes edle Gebäude, das so viele Generationen zu errichten halfen», vor der Zerstörung gerettet. Aber er erntete keinen Dank. Als der Kaiserin «klar wurde, welche Ungeheuerlichkeit ich begangen hatte... konnte sie es nicht unterlassen, Rache zu schwören».

So wurde dieser «Menschenberg» in der Anklageschrift des Landesverrats, der Häresie und noch schlimmerer Dinge beschuldigt. «Unter dem Vorwand, das Feuer in den Gemächern der Seiner Majestät äußerst lieben und werten kaiserlichen Gemahlin zu löschen, hat er arglistig, verräterisch und teuflisch seinen Urin abgelassen und das bewußte Feuer gelöscht.» Das war nicht allein eine «gemeine und unerlaubte Methode»; es stellte auch eine untragbare Bedrohung dar, könnten doch «bei anderer Gelegenheit dieselben Mittel zu einer Überschwemmung führen» (Jonathan Swift, *Gullivers Travels* [1728; Hg. Quennell, 1953], S. 70–72, 83–87).

Freud sah in diesem Vorgang weniger den Ausdruck politischer Ängste als vielmehr einer essentiellen Männlichkeit als Determinante im Zivilisationsprozeß (den Zusammenhang von «Feuer und Harnerotik»). Wie bei so vielen brillanten Einfällen in der phantastischen Literatur läßt sich auch diese Episode auf Mikro- und Makroebene erklären.

«Jonathan Swift gedachte voller Bitterkeit der undankbaren Königin Anne, die in längst vergangenen Tagen die biederen Vergnügungen ihres Hofes seinen feurigen Schriften vorgezogen hatte», meint Jacob Bronowski. Aber er beläßt es nicht dabei, sondern entdeckt in der Flut und dem Feuerbrand Symbole einer tiefen Besorgnis über das menschliche Schicksal.

So zeigt das Bild, wie Gulliver auf den brennenden Miniatur-Palast uriniert, in riesenhafter Vergrößerung einen uralten Gestus des Rebellierens. Als während des Gordon-Aufstandes 1780 das Gefängnis von Newgate in Brand gesteckt wurde, konnte man beobachten, wie die Aufständischen unerschrocken auf Dächer und Mauervorsprünge kletterten, um aus der Höhe in die Flammen zu urinieren. Heute noch wird von kleinen Jungen das Ende einer Lagerfeier damit zelebriert, daß sie fröhlich einen Kreis bilden und das primitive Feuer löschen... (J. Bronowski, *The Face of Violence* [rev. Ausg., 1969], S. 56f)

Aber wenn man in diesem Zusammenhang von privaten Ängsten und Ritualen der Revolte spricht, darf man dabei nicht vergessen, welch tiefe Stille und vorzeitlicher Friede die lebenspendende Symbolik des Wassers im religiösen Bereich umgibt. Dazu stellt Mircea Eliade fest:

Dem Eintauchen ins Wasser auf menschlicher Ebene entspricht auf kosmischer Ebene der Tod, die Katastrophe (Sintflut), die die Welt periodisch in einen vorzeitlichen Ozean verwandelt. Weil es alle Formen zerbricht und alles Gewesene fortschwemmt, hat das Wasser die Kraft zu reinigen, zu regenerieren, neues Leben zu schenken... Wasser reinigt und regeneriert, weil es die Vergangenheit nichtet und – wenn auch nur einen Augenblick lang – jene Unverfälschtheit wiederherstellt, die am Anfang aller Dinge bestand. (Eliade, *Patterns in Comparative Religion* [1958], S. 194).

So erweisen sich durch die Fülle dialektischer Interpretationen die Symbolfiguren des Prometheus und des Gulliver letztlich als ebenso vieldeutig wie die Sintflut und der Weltbrand. Das Feuer reinigt und zerstört, das Wasser schützt und überflutet.

46 Ernest Jones, *Freud* (1957), Bd. 3, S. 350.

47 Sigmund Freud, «Zur Gewinnung des Feuers», in: *Imago* (1932), Bd. 18.

48 Sigmund Freud, *Das Unbehagen in der Kultur* (1930; 1953), S. 86.

49 R. F. Fortune, *Sorcerers of Dobu* (1932), S. 296f; Eliade, *Shamanism*, S. 363 Anm.

50 Siehe den anregenden Beitrag von Mary Jane Sherfey, «The Evolution and Nature of Female Sexuality in Relation to Psychoanalytic Theory», in: *Journal of the American Psychoanalytic Association* (Januar 1966), S. 28–128. Er ist verständlicherweise zu einem Standardtext der populären Frauenbefreiungsbewegung geworden; siehe beispielsweise die Anthologie *Psychoanalysis and Women* (Hg. Miller, 1973) sowie Sherfeys späteres Buch *The Nature and Evolution of Female Sexuality* (1972).

51 Mary Wollstonecraft Shelley (geb. Godwin), *Frankenstein, or the Modern Prometheus* (1818; Hg. Joseph, 1969). Kate Millett, *Sexual Politics* (1971).

11. Kapitel

1 *Bagehot's Historical Essays* (Hg. St. John-Stevas, 1965), S. 401–433; *Physics and Politics* (1872), Kap. 6, sowie allgemein Alastair Buchan, *The Spare Chancellor: The Life of Walter Bagehot* (1959), und Norman St. John-Stevas, *Walter Bagehot* (1959).

2 J. S. Mill, *Autobiography* (1873; Oxford-Ausg., 1940), S. 246f; Michael St. John Packe, *The Life of John Stuart Mill* (1954), S. 459f.

3 Alexis de Tocqueville, *The Old Regime and the French Revolution* (1856; Übers. Gilbert, 1955), S. 141, 162–165.

4 R. R. Palmer, *The Age of the Democratic Revolution* (1959), Bd. 1, S. 470.

5 Antoine Nicholas de Condorcet, *Esquisse d'un tableau historique des progrès de l'esprit humain* (1795), S. 270f.

6 Condorcet, *Esquisse*, S. 331f.

7 Siehe O. H. Priors Einleitung zu seiner *Esquisse*-Ausgabe (1938); J. Salwyn Schapiro, *Condorcet and the Rise of Liberalism* (1934); Alexander Koyré, «Condorcet», in: *Journal of the History of Ideas* (April 1948), S. 131–152; Joseph Fabre, *Les Pères de la Révolution: de Bayle à Condorcet* (1910); und vor allem Léon Cahen, *Condorcet et la Révolution Française* (1904), S. 516–548. Einen feindlichen Standpunkt gegenüber Condorcets «progressiven» Sünden vertritt Friedrich Hayek, «The Counter-Revolution of Science», in: *Economica* (Februar, Mai, August 1941), ebenso wie Eric Voegelin, *From Enlightenment to Revolution* (Hg. Hallowell, 1975), S. 125–135.

Hayek zitiert aus einer Abhandlung, welche die Vernichtung von Dokumenten zur Geschichte der französischen Adelsfamilien feiert, folgende Bemerkung von Condorcet: «Heute verbrennt die Vernunft die zahllosen Bände, die Zeugnis von der Eitelkeit einer Kaste ablegen. Weitere Zeugnisse liegen noch in öffentlichen und privaten Bibliotheken. Sie müssen in die allgemeine Vernichtung einbezogen werden.» Auf diese Stelle gründet Voegelin seine flache Interpretation von Condorcet als einem «Totalitaristen», dessen Theorien sich von den üblen Praktiken nationalsozialistischer und kommunistischer Diktaturen «nicht sonderlich» unterschieden.

8 Cahen, *Condorcet et la Révolution Française*, S. 519f; Condorcet, *Œuvres* (Hg. A. Condorcet-O'Connor und F. Arago, 1847–1849), Bd. 12, S. 643: «Faisons des lois révolutionnaires, mais pour accélérer le moment ou nous cesserons d'avoir besoin d'en faire. Adoptons des mesu-

res révolutionnaires, non pour prolonger ou ensanglanter la révolution, mais pour la completer et en précipiter le terme.»

9 Ich folge hier den wertvollen Forschungsergebnissen der Dissertation von Rolf Reichardt, *Reform und Revolution bei Condorcet* (Bonn, 1973), insbesondere S. 312–363.

10 Brissot und Robespierre, *Discours aux Jacobins*, 23. April 1792, in: Condorcet, *Esquisse d'un tableau historique* (Hg. Hincker, 1971), S. 58f.

11 Albert Soboul, *Le Procès de Louis XVI* (1966), S. 27.

12 Immanuel Kant, *Zum ewigen Frieden* (Ausg. 1795), S. 103f, sowie in: *Werke* (Hg. Weischedel, 1956), Bd. 6, S. 195. *Metaphysik der Sitten* (1787), in: *Werke*, Bd. 6, S. 479.

13 *Zum ewigen Frieden*, in: *Werke*, Bd. 6, S. 241–244. *Metaphysik der Sitten*, in: *Werke*, Bd. 6, S. 586–588, 600.

14 *Werke*, Bd. 4, S. 786, 862f Anm.; *Beantwortung der Frage: Was ist Aufklärung?* (1784), in: *Werke*, Bd. 6, S. 55. Edmund Wilson, «The Documents on the Marquis de Sade», in: *The Bit Between My Teeth* (1966), S. 217; Marquis de Sade, *Selected Letters* (Hg. Lély, 1965), S. 168–188.

15 *Metaphysik der Sitten*, in: *Werke*, Bd. 6, S. 599.

16 *Zum ewigen Frieden*, in: *Werke*, Bd. 6, S. 233; *Die Religion innerhalb der Grenzen der bloßen Vernunft* (1793), in: *Werke*, Bd. 4, S. 665–699.

17 *Über Pädagogik* (1803), in: *Werke*, Bd. 6, S. 700f.

18 *Der Streit der Facultäten* (1798), in: *Werke*, Bd. 6, S. 35–68.

19 Bruce Mazlish, *The Riddle of History* (1966), S. 119. Siehe allgemein Kurt Borries, *Kant als Politiker* (1928); Hans Saner, *Kants Weg vom Krieg zum Frieden* (1967), Bd. 1, sowie *Kant's Political Writings* (Hg. Reiss; Übers. Nisbet, 1970).

20 Kiesewetter (Berlin) an Kant, 15. Juni 1793, in: *Kants Gesammelte Schriften* (Hg. Kgl. preuß. Akad. d. Wiss., 1900–1942), Bd. 11, S. 422; Reinhold Aris, *History of Political Thought in Germany: 1789–1815* (1936), S. 73 Anm.

21 *Der Streit der Facultäten*, in: *Werke*, Bd. 6, S. 367, 353; *Mutmaßlicher Anfang der Menschengeschichte* (1786), in: *Werke*, Bd. 6, S. 90; *Idee zu einer allgemeinen Geschichte in weltbürgerlicher Absicht* (1784), in: *Werke*, Bd. 6, S. 39, 41.

22 *Der Streit der Facultäten*, in: *Werke*, Bd. 6, S. 366f. Zu J. L. Talmons Standpunkt siehe seine aufschlußreichen (wenn auch nicht ganz überzeugenden) Arbeiten *The Origins of Totalitarian Democracy* (1952) und *Political Messianism* (1960). In seinem Vortrag «Utopianism and Politics» (veröffentlicht vom Conservative Political Centre, London

1957), sagte er: «Das tragische Paradox des Utopismus war, daß er statt des versprochenen Systems von endgültiger, permanenter Stabilität eine allgemeine Aufgerührtheit und Unrast herbeiführte, und statt einer Aussöhnung zwischen menschlicher Freiheit und gesellschaftlichem Zusammenhalt einen totalitären Zwang *erzeugte.*»

Meine Hervorhebung; denn eine derart simplistische Auffassung von geschichtlichen Kausalbeziehungen ist allzu ärgerlich; wäre doch «trug mit zur Entwicklung bei» der Wahrheit viel nähergekommen. Kritische Leser haben darauf hingewiesen, daß diese brillanten Tiraden gegen eine apokalyptische und utopische Politik in Talmons apokalyptischen Tönen ironischerweise in Israel geschrieben wurden, dem größten Produkt des modernen Utopismus.

Friedrich A. Hayek hat seinen Standpunkt dargelegt in *The Constitution of Liberty* (1960) und *The Road of Serfdom* (1944), dessen 2. Kapitel, «The Great Utopia», unter diesem Motto steht: «Das, was immer eine Gesellschaft zur Hölle auf Erden macht, ist eben der menschliche Versuch, sie zum Paradies zu machen.»

Was Vertreter dieser Richtung nicht sehen, ist die mächtige Faszination, die das Vollkommenheitsideal auf den menschlichen Geist seit jeher ausgeübt hat, einmal ganz abgesehen von seinem jüngeren Auftreten im säkularen Utopismus. Ein Blick auf die Literatur sowohl primitiver als auch christlicher Religiosität («Darum sollt ihr vollkommen sein...», Matth. 5,48; «Darum wollen wir... zur Vollkommenheit fahren», Heb. 6,1; oder Thomas von Aquins Lehre vom *Status Perfectionis*) hätte sie daran erinnern können, daß Suche nach Ganzheit und Sehnsucht nach Vollkommenheit – der Wunsch nach Seelenfrieden und der Traum einer absoluten Erfüllung – nicht erst mit den Jakobinern oder den Marxisten, dem Rationalismus oder der Romantik begann. Die Vorstellung von einem Fortschritt, der auf einen utopischen Zustand der Gerechtigkeit, Vernunft, Harmonie oder Glückseligkeit hinführt, ist, wie Rudolf Bultmann zugesteht (*History and Eschatology*, S. 66), «die Übersetzung der Idee von der eschatologischen Vollkommenheit in eine säkularisierte Form».

Natürlich bestehen unterschiedliche und unvereinbare Auffassungen darüber, wann und ob überhaupt der moderne Säkularisierungsprozeß einen auf das Jenseits bezogenen Fahrplan auf irdische Verhältnisse übertragen hat. Mit dieser Problematik beschäftigt sich die ausgezeichnete Untersuchung von R. N. Flew, *The Idea of Perfection in Christian Theology* (1934). Sein Material legt den Schluß nahe, daß die

Scheidelinie zwischen den beiden Paradiesvorstellungen – die ich für meinen speziellen Themenbereich von Utopie und Revolution bei Dante und seiner Schrift *De monarchia* angesetzt habe – selten so klar empfunden und erkannt wurde, wie man gewöhnlich annimmt. Wie ich im Verlauf dieser Arbeit stets zu zeigen versucht habe, liegen die Kernfragen religiösen und gesellschaftlichen Denkens sehr dicht beieinander. Sollte (oder kann) das Ideal der Vollkommenheit auf das diesseitige Leben bezogen werden? Ist Vollkommenheit auf Erden eines der verheißenen menschlichen Ziele? Kann, was mit dem ewigen Leben zusammenhängt, hier und heute verwirklicht werden? Wo liegt das gepriesene «bessere Land», und wie gelangt man dorthin? Kann der Zeitpunkt der wahren Vollendung vorausberechnet, sein Nahen beschleunigt werden? Oder ist die Seligkeit nur in einer zukünftigen Welt möglich? Schlicht und unmißverständlich gefragt: Läßt sich echte und letzte Vollkommenheit nur jenseits des Grabes erwarten? Kann sie etwas anderes sein als der Lohn, den der Gerechte in einem Leben nach dem Tod empfängt?

R. N. Flew gibt sich größte Mühe, die innere Widersprüchlichkeit von Begriffen wie «relative Vollkommenheit» aus dem Spiel zu lassen. Dabei glaubt er nämlich, daß ein im Diesseits verwirklichtes Ideal zwar niemals das höchste Ziel eines Christenmenschen sein kann, aber dennoch ein gewisser Grad von Vervollkommnung des menschlichen Lebens in den Botschaften der Bergpredigt, des Briefes an die Hebräer, der Paulus-Briefe usw. verlangt werde. Aber die Gefahr besteht, daß aus der Bemühung um ein *vita angelica* der Mensch in Versuchung gerät, sich irdischen Zielen zuzuwenden. Auch in diesem Punkt also liegen die *theologia spiritualis* und die *politica perennis* dicht beieinander. Die Entscheidung über Strategie und Taktik der Mittel und Ziele war schon immer ein peinliches Problem.

So unternahm Irenäus für die Kirche des 2. Jahrhunderts den Versuch, die alte apokalyptische Vorstellung von einer plötzlich hereinbrechenden Katastrophe durch eine prozedurale Betrachtungsweise mit einzelnen Etappen und Stufen zu ersetzen; Vollkommenheit sei nur am Ende einer Entwicklung zu erwarten. Scharfsinnig argumentierte der hl. Ambrosius, daß es möglicherweise zwei Arten von Vollkommenheit gäbe: «die eine gilt hier, die andere hienach.» Johannes Calvin sprach von der Möglichkeit eines «Fortschritts im irdischen Dasein», wie ihn Augustinus mit seiner «relativen Vollkommenheit» postuliert hatte, wenn er auch die Menschheit streng daran erinnerte, daß für sie das höchste Ziel unerreichbar war. Die Dialektiker arbeiteten ihre Theorien dergestalt aus, daß ihnen Ironie und Paradox Schutz boten. So zitierte Calvin gerne Augustinus, daß zur Vollkommenheit auch «die Erkenntnis unserer Unvollkommenheit gehört»; oder, wie umgekehrt gesagt wird, daß nicht vollkommen sein kann, was sich vollkommen nennt.

Und schließlich: Wird am Ende der große, erstrebenswerte Zustand (relativer) Glückseligkeit über alle Menschen auf einmal kommen oder schrittweise? Darum geht es, *mutatis mutandis*, bei der allgegenwärtigen Debatte zum Thema «Reform oder Revolution».

Wie der hl. Basil einem Klosterschüler sagte: «Es ist besser, kleine Schritte zu machen. Ziehe dich also nach und nach von den Vergnügungen des Lebens zurück und gib alle dir liebgewordenen Gewohnheiten allmählich auf, damit du nicht durch eine plötzliche Erregung sämtlicher Leidenschaften in einen Wirbel der Versuchung gerätst.» In einer Homilie von Makarius dem Ägypter klingt ein ähnlicher theologischer Meliorismus an, wenn er «Stück für Stück, nicht alles auf einmal» schreibt. Und Homilien brauchte man, war doch die Strategie zur Erreichung der Vollkommenheit nicht immer klar. John Wesley fühlte sich 1763 veranlaßt zu erklären: «Nie habe ich nach absoluter oder unfehlbarer Vollkommenheit gestrebt...» Bei einem Streitgespräch (in Gray's Inn Garden am 3. September 1741) zwischen Wesley und Zinzendorf war es der letztere, der sagte: «Ich lasse nicht gelten, daß in diesem Leben Vollkommenheit möglich ist. Das ist der allergrößte Irrtum und dagegen kämpfe ich mit Feuer und Schwert bis ans Ende der Welt.» Dazu war Wesleys Kommentar: «Ich glaube, wir streiten um Worte.»

23 Thomas More, *The Confutation of Tyndale's Answer* (1532), Bd. 2, S. 129; *The Workes of Sir Thomas More, Knyght, sometyme Lord Chauncellour of England, wrytten by him in the Englysh Tonge* (1557), S. 422 f. Diese beiden in der British Library aufbewahrten Werke weisen in der zitierten Passage kleine Unterschiede auf.

24 Robert Southey, *Sir Thomas More: or, Colloquies on the Progress and Prospects of Society* (1829), Bd. 2, S. 303, 458 f.

25 *Marx Engels Werke* (Berlin-Ost, 1964 ff), Bd. 19, S. 194; *Marx/Engels, Briefwechsel* (Ausg. 1949), Bd. 2, S. 314.

26 *Der Streit der Facultäten*, in: *Werke*, Bd. 6, S. 365 f u. Anm.; Kant an F. H. Jacobi, 30. August 1789, in: *Kants Briefe* (Hg. Zehbe, 1970), S. 156.

27 Marx an Sorge, 10. Oktober 1877, in: *Marx Engels Werke*, Bd. 34, S. 302, 304. Karl Jaspers, «Das radikale Böse bei Kant», in: *Rechenschaft und Ausblick* (1951), S. 90.

28 *Der Streit der Facultäten*, in: *Werke*, Bd. 6, S. 361, 355–358. Arthur O. Lovejoy, *The Great Chain of Being* (1936), S. 4. Kant an Borowski, in: *Kants Briefe*, S. 162.

29 E. G. Biester an Kant, 5. Oktober 1793, in: *Kants Gesammelte Schriften*, Bd. 11, S. 440f; Kant, *Über den Gemeinspruch: Das mag in der Theorie richtig sein, taugt aber nicht für die Praxis*, in: *Werke*, Bd. 6, S. 172; *Metaphysik der Sitten*, in: *Werke*, Bd. 4, S. 476f; *Zum ewigen Frieden*, in: *Werke*, Bd. 6, S. 228.

30 *Der Streit der Facultäten*, in: *Kants Gesammelte Schriften*, Bd. 11, S. 506–508, 511. Friedrich Paulsen, *Immanuel Kant, His Life and Doctrine* (1902), S. 50. Die 1898 erschienene deutsche Ausgabe enthält noch nicht den Brief des Königs an Wöllner. Der deutsche Text bei E. Fromm, «Zur Vorgeschichte der Königl. Kabinetsordre an Kant vom 1. Oktober 1794», in: *Kantstudien* (Hg. Vaihinger), Bd. 3, S. 144; Kant an Moses Mendelssohn, 8. April 1766, in: *Kants Gesammelte Schriften*, Bd. 10, S. 66. Kants unveröffentlichte Schrift bei F. Paulsen, *Kant, sein Leben und seine Werke* (1898), S. 49.

31 Biester an Kant, 17. Dezember 1794, in: *Kants Gesammelte Schriften*, Bd. 11, S. 516; Kant, *Die Religion innerhalb der Grenzen der bloßen Vernunft*, in: *Werke*, Bd. 6, S. 865 Anm.

32 Bruce Mazlish in seinem Kapitel über Kant in: *The Riddle of History* (1966), S. 123. Wie wenig Mazlish sich um Fairness und Wohlwollen bemüht, hat er kurz vorher (auf S. 116f) deutlich gemacht, wo er – «gezielt *ad hominem*», wie er selbst gesteht – sich nicht scheut, eine Bemerkung des Nazi-Massenmörders Adolf Eichmann zu zitieren, wonach dieser sich stets bemüht habe, «nach Kants kategorischem Imperativ zu leben».

33 Paulsen, *Kant, sein Leben und seine Werke*, S. 50.

34 Aris, *History of Political Thought*, S. 100 Anm.

35 Kant, *Anthropologie in pragmatischer Sicht* (1798), in: *Werke*, Bd. 4, S. 485.

36 Hannah Arendt, *On Revolution* (1963), S. 203.

37 «A quels signes peut-on connaître quelle est l'opinion de la majorité de la nation?» (1791), in: *Madame de Staël* (Hg. Berger, 1964), S. 103f. Thomas Hobbes, *De corpore politico* (1650), S. 2f. *The Life Records of John Milton* (Hg. French, 1954), Bd. 3, S. 217–219.

38 Voegelin, *From Enlightenment to Revolution*, S. VIII.
39 *Madame de Staël* (Hg. Berger), S. 107.
40 Albert Camus, *L'Homme révolté* (1951). Jean-Paul Sartre, *Baudelaire* (1947), S. 58f.
41 Simone de Beauvoir, *Le Force de l'age* (1960). Der ganze Abschnitt aus diesen Erinnerungen an die dreißiger Jahre ist besonders interessant, wenn man ihn im Zusammenhang mit dem Wiederaufleben der ideologischen Kontroversen im Paris der sechziger Jahre liest.

Wir sahen Raymond Aron recht häufig... Er war Mitglied der Sozialistischen Partei, einer Organisation, die wir verachteten, erstens, weil die Bourgeoisie sie infiltriert hatte, und außerdem, weil der Reformismus nicht nach unserem Temperament war: Unserer Meinung nach war die Gesellschaft nur durch eine globale Erschütterung, eine plötzliche Katastrophe zu ändern. Wir sprachen aber mit Aron sehr selten über Politik. Die meiste Zeit stritten sich Sartre und er erbittert über philosophische Fragen. Ich beteiligte mich nicht an diesen Diskussionen, weil ich ihnen zu langsam dachte; doch teilte ich eher Arons Position... Aron genoß die kritische Analyse und nahm sich vor, Sartres übereilte Synthesen in Stücke zu zerreißen. Er verstand es ausgezeichnet, den Gegner in die Enge zu treiben und ihm dann rasch und präzise den Todesstoß zu versetzen. «Eines von beiden, *mon petit camarade*», sagte er dann. «Entscheide dich.» ... Sartre gab sich redlich Mühe, ihm nicht in die Falle zu gehen, aber weil sein Denken mehr von der Phantasie als von der Logik bestimmt war, mußte er schwer kämpfen. Ich erinnere mich nicht, daß er Aron ein einziges Mal überzeugen – oder Aron ihn selbst in seiner Überzeugung erschüttern konnte.

Zu Sartres politischer Praxis siehe François Bondy in: *The New Left* (Hg. Cranston, 1971), S. 51–82, und Jean Amérys feinfühligen Essay «Sartre: Größe und Scheitern» in: *Merkur* (Dezember 1974), S. 1123–1137. Ich habe eine kurze Zusammenfassung des politischen Einflusses versucht, den Sartre als Kulturheros ausübte: «Ulrike Meinhof & the Baader-Meinhof Gang», in: *Encounter* (Juni 1975), S. 22:

Sartre hatte Albert Camus' gefährlichen Einfluß auf junge Menschen bekämpft und nach Camus' Tod 1960 mit Erfolg den liberalen, nichtkommunistischen Humanismus in Mißkredit gebracht; er hatte eine philosophische Rechtfertigung für die Plastikbombenleger in Algier erdacht; er hatte Fidel Castro und Che Guevara zugejubelt; er hatte Cohn-Bendit und der Studentenrevolte von 1968 seinen Segen erteilt; er hatte den amerikanischen Imperialismus entlarvt; er hatte die emanzipatorischen Impulse der Pop- und Drogenkultur begrüßt; er war bereit gewesen, für die Verteilung maoistischer Zeitschriften ins Gefängnis zu gehen (aber de Gaulle hatte gesagt, «Einen Voltaire sperrt man nicht ein»); und trotz gelegentlicher Kritik an kommunistischen und sowjetischen Ausschreitungen (Budapest, Prag) hing er mit unerschütterlicher Treue an den romantischen Grundsätzen einer Revolution, die die Welt völlig verändern würde.

Siehe auch meinen Aufsatz «From Sartre to Solzhenitsyn», in: *Encounter* (Juli 1975), S. 94f.

Raymond Arons spätere Beschreibung der intellektuellen und persönlichen Meinungsverschiedenheiten zwischen *«les petits camarades»* findet sich in seiner Analyse von Sartres *Critique de la Raison dialectique* unter dem Titel *Histoire et dialectique de la violence* (1973). Im Vorwort zur englischen Ausgabe spricht Aron von diesem «Dialog zwischen zwei Männern, die in ihrer Jugend Freunde waren, die durch Streit getrennt und durch ihre Interessen verbunden waren... Zwischen Sartre und mir gab es niemals politische Differenzen solcher Art, daß sie unsere Freundschaft kompromittiert hätten, bis dann die Einheitsfront der Résistance 1946–47 auseinanderbrach... Auf jeden Fall mußte sich nach seiner Bekanntschaft mit Simone de Beauvoir sein Verhältnis zu all denen ändern, die auf der École Normale seine *petits camarades* gewesen waren. 1938 war Sartre weniger gegen ‹München› als ich.» Doch verzichtet Aron großzügig darauf, ins Detail zu gehen: «Mancher wird vielleicht dieses Buch als Bilanz einer Jugendfreundschaft zweier Menschen sehen, die aufgrund von Ereignissen und Leidenschaften ihrer Zeit zu Gegnern wurden. Lassen Sie mich dazu sagen, daß mir gegen Ende meines Lebens unsere Freundschaft gegenwärtiger ist als unsere Polemik. Es mag sein, daß bei entsprechender Gelegenheit erneut eine Polemik entflammt. Ich bezweifele es – aber wenn schon, was macht das aus? Wir haben nie zwischen Philosophie und Politik unterschieden... Ich denke anders, aber ich akzeptiere ihn, wie er ist – sogar noch während ich ihm endlos Argumente vorhalte, denen zuzuhören er nie bereit sein wird» (Raymond Aron, *History and Dialectic of Violence* [Übers. Cooper, 1975], S. IX–XVI).

Personenregister